suhrkamp taschenbuch 2091

W0189202

Diskurs – die »massenhaft gewordene und modische Verwendung des Begriffs, vor allem unter Literaturwissenschaftlern, deutet zwar aufs Bestehen eines epistemologischen Bedürfnisses, dem er abzuhelfen bestimmt ist, reicht aber nicht aus zur Entkräftung des Einwandes, die Semantik seines Gebrauchs sei so unbestimmt, daß sein Funktionieren nicht gesichert ist. Solange nicht bekannt ist, wogegen sich die im Wort angelegte Kritik richtet, kann die schwebende Debatte nicht nur nicht entschieden, sondern nicht einmal ausgetragen werden« (Manfred Frank).

Der vorliegende Band setzt die philosophischen Traditionen und Implikationen des Begriffs und seine recht unterschiedliche Verwendung in der Literaturwissenschaft ins Verhältnis. Er skizziert historisch die Phasen, in denen sich die Problematisierung von Sinn und Sinnverstehen bis in unsere Zeit entwickelt hat, er untersucht die Quellen und unterschiedlichen Nuancierungen der Begriffsverwendung, er prüft in Einzelanalysen von Werken und Themen kritisch seine Tragfähigkeit für die Interpretation literarischer Texte.

Diskurstheorien und Literaturwissenschaft

Herausgegeben
von Jürgen Fohrmann und
Harro Müller

suhrkamp taschenbuch
materialien

Suhrkamp

Umschlagabbildung: Paul Citroën,
Metropolis (Ausschnitt)
© VG Bild-Kunst, Bonn 1988

suhrkamp taschenbuch 2091
Erste Auflage 1988
© Suhrkamp Verlag Frankfurt am Main 1988
Suhrkamp Taschenbuch Verlag
Alle Rechte vorbehalten, insbesondere das
des öffentlichen Vortrags
sowie der Übertragung durch Rundfunk und Fernsehen,
auch einzelner Teile.
Satz: Hümmer, Waldbüttelbrunn
Druck: Nomos Verlagsgesellschaft, Baden-Baden
Umschlagentwurf: Willy Fleckhaus
Printed in Germany

2 3 4 5 6 – 93 92 91 90

Inhalt

Jürgen Fohrmann/Harro Müller
Einleitung: Diskurstheorien und Literaturwissenschaft   9

I

Manfred Frank
Zum Diskursbegriff bei Foucault   25

Peter Bürger
Die Wiederkehr der Analogie. Ästhetik als Fluchtpunkt
in Foucaults *Die Ordnung der Dinge*   45

Claus v. Bormann
Das Spiel des Signifikanten. Zur Struktur des Diskurses
bei Lacan   53

Harro Müller
Kleist, Paul de Man und Deconstruction. Argumentative
Nach-Stellungen   81

II

Hans-Ulrich Gumbrecht
Who is Afraid of Deconstruction?   95

Kurt Röttgers
Diskursive Sinnstabilisation durch Macht   114

Siegfried J. Schmidt
Diskurs und Literatursystem. Konstruktivistische
Alternativen zu diskurstheoretischen Alternativen   134

Peter Schöttler
Sozialgeschichtliches Paradigma und historische
Diskursanalyse   159

Peter Uwe Hohendahl
Marxistische Literaturtheorie zwischen Hermeneutik und
Diskursanalyse. Fredric Jamesons *The Political
Unconscious*   200

III

Uwe Japp
Der Ort des Autors in der Ordnung des Diskurses 223

Harro Müller
Einige Notizen zu Diskurstheorie und Werkbegriff 235

Jürgen Fohrmann
Der Kommentar als diskursive Einheit der Wissenschaft 244

IV

Jutta Kolkenbrock-Netz
Diskursanalyse und Narrativik. Voraussetzungen und
Konsequenzen einer interdisziplinären Fragestellung 261

Jürgen Link
Literaturanalyse als Interdiskursanalyse. Am Beispiel des
Ursprungs literarischer Symbolik in der
Kollektivsymbolik 284

V

Philippe Forget
Diskursanalyse versus Literaturwissenschaft? 311

Gerhard Plumpe
Kunst und juristischer Diskurs. Mit einer Vorbemerkung
zum Diskursbegriff 330

VI

Nikolaus Wegmann
Zurück zu Philologie? Diskurstheorie am Beispiel einer
Geschichte der Empfindsamkeit 349

Bernhard J. Dotzler
»Dem Geist stehen die Geister bei«. Zur Gymnastik
E.T.A. Hoffmanns 365

Horst Turk
Die Schrift als Ordnungsform des Erlebens.
Diskursanalytische Überlegungen zu Adalbert Stifter 400

Klaus R. Scherpe
Von der erzählten Stadt zur Stadterzählung.
Der Großstadtdiskurs in Alfred Döblins
Berlin Alexanderplatz 418

VII

Gabriele Kalmbach
Bibliographie zur Diskurstheorie 441

Einleitung
Diskurstheorien und Literaturwissenschaft

In seiner berühmten Abhandlung über *Literaturgeschichte als Provokation der Literaturwissenschaft* (1970) schreibt Hans Robert Jauß:

Die Geschichtlichkeit der Literatur wie ihr kommunikativer Charakter setzen ein dialogisches und zugleich prozeßhaftes Verhältnis von Werk, Publikum und neuem Werk voraus, das sowohl in der Beziehung von Mitteilung und Empfänger wie auch in den Beziehungen von Frage und Antwort, Problem und Lösung erfaßt werden kann.[1]

Es lohnt sich, den Implikationen dieser Position nachzugehen.

Vorausgesetzt wird zunächst die Begriffstrias Autor, Werk und Leser. Autoren schreiben Texte, Texte werden gelesen, und Lektüre veranlaßt Autoren zu neuer Vertextung, diese zu neuer Lektüre usw. Der Autor erscheint als *Produzent,* als Urheber von Werken, die ihm *zugerechnet* werden können. Texte verweisen auf ihre Hersteller, deren Intentionalität in ihnen präsent bleibt. Souveränitätseinschränkungen des Autors können allerdings stets berücksichtigt werden, ohne damit das personale Ausgangsmodell ernsthaft in Frage zu stellen.

In diesem Modell wirken Texte und werden bewirkt, denn in zweifachem Sinne ist die Lektüre mit ›*Bildung*‹ verbunden. Der Lektüreprozeß selbst wird verstanden als die zumindest approximative Erarbeitung des Textsinns, als Sinn-Bildungsprozeß; und dieser erarbeitete Textsinn ist zugleich zu verstehen als Bildungserweiterung des Lesers. Zwischen Text und Rezipient wird prinzipiell also ein dialogisches Subjekt – Kosubjekt – Verhältnis angenommen, das dem Rezipienten Zugewinn ermöglicht.

Diesem Modell liegt eine bestimmte Textvorstellung zugrunde. Hans Robert Jauß betont, es gehe um »die sukzessive Entfaltung eines im Werk angelegten, in seinen historischen Rezeptionsstufen aktualisierten Sinnpotentials, das sich dem verstehenden Urteil erschließt, sofern es die ›Verschmelzung der Horizonte‹ in der Begegnung mit der Überlieferung kontrolliert vollzieht.«[2] Das Werk enthält also ein Sinnpotential, das im Rezeptionsprozeß zu Sinneinheiten führt. Resümierend kann man davon sprechen, daß der von Jauß gemachte Vorschlag drei Modelle kombiniert und deren Geltung postuliert: ein iteratives, ein prozessuales und ein Sinnmodell. Ein *iteratives Modell* liegt vor auf Grund der Ausgangsannahme eines dialogischen Kommunikationszusammenhangs, der sich stets strukturell wiederholt. Versieht man diese Iterationen mit einem Zeitindex, entsteht gleichsam eine ›Kette‹ von Kommunikationsakten, deren interne Bezogenheit als ein Frage-Antwort- oder Problem-Lösungs-Verhältnis gedacht wird. Jauß faßt diese ›great chain of texts‹ als ein »prozeßhaftes Verhältnis von Werk, Publikum und neuem Werk«; das iterative Dialogmodell wird auf diese Weise zu einem *Prozeßmodell.* Drittens werden sowohl das einzelne Werk als auch die je konstituierte literarische Reihe als *Sinneinheiten* verstanden. Werke verfügen über ein nie gänzlich ausschöpfbares Sinnpotential als Matrix literarischen Sinnkapitals. »Sinn ist Gold«, heißt es bei Roland Barthes. Man benötigt also »Gold«, um Einheiten festzulegen und um den Mehrsträngigkeiten und Modifikationen dennoch einen gemeinsamen Raum zuzuweisen, der dann auf der Zeitachse als begrenztes *Kontinuum* erscheint, unabhängig davon, wie zäsuriert dies Kontinuum auch angelegt sein mag.

Insgesamt bildet Jauß' Rezeptionsästhetik in der Betonung der konstitutiven Rolle des Lesers den Abschluß eines Modells, das seit dem Anfang des 19. Jahrhunderts in der Wissenschaftsgeschichte der Literaturwissenschaft Karriere gemacht hat. Die Theorie vom Autor als Bildner, dem das Werk als Sinngefüge stets personal zugerechnet wird und der sich selbst dann im Werk zu gestalten weiß, und eine Theorie verstehend-sinnhafter Lektüre waren etwa in Deutschland seit 1800 präsent, ohne daß sie jedoch – wie bei Jauß – schon in ein Bedingungsverhältnis gesetzt worden wären. Poetisches ›Bildungsvermögen‹ schafft ein Kapital, das seinerseits eines Lektürevermögens (also einer Hermeneutik) bedarf, um angeeignet zu werden.

Theoriegeschichtlich ist von Bedeutung, daß es sich zunächst um *Teilnehmerzuschreibungen* gehandelt hat. Aneignung von Sinn heißt gerade, zwischen Leser und Werk ein Subjekt-Kosubjekt-Verhältnis anzunehmen, einen gemeinsamen Sinnzusammenhang vorauszusetzen, der Text und Leser prinzipiell umgreift. Lektüre bringt den Text zum ›Sprechen‹ und eröffnet zwischen Text und Leser einen Sinntransfer, der »Verstehen« ermöglicht. Durchaus könnte man Hermeneutik etikettieren als die Theorie verstehender Teilnahme, als dialogisch geregelte Partizipation an beide Pole umfassenden Sinnverhältnissen.

Diese geregelte Partizipation setzt zudem die Annahme eines zweistufigen Modells voraus, das als Oberflächen-Tiefenmodell, als Expressionsmodell oder auch als eindeutige Signifikatzuweisung beschrieben werden kann. In dem Versuch, Sinnverhältnisse u. a. auch aus der Geschichte zu abstrahieren, geht es seit dem Beginn des literaturwissenschaftlichen Projekts vornehmlich darum, Werken als Arrangements aus Signifikanten eindeutige Signifikate zuzuweisen. Der Sinn von Texten wird also nicht in ihrem manifesten So-Sein vermutet, sondern in einer noch zu entschlüsselnden Tiefenstruktur verortet, die als Signifikat fungiert. Der ›eigentliche Sinn‹ entstammt also einer signifikativen Ebene, die aber erst im individuellen Werk *erscheinen* muß und so zur Bildung einer Signifikanten-Kette Anlaß gibt, die dann vom jeweiligen Leser angeeignet werden kann, der über Zuordnungskompetenz verfügt. Da dies Modell in der Regel metaphysisch orientiert war, die Existenz von allgemeiner Ordnung also auch in ihrer Verborgenheit voraussetzte, ließen sich sowohl die Annahme eines besonderen Subjektes, eines sinnhaft-besonderen Textes als auch eines besonderen Lesers plausibel anschließen: Das individuelle Allgemeine als gemeinsamer Nenner für Autor, Text und Leser.

Die in dem Signifikantenarrangement erscheinende Totalität bedarf nun *professioneller* Betreuung, um ›angemessen‹ angeeignet werden zu können. Dies ist die Aufgabe von Edition und interpretativen Verfahren. Der interpretative *Kommentar* produziert eine Signifikantenkette, die als Versuch signifikativer Zuweisung ausgegeben wird. Die Signifikantenkette des Kommentars gibt sich als verstehendes Rearrangement, als *Rekonstruktion,* deren Zielpunkt in der ›Bedeutung‹ des Textes liegt. Daß es sich bei diesem Zielpunkt nur um einen Fluchtpunkt handelt, wird zwar in der Rede von der nichtaufzulösenden Restdifferenz des Verstehensaktes reflektiert, im Festhalten am jeweiligen Geltungsanspruch aber zugleich hintangestellt. Deutlich wird dies auch in der nicht abschließbaren Bewegung des Wissenschaftssystems selbst: Die Koexistenz der Kommentare ist nur der Euphemismus ihrer Konkurrenz, ihres wechselseitigen Ausschließlichkeitsanspruchs.

Diese Arbeit des professionellen Kommentars muß die Teilnehmerzuschreibung immer durch eine Beobachterzuschreibung ergänzen. Nur so wird eine Signifikatzuweisung möglich, die sich als wissenschaftlich kontrolliertes Bedeutungsarrangement ausgeben kann. Es ist gerade die ›Identität‹ von Teilhabe und Beobachtung, von der ausgegangen wird. Dieser Rollenspaltung auf seiten des Kommentators entspricht folgende texttheoretische Unterstellung; die Texte sind nun Kosubjekte und Objekte zugleich: Sie ›sprechen‹ im Rahmen eines identischen Sinnzusammenhangs, der aber nur dadurch gefunden werden kann, daß die Texte *auch* als Objekte behandelt werden.

Neben der bis heute anhaltenden Geltung dieses Hermeneutikmodells, wo ›dialogisches‹ Verstehen ›monologisches‹ Beobachten eindeutig in den Dienst nimmt, sind auch Verlagerungsversuche zu konstatieren, denen es um eine Skalierungsverschiebung von Teilhabe zu Beobachtung geht. Dies hat versuchsweise die quantitative Verschiebung der Texte von der Kosubjekt- auf die Objektebene zur Folge und geht mit Signifikatvereindeutigung einher. *Materialistische* Theorien etwa zielten in diese Richtung, wenn sie das Sinnpotential von Texten über ihre Verortung in gesellschaftlicher Produktion, Distribution und Konsumtion auf ein Klassenkampfmodell bezogen haben. *Psychoanalytische* Theorien versuchten anthropologisch-psychologische Rückführungen des Autors (oder auch des Werkes und des Lesers), deren überkommene ›allgemeine Besonderheit‹ so unter der Hand den Index normaler Pathologizität erhalten konnte. Und der *sozialgeschichtliche* take-off der 70er Jahre orientierte seine Signifikatzuweisung vornehmlich an Modellen sozialer Schichtung. Stets handelte es sich um Souveränitätseinschränkungen von Autoren, Texten oder Lesern, die den Literaturwissenschaftler sich weniger als Teilhaber, sondern als Beobachter der Tradition verstehen und in Distanz zu deren vermeintlichem Sinnkontinuum setzen ließen. Gerade diese Distanzierung hat den Konservatismus der Interpretationshelden im wissenschaftspolitischen Wendewetter wieder auf den Plan gerufen, denen die Werke stets gegenwärtig sind.

Nun ist aber bei einer Reihe materialistischer, psychoanalytischer und sozialgeschichtlicher Verfahren die Beobachterzuschreibung und damit die Distanzierungsleistung zu Tradition zu problematisieren. Die Zuordnungszusammenhänge, die die Bedingung der Möglichkeit der Verortung von Texten ergeben sollen, bedürfen fast alle eines Modells intentional gerichteter, personaler Interaktion, das die Autor-Text-Leser-Triade als *Handlungszusammenhang* zu fassen versucht. Dadurch ergab sich eine Bedingungsvorstellung, die über Zurechnungen von Intentionalitätsannahmen das metaphysische Sinnordnungsmodell als Interaktionsmodell reformulierte. Selbst bei Diskontinuitäten und ›Ungleichzeitigkeiten‹ bleiben die Kollektivsingulare ›Geschichte‹ und ›Literatur‹ *als Nexus* erhalten. Auch hier liegt noch dieselbe Kommentarfunktion vor: Es geht darum, in dialogischer Auseinandersetzung mit der Signifikantenkette des Textes einen Kommentar zu erstellen, der auf ein (durch Kontextargumente angereichertes) soziales Signifikat als Zentrum rückbeziehbar ist. Literarische Werke bleiben ihm als Sinngefüge erhalten, und ›das Literarische selbst‹ gilt ihm weiterhin als irreduzibel-besonders.

Nun stellt sich allerdings die Frage, ob man dieses Modell um eine weitere Variante bereichern soll, zumal der Kollektivsingular ›Geschichte‹, der Kollektivsingular ›Literatur‹ und nicht zuletzt *subjekttheoretische* Annahmen in die Krise geraten sind, die daraus resultierte, daß der Geltungsnachweis des jeweiligen Kollektivsingulars eingefordert wurde. Warum nämlich sollte a priori von der Existenz *einer und nur einer* Ordnung ausgegangen werden? Wäre es nicht auch möglich, *Ordnungen* als sehr künstliche und daher stets gefährdete Produkte zu begreifen, deren wechselnde Elemente sich im Spannungsfeld von Kontingenz und Regel in Systemen verbinden und nun als *ähnliche* beschreiben lassen? Ist es dann nicht überflüssig, das schlichte Modell, in dem *das Individuum* gegen *die Gesellschaft* steht, ohne ganz in ihr aufzugehen, stets fortzuschreiben? Man hätte sich vielmehr zu fragen, wie trotz radikaler Subjektivität (der grundsätzlichen Differenz der Subjekte) Gesellschaften als Systeme des Ähnlichen möglich werden und funktionieren, hätte also nicht von der einen Ordnung auszugehen, sondern Ordnungen erst als ein Ergebnis zu analysieren. (Dies ist auch der Ausgangspunkt Niklas Luhmanns, und hier liegt eine Verbindung von System- und Diskurstheorie.) Man hätte das Subjekt (subiectum: das, was unterworfen worden ist) dann nicht als den Klausner des Anfangs, dessen ›subversiver Anarchismus‹ zu *anthropologischen* Absicherungsunternehmen einlädt, zu begreifen, sondern immer schon als sich vergesellschaftendes und vergesellschaftetes ›Wesen‹, das stets *in* der Gesellschaft lebt.

Damit verliert die idealistische Gegenüberstellung von Individuum und Gesellschaft ihre Dramatik und erscheint lediglich als selbstreflexive Variante des Vergesellschaftungsprozesses. Das

Dual aus Natur und Kultur, das auch für viele literaturwissenschaftliche Positionen den Begründungsrahmen abgibt, wird so
als künstlicher Dualismus kenntlich gemacht. Die diskurstheoretische Analyse konzentriert sich dann auf die mehr oder minder
funktionierenden Ähnlichkeiten, auf die Serien und geregelt-
ungeregelten Streuungen, in die die Subjekte allemal inkorporiert
sind. Es geht also gar nicht um die Mortifikation des Subjekts,
auch nicht darum, die Metapher vom subjektlosen Prozeß der
Geschichte als Anti-Humanismus, als wissenschaftliche Akkla-
mation der industriellen Roboter-Landschaft mißzuverstehen.
Der eigentliche Anti-Humanismus liegt dann schon eher im Idealismus, setzt er doch stets Subjekt-Effekte frei, die suggerieren,
Gesellschaft resultiere aus den intentionalen Handlungen freier
oder zu befreiender Bürger, und die ›richtige‹ Gesellschaft sei vornehmlich das Ergebnis eines Interaktionsspiels, das auf individuelle ethische Haltungen rückgerechnet werden kann. Daß dieser
ethisch-utopische Gesinnungsüberschuß stets zur ›funktionalen
Verwertung‹ einlädt, sei nur am Rande vermerkt.

Die hier diskutierten Diskurstheorien, die in der Regel als Post-
oder Neostrukturalismus etikettiert werden, bieten zum idealistischen Modell eine erkennbare, bislang aber für die Literaturwissenschaft noch unausgearbeitete Alternative an. Man kann
innerhalb des Projekts ›Diskurstheorie‹ zumindest drei Blickrichtungen unterscheiden: In Umkreis und Nachfolge von Jacques
Lacan und Julia Kristeva geht es einerseits um eine linguistisch
konzipierte Theorie der Psychoanalyse. Jacques Derrida, der
späte Roland Barthes und der amerikanische Dekonstruktivismus
(Paul de Man) haben dann ebenfalls sprachtheoretische Überlegungen in den Mittelpunkt gestellt, um aus der Kritik an Identitätsphilosophie eine auf *Differenz* aufbauende Konzeption zu
entwerfen und in ihren Anwendungsmöglichkeiten zu erproben.
Michel Foucault als Genealoge schließlich destruiert alle Ge-
schichtskonzeptionen, die Homogenität prämieren und Totalität
postulieren. Selbst also heterogen, setzen diese Positionen auf
Subjektdezentrierung; sie beziehen ihre Gemeinsamkeit aus einer
Negationsgeste gegenüber einem allerorts vermuteten *Logozentrismus*, dessen Erscheinungsform auf je verschiedenen Theorie-
Feldern gegenübergetreten wird. So richtet Lacan seine theoretische Verve gegen die Phantasmen der Ich-Autonomie, Derrida
opponiert gegen die Annahme metaphysischer Zentren bzw. Prä-

senzen, eine Abwehrbewegung, die auch Paul de Man macht, und Foucaults Überlegungen versuchen den Raum zu besetzen, der frei wird, wenn man die Voraussetzung der *einen* kohärenten Geschichte mit ihren Kontinuitätspräsuppositionen nicht mehr teilt. Negiert werden also alle Konzepte, die darauf zielen, Sinn als substantiellen Ausgangs- und Endpunkt rekonstruktiver Arbeit zu fassen: »Ursprung ist das Ziel.« Vielmehr werden Sinnverhältnisse als künstlich-kunstvolle Effekte mit ihren jeweiligen nicht-intentional zurechenbaren Strategien zu Objekten der Untersuchung. Durchaus unrichtig ist es auch, hier die beliebte Polemik von der barbarischen, die Werte des Abendlandes negierenden Gegenaufklärung zu bemühen; besser spräche man von einer neuen Dimension der ›Entzauberung‹, die den *logosmythischen* ›Verzauberungen‹ des Moderne-Projekts nicht mehr folgen will. Das literarische Kommunikationsmodell gerät dadurch tendenziell vollständig auf die Gegenstandsebene, wobei aber (etwa bei Derrida) gleichzeitig einem neuen Objektivismus entgegengehalten wird: Die Beobachterposition ist eine Selbstzuschreibung, Objekt- und Metasprache bestehen aus relativ, nicht jedoch substantiell verschiedenen Signifikantenketten, eine Identität suggerierende letzte Metasprache gibt es nicht.

Entscheidend für alle diskurstheoretischen Überlegungen ist so, daß tradierte Sinneinheiten nicht den Fundierungspunkt der Analyse bilden. Damit erscheinen Subjekt und Text nicht mehr als Ausgangsvoraussetzung (wie dies schon z. T. im Rahmen marxistischer Theorien, etwa beim Marx des *Kapitals* und dann bei Althusser der Fall war). Die überkommene Autor-Text-Leser-Triade wird nun den allgemeinen Bedingungen, die den Relationsaufbau steuern, nachgelagert. Bei Lacan zielt der Begriff des *l'Autre* auf solche Bedingungen, bei Derrida die *différance,* und bei Foucault übernimmt diese Theoriestelle zunächst die *Streuung der Aussagen,* später die *Macht-Wissen-Konzeption.* Die Idee des Autors als kreativ-bildendes Subjekt, sprachmächtig und sprachschöpfend zugleich, weicht der einer vorgängigen symbolischen Ordnung und der Vorstellung vom Einzelnen als Schnittpunkt differenter Diskurse jenseits aller Selbstdurchsichtigkeitsphantasmen: Individuierung ist nur möglich auf der Basis grundsätzlicher und stets vorausgesetzter *Differenz.* Es ist so kein Zufall, daß sich eine Liaison zu Theorien der Postmoderne, etwa bei Jean-François Lyotard[3], als naheliegend ergeben hat. Die Ubiquität beschleunigt-agonalen Informationsroulettes läßt ein Festhalten an individuellen – subjektzentrierten – Bezugspunkten eigentümlich hilflos erscheinen, und die von Bewußtseinsphilosophie ableitbaren Gesellschaftsmodelle vermögen die Rituale einer Verfahrensgesellschaft kaum theoretisch einzufangen. (Dafür bietet etwa die Luhmannsche Systemtheorie eine bessere Handhabung, die nicht umsonst theoriebautechnisch von Differenzannahmen ausgeht.[4])

Damit einher geht die Auflösung textueller, temporaler und klassifikatorischer Sinneinheiten – um später zu neuen Einheiten zu gelangen, deren Status sich allerdings geändert hat. Bei Foucault etwa gelten Texte nur noch als Ausgangspunkt der Analyse, um ihre Elemente im nächsten Schritt diskursiven Aussageformationen bzw. Macht-Wissen-Konzeptionen zurechnen zu können. Es sieht aus, als wären die Regeln eines unbekannten Spiels durch Beobachtung des Spielablaufs aufzufinden. Die Figurenkonstellation auf dem Spielbrett erscheint als System der Streuung, deren Verteilung als Effekt von Regeln. Um also den Verteilungsmodus in seiner begrenzten Kontingenz analysieren zu können, sind die generierenden Mechanismen zu erschließen. Dieses Eintrittsbillet in die Diskursanalyse faßt Konstellationen und also auch Texte als *zusammengesetzte* und *künstlich* zum Abschluß gebrachte disperse Einheiten, die sich aus Differenzen ergeben. In solchem Sinn kann man von der Pluralität eines Textes sprechen, der stets aus Aussagen verschiedener Diskurse besteht und allein in seiner Existenz immer schon auf *Intertextualität* bzw. auf *Interdiskursivität* verweist. Ein so multiplizierter Text erlaubt nämlich weder substantiell-personale noch substantiell-temporale oder substantiell-klassifikatorische Zuordnungen. Derrida betont z. B. gegenüber dem sogenannten ›Phonozentrismus‹ den Ablösungsprozeß, der die Schrifterzeugnisse von ihren Urhebern trennt. Aber auch die Verortung in Epochen oder Gattungen als herkömmlichen Gliederungsschemata der Literaturgeschichtsschreibung gerät unter das Verdikt, unreflektiert das von einem linearkonnektiven Geschichtsmodell aktivierte Schubladenwesen emsig auszubauen.

Der künstliche und kunstvolle Status aller Texte mit seinen disseminalen Effekten macht zwei weitere Überlegungen anschließbar. Eine substantielle, metahistorisch fixierbare Qualität des Literarischen, Literarizität als Naturereignis, wird in der Regel bezweifelt. Zwar gibt es Annahmen über die sich selbst dekonstruierende Struktur literarischer Texte (etwa im amerikanischen Dekonstruktivismus); verbreiteter ist allerdings eine Haltung, die das spezifisch Literarische (zumeist durch rhetorische Befunde abgesichert) zugunsten allgemeiner Metaphern/Metonymie-Annahmen von Sprache aufgibt. Strenge binäre Sortierungen sind dann nicht mehr möglich, und ein Phänomen wie ›Literarizität‹ wäre jetzt eine historisch variierende Zurechnungskonvention und literarische Texte Varianten im unbeherrschbaren Universum künstlicher und kunstvoller Kommunikationsabschlüsse.

An diesen veränderten Textbegriff kann eine neue Theorie des Lesens anschließen. Einmal liest sie insbesondere literarische Texte gegen vorgängige Sinnhaftigkeit und konstruiert Sinnkomplexionen, denen nicht mehr Kompatibilität abverlangt wird. Texte werden nicht vereindeutigt, nicht auf ein Zentrum bezogen, dem sie entspringen sollen. Zum anderen ist daran gedacht, das historische ›Apriori‹ von Texten, d. h. die Bedingung der Möglichkeit ihrer Sinnproduktion, ihre Poetik (Paul de Man), über die Analyse von diskursiven und interdiskursiven Formationen näher zu bestimmen. Da ist auch Platz für eine neuformulierte Rhetorik.

Weitreichende Folgen ergeben sich vor allem für den professionellen Leser, den die diagnostizierte ›Dissemination‹ zu einer radikal veränderten Kommentarleistung nötigt. Wenn der Ingenieur nur ein vom Bastler erzeugter Mythos ist, hätten sich die Textwissenschaften dem Basteln, der *bricolage*, zu stellen und im Spiel, als dem Zerreißen der Präsenzen, Zentrumsannahmen zu verflüssigen. So hält Jacques Derrida an der Saussureschen *Arbitrarität* des Zeichens fest und verneint insbesondere die Annahme eines transzendentalen Signifikats, weil die Signifikantenkette nicht abschließbar ist. Wenn es keine privilegierte Referenz gibt, so besteht die Bewegung der Signifikantenkette aus einer nicht zu Ende kommenden Substitution von Zentrumszuweisungen, die das Signifikat jeweils als (nur) funktionalen Bezugspunkt benötigen: Das meint auch die Lacansche Metapher vom Gleiten des Sinns. Gerade diese Nicht-Abschließbarkeit zeichnet zudem das Wissenschaftssystem insgesamt aus, dessen Bewegung als Gleichzeitigkeit von Erkenntnisprätention, Erkenntnisakzeptanz und Erkenntnisnegation beschrieben werden könnte. Wie aber mit diesen Befunden umgehen? Es ergeben sich Fragen:

Von welchen Ausgangspunkten hat man im Theorieaufbau auszugehen? Von Aussagen oder doch von Texten oder Werken?

Wie sind die Anschlußeinheiten (Autor-Text-Leser?) zu plazieren? (Nur noch als Effekte, und was heißt genau Effekt?) Oder kommt ihnen eine darüber hinausgehende Bedeutung zu, etwa indem individuelle Texte/Werke anarchisch gegen den Regelzusammenhang von Besonderem und Allgemeinem Einspruch erheben und einen unverwechselbaren Stil besitzen? Wie sind Text, Diskurs, Intra- und Interdiskurs methodisch zu verbinden?

Wie ist das Spiel zwischen diskursiven und nicht-diskursiven Praktiken zu analysieren, und wie können diskurstheoretische mit geschichtstheoretischen Annahmen verknüpft werden? Die relative Beliebigkeit der Foucaultschen Gegenstandswahl erklärt sich ja aus dem Fehlen übergreifend-prozessualer, gesellschaftstheoretischer Bauelemente. Das könnte man exemplarisch diskutieren, indem man diskurstheoretische mit institutionentheoretischen resp. systemtheoretischen Annahmen konfrontiert.

Lassen sich die unterschiedlichen Varianten der Diskursanalyse (psychoanalytische, historisch-genealogische und semiotische) zu einem Modell integrieren, oder sind Diskurstheorie als Theorie des Lesens (Derrida/de Man/Lacan) und Diskurstheorie als historisch orientierte Genealogie (Foucault) nicht miteinander zu vereinbaren?

Welche Verfahrensänderungen werden für diskurstheoretische Arbeiten in den Textwissenschaften notwendig? Gibt es eine Wiederkehr der Hermeneutik, und – vor allem – wie hat diese auszusehen?

Zu welcher Disziplinensortierung kann es etwa führen, wenn man diskurstheoretische Prämissen ernst nimmt?

Welche Aufgaben stellen sich der Literaturwissenschaft in historisch-gesellschaftlichen Zusammenhängen – nach Verabschiedung aller Projekte, die von Sinnstiftung gezehrt haben?

Die in diesem Band versammelten Beiträge versuchen, die angedeuteten Linien auszuziehen und einige der Fragen zu diskutieren. Sie lassen sich zu drei Schwerpunkten zusammenfassen. Erstens steht die Nachzeichnung diskurstheoretischer Konzepte im Vordergrund. Zweitens werden Konsequenzen für das literaturwissenschaftliche Design markiert, die sich aus der Diskussion diskurstheoretischer Positionen ergeben. Und drittens wird der

Versuch gemacht, zu einer neuen Lektüre oder Plazierung literarischer Werke zu gelangen.

Am Anfang des Bandes steht eine engagierte Auseinandersetzung von Manfred Frank mit der Foucaultschen Verwendung des *Diskursbegriffs*. Interessanterweise macht sich Frank ein immer wieder von Derrida benutztes Argument zu eigen: Ist der Diskurs/ sind die Diskurse *disseminal*, trifft das auch mit Notwendigkeit auf den Wissenschaftsdiskurs und damit auch auf die Diskursanalyse selbst zu, die daraus methodologische Konsequenzen zu ziehen hätte. Auch Peter Bürger bezieht kritisch zu Foucault Stellung, indem er im dezentrierenden Denken Foucaults ein geheimes Zentrum ausmacht, hinter dem sich die idealistische Sehnsucht nach der ›Aufhebung des Subjekts und Objekts‹ verberge. Über diskursive Sinnstabilisation durch Macht handelt Kurt Röttgers, der in einem ausgreifenden Text Diskurse als *Redegewohnheitsnotwendigkeiten* und als *Verstehensgewohnheitsnotwendigkeiten* vorstellt. Claus von Bormann zeigt, welche nicht-hermeneutischen Lektüremöglichkeiten die Lacansche Psychoanalyse der Literaturwissenschaft bietet, während Harro Müller in einem Text zu Paul de Man verdeutlicht, wie eine *dekonstruktive* Lesart eines Kleist-Textes funktioniert. Über *Deconstruction* als amerikanische literaturtheoretische ›Schule‹ schreibt Hans-Ulrich Gumbrecht, indem er für die Analyse der für die Dekonstruktion konstitutiven Aporien eine wissenschaftsgeschichtliche Perspektive einbringt, die ihm ein Lösungsangebot ermöglicht. Einen Blick von außen auf diskurstheoretische Projekte Foucaultscher oder Derridascher Provenienz wirft Siegfried J. Schmidt. Er skizziert den Rahmen einer konstruktivistisch orientierten *Empirischen Literaturwissenschaft* und markiert neben Differenzen eine Reihe von Anschlußmöglichkeiten zu diskurstheoretischen Positionen. Dann folgt eine *begriffsgeschichtlich* orientierte Situierung des Diskursbegriffs, die Peter Schöttler vornimmt. Dabei richtet er sein Hauptaugenmerk auf die Verwendungsweise des Diskursbegriffs in der Historiographie. Am Beispiel Frederic Jamesons zeigt Peter Uwe Hohendahl die Beziehbarkeit von Diskursanalyse und Marxismus; demonstriert wird dies anhand der intellektuellen Positionsverschiebungen, die Jameson von Lukács zu Althusser und Lacan geführt haben.

Die Veränderungen des Designs beziehen sich zunächst auf das Kernstück überkommener Literaturwissenschaft, die Trias Autor, Werk und Leser. Uwe Japp analysiert die Rede vom »*Tod des Autors*« und versucht im Anschluß an Foucault, der Funktion des Autors in der Ordnung und für die Ordnung des Diskurses nachzugehen. Harro Müller diskutiert die Bedeutung des literarischen *Werkes* als Gegenstand von Sinn-Zuschreibungen, dessen Dignität stets mit metaphysischen Totalitätsannahmen verbunden war und dadurch erst die Statthalterrolle des schöpferischen Subjekts ermöglicht hat. In Absetzung gegen dieses Modell wird auf der Unabschließbarkeit (bei gleichzeitigen Arretierungsmöglichkeiten) der Textauslegung bestanden, die aber nicht als Folge einer spezifischen Textsubstanz, sondern als Ergebnis sinnzuschreibender Konjekturen erscheint. Diese Zuschreibungen führen jedoch nicht zu einer Theorie des je besonderen *Lesers*, sondern – für Jürgen Fohrmann – zu einer Analyse der disziplinär vermittelten *Kommentare*, die als Zuordnung von Signifikanten zu feststehenden Signifikaten die Serien der professionellen Auslegung motivieren und zugleich je konsistente Lesarten erzeugen wollen.

Diese Um-Schreibung der literaturwissenschaftlichen Trias macht einmal eine diskurstheoretische Diskussion von Textstrukturen anschließbar und eröffnet zum anderen einen neuen Blick auf die Verbindung von Diskurs und Werk.

Jutta Kolkenbrock-Netz vergleicht strukturale und kommunikationsorientierte Verfahren der *Textanalyse* mit einem diskurstheoretischen Vorgehen, das – im Anschluß an Foucault – die Aussagen als *historische* Ereignisse begreift, eine funktionale Analyse von Sinnzusammenhängen intendiert und die Begrenztheit der Sinneffekte zu analysieren versucht. Narrationsschemata werden dann nicht anthropologisch fundiert, sondern werden u. a. als diskursive Strategien begriffen.

Jürgen Links »Literaturanalyse als Diskursanalyse« zielt darauf ab, die Bedingungen literarischer Bildfelder in jener *Kollektivsymbolik* auszumachen, die als »elementar-literarische Anschauungsformen« interdiskursive Sprachspiele und damit eine Kommunikation, die über Spezialdiskurse hinausgeht, ermöglicht. Kollektivsymbole, als Bausteine von Interdiskursen, vermitteln daher das Sprechen unter der Bedingung gesellschaftlicher Praktikendifferenzierung.

Ein diskurstheoretischer Zugang zum *literarischen Gegenstandsbereich* kann zunächst in der Analyse der *Autorfunktion* bestehen.

Dies bietet sich insbesondere an jenem historischen Ort an, an dem die Autorfunktion sich selbst zu problematisieren und neu zu entwerfen beginnt. Autorschaft als Vermögen, etwas zu bilden (zugleich als transitorisch zu betrachten), den Autor als neuen Gott der Erudition zu feiern, untersucht Bernhard Dotzler am Beispiel *E.T.A. Hoffmanns und Bettina von Arnims*. Philipp Forgets diskurstheoretische Studie geht der Zuschreibung von Autor- und Werkfunktion am Beispiel *Lenaus* nach. Und Gerhard Plumpe verfolgt in der Verschränkung von *ästhetischem und juridischem Diskurs* die Stabilisierung ästhetischer Anschauungen aus den Emergenzen des Urheberrechts.

Ein weiteres diskurstheoretisches Verfahren untersucht einen Textcorpus jenseits aller Autorzuschreibungen auf seine Konstitutionsbedingungen. Nikolaus Wegmanns Aufriß, der sich zugleich als Plädoyer für die eigentlichen Qualitäten von Philologie versteht, versucht die *empfindsame Redeweise* vornehmlich des 18. Jahrhunderts über ihre Leitdifferenzen, zwischen politischer Klugheit und exzentrischer Subjektivität, diskursanalytisch zu bestimmen.

In einem Beitrag zu Adalbert Stifter untersucht Horst Turk die Diskursformation Realismus und zeigt Möglichkeiten auf, wie eine diskurstheoretisch belehrte Umgangsweise mit herkömmlichen Epochenbegriffen aussehen könnte. Eine diskurstheoretisch inspirierte Relecture eines Klassikers der Moderne bietet Klaus Scherpe in seinem Aufsatz zu Alfred Döblins *Berlin Alexanderplatz*. Am Schluß des Bandes steht eine umfangreiche Auswahlbibliographie, die Gabriele Kalmbach zusammengestellt hat. Sie soll den Zugang zum unübersichtlichen Feld der Diskursanalyse erleichtern.

Der vorliegende Band geht auf eine Tagung zurück, die im Juni 1986 am Zentrum für interdisziplinäre Forschung der Universität Bielefeld stattgefunden hat. Dem ZiF danken wir sehr herzlich für seine vielseitige Unterstützung.

Jürgen Fohrmann/Harro Müller

Anmerkungen

1 Hans Robert Jauß, *Literaturgeschichte als Provokation*, Frankfurt/Main 1970 (es 418), S. 169.
2 Ebd., S. 186.
3 Vgl. Jean-François Lyotard, *La condition postmoderne*, Paris 1979.
4 Vgl. Niklaus Luhmann, *Soziale Systeme. Grundriß einer allgemeinen Theorie*, Frankfurt/Main 1984, S. 23 ff.

I

Manfred Frank
Zum Diskursbegriff bei Foucault

Aus Lichtenbergs Beobachtung, daß der hohle Klang beim Zusammenstoß eines Buchs mit einem Kopf nicht allemal dem Buch anzulasten sei, muß man nicht den überstürzten Umkehrschluß ziehen, die Ratlosigkeit der Forschungsgemeinschaft angesichts eines vagen Schlüsselbegriffs im Werk eines Autors sei allemal Schuld der Forschungsgemeinschaft. Dies scheint mir der Fall des Terminus ›Diskurs‹ im Diskurs der Gebildeten unter den Verächtern der Hermeneutik. Seine massenhaft gewordene und modische Verwendung, vor allem unter Literaturwissenschaftlern, deutet zwar aufs Bestehen eines epistemologischen Problems (vorsichtiger gesagt: eines Bedürfnisses), dem er abzuhelfen bestimmt ist, reicht aber nicht aus zur Entkräftung des Einwandes, die Semantik seines Gebrauchs sei so unbestimmt, daß sein Funktionieren nicht gesichert ist. Das entschärft dann auch die kritische oder polemische Akzentuierung (etwa gegen den Begriff des Sinnverstehens), die einige Benutzer ihm beilegen. Denn solange nicht bekannt ist, wogegen sich die Kritik richtet, kann die schwebende Debatte nicht nur nicht entschieden, sondern nicht einmal ausgetragen werden.

Natürlich rede ich nicht von der Verwendung des französischen Substantivs ›discours‹, dessen Bedeutung durch verschiedene konversationelle, rhetorische, politische und literarische Kontexte eingegrenzt ist, sondern von seiner Instrumentalisierung zum Inbegriff eines theoretischen Programms, dem Michel Foucault eine Zeitlang den Namen ›Archäologie‹ zugedacht hat. Um die Bedeutung dieses Begriffs ist es nicht besser bestellt als um diejenige von ›discours‹ (die die deutsche Übersetzung durch ›Diskurs‹ noch weiter entstellt). Doch aber kann man sich fragen, welche Dispositionen sich in der tradierten Semantik von ›discours‹ finden, die ihn als geeigneten Kandidaten für die von Foucault vorgeschlagene semantische Umbildung haben ausersehen lassen.

›Diskurs‹ leitet sich her vom lateinischen ›discursus‹. Das zugehörige Verb ›discurrere‹ meint ›hierin und dorthin laufen‹ (›courir ça et là‹). Ein *discours* ist ein Gespräch oder eine Rede von einer gewissen (unbestimmten) Ausdehnung, die nicht schon vorab durch eine zu rigide Intention in seiner Entfaltung und spontanen Entwicklung gehemmt sind. Wer einen »discours« hält, gibt keine »conférence«. In vielen französischen Kontexten ist der Term eng benachbart solchen wie ›bavardage‹, ›palabre‹, ›conversation libre‹, ›causerie‹, ›improvisation‹, ›exposé‹, ›narration‹, ›langage‹ oder ›parole‹. Sein alltäglicher Gebrauch ist sehr weit entfernt von Habermasens Definition, wonach Diskurse Veranstaltungen heißen sollen, in denen wir Geltungsansprüche begründen. Dagegen kommt er Foucaults Verwendung darin nahe, daß er erstens empfindlich ist gegen rigide Reglementierungen, andererseits aber sich in einer vagen Mitte zwischen normiertem Sprachsystem und bloß individueller Sprachverwendung hält. Diskurse im neufranzösischen Sinne sind weder bloße singuläre Wortkombinationen im Sinn der Saussureschen *parole,* noch erschöpft sich ihr Sinn in dem der Regeln, die für ein betreffendes Sprachsystem verbindlich sind. Sie sind das erste nicht, da es sich um intersubjektive Veranstaltungen handelt, und nicht das zweite, weil ihnen eine nicht regulierte Freiheit zugestanden wird, die nicht regellos ist, aber durch den Begriff der grammatischen Regeln nicht erschöpft wird.

Ich will im folgenden versuchen, drei Schichten von Verwendungen des Ausdrucks ›discours‹ in theoretischen Texten des französischen Strukturalismus und Neostrukturalismus auszuheben. Nur die zwei letzten betreffen Foucaults eigenes Werk, das seine Vorläufer und Wegbereiter nie verleugnet hat. Auf die erste Schicht stoße ich beim Lesen des ersten Bandes der *Anthropologie structurale* von Claude Lévi-Strauss.[1] Seine Vorläuferschaft bei der terminologischen Umgestaltung des Ausdrucks ›discours‹ zum Träger eines ganzen theoretischen Programms scheint mir zu wenig gewürdigt zu werden.

I.

Eine der Zauberformeln, die der Strukturalismus der publizierten Fassung von Saussures *Cours* entnahm, hieß, die Sprache sei keine Substanz, sondern eine Form. Daß Lévi-Strauss, ausgehend von Saussure und der Phonologie Trubetzkoys, versucht hat, in den

verschiedenen Verwandtschaftsorganisationen algebraische Netz-
strukturen und Transformationsgruppen zu entdecken, ist allgemein bekannt. Verwandtschaftsbeziehungen werden zwar spra-
chanalog, aber nicht – im Sinn unseres Terms – diskursiv geregelt,
darum interessiert uns eher die Anwendung dieses Programms auf
sprachliche Gebilde wie Mythen.

  Schon Saussure hatte seine allgemeine Linguistik unter den Titel
›sémiologie‹ gestellt und diese definiert als *»une science qui étudie
la vie des signes au sein de la vie sociale;* elle formerait une partie de
la psychologie sociale, et par conséquent de la psychologie générale. [...] Elle nous apprendrait en quoi consistent des signes,
quelles lois les régissent«.[2] Lévi-Strauss hat dann vorgeschlagen,
das Gesetz, wonach die Bedeutung eines sozialen Zeichens der
Effekt differentieller Beziehungen zu anderen Zeichen ist, durch
einen *Analogieschluß* auf andere soziale Systeme, in letzter Instanz auf die Gesamtheit aller Produktionen des ›unbewußten
Geistes‹ auszudehnen.[3] Dessen Tätigkeit besteht darin, einem Inhalt Formen aufzuerlegen (»à imposer des formes à un contenu«).[4]
Fügen wir hinzu: einem zuvor unartikulierten Inhalt, so finden
wir uns unmittelbar zurückverwiesen auf den Beginn des IV. Kapitels von Saussures *Cours,* wo das Prinzip der Zeichenartikula-
tion exponiert wurde: Der Geist ist an sich ebenso amorph wie der
Laut, darum muß zwischen beiden etwas intervenieren, nämlich
der Schematismus der Artikulation, durch den ein sinnlich wahr-
nehmbarer Laut auf eine nicht-sinnliche Bedeutung allererst bezogen werden kann. Lévi-Strauss hat den idealistischen Term ›Schematismus‹ auf sein Verfahren selbst angewandt, z. B. in einer
bekannten Passage aus *La pensée sauvage,* von der ich nur zwei
Sätze anführe:

Sans mettre en cause l'incontestable primat des infrastructures, nous croy-
ons qu'entre *praxis* et pratiques s'intercale toujours un médiateur, qui est le
schème conceptuel par l'opération duquel une matière et une forme,
dépourvues l'une et l'autre d'existence indépendante, s'accomplissent
comme structures, c'est-à-dire comme êtres à la fois empiriques et intelli-
gibles. C'est à cette théorie des superstructures, à peine esquissée par Marx,
que nous souhaitons contribuer.[5]

Die Fruchtbarkeit der Übertragung des Saussureschen Artikula-
tions-Theorems auf Zusammenhänge gesellschaftlicher Strukturen ist aber hier nicht unser Thema. Für die Ausbildung von
Foucaults Diskursanalytik entscheidend scheint mir die Anre-

gung, die aus Lévi-Strauss' Übertragung der strukturalistischen
Verfahren auf die Analyse von Mythen hervorgeht. Mythen sind ja
Erzähl-Texte, die – im Gegensatz zu Verwandtschaftsbeziehungen
oder Gesellschaftsstrukturen – im Bereich der Sprache angesiedelt
sind.[6]

Nun besteht zwischen der inneren Form einer Sprache *(langue)*
und eines Mythos ein entscheidender Unterschied. Zwar sind Mythen sprachliche Gebilde (und fallen insofern unter den Begriff der
langue); sie sind aber andererseits Ereignisse der *parole:* »il[s] relè-
ve[nt] du discours«.[7]

Da stoßen wir nun auf jenen Begriff, der zu den zentralen Marken
im Sprachspiel des Neostrukturalismus zählen wird. Lévi-Strauss
führt ihn wie folgt ein: Der Mythos, sagt er, ist eine in sich
geschlossene Folge nicht von Einzelzeichen, sondern von Sätzen.
Als eine Erzählung ist er zwar ein sprachliches Ereignis, aber kein
solches, dessen Sequenzen unbeschädigt aus ihrer Zeitstelle entfernt werden könnten. Die Linearität der Zeichen – und erst recht
der Satzfolge – versieht jedes signifikante Element mit einem Zeitindex, d. h. ist nicht umkehrbar. Dagegen sind die Elemente einer
Struktur – die Werte und ihre differentiellen Beziehungen – rekur-
siv definiert: Sie können ohne weiteres umgekehrt werden: Die
Matrix, die sie als Ereignisse erzeugt, ist strikt unzeitlich. Diesen
Unterschied hatte Saussure selbst durch die (ungeschickten) Termini »Synchronie« und »Diachronie« bezeichnet. Nun erinnert
Lévi-Strauss daran, daß der bislang ganz undifferenziert verwandte Begriff der Struktur in sich noch mannigfach untergliedert
ist: Er ist ein Gebilde, in dem sich verschiedene Konstitutions-
Niveaus unterscheiden lassen.

Das muß ich kurz erläutern. Es war Emile Benveniste, der in
seinem Hauptwerk den Begriff der Konstitutions-Niveaus eingeführt und wie folgt erklärt hat.[8] Saussures Einsicht, wonach
sprachliche Bedeutsamkeit durch phonische Unterscheidung der
Zeichen zustande kommt, müsse ausdifferenziert werden.
Schließlich gebe es verschiedene Ebenen, auf denen dies abstrakte
Prinzip greift. Zuerst die phonetische, auf der die einzelnen Laute
einer Sprache unterschieden werden; dann die phonologische
Ebene, auf der die »distinctive features« irgendeiner Nationalspra-
che ausgesondert und ihre Kombinationsmöglichkeiten und Oppositionen festgelegt werden; sodann die morphematische Ebene,
auf der die kleinsten bedeutsamen Teil-Einheiten (wie die Fle-

xions-Endungen) aussortiert werden; ferner die syntaktische Ebene, auf der Wörter unterschieden und zu Syntagmen und Sätzen kombiniert werden; endlich die kontextuelle Ebene, die auf die Bedeutungsnuancen von Äußerungen im Kontext bestimmter anderer Syntagmen achtet usw. Nun könne man unterscheiden zwischen Beziehungen, die Elemente *auf* einer bestimmten Ebene (also etwa Phoneme) miteinander unterhalten, und Beziehungen, die Elemente auf *einer* Ebene mit Elementen auf einer *anderen* Ebene (also etwa Wörter mit Sätzen) unterhalten. Benveniste nennt jene *distributional*, diese *integrativ*. Eine Sprachstruktur wäre dann das Gesamt der Beziehungen nicht nur zwischen den Elementen der einzelnen Ebenen, sondern zwischen allen Konstitutionsniveaus untereinander.

Allerdings macht Benveniste als Sprachwissenschaftler beim Konstitutionsniveau des *Satzes* halt: In ihm erschöpft sich die Totalität der linguistischen Regeln. Dagegen sind Mythen – als *Diskurs*-Strukturen – solcherart, daß ihre kleinsten konstitutiven Einheiten nicht Phoneme, Morpheme oder Syntagmen, sondern Sätze sind. Aber, fährt Lévi-Strauss fort, wer wollte uns hindern, ein noch höheres Konstitutions-Niveau zu erklimmen: eine ›dritte Stufe jenseits von langue und parole‹, nämlich die des ›discours‹ (»le mythe comme ce mode du discours«).[9] Da hätten wir also eine erste, noch rohe Definition eines neo-strukturalistischen Schlüsselbegriffs: Der Diskurs ist ein solches Sprachgebilde, dessen kleinste konstitutive Einheiten Sätze sind oder das, wie Lévi-Strauss sich ausdrückt, aus großen, nicht aus kleinen Einheiten aufgebaut ist.

Diese Auskunft vor Augen, werden wir uns freilich jenes anderen Merkmals des (mythischen) Diskurses besinnen müssen, nämlich der Uni-dimensionalität, die ihn ja vom System der *langue* zu unterscheiden schien. Bei genauerem Hinsehen wiegt dieser Unterschied jedoch nicht so schwer, wie es die Formulierung nahelegt: Mythen ordnen ihre Einheiten zwar – wie die *parole* – in einer Zeitordnung des Nacheinander; aber das ist eine Zeitordnung eigentümlicher Art. Die mythische Zeit ist immer schon eine vergangene Zeit, genauer gesagt: eine zeitlos-vergangene Zeit. So sinnlos es wäre, die Sukzessivität der Rede-Ereignisse in einem Mythos zu leugnen, so sinnlos wäre es doch auch zu behaupten, daß sich die Sukzession der narrativen Partien in einer wirklich historischen Zeit abgewickelt hätte. Genau das aber ist eine Bedingung der Sukzession von Sätzen in der *parole*. Ein mythisches Ereignis ist, obwohl vergangen, jederzeit reproduzierbar: es ist vergangen und zugleich – solange es im kollektiven Glauben einer Bevölkerung verwurzelt ist – zeitlos gegenwärtig – wie die Botschaft der Geburt des göttlichen Kindes, die sich jede Weihnacht wiederholt. Das nun wiederum teilt der Mythos mit der *langue:*

> Cette double structure, à la fois *historique* et *an-historique,* explique que le mythe puisse simultanément relever du domaine de la *parole* (et être analysé en tant que tel) et de celui de la *langue* (dans laquelle il est formulé) tout en offrant, à un troisième niveau, le même caractère d'objet absolu. Ce troisième niveau possède aussi une nature linguistique, mais il est pourtant distinct des deux autres.[10]

Wir wissen, daß es sich bei diesem dritten Sprachniveau (niveau de langage) um das *Niveau des Diskurses* handelt und wollen das in Erinnerung behalten.

Heben wir nun noch einmal möglichst präzis auf die entscheidenden Punkte ab. Mythen teilen mit Sprachsystemen die Eigenschaft, daß ihre Elemente nicht von ihnen selbst her einen Wert (oder Sinn) besitzen, sondern nur kraft der Beziehungen, die sie zueinander unterhalten: das heißt: beide sind Strukturen. Andererseits sind Mythen – qua Diskurse – Strukturen aus großen oder transphrastischen (übersatzmäßigen) Einheiten, und das unterscheidet sie von den Sprachen *(langues)*. Will man sie nun trotzdem strukturalistisch analysieren, so bedarf es eines Analogie-Schlusses, den Lévi-Strauss in zwei Schritten vorbereitet:

> 1. comme tout être linguistique, le mythe est formé d'unités constitutives;
> 2. ces unités constitutives impliquent la présence de celles [unités] qui interviennent normalement dans la structure de la langue, à savoir les phonèmes, les morphèmes et les sémantèmes. Mais elles sont, par rapport à ces derniers comme ils sont eux-mêmes par rapport aux morphèmes, et/ceux-ci par rapport aux phonèmes. Chaque forme diffère de celle qui procède par un plus haut degré de complexité. Pour cette raison, nous appellerons les éléments qui relèvent en propre du mythe (et qui sont les plus complexes de tous): grosses unités constitutives [soit mythèmes].[11]

In diesem Passus ist die Idee dessen geboren, was fortan »linguistique du discours« heißen wird.[12] Roland Barthes war es, der ihre Arbeitshypothese am klarsten formuliert hat (obwohl er damit nur wiederholt, was Lévi-Strauss schon gesagt hatte). Ich zitiere einen kleinen Auszug:

> On le sait, la linguistique s'arrête à *la phrase:* c'est la dernière unité dont elle

estime avoir le droit de s'occuper; [...] Et pourtant il est évident que *le discours* lui-même (comme ensemble des phrases) est organisé et que par cette organisation il apparaît comme le message d'une autre langue, supérieure à la langue des linguistes: le discours a ses unités, ces règles, sa »grammaire«: au-delà de la phrase et quoique composé uniquement des phrases, le discours doit être naturellement l'objet d'une seconde linguistique. [...] s'il faut donner une hypothèse de travail à une analyse dont la tâche est immense et les matériaux infinis, *le plus raisonnable est de postuler un rapport homologique entre la phrase et le discours, dans la mesure où une même organisation formelle règle vraisemblablement tous les systèmes sémiotiques,* quelles qu'en soient les substances et les dimensions: le discours serait une grande »phrase« (dont les unités ne sauraient être nécessairement des phrases), tout comme la phrase, moyennant certaines spécifications, est un petit discours.[13]

Lévi-Strauss nennt die kleinsten Einheiten des Mythos »Mytheme«. Sie teilen mit den »unités constitutives« des *Diskurses* die Eigenschaft, Sätze zu sein (»il faudra donc chercher au niveau de la phrase«), sind aber von spezifisch literarischen Texten fundamental dadurch unterschieden, daß sie keinen Stil aufweisen[14]:

On pourrait définir le mythe comme ce mode du discours où la valeur de la formule *traduttore, traditore* tend pratiquement à zéro. [...] La substance du mythe ne se trouve ni dans le style ni dans le mode de narration, ni dans la syntaxe, mais dans *l'histoire* qui y est racontée.[15]

Diese Eigenschaft macht sie den konstitutiven Einheiten eines rein formellen Regelsystems, wie wir es in der *langue* haben, noch ähnlicher – denn auch in der *langue* wird ja von der individuellen Art und Weise, *wie* die Einzelsprecher ihr Sprachvermögen handhaben – vollkommen abgesehen.

II.

Diese Überlegungen bilden den Ansatzpunkt für die *Préface* von *Les mots et les choses. Une archéologie des sciences humaines.*[16] Foucault, der – wie man weiß – in diesem großangelegten Essai den Ausdruck »discours« auf die »Episteme des klassischen Zeitalters« einschränkt, vollzieht der Sache nach einen weiteren Schritt. Es ist bisher noch niemandem gelungen, deutlich anzugeben, worin er besteht. Mir stellt er sich etwa folgendermaßen dar.

Ausgehend von einer biographischen Notiz (er sei auf den Gedanken, *Les mots et les choses* zu schreiben, durch einen Text von Borges geraten, der eine gewisse chinesische Enzyklopädie zitiert, die eine Heterogenstes zusammengreifende Taxinomie des Tierreichs vorschlägt)[17], räsoniert Foucault über die Nicht-Notwendigkeit, d. h. historische Relativität unserer eigenen Denk-Schemata: wir reagieren mit lächelndem Staunen auf das, was unseren eigenen Klassifikationsschemata nicht entspricht und betrachten es als »undenkbar«. Dies Prädikat enthüllt den einfachen, aber grundlegenden Tatbestand, daß sich unser Denken im Zusammenhang einer Ordnung von Symbolen bewegt, kraft deren Welt auf eine je sprach- und kulturpezifische Weise für die Teilhaber des betreffenden Sprach- und Kulturzusammenhangs erschlossen ist. Nennen wir – in einer noch vagen Annäherung – *Diskurs* eine solche symbolische Ordnung, die allen unter ihrer Geltung sozialisierten Subjekten das Miteinander-Sprechen und Miteinander-Handeln erlaubt, so werden wir vermuten, daß es *immer* eine Ordnung des Diskurses geben wird, aber nicht notwendig immer *eine* für alle Diskurse. Gäbe es eine Ordnung für alle Diskurse – im Sinne einer *caracteristica universalis* – so könnte man sie in Termen eines schlechthinnigen *Apriori* kodifizieren. Die historische Relativität von Diskursen zwingt dagegen zur Formulierung von »historischen *Aprioris*«, deren Pluralität schon ihre Relativität einbekennt.[18]

Worin besteht aber deren Ordnung? Wenig befriedigend ist die stimmungsvolle Auskunft:

L'ordre, c'est à la fois ce qui se donne dans les choses comme leur loi intérieure, le réseau secret selon lequel elles se regardent en quelque sorte les unes les autres et ce qui n'existe qu'à travers la grille d'un regard, d'une attention, d'un langage et c'est seulement dans les cases blanches de ce quadrillage qu'il se manifeste en profondeur comme déjà là, attendant en silence le moment d'être énoncé.[19]

Etwas weiter trägt die Auskunft, Diskurse seien Ordnungen zweiten Grades und situierten sich irgendwo ›in der Mitte‹ zwischen der reversiblen Ordnung der *langue* und der irreversiblen Anordnung der *parole,* so wie das Lévi-Strauss von den Mythenerzählungen gezeigt hatte. Wenn ich recht sehe, will die Rede von einer Ordnung zweiten Grades oder einer »région médiane« etwa folgendes sagen: Keine Kultur bietet uns das einfache und einseitige Spiegelbild dessen dar, was wir als ihre »codes fondamentaux« kennen, als da sind »ceux qui régissent son langage, ses schémas perceptifs, ses échanges, ses techniques, ses valeurs, la hiérarchie de ses pratiques«.[20] Ebensowenig ist die Kultur identisch mit den wissenschaftlichen oder philosophischen Theorien, die diese Ordnung entweder aus einem Prinzip rechtfertigen oder in ihrer systematischen Verfaßtheit untersuchen, also reflektierend und systematisierend zur (schon bestehenden) Ordnung des Lebensweltlichen Stellung nehmen. Die »empirische« und »philosophisch-theoretische« Sicht der Ordnung sind vielmehr Extreme, zwischen die sich eine dritte – die, die wir suchen – einfügt, von der Foucault sagt, sie sei nicht minder grundlegend (»pas moins fondamental«), obwohl ihr Bauplan weniger rigide und also schwieriger zu analysieren sei.

C'est là qu'une culture, se décalant insensiblement des ordres empiriques qui lui sont prescrits par ses codes primaires, instaurant une première distance par rapport à eux, leur fait perdre leur transparence initiale, cesse de se laisser passivement traverser par eux, se déprend de leurs pouvoirs immédiats et invisibles, se libère assez pour constater que ces ordres ne sont peut-être pas les seuls possibles ni les meilleurs; de sorte qu'elle se trouve devant le fait brut qu'il y a, au-dessous de ses ordres spontanés, des choses qui sont en elles-mêmes ordonnables, qui appartiennent à un certain ordre muet, bref qu'*il y a* de l'ordre. Comme si, s'affranchissant pour une part de ses grilles linguistiques, perceptives, pratiques, la culture appliquait sur celles-ci une grille seconde qui les neutralise, qui, en les doublant, les font [sic!] apparaître et les excluent [sic!] en même temps, et se trouvait du même coup devant l'être brut de l'ordre. C'est au nom de cet ordre que les codes du langage, de la perception, de la pratique sont critiqués et rendus partiellement invalides. C'est sur fond de cet ordre, tenu pour sol positif, que se bâtiront les théories générales de l'ordonnance des choses et les interprétations qu'elle appelle. Ainsi entre le regard déjà codé et la connaissance réflexive, il y a une région médiane qui délivre l'ordre en son être même.[21]

Ich nehme an, Foucault meint mit dieser Mittel-Ordnung all jene kultur- und epochenspezifischen Weltdeutungen, die einerseits »unordentlicher« (»plus confus, plus obscur«) sind als das, was er die Ebene der »Connaissances« nennt: der wissenschaftlich gesicherten Erkenntnisse; andererseits aber konkreter und reicher als die »primären Codes«, die in uniformer Weise unsere Sprache, unsere Umgangsformen, unsere Wahrnehmung und unsere Geselligkeit determinieren. Es könnte sich um etwas teils der Husserlschen »Lebenswelt« Verwandtes, teils den traditionell »Weltanschauungen« oder »Ideologien« genannten Ordnungen Affines handeln. Foucault sagt, sie können »se donner comme [la région d'ordre] la plus fondamentale«: vertrauter, alltäglicher, tiefer eingewurzelt, verläßlicher sowohl als die Worte, die Wahrnehmungen wie auch die Gesten, durch die sie zum Ausdruck kommen; solider, ursprünglicher, archaischer und sozusagen »wahrer« als die Theorien, die sie in eine erschöpfende und explizite Erklärung aufheben wollen: etwas, wie mir scheint, der Heideggerschen »Welt« – verstanden als artikulierter »Bewandtniszusammenhang« – durchaus Vergleichbares, die ja auch der Kenntnis der Zeichen und Lebensformen sowohl wie der wissenschaftlichen Reflexion und Formalisierung »vorontologisch« vorausgeht. Wie dem auch sei – es ist freilich bitter, nicht ganz sicher zu wissen, was der genaue Gegenstand einer wissenschaftlichen Arbeit ist –, mit diesen Ordnungsgittern zweiten Grades beschäftigt sich Foucaults Buch. Sie werden als »historische Aprioris« gekennzeichnet, die – jeder wissenschaftlichen Bearbeitung voraus – die empirischen und positiven Bedingungen der Möglichkeit angeben, unter denen eine bestimmte Zivilisation ihre Reden organisiert, ihre Tauschhandlungen bewerkstelligt, ihre Geselligkeit lebt, ihre Welt sieht etc. Auch hierauf paßte die Formel von Ricœur: »ein Kantianismus ohne transzendentales Subjekt«. Von den epistemologischen und wissenssoziologischen Unternehmungen etwa Bachelards oder der Gruppe *Annales* setzt Foucault sich dadurch ab, daß er nicht fertige Wissenschaften und »objektive« Erkenntnisse behandelt, sondern die diskursiven Rahmenbedingungen erforscht, unter denen zwar unter anderem auch sie, aber auch alle vorwissenschaftlichen Ordnungen haben entstehen können (die sich nur zum Teil in *Epistemen*, veritablen Wissens-Weisen, reflektieren und vollenden). Die Entstehungs-Bedingungen interessieren ihn also mehr als die Strukturen des Entstandenen; nur daß man den Ausdruck der »Konstitution« nicht im Sinne einer historischen oder transzendentalphilosophischen »Herleitung« verstehen darf; denn für Foucault ist der Konstitutions-Grund einer Ordnung nie ein Subjekt, sondern abermals eine Ordnung: die des Diskurses in letzter Instanz mit ihrem »regard déjà codé«. Aus dem gleichen Grund kann die Abfolge der »Positivitäten« auch nicht – hegelisch – als zielgerichteter Prozeß beschrieben werden:

Il ne sera donc pas question de connaissances décrites dans leur progrès vers une objectivité dans laquelle notre science d'aujourd'hui pourrait enfin se reconnaître; ce qu'on voudrait mettre au jour, c'est le champ épistémologique, l'*épistémé* où les connaissances, envisagées hors de tout critère se référant à leur valeur rationnelle ou à leurs formes objectives, enfoncent leur positivité et manifestent ainsi une histoire qui n'est pas celle de leur perfection croissante, mais plutôt celle de leurs conditions de possibilité; en ce récit, ce qui doit apparaître, ce sont, dans l'espace du savoir, les configurations qui ont donné lieu aux formes diverses de la connaissance empirique. Plutôt que d'une histoire au sens traditionnel du mot, il s'agit d'une »archéologie«.[22]

III.

Es wäre nicht übel, man erführe weitere verfahrenstheoretische Einzelheiten über das Konzept einer Archäologie. Diesen Wunsch erfüllt Foucault seinen Lesern erst in einem später erschienenen Buch, gleichsam seinem ›Discours de la méthode‹, nämlich der *Archéologie du savoir*.[23] Ihm will ich mich im dritten Abschnitt meiner semantischen Rekonstruktion zuwenden.

War der Diskurs in *Les mots et les choses* wesentlich als eine – zwar nicht auf die Struktur der *langue* reduzierbare, aber doch – homogene Ordnung beschrieben worden, so tritt in der *Archéologie du savoir* der Begriff der Diskontinuität in den Vordergrund. Gedacht ist nicht nur an Diskontinuitäten *zwischen* verschiedenen, historisch nacheinander in Erscheinung tretenden Diskursen (diese Bedingung galt schon für *Les mots et les choses*), sondern auch an Diskontinuitäten zwischen Diskursen, die miteinander zugleich bestehen. Diskurse sind multipel schon in ihrer Synchronie, zeitgleich existierende symbolische Ordnungen unterstehen nicht einer und derselben Formationsregel.[24] Diese Differenzierung erlaubt es, die idealistische Vorstellung eines durchgängig homogenen »Zeitgeists« und einer als »histoire globale«[25] narrativ durcherzählbaren Universalgeschichte abzuweisen. Gleichzeitig wird das Subsumtionsmodell der Erkenntnis in Frage gestellt. Ihm zufolge sind geschichtliche oder sprachliche Ereignisse Fälle, die unter Allgemeinbegriffe, in letzter Instanz Generationsregeln fallen, deren Beherrschung ihre Deduktion erlaubt. Die *Archéologie du savoir*, noch stärker dann die Antrittsvorlesung am Collège de France[26], heben stark ab auf die ins Allgemeine nicht integrierbaren »Spezifitäten«[27], die »événements singuliers«[28], die nicht einfach als Anwendungen einer uniformen und universalen Regularität decodiert werden können. Die Analytik des Diskurses, sagt Foucault, a amené *l'individualisation* de séries différentes, qui se juxtaposent, se succèdent, se chevauchent, s'entrecroisent sans qu'on puisse les réduire à un schéma linéaire. Ainsi sont apparues, à la place de cette chronologie continue de la raison, qu'on faisait invariablement remonter à l'inaccessible origine, à son ouverture fondatrice, des échelles parfois brèves, distinctes les unes des autres, *rebelles à une loi unique*, porteuses souvent d'un type d'histoire qui est propre à chacune, et irréductibles au modèle général d'une conscience qui acquiert, progresse et se souvient.[29]

Dem Prinzip der Ereignis-Individualität tritt das der Äußerlichkeit (»extériorité«) zur Seite.[30] Wir sind so sehr daran gewöhnt, die Individualität als einen Sonderfall der Subjektivität (und/oder der Innerlichkeit) zu denken, daß die Assoziation von Individualität und Äußerlichkeit zunächst verwirrt. Tatsächlich meint Foucault damit aber nur einen Aspekt, der im Gedanken der Singularität des Individuellen schon impliziert ist, nämlich seine Irreduzierbarkeit auf ein einheitliches diskursives Prinzip oder einen ›inneren‹ Sinn-Kern des Diskurses. Die Regel der Äußerlichkeit besagt dann: »ne pas aller du discours vers son noyau intérieur et caché, vers le cœur d'une pensée ou d'une signification, qui se manifestaient en lui«.[31] Äußerlich ist das Verfahren der Diskursanalytik also darum, weil es die Reihe (»série«) der aufeinander nicht (gemäß einem deduktiven oder teleologischen Prinzip) reduzierbaren Einzelereignisse ›außerhalb‹ jedes totalisierenden Allgemeinbegriffs belassen will.

Dann allerdings stellt sich die Methodenfrage: Wissenschaftliche Erklärungen setzen Allgemeinbegriffe voraus, und was aus ihnen nicht abgeleitet werden kann, ist nicht erklärt. Jean Piaget hat in bezug auf Foucaults Archäologie von einem »Strukturalismus ohne Strukturen« gesprochen; und Foucault selbst gibt an, es sei ihm überhaupt nicht darum zu tun gewesen, die geschichtlichen Einzelereignisse durch Rückführung auf transzendentale oder universelle Kategorien oder Formationsregeln zu uniformisieren und zu beherrschen.[32] Wie kann dann aber auch nur von mehreren nebeneinander existierenden Diskursen die Rede sein? Jeder Diskurs ist als solcher im Lichte einer Sinn-Einheit erschlossen, der für sein Erkennungskriterium zu gelten hat – und man entkommt dieser Konsequenz auch dadurch nicht, daß man die Diskurse vervielfältigt. Mit anderen Worten: eine Multiplikation der Codes, aus denen die Ereignisse sehr wohl zu deduzieren sind, ist noch keine grundsätzliche Verabschiedung des Code-Modells des klassischen Strukturalismus; nur sind jetzt statt *eines* globalen *viele* kleine Codes am Werk – so wie das analog in Roland Barthes Analyse von Balzacs *Sarrasine* der Fall ist.[33] Diese – wie immer vervielfältigten – Generationsregeln sind sogar unerläßlich, soll Foucaults zusätzliche These, jeder Diskurs arbeite im Dienste des Willens zur Übermächtigung und beruhe mithin auf strengen und folterähnlichen Ausschlußregeln, den mindesten Sinn behalten. So zeigt sich, daß die Radikalität der Verabschiedung von Universalien inkonsequent bleibt.

Das gilt nicht nur für die Formationsregeln der untereinander diskontinuierlichen Sub-Diskurse, sondern für den Kollektivsingular ›*der* Diskurs‹ erst recht. Zwar ist Foucaults Epochen-Konzept in *L'archéologie du savoir* nicht mehr so monolithisch geschlossen wie in *Les mots et les choses;* doch aber arbeitet es – auf eine allerdings schwer durchschaubare Weise – mit globalen Einheits-Konzepten. Noch in der *Introduction* erklärt Foucault, er wolle die Einheit der Geschichte und ihrer großen Epochen nicht lediglich mit anarchistischem Gestus zersplittern, sondern suche nach Regularitäten, die die diskontinuierlichen Serien untereinander vernetzen (»quel système vertical elles sont susceptibles de former«). Daß der Gesamt-Diskurs – als Ensemble von diskontinuierlichen Sub-Diskursen – als eine Ordnung gedacht ist, verrät am deutlichsten die Rede vom *vertikalen System*, das die verschiedenen Serien der zu einer bestimmten Zeit auftretenden Geschichten zusammenhält.[34] Es steht offenbar – in der Logik der Metapher – senkrecht zu den Einzelgeschichten und durchstößt sie wie ein Spieß. Gäbe es den nicht, so gäbe es auch keine Diskursanalytik als eine (wenn auch eigenartige) Wissenschaft, die immerhin von einer reinen Aleatorik sich abgrenzt.

Wie sehr das der Fall, zeigt die konkret durchgeführte Methodenlehre der *Archéologie du savoir,* die den Begriff ›discours‹ in gut strukturalistischer Tradition in kleinste Einheiten zerlegt, die nicht Phoneme oder Morpheme, sondern Sätze sind. Bei Foucault heißen sie ›énoncés‹.

Was Foucault dazu sagt, ist nicht nur sehr undeutlich, sondern – obwohl manchmal konfus – auch sehr anregend. Ich habe anderswo[35] eine möglichst geduldige und gutmütige Rekonstruktion der Foucaultschen Methodik gegeben und muß hier mit Vereinfachungen arbeiten.

Foucault, konzentriert auf die Rettung der Einzel-Phänomene

vor ihrer Reduktion auf Fälle des Code, sucht seinen Grundbe-
griff – ›le discours‹ – irgendwo in der Mitte zwischen Struktur und
Ereignis anzusiedeln. Der ›discours‹ fällt nicht unter die »opposition structure – devenir«.[36]

Warum nicht? Weil die ›Archäologie‹ mit ›Diskursen‹ zu tun hat,
deren Elemente nicht ›Typen‹, sondern Individuen sind. Wenn
Diskurse im Vergleich zu ihren Elementen Allgemeinheiten sind,
so sind sie doch individuierte Allgemeinheiten: Systeme von anderer Art als etwa die Logik.

Was sind also dann Diskurse? Foucault räumt ein, diesen zentralen Begriff in wenigstens drei nie klar distinguierten Bedeutungen
verwendet zu haben:

Enfin au lieu de resserrer peu à peu la signification si flottante du mot
»discours«, je crois bien en avoir multiplié le sens: tantôt domaine général
de tous les énoncés, tantôt groupe individualisable d'énoncés, tantôt pratique réglée rendant compte d'un certain nombre d'énoncés.[37]

Diskurse sind in allen drei Fällen so etwas wie Rahmen; und was
sie einschließen, sind ›énoncés‹. Man wüßte mehr über sie, wenn
man wüßte, was ein ›énoncé‹ ist. Denn ein System höherer Ordnung begreift sich von dem her, was als Elementen-Menge in ihm
eingeschlossen ist.

Foucault gibt auf diese Frage eine Reihe von negativen Antworten. Enoncés, sagt er, sind weder Propositionen noch Sätze (phrases) noch Sprechakte.[38] Elemente dieser drei Kategorien sind nämlich konventionalisiert und aus den zugrunde liegenden Regeln
generierbar, gleichsam als »atomes du discours«.[39] Eben das trifft
auf énoncés nicht zu, weil sie – im Gegensatz zu streng taxinomi-
schen Systemen – »individualisiert« sind.[40] Sie sind also nicht
einseitig deduzierbar aus Universalien wie »Grammatik oder Logik«.[41]

›Individualisiert‹ meint also: nicht vorhersehbar von seiten der
Struktur, kontingent hinsichtlich ihres So-Seins. Foucault sagt das
ausdrücklich, wenn er ein énoncé (als Element des discours) von
einem événement de la parole (als Elemente der langue) unterscheidet. Mit dem Terminus ›énoncé‹ ist also jenem nie zu schlie-
ßenden Abstand Rechnung getragen, der zwischen dem besteht,
was nach den Regeln der Sprache *(langue),* der Konventionen
(Pragmatik) und des korrekten Denkens *(Logik)* gesagt werden
könnte, und dem, was tatsächlich gesagt *wird.* Diesen Abstand

hält das énoncé zu allen Ordnungen, die im streng strukturalistischen Wortsinn als Systeme beschrieben werden können.

Das führt auf ein anderes Merkmal des énoncé. Wir können es wieder kontrastiv zum Ereignis des Sprachsystems einführen. Für alle System-Ereignisse ist es wesentlich, ohne ins Gewicht fallenden Bedeutungsverlust wiederholt werden zu können; Elemente von Systemen sind eben keine Individuen, sondern Typen (oder Schemata), die in beliebigen Kontexten als das, was sie sind, reproduziert werden können (auch Kontexte sind, wenn sie durch Regeln beherrscht werden, Typen). Dagegen gilt für das énoncé:

Un énoncé existe en dehors de toute possibilité de réapparaître; et le rapport qu'il entretient avec ce qu'il énonce n'est pas identique à un ensemble de règles d'utilisation. Il s'agit d'un rapport singulier: et si dans ces conditions une formulation identique réapparaît – ce sont bien les mêmes mots qui sont utilisés, ce sont substantiellement les mêmes noms, c'est au total la même phrase, mais ce n'est pas forcément le même énoncé.[42]

Andererseits kann das énoncé auch nicht so radikal individualisiert werden wie der acte de l'énonciation, der, wegen der Irreversibilität seiner Zeiterstreckung, jeder systematischen Beherrschung entgleitet: »L'énonciation est évidemment un événement qui ne se répète pas; elle a une singularité située qu'on ne peut pas réduire«.[43] Immerhin soll ja gelten, daß énoncés Elemente von Diskursen sind:

Or l'énoncé lui-même ne peut-être reduit à ce pur événement de l'énonciation, car malgré sa matérialité [c'est-à-dire son indice spatio-temporel], il peut-être répété. [...] Et cependant il ne se réduit pas à une forme grammaticale ou logique dans la mesure où, plus qu'elle et sur un mode différent, il est sensible à des différences de matière, de substance, de temps et de lieu.[44]

Die Aussage (énoncé) steht also irgendwo zwischen der exklusiven Einmaligkeit der énonciation und der Wiederholbarkeit *salva significatione* eines sprachlichen oder logischen oder sonstwie systemzugehörigen Schemas. In mehreren verschiedenen énonciations kann ein und dasselbe énoncé vorgebracht werden; umgekehrt kann in verschiedenen sinngleich wiederholten und grammatisch korrekt gebildeten Sätzen (phrases) ein jeweils verschiedenes énoncé ausgedrückt werden.

Diskurse mögen nun Intermediär-Ordnungen besonderer Art sein, für die alle möglichen Ausnahmen und Spezifitäten gelten:

ganz ohne generative Regeln wären sie so imaginär wie Dalis weiche Uhren.

Um diese (minimale) Wiederholbarkeit zu garantieren, muß man auf eine *Ordnung* rekurrieren, die eben auch das Diskurselement, welches das énoncé ist, als ein gewiß unendlich empfindlicheres, anfälligeres und veränderbareres, aber gleichwohl als ein – *Schema* enkodiert. Und diese Konsequenz zieht Foucault in der Tat in zwei Schritten. In einem ersten kommt er auf die Metapher der *vertikalen* Gruppierung der énoncés zurück – womit er zu meinen scheint, daß énoncés nicht einem und demselben Generationstyp unterstehen, sondern nach Maßgabe dieses oder jenes »domaine associé«[45], dieser oder jener Kontext-Regel, als dieser oder jener Typ sich erschließen. Wieder glaubt Foucault, die systematische Unbeherrschbarkeit des Individuellen durch eine Vervielfältigung der Codes und der Referenzsysteme erklären zu können. Aber noch so viele „vertikal" gruppierte Systeme brechen nicht den Bann des für ein jedes von ihnen verbindlichen Code-Modells von *input* und *output* nach intersubjektiv verbindlichen Regeln (ohne welche der unterstellte Zwangscharakter der Diskurse unverständlich bliebe).

Diskurse sind aber noch in einer zweiten Hinsicht geordnet. Foucault spricht 1. von einem »ordre de l'institution«, dem die énoncés als mit sich identische Elemente unterworfen seien[46], und 2. von einem »*champ d'utilisation,* dans lequel il [l'énoncé] se trouve investi«.[47] Institutionen und Gebrauchs-Felder sind gewiß subtilere Ordnungen als formalisierte Grammatiken; sie sind aber jedenfalls Ordnungen. Wenn Foucault ihnen einen »statut qui n'est jamais définitif, mais modifiable, relatif et toujours susceptible d'être remis en question«[48], zuschreibt, könnte er dem nur Rechnung tragen im Rahmen einer Hermeneutik der Divination, die systematisch unvorhersehbare Sinninnovationen errät; im epistemologischen Rahmen einer Diskursanalytik erstarrt die Innovation notwendig im stahlharten Gebäude einer Institutionen-Lehre, die als ›dispositif de torture‹ Individuen und Innovationen nicht duldet.

Man versteht dann, in welchem Sinne Foucault – trotz des rhetorischen Plädoyers für Diskontinuität und Sinn-Vielfalt – von der *Einheit* eines »Archivs« reden kann, wobei ›Archiv‹ definiert ist als die Gesamtheit aller diskursiven Regelmäßigkeiten, die eine Epoche – nicht unähnlich dem klassischen ›Zeitgeist‹ – charakterisieren. Auch und erst recht die Begriffe »*formation discursive*« und »*règles de formation*« werden von hier verständlich, besonders wenn man die folgende Definition im Ohr hat:

Les règles de formation sont des conditions d'existence (mais aussi de coexistence, de maintien, de modification et de disparition) dans une répartition discursive donnée.[49]

Wieder tritt die Metapher eines ›vertikalen Systems von Interdependenzen‹[50] zwischen den Sub-Systemen des Diskurses ins Mittel, um die Idee der radikalen Disseminalität dieser Sub-Systeme mit der Idee der Einheit des Archivs zu versöhnen. Ich gehe nicht weiter in die Details, sondern versuche ein kritisches Résumé.

Foucaults Diskursbegriff macht Front gegen hegelianisierende und (im Sinne Diltheys) hermeneutische Nivellierungen und Uniformisierungen der Komplexität der Geschichte. Ich übergehe an dieser Stelle metaphysische Implikationen wie die von der Nachträglichkeit des Sinns gegenüber der Struktur oder der Nichtursprünglichkeit des Subjekts gegenüber den symbolischen Ordnungen als ephemer und in einer bestimmten zeitgeschichtlichen Konstellation begründet. (Die Analyse der These, Sinn sei im Zeichen fundiert, brächte zutage, daß man eine Schriftfigur oder eine Schallkonfiguration nicht beschreiben kann, wenn man nicht Prädikate aus der Sphäre des Bewußtseins ins Spiel bringt – womit sich die subjektkritische Polemik im Kreise dreht; ich sehe in diesem Kontext von dieser Dimension der Diskursanalytik als eines bloß rhetorischen Epi-Phänomens absichtlich ab.) Statt dessen lege ich den Finger auf den meines Erachtens kritischen Punkt der Diskurstheorie. Die (wenn auch noch so undeutliche) Definition des Diskurses als eines singulären, systematisch unbeherrschbaren und multiplen Rede-Zusammenhangs tritt in extreme Spannung mit der Methode der Diskursanalytik als einer (nichthermeneutischen, sondern strengen) Wissenschaft. Diskurse könnten so, wie Foucault selbst es tut, nur beschrieben und analysiert werden, wenn sie nach Formationsprinzipien aufgebaut wären, die ihrer Definition widersprechen.

Bekanntlich hat Foucault in seiner Antrittsvorlesung am Collège de France auf diesen Widerspruch reflektiert. Er versucht dort, die methodologisch unverzichtbare These von der Ordnung des Diskurses machttheoretisch zu begründen: Diskurse sind geordnet nicht *per se*, sondern durch Intervention des Willens zur Macht.

Sie fungieren als folterähnliche Restriktions- und Ausschlußsysteme, die ihre Einheit der Fesselung jener Disseminalität verdanken, die die *Archéologie du savoir* ihnen mit Engagement zuzuschreiben gesonnen war. Wäre diese These fundiert, ergäbe sich die unerträgliche Konsequenz, daß die Wissenschaftlichkeit der Diskursanalytik nur garantiert werden könnte durch die Repressivität jenes Übermächtigungswillens, der die Disseminalität unserer Reden der Restriktivität von Ausschlußsystemen unterwirft und so bändigt. Dann wäre die Diskursanalytik auf die Vergewaltigung von Subjekten (deren Existenz sie übrigens vorab leugnet) als ihre transzendentale Ermöglichungsbedingung angewiesen.

Man könnte annehmen, Foucault verwende den Term ›Diskurs‹ mithin in kritisch-aufklärerischer Absicht: als dasjenige, aus dem man herauszukommen suchen muß. Das ist aber keineswegs der Fall. In der *Archéologie du savoir* erklärt er Diskurse für unhintergehbar.[51] Was sie – gleichsam als ihre Ermöglichungsbedingung – am Leben erhält und zur Einheit verwebt, »est encore du discursif«. Von wo aus spräche also – wenn es eine gäbe – Foucaults Kritik am Diskurs?

Aus diesem Widerspruch hat Foucault sich nie gelöst. Um es zu tun, hätte er seine Diskurstheorie auf eine völlig veränderte epistemologische Basis stellen müssen als die eines (gewiß: vervielfältigten) Code-Modells. Derrida z. B. hat gezeigt, daß Foucaults Metapher von einer Polizei des Diskurses[52] gegenstandslos wird unter veränderten wissenschaftstheoretischen Voraussetzungen, derjenigen etwa, wonach die Sinn-Identität eines énoncé unter keinen, auch nicht unter totalitären Bedingungen festgestellt werden kann:

Si la police est toujours dans les coulisses, c'est que la convention est essentiellement violable et précaire, *en elle-même*.
Dès lors que l'itérabilité installe la possibilité du parasitisme, d'une certaine fictionnalité altérant aussi sec, parce qu'elles en »font partie«, le système des règles (dites verticales) ou des conventions (dites horizontales), dès lors que ce parasitisme et cette fonctionnalité peuvent toujours ajouter une structure parasitaire ou fictionnelle de plus, ce que j'appelle ailleurs un »supplément de code«, *tout est possible contre la police du langage* [...]. Tout est possible sauf une typologie exhaustive qui prétendrait limiter les pouvoirs de la greffe ou de la fiction dans une logique analytique de la distinction, de l'opposition, de la classification.[53]

Die »Ordnung des Diskurses« ist also kein Phantom, aber ihr Seins-Status ist die reine Virtualität, während ihre Wirklichkeit die permanente (durch keinen Machtwillen zu unterbindende oder zu fesselnde) Veränderung und Neuschöpfung von diskursiv konstituiertem Sinn ist.

Anmerkungen

1 Claude Lévi-Strauss, *Anthropologie structurale*, Paris 1974.
2 Ferdinand de Saussure, *Cours le linguistique générale*, Paris 1980, S. 33.
3 Lévi-Strauss, *Anthropologie structurale*, S. 28, 37, 40/1.
4 Ebd., S. 28.
5 Claude Lévi-Strauss, *La pensée sauvage*, Paris 1962, S. 173.
6 Ich übergehe in diesem Zusammenhang Lévi-Strauss' – in Analogie zu Saussures Grundgedanken vorgetragene – Kritik an der Auffassung, Mythen spiegelten irgendwelche (z. B. gesellschaftliche) Inhalte wider und seien inhaltlich oder motivgeschichtlich analysierbar. Tatsächlich beruht die Form der Mythen auf demselben Schematismus der Artikulation wie die Sprache (langue), wonach der Sinn und der Ausdruck (signifié und signifiant) nicht für »einfache« und »positive Größen« gelten dürfen, sondern als Effekte differentieller Beziehungen zwischen »Werten«: kurz, als Effekte der sprachlichen *Form* sich ausfällen. Sie – die Arbeit des ›unbewußten Geistes‹ – ist es, die die Ähnlichkeiten zwischen den Mythenerzählungen der Völker hervorbringt, die im übrigen, was ihre Inhalte betrifft, extrem unterschieden sein mögen.
7 Lévi-Strauss, *Anthropologie structurale*, S. 230.
8 Emile Beneviste, *Problèmes de linguistique générale*, Paris 1966, S. 122 ff.
9 Lévi-Strauss, *Anthropologie structurale*, S. 232.
10 Ebd., S. 231.
11 Ebd., S. 232 f.
12 Vgl. Roland Barthes, *Introduction à l'analyse structurale des récits*, in: Communications 8 (1966), S. 1–27, spez. S. 3.
13 Barthes, a. a. O., S. 3.
14 Lévi-Strauss, *Anthropologie structurale*, S. 232 f.
15 Ebd., S. 232.
16 Michel Foucault, *Les mots et les choses. Une archéologie des sciences humaines*, Paris 1966.
17 Ebd., S. 7.
18 Ebd., S. 15.
19 Ebd., S. 11.

20 Ebd., S. 12.
21 Ebd., S. 12.
22 Ebd., S. 13.
23 Michel Foucault, *Archéologie du savoir*, Paris 1969.
24 Ebd., S. 18.
25 Ebd., S. 17.
26 Michel Foucault, *L'ordre du discours*, Paris 1971.
27 Ebd., S. 55.
28 Ebd., S. 56.
29 Foucault, *Archéologie*, S. 16.
30 Foucault, *L'ordre*, S. 55 f.
31 Ebd., S. 55.
32 Foucault, *Archéologie*, S. 264 f.
33 Vgl. Roland Barthes, *S/Z*, Paris 1970.
34 Foucault, *Archéologie*, S. 96.
35 Vgl. Manfred Frank, *Was ist Neostrukturalismus?*, Frankfurt/Main 1983, S. 226 ff.
36 Foucault, *Archéologie*, S. 20.
37 Ebd., S. 16.
38 Ebd., S. 107 ff.
39 Ebd., S. 107.
40 Ebd., S. 111.
41 Ebd., S. 111.
42 Ebd., S. 118.
43 Ebd., S. 133 f.
44 Ebd., S. 134.
45 Ebd., S. 115.
46 Ebd., S. 136.
47 Ebd., S. 137.
48 Ebd., S. 135.
49 Ebd., S. 53.
50 Ebd., S. 96.
51 Ebd., S. 100 f.
52 Foucault, *L'ordre*, S. 37.
53 Jacques Derrida, *Limited Inc*, Supplement to Glyph 2, Baltimore 1977, S. 72.

Peter Bürger

Die Wiederkehr der Analogie

Ästhetik als Fluchtpunkt in Foucaults
»Die Ordnung der Dinge«

Bei der Erörterung von Foucaults Hauptwerk *Les mots et les choses* hat man vielleicht nicht genügend darauf geachtet, daß das Buch mit einem Borges-Zitat beginnt und »dem Lachen, das bei seiner Lektüre alle Vertrautheiten unseres Denkens aufrüttelt«.[1] Der Borges-Text berichtet von einer chinesischen Enzyklopädie, in der die Tiere in Gruppen eingeteilt werden, die für uns keinerlei Ordnung erkennen lassen: »a) Tiere, die dem Kaiser gehören, b) einbalsamierte Tiere, c) gezähmte, d) Milchschweine, e) Sirenen« usw. (OD, S. 17). Der Text, so führt Foucault aus, läßt uns nicht nur die surrealistische Lust an der Zusammenstellung möglichst weit auseinanderliegender Gegenstände erleben, seine Monstrosität besteht darin, »daß der gemeinsame Raum des Zusammentreffens darin selbst zerstört wird« (OD, S. 18 f.). Da zwischen den aufgeführten Ordnungskategorien sich keine Gemeinsamkeit ausmachen läßt, wird unserer Suche nach Ordnung der Boden entzogen. Gibt man dem Hinweis auf den Borges-Text sein volles Gewicht, dann wird man Foucaults Buch als Versuch begreifen, die Bewegung, die Borges vorführt, am modernen Denken nachzuvollziehen und dieses im vollen Wortsinne als bodenlos zu erweisen. Postmodernes Denken wäre dann zunächst das Gelächter über die Bodenlosigkeit der nachkantischen Philosophie, die Verabschiedung des historischen und transzendentalen Denkens. Statt die Legitimität des Anspruchs zu erörtern, ein nicht mehr subjektphilosophisches Denken zu begründen[2], wollen wir uns dem Foucaultschen Buch gleichsam von der Seite nähern und nach der Stelle der Ästhetik darin fragen. Dieser dezentrierte Zugang mag einer ihrem Selbstverständnis nach dezentrierten Philosophie nicht unangemessen sein.

Auf den ersten Blick hat es den Anschein, als wären Literatur und Ästhetik in Foucaults *Les mots et les choses* von untergeordneter Bedeutung, geht es dem Autor doch darum, die Regeln herauszufinden, die innerhalb einer Epoche den verschiedenen wissenschaftlichen Praxen zugrunde liegen. Aber diese gleichsam historistische Absicht wird von einer anderen, polemischen, überlagert, die sich auf eine Kritik des modernen Denkens seit dem Ende des 18. Jahrhunderts richtet. Dieses sei, so lautet die These Foucaults, an einem Begriff des Menschen festgemacht, der es in eine Reihe von Aporien hineintreibe. Die gravierendste dieser Aporien betrifft die Verdoppelung des Menschen in ein empirisches Wesen, das Teil der Welt ist, und ein transzendentales, das sich der Welt als ganzes gegenüberstellt. Als empirisches Wesen ist der Mensch Gegenstand wissenschaftlicher Untersuchungen, als transzendentales ist er Garant und Geltungsgrund der Erkenntnis. Foucault deutet an, wie das nachkantische Denken die verschiedensten Auswege aus dieser Doppelstruktur sucht, um ihr doch immer wieder zu verfallen (MC, S. 329 ff.). Eine Kultur, so lautet seine These, die auf der Selbstthematisierung des Menschen beruht, muß sich in der endlosen Wiederholung einer dilemmatischen Struktur erschöpfen. Als Erkennender ist der Mensch reine Selbstbezogenheit des Denkens, das sich selbst als das Unbedingte weiß, als empirisches Wesen dagegen ist er vielfältig bedingt durch Natur und Geschichte (Leben, Arbeit und Sprache). Dieses ihn Bedingende sucht er zu erfassen, sei es als in ihm selbst verborgene Natur, sei es als geschichtlichen Ursprung. Aber beides entgleitet ihm, muß ihm entgleiten. Da das Denken seinen Gegenstand formt, ist die erkannte innere Natur nie das gesuchte Unvordenkliche, sondern immer auch Produkt des Denkens, das wie einen Schatten das Undenkbare mit sich führt. Auch der aufgehellte Ursprung läßt hinter sich stets einen weiter zurückliegenden Ursprung erkennen. Weder in der Dimension der Natur noch in der Dimension der Geschichte vermag der Mensch das ihn Bedingende einzuholen, sondern einzig einen nie an sein Ende kommenden Prozeß der Wissensanhäufung in Gang zu setzen.

Foucaults Gedanke ist nun, daß diese Aporien Ergebnis einer verfehlten kulturellen Grundorientierung seien, die um die Wende zum 19. Jahrhundert mit der modernen Selbstthematisierung des Menschen als eines geschichtlichen Wesens eingesetzt habe. Um sie zu überwinden, müsse man diese Grundorientierung aufgeben. Nichts anderes bedeutet der auf den ersten Blick einigermaßen rätselhafte Vorschlag, man müsse sich fragen, ob der Mensch wirklich existiere (»Cette question consisterait à se demander si vraiment l'homme existe«, MC, S. 332). Ein postmodernes Denken, das den Menschen weder als Objekt wissenschaftlicher Untersuchung thematisiert, noch als Erkenntnissubjekt auszeichnet, versetzt sich allerdings in eine erkenntnistheoretisch schwierige Lage. Denn aus der Ablehnung aller modernen Philosophien von Kant bis Husserl und von Hegel bis Sartre als Ausprägungen der aporetischen Selbstthematisierung des Menschen ergeben sich noch nicht die Konturen des neuen Denkens.[3] Auch Foucault sieht offenbar nicht die Möglichkeit zu einer Rückkehr zum vorkantischen Rationalismus des 17. und 18. Jahrhunderts, dessen Modell einer transparenten Beziehung von Zeichen und Bedeutung er als Folie für seine Kritik des modernen Denkens benutzt. Vielmehr erscheinen bei ihm Nietzsche, vor allem aber Mallarmé als Exponenten eines Philosophierens, das sich von den Prämissen des historisch-transzendentalen Denkens der Moderne freigemacht hat.

Was soll aber an die Stelle des seiner selbst mächtigen Subjekts treten? Foucault umkreist diese Frage in dem Aufsatz *Préface à la transgression* aus dem Jahre 1963 und seine Antwort lautet: die Sprache: »jetzt erfährt er, daß er, der Philosoph, nicht in der Gesamtheit seiner Sprache wohnt wie ein geheimer und all-sprechender Gott; er entdeckt, daß es neben ihm eine Sprache gibt, die spricht, über die er nicht Herr ist, eine Sprache, die sich bemüht, die scheitert, die schweigt und die er nicht mehr in Bewegung setzen kann«.[4] Die Sprache ist nicht die der Reflexionsphilosophie, die beherrscht ist vom Subjekt, auch nicht die des Rationalismus, die als transparentes System von Zeichen gefaßt ist, sondern eine Sprache, die zugleich materielle Dichte eines Gegenstands und die Handlungsfähigkeit eines selbstbewußten Subjekts hat, ohne doch Subjekt zu sein. Selbstverständlich kann man die Frage aufwerfen, was eigentlich damit gewonnen sei, wenn die Fähigkeiten der Selbstreflexion und des Handelns, die bislang dem Subjekt eigneten, der Sprache zugesprochen werden.[5] Uns geht es um etwas anderes, nämlich um die Nähe, in die Foucault mit seiner Sprachauffassung zu einer bestimmten Tradition der ästhetischen Moderne rückt, die durch den Namen Mallarmé bezeichnet wird.

Innerhalb der Konstruktion von *Les mots et les choses* hat ein an Mallarmé ausgerichteter Begriff von »Littérature« in der Tat eine eigentümliche Doppelstellung. Die Philologie, so führt Foucault aus, hat die Sprache zum Objekt gemacht, das wie andere Objekte

Gegenstand eines methodisch angeleiteten Wissens ist. Diese Nivellierung der Sprache (»Ce nivellement du langage qui le ramène au pur statut d'objet«, MC, S. 309) werde unter anderem durch die Entwicklung eines Begriffs von Literatur kompensiert, der dies als reine Selbstreferentialität bestimme. War die Literatur der klassischen Epoche des 17. und 18. Jahrhunderts auf Werte wie Geschmack, Vergnügen, Natürlichkeit und Wahrheit verpflichtet, so wird sie durch die in Mallarmé kulminierende Neubestimmung von diesen Werten abgetrennt und als reine Manifestation einer in sich selbst kreisenden Sprache gefaßt:

[la littérature] devient pure et simple manifestation d'un langage qui n'a pour loi que d'affirmer – contre tous les autres discours – son existence escarpée; elle n'a plus alors qu'à se recourber dans un perpétuel retour sur soi, comme si son discours ne pouvait avoir pour contenu que de dire sa propre forme« (MC, S. 313; »[Die Literatur] wird zur reinen und einfachen Offenbarung einer Sprache, die zum Gesetz nur die Affirmation – gegen alle anderen Diskurse – ihrer schroffen Existenz hat. Sie braucht also nur noch in einer ständigen Wiederkehr sich auf sich selbst zurückzukrümmen, so als könnte ihr Diskurs nur zum Inhalt haben, seine eigene Form auszusagen«, OD, S. 366).

Die wenig überzeugende These, derzufolge die ästhetizistische Radikalisierung der Kunstautonomie, wie Mallarmé sie formuliert, eine (vorgebliche) Nivellierung der Sprache durch die Philologie kompensiere, wird man vernachlässigen können. Dies um so mehr, als Foucault selbst an anderer Stelle eine plausiblere Version seiner These vertritt, die sich mit Mallarmés Selbstdeutung in Übereinstimmung bringen läßt. Dort bezeichnet er den Gegendiskurs der Literatur als Kompensation des Gebrauchs der Sprache, als eines Zeichensystems:

A l'âge moderne, la littérature, c'est ce qui compense (et non ce qui confirme) le fonctionnement significatif du langage. A travers elle, l'être du langage brille à nouveau aux limites de la culture occidentale – et en son cœur – car il est, depuis ce XVIe siècle, ce qui lui est le plus étranger (MC, S. 59; »In der modernen Zeit ist die Literatur das, was das signifikative Funktionieren der Sprache kompensiert (und nicht bestärkt). Durch sie glänzt das Sein der Sprache erneut an den Grenzen der abendländischen Kultur und in ihrem Herzen, denn es ist seit dem sechzehnten Jahrhundert das, was ihr am fremdesten ist«, OD, S. 77).

Was in der modernen Literatur Mallarméschen Typus zur Sprache kommt, ist das »Sein der Sprache«, das seit der im 17. Jahrhundert sich durchsetzenden zeichentheoretischen Sprachauffassung zunächst ganz verdrängt und erst im 19. Jahrhundert eben in der Literatur wiederentdeckt worden ist. Was Foucault an der Sprachauffassung der Renaissance (in seiner Terminologie: der vorklassischen Zeit) fasziniert, ist der Gedanke, daß die Natur selbst sprachlich organisiert sei, ein ununterbrochenes Gewebe aus Wörtern und Merkmalen (»un tissu ininterrompu de mots et de marques«, MC, S. 55). Am Beispiel von Aldrovandis *Historia serpentum et draconum* zeigt er anschaulich, daß der Autor zwischen exakter Beobachtung von Naturphänomenen und phantastischen Berichten keinen qualitativen Unterschied macht, weil für ihn wie für seine Zeitgenossen die Natur den Charakter einer Schrift hatte, die es zu kommentieren galt. Während mit der Einsetzung einer binären Auffassung vom sprachlichen Zeichen die Natur sich zum Objekt verfestigt, dem der Zeichenbenutzer als Subjekt entgegentritt, wären in der »vorklassischen« Sprachauffassung die Welt und das Wissen gleichermaßen sprachlichen Wesens, womit an die Stelle des Subjekt-Objekt-Bezugs ein unendliches Reden trete, der Wellenbewegung vergleichbar, »un moutonnement à l'infini du langage« (MC, S. 55). Die Welt und der endlose Kommentar, den das Wissen um sie herumspinnt, wären ein einziges Netz substantieller Analogiebeziehungen, in dem der Erkennende mit seinem Gegenstand verwoben ist.

Die eigentümliche Stellung, die die radikal selbstbezügliche Literaturauffassung Mallarmés innerhalb des Foucaultschen Denkens hat, rührt daher, daß er darin die Wiederentdeckung eines Wissens vom »Sein der Sprache« sieht, das seit dem 17. Jahrhundert mit der Einführung des zeichentheoretischen Sprachbegriffs verlorengegangen sei. Ein postmodernes Denken hätte daher die moderne Literatur »zu denken«. In der »vorklassischen« wie in der Mallarméschen Sprachauffassung – und das scheint uns die verborgene (wahrscheinlich auch dem Bewußtsein des Autors verborgene) Pointe des Foucaultschen Gedankens zu sein – ist die Subjekt-Objekt-Opposition getilgt, zugunsten eines homogenen Netzes substantieller Analogiebeziehungen. Deshalb kann er paradoxerweise die Forderung aufstellen, das (postmoderne) Denken hätte die (moderne) Literatur zu denken, allerdings nicht im Rahmen einer Bedeutungstheorie.[6]

C'est pourquoi de plus en plus la littérature [sc. die selbstreferentielle Literatur Mallarméschen Typus] apparaît comme ce qui doit être pensé;

mais aussi bien, et pour la même raison, comme ce qui ne pourra en aucun cas être pensé à partir d'une théorie de la signification« (MC, S. 59; »Deshalb erscheint die Literatur immer mehr als das, was gedacht werden muß, aber ebensowohl und aus dem gleichen Grunde als das, was in keinem Fall ausgehend von einer Theorie der Bedeutung gedacht werden kann«, OD, S. 77).

Zwei Ergebnisse unseres Rekonstruktionsversuchs können wir festhalten: Postmodernes Denken im Sinne Foucaults ist die Privilegierung des selbstbezüglichen Diskurses der modernen Literatur gegenüber dem Diskurs der nachkantischen Philosophie. Ein bestimmter Traditionsstrang innerhalb der modernen Literatur (Mallarmé) wird zum Wesen der Literatur erklärt und als die ›richtige‹ Philosophie der modernen Philosophie von Hegel bis Sartre entgegengesetzt. Ob diese Umbesetzung, die selbst ja nicht ohne Dichotomie auskommt, wirklich einen Erkenntnisgewinn bringt, bleibe dahingestellt. Daß von einem Ansatz aus, der den selbstbezüglichen Diskurs der modernen Literatur zum postmodernen Denken erklärt, eine Ästhetik der Postmoderne nicht formuliert werden kann, liegt auf der Hand. Das zweite Ergebnis unserer Rekonstruktion betrifft die Antriebskraft, die der skizzierten Umbesetzung zugrunde liegt. Wenn es stimmt, daß Mallarmé deshalb eine exzentrische Stellung innerhalb der Konstruktion Foucaults einnimmt, weil er den »vorklassischen« Sprachbegriff wiederentdeckt, und daß dieser Foucault deshalb fasziniert, weil er den Erkennenden und seinen Gegenstand nicht einander entgegensetzt, sondern sie im Medium der Sprache vereint, dann wäre hinter dem postmodernen Denken Foucaults nichts anderes verborgen als die idealistische Sehnsucht nach der Aufhebung des Gegensatzes von Subjekt und Objekt. Die so emphatisch beschworene »Trennungslinie zwischen denen, die immer noch glauben, die Brüche des Heute in der historisch-transzendentalen Tradition des 19. Jahrhunderts begreifen zu können, und denen, die sich davon endgültig zu befreien suchen«[7], würde zerbröckeln, wenn als das verborgene Ziel des sich neu wähnenden Denkens das alte Subjekt-Objekt erkennbar wird. Wer es unternimmt, »ein *positives Unbewußtes* des Wissens zu enthüllen: eine Ebene, die dem Bewußtsein des Wissenschaftlers entgleitet und dennoch Teil des wissenschaftlichen Diskurses ist«, wie Foucault im *Vorwort zur deutschen Ausgabe* sein Projekt umreißt (OD, S. 11 f.), der muß darauf gefaßt sein, daß ein Interpret ihm die seinem Bewußtsein entgleitende Grundlage seines Diskurses enthüllt. Sollte unser Versuch einige Plausibilität haben, so wäre die einzig angemessene Reaktion darauf wohl das Lachen Foucaults über den Nachweis des Zentrums im dezentrierten Denken.

Übrigens hat Foucault durchaus geahnt, daß Hegel ihn am Ende einholen könnte. Am Schluß von *Die Ordnung des Diskurses* sagt er: »Aber um Hegel wirklich zu entrinnen, muß man ermessen, was es kostet, sich von ihm loszusagen, muß man wissen, wie weit uns Hegel insgeheim nachgeschlichen ist; und was in unserem Denken gegen Hegel vielleicht noch von Hegel stammt.«[8]

Anmerkungen

1 Michel Foucault, *Les mots et les choses*, Paris: Gallimard 1966 (im folgenden abgekürzt MC); deutsche Übersetzung von Ulrich Köppen, *Die Ordnung der Dinge. Eine Archäologie der Humanwissenschaften*, Frankfurt/Main: Suhrkamp 1971, S. 17 (im folgenden abgekürzt: OD).

2 Dieser Anspruch wird sowohl von Manfred Frank als auch von Jürgen Habermas skeptisch beurteilt: »Es [sc. das archäologische Unternehmen Foucaults] eröffnet kein neues Denken, sondern eher die Hintertreppe zu dem, was wir schon kannten und nicht unbedingt zurückwünschen.« Dieses scharfe Urteil von Manfred Frank (*Was ist Neostrukturalismus?*, Frankfurt/Main 1983 [es 1203], S. 202) erklärt sich vor allem daher, daß er Foucaults in der Tat nicht eindeutige Aussagen über die Wiederkehr des *langage en son être* als Erneuerung des Repräsentationsmodells interpretiert und ihm dann vorhalten kann, daß darin der Traum des sich in seinen Akten transparent bleibenden Subjekts fortlebe (ebd., S. 214). Jürgen Habermas dagegen scheint Foucaults Kritik des subjektzentrierten Denkens zu teilen: »Wohl hatte Foucault die subjektphilosophische Befangenheit der Humanwissenschaften einleuchtend kritisiert: diese fliehen aus der Aporetik widersprüchlicher Selbstthematisierungen des sich erkennenden Subjekts und verstricken sich dabei nur um so tiefer im selbstverdinglichenden Szientismus« (*Der philosophische Diskurs der Moderne*, Frankfurt/Main: Suhrkamp 1985, S. 344; vgl. auch die Zusammenfassung der Foucaultschen Kritik der Subjektphilosophie, ebd., S. 308 ff.). Habermas kritisiert jedoch die Machttheorie des späten Foucault, die die Aporie der Subjektphilosophie, nämlich die Überlagerung von empirischer und transzendentaler Perspektive, nur reproduziere (ebd., S. 322 f.).

3 Kant hat bei Foucault eine besondere Stellung. Mit seiner Frage nach den Grenzen unserer Vernunft, so führt Foucault aus, habe er der abendländischen Philosophie eine Öffnung eingebracht, diese jedoch durch die anthropologische Fragestellung selbst wieder verschlossen (*Zum Begriff der Übertretung*, in: ders., *Schriften zur Literatur*, Frankfurt/Main, Berlin, Wien 1979 [Ullstein Materialien 35011], S. 76).

4 Michel Foucault, *Zum Begriff der Übertretung*, S. 79 f.

5 Dies ist eine der kritischen Fragen, die Manfred Frank dem Poststrukturalismus stellt; vgl. *Was ist Neostrukturalismus?*, S. 127 f.

6 Als der modernen Literatur unangemessen lehnt Foucault sowohl eine Interpretation ab, die nach der Textbedeutung fragt (analyse du côté du signifié) als auch eine Formanalyse (du côté du signifiant). Als Alternative bleibt dann wohl nur eine Art des kommentierenden Sich-Einschwingens auf den selbstbezüglichen literarischen Text.

7 Michel Foucault, *Was ist ein Autor?*, in: ders., *Schriften zur Literatur*, S. 15.

8 Michel Foucault, *Die Ordnung des Diskurses [...]*, München: Hanser 1974, S. 50.

Claus von Bormann

Das Spiel des Signifikanten

Zur Struktur des Diskurses bei Lacan

Die Schwierigkeit, die Bedeutung des Diskurses bei Lacan darzulegen, ist nicht gering. Denn dieser Begriff führt in das Zentrum
seiner Theorie des Unbewußten. Das Unbewußte wird nach Lacan durch die Sprache konstituiert, und die Formen des Diskurses
wiederum stellen verschiedene Wirkungen des Unbewußten dar.
Dieses Verhältnis von Sprache, Unbewußtem und Diskurs soll
nun nicht an den in letzter Zeit auch in Deutschland bekannt
gewordenen Formeln der vier Diskurse (des Herren, der Universität, der Hysteriker und des Analytikers) erläutert werden.[1] Denn
in ihnen geht es weder um die Erklärung, was Diskurs heißt, noch
um bestimmte unbewußte Prägungen des Unbewußten in der
Weise dieser Diskurse, sondern um die Frage, welche Effekte des
Sprechens jeweils erzeugt werden: Was bedeutet es beispielsweise,
wenn bestimmte Terme der Lacanschen Theorie, so S_1, der Herrensignifikant oder der erste Signifikant im Sinne eines Neuan-
fangs des Sprechens, für das Subjekt eine bestimmte Position
einnehmen, etwa den Ausgangspunkt des Diskurses, den Agenten
im Diskurs des Herren, oder den Endpunkt eines Diskurses, die
Produktion im Diskurs des Analytikers? Eine solche Verschiebung
ergibt dann die unterschiedliche Wirkung, daß die Besonderheit
eines Sprechens das Subjekt prägt – im ersten Fall –, bzw. daß das
Subjekt sich – im zweiten Fall – von der Einzigartigkeit seiner
Erfahrungen geformt erfährt; sein Gespaltensein durch den Signifikanten ($) ist also entweder – im ersten Fall – seine Wahrheit als
sprachliches Wesen oder – im zweiten Fall – das, was ihm durch den
anderen im psychoanalytischen Prozeß geschieht. Diese Effekte
sind sicherlich aufschlußreich für den Ort, an dem das Subjekt in
bestimmten sprachlichen und gesellschaftlichen Systemen steht,
sie setzen aber einerseits die Lacansche Theorie des Unbewußten
in diesen Termen (dem Herrensignifikant als der Besonderheit
eines Sprechens, dem Wissen als etablierter »Batterie von Signifikanten«, dem durch den Signifikanten gespaltenen Subjekt und
dem immer schon verlorenen Objekt a) schon voraus. Anderer-

seits ist dieser Begriffszusammenhang literarisch noch schlecht zugänglich: Er wird vor allem im Seminar von 1969/70 *L'envers de la psychanalyse* sowie im folgenden Seminar von 1970/71 *D'un discours qui ne serait pas du semblant* behandelt, die beide nur in Raubdrucken existieren, so daß man auf kurze Bemerkungen in anderen Schriften Lacans und auf Insiderwissen angewiesen ist.[2]

Dagegen soll hier dargestellt werden, wie »das Spiel des Signifikanten«[3] den Diskurs strukturiert und auf diese Weise dem Subjekt ein Sein als Sprache gibt. Dabei berufe ich mich auf die literarisch – auch in den deutschen Übersetzungen – am weitesten erschlossene Periode des Lacanschen Denkens, die 1953 mit dem »Romvortrag« beginnt und deren Endpunkt und Zusammenfassung das Seminar *Die vier Grundbegriffe der Psychoanalyse* von 1964 bildet, also auf die in den *Ecrits* 1966 gesammelten Aufsätze sowie auf die ersten Seminare. In dieser Zeit hat Lacan seine Position ausgebildet und in Aufnahme und Abgrenzung von der Philosophie Descartes', Hegels und Heideggers, der Linguistik Saussures und Jakobsons sowie der Ethnosoziologie von Lévi-Strauss die strukturalistische Psychoanalyse begründet. Die folgenden Phasen der Lacanschen Theorie, die Ausbildung der Terme in den Seminaren vor einem anwachsenden Publikum sowie nach der Formulierung der vier Diskurse der Versuch in den siebziger Jahren, die psychoanalytische Theorie immer mehr zu formalisieren[4], berücksichtige ich nicht.

Im Ausgang von den drei Thesen, »daß das Unbewußte die radikale Struktur der Sprache (langage) hat« bzw. »strukturiert ist wie eine Sprache«[5], daß »das Unbewußte der Diskurs des Anderen ist«[6] und daß »das Unbewußte [...] eine Signifikantenkette ist«[7], wird deutlich, daß Lacan mit allem, was er über Wesen und Wirkung des Unbewußten sagt, die Sprachtheorie Saussures auf die Darstellung des Unbewußten hin weiterführt. Die beschriebene neue Bewegung kann verstanden werden als ein Einschneiden im tatsächlichen Diskurs durch das Dazwischenschieben eines unbewußten Diskurses und infolgedessen als die Artikulation (Gliederung) des Sprechens durch Signifikanten, die eigenen Gesetzen folgen. Diese Struktur eines »Einschnitts« (coupure), einer »Spaltung« (clivage, refente oder schize), einer »Kluft« (béance), eines »Bruchs« (faille) oder einer »Teilung« (division) – zwischen Ich und Subjekt, zwischen Anspruch und Begehren, zwischen Aussage (énoncé) und Aussagen (énonciation), zwischen Sein und

Sagen, zwischen dem Subjekt und dem Signifikanten, der es ausmacht – begegnet bei Lacan immer wieder. Unter Struktur verstehe ich hier nach Lévi-Strauss das Gemeinsame von Beziehungs-
gefügen, die ineinander transformierbar sind, ohne daß dabei ein
Original isolierbar wäre, so daß sie nur in ihren Effekten erkennbar wird, ohne selbst ein Ganzes zu sein. Struktur besteht also nur
in der Bewegung der Umformung, in der die jeweiligen Gesetze
des bestimmten Bereichs wiederkehren. Es handelt sich um eine,
wie S. Weber es glücklich bezeichnet, »Übersetzung ohne Original«.[8] Dieselbe Struktur prägt nicht nur die Funktion des Signifikanten zwischen Sprache und Unbewußtem, sondern bringt auch
drei andere Begriffskonstellationen als ihren Effekt hervor, von
denen aus sich die Bedeutung des Diskurses bei Lacan ebensogut
darstellen ließe: das Verhältnis von Imaginärem, Symbolischem
und Realem, in dem das Symbolische, ohne sich von den anderen
Bereichen lösen zu können, mit der Sprache verbunden ist; den
unbewußten Kastrationskomplex mit seinen Beziehungen zum
symbolischen Vater und zum Phallus, wobei dieser seinen Sinn
durch den Einsatz einer Metapher, der Vatermetapher, erhält; die
Systematik von Bedürfnis (besoin), Anspruch (demande), Begehren (désir) und Genießen (jouissance), die in ihrer kulturellen
Formung, weil sie dem Gesetz der Sprache folgen, ineinander
übergehen und dabei einen Rest lassen. In den Bewegungen dieser
Struktur ist nach Lacan das Unbewußte faßbar, denn das Unbewußte ist »ein Wissen, das [...] in einer Verzifferung, einer Ver-
schlüsselung besteht«, das darin »für das Genießen arbeitet« und
derart auf die sich entziehende Realität hinweist.[9] Hier soll es
lediglich im »Spiel der Signifikanten« im Verhältnis von Diskurs
und Subjekt beleuchtet werden, sowiet der Lacansche Diskurs
dies zuläßt.

Die drei Thesen legen eine Dreiteilung des Referats nahe: Ein
erster Teil versucht den Primat, ja die Autonomie des Signifikanten in seinen unbewußten Wirkungen zu zeigen. Dabei steht die
synchrone Funktion des Signifikanten im Vordergrund des Interesses. Der zweite Teil verweist auf die Kommunikationsstruktur
des Signifikanten, diesseits aller Bedeutungen, die er durch den
Anderen annehmen kann, wobei er dann in eine eher diachrone
Position gerät. Der dritte Teil macht deutlich, wie das Unbewußte
immer schon durch den Diskurs festgelegt, ja verschlossen ist und
wie es daher einer neuen Theorie der Deutung bedarf, um Sinn zu

konstruieren, eines Unterfangens, das weniger mit Hermeneutik zu tun hat als mit der Entzifferung des Kryptogramms einer verlorenen Sprache.

I.

Die erste These, »daß das Unbewußte strukturiert ist wie eine Sprache«, entfaltet sich in einer Radikalisierung der Zeichendefinition von Saussure, der auch schon nicht so sehr die Abgrenzung des Zeichens als sprachlicher Einheit als vielmehr die Gegenüberstellung und relative Unabhängigkeit der arbiträr aufeinander bezogenen Massen von Signifikant und Signifikat meinte, deren Abgrenzung in der Totalität eines Zeichens jedenfalls nicht von vornherein möglich sei.[10] Man muß sich, so führt Lacan das Problem weiter,

»von der Illusion befreien, daß der Signifikant der Funktion entspreche, das Signifikat vorzustellen (zu repräsentieren)«; die Thematik der Linguistik hängt an den »unterschiedenen Ordnungen« von Signifikant und Signifikat, »die von vornherein getrennt sind durch eine Schranke, die sich der Bedeutung widersetzt« (»par une barrière résistante à la signification«).[11]

Er gibt der Vorstellung der Repräsentation, die im Saussureschen Zeichenbegriff noch mitgedacht werden kann, denn »Zeichen [...] repräsentieren ohne Zweifel etwas für jemanden«, den Abschied. Insofern geht er über Saussure hinaus, denn ihm geht es, so hebt er an dieser Stelle hervor, um »das Spiel der Signifikanten [...], nicht der Zeichen«.[12] Doch auch nach Saussure ist die Sprache »le domaine des articulations«, und Sinn wird in einer auf ihn aufbauenden Semiologie durch die Artikulationen, d. h. Gliederungen, hervorgebracht, »denen die Menschen das Reale unterziehen«.[13]

Lacan meint indessen, daß erst die Psychoanalyse offenbar macht, wie Signifikant und Signifikat in ihren Bewegungen radikal getrennt sind und der Signifikant durch seine Effekte Sinn erzeugt, hierin besteht sein Weitergehen über Saussure hinaus: In der Psychoanalyse wird erkannt, wie im Subjekt eine ihm bewußt nicht zugängliche Sprache spricht, wie also

der Signifikant seine aktive Funktion ausübt in der Bestimmung jener Wirkungen, über die das Bedeutbare (signifiable) seine Prägung (marque) erleidet und durch dieses Erleiden (passion) Signifikat wird.[14]

Die Wirkungen des Unbewußten offenbaren die Autonomie des Signifikanten, denn zumindest in der Synchronie lassen sie sich nicht auf einen gegebenen Sinn beziehen, sondern stören ihn in einer sinnlos erscheinenden Weise. In der Psychoanalyse

müssen wir alles auf die Funktion des Einschnitts (coupure) im Diskurs zurückführen, wobei der stärkste der ist, der einen Strich zieht zwischen Signifikantem und Signifikat.

Der Balken im Saussureschen Schema des Zeichens wird damit zum Index der Verdrängung, die die Aussage einer Rede trennt von dem, was in ihr spricht, und daher ein unmittelbares Verstehen unmöglich macht. Das bedeutet das »Paradox, daß der Diskurs in der analytischen Sitzung nur Geltung hat, sofern er strauchelt oder sogar unterbrochen wird.« Erst die Analyse gibt durch die Festlegung des Signifikanten im Unbewußten der Beziehung von Signifikant und Signifikat ihre Wahrheit, »wenn sie aus den Löchern des Sinns die Determinanten seines Diskurses macht«, also den Diskurs zurückführt auf den Un-sinn des Signifikanten.[15]

Wie der bloß gliedernde Einschnitt im Signifikanten einen neuen Diskurs über das Wirkliche erzeugt, macht Lacan an einem etwas anrüchigen Beispiel klar: Er ersetzt das Saussuresche Schema für die Beziehung von Signifikant zu Signifikat im ganzen Zeichen (S/s) durch den Signifikanten »Männer Frauen« über dem Signifikat zweier Türen, hinter denen sich ein gewisses Örtchen zur Befriedigung der natürlichen Bedürfnisse verbirgt. »Die Überraschung entsteht aus der unerwarteten Überstürzung des Sinnes.«[16] Was so selbstverständlich und natürlich scheint, die »urinäre Segregation«, wird in einer dysfunktionalen Weise der Differenz der Geschlechter unterworfen, so daß die Toilettenordnung beiträgt zur Differenzierung der Geschlechter. Einmal in diesem Bereich eingeführt, hat der Signifikant »Männer Frauen« die Tendenz, sich mit einer Bedeutung aufzuladen, die ganz unabhängig von funktionalen Abgrenzungen des Verhaltens von Mann und Frau in diesem Bereich und vom gegebenen gesellschaftlichen Verhältnis der Geschlechter zueinander doch beide in der kulturellen Landschaft weiter voneinander entfernt. Wer sich einmal in eine öffentliche Toilette des Geschlechtspartners verirrt hat, wird das nachempfinden können. Selbst wenn »Männer Frauen« in einer unkenntlichen Sprache geschrieben wäre, bedeutete der Signifikant doch, daß man seine menschlichen Bedürfnisse zweiteilen muß, und man könnte dies wohl an die entsprechenden signifikanten Organe heften. Lacan transformiert in der Berücksichtigung solcher Auswirkungen des Signifikanten den Saussureschen Algorithmus des Zeichens ($\frac{S}{s}$) in f (S) $\frac{1}{s}$[17]: das Signifikat ist eine Funktion des Signifikanten.

Lacans Begriff des Unbewußten ist also der Sprache vergleichbar, insofern er wie die Phonologie im Sinne Trubetzkoys und Jakobsons, die sich der Untersuchung von »distinktiven Merkmalen« in der Sprache widmet, die selber keine Bedeutung haben, sondern nur der Unterscheidung dienen[18], eine Gliederung (Artikulation) von Signifikanten darstellt, deren Kode entzifferbar ist, ohne daß die Elemente für sich verständlich wären. Das Problem der Entzifferung des Unbewußten besteht allerdings darin, daß seine Elemente der Äußerung verständlich zu sein scheinen, wenn man sie nicht als bloße Signifikanten des Unbewußten gelten läßt, sondern als Zeichen mit Bedeutung auffaßt.[19] Das Wesen der Sprache besteht für Lacan in ihrem Symbolcharakter, also in dem Verweisungsgefüge ihrer Elemente, wie er im Anschluß an Benveniste zeigt.[20] Das Entscheidende des Symbols liegt für ihn allerdings darin, daß es die Abwesenheit der Sache begründet, sich »als Mord der Sache darstellt«, und auf diese Weise von der symbolischen Ebene aus »die Welt der Sachen schafft«[21], und dies geschieht nun auch mit dem Subjekt.

In einer ersten Bewegung des Signifikanten, mit der eine irgendwie vorstellbare Einheit des Subjekts und ein vorgegebener Sinn im Wirklichen gebannt werden, wird der Spalt des Unbewußten geöffnet. Der Signifikant trennt das Subjekt von der Wirklichkeit und tut damit die Möglichkeit von Wahrheit und Lüge auf. Zugleich bringt er auf diese Weise die »Urverdrängung« hervor, denn notwendigerweise muß der Signifikant, weil er auf andere Signifikanten bezogen ist, Teile des Wirklichen außer sich lassen und schiebt sie damit ins Unbewußte.[22] »Die Sprache ist die Bedingung des Unbewußten«, pointiert Lacan, in ausdrücklichem Gegensatz zu irgendwelchen biologischen oder anderen vorsprachlichen Ableitungen seiner Ursprünge.[23] Der Signifikant, als solcher ohne Sinn, eine bloße Artikulation, strukturiert durch seine Bewegungen das Unbewußte und schiebt dadurch die Bildung von Sinn hinaus. Zunächst gibt es nichts als diese autonome Bewegung des Signifikanten, in der das Subjekt eine ursprüngliche Spaltung (refente) erfährt und durch sie in einer Situation der Entfremdung festgelegt wird. Das heißt nichts anderes, als daß in dieser Bewegung das Subjekt erst entsteht und zugleich durch die Sprachwirkung nur in einer »Teilung mit sich selbst« ist.[24] Gleichzeitig bedeutet es, daß die nun hergestellte Barriere zwischen Signifikant und Signifikat erlaubt, zu lügen, zu irren oder die Wahrheit zu sagen, mit anderen Worten: ein »Wissen« herzustellen, dem keine »Kenntnis« von Zusammenhängen entsprechen muß.[25] Die gegenseitige Bestimmung von Signifikant und Subjekt erhellt aus der oft wiederholten Definition des Signifikanten bei Lacan: »Ein Signifikant ist, was für einen anderen Signifikanten das Subjekt vorstellt (repräsentiert)«, also nicht für ein anderes vorgegebenes Subjekt, wie es unseren Vorstellungen nur zu leicht einleuchten will[26], sondern eben für einen anderen Signifikanten; das Subjekt, für das gesprochen wird und das zuhört, reduziert sich auf »sein bloßes Signifikantsein« (à n'être plus qu'un signifiant).[27] Lacan veranschaulicht dieses Verhältnis an einem Hieroglyphenstein – das Subjekt versteht nichts, aber bestimmt sehr wohl die Hieroglyphen als Signifikanten, in der Gewißheit, »daß jeder einzelne Signifikant sich auf jeden anderen bezieht«.[28] Das bedeutet zweierlei: Zum einen sind die Signifikanten nur durch ihre gegenseitige Einteilung, nicht in der Bewegung der Bedeutung, sondern in der des Wertes, des kommunikativen Austausches; zum anderen bringt der andere Signifikant derart das Subjekt hervor, das vorher noch nicht war (in einer deutlich anticartesianischen Wendung, denn dort lag das Subjekt als hypokeimenon (subiectum) dem Denken zugrunde). Denn das Subjekt entsteht erst, wenn »es von ihm spricht« (ça parle de lui), weil es, »bevor es [...] als Subjekt unter dem Signifikanten verschwindet, zu dem es wird, absolut nichts war«.[29] Nicht nur die sogenannte objektive Wirklichkeit, sondern auch die des Subjekts ist nichts, bevor sie von der Sprache ergriffen wird. »Es ist die Welt der Worte, die die Welt der Dinge schafft.«[30]

Damit entsteht die große Verwirrung und Unsicherheit, in welche die Sprache die Menschen stürzt:

Was diese Struktur der signifikanten Kette aufdeckt, ist meine Möglichkeit, genau in dem Maße, wie ihre Sprache (langue) mir und anderen Subjekten gemeinsam ist, das heißt, wie diese Sprache existiert, mich ihrer zu bedienen, um alles andere als das damit zu bezeichnen (signifier), was sie sagt.[31]

Der Spalt des Unbewußten öffnet sich, indem durch diese »Urverdrängung« der Signifikantenbewegung die Wirklichkeit einreißt
und vom Sprechen übernommen wird. Dieser Riß kann bis zum
delirierenden Sprechen der Psychose führen, und in einem gewissen Sinn hat jedes Sprechen daran teil. In ihr haben sich Signifikant
und Signifikat vollständig voneinander getrennt.[32]

Es drängt sich also der Gedanke auf, daß das Signifikat unaufhörlich unter
dem Signifikanten gleitet (La notion d'un glissement incessant du signifié
sous le signifiant s'impose donc)[33],

und wäre das alles, gäbe es gar keine Verständigung. Nun gibt es
zwar Verständigung, wenn es auch schwierig ist, sich aufs Verstehen zu berufen, denn dieses funktioniert sicherlich sehr problematisch. Wie aber ist Verständigung möglich? Saussure sagt, indem
die Sprache in einem gegebenen synchronen Zustand – und nur
diesen will er untersuchen – die zwei für sich amorphen Massen
von Denken und Lauten derart eingeteilt hat, daß dadurch Zeichen und Sinn geschaffen werden. Beide Seiten – Signifikat und
Signifikant – für sich sind bloß negativ und differentiell in ihren
jeweiligen Abgrenzungen zu bestimmen, aber im sprachlichen System bilden sie positive Verbindungen, die es möglich machen, daß
man einen »sprachlichen Komplex« versteht.[34] Saussure geht eben
vom gegebenen synchronen Zustand der Sprache aus, nur dieser
ist für ihn Ausdruck eines Gesetzes und Gegenstand der von ihm
gesuchten Wissenschaft der allgemeinen Linguistik.[35] In ihm verstehen sich die Teilnehmer einer Sprachgemeinschaft ganz selbstverständlich, und Übergänge oder Grenzfälle der Sinneinheiten
werden dem zufälligen Walten der Diachronie zugerechnet. Aber
eben diese Veränderungen in der Sprache, die sich durch das Inein-
anderschieben von bewußtem und unbewußtem Sprechen ereig-
nen und die ebenso im zeitlichen Ablauf eines Einschnitts des
Sprechens wie vor allem in der Gleichzeitigkeit einer Polyphonie
des Sprechens, vergleichbar einer Partitur, Sinn hervorbringen
und immer wieder umwandeln, interessieren Lacan.[36]

II.

Es geht um die Frage, wie wir in Wahrheit sprechen können. Die
Veränderungen in der Sprache oder besser die Andersheit der Spra-

che selbst sind für Lacan nicht Ausdruck eines zufälligen, dem System der Sprache äußerlichen Geschehens. Sie gehören allerdings in die Diachronie, denn sie legen das Subjekt fest in der Geschichte seines intersubjektiven Eingebundenseins, aber entscheidend ist gerade die gesetzmäßige Verbindung »zwischen Synchronie und Diachronie«.[37] Es zeigt sich, daß der Signifikant gespalten ist, sei es in sich, sei es im Verhältnis zu anderen, und daß er das Subjekt dieser Spaltung unterwirft (assujettit) und dadurch zum Subjekt macht, wie das Wortspiel zeigt. Damit wird die eben genannte Definition des Signifikanten verständlich: Nach dem Riß, den die erste synchrone Bewegung des Signifikanten hervorruft und der ihn allen möglichen Bedeutungen öffnet, macht die zweite Bewegung manifest, daß das Subjekt seine sprachliche Existenz nur als »Unterwerfung auf dem Felde des Anderen« hat (assujettissement au champ de l'Autre); diese verschließt es in dessen Wirkungen und läßt es derart an den »Ort der Wahrheit« kommen.[38] »Das Unbewußte ist der Diskurs des Anderen«, so lautet die zweite These. Lacan behauptet damit,

daß es da einen überaus bedeutungsvollen Moment gibt, in dem die Macht vom Subjekt auf den Anderen, den großen Anderen, wie wir ihn nennen, überwechselt, also an den Ort des Sprechens, der virtuell der Ort der Wahrheit ist.[39]

Das Subjekt erscheint »als ein Sklave der Sprache«[40], weil es vor jeder ihm möglichen Bedeutung, ja schon vor seiner Geburt eingelassen ist in das Universum der Sprache. Dieses Universum aber ist bewohnt durch die anderen, und so kommt es, daß »das Subjekt noch vom Anderen her die Mitteilung empfängt, die es aussendet.«[41] Die Formel, »daß das Unbewußte der Diskurs des Anderen ist«, bedeutet also eine doppelte Aussage: einerseits im Sinne eines genitivus objectivus eine Entäußerung in der Sprache auf den Anderen hin, das Subjekt will sich erkennen lassen und spricht daher des Anderen Sprache – dies war immer schon und besonders seit Hegel bekannt –; und andererseits in der Weise des genitivus subiectivus, daß »es im Anderen spricht [...], weil das Subjekt in ihm seine signifikante Stellung findet«[42], das heißt, daß das Subjekt nur ist, indem sein Signifikant von anderen Signifikanten aufgenommen und insofern verändert wird.

Diese Andersheit der Sprache, die dem Anderswerden der Signifikanten entspringt, ist Ausdruck dessen, »daß das Unbewußte das ist, was wir sagen«, das heißt aber, daß im Sprechen mehr gesagt wird, als die Aussage bedeutet.[43] Lacan wird nicht müde einzuschärfen, daß zwischen der »Ebene des Aussagens (énonciation)« und der »Ebene der Aussage (énoncé)« zu unterscheiden ist. Das »Aussagen«, was gesagt wird, ohne daß es gemeint oder gewollt ist, bezeichnet die Beziehung des Subjekts zum Signifikanten; das Subjekt läßt sich darum nicht nur als »Subjekt einer Aussage« bestimmen, so wenig »das Aussagen sich jemals auf die Aussage irgendeines Diskurses reduzieren läßt«.[44] Aus der Erfahrung, die die Psychoanalyse im besonderen, aber auch jedes andere Steckenbleiben in Verstehensschwierigkeiten macht, daß das Aussagen jeweils die Aussage übersteigt, wird deutlich, daß das Sprechen als Diskurs sich immer schon am Ort des Anderen befindet,

daß die Gegenwart des Unbewußten, die im Ort des Anderen ihre situative Bestimmung findet, in jedem Diskurs in seinem Aussagen zu suchen ist (est à chercher en tout discours, en son énonciation).[45]

Die gesuchte Verbindung von Signifikant und Signifikat, also Verständigung und das Aufhören des »Gleitens« der Bedeutung unter dem Signifikanten, ist selbst nur ein Signifikanteneffekt, das ist die Lacansche Lösung der von Saussure offen gelassenen Frage und macht seine Zuspitzung des hermeneutischen Problems aus. Denn was den Verstehenden aus der Aussage erreicht, ob er nun auf andere oder auf sich selbst hört, ist das Aussagen selbst, der Signifikant der Aussage, der immer auch den anderen gehört, nicht das Gemeinte oder Gewollte, auch kein objektiver Sinn, den es ohnehin nicht gibt:

Allein die Korrelationen von Signifikant zu Signifikant geben einen Maßstab ab für jede Suche nach Bedeutung (signification).[46]

So entsteht Sinn, aber in der Weise,

daß der Sinn in der Signifikantenkette *insistiert* (insiste), daß aber nicht ein Element der Kette seine *Konsistenz* hat (ne consiste) in der Bedeutung, derer es im Augenblick gerade fähig ist.[47]

Dieses Insistieren – *L'instance de la lettre* heißt der bekannte Aufsatz darüber[48] –, und damit die Produktion von Sinn im Diskurs, beschreibt Lacan in Anlehnung an die Verbindungslinien zwischen Signifikant und Signifikat bei Saussure als »points de capiton« (Steppunkte oder Polsterknöpfe), die »das Gleiten der Bedeutung (signification), das sonst unbegrenzt wäre, anhalten«.[49] Sie erzeugen Sinn durch die Artikulation des Signifikanten, einerseits in der linearen Abfolge im Zusammenhang des Sprechens, andererseits in der Gleichzeitigkeit des Verhältnisses zu anderen Signifikanten, beides aber nicht abstrakt-allgemein wie die positiven Zeichen bei Saussure, sondern als die Prägung des Subjekts durch die Art und Weise, wie die Sprache noch in einer Bewegung ohne Bedeutung es erreicht und es sich in den Brechungen der Sprache offenbart. Der »point de capiton« macht sich nur negativ bemerkbar durch die »Wendung« (tropus), die der Diskurs nimmt, nicht durch die Abgrenzung einer Aussage. Der Signifikant bleibt leer, ohne Sinn, das heißt ohne Signifikat, aber er wird in seiner Gleitbewegung angestoßen durch andere Signifikanten. So erhält er einerseits einen möglichen Sinn, der nur in der »Nachträglichkeit« der Wirkung der Signifikanten als das, was sie ihm, als Subjekt, zuschreiben, faßbar wird. Andererseits erfährt das Subjekt sich als von Signifikanten, die es einander zureichen, erfaßt und bemerkt damit zugleich sein Verschwinden, denn es ist aussagbar nur in dieser Wendung des Sprechens, in dem, was die Aussage gerade verfehlt.[50] Gäbe es nicht wenigstens das, so wäre das Subjekt verrückt, was hier nur heißt, daß es keine mögliche Verständigung mit ihm gäbe. Die sinnerzeugenden Signifikanteneffekte, welche von den »points de capiton« derart hervorgebracht werden und zeigen, daß das Unbewußte ganz und gar von Spracheffekten geprägt bzw. daß die Sprache ganz und gar von unbewußten Sprachwirkungen durchsetzt ist, bestimmt Lacan durch die rhetorischen Figuren der Metonymie und der Metapher. Er beruft sich dafür auf die Saussuresche Bestimmung der zwei Beziehungen, in denen sich sprachliche Glieder in Verbindung setzen, der syntagmatischen und der assoziativen Beziehungen, sowie vor allem auf Jakobsons Untersuchung der zwei Systemanordnungen der Sprache, die die Sprachelemente aufgrund von Berührung kombinieren (entsprechend Syntagma bzw. Metonymie) oder als gleichwertige oder ähnliche einander substituieren lassen (entsprechend Assoziation bzw. Metapher).[51] Doch versteht Lacan darunter nicht vorgegebene Sprachbeziehungen wie Saussure und auch nicht allgemeine Verhältnisse von Zeichen wie Jakobson, sondern er sieht darin Effekte der »points de capiton« im Signifikanten. (Daher wohl das Bild, denn auch Polsterknöpfe formen die Oberfläche nur von der einen Seite.)

Lacan orientiert diese Sprachstrukturen an den Mechanismen der unbewußten »Traumarbeit«, Verschiebung und Verdichtung, die nicht etwa ein Erkenntnisurteil bezeichnen, sondern die bloße Tätigkeit der unbewußten Umformung.[52] In ihnen zeigt sich das Verhältnis der Signifikanten zueinander, noch vor jeder möglichen Bedeutung. So entwickelt Lacan eine »Theorie der Signifikanten-wirkungen«, welche die Strukturierung des Unbewußten erklärt, und baut darauf eine Rhetorik des Unbewußten auf.[53] Die beiden Redeformen Metapher und Metonymie machen möglich, daß sich der Signifikant strukturiert und derart Sinn und Bedeutung wei-tergibt. Lacan beruft sich, um den »transfert du sens« verständlich zu machen, auf den ursprünglichen Begriff der »Übertragung« bei Freud:

Die unbewußte Vorstellung, als solche unfähig, ins Vorbewußte einzutre-ten, vermag dort nur eine Wirkung zu äußern, »indem sie sich mit einer harmlosen, dem Vorbewußten bereits angehörigen Vorstellung in Verbin-dung setzt, auf sie ihre Intensität überträgt und sich durch sie decken läßt«.[54]

Dieses Sich-Verbinden und Übertragen der Signifikanten, also diese Kommunikation in den »points de capiton«, untersucht La-can in den Figuren von Metonymie und Metapher. Es lohnt sich, bei den beiden »versants fondamentaux du jeu de l'inconscient« (den fundamentalen Abhängen des Spiels des Unbewußten) etwas zu verweilen, denn in ihnen kommt der Diskurs des Unbewußten zum genauen Ausdruck.

  Die Metapher bestimmt er in der Formel »un mot pour un autre« (»ein Wort für ein anderes«, wobei »für« auch heißen kann »an der Stelle von«): Sie

entspringt zwischen zwei Signifikanten, deren einer sich dem anderen sub-stituiert hat, indem er dessen Stelle in der signifikanten Kette einnahm.[55]

Der Vorgang ist nicht als Vergleich zu fassen, es handelt sich um Identifikation, die durch die Gleichheit der Position in der Signi-fikantenkette, nicht aber durch eine inhaltliche Ähnlichkeit mög-lich ist.[56] Durch die Identifikation von Unähnlichem wird ein Bedeutungseffekt erzeugt, indem der erste Signifikant (S_1), dessen Bedeutung (x) in Frage steht, durch einen zweiten Signifikanten (S_2) ersetzt wird, wobei jenem, indem er verschwindet, in einer gewaltsamen Bewegung die Bedeutung des neuen (s) zugeschrie-ben wird, weil er an die Stelle (im Sinne von Position) tritt, die der erste einnahm:

$$\frac{S_2}{S_1} \cdot \frac{S_1}{x} \rightarrow S_2 \left(\frac{I}{s}\right).^{57}$$

Eigentlich geschieht genau dies bei jeder Form der Verständigung, in der man sich ja nur Signifikanten liefert, um so Bedeutung vorstellen zu lassen.[58] Das Besondere der Metaphernbewegung, auf die Lacan hinweist, in der ja nicht vorgegebene Bedeutungen verbunden werden, sondern der Prozeß wirkt, in dem Bedeutung durch eine metaphorische Ersetzung entsteht, ist die Verbindung von einander noch ganz fremden Signifikanten, wie es Kinder im Erlernen des Sprechens, die Dichter und eben das Unbewußte lieben. Insofern bringt die Sinn-Übertragung, die eine solche Metapher ist, eigentlich Un-sinn hervor, und zwar um so mehr, je stärker die vorgegebene semantische Unähnlichkeit ist, das heißt, je mehr es sich bloß um die Funktion von Signifikanten handelt. Der auf die Juristen schielende Quintilian, für den die Bedeutung schon vorgegeben ist und nur ihre Wirkung erhöht werden soll, warnt allerdings vor extremen Metaphern.[59] Lacan aber erfreut sich und uns beispielsweise an der Metapher: »L'amour est un caillou riant dans le soleil« (»Die Liebe ist ein Kiesel, der in der Sonne lacht«).[60] Dieser Un-sinn kann wahrer sein als jeder vorgegebene semantische Zusammenhang: die unbekümmerte Härte der Liebe erhält hier ihren Ausdruck. Durch ihre gelungene Ersetzung erzeugt die Metapher also »Sinn im Un-sinn«[61], kann dies aber nur, weil der Un-sinn, der Zusammenhang der neuen Bedeutung mit dem ersten Signifikanten, durch die metonymische Position festgehalten ist. Das Lacansche Zitat, mit dem das Entstehen der Metapher eben erklärt wurde, muß fortgesetzt werden:

[...] wobei der verdeckte Signifikant gegenwärtig bleibt durch seine (metonymische) Verknüpfung (connexion) mit dem Rest der Kette.[62]

Ohne diesen Zusammenhang findet der ersetzte Signifikant keinen Ausdruck seiner selbst mehr, keinen Sinnzusammenhang, wird zum Unsinn im eigentlichen Sinn und verfestigt sich als Symptom, weil er mit seiner alten Bedeutung ohne Verbindung mit der neuen im Verdrängten isoliert wird, von wo aus er seine Wirkungen entfaltet. »Denn das Symptom ist eine Metapher.«[63] Die Bewegung der Metapher als Signifikantenstruktur des Unbewußten ist also auf die der Metonymie, die den Zusammenhang herstellt, angewiesen.

Die Lacansche Formel für die Metonymie heißt: »mot à mot«

(»Wort für Wort«, wenn man darunter versteht, daß ein Wort das andere gibt, indem sie sich miteinander verketten).[64] Sie ist »der Effekt, der möglich wird dadurch, daß es keine Bedeutung (signi-fication) gibt, die nicht auf eine andere Bedeutung verweise«, besteht also in einem »Umstellen der Bedeutung« (»virement de la signification«).[65] Die Metonymie steht nach Lacan am Ursprung des Sprechens, sie ist »die eigentliche signifikante Funktion«, »die signifikante Artikulation (Gliederung) als solche«.[66] Es ist ihre Leistung, daß das Kind die Laute, die es hört, in irgendeiner Weise verbindet und zuordnet, ohne Beachtung ihres Sinnes, den es ja noch nicht kennt, so beispielsweise ein bei Jones angeführtes, von Darwin bekannt gemachtes Kind, das zu einer Ente, zu Fliegen, zu Wein und zu einem Soustück, auf dem Adlerflügel abgebildet sind, »Quack« sagt, was Lacan nicht als Wahrnehmung der Ana-logie (der Flugbewegungen oder der Beziehungen zur Flüssig-keit), wie Jones es will, gelten läßt, sondern als Wirkung der metonymischen Kontiguität des Vogels und des Wassers, in dem er schwimmt, auffaßt.[67] Aber dieses Spiel der Zuordnungen ist nicht umsonst, es führt – im Gegensatz zur Metapher – ein Verstecken oder Auslassen von Sinn mit sich, weil es jeweils auf den anderen Signifikanten verweist[68]; dies ist es auch, was der oben genannten Signifikantendefinition zugrunde liegt.

Auch diese Figur soll an einem rhetorischen Beispiel erhellt wer-den: Lacan nennt das langweilige Schulbeispiel von den dreißig Segeln, die mit den dazugehörigen Schiffen in Verbindung stehen, ohne daß man weiß, ob das mehr oder weniger bedeutet.[69] Quin-tilian sieht die Funktion dieses »tropus« darin, »Abwechslung in die Rede zu bringen«.[70] Aber diese »Abwechslung« bringt prinzi-piell durcheinander, ein Beispiel mag das spürbar machen: Warum sagen wir »mit jemand schlafen«, wenn doch etwas anderes ge-meint ist? Verweist das Schlafen als Bruder des Todes auf einen Genuß, der dem Tod nahekommt, »la petite mort«? oder verbirgt sich hinter der Banalität des Schlafens nur, daß die räumliche Nähe im Bett etwas ermöglicht, was ohnehin zu kurz kommt? Die Ver-weisungen lassen bei keiner Bedeutung ankommen, aber verwir-ren unsere Existenz grundsätzlich. Sie geben »der Wahrheit ihr Feld in ihrer Unterdrückung« und manifestieren damit »eine ge-wisse Knechtschaft«, eine Knechtschaft, die die Sprache ist. Die Metonymie zeigt an, daß das Sprechen den Weisungen einer »Zen-sur« folgt, die aus der Signifikantenstruktur der Sprache folgt[71] –

das Wahre, das Reale, das Sein sind immer anderswo, das macht den hoffnungslosen Reiz des Genießens (jouissance) aus. Mit anderen Worten, die das zentrale Beispiel Lacans für die Metonymie nennen, die metonymische Bewegung des Sprechens, die das »ewige Streben nach dem Begehren von etwas anderem« verkörpert[72], erzeugt mit dem Mangel das Begehren und durch das Begehren den Mangel, denn es »zielt auf den Mangel, den es unterhält«, indem es weiterstrebt; dieses Streben definiert das Begehren als »Metonymie des Seinsverfehlens« (»métonymie du manque à être«).[73] Das Begehren »zielt auf den Mangel«, ist Begehren des Mangels, weil es »das Begehren des Anderen«[74] ist. Was das heißt, erhellt aus Lacans ausführlicherer Definition des Begehrens (ich ergänze zur Erläuterung in Klammern):

Begehren ist, was manifest wird in dem Zwischenraum, den der Anspruch diesseits seiner selbst aushebt (weil er nicht erfüllt, sondern in Sprache umgeformt wird), insofern das Subjekt, indem es die signifikante Kette artikuliert (indem es die willkürliche metonymische Verbindung von Signifikanten herstellt, wie das von Darwin erwähnte Kind), das Seinsverfehlen (le manque à être) an den Tag bringt (denn ein solches Sprechen trifft das wirkliche Sein nicht und zeigt damit, daß jedes Sprechen es verfehlt) mit dem Appell, das Komplement davon vom Anderen zu erhalten (der gesetzte Sprachzusammenhang verweist, wie willkürlich er auch sei, auf anderes Sprechen, denn Sprechen ist immer allgemein), insofern der Andere, Ort des Sprechens, auch der Ort dieses Verfehlens (manque) ist (gerade der allgemeine intersubjektive Charakter der Sprache macht es, daß das einzelne Wirkliche nicht aussagbar ist).[75]

So wie »das Symptom eine Metapher ist«, ist »das Begehren eine Metonymie«, weil »die Metapher mit der Frage des Seins und die Metonymie mit dessen Mangel« verbunden ist.[76]
   Für das Spiel des Signifikanten und damit für alles Entstehen und Entziffern von Sinn ist das Zusammenspiel von Metapher und Metonymie entscheidend, ihrer Bewegungen in der Sprache, die dauernd ineinander übergehen: So wie die Metapher ihren Bedeutungseffekt nur erzielen kann, weil der verdeckte Signifikant durch die metonymische Verbindung in seiner Position gegenwärtig, das heißt vom anderen Signifikanten abgegrenzt bleibt, kann das metonymische Begehren nur in Gang gehalten werden, wenn der vom anderen Signifikanten, das heißt vom Anderen her ergehende metaphorische Effekt die Signifikantenkette skandiert.[77]
   Ein Beispiel, das in einen anderen Strukturzusammenhang der

Lacanschen Theorie zu führen scheint und nicht nur Beispiel, sondern grundlegend ist, soll die Verwebung von metaphorischen und metonymischen Effekten belegen: Der Phallus – nach Lacan weder das Organ noch ein Objekt noch ein Phantasma, sondern ein Signifikant[78] – erhält seine Bedeutung als Metapher, nämlich als »métaphore paternelle«: Der Wunsch des Kindes, ausschließliches Objekt des Begehrens der Mutter zu sein, wird ersetzt durch den Signifikanten dessen, auf den sich ihr Begehren zu richten scheint, den Vater als Funktion, der im Besitz des Phallus ist, wodurch an die Stelle des Seins (Phallus zu sein, was immer das an Allmachtsphantasien in sich trägt) ein Haben tritt, dem ein Nichthaben entspricht, denn nun »muß der Mensch, ob Mann oder Frau, akzeptieren, ihn zu haben und nicht zu haben, ausgehend von der Entdeckung, daß er nicht Phallus ist«.[79] Das ursprüngliche Begehren des Kindes normalisiert sich in sozialen Formen, den Positionen von Mann und Frau. Der durch die väterliche Metapher empfindlich gemachte Mangel an Sein bringt die metonymische Verschiebung hervor, als die das Begehren in seiner fortwährenden Suche nach Ersatzobjekten für diesen Mangel auftritt. Das ist die Bewegung von Metapher zu Metonymie, die jedes Subjekt und auch jeden Text mit einer unaufhebbaren Spannung kennzeichnet.

Die umgekehrte Bewegung geht vom Phallus als »Signifikant des Signifikanten«, von der »pure action du signifiant« aus, mit der dieser »die Signifikatswirkungen in ihrer Gesamtheit bezeichnet«.[80]

Der Phallus entspricht hiernach keinem Signifikat, weder einem biologischen noch – wie als Metapher – einem symbolisch-gesellschaftlichen, sondern ist Einschnitt, Markierung, Mal in der Kontinuität des natürlichen Lebens. Er ermöglicht ein Abzweigen im Fluß des Lebens. Lacan vergleicht ihn daher mit der imaginären Zahl $i = \sqrt{-1}$, die ebenso von dem Kontinuum der reellen Zahlen abzweigt und durch ihre Negativität eine grundsätzliche Erweiterung des Zahlenbereichs erlaubt.[81] Dadurch wird Gliederung, und das heißt Aussage des Fehlens, das mit Bedeutungen gefüllt werden kann, möglich. Die metaphorische Bewegung des Signifikanten kann nun die Bedeutung des Phallus mit biologischen und gesellschaftlichen Vorstellungen ausfüllen. Die Voraussetzung dafür ist die metonymische Unterteilung des Lebens in Signifikanten, eine Voraussetzung, welche zugleich Vernunft als ratio (als Vermögen von Regeln) und Begehren erschafft:

Der Phallus ist der privilegierte Signifikant dieser Markierung, in der der Part des Logos sich verbindet mit dem Aufkommen des Begehrens.[82]

Wenn das Subjekt oder ein Text durch eine metaphorische Anstrengung einen Sinn annehmen, der sich in der Besonderheit eines Symptoms verfestigt, so bedarf es der Eingliederung dieses Partikularen in die Verschiebungen des Sinns im Verlauf der singulären metonymischen Verkettungen des Subjekts oder des Textes, zu denen auch die Deutung gehört, um den Zusammenhang ihres Begehrens zu rekonstruieren. Das ist auch die Bedeutung der Lacanschen Reformulierung des Freudschen Ziels der Analyse: »Wo Es war, soll Ich werden« – »Là où fut ça, il me faut advenir« (»Dort wo es war, muß ich ankommen«).[83] Damit wird kein therapeutisches Ziel formuliert, sondern eine Erkenntnisaufgabe, die überall gilt, wo der unbewußte Diskurs spricht.

III.

Das »Ins-Werk-Setzen« (»la mise en acte«) des Unbewußten geschieht durch die Begegnung mit dem Anderen, wodurch sich einerseits die »Spaltung des Subjekts« (»schize du sujet«) realisiert – es erfährt sich als Sprachwirkung – und andererseits in demselben Moment das Unbewußte als ein »Verschließen« (fermeture) erscheint – denn es ist der »Diskurs des Anderen«. Jede »Übertragung« wiederholt diesen doppelten Vorgang: öffnet das Subjekt, indem sie es durch diese Begegnung in eine Teilung mit sich selbst bringt, und verschließt es, indem sie ihm in der Begegnung einen Sinn durch den Anderen gibt.[84] Die Beziehung des Subjekts zum Unbewußten, geformt durch die Signifikantenkette, die es durchläuft und die seine Wiederholungen hervorbringt, ist paradox: das Subjekt ist passiv den Wirkungen der Signifikanten ausgesetzt und damit offen für das Unbewußte, aber sobald es sie aktiv gebraucht, sich Bedeutungen zuschreibt, also spricht und deutet, verschließt es sich wieder in den Wirkungen der Signifikanten, die vom Anderen herkommen. Der widersprüchliche Zusammenhang wiederholt das Verhältnis von Metonymie und Metapher, das sinnlose Zusammensetzen von Signifikanten in der Metonymie des Begehrens und das Setzen von Bedeutung in der Metapher.

Sofern der Ursignifikant reiner Un-sinn ist, wird er zum Träger der Verun-endlichung (infinitisation) des Werts des Subjekts, die [...] jeden Sinn tilgt [...]. Die Funktion der Freiheit ist im Sinn und radikalen Un-sinn des Subjekts in der Tat darin begründet, daß dieser Signifikant eigentlich jeden Sinn tötet.

Darum ist es falsch zu sagen, der Signifikant im Unbewußten sei jedem Sinn offen. Er konstituiert das Subjekt in seiner Freiheit bezüglich jedes Sinns, was aber nicht heißt, daß es nicht determiniert sei. Denn im Zähler [...] (an der Stelle, an der in der Metaphernformel der neue sinnstiftende Signifikant steht, C. v. B.) sind die Dinge, die sich eingeschrieben haben, Bedeutungen, im Verhältnis zum Begehren des Anderen dialektisierte Bedeutungen, und sie geben dem Bezug des Subjekts zum Unbewußten einen determinierten Wert.[85]

Die Freiheit des Subjekts bedingt seine Determiniertheit. Das erste (der erste Absatz im Zitat) fordert die psychoanalytische Deutung heraus, die darauf aus ist, »die Signifikanten auf ihren Nicht-sinn zurückzuführen«[86], das zweite (der zweite Absatz), obwohl es die Bedeutungen hervorbringt, verschließt den Signifikanten des Unbewußten. Doch muß die Deutung – oder auch Interpretation, wie es im Französischen heißt – den ganzen Weg von dem Verschließen des Unbewußten durch Sinngebung aus zurückgehen, der sicherlich ein anderer Weg als der der Hermeneutik ist.[87]

Das Ziel ist die Restitution der Signifikantenkette, der »einzigen Folge von Signifikanten«, der das Subjekt unterworfen (assujetti) ist, um damit »die Determinanten des gesamten Verhaltens des Subjekts wiederzufinden«.[88] Aber das Unbewußte ist nicht nur eine Signifikantenkette, es ist ein »Geflecht« oder »Netz« (réseau) von Signifikanten[89], in dem diese sich überlagern und ersetzen und dadurch Sinn erzeugen, der nur scheinbar der Sinn des Subjekts ist. Es geht um »die Funktion des Anderen in der Hehlerei des Kode«, die in das Signifikantengeflecht eingeführt werden muß[90], um in der Signifikantenkette die Signifikanten als solche zu entziffern, während der Kode des fortstürmenden Textes sie in seinen Sinnzusammenhang hineinreißt.

Ein Rekurs auf die Linguistik mag helfen zu verstehen, wie die Entzifferung möglich ist. Die »Konnotationssemiotik«, wie sie vor allem von Hjelmslev ausgebildet worden ist, geht davon aus, daß jeder übliche Text »eine Mischung von zwei oder mehr Sprachen« darstellt. Das bedeutet, wenn die verschiedenen Bedeutungssysteme ineinander eingefügt sind, daß eine Sprache oder ein

Bedeutungssystem entweder zum Signifikanten der zweiten oder zu ihrem Signifikat wird: entweder drückt die zweite Sprache sich mit Hilfe der Elemente der ersten aus, das ist die »Konnotationssprache«, oder sie macht die ersten zu ihrem Inhalt, bezeichnet (denotiert) sie, das ist die Leistung der »Metasprache«.[91] Eine Metasprache des Unbewußten ist nicht denkbar, sie setzte einen Standpunkt außerhalb der durch den Anderen geprägten Sprache, außerhalb des Unbewußten, voraus.[92] Aber die Konnotation ist die Wirklichkeit der von unbewußten Signifikantenwirkungen durchzogenen Sprache, sie ist das Ergebnis der Verweisungen und Ersetzungen in der Sprache, die die Mechanismen Metonymie und Metapher hervorbringen. Die Signifikanten der Konnotationssprache »bestehen aus Zeichen (den vereinigten Signifikanten und Signifikaten) des denotierten Systems«, und letztlich sind sie »immer diskontinuierliche, ›erratische‹ Zeichen, naturalisiert von der denotierten Mitteilung, die sie befördert«.[93]

Das Spiel der Signifikanten, dessen Elemente nur artikulieren, ohne etwas zu bedeuten, wie die gemachte Voraussetzung für die Analogie von Sprache und Unbewußtem in der ersten These hieß, ist ein Spiel mit falschen Würfeln und deshalb so schwer zu durchschauen; was im Fluß des Textes gesagt wird (énoncé), hat auf einem anderen Niveau (énonciation) noch eine andere Bedeutung, so daß man nie weiß, wo man sich befindet. Der eben erwähnte Signifikant des unbewußten Begehrens, der Phallus, ist das deutlichste Beispiel für diese Verwirrung: In ihm verbinden sich unauflöslich die Bedeutung der an das Patriarchat gebundenen Macht mit seiner Funktion eines Nichthabens im Liebesakt, das zugleich ein Haben ist. Darum ist der Satz: »La femme n'ex-siste pas«[94], richtig und falsch zugleich, also notwendig mißverständlich, wie das Unbewußte. Dichter, Werbung und die Politik benutzen diese Vieldeutigkeit, um anderes zu sagen, als sie sagen, aber auch das Unbewußte, dessen Signifikantenkette aus Gliedern von Bedeutungen geschmiedet ist, die auch als solche zu verstehen sind – darin besteht ihre Wirkung und darin verschließt sich ihre Signifikantenfunktion, die nur den Sinn hat, das Begehren des Subjekts im Zusammenhang zu tragen. Wegen dieser doppelten Funktion der Signifikantenkette ist der Verschluß des Unbewußten unvermeidlich, und er ist zugleich in paradoxer Weise ein Offenhalten der Spaltung, die das Unbewußte im Subjekt bewirkt, nämlich in der Begegnung mit dem Anderen, in der Übertragung, in der

Deutung: das Verschließen geschieht als Verschließen und wird als solches kenntlich. Das Geschehen ist Begehren, seine Aufdeckung ist Deutung, darum ist diese mit jenem »in gewissem Sinne identisch. Das Begehren ist schließlich die Deutung selbst«.[95]

Die Deutung ist selbst eine Form der »Wiederholung« in der Signifikantenkette, wie Lacan etwa in den Verschiebungen von Poes *Entwendetem Brief* beschreibt, die bis zur Ironie des Schlußsatzes, die Derrida nicht verstehen will[96], auch noch seine eigene Deutung umfassen. Dann ist die Interpretation aber ein sehr endliches Unternehmen, so zirkelhaft, wie vielleicht Heidegger, sonst aber keiner der Hermeneutiker sie beschrieben hat.[97] Darum wendet sich Lacan polemisch gegen den Begriff des »Verstehens« (comprendre), den er allerdings im Sinne von Jaspers aufnimmt[98] und der für ihn »der Anfang aller Konfusionen ist«.[99] Ebenso kritisiert er die schon eher im Umkreis seiner Theorie naheliegende Vorstellung, »daß die Interpretation [...] für jeden Sinn offen sei«, weil es sich ja um »die verrückte Liaison« eines Signifikanten mit einem anderen Signifikanten handelt[100], eine Vorstellung, die zu dem nicht nur witzigen Vorwurf des »Lacancan« an die Adresse der Lacanisten geführt hat.[101] Es wurde gezeigt, wie Bedeutung als Effekt der Metapher auf dem Untergrund der metonymischen Verbindung entsteht. Die Deutung besteht in der Umkehrung dieser Bewegung:

> Die Interpretation ist eine Bedeutung (signification), die nicht beliebig ist. Sie tritt an die Stelle des s und kehrt das Verhältnis um, das den Signifikanten, in der Sprache, das Signifikat bewirken läßt. Ihre Wirkung besteht darin, daß sie einen irreduziblen Signifikanten entstehen läßt.[102]

Deutung ist die Bewegung oder das Moment des »Abschließens« in der Begegnung mit der Übertragung, von der eben die Rede war[103], sie erfolgt deswegen »auf der Ebene des s«, das heißt in der Begegnung mit der besonderen Bedeutung, die sie in der Verfestigung im Partikularen in die Verkettung des singulären Zusammenhangs ihrer Signifikanten überführt. Deutung im Sinne Lacans heißt, einzelne Bedeutungen zu reduzieren auf ihre Signifikantenfunktion, um so die Bedeutung im ganzen, die die Deutung als »Un-sinn, irreduzibel, traumatisch« feststellt, zu erstellen.[104]

Diese Beziehung des Sprechens zum Signifikanten hat Lacan in seinem programmatischen »Romvortrag« von 1953 als »volles

Sprechen« (parole pleine) bezeichnet und vom »leeren Sprechen« (parole vide) unterschieden. Auch dort tut sich der Unterschied zwischen der Spaltung des Subjekts im Sprechen und dem Verschluß des Unbewußten in der Begegnung mit dem Anderen auf und zeigt sich, wie das eine in das andere übergeht. Sprechen (parole) ist für ihn immer intersubjektiv, »wendet sich an jenen (großen) Anderen«, »selbst wenn es nur vor sich hin spricht«, »selbst wenn es nur auf ein Schweigen trifft«.[105] Lacan bleibt darin ganz in der grundsätzlichen Bestimmung des Dikurses durch Benveniste.[106] Aber diese Situation, die das Sprechen ermöglicht, sorgt auch für »die Degradierung des Sprechens in seiner Beziehung mit dem anderen«.[107] Als »leeres Sprechen« sucht es »jenseits des Sprechens« Realität, zum Beispiel im »Verhalten des Subjekts«[108] oder in einem »gefühlsmäßigen Zugang zur Realität des Subjekts«[109] oder in dessen sinnlicher Wahrnehmung[110], – es verirrt sich »in dem Labyrinth der Referenzsysteme«.[111] Dem »vollen Sprechen« geht es dagegen »nicht um Realität, sondern um Wahrheit«.[112] Es kommt zum Beispiel »in der Verbalisierung als solcher« zum Ausdruck, die im »gegenwärtigen Diskurs« (discours présent), den die Subjekte miteinander teilen, »einen lang zurückliegenden Diskurs« (»un discours d'autrefois«) einschließt, »in der Art eines indirekten Diskurses, isoliert zwischen den Anführungszeichen im Faden der Erzählung«.[113]

Volles und leeres Sprechen verhalten sich zueinander also genau umgekehrt, wie man nach der Begrifflichkeit und nach hermeneutischem Verständnis meinen könnte[114]: Das leere Sprechen ist das der gewöhnlichen Kommunikation, in der es um Verständigung mit anderen geht. Durch diesen Inhalt »jenseits des Sprechens« könnte es gerade als gefüllt angesehen werden, ist es aber erst, wenn man versteht, daß das »Jenseits« eine sich entziehende Realität, letztlich den Tod, meint. Das volle Sprechen realisiert die Besonderheit des eigenen Diskurses als Verlust von Realität, es spricht gewissermaßen in eine Leere hinein, in der es auf Antwort wartet, aber immer nur das Ungenügen jeder Antwort zurückerhält. Lacan macht klar, daß in dem berühmten Vergessen des Namens von Signorelli Freud deswegen vergaß, weil er sich auf seinen Gesprächspartner einließ und daher – bei der Unvertrautheit der Bekanntschaft – den Signifikanten »Signor« verdrängte, den er später durch die assoziierten Bedeutungen Tod, sexuelles Versagen, therapeutisches Unvermögen wieder hervorholte.[115] Allerdings führt der Mangel dieses Dialogs zum Erfolg des vollen Sprechens: der Signifikant wird in der Begegnung ausgeschlossen, »vergessen«, und kommt gerade dadurch empor, und anders ist er nicht zu haben, denn »das Unbewußte wird nicht ausgedrückt, es sei denn durch Entstellung, Verdrehung, Umformung«.[116] Sich auf ein derartiges Interpretieren einzulassen, heißt, der Sprache als einem Diskurs Raum zu geben, der die Lücken unseres Sprechens ausfüllt und ihm auf diese Weise Sinn verleiht, wenn eine solche Interpretation auch in unaufhebbarer Endlichkeit immer nur eine Metonymie dieses Sinnes bleibt.

Anmerkungen

1 Vgl. Norbert Haas, *Exposé zu Lacans Diskursmathemen,* in: Der Wunderblock 5/6 (1980), S. 9–34, sowie Der Wunderblock 10 (1983), S. 17–36.

2 Vgl. a. Jacques Lacan, *Radiophonie,* in: Scilicet 2/3 (1970), S. 88 ff., 96 ff., und das Seminar XX von 1972/73 *Encore,* Paris 1975, S. 20 f. (dt. Weinheim, Berlin 1986, S. 21), sowie Alain Juranville, *Lacan et la philosophie,* Paris 1984, S. 341 ff., und Marcelle Marini, *Jacques Lacan,* Paris 1986, S. 69 ff. und 227 ff.

3 Jacques Lacan, *Ecrits,* Paris 1966, S. 840 (dt. *Schriften II,* Olten und Freiburg 1975, S. 219); vgl. *Ecrits,* S. 468, und *Les quatre concepts fondamentaux de la psychanalyse,* Paris 1973, S. 118 (dt. *Die vier Grundbegriffe der Psychoanalyse,* Olten 1978, S. 136).

4 Vgl. dazu Jacques Alain Miller, *Encyclopédie,* in: Ornicar? 24 (1981), S. 37 f., und Marini, a. a. O., S. 161, 169, 227.

5 Lacan, *Ecrits,* S. 594 und 269 u. ö. (*Schriften I,* Olten und Freiburg 1973, S. 182, 109 u. ö.).

6 Ebd., S. 16, 265 u. ö. (I, S. 14, 104); vgl. *Ecrits,* S. 899.

7 Ebd., S. 799 (II, S. 173).

8 Claude Lévi-Strauss, *Strukturale Anthropologie II,* Frankfurt/Main 1975, S. 28; Lacan, *Les psychoses,* Paris 1981, S. 207 f.; vgl. Miller, a. a. O., S. 41 f.; vgl. Samuel M. Weber, *Rückkehr zu Freud,* Frankfurt/Main 1978, S. 5 f.

9 Lacan, *Vorwort zur deutschen Ausgabe meiner ausgewählten Schriften,* in: *Schriften II,* S. 10 und 14.

10 Ferdinand de Saussure, *Cours de linguistique générale,* Edition critique préparée par Tullio de Mauro, Paris 1981, S. 145 f., 149 (*Grund-*

fragen der allgemeinen Sprachwissenschaft, Berlin 1967, S. 123 f., 127). Weber, a. a. O., S. 28 ff., 38 f., meint jedoch, daß Saussure von dem Vorrang der im Zeichen gegebenen Bedeutung her denkt und daß Lacan seine Theorie des Signifikanten gegen Saussure entwickelt habe.

11 Lacan, *Ecrits,* S. 498 u. 497 *(Schriften II,* S. 22 u. 21).

12 Lacan, *Ecrits,* S. 840 *(Schriften II,* S. 219); vgl. Saussure, a. a. O., S. 144, 166 f. (S. 122, 144); doch sollte man sehen, daß Saussure diese Richtung schon einleitet, wenn er die Abgrenzung der sprachlichen Einheiten eher durch ihren Wertcharakter als durch ihre Bedeutung durchführt, vgl. Roland Barthes, *Eléments de sémiologie,* in: *L'aventure sémiologique,* Paris 1985, S. 50 ff. *(Elemente der Semiologie,* Frankfurt/Main 1979, S. 46 ff.).

13 Vgl. Barthes, a. a. O., S. 53 (S. 48).

14 Lacan, *Ecrits,* S. 688 *(Schriften II,* S. 124); vgl. ebd., S. 495 (II, S. 19). Dagegen einfach zu dekretieren, daß der Signifikant »immer nur der unselbständige Bestandteil der integralen Realität des ihn umfassenden Zeichens« ist (Manfred Frank, *Was ist Neostrukturalismus?,* Frankfurt/Main 1983 [edition suhrkamp 1203], S. 544), heißt den Gedanken der Psychoanalyse von vornherein zu unterbinden – nimmt auch die Entwicklung der strukturalistischen Linguistik nicht ernst –, statt ihn erst einmal zu untersuchen: Es geht in der Psychoanalyse ja nicht um die selbständige Abgegrenztheit der Gedanken, wie Franks Berufung auf Derridas Kritik nahelegt, die er wie dieser mit Recht ablehnt, sondern um signifikante Gliederungen des Unbewußten, die im einzelnen ohne Sinn sind, also keine Zeichen darstellen.

15 Lacan, *Ecrits,* S. 801 *(Schriften II,* S. 175).

16 Ebd., S. 499 f., 504 (II, S. 23 ff., 29).

17 Ebd., S. 515 (II, S. 40).

18 Roman Jakobson und Morris Halle, *Phonologie und Phonetik,* in: *Aufsätze zur Linguistik und Poetik,* München 1974, S. 54 ff.; Lacan, *Ecrits,* S. 501 f. *(Schriften II,* S. 26).

19 Weil sie diese verschiedene Funktion des Signifikanten auf der Ebene des Bewußten und des Unbewußten, wobei es sich gleichwohl um denselben Signifikanten handelt (vgl. weiter unten in Teil III zum Problem der Konnotation), nicht verstehen oder nicht gelten lassen wollen, werfen Derrida und Eco – natürlich mit verschiedener Absicht – Lacan vor, daß er bei einer semantischen bzw. semiotischen Beziehung von Signikant und Signifikat, und also einer hermeneutischen Entzifferung, stehenbleibe, Jacques Derrida, *Le facteur de la vérité,* in: *La carte postale,* Paris 1980, S. 455, 460, 470, 472, 492 ff., 502; Umberto Eco, *Semiotik und Philosophie der Sprache,* München 1985, S. 44 f., 199 f. Es macht aber gerade die Pointe der Lacanschen Deutung des Unbewußten aus, daß das unbewußt geformte Sprechen

den Sinn des bewußten Diskurses entstellt, weil es im Kontext eines anderen Diskurses steht, der sich im Bewußtsein als Un-sinn darstellt.

20 Lacan, *Ecrits*, S. 272, 297 f., vgl. S. 19 (*Schriften I*, S. 112, 140 f., vgl. S. 17); Emile Benveniste, *Probleme der allgemeinen Sprachwissenschaft*, Frankfurt/Main 1977, S. 74 ff., 37 ff., 385.

21 Lacan, *Ecrits*, S. 276, 319 (*Schriften I*, S. 116 f., 165 f.).

22 Lacan, *Les quatre concepts*, S. 160 f. (S. 184).

23 Anika Lemaire, *Entretien avec J. Lacan* (1969), in: *Jacques Lacan*, Bruxelles ⁴1977, S. 365, s. a. Lacan, *Radiophonie*, S. 58.

24 Lacan, *Ecrits*, S. 840, 835 (*Schriften II*, S. 218 f., 214); *Les quatre concepts*, S. 191 (S. 220 f.).

25 Lacan, *Ecrits*, S. 805 (*Schriften II*, S. 180).

26 So nimmt Frank in seiner Kritik an Lacan an, daß die Kritik an der Reflexionsstruktur des Ich (moi) als Grund das Sein eines nicht in Signifikanten aufgelösten Subjekts annehmen muß (*Was ist Neostrukturalismus?*, S. 388, 393 ff.). Aber die Frage ist ja, ob das menschliche Subjekt sich woanders als in Signifikanten befinden kann. Das ist kein Ergebnis der durchgeführten Reflexion, sondern ein empirisch-existentieller Ausgangspunkt des Denkens, der selber ein entscheidender philosophischer Neuansatz ist. Lacan nimmt dazu auch öfters Stellung, etwa *Ecrits*, S. 516 f., 800 ff. (*Schriften II*, S. 41 ff., 174 ff.), es besteht also keine Notwendigkeit, »gedankliche Schwierigkeiten« hinter »pragmatischen Bedürfnissen der konkreten Psychoanalyse« zu verstecken (Frank, a. a. O., S. 394).

27 Lacan, *Ecrits*, S. 819, 835, 840 (*Schriften II*, S. 195, 213, 219); *Les quatre concepts*, S. 180 f., 188 (S. 208, 217 f.).

28 Lacan, *Les quatre concepts*, S. 181 (S. 208).

29 Lacan, *Ecrits*, S. 835 (*Schriften II*, S. 213 f.).

30 Ebd., S. 276 (I, S. 117).

31 Ebd., S. 505 (II, S. 29).

32 Lacan, *Les psychoses*, S. 304, vgl. S. 293 f.

33 Lacan, *Ecrits*, S. 502 (*Schriften II*, S. 27).

34 Saussure, a. a. O., S. 155 f. (S. 133 f.); S. 166 f. (S. 144); S. 191 f. (S. 165 f.); vgl. zu diesem Zusammenhang die gut erläuternde Passage bei Weber, a. a. O., S. 28 ff.

35 Saussure, a. a. O., S. 127 ff. (S. 106 ff.).

36 Lacan, *Les psychoses*, S. 297 f.; *Ecrits*, S. 503 (*Schriften II, S. 28*).

37 Lacan, *Ecrits*, S. 835 (*Schriften II*, S. 213).

38 Ebd., S. 834 ff. (II, S. 212 ff.); *Les quatre concepts*, S. 172 (S. 197).

39 Lacan, *Les quatre concepts*, S. 118 (S. 136).

40 Lacan, *Ecrits*, S. 495 (*Schriften II*, S. 19).

41 Ebd., S. 807 (II, S. 181); vgl. *Ecrits*, S. 898.

42 Ebd., S. 689 (II, S. 125).

43 Ebd., S. 830, 834 (II, S. 208, 212).

44 Lacan, *Les quatre concepts*, S. 127f. (S. 145); *Ecrits*, S. 800, 802, 816, 892 (II, S. 174, 176, 192, 59 u. ö.).

45 Lacan, *Ecrits*, S. 834 (*Schriften II*, S. 212).

46 Ebd., S. 502 (II, S. 26).

47 Ebd.

48 Vgl. zum Verständnis des Titels die Anmerkung des Übersetzers, *Schriften II*, S. 15.

49 Lacan, *Ecrits*, S. 503, 805 (*Schriften II*, S. 27, 179f.); *Les psychoses*, S. 303ff.

50 Wenn man nicht sieht, daß der »point de capiton« den Signifikanten nur negativ bestimmt, in seinem Verhältnis zu anderen Signifikanten, daß also auch diese Leere oder das Loch nicht durch eine dialektische Umkehrung positiv festgelegt werden können, sondern in einer Bewegung bleiben, die einen Zusammenhang von Signifikanten erzeugt, nicht mehr, dann wird man den »point de capiton« im Sinne von Sassures Abgrenzung eines positiven Zeichens mißverstehen und Lacan einen semantischen Gebrauch des Signifikanten unterstellen, vgl. Jean-Luc Nancy, Philippe Lacoue-Labarthe, *Le titre de la lettre*, Paris 1973, S. 58, 77f., 145, und Derrida, a. a. O., S. 492f., 505f.

51 Saussure, a. a. O., S. 170ff. (S. 147ff.); Jakobson, *Zwei Seiten der Sprache und zwei Typen aphatischer Störungen*, in: Jakobson, *Aufsätze zur Linguistik und Phonetik*, S. 121, 128f., 130, 133ff.; Lacan, *Ecrits*, S. 505ff., 515 (*Schriften II*, S. 30ff., 40ff.); vgl. Barthes, a. a. O., S. 53ff. (S. 49ff.); Weber, a. a. O., S. 46ff.

52 Lacan, *Ecrits*, S. 511f. (*Schriften II*, S. 36f.); vgl. Sigmund Freud, *Die Traumdeutung*, in: *Gesammelte Werke*, Bd. 2/3, S. 510f.; Studienausgabe, Bd. 2, S. 486f.

53 Lacan, *Ecrits*, S. 889 (*Schriften II*, S. 56).

54 Lacan, *Les psychoses*, S. 255, 258; *Ecrits*, S. 522 (*Schriften II*, S. 48); vgl. Freud, a. a. O., S. 568; St. A., Bd. 2, S. 536.

55 Lacan, *Ecrits*, S. 507 (*Schriften II*, S. 32); vgl. ebd., S. 520 (II, S. 46); zu der Bedeutung des »für«; s. a. ebd., S. 515 u. 890 (II, S. 41 u. 57).

56 Lacan, *Les psychoses*, S. 247f., 257.

57 Lacan, *Ecrits*, S. 557, 890 (*Schriften II*, S. 90, 57).

58 Vgl. z. B. Umberto Eco, *Zeichen*, Frankfurt 1977 (edition suhrkamp 895), S. 28f., 162ff., 168f.

59 Marcus Fabius Quintilianus, *Institutionis Oratoriae Libri XII*, Buch VIII, VI, 4ff.

60 Lacan, *Ecrits*, S. 508 (*Schriften II*, S. 33).

61 Lacan, *Ecrits*, S. 508, 890f. (*Schriften II*, S. 33, 57); vgl. *Les quatre concepts*, S. 225f. (S. 262f.).

62 Lacan, *Ecrits*, S. 507 (*Schriften II*, S. 32).

63 Ebd., S. 518, 528 (II, S. 44, 55).

64 Ebd., S. 506 f. (II, S. 30).

65 Ebd., S. 622, 511 (I, S. 213, II, S. 36).

66 Ebd., S. 505 (II, S. 30); *Les psychoses,* S. 259, 261.

67 Lacan, *Les psychoses,* S. 260; *Ecrits,* S. 707 f.; vgl. Ernest Jones, *Die Theorie der Symbolik,* in: ders., *Die Theorie der Symbolik und andere Aufsätze,* Frankfurt/Main 1978, S. 72 f.

68 Lacan, *Ecrits,* S. 505, 515 (*Schriften II,* S. 30, 41).

69 Ebd., S. 505 (II, S. 30).

70 Quintilian, a. a. O., VIII, VI, 19.

71 Lacan, *Ecrits,* S. 508 (*Schriften II,* S. 33).

72 Ebd., S. 518 (II, S. 44).

73 Ebd., S. 515 (II, S. 41); ebd., S. 623 (I, S. 214); die erste Stelle redet vom »manque de l'être«.

74 Eine der häufigsten Formeln Lacans, die dasselbe bedeutet wie: »Das Unbewußte ist der Diskurs des Anderen«; vgl. Lacan, *Ecrits,* S. 899 u. 900.

75 Lacan, *Ecrits,* S. 627 (*Schriften I,* S. 218 f.,); vgl. andernorts die durch die Differenz von Anspruch und Bedürfnis getroffene Bestimmung des Begehrens, das nun auch die Sexualität bestimmt, *Ecrits,* S. 690 ff., 813 f. (*Schriften II,* S. 126 ff., 189 f.).

76 Ebd., S. 528 (II, S. 55).

77 Die Diskussion, ob bei Lacan Metapher oder Metonymie den Vorrang haben, vgl. Nancy, Lacoue-Labarthe, a. a. O., S. 145, und Weber, a. a. O., S. 60, ist also zumindest schief.

78 Lacan, *Ecrits,* S. 690 (*Schriften II,* S. 125 f.).

79 Ebd., S. 557 (II, S. 90): die väterliche Metapher; ebd., S. 892, 693 (II, S. 58, 129 f.): der Zwiespalt von Sein und Haben; ebd., S. 642 (I, S. 236): das Zitat; vgl. zu diesem Zusammenhang, Lemaire, a. a. O., S. 147 f.

80 Lacan, *Ecrits,* S. 629 f. (*Schriften I,* S. 221); ebd., S. 690 (II, S. 126).

81 Ebd., S. 819, 821 f. (II, S. 195, 198 f.).

82 Ebd., S. 692 (II, S. 128).

83 Sigmund Freud, *Neue Folge der Vorlesungen zur Einführung in die Psychoanalyse,* Ges. Werke, Bd. 15, S. 86; Stud. Ausg. Bd. 1, S. 516; Lacan, *Ecrits,* S. 524 (*Schriften II,* S. 50); vgl. ebd., S. 801 f. (II, S. 175 f.); vgl. ebd., S. 416 f.

84 Lacan, *Les quatre concepts,* S. 119 f., 133 (S. 136 f., 152).

85 Ebd., S. 227 (S. 265).

86 Ebd., S. 192 (S. 222).

87 Vgl. Lacans Abgrenzung von der Hermeneutik Ricœurs, *Les quatre concepts,* S. 140 f., 12 f. (160 f., 14); aber auch die Hermeneutik Gadamers will ja nicht beim Un-sinn des einzelnen ankommen, sondern

den »wirklichen Sinn eines Textes [...] durch das Ganze des objektiven Geschichtganges« heraustreten lassen (Hans-Georg Gadamer,
Wahrheit und Methode, Tübingen 1960, S. 280). Darum ist aber eine,
wenn auch nur relative, Annäherung von Lacan und Gadamer im
Moment der »Sinnzueignung« im Gespräch, wie Frank sie versucht,
doch sehr fragwürdig (Manfred Frank, *Die Grenzen der Beherrschbarkeit der Sprache,* in: Philippe Forget (Hg.), *Text und Interpretation,* München 1984, S. 188ff., 193f.; *Das Sagbare und das Unsagbare,* Frankfurt/Main 1980 (stw 317), (S. 127f., 133f.).

88 Lacan, *Les quatre concepts,* S. 189, 226, 192 (S. 219, 263f., 222).
89 Ebd., S. 45 (50f.).
90 Lacan, *Ecrits,* S. 593 (*Schriften I,* S. 181f.).
91 Louis Hjelmslev, *Prolegomena zu einer Sprachtheorie* (1943), übersetzt von R. Keller u.a., München 1974, S. 111ff.; vgl. Barthes,
a.a.O., S. 76ff. (S. 75ff.).
92 Lacan, *Ecrits,* S. 813 (*Schriften II,* S. 188).
93 Barthes, a.a.O., S. 78 (S. 76).
94 Lacan, *Télévision,* Paris 1973, S. 60; vgl. *Encore,* S. 67f. (S. 79f.).
95 Lacan, *Les quatre concepts,* S. 161 (S. 184); vgl. ebd., S. 228f.
(S. 266).
96 Derrida, a.a.O., S. 464, 472; Lacan, *Ecrits,* S. 41 (*Schriften I,* S. 41):
Wenn der »Brief«, der Signifikant, »en souffrance« ist, heißt »une
lettre arrive toujours à destination«, daß es sein Geschick ist, keine
Bestimmung zu haben, außer unterwegs zu sein.
97 Vgl. meinen Artikel *Hermeneutik,* in: Theologische Realenzyklopä-
die, Berlin, New York, Bd. 15 (1986), S. 124, 127, 131.
98 Ebd., S. 121f.
99 Lacan, *Les psychoses,* S. 216; Ecrits, S. 471: »Gardez-vous de comprendre!«; ebd., S. 615ff. (I, S. 205ff.).
100 Lacan, *Les quatre concepts,* S. 225f. (S. 262f.).
101 Klaus Laermann, *Lacancan und Derridada,* in: Kursbuch 84 (1986),
S. 36–43; nicht so witzig ist trotz gelungener Pointen, daß Laermann
ebenfalls in einer Art »Kommunikationsverweigerung« Autoren und
Begriffe beliebig mischt.
102 Lacan, *Les quatre concepts,* S. 226 (S. 263).
103 Ebd., S. 119f. (S. 137).
104 Ebd., S. 226 (S. 264).
105 Lacan, *Ecrits,* S. 258, 247 (*Schriften I,* S. 97, 85).
106 Benveniste, a.a.O., S. 269f.
107 Lacan, *Les écrits techniques de Freud,* Paris 1975, S. 59 (*Freuds technische Schriften,* Olten und Freiburg 1978, S. 65).
108 Lacan, *Ecrits,* S. 248 (*Schriften I,* S. 85).
109 Ebd., S. 252 (I, S. 90).
110 Ebd., S. 267 (I, S. 106); vgl. ebd., S. 609 (I, S. 199).

111 Lacan, *Les écrits techniques,* S. 61 (S. 68).

112 Lacan, *Ecrits,* S. 256 (*Schriften I,* S. 95).

113 Ebd., S. 254 (I, S. 93 f.).

114 Frank, *Die Grenzen der Beherrschbarkeit,* S. 193 f., versteht unter der »parole pleine« bei Lacan das »eigentliche Kommunizieren (Rede und Antwort)«, erklärt den Begriff mit dem des »vollen Gesprächs«, sieht als dessen Kriterium eine »innovative [...] Sinnzueignung [...] in wirklicher Berührung mit dem Anderen« an und begreift Lacan darin als wahren Hermeneutiker, der in diesem Punkt mit Schleiermacher und Sartre übereinstimme. Derrida, a. a. O., S. 500 ff., versteht ähnlich, aber urteilt natürlich entgegengesetzt: Lacan unterstelle in der »parole pleine« »eine authentisch gegenwärtige Wahrheit« »im Namen der direkten Unterredung«, ihr Kriterium sei die Adäquatheit der Rede zu ihrem Gegenstand, was Derrida als »hermeneutischen Zirkel« perhorresziert.

115 Lacan, *Les écrits techniques,* S. 57 ff. (S. 63 ff.).

116 Ebd., S. 59 (S. 66).

Harro Müller

Kleist, Paul de Man und Deconstruction
Argumentative Nach-Stellungen

In manchen intellektuellen Zirkeln hat Postmoderne Konjunktur.
Sind die Liebhaber des Abschieds von der Moderne Literaturwissenschaftler, dann dauert es nicht lange, und es fällt das Stichwort
›déconstruction‹ (frz.) oder ›deconstruction‹ (engl., am.) als
Kennmarke postmoderner Literaturwissenschaft. Nun könnte
man ja als literaturwissenschaftlicher Sicherheitspolitiker, der auf
den Effekt seriöser – wissenschaftlicher – Gediegenheit setzt, deconstruction schnell zur bloßen Mode erklären und weiter sein
Steckenpferd reiten, das allerdings bei ständigem Staubanfall täg-
licher Politur bedarf. Doch warnt vielleicht jener berühmte –
aporetische – Satz »Il faut être absolument moderne« vor allzu
bequemen Abwehrmanövern, zumal auch die Wissenschaftler in
Geschichten (Moden) verstrickt sind: So ist nämlich in der je aktuellen Wissenschaftssituation keine reine Beobachtungsposition
einzunehmen, von der aus fix zu sortieren wäre: Jenes ist Mode,
dieses solide Wissenschaft. Derartige Zuschreibungen – wer kennt
sie nicht – sind auf dem wissenschaftlichen Felde nicht gerade
selten. Sie verfahren allerdings nach einem Muster, das es kenntlich zu machen gilt: Wer eine derartige Sortierungspolitik betreibt,
gibt performative Sprechakte als konstative aus – ein beliebter und
oft bewährter rhetorischer Trick, besonders dann, wenn Reputa-
tionsvorgaben und Amtsbonus im Spiel sind.

I.

Im folgenden möchte ich einige Anmerkungen machen zu einer
amerikanischen Variante von deconstruction, die Paul de Man vertreten hat, ohne Zweifel bis zu seinem Tod im Jahre 1983 neben J.
Hillis Miller, Geoffrey Hartman und Harold Bloom die Leitfigur
jener Yale-Mafia, die in literaturtheoretisch interessierten amerikanischen Literatur-Departments viel Einfluß gewonnen hat.[1]
Von Paul de Man gibt es vier Essaybände: *Blindness and Insight*

(1971), *Allegories of Reading* (1979), *The Rhetoric of Romanticism* (1984) und *The Resistance to Theory* (1986), alles Bücher von höchstem intellektuellen Standard und voller kognitiver Brisanz. Ich will allerdings keine Gesamtwürdigung des Werkes von Paul de Man vornehmen, sondern – ausgehend von seinem späten Aufsatz *Aesthetic Formalization: Kleist's Über das Marionettentheater*[2] – zunächst deconstruction paradigmatisch in Aktion zeigen (II); anschließend präsentiere ich (III) einige allgemeine Überlegungen, die deconstruction auszeichnen; darauf folgen Annotationen über deconstruction und Postmoderne (IV). Zum Schluß (V) dann als Appendices ein Pascal-Text, an dem man deconstruction einüben kann, und ein melancholischer Epilog: Ende und kein Ende.

II.

Wer kennt nicht die berühmten Sätze aus Kleists Schrift *Über das Marionettentheater*:

Doch ist das Paradies verriegelt und der Cherub hinter uns; wir müssen die Reise um die Welt machen, und sehen, ob es vielleicht von hinten irgendwo wieder offen ist. [...] Mithin, sagte ich ein wenig zerstreut, müßten wir wieder von dem Baum der Erkenntnis essen, um in den Stand der Unschuld zurückzufallen? Allerdings, antwortete er; das ist das letzte Kapitel von der Geschichte der Welt.

Diese Sätze laden zu einer geschichtsphilosophischen Leseart ein; häufig genug stellen dann auch Philosophen und Literaturwissenschaftler beruhigt fest, daß jene triadische idealistische Geschichtskonzeption auch für Kleist *fundierend* gewesen ist: »Der Gliedermann und der Gott – beides findet sich im menschlichen Körperbau. Der vom überlegenen Maschinisten gesteuerte Mensch und der durch unendliche Erkenntnis sich zur Göttlichkeit erhebende Mensch sind das A und O eines einheitlichen Geschichtsprozesses. Beginn und Ziel markieren zwei Extreme, die als äußerste Möglichkeiten des Menschseins zu denken sind und die einander nicht ausschließen, sofern man sie geschichtsphilosophisch zueinander in Beziehung setzt.«[3] Diese verführerische Konzeption, die Geschichte als einheitlichen Prozeß mit Ursprung und Ziel begreift, verfährt *dialektisch:* Die an den Ursprung gesetzte harmonische Totalität (Paradies) zerspringt, dissoziiert sich (Geschichte), um am Ende der Geschichte erneut versöhnte, harmonische Totalität auf vollendeter Stufe produzieren zu können: Geschichte als notwendiger, teleologisch gerichteter Umweg zu allseits gelungener Synthesis. Diese Leseart der Kleistschen Schrift ist möglich. Allerdings stilisiert sie den Kleistschen Text zu einem *theoretischen* und läßt sich zudem von einer Texthermeneutik leiten, die jene am Ende der Geschichte versprochene Synthesis im Lesevorgang bereits in nuce vorwegnimmt: Der Hermeneut als kleine Ausgabe jenes Gesamtkunstwerks, das Weltgeschichte heißt, wo der Ursprung bereits das Ziel verbürgt.

Diesem Hermeneutikmodell ist seine Herkunft aus christlich-religiöser Dogmatik offen eingeschrieben. Man kann es freilich säkularisieren und auch historisieren: Der Interpret ist immer an seine geschichtliche Ausgangslage gebunden, der Text muß immer wieder anders interpretiert werden usf.; doch diese Hermeneutikvarianten ändern nichts an dem als Fundament vorausgesetzten Strukturmodell mit seinem totalitären Sinnabschlußmechanismus, das die ästhetischen Beigaben des Textes stets in den vorausgesetzten und dann bestätigten Gesamtsinn domestizierend zu integrieren weiß.

Gegen diese Hermeneutikkonzeption – Hermeneutik als spekulativer Karfreitag – erhebt Paul de Man bedenkenswerte Einwände. Diese Form der Rezeption liest an der *Ästhetik*, besonders aber an der *Poetik* der Schrift vorbei, auf die es Paul de Man ankommt. Sie richtet ihre Aufmerksamkeit auf die – selektiv zugeschnittene – *Wiederholung* eines im Text angelegten semantischen Konzepts und macht dieses zum archimedischen Punkt ihrer Interpretation. Dieser archimedische Punkt ist ohne Schwierigkeiten anschlußfähig für pädagogische, historische und politische Ideologien, ein schönes Arbeitsfeld für Hermeneuten mit Schillerkragen.

Was leisten nun in der ironisch-distanzierenden Sicht Paul de Mans *ästhetische* Lesearten des Textes? »Sie erlauben, die wahre ästhetische Dimension des Textes zu erreichen, seine unbequeme Mischung aus Affirmation und Absage, Grazie und Gewalt, Mystifikation und Luzidität, Eulenspiegelei und Ernsthaftigkeit, die ihn charakterisieren und seine anhaltende Faszination bedingen.«

Die ästhetische Rekonstruktion folgt zugleich dem narrativen

Verlauf der Geschichte; dabei verfährt sie entgegen der Oberflächenhermeneutik konzeptueller Wiederholungen »tiefenhermeneutisch«:

Diese Reaktion führt natürlich das Programm der Erzählung aus, wo als Belohnung für höhere Formalisierung höherer ästhetischer Genuß versprochen wird. Daß dies auf Kosten eines beständigen und bestimmbaren Sinns geschieht, ist ein durchaus angemessener Preis für die Beherrschung der Form.

Der Formalisierungszugewinn der *ästhetischen* Leseart birgt freilich seine eigene »Dialektik«. Zwar wird der Sinn des Textes partiell verflüssigt, dennoch übernimmt diese Leseart auch wieder eine *Botschaft* des Textes, die sich erneut in ein geschichtsphilosophisch ausgelegtes Erziehungsprogramm integrieren läßt: *Ästhetisierung ist Formalisierung*. Allerdings ist jenes Setzen auf Formalisierung als eigenes Verfahren und Botschaft des Textes nicht so harmlos wie gemeinhin angenommen:

Die ästhetische Erziehung versagt keineswegs; sie bringt es allzuweit, bis hin zum Verbergen jener Gewalt, die sie ermöglicht.

Das Einnehmen dieser Rezeptionshaltung erlaubt zugleich säuberliche Trennung »zwischen parteilichen und unparteiischen Akten, zwischen Begehren und Spiel«, zwischen Kunst und Wirklichkeit.

Diese beiden Annahmen einer ästhetischen Lektüre – der Text biete eine positive, tiefenhermeneutisch zu erfassende Botschaft und ermögliche binäre Schematisierungen – werden von einer dekonstruktiven Leseart relativiert. Sie zeigt das Funktionieren des Textes, bricht einzelne Teile heraus, will aber kein Sinnganzes präsentieren (disclosure), sondern verweist darauf, daß die *Rhetorik* des Textes immer wieder Lücken, Löcher, Abgründe, Unentscheidbarkeiten produziert:

„Dieser Text ist das Transformationssystem, die Anamorphose der Zeile in ihren Abfolgen und Verkettungen elliptischer, parabolischer und hyperbolischer Tropen.«

So gesehen bietet Kleists Schrift »Über das Marionettentheater« ein inhomogenes, ›zerstreutes‹ Feld, das nicht von einem – sei es geschichtsphilosophisch oder ästhetisch fundierten – archimedischen Punkt her überschaut werden kann. Jene scharfen Grenzziehungen zwischen Kunst und Wirklichkeit, zwischen Ernst und Spiel werden destruiert, indem der Text die *tropologische* Struktur der Sprache kognitiv wendet und daraus epistemologische Konsequenzen zieht:

So ist die Sprache: Sie stößt immer zu, trifft aber nie. Sie verweist immer, aber nie auf den richtigen Referenten. Das Textmodell [...] wird eines sein müssen vom Text als System der Abfolgen und Abweichungen, als System von Tropen.

Rhetorik heißt hier nicht persuasive Rhetorik, die ja wiederum ein intentionales Bewußtsein voraussetzt; sondern dekonstruktive – rhetorische – Textanalyse versucht mit äußerstem Scharfsinn herauszufinden, wie Sprache funktioniert, wie semantische Konzepte produziert, verschoben, relativiert und zerstört werden: »Die durch Tropen produzierte Ent-Bindung ist vor allem eine Ent-Bindung von Sinn; sie attackiert semantische Einheiten wie Wörter und Sätze.«

– Wer sich auf den Fall, den Sündenfall einläßt, läßt sich zugleich auf eine Falle ein, aus der man nicht durch „Rückfall" entkommen kann, auch wenn man sich vom grammatischen Fall als Regelmechanismus Unterstützung erhofft. –

Deconstruction zerfällt also den Text in einzelne Bruchstücke, sortiert sie, stellt geordnete Unordnung auch in synchroner und diachroner Dimension fest, ohne *abschließende* Totalisierungsbewegungen zu bieten.

Es handelt sich bei der de Manschen Variante von deconstruction um den Entwurf einer *Literaturtheorie,* um den Entwurf einer *Poetik,* die allerdings auf Grund von sprachtheoretischen Voraussetzungen weiß, daß *Poetik* und *Hermeneutik* – entgegen der von der Rezeptionsästhetik Jaußscher Provenienz gehegten illusionären Hoffnung – nicht synthetisierbar sind:

Die Hermeneutik ist definitionsgemäß ein Prozeß, der auf Determination von Sinn ausgerichtet ist; sie postuliert eine transzendentale Verstehensfunktion, wie komplex, nachgiebig oder dürftig diese auch sein möge, und wird sich – wie vermittelt auch immer – Fragen stellen müssen zum außerlinguistischen Wahrheitswert literarischer Texte. Die Poetik andererseits ist eine metasprachliche, deskriptive oder präskriptive Disziplin mit Anspruch auf wissenschaftliche Konsistenz. Sie betrifft die formale Analyse linguistischer Entitäten als solcher, unabhängig von Signifikation; sie behandelt theoretische Modelle vor deren historischer Realisierung.[4]

III.

Lassen sich nun Überlegungen anstellen, um Paul de Mans Position genauer zu charakterisieren? Bei allen Bedenken gegen Synthetisierungsbewegungen – »Ich fühle mich zu wiederholter Frustration gezwungen im beharrlichen Versuch, zu schreiben, als wäre eine dialektische Gesamtsumme möglich über die Brüche und Unterbrechungen hinaus, die mehrfaches Lesen aufdeckt«[5], – kann man einige Feststellungen treffen, die nicht beliebig durch andere ersetzt werden können.

»Indem auf selbst fragmentierte Weise das Unvermeidliche der Fragmentierung dargelegt wird«[6], ist deconstruction in der de Manschen Leseart als Poetikentwurf zugleich eine Theorie des Lesens, welche die *Modalitäten* der Produktion und Rezeption von Sinn zu beschreiben und erklären versucht:

Der Literaturtheorie kann dann Existenz zugesprochen werden, wenn literarische Texte nicht mehr aus nicht-linguistischen Richtungen, d. h. auf Basis historischer und ästhetischer Erwägungen angegangen werden oder, etwas weniger grob gesagt, wenn nicht mehr Sinn oder Wert Diskussionsgegenstand sind, sondern die Produktions- und Rezeptionsmodalitäten von Sinn und Wert noch vor ihrer Etablierung.[7]

Damit werden zugleich ästhetische, phänomenologische, literaturgeschichtliche Ansätze in ihre Schranken verwiesen, die alle auf – intuitiven – Semantikkonzepten mit unterschiedlichen Ausgangsbegriffen basieren:

Intuition impliziert Wahrnehmung, Bewußtsein und Erfahrung und führt sofort in die Welt von Logik und Verstehen mit deren sämtlichen Korrelaten, unter denen die Ästhetik eine hervorragende Stellung einnimmt.[8]

Deconstruction will vielmehr darüber aufklären, wie derartige Intuitionen funktionieren, indem herausgefunden werden soll, wie »literariness«, Literarizität mit linguistisch-rhetorischen Mitteln produziert wird. Dabei zieht deconstruction radikale Konsequenzen aus der de Saussureschen Annahme, daß die Beziehung zwischen Signifikant und Signifikat arbiträr und die Beziehung zwischen Wort und Ding konventionell ist, ebenso wie aus der Annahme, daß die Signifikantenkette prinzipiell nicht abschließbar ist.

Behauptet man z. B., daß zwischen Signifikant und Signifikat eine ontologisch oder organisch fundierte Beziehung besteht, kann man damit bestimmte Effekte erzielen: z. B. für eine Ästhetik plädieren, die sich um den Symbolbegriff zentriert. Deconstruction zeigt nun die harmonisierenden Gewaltstrategien, mit deren Hilfe der Symbolbegriff produziert wird, und plädiert im bewährten supplementären Argumentationsverfahren für den Allegoriebegriff, weil dieser das Arbiträre des Zuordnungsverfahrens offen zeigt: »Während das Symbol die Möglichkeit einer Identität oder Identifikation postuliert, bezeichnet die Allegorie vor allem eine Distanz in ihrer Relation zum eigenen Ursprung und etabliert ihre Sprache – indem sie auf Nostalgie und Koinzidenz-Verlangen verzichtet – im Leeren dieser zeitlichen Differenz.«[9]

Mit der Annahme der Nichtabschließbarkeit der Signifikantenkette lockert sich die referentielle Beziehung von Sprache; es gibt nicht den Referenten, aber Referenzen; zugleich ermöglicht sie das Aufbrechen gängiger Schematisierungen, die Unabgeschlossenes, Disperses, Verqueres, Inhomogenes auf geordnete Oppositionsbeziehungen herunterbuchstabieren: »Wahrheit und Falschheit, Gut und Böse, Schönheit und Häßlichkeit, Lust und Schmerz [...] Fiktion und Realität«.[10]

Deconstruction bietet keine affirmative Lösung an für das offene Sinn-Spiel ohne feste Regeln, sondern setzt auf die »positive force of disruption« und ist als radikale Form von Metaphysikkritik ein scharfes ideologiekritisches Skalpell:

Was wir Ideologie nennen, ist genau das Durcheinander von linguistischer und physischer Realität, von Referenz und Phänomenalismus. Daraus folgt, daß die Linguistik der Literarizität eher als jede andere Untersuchungsmethode einschließlich der Ökonomie ein wirksames und unentbehrliches Werkzeug ist, ideologische Verirrungen zu demaskieren – und ebenso ein determinierender Faktor bei der Einschätzung ihres Auftretens.[11]

Da kann Paul de Man über seine Version von deconstruction selbstbewußt behaupten:

Sie hebt festverwurzelte Ideologien aus, indem sie deren Wirkungsmechanismen offenlegt; sie tritt gegen eine mächtige philosophische Tradition an, deren markanter Teile einer die Ästhetik ist, sie kippt den etablierten Kanon literarischer Werke und verwischt die Grenzlinien zwischen literarischem und nicht-literarischem Diskurs.[12]

Deconstruction ist zugleich Analyse der rhetorischen Strukturen der Texte. Tropen – das Einfallstor der performativen Kraft der

Sprache – sind die Scharniere, mit deren Hilfe Sinn immer wieder verzweigt und Abgründe produziert werden.

Rhetorische, ›reflexive‹ Textanalyse, die in Unentscheidbarkeiten führt, kommt freilich ohne unreine Totalisierungsbewegungen nicht aus; sie dürfen nur nicht geschlossen werden; das freilich ist paradox:

> Formal korrekte rhetorische Lesearten mögen langweilig sein, monoton, vorhersagbar und unerfreulich, sind aber nicht zu widerlegen. Sie sind zudem totalisierend (und potentiell totalitär), denn weil die von ihnen freigelegten Strukturen und Funktionen nicht zum Wissen über eine Entität (wie die Sprache) führen, sondern einen unzuverlässigen Prozeß der Wissensproduktion repräsentieren, der alle Entitäten einschließlich der linguistischen daran hindert, in den Diskurs als solchen einzutreten, sind sie in der Tat Universalien, folgerichtig defekte Modelle von der Unmöglichkeit der Sprache, eine Modellsprache zu sein. [...] Sie sind gleichzeitig Theorie und nicht Theorie, die universelle Theorie der Unmöglichkeit von Theorie.[13]

Um es noch einmal zu verdeutlichen: die Poetik des Textes ist nicht auf Bewußtseinsakte eines Autors rückführbar. Der Autor ist kein Schöpfer, kein Sprachsouverän im strengen Sinne des Wortes.[14] Wer eine derartige Konzeption favorisiert, schreibt *Logosmystik* fort. Der Autor arbeitet in der Sprache, mit der Sprache, gegen die Sprache. Dabei ist Sprache weder das Haus des Seins noch ein Gefängnis; und wenn sie denn ein Gebäude ist, dann eines mit unzähligen Gängen, Sackgassen, Verliesen, Schatzkammern, Wohn- und Schlafbereichen, Rumpelkammern, Passagen, Höhlen und Grabstätten, so angelegt, daß man weder einen Bauplan erstellen noch einem Ariadnefaden folgen kann.

Allerdings führt deconstruction in Aporien, die es kenntlich zu machen gilt. So weiß jeder, der deconstruction betreibt, um die eigenen blinden Flecken, die nicht ›einholbar‹ sind und die auch immer Abschlußbewegungen produzieren.[15] Und wenn ich etwas behaupte, stelle ich stets einen Wahrheitsanspruch, der zumindest im Augenblick des Behauptens nicht relativiert werden kann. Dasselbe gilt natürlich auch für die Argumentation eines ganzen Textes. Da findet die Ehe von deconstruction und Skepsis mit Ironie als Stil- und Erkenntnisform ihre paradoxen Grenzen. Aber es handelt sich bei dieser Ehe nicht um eine Mésalliance. Vielleicht muß man auch einem anderen Dilemma ins Auge sehen. Prinzipiell ist die Signifikantenkette nicht abschließbar, dennoch müssen Texte – wie auch dieser hier – abgeschlossen werden. Paul de Man hat sein Leben lang außerordentlich kluge und brillant verfaßte Essays geschrieben – viele kleine Abbruchunternehmen. Selbst wenn man seine ganze Lebensenergie auf ein Buch würfe, auf Schlaf verzichtete, neue Buchstaben, neue Sprachen erfände – wenn einem der Tod die Feder aus der Hand nimmt, bleibt das anvisierte Buch der Bücher immer noch ein großes Abbruchunternehmen.

IV.

Jean-F. Lyotard gibt seine Form von déconstruction der einen großen Geschichtserzählung als postmodernes Unternehmen aus. Sollte allerdings Postmoderne – was Lyotard nicht tut – als wie immer zu fassender Epochenbegriff gemeint sein, würde Paul de Man ein derartiges Vorhaben nicht unterstützen. Niklas Luhmanns polemische Bemerkung, Epochenbegriffe seien Volksglaube für Intellektuelle, wäre ihm nicht unsympathisch gewesen:

Die Terminologie traditioneller Literaturgeschichte als Abfolge von Zeitaltern oder literarischen Bewegungen bleibt nur brauchbar, wenn die Bezeichnungen als das gesehen werden, was sie sind: ziemlich unausgearbeitete Metaphern für figurale Muster eher denn historische Ereignisse oder Aktionen.[16]

Deconstruction steht den Homogenisierungen herkömmlicher Epochenbegriffe äußerst skeptisch, ja ablehnend gegenüber; und vom Ironiker und Allegoriker Paul de Man gibt es auch kein fröhliches Bekenntnis zur Postmoderne: Auf Dauer gestellte Fröhlichkeit wäre ihm vermutlich schlicht dämlich vorgekommen. Schaut man sich jedoch an, wie ein langjähriger verdienstvoller Promoter der Postmoderne, Ihab Hassan, mit einer augenzwinkernd präsentierten Check-Liste Moderne und Postmoderne unterscheiden *will*[17]:

Form (conjunctive, closed) / Antiform (disjunctive, open); Purpose / Play; Synthesis/Antithesis; Presence / Absence; Centering / Dispersal; Genre/Boundary / Text/Intertext; Metaphor / Metonymy; Signified / Signifier; Origin/Cause / Difference/Differance/Trace; Metaphysics / Irony,

dann ist deconstruction in der Paul de Manschen Version ein postmodernes Unternehmen. Dieses Projekt muß man nicht unterstützen; dann sollte man aber keine Theorieabwehrpolitik betreiben, vielmehr die Voraussetzungen aus den Angeln zu heben versuchen, mit deren Hilfe deconstruction die eigene Position markiert.

Es sei allerdings angemerkt, daß im Horizont dekonstruktiver Überlegungen herkömmliche Moderne-Konzepte keineswegs kritik-immun sind. Reduziert man Moderne auf Geschichtsphilosophie idealistischer oder materialistischer Provenienz, wüßte ich keine hinreichenden Argumente, diese mißratene Repetition der Gnosis (Marquard) zu retten. Begreift man Moderne als nichtvollendetes Projekt, wo die *eine ganze* Vernunft sich in kognitive, moralisch-praktische und expressive Momente aufspaltet und tendenziell in der ›unverdinglichten‹ Alltagspraxis ihre formalpragmatisch abgesicherte *Vollendung, Versöhnung* postuliert, so ist auch dem Projekt von Jürgen Habermas – zumindest im Lichte einer dekonstruktiven Kritik – das metaphysische Muster deutlich eingeschrieben. Setzt man auf das Projekt einer *ästhetischen* Moderne jenseits von Geschichtsphilosophie (K. H. Bohrer), indem man – innerhalb eines hermeneutischen Repetitoriums – Theoriefragmente von Friedrich Schlegel, Kleist, Heine, Baudelaire, Nietzsche, Benjamin usf. konzeptuell zu synthetisieren sucht, so hat auch diese Position gegenüber deconstruction kaum eine Chance.

V.

Gerechtigkeit, Macht. – Es ist gerecht, daß das, was gerecht ist, befolgt wird, und es ist notwendig, daß das, was am mächtigsten ist, befolgt wird. Die Gerechtigkeit ist ohnmächtig ohne die Macht; die Macht ist tyrannisch ohne die Gerechtigkeit. Die Gerechtigkeit erfährt viel Widerspruch, wenn sie keine Macht hat, weil es immer böse Menschen gibt; die Macht wird angeklagt, wenn sie nicht gerecht ist. Man muß also die Gerechtigkeit und die Macht vereinigen; und dazu muß man bewirken, daß das mächtig sei, was gerecht ist, oder daß gerecht sei, was mächtig ist (Pascal, *Gedanken* 257).[18]

Wenn wir dereinst Engel sind, im Himmel wohnen und Gottes Angesicht schauen, dürfen wir zur Ehre Gottes singen. Interpretieren – ganz gleich, ob in buchstäblicher, allegorischer, symbolischer, anagogischer, typologischer, hermeneutischer oder dekon-

struktivistischer Form – ist dann gänzlich überflüssig geworden: Rücknahme des Sündenfalls. Sollte allerdings ein Engel das
Bedürfnis nach *einem* interpretativen Satz spüren und diesem Begehren in fahrlässiger Weise folgen, trifft ihn *augenblicklich*
der Bannstrahl des mächtigen und gerechten Gottes: Ab in die
Hölle!

Anmerkungen

1 Vgl. R. L. Davis and R. Schleifer (Hg.), *Rhetoric and Form. Deconstruction at Yale*, Norman 1985.

2 Paul de Man, *Aesthetic Formalization: Kleist's Über das Marionettentheater*, in: ders., *The Rhetoric of Romanticism*, New York 1984, S.
263–290. Sämtliche Paul-de-Man-Zitate sind übersetzt von Marlene
Müller.

3 Rüdiger Bubner, *Philosophisches über Marionetten*, in: Kleist-Jahr-
buch, 1980, S. 85.

4 Hans Robert Jauß, *Toward an Aesthetic of Reception*. Introduction by
Paul de Man, Minneapolis 1982, S. IX.

5 Paul de Man, *The Rhetoric of Romanticism*, S. IX.

6 Ebd., S. IX.

7 Paul de Man, *The Resistance to Theory*, in: Yale French Studies 63
(1982), S. 7. Eine deutsche Übersetzung ist kürzlich erschienen. Vgl.
Paul de Man, *Der Widerstand gegen die Theorie*, in: Volker Bohn (Hg.),
Romantik: Literatur und Philosophie, Frankfurt/Main 1987 (es N. F.
395), S. 80–106.

8 Paul de Man, *The Resistance to Theory*, S. 8.

9 Paul de Man, *The Rhetoric of Temporality*, in: Charles S. Singleton
(Hg.), *Interpretation. Theory and Practice*, Baltimore 1969, S. 191.
Dieser bedeutende Aufsatz von Paul de Man ist in die zweite revidierte
Auflage von *Blindness and Insight* übernommen worden. Vgl. Paul de
Man, *Blindness and Insight*, Minneapolis ²1983, S. 187–228.

10 Paul de Man, *The Resistance to Theory*, S. 10 f.

11 Ebd., S. 11.

12 Ebd., S. 11 f.

13 Ebd., S. 20.

14 Vgl. Jürgen Fohrmann, *Dichter heißen so gerne Schöpfer*, in: Merkur,
1985, H. 11, S. 980–989.

15 Vgl. Paul de Man, *The Rhetoric of Blindness: Jacques Derrida's Reading
of Rousseau*, in: ders., *Blindness and Insight*, S. 102–141.

16 Paul de Man, *The Rhetoric of Romanticism*, S. 254.

17 Vgl. Ihab Hassan, *Toward a Concept of Postmodernism,* in : ders., *The Postmodern Turn,* o. O.: Ohio State University Press 1987, S. 91.

18 Vgl. zur Pascal-Stelle Paul de Man, *Pascal's Allegory of Persuasion,* in: Stephen Greenblatt (Hg.), *Allegory and Representation,* Baltimore 1981, S. 1–25.

II

Hans Ulrich Gumbrecht
Who is Afraid of Deconstruction?

Für (west-)deutsche Augen und Ohren zumindest haben die Namen ›Poststrukturalismus‹ und *Deconstruction* weitgehend identische Referenzen – aber ganz verschiedene Konnotationen. Während nicht wenige Leser auf *Deconstruction* so phobisch reagieren, daß sie regelmäßig die zweite Silbe des Wortes übersehen, schätzen sie – vermutlich halbbewußt – die Verdrängungsleistungen des Namens ›Poststrukturalismus‹: denn er schreibt – beiläufig – fest, daß etwas vergangen ist, was einen früher beunruhigte (der Strukturalismus), und er verwischt auch gleich noch komplizierte Unterschiede, die zwischen den verschiedenen ›neueren‹ Theorieangeboten aus Frankreich bestehen. Nur hierzulande rückt man – zum Beispiel – Foucault und Lyotard, Deleuze und Derrida in *eine* Phalanx.

Who is Afraid of Deconstruction? war zunächst der Titel eines Vortrags, den ich im Februar 1983 an der University of Minnesota gehalten habe. Ich wollte mit der Frage auf die erstaunliche affektive Kraft verweisen, welche diesen akademisch-intellektuellen Stil (noch heute) in Nordamerika umgibt und bewegt. Sie machte das Epitheton der ›*powerful*‹ *Deconstruction* zu einem Ehrentitel im dortigen Rezensionswesen; sie ließ eine Hörerin Derridas nach einem Vortrag in Chicago dem – gewiß erstaunten – Redner coram publico dafür danken, daß er ihr (wie auch immer) ihre Weiblichkeit zurückgegeben habe[1]; sie provozierte den Literaturtheoretiker Wayne Booth, Derrida als ›schlicht und einfach parasitär‹ und das ehrwürdige ›Times Literary Supplement‹ denselben Philosophen als ›höchst impertinent‹ zu beschimpfen. Sie brachte Derrida in die Position eines Superstar-Messias.

Aber soll sich ein braver deutscher Hermeneut (manchmal: Hermeneut wider Willen) an ein deutsches Publikum zurückwenden mit Gedanken, die auf den Weg gekommen waren, weil er den Amerikanern – aus exzentrischer Perspektive – etwas über ihre eigene Theorieszene sagen wollte? Eben als Hermeneut kann er sich immerhin durch die damit entstehende Doppel-Verfremdung empfehlen. Bescheidener und hilfreicher, denke ich, ist der Vorschlag, die Argumentationsrichtung des Folgenden *auch* als ein Dokument zu sehen. Denn sie paßt einerseits in einen – heute veränderten – Horizont früher Reaktionen auf *Deconstruction*; und andererseits hat sich die Prognose, zu der die Argumentation führt, erfüllt – das damals noch Fremde ist entweder gar nicht diskutiert worden[2] oder (mit geradezu ›subkulturellem‹ Gestus) unter Ausschluß der ›offiziellen‹ akademischen Öffentlichkeit oder mittels Überblendung geschichtsphilosophischer Perspektiven.[3] Schließlich – und vor allem – vollzog sich diese westdeutsche Rezeption ausnahmslos in heiligem Ernst (ob das nun apologetischer oder missionarischer Ernst war).

Deshalb ist mir besonders an dem *Spiel* gelegen, die Angst vor *Deconstruction* ausgehend von einer Theorie zu behandeln, welche aus den USA kommt. Weil das Kernstück dieser Theorie, Gregory Batesons *Doublebind*-These, bei uns noch immer am ehesten den Psychiatern geläufig ist, überschreibe ich die drei Teile der gleich beginnenden Geschichte[4] mit ›Anamnese‹, ›Diagnose‹ und ›Therapie‹. Die Rolle der Kranken, wenn sie denn besetzt werden soll, kommt dabei natürlich nicht den Dekonstruktivisten zu, sondern denen, die sich von *Deconstruction* provoziert fühlen. Der Autor überlegt indes immer noch, ob er sich als ›geheilt‹ ansehen kann.

Anamnese

Wer sich von *Deconstruction* in einer Weise beunruhigen läßt, die affektiv weit tiefer dringt als die von anderen philosophischen Positionen der Gegenwart ausgehenden Provokationen, der sollte die Gründe für solche Betroffenheit nicht allein – und nicht einmal primär – in den Axiomen (oder Argumenten) Derridas und seiner Gefolgschaft suchen, sondern sich fragend – eben wie der Arzt im anamnestischen Gespräch – der eigenen intellektuellen Disposition zuwenden, welche ja allererst jene erstaunlichen affektiven Reaktionen hervorbringt. Dann konstituiert er/sie die eigene – aber gewiß nicht einzigartige – Situation als Zielpunkt einer (Kranken-)*Geschichte*. Die Pointe dieser Geschichte liegt darin, die seit der Aufklärung verstrichenen zweihundert Jahre ›historischen Denkens‹ als eine Bewegung zu sehen, die uns an den Ort des »*Posthistoire*« geführt hat. Am Ort des *Posthistoire* erfährt man das Zeitalter des ›historischen Denkens‹ als ein vergangenes Zeitalter; zugleich aber erfährt man sich selbst als unfähig, einen entscheidenden Schritt über das historische Denken hinaus in eine neue Dimension von Zeit als Prämisse der Erfahrungsbildung zu tun.

Das Zeitalter des ›historischen Denkens‹ gewinnt seine geschichtliche Signatur aus einer Bewegung kollektiven Sinns, in der jede Gegenwart sich selbst aus dem Bewußtsein konstituierte, die Sinnstrukturen der Vergangenheit als ›mythologische entlarvt‹ zu haben. Diese Sinn-Bewegung verfuhr nach dem Motto: *La mytho-*

logie – c'est toujours la pensée du passé. In ihrer geschichtlich belegten Rekurrenz trieb das ›historische Denken‹ die Erwartung hervor, daß der ›Lauf der Zeit‹ die Menschheit zu immer vollkommenerer Beherrschung der Natur durch immer adäquatere Einsicht in die ›Wirklichkeit der Dinge‹ führe und endlich zur ›Wahrheit an sich‹. Wenn man nun einen Blickwinkel einnimmt, der dem von Horkheimers und Adornos *Dialektik der Aufklärung* nahekommt, läßt sich folgern, daß die europäische Aufklärungstradition an einen Punkt gelangt ist, jenseits dessen für Entmythisierung und damit für die Dialektik des ›historischen Denkens‹ kein Raum mehr bleibt. Denn zumindest nach ihrem Selbstverständnis eröffnete die Aufklärung das Zeitalter eines ›rein anthropozentrischen Denkens‹ – und ›rein anthropozentrische‹, allein von der Menschheit in Bezug auf sich selbst konstituierte Sinnstrukturen wollen (programmgemäß) gegen jeden Ansatz von Entmythisierung immun sein.

Sollte es denn zutreffen, daß nach der Aufklärung keine Entmythisierung mehr beansprucht werden kann, so macht diese These nicht nur verständlich, warum das 19. Jahrhundert das fruchtbarste Zeitalter in der Anwendung des historischen Denkens war, sondern sie perspektiviert das 19. Jahrhundert auch als ›Anfang eines Endes‹ – als den Beginn des *Posthistoire*. Das 19. Jahrhundert erfüllte nämlich gerade nicht die von der Dialektik des historischen Denkens genährte Hoffnung, daß ›radikal entmythisierte‹, ›rein anthropozentrische‹ Sinnstrukturen von allen Menschen – sozusagen ›ohne Widerstand‹ – angenommen würden. Nicht zur Erfüllung dieses Traums der Aufklärung gelangte man um die letzte Jahrhundertwende, vielmehr konvergieren seither einflußreiche intellektuelle Positionen in der – resignativen – Bilanz, daß die Verschiedenheit der für verschiedene Gruppen von Menschen verbindlichen Sinnstrukturen (als eine Konsequenz der Verschiedenheit ihrer Interessen) nicht aufhebbar sei. *Phänomenologisches Denken* gibt der Erkenntnistheorie des 20. Jahrhunderts eine neue Orientierung: statt weiter nach Verfahren zu suchen, welche Einsichten in die ›wirkliche Wirklichkeit‹ eröffnen sollen, konzentriert man sich auf die menschlichen Verfahren der Sinnbildung und Konsensfindung, wobei die Frage nach der ›Adäquanz‹ zwischen Erkenntnis und Erkenntnisobjekt stillgelegt wird. Im *Fin de siècle* kommt die ›historische Zeit‹ an ihr Ende: sein Gegenwartsbewußtsein speiste sich nicht mehr aus dem Gestus der Entmythisierung vorgängiger Sinnstrukturen, sondern schaffte artifizielle Sinnwelten im eklektischen Rekurs auf abgelegene Epochen der Vergangenheit. Anhand des Begriffs *Posthistoire* schließlich wurde den Intellektuellen der dreißiger Jahre dann auch bewußt, daß die Dialektik von Entmythisierung und Wissensfortschritt an einen Endpunkt gelangt war. Als Erben dieser Erfahrung sind wir, die Intellektuellen des späten 20. Jahrhunderts, freilich das Bedürfnis nicht losgeworden, endlich zur ›wahren Einsicht in die Wirklichkeit‹ vorzudringen; doch zugleich empfinden wir jede Bewegung unseres Denkens (und noch mehr: jeden institutionalisierten Diskurs) als eine Entfernung von diesem Ziel, weil wir um die unausweichliche Positionsgebundenheit unserer Sinnbildungen wissen. Die *Genese der Literaturwissenschaft* im frühen 19. Jahrhundert läßt sich – aus solcher Retrospektive – in unmittelbaren Zusammenhang mit den Schwierigkeiten rücken, denen das historische Denken seit der Aufklärung durch den an rein anthropozentrisches Denken geknüpften Erwartungsdruck ausgesetzt war. Und die – seit dem frühen 20. Jahrhundert nicht zu einer Lösung gebrachte – *Krise der Literaturwissenschaft* ist eine Folge jener Konsequenzen, mit denen das späte 19. Jahrhundert auf die Bewußtwerdung der Krise des historischen Denkens geantwortet hatte. Durch diese doppelte Bezugsetzung nähern wir uns einer Antwort auf die – anamnestische – Frage, warum auch – und besonders – Literaturwissenschaftler so betroffen auf *Deconstruction* reagieren.

Jene Kommunikationsform, die wir *Literatur* nennen, hatte einen neuen Stellenwert in den Gesellschaften gewonnen, welche aus den ›bürgerlichen‹ Reformen und Revolutionen des 18. und 19. Jahrhunderts hervorgegangen waren.[5] Sie überbrückte in diesen Gesellschaften einen Hiat, der sich zwischen dem vom Staat produzierten und verbreiteten *offiziellen Wissen* und den *Alltagserfahrungen* der Staatsbürger auftat. Kernstück des offiziellen Wissens war der Anspruch der bürgerlichen Gesellschaften, fortschreitende Verwirklichung der Versprechen der Aufklärung zu sein, – und dieser Anspruch wurde von den Alltagserfahrungen in den bürgerlichen Gesellschaften nicht gedeckt. Literatur (und Kunst) überbrückten diesen Hiat in zweierlei Weise: zum einen, indem sie – im Sinnraum der Illusion – die Erfüllung von nicht eingehaltenen Versprechen der Aufklärung gestatten; zum anderen, indem sie den Rezipienten ›bei der Hand‹ nahmen, um ihm zu suggerieren, daß seine Erwartungsenttäuschung Ergebnis inadäquaten Erlebens sei. *Literaturwissenschaft* wurde eine – von den bürgerlichen Staaten geförderte – Universitätsdisziplin, deren Funktion es war, die Erfüllung dieser neuen Funktion von Literatur abzusichern. In Frankreich, wo das offizielle Wissen eine Kongruenz zwischen je gegenwärtigen gesellschaftlichen Strukturen und einem – synchronen – Bild vom Menschen, wie es die *Science de l'homme* entwarf, suggerieren sollte, mußte Literaturkritik interpretierend die Universalität dieser legitimierenden Anthropologie erweisen. In den deutschen Staaten, wo die – diachron angelegte – *Geschichtsphilosophie* immer dann den institutionellen Ort des offiziellen Wissens besetzte, wenn sie zeigte, daß die je gegenwärtigen gesellschaftlichen Strukturen konform waren mit dem von der Menschheit oder der Nation auf dem historischen Weg zu ihrer ›Bestimmung‹ erreichbaren Stand, war Literatur*geschichte* bevorzugter Weg zum Verständnis der Menschheits- und der Nationalgeschichte. Das Vertrauen, mittels *Science de l'homme* oder mittels Geschichtsphilosophie zur Einsicht in die ›wirkliche Wirklichkeit‹ vorzustoßen, war eine intellektuelle Vorbedingung und ein institutioneller Hintergrund, unter dessen Schutz Literaturwissenschaft in ihren regional verschiedenen Ausprägungen entstand und ihre Funktionen ausdifferenzierte. Im Rahmen der *Science de l'homme* hielt sie die von der Literatur erschlossenen anthropologischen Einsichten und ihren ›ästhetischen Wert‹, im Rahmen der Geschichtsphilosophie ihren ›ästhetischen Wert‹ und ihre historische Bedeutsamkeit für synonym.

Nachdem wir nun die Kommunikationsform ›Literatur‹ und die akademische Disziplin ›Literaturwissenschaft‹ im Kontext der von der Europäischen Aufklärung eingeläuteten Phase des ›historischen Denkens‹ lokalisiert haben, wird es möglich, auch die Krise der Literaturwissenschaft in einen Zusammenhang mit der Krise (dem Ende) des ›historischen Denkens‹ um die Jahrhundertwende zu setzen. Jene erkenntnistheoretische Wende, mit der die Hoffnung auf unmittelbare Wirklichkeitserfahrung verabschiedet wurde, affizierte den ontologischen Status von ›Nationalgeschichte‹ und ›menschlicher Natur‹, den Status der Bezugshorizonte der historischen und der anthropologischen Wissenschaften. Literaturgeschichte und Literaturkritik verloren damit ihren jeweiligen Bezugsrahmen, innerhalb dessen sie im Lauf des 19. Jahrhunderts gesellschaftliche Funktionen gewonnen, spezifische Fragestellungen und Verfahren ausgeprägt hatten. Zugleich wurde eine Reihe von *vorbewußten Prämissen,* welche der Literaturwissenschaft im 19. Jahrhundert implizit waren, zu offenen und – für die die Disziplin ›Literaturwissenschaft‹ – bedrohlichen Fragen:

– *Was ist Literatur?*
Die Literaturwissenschaft des 19. Jahrhunderts hatte all jene Texte in ihren Objektbereich integriert, welche Aufschluß über ›nationale Geschichte‹ oder die ›Natur des Menschen‹ versprachen.

– *Wie läßt sich die Beziehung zwischen der Literaturgeschichte und anderen Teil-Geschichten denken?*
Während des 19. Jahrhunderts hatte Literaturgeschichte als erkenntnispraktisch privilegierter Zugang zu der alle Teil-Geschichten in ihrer Totalität erfassenden ›Nationalgeschichte‹ gegolten.

– *Welche gesellschaftlichen Funktionen sollen der Literaturkritik und der Literaturgeschichte zukommen?*
Im 19. Jahrhundert hatten sie als Medien zur Erfahrung von ›Nationalgeschichte‹ und ›menschlicher Natur‹ fungiert.

Eine vierte, ebenfalls problematisch gewordene Prämisse aus der Blütezeit von Literaturgeschichte und Literaturkritik, nämlich die Vermischung von *ästhetischem Wert* und *(historischem oder anthropologischem) Erkenntniswert der Literatur,* ist bis heute noch kaum in eine Frage umgesetzt worden. Doch man kann unschwer erfahren, wieviel ihres institutionellen Gewichts die Literaturwissenschaft in die Tabuierung eben dieser Frage investiert, wenn man sie einfach stellt.

Erst aus den verschiedenen Versuchen, die – in solchem Status bewußt gewordenen – Fragen zu beantworten, konstituierte sich seit dem frühen 20. Jahrhundert *Literaturtheorie* als ein neuer Sektor der Literaturwissenschaft. Diese These gewinnt an Evidenz durch die Möglichkeit, zentrale Argumentationslinien des russischen Formalismus, also einer sehr frühen – wenn nicht der ersten – ›Literaturtheorie‹, in prägnanter Weise auf die problematisch gewordenen Prämissen der Tradition Literaturgeschichte/Literaturkritik zu beziehen: die zahllosen Definitionsansätze von ›Literatur‹ (›Literarizität‹, ›Poetizität‹ etc.) auf die Frage: »Was ist Literatur?«; die Diskussionen über den Status der ›literarischen Reihe‹ unter den anderen ›historischen Reihen‹ auf die Frage nach der Beziehung zwischen ›Literaturgeschichte‹ und anderen ›Teilgeschichten‹; die Sorge um den ›nomologischen Charakter‹ der

Literaturwissenschaft auf die Frage nach den gesellschaftlichen Funktionen von Literaturkritik/Literaturgeschichte. Vielleicht erklärt sich die erstaunliche Langzeitwirkung des russischen Formalismus, sein heute ambivalenter Status zwischen Literaturtheorie und Wissenschaftsgeschichte, dadurch, daß er offen gebliebene Fragen besonders griffig formuliert hat – ohne daß freilich seine Antworten an die Standards der gegenwärtigen Theorie-Diskussion heute noch im Ernst anschließbar wären.

Da unsere Bezugsetzung zwischen der Krise des historischen Denkens und der Krise der im 19. Jahrhundert etablierten Form von Literaturwissenschaft gerade der Literaturtheorie den Stellenwert eines (partiellen) ›Krisenmanagements‹ zuweist, läßt sich, ausgehend von der Frage, in welche Richtungen jeweilige Krisen-Bewältigungs-Ansätze verweisen, eine rudimentäre Typologie von (mehr oder weniger vergilbten) Literaturtheorien entwickeln. Auf der einen Seite stehen Theorien, welche sich auf die *Rettung der Möglichkeit von Literaturgeschichte* konzentrieren (und Probleme der ästhetischen Wertung – meist uneingestanden – an den Horizont ihres Interesses rücken): die ›klassische‹ marxistische Literaturtheorie, wie sie Lukács entworfen hat (hier wird der Totalitätshorizont der ›Nationalgeschichte‹ durch jenen der ›Klassenkämpfe‹ ersetzt); die geistesgeschichtliche Literaturwissenschaft (mit ihrer Substitution der ›Nationalgeschichten‹ durch eine gemeineuropäische Kulturtradition); die Rezeptionsgeschichte (welche einen neuen Modus der Vermittlung zwischen Literaturgeschichte und anderen Teilgeschichten in Aussicht stellte). Auf der anderen Seite finden wir literaturtheoretische Ansätze, welche *eine systematische Fundierung ästhetischen Wertens* ins Zentrum und Literaturgeschichte an den Horizont ihres Interesses rücken: die Ästhetik Benedetto Croces (derzufolge die vermeintliche Distanziertheit von Texten gegenüber ihren historischen Kontexten als Garant für ihren künstlerischen Rang gelten soll); der New Criticism/die immanente Interpretation (welche aus der Konzentration literaturwissenschaftlicher Analyse auf den Text – und nur den Text – ein Dogma machte); der Strukturalismus (dessen maßgebliche Varianten der ›Natur des Menschen‹ als Totalitätshorizont literaturwissenschaftlicher Analysen zu einem erstaunlichen Comeback verhalfen).

Diagnose

Gewiß, diese Kurz-Geschichte der Literaturwissenschaft war eine eigenwillige Geschichte, weil sie auf die – anamnestische – Frage bezogen war, wie sich die erstaunlichen Affekte erklären lassen, mit denen Literaturwissenschaftler auf *Deconstruction* reagieren. Aber der Preis der Auslassungen und Überzeichnungen in dieser Kurz-Geschichte soll ja nun reich durch die Möglichkeit einer *Diagnose* belohnt werden. Wir haben eine Chance erarbeitet zu verstehen, *warum* der Gestus der *Deconstruction* vor allem deutsche Literaturwissenschaftler in so einzigartiger Weise irritiert, und das heißt auch: warum er, auf Anregungen aus Frankreich zurückgehend, in den USA einen so erstaunlichen Triumphzug antrat, während er in Deutschland zu einer literarhistorischen Teil-Perspektive umgemünzt wird. Daß *auch Deconstruction* als Antwort auf das Problematisch-Werden von Prämissen der alten Literaturwissenschaft bezogen werden kann, zeigt paradigmatisch G. Hartmans Vorwort zu dem Reader *Deconstruction & Criticism*. Wo Hartman den ›gemeinsamen Nenner‹ der in diesem Band veröffentlichten Beiträge herausarbeiten will, heißt es: »One question is the situation of criticism itself, what kind of maturer function it may claim – a function beyond the obviously academic and pedagogic«; (das ist die *dritte* der von uns als konstitutiv für die Literaturtheorie angesehenen Fragen); »the second shared problem is precisely that of the importance – or force – of literature itself. What does that force consist in, how does it show itself?«[6]; (das ist die von uns an *erster* Stelle genannte Frage, welche sich in die Geschichte der Poetizitäts-Definitions-Bemühungen einreiht). Daß nun die Derrida-Rezeption in den USA zu einer literaturtheoretischen Positon geführt hat, welche sich auf Probleme der ästhetischen Wirkung konzentriert und das Thema ›Literaturgeschichte‹ ausblendet, zeigt sich gerade im *Ausbleiben* einer Antwort auf unsere *zweite* Frage, die auf das Verhältnis zwischen Literaturgeschichte und anderen Teilgeschichten bezogen war. Man könnte diese Leerstelle bei der Identitäts-Präsentation der *Yale-School* in Zusammenhang bringen mit Hartmans Distanznahme vom Konzept einer im Text aufgehobenen, intersubjektiv erfahrbaren Textbedeutung, welche schließlich zu einem Postulat der Konvergenz von Literatur und Literaturkritik führt: »Deconstruction [...] refuses to identify the force of literature with any concept of embodied meaning and shows how deeply such logocentric or incarnationist perspectives have influenced the way we think about art [...]. While teaching, criticising, and presenting the great texts of our culture are essential tasks, to insist on the importance of literature should not entail assigning to literary criticism only a service function. Criticism is part of the world of letters, and has its mixed philosophical and literary, reflective and figural strength«. Während frühere literaturwissenschaftliche Positionen, welche Abstand von der historischen Dimension der Texte genommen hatten, stets das Problem offen ließen, wie denn Textbedeutung ohne Bezugsetzung auf die Sinnstrukturen eines historischen Moments fixiert werden solle, verzichtet *Deconstruction* zunächst auf den Anspruch, daß ihre Analysen zu intersubjektiv nachvollziehbaren und akzeptablen Ergebnissen führen. Doch durch die Hypostasierung des literaturkritischen Diskurses zu einer Literatur *sui generis* gewinnt die literaturwissenschaftliche Interpretation auf anderem Weg eine Aura zurück.

Auch *Deconstruction* läßt sich also in unsere anamnestische Kurzgeschichte der Literaturwissenschaft einordnen. Die Identität dieser Position, das ist meine These, scheint aber nun vor allem darin zu liegen, daß sie, so sehr sich ihre Vertreter auch dagegen sträuben mögen, etwas wieder erhoffbar macht, was man im Zeitalter des *Posthistoire* zunächst für unerreichbar halten muß: nämlich – trotz allem – (ein Substitut von) *Wirklichkeitserfassung.* Derrida lokalisiert seine Theorie jenseits des historischen Endpunkts eines Denkhorizonts, nämlich jenseits des *Logozentrismus* (und wir wollen vorerst die Frage zurückstellen, ob das Ende des ›Logozentrismus‹ mit dem des ›historischen Denkens‹ zusammenfällt). Von dieser Position aus jedenfalls läßt sich – retrospektiv – jegliches logozentrische Denken ›entmythisieren‹. Daraus sollte ›eigentlich‹ – in der Situation des *Posthistoire* – folgen, daß auch er auf den Anspruch verzichten müßte, konsensfähige Erfahrungen vorzugeben.

Doch hier kommt ein *Aber,* das ebenso überraschend ist wie die Substitution einer historischen Bezugsinstanz zur Bedeutungsfixierung durch die Selbst-Hypostasierung des Diskurses der literaturkritischen *Deconstruction.* Das ›Aber‹ ist Derridas Rekurs auf Freuds Tiefenpsychologie[7], mit der die Illusion wachgehalten wird, jenseits – oder besser: *unter* – aller logozentrischen Verzerrung auf eine »authentische« Schicht menschlichen Erlebens und menschlicher Erfahrung stoßen zu können. Die Faszination, welche Freuds Wunderblock-Beispiel auf Derrida ausübt und die Frequenz der Metapher von der *architrace* in seinen eigenen Schriften sind symptomatisch. Derrida stellt in Aussicht, daß – wenigstens über das Medium ›Literatur‹ – noch einmal zu haben sei, was nach dem Ende der Epoche des ›historischen Denkens‹ schon verloren schien (oder besser: wohl verloren ist): *Erfahrungsgewißheit.* Natürlich kann dieser Anspruch nicht explizit vertreten werden – dafür ist sein systematischer Status wahrlich zu prekär. *Deconstruction* würde gewiß den Anspruch auf solches Explizit-Machen als ›logozentrisch‹ abwehren. Von außen (und verängstigt) freilich wird man Hartmans Feststellung, die Faszination der Derrida-Diskurse beruhe – auch – auf ihrem Streben »for elegant opacity rather than for transparence«[8], nicht bloß im Sinn einer ästhetischen Faszination verstehen wollen. In logozentrische Sprache übersetzt man das so: nur im Halbdunkel stilistischer Opakheit lassen sich der Gestus radikaler Dekonstruktion und ein Hoffnungsschimmer von Erfahrungsgewißheit miteinander vermitteln.

Die Metaphern-Serie von ›Anamnese/Diagnose/Therapie‹, mit der wir unsere Argumentationsstruktur für die Dauer ihrer Entfaltung präsent halten wollen, wies allerdings nicht dem Derrida-begeisterten, sondern dem Derrida-phobischen Literaturwissenschaftler die Rolle des therapiebedürftigen Subjekts zu. Und es steht ja außer Zweifel, daß *Deconstruction* in Westdeutschland vor allem auf Rezeptionsbarrieren und Abwehrreaktionen gestoßen ist. Eben deshalb ist unsere ›Diagnose‹ mit der Entwicklung einer Hypothese zum Verständnis der Derrida-Faszination noch nicht abgeschlossen. Vielmehr muß jetzt die Beantwortung der Fragen, warum die von diesem Namen repräsentierte philosophische Position in Frankreich entstand und warum sie in den Vereinigten Staaten so erfolgreich wurde, hinführen zu jener intellektuellen Disposition, welche hierzulande konträre Wirkungen hervorbrachte. Nun scheint die (erste) Frage nach dem Zusammenhang der Derridistischen Philosophie mit einer in Frankreich dominierenden intellektuellen Konfiguration fast synonym zu sein mit einer – auch heute noch – epistemologiegeschichtlich weit bedeutenderen Problemstellung: warum war die Freudsche Psychologie, in deren besonderer Applikation wir die Hauptvoraussetzung für die Derrida-Faszination ausmachten, in Frankreich *seit jeher*

weit erfolgreicher als im deutschsprachigen Raum, obwohl sie
doch im deutschsprachigen Raum entstand und hier auch zuerst
zugänglich wurde?

Wir hatten einleitend die These entwickelt, daß sich die für das
19. Jahrhundert so charakteristischen einzelwissenschaftlichen Bemühungen um die Erschließung der von der Aufklärungs-Philoso-
phie in Aussicht gestellten ›definitiven Wirklichkeit‹ prinzipiell
innerhalb zweier verschiedener epistemologischer Rahmenstruk-
turen vollziehen konnten: innerhalb der – in Frankreich dominierenden – *Science de l'homme* und innerhalb der – im deutschsprachigen Kulturraum dominierenden – Geschichtsphilosophie.
Diese wissenschaftsgeschichtlich höchst bedeutsame Differenz
mag aus den je besonderen politischen Rahmenbedingungen der
Genese akademischer Disziplinen im frühen 19. Jahrhundert erklärbar werden: aus der Übernahme aufklärerisch-enzyklopädi-
scher Sinnstrukturen im ›offiziellen Wissen‹ des Empire, das sich
als Erbe von Aufklärung und Revolution präsentierte, einerseits;
andererseits aus der Not der deutschen Intellektuellen jener Epoche, Höhepunkte der eigenen Kultur entweder in der Vergangenheit suchen (Romantik) oder in die (nähere/fernere) Zukunft
projizieren (›progressive‹ Geschichtsphilosophie) zu müssen.
Freuds Theorien jedenfalls – und nur darauf kommt es uns an –
müssen dem Paradigma der *Science de l'homme* zugeordnet werden; denn sie stellen die Einsicht in das ›wirkliche‹ psychische
Wesen des Menschen für eine analytische *Tiefen*sicht – nicht für die
Zukunft – in Aussicht. Gerade an diese Blickrichtung knüpft Derrida an – zumal in seinen frühen Büchern.

Auch unsere (zweite) Frage, die nach dem enormen Erfolg von
Derridas Schriften in den intellektuellen Milieus der USA, verweist
auf weitere Fragen, etwa: wie erklärt es sich, daß die Altertumswis-
senschaften und die Mediävistik heute wohl in keinem Land der
Welt unter so günstigen institutionellen Rahmenbedingungen arbeiten und mit so großer Resonanz rechnen können wie ausgerechnet an den nordamerikanischen Universitäten? Keine Frage, die
nordamerikanische Intellektuellen-Kultur stellt sich heute immer
noch – in synchroner und diachroner Perspektive – als Teil der
abendländischen Kulturtradition dar. Kein Zweifel aber auch, daß
die im Kolonialismus vollzogene *translatio studii,* die enorm beför-
dernde (manchmal aber auch überschätzte) Wirkung sukzessiver
europäischer Immigrationswellen und schließlich ein im nordame-

rikanischen Alltagsleben nicht nur akzeptierter, sondern emphatisch zum kollektiven Identitätsmerkmal stilisierter Pragmatismus einen – in den meisten Fällen wohl nur – halbbewußten (und vor allem schon seit langem unangebrachten) Minderwertigkeitskomplex der amerikanischen Intellektuellen gegenüber Europa hervorgebracht haben. Er hat zu zwei komplementären Modi der Kompensation geführt: einmal zu dem Bestreben, mit allen zur Verfügung stehenden Mitteln jene Kontinuität zwischen europäischer Tradition und nordamerikanischer Filiation zu erweisen und zu garantieren (es manifestiert sich in amerikanischen Museen oder in den kulturhistorischen Departments der großen Universitäten); dann aber auch zu einer – zunächst überraschenden – Offenheit gegenüber jeglichen Ansätzen, die den Universalitätsanspruch der europäischen Kultur problematisieren. Dieser zweiten Disposition kommt der Gestus literaturwissenschaftlicher *Deconstruction* entgegen, weil er ja die tradierten ›logozentrischen‹ Bedeutungen der Kunstwerke radikal in Frage stellt und zugleich die Möglichkeit eröffnen soll, neue Sinnschichten in ihnen freizulegen. Man könnte also die provokative ästhetische Positivierung des im europäischen Kontext Trivialen, zu der amerikanischen *Pop Art* ermuntert, als ein Komplementär- und Parallelphänomen um dekonstruktivistischen *Play-with-the-Signifier* ansehen, da dieses Spiel – nicht ohne Selbstgenuß – oszilliert zwischen akademisch-analytischer Problematisierung institutionalisierter Deutungshandlungen und einer Produktion neuen Sinns, welche auf die ›Unmöglichkeit von Sinn‹ verweist und nicht ansteht, sich selbst als Kunst zu verstehen und zu präsentieren.

Unsere These soll die Legitimität solchen Oszillierens keinesfalls in Frage stellen; sehr wohl aber soll und kann sie die Vermutung nahelegen, daß der für *Deconstruction* in Nordamerika gegebene pragmatische Rahmen in Europa nicht zu haben ist. Das gilt – ohne Unterschied – für die Bereiche der französischen und der deutschen intellektuellen Tradition, aber das erklärt immer noch nicht die – spezifisch – deutschen Rezeptionsbarrieren gegen *Deconstruction*. Um auch in bezug auf dieses Problem den Schritt zu einer Antwort-Hypothese vollziehen zu können, müssen wir auf unsere Erklärung für die von Derridas philosophischer Position ausgeübte Faszination zurückkommen. Wir hatten behauptet, daß sich solche Faszination entfaltet, weil Derrida einerseits mit der Problematisierung ›logozentrischer‹ Sinnprämissen der *Posthi-*

stoire-Erfahrung entspricht, nach der wir bereits jenseits der westlichen Kultur-Tradition stehen, andererseits aber die in dieser Erfahrung eigentlich schon implizit verabschiedete Hoffnung auf ein Vordringen zu Erfahrungsgewißheit wachhält. Die wissenschaftliche Topographie, mittels deren solche Ambivalenz bei Derrida zugleich inszeniert und als problematische Ambivalenz entschärft wird, ist die Freudsche Psychologie, deren erstaunlich schwache Rezeption im deutschen Kulturraum wir mit der Dominanz des geschichtsphilosophischen Paradigmas in den Geisteswissenschaften erklärt hatten.

Man könnte deshalb fragen, ob es nicht hierzulande Denkansätze gibt, die in ihren Motivationen mit Derridas Philosophie zu vergleichen sind, ihre Ambivalenz aber geschichtsphilosophisch-diachron (und eben nicht wie die dem Paradigma *Science de l'homme* zuzuordnenden Modelle: synchron) artikulieren. Für einen Beispielfall halte ich (wohl gegen die Intention des Autors!) Hans Blumenbergs Buch *Arbeit am Mythos*.[9] Mythen, so Blumenbergs anthropologische Prämisse, bezeugen das Bedürfnis der Menschen, sich von einer Grunderfahrung existentieller Angst durch Erzählen zu distanzieren. Doch alle Wege der Distanznahme durch Mythen-Erzählen können durch Mythen-Kritik eingeholt und um ihre Wirkung gebracht werden. Das Bedürfnis nach einem Mythos, der gegenüber Mythen-Kritik immun sei, die Hoffnung, ›wenigstens einen Mythos zu Ende erzählen zu können‹, den Traum von der Beherrschung der Wirklichkeit durch ihre restlose Erfassung in der menschlichen Erfahrung, lokalisiert Blumenberg nun bezeichnenderweise *nicht* in einer *Tiefenschicht* des Erkennens, sondern in der *Zukunft*, in zeitlicher Dimension also.[10]

Rezeptionsschwellen sind freilich nicht nur durch die Ausblendung, sondern auch durch die Positivierung von Teilen je spezifischer Sinnangebote geprägt. Wir haben eine Hypothese entwickelt, welche verständlich machen soll, warum im deutschsprachigen Kulturraum ein Widerstand besteht, die epistemologische Situation der Gegenwart aufgrund der Vorgaben von Derridas Philosophie zu diagnostizieren. Das Verstehen des Widerstands gegenüber einem Diagnose-Instrument war das Ergebnis unserer eigenen (Selbst-)›Diagnose‹. Auf der anderen Seite ist zu konstatieren, daß *ein* Element dekonstruktivistischer Analyse hierzulande isoliert und literarhistorisch durchaus fruchtbar gemacht wird. Gemeint ist die intensive Thematisierung von Strukturen der *écriture*, der

ausschließlich von *signifiants* besetzten textuellen Konstitutions-
ebene. Derrida postuliert, daß durch Perzeptionsmodi der *écri-*
ture, welche unseren habitualisierten Perzeptionsmodi (›lineare
Lektüre von links nach rechts‹ etc.) Widerstand leisten, die logozentrische Reduktion der Bedeutungsgebung aufgehoben werden
könne. Mit einer neuen Aufmerksamkeit für *écriture*-Phänomene
scheint sich nun die westdeutsche Literaturhistorie der Gegenwart
in der Tat eine neue Forschungsdimension zu erschließen. Mit dem
Übergang von Mündlichkeit zu Schriftlichkeit, von der hand-
schriftlichen Fixierung der Texte hin zum Druck, von der Feder
zur Schreibmaschine als ›Produktionsmittel‹ werden bislang aus-
geblendete literarhistorische Schwellen in ein neues Licht gerückt.
Aber – auch hier geht es uns nicht um die Problematisierung akademischer Legitimitätsansprüche – mit *Deconstruction* haben solche
innovativen Forschungsrichtungen in der Litera*rhistorie* doch nur
höchstens mittelbar zu tun.

Therapie(vorschlag)

Daß ich den – spezifisch nordamerikanischen – ›kulturellen Minderwertigkeitskomplex‹ (sollte er denn wirklich existieren) für
gänzlich unangebracht halte, steht schon im vorausgehenden
Absatz. Was allerdings dort wie eine Höflichkeitsfloskel gelesen
werden konnte, gewinnt jetzt Evidenz, weil ich einen ›Therapie-
vorschlag‹ aus einer genuin amerikanischen Theorie entwickeln
will, nämlich aus der *Double-bind*-These von Gregory Bateson.[11]
Die *Double-bind*-These hat heute ihren dominanten Anwendungsbereich in der Psychotherapie gefunden, obwohl sie von
Bateson sicher nicht *nur* im Blick auf dieses Ziel konzipiert wurde,
und obwohl gewiß kein systematisches Argument dafür spricht,
sie nicht auch – etwa – auf die Analyse von künstlerischer Produktion und Rezeption, auf den Bereich der Sozialgeschichte oder
eben auf die Wissenschaftsgeschichte anzuwenden. Dennoch: mit
dem Rekurs auf Batesons Begriff verstärkt sich noch der von unserer Metaphern-Serie ›Anamnese/Diagnose/Therapie‹ suggerierte
Eindruck, daß wir die gegenwärtige Situation der Literaturwissenschaft als eine (psycho-)pathologische ansehen. Wir kommen
hier ein letztes Mal auf die Problematik dieser Perspektive zurück,
um – ein letztes Mal – klarzustellen, daß es uns nicht darum geht,

einen ›Krankheitsfall‹ festzustellen und eine ›Krankheit‹ zu heilen. Vielmehr wollen wir uns ein bestimmtes Kategorien-Repertoire zur möglichst prägnanten Artikulation eines komplexen Sachverhalts zunutze machen. Das wenigstens ist der ›Minimalanspruch‹. Auf der anderen Seite wollen wir aber auch nicht gänzlich ausschließen, daß Institutionen – durch den Verlauf ihrer Geschichte – in Situationen geraten können, welche – nicht mehr nur in metaphorischem Sinn – double-bind-ähnlich sein können.[12] Dann erwiese sich der Rückgriff auf Batesons Theorie hier in einem noch weit konkreteren Sinn als angebracht.

Wie auch immer – wir wollen nun zunächst die drei (wenigstens für uns) wesentlichen Aspekte der Double-bind-These rekapitulieren. Erstens: ein double-bind ist eine Situation, in der eine Person (oder eine Gruppe) mit zwei Verhaltens- oder Handlungs-Verpflichtungen konfrontiert ist, wobei die Erfüllung der einen die Erfüllung der anderen Verpflichtung ausschließt. Zweitens: diese Situation führt zu psychischem Kranksein – im Sinne einer einschneidenden Störung der Kommunikation zwischen einer Person (Gruppe) und ihrer Umwelt –, wo immer es der Person (oder Gruppe) unmöglich ist, sich dieser als Ambivalenz erfahrenen Doppelanforderung zu entziehen (wir glauben, daß den Literaturwissenschaftlern eine solche Distanznahme aufgrund des geschichtlich gewachsenen Selbstverständnisses ihrer Disziplin und der ihr gegenüber bestehenden Erwartungen versperrt ist). Drittens: psychisches Kranksein und Kommunikationsstörung sind nur eine von zwei prinzipiell denkbaren Folgen einer Double-bind-Situation. Ebenso lassen sich als Reaktionen auf zunächst ausweglos erscheinende Ambivalenzen Lösungen beobachten, durch welche das betroffene Individuum (die betroffene Gruppe) in ein evolutionär höheres Stadium seiner Geschichte eintritt.

Wir hatten am Ende der ›Anamnese‹ auf eine Prämisse der Literaturwissenschaft des 19. Jahrhunderts verwiesen, welche mit der Krise des traditionellen erkenntnistheoretischen und erkenntnispraktischen Paradigmas um die Jahrhundertwende problematisch geworden war, ohne – wie eine Reihe anderer Prämissen der Literaturwissenschaft – in das Problembewußtsein der Disziplin und damit in den Objektbereich der ›Literaturtheorie‹ eingegangen zu sein: das war die Gleichsetzung von ästhetischem Wert mit der historischen (wissenschaftlich-anthropologischen) Bedeutsamkeit ›literarischer‹ Texte. Solange es Aufgabe der Literaturwissenschaft war, hinzuführen zu einem den Alltag transzendierenden, in letzter Instanz ›wirklichen‹ Wissen über ›den Menschen‹ oder ›die Nation‹, konnte der Erkenntniswert nicht-wissenschaftlicher Lektüre von dem wissenschaftlicher Analyse nicht unterschieden werden. Unter diesen Voraussetzungen war es eine *unproblematische* Doppelverpflichtung der Disziplin, außerwissenschaftliche Lektüre zu initiieren und zugleich ›Literatur‹ mit wissenschaftlichen Ansprüchen zu interpretieren. Seit jedoch die totalisierenden Bezugshorizonte der ›Nationalgeschichten‹ und der *Science de l'homme* geschwunden sind, erfahren Literaturwissenschaftler die Verpflichtung als immer *problematischer,* beiden Anforderungen zu genügen. Unsere berufliche Sozialisierung, die Struktur literaturwissenschaftlicher ›Institute‹ oder ›Seminare‹, die Erwartungen von Studenten und Kollegen vergegenwärtigen, daß man uns ganz selbstverständlich als ›Literatur-Fans‹ *und* als Verwalter oder ›Produzenten‹ eines höheren Wissens über Literatur ansieht. Die Entstehung der Teildisziplin ›Literaturdidaktik‹, der von vielen Literaturhistorikern gegenüber der Literaturdidaktik gehegte Grundverdacht der ›Unwissenschaftlichkeit‹ und die Überzeugung zahlreicher Literaturdidaktiker, gerade die Literaturhistoriker verfehlten ›gesellschaftliche Bedürfnisse‹, zeigt, daß die Entwicklung unserer Disziplin diesen, aufgrund ihrer Tradition von außen an sie herangetragenen Erwartungen kaum mehr entspricht. Schließlich wissen wir, wieviel Enttäuschung solche Erwartungsdurchbrechung bei Studenten oder bei Kollegen von den Nachbardisziplinen auslöst, wie wenig man geneigt ist, den Literarhistoriker als ernstzunehmenden Geschichtswissenschaftler und den Literaturdidaktiker als ernstzunehmenden Erziehungswissenschaftler (oder gar Philosophen) zu akzeptieren.

Eine problematisch gewordene Doppel-Verpflichtung und Doppel-Erwartung hat zu tiefgreifenden Kommunikations- und Legitimations-Schwierigkeiten einer wissenschaftlichen Disziplin geführt. Hier liegt eine *erste Parallele* zur *Double-bind*-Struktur. Und wer wollte a priori ausschließen, daß *Deconstruction* die Richtung eines produktiven Durchbruchs anzeigt? *Deconstruction* minimiert den Abstand zwischen dem ›wissenschaftlichen‹ und dem ›literarischen‹ Diskurs, und die Ermutigung zu eigenständiger, ästhetisch produktiver Lektüre scheint sich als eine Folge der von ihr angeregten akademischen Praxis ebenso einzuspielen wie eine Distanznahme von den Zielen der Geschichtswissenschaft und der *Science de l'homme*. Wenn wir in dieser Entwicklung eine ›Therapie‹-Perspektive sehen, so deshalb, weil man die durch *Deconstruction* geradezu programmatisch vertretene Distanznahme von der zünftigen Literaturwissenschaft ja – etwa – seitens der Literarhistoriker nicht unbedingt als eine Herausforderung zu gefährlicher Konkurrenz fürchten muß, sondern als eine Entlastung begrüßen kann. Und es wäre denkbar, daß solche Entlastung – auf beiden Seiten – zu einer neuen Qualität des Umgangs mit ›Literatur‹ führte.

Eine zweite Ambivalenz betrifft nicht allein Literaturwissenschaft und Literaturwissenschaftler, sondern – wir formulieren es bewußt in der Gestalt eines Paradoxes – ›in der historischen Situation des *Posthistoire*‹ *alle Geisteswissenschaften*. Die Tradition und der gesellschaftliche Stellenwert unserer Disziplinen verpflichten uns, forschend ›letztgültige‹ Wahrheiten über ›*die* Geschichte‹ und ›*den* Menschen‹ zu erfahren und diese lehrend zu vermitteln. Auf der anderen Seite hat nun gerade die Bemühung der Wissenschaften, dieser Verpflichtung und dieser Erwartung zu genügen, zu der – sozusagen ›höheren‹ – Erfahrung geführt, daß wir ›letztgültige‹ Einsichten weder in analytischer Tiefe noch in historischer Zukunft ausmachen werden. Die *zweite Parallele* zur *Double-bind*-Struktur liegt also darin, daß wissenschaftliche Reflexion zu der Konsequenz führt, unsere Sinnangebote als subjektive zu präsentieren (oder zu schweigen), während doch gerade Wissenschaftler (wie der Titel ›Professor‹ erweist) zum Sprechen und zur Ermittlung objektiven Sinns verpflichtet sind.

Die Vehemenz, mit der die Vertreter der *Deconstruction* das Konzept ›objektiven Sinns‹ als eine logozentrische Schimäre attackieren, und die Inbrunst, mit der sie an ihren im Umgang mit ›literarischen‹ Texten gewonnenen Erfahrungen als unhintergehbaren Erfahrungen hängen, könnte nun wiederum die Richtung zu produktiver Überwindung einer unhaltbar gewordenen Doppelanforderung weisen. Ebenso wie es sinnvoll ist, historischen (wissenschaftlich-anthropologischen) und ästhetischen Wert der Texte, wissenschaftliche Analyse und Initiierung nicht-wissenschaftlicher Lektüre auseinanderzuhalten, kann es als eine Entlastung erfahren werden, wenn man sich folgende Konsequenz aus der Situation des *Posthistoire* vergegenwärtigt: die Suche nach unhintergehbarer Wahrheit kann heute nicht mehr im Kommunikationssystem der Wissenschaften befriedigt werden, sondern nur im Rahmen jener radikal subjektiven Erfahrungen, wie sie vor allem Produktion und Rezeption von Kunst und Literatur als Chance ermöglichen. Hingegen scheint es den Wissenschaften mehr und mehr zuzukommen, ›konsensfähige‹ (statt ›objektiv wahrer‹) Sinnangebote vorzugeben, also – durchaus im Bewußtsein erkenntnistheoretischer und erkenntnispraktischer Aporien – gemeinsames Handeln durch Konsensbildung zu ermöglichen. Vielleicht ist das Bewußtsein von der Hinterfragbarkeit (= Substituierbarkeit) der konsensorientierten Sinnangebote dann leichter zu ertragen, wenn der besondere Stellenwert ›Kunst‹ und ›Literatur‹ als Kommunikationsraum genutzt wird, innerhalb dessen Erfahrungen eben *nicht* hinterfragbar sind.

Who ist afraid of deconstruction? Am ehesten jene Literaturwissenschaftler, so hat es den Anschein, welche sich immer noch bemühen, den aus der Geschichte ihrer Disziplinen ererbten Doppelanforderungen, die mittlerweile zu problematischen Ambivalenzen geworden sind, zu genügen und die dafür nötige Verdrängungskapazität aufbringen. Die Angst vieler Literaturwissenschaftler vor *Deconstruction* ähnelt – das soll unsere letzte gewagte Parallele sein – der Angst des Patienten vor der Therapie. Vielleicht kann solche Angst beschwichtigen und dennoch in den Genuß eines therapeutischen Effekts kommen, wer sich klar macht, daß die Entlastungs-Chance der ›Therapie‹ nicht an die Bedingung gebunden ist, selbst ein Dekonstruktivist zu werden. Auch in der Psychiatrie oder in der Psychoanalyse werden ja nicht *alle* Patienten oder Klienten nach erfolgreichem Abschluß der Therapie Psychiater oder Psychoanalytiker.

Anmerkungen

1 Von Hayden White erzählte Augenzeugen-Anekdote.
2 Bezeichnenderweise haben *Deconstruction & Cie* gerade dort, wo sie zweifellos verändernd hätten wirken können, nämlich auf dem Gebiet einer Philosophie des Verstehens, in deutschsprachigen Publikationen, vor allem defensive Reformulierungen von ›Opas Hermeneutik‹ ausgelöst. – Vgl. H.U.G., *Déconstruction Deconstructed. Transformationen französischer Logozentrismuskritik in der amerikanischen Literaturwissenschaft,* in: Philosophische Rundschau 233 (1986), S. 1–35.

3 Genau deshalb waren hierzulande vor allem Begriffe wie ›Posthistoire‹ oder ›Postmoderne‹ erfolgreich. Vgl. etwa Christa und Peter Bürger (Hg.), *Postmoderne, Alltag, Allegorie und Avantgarde,* Frankfurt/Main 1987 (suhrkamp taschenbuch wissenschaft 648), die letzten Jahrgänge der Zeitschrift ›New German Critique‹ oder die intensive Lyotard-Rezeption (bedingt durch die Kanonisierung Lyotards als ›Erfinder‹ des Begriffs ›Postmoderne‹). – Natürlich will ich mein ›Mitschwimmen‹ nicht verschweigen: *Posthistoire – now,* in: H.U.G. und Ursula Link-Heer (Hg.), *Epochenschwellen und Epochenstrukturen im Diskurs der Literatur- und Sprachhistorie,* Frankfurt/Main 1985 (suhrkamp taschenbuch wissenschaft 486), S. 324–50.

4 Diese Affirmation des narrativen Charakters meiner Überlegungen ist die späte Antwort auf eine Diskussions-Frage von Wlad Godzich.

5 Vgl. die historisch orientierten Abhandlungen und das Nachwort in H.U.G./Bernard Cerquiglini (Hg.), *Der Diskurs der Literatur- und Sprachhistorie – Wissenschaftsgeschichte als Innovationsvorgabe,* Frankfurt/Main 1983 (suhrkamp taschenbuch wissenschaft 411). Des weiteren H.U.G., *Un souffle d'Allemagne ayant passé. Friedrich Diez, Gaston Paris und die Genese der Nationalphilologien,* in: LiLi, 1984, H. 53/54, S. 37–78.

6 Geoffrey Hartman, *Preface,* in: ders. u.a., *Deconstruction & criticism,* New York 1979, S. VII–IX, hier: S. VII.

7 Vgl. besonders: *Freud et la scène de l'écriture,* in: ders., *L'écriture et la différance,* Paris 1967.

8 Geoffrey Hartman, *Introduction,* zu: ders., *Saving the text. – Literature/Derrida/Philosophy,* Baltimore 1982, S. XXV.

9 Hans Blumenberg, *Arbeit am Mythos,* Frankfurt/Main 1979.

10 Ähnlich symptomatisch (wenn auch ungleich weniger bedeutsam), das sei hier nur am Rande eingestanden, ist die Selbstverständlichkeit, mit der man hierzulande die *gegenwärtige* Kulturkrise als Krise aus dem *Ende der Geschichte* des *historischen Denkens* perspektiviert.

11 Vgl. vor allem Gregory Bateson, *Ökologie des Geistes – anthropologische, psychologische, biologische und epistemologische Perspektiven,* Frankfurt/Main 1981, S. 269–361.

12 Mehr dazu in H.U.G., *Pathologien im Literatursystem,* in: Dirk Baekker u.a. (Hg.), *Theorie als Passion,* Frankfurt/Main 1987.

Kurt Röttgers

Diskursive Sinnstabilisation durch Macht

1. Der kommunikative Text

Unter Texten verstehe ich Prozesse, die sich vorrangig in einem Medium von Sprachsymbolen abspielen. Prozesse als solche haben etwas dem Denken Anstößiges. Daher geht das Bemühen der Wissenschaft seit den griechischen Anfängen darauf aus, dem »Werden den Charakter des Seins aufzuprägen« – wie Nietzsche das genannt hat: er hat freilich hinzugefügt: »Das ist der höchste Wille zur Macht«.[1] Damit ist das Leitthema der folgenden Überlegungen angerissen.

Im textuellen Prozeß sind die Weltorientierungsdimensionen von Sprache und Zeit aufeinander bezogen.[2] Daher ist grundsätzlich zunächst einmal von der Unbegrenztheit von Prozessen wie Texten auszugehen. Texte müssen erst durch besondere Operationen, sei es von innen, sei es von außen, begrenzt werden. Die Wirklichkeit der Texte aber ist ihre kommunikative Funktion, d.h. Texte sind wesentlich kommunikative Texte. Sie sind auch auf die soziale Weltorientierungsdimension bezogen: auf den Anderen.

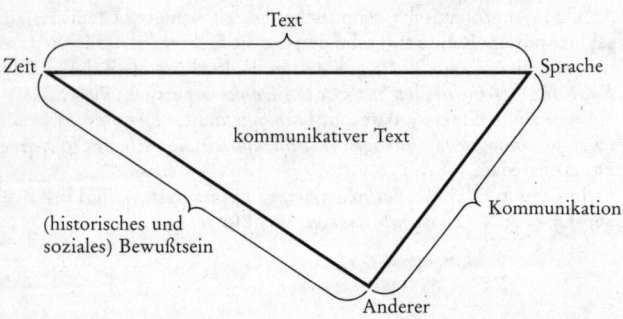

Mit diesem Schema ist das Bedingungsgeflecht des kommunikativen Textes veranschaulicht, es ist aber keineswegs ein zureichender Erklärungsrahmen für Texte damit geschaffen.

Texte stehen nicht nur unter sozialen, sprachlichen und temporalen Regelhaftigkeiten, sondern sind Zusatzregelhaftigkeiten unterworfen, die den kommunikativen Text entlasten. Zwar kann man grundsätzlich alles sagen, was sich mit Mitteln der deutschen Sprache unter Anwendung ihrer phonologischen, morphologischen, syntaktischen und semantischen Regeln sagen läßt, aber doch nicht jedermann und nicht jederzeit. Es gibt Zusatzeinrichtungen zur Sprache, die den kommunikativen Text entlasten. Denn Texte sind, vor allem in ihrer vorschriftlichen Gestalt, extrem störanfällig. Im Hinblick auf das, was die Sprache sagen läßt, sind die Zeit und der Andere Kontingenzen, durch die der Erfolg immer zweifelhaft ist. Damit also der kommunikative Text angesichts der Zufälligkeiten von Zeit und Anderem dennoch gelingt, bedarf es der Zusatzeinrichtungen der Textsicherung. Eine der einfachsten Methoden der Sicherung der Fortsetzungsmöglichkeiten des kommunikativen Textes ist die Reflexion des Textes auf vergangenen Text. Diese ist vergleichbar den Methoden der Bewältigung von Identitätskrisen von Menschen. Wenn fraglich wird, ob und wie wir denn weiterleben können und sollen, ist der Blick auf unser vergangenes Selbst unabweisbar, nicht unbedingt, um sich von dort her die Text- und Lebensfortsetzungsmöglichkeiten vorgeben zu lassen; denn auch um morgen ein neues Leben zu beginnen, müssen wir wissen, wer wir gestern noch waren und wie wir gelebt haben. Ebenso kann man von Texten erwarten, daß sie die Ausgangsfragestellung, das Thema, die Überschrift etc. nicht völlig aus dem Blick verlieren. R. Barthes hat einmal gesagt: Professor ist einer, der seine Sätze beendet. Das ist sicherlich falsch und richtig: Und nicht nur Sätze, sondern auch Texte, und nicht nur Professoren, sondern alle Textpartizipienten. Aber in der Normativität dieses Anspruchs, daß mindestens ein Professor mindestens Sätze beenden können sollte, steckt mehr. In ihm ist enthalten der Bezug auf so etwas wie eine Gruppe weiterer Zusatzeinrichtungen zur Sprache. Diese nenne ich Diskurse. Wenn ich mit Historikern über das Todeserleben und die Todeserfahrung im 18. Jahrhundert sprechen möchte, dann muß ich nicht nur eine den Historikern verständliche natürliche Sprache mit ihren Regeln verwenden, ich muß nicht nur beim Thema bleiben bzw. andeuten, daß das, was ich sage, mit dem Thema zu tun hat, sondern ich muß mich auch an gewisse Konventionalisierungen der Historikerzunft halten, z. B. die Herstellung relativ konkreter Bezüge zu

Personen, Texten, Bildnissen, allgemein Quellen, die uns aus dem 18. Jahrhundert überliefert sind. Diese quasi-institutionellen Gefüge zwischen Sprache und Text nenne ich Diskurse. Obwohl der kommunikative Text die grundsätzliche Vertauschbarkeit der Textpartizipienten ebenso festsetzt wie seine Zeitneutralität und seine Übersetzbarkeit in andere Sprachen, können diskursiv für komplexere Reden diese Regeln partiell und institutionell sowohl abgesichert wie eingegrenzt werden.[3] Dann gibt es qua spezifischen Diskurs eine Asymmetrie zwischen Rednerrolle und Hörerrolle. Neben Diskussionen stehen Vorträge und Vorlesungen. Und schließlich gibt es ziemlich dicke Bücher, irritationsunfähig. Ihre Lektüre kann man zwar unterbrechen, eigene Gedanken an den Rand schreiben etc., aber anders als in Diskussionen geht der Text des Buches unbeirrt durch Randbemerkungen weiter. – Es ist also nun die Frage, an welcher Stelle in diesen Zusammenhang aus Sprache, Zeit und Anderem, aus Text, Kommunikation und Bewußtsein Macht hereinspielt und warum bzw. mit welcher Funktion.

2. Poesie, Diskurs, Magie

Hamann hat gesagt: »Poesie [...] ist die Muttersprache des menschlichen Geschlechts«[4]; dann aber ist vom Ursprung her unklar, wie Macht in der Sprache wirken kann. Poesie, die Abweichung vom Standard und von der Wirklichkeit ist, ist der Macht nicht affin. Gibt es also so etwas wie einen sprachlichen Sündenfall: von der Poesie zur Diskursmacht? Eine solche Unterstellung gäbe Raum für eine sehr sentimentale und sicher auch falsche Auffassung vom Text. Wenn die Poesie die Muttersprache ist, dann nur in dem Sinne der Produktivität. Poiesis des Neuen ist immer in der Sprache vorhanden, der Text selbst ist immer partiell die Verletzung vorgegebener Sinnstrukturen, sonst gäbe es keine neuen Erfahrungen in der Sprache. Aber das ist nur die eine Seite, die andere, gleich ursprüngliche (vielleicht die Vaterseite der Sprache – Zensur des Über-Ich) ist, daß Sprache immer normalisiert, das Poetische disziplinär behandelt, indem es entweder verbannt oder anerkannt wird. Dem kann das Neue nicht ausweichen, eben weil der Text sich auf eine Realität als seine Sache bezieht. Fiktum und Faktum sind Instanzen der Text- und Sprachentwicklung in gegenseitiger Vermittlung. Die Fiktionalität eines Faktischen begrenzt die Poesie mit ihren eigenen Mitteln. Und die Faktizität des Fiktiven läßt den Text von seiner Norm, seinem Diskurs abweichen, bloß allein weil er als Prozeß etwas anderes ist als das Sprachsystem. Jede Performanz ist Variation.[5]

Nicht nur emphatische Sprachphilosophen wie Hamann, sondern auch abgebrühte Textphilosophen wie Barthes haben das erkannt. Nachdem Barthes mit vielen drastischen Mitteln die Machtstrukturen der Sprache und des Sprechens geschildert hat, ja die Sprache »als Performanz aller Rede« »faschistisch« genannt hat (»denn Faschismus heißt nicht am Sagen hindern, er heißt zum Sagen zwingen«), kommt er auf einem listigen Umweg dazu, Freiheit doch in ihr wiederzufinden, nachdem er zunächst resümiert hatte: »In der Sprache verschmelzen also unvermeidlich Unterwerfung und Macht. Wenn man Freiheit nicht nur die Kraft nennt, sich der Macht zu entziehen, sondern auch und vor allem die, niemanden zu unterwerfen, kann es also Freiheit nur außerhalb der Rede geben.«[6] Es bleibt also nur – aber was heißt hier schon »nur«? – die List, um die andere Seite der Sprache, die Hamann die Muttersprache nannte, zu begreifen: »Dieses heilsame Überlisten, dieses Umgehen (esquive), dieses großartige Lockmittel, das es möglich macht, die außerhalb der Macht stehende Sprache in dem Glanz einer permanenten Revolution der Rede zu hören, nenne ich: Literatur.«[7] Die sprachliche Überlistung der Macht der Sprache – ist das nicht die großartigste Redeskription der »Muttersprache« – ist doch das Weibliche, die List (bevor es die Frauenemanzipationsbewegung gab) immer die der Macht al pari stehende Kraft der Geschichte der Kultur gewesen.[8]

Poesie als Muttersprache und Diskurs als Vatersprache stehen beide entgegen der Kindersprache, in der der Sprache magische Kraft zugetraut wird. Diese Macht unterdrückt nicht, und sie erzeugt nicht das Neue, sie wirkt und verführt. Zu sagen, daß das Wort keine magische Macht habe[9], ist entweder trivial (Worte könne keine Steine in Bewegung versetzen) oder falsch (Worte können menschliche Körper in Bewegung setzen). Helena wurde allein durch die Worte des Paris verführt (Worte des Sinns: liebe mich!), und allein das Wort des Paris bewirkte so letztlich den schlechten Ruf der Helena, sagt Gorgias, der Sophist, zu ihrer Verteidigung.[10] Natürlich muß die Gestalt der magischen Worte nicht diejenige des Befehls sein. Auch das »ich liebe dich« ist der

Versuch der Beeinflussung, und nicht etwa die Deskription eines eigenen Gemützustandes; das kann man sich veranschaulichen, indem man die geringfügige Modifikation des Sinns von ›der Mond ist rund‹ zu ›ich glaube/vermute/behaupte, daß der Mond rund ist‹ vergleicht mit der erheblichen Veränderung von ›ich liebe dich‹ zu ›ich glaube/vermute/behaupte, daß ich dich liebe‹. Erst in der Modifikation erhält der Satz hier seine deskriptive Bedeutung.

In den Zusammenhang von Sprache, Zeit und Anderem, den Zusammenhang von Text, Kommunikation und Bewußtsein fällt Macht nicht an irgendeiner besonders störbaren oder besonders anfälligen Stelle ein, sondern Macht ist in diesem Zusammenhang immer schon als eine bestimmte Modalität des Zusammenhangs vorhanden. Diese Zusammenhangsmodalität ist notwendig: es ist die Modalität der Distanzierung, die sich in Relationen auswirkt. Damit ist Macht ebenso notwendig wie die entgegengesetzte Relation des Kontinuums der Annäherung. Macht skandiert das Kontinuum, das zwischen mir und dem Anderen, zwischen mir und (meiner) Zeit und zwischen mir und der Sprache möglich ist. Das kontinuierliche, unentfremdete Verhältnis zu meiner Sprache mag man als Poesie im Sinne der Muttersprache des menschlichen Geschlechts auffassen, das undistanzierte Verhältnis zur Zeit als Eigentlichkeit, das Kontinuum der Annäherung zu dem Anderen als Liebe. Alle diese Verhältnisse werden, um sich als soziale Relationen auswirken zu können, notwendigerweise durch die Skandierung der Macht als Kontinua aufgelöst. Denn Kontinua der Annäherung finden ohne Skandierung ihr Ende sehr schnell in der Nähe. Unbegrenzte Annäherung ist nur möglich unter der Bedingung intervenierender Macht. Der kommunikative Text ist der systematische Ort, an dem sich diese Verhältnisse der Macht und z. B. der Liebe, sowie auch ihrer Modalisierungen (z. B. der List, d. h. der »Macht der Ohnmächtigen«, und der Verführung, der »Liebe der Ungeliebten«) darstellen lassen. In gewisser Weise begibt sich die »Macht der Ohnmächtigen« ebenso auf die Darstellungsebene der Liebe, d. h. der Kontinuitäten, wie die »Liebe der Ungeliebten« auf die Darstellungsebene der Macht, d. h. der Differenzen. Da oftmals der Begriff der Liebe persönliche und sentimentale Reminiszenzen evoziert, kann selbstverständlich nach Belieben auf eine abstraktere Darstellungsebene ausgewichen werden: der des Analogen und des Digitalen.

3. Notwendigkeit der Distanzierung zur Kontinuitätssicherung

Texte sind, wie gesagt, Prozesse, in denen das Problem der Identität des Prozesses, d. h. seiner Kontinuität, auf irgendeine Weise gelöst sein muß. Ich sehe vor allem drei Mittel, durch die das gewährleistet werden kann. Das erste Mittel ist dasjenige der temporalen Reflexion auf die Vergangenheit, auf das ich an dieser Stelle nicht näher eingehen möchte.[11] Das zweite Mittel der Kontinuitätssicherung möchte die Kopräsenz von Spuren nennen. Durch sie wirken Phänomene wie Gedächtnis oder Schrift z. B. als Leitschienen, die nur unter Einsatz von erhöhtem Aufwand zu verlassen wären. Schließlich aber dient die Macht vorrangig der Erhaltung und Sicherung von Handlungskontinuität. So antworten alle diese drei Mechanismen, wenngleich in unterschiedlicher Weise, auf die Herausforderung, wie ein Prozeß seine eigene Kontinuität gewährleisten kann. Oder vielleicht genauer gesagt: wie aus einem Prozeß heraus dessen Kontinuität ohne Rekurs auf allgemeine Systemstrukturen gewährleistet sein kann. Reflexion und Macht sind sich darüber hinaus noch darin ähnlich, daß sie auf diese Herausforderung in der Weise antworten, daß sie eine vermeintlich ursprüngliche Kontinuität zerbrechen und aus den Bruchstücken eine abgeleitete Kontinuität konstruieren. Reflexion setzt systematisch die Nichtidentität des Reflektierenden und des Reflektierten voraus, und Macht skandiert Kontinua liebender Annäherung zwischen Menschen zu aus freier Handlungssubjektivität wählbaren Alternativen. Reflexion und die Kopräsenz von Spuren sind dagegen zwei Arten, wie der textuelle Prozeß aus sich selbst heraus Kontinuität gewährleisten kann. Der Sinn und die Richtung des Prozesses werden als in ihm selbst (Reflexion) oder als bei ihm selbst (Kopräsenz) vermutet.

Oftmals ist es sinnvoll, oftmals sogar unvermeidlich, Reflexion, Macht und die Kopräsenz von Spuren einer fiktiven Einheit zu attribuieren, damit die Koordination dieser Textfunktionen als Einheit gedacht werden kann. Solche »Seele«, die sich in Kontinuität gewährenden Texthandlungen äußert, mögen wir dann Subjektivität nennen. Nunmehr läßt sich sogar die Perspektive dieses fiktiven Subjekts einnehmen und sagen: Subjekt ist, was sich einerseits im textuellen Prozeß identisch erhält, damit es dessen Kontinuität gewährleisten und koordinieren kann. Subjekt ist aber andererseits auch, was sich dergestalt an den textuellen Prozeß verausgabt und sich als Autor darin verliert.

4. Der Dachs im Text

Man wird sich daran erinnern, daß textum das Gewebe ist; die Koexistenz der Linien von Kette und Schuß im Gewebe ist keine indifferente, sondern es gibt Kelim und Gobelin, und jede Kreuzung und jede Verdichtung des Textes hat Folgen im Kontext. Überdies hat man mehrere »Kontexte« eines jeden Textes zu berücksichtigen. Jeder Text hat sowohl seinen textuellen als auch atextuellen (sozialen) Anderen und bildet mit ihm Berührungen und Distanzierungen; er hat aber auch sein textuelles und atextuelles (temporales) anderes Selbst und bildet mit diesem Kontinuitäten und Brüche. So verstanden, sind Geschichte und Gesellschaft Kontexte des allgemeinen Textes.

Textum ist das Gewebe aus vielen Fäden. Vermutlich ist dieser Begriff etymologisch urverwandt mit dem der Technik, der τεχνη. Die routinierte Kunstfertigkeit allgemein ist der Begriff, der seinerseits den Text kontextualisiert. Symbol dieser τεχνη des Textes ist der Dachs: τεχνη, textum und der Dachs sind begrifflich Urverwandte. Nun braucht solchen Urverwandtschaften sicherlich kein Ursinn abgelauscht zu werden; ja, in einem gewissen Sinne liegen alle drei Begriffe natürlich auf völlig verschiedenen Ebenen. Ist der Text ein Prozeß, so gleicht die τεχνη einem Diskurs, der Dachs einer Person: letzterer ist Wahrzeichen des Schriftstellers. Er wohnt in seinem Bau, nennen wir das Gewebe seiner Gänge einen Text. Charakteristisch für diesen spezifischen Bauherrn, den Dachs, den Textherrn, ist es, daß er oftmals die Angewohnheit hat, nicht selbst als Autor zu bauen, sondern von anderen gebaute Texte zu verwenden, um zu bauen, als Autor zurückzutreten hinter den intertextuellen Bezügen.[12] So lebt der Dachs.

Diesem Tier folgt ein anderes, spürt es in seinem Gebäude auf, der Dackel, Wahrzeichen des Kritikers.[13] Für uns Beobachter verschwinden beide – Dachs und Dackel – im Text. Was sie in den unterirdischen Gängen des Textes tun, ob sie kämpfen, wozu der Dackel einen Auftrag hat, oder ob sie sich verbrüdern im Gewebe der Gänge, uns lediglich die Illusion eines Kampfes nach außen vermitteln, oder ob es immer rätselhaft bleibt, was dort unten geschieht in Stille oder unter Gekläff, ja ob es überhaupt einen Dachs im Text gibt, werden wir nie enträtseln, es sei denn, wir bezögen selbst eine der beiden Positionen des Textes, Dachs oder Dackel. Als Dachs werden wir im Text sitzen und vielleicht zeitlebens auf einen Dackel warten, um herauszufinden, was dann passiert. Als Dackel werden wir uns in den Text hineinziehen lassen, uns vielleicht dort verirren, den Beobachtern signalisieren, daß wir die Spuren im Text gefunden hätten, aber vielleicht zeitlebens nur Dachsspuren im Text, aber niemals einen Dachs finden. Wir würden uns Unmögliches abverlangen, wollten wir, zur Garantie der Konfrontation, beide Rollen selber spielen. Der Text aber ist immer schon – und ohne Anstrengung – der Simulationsraum für beide Rollen.

Dachs und Dackel sind im Text – und wir sind draußen, sofern der Text uns nicht die eine oder die andere Rolle zugewiesen hat. Es sind aber nicht unsere Intentionen oder existentiellen Entwürfe, die uns solche Rollen zuwiesen, sondern die Spielregeln des Prozesses. Denn: wer ist schon aus existentiellem Entwurf heraus, aus radikaler sartrescher Freiheit heraus, jenes Wesen mit langer Nase und Hängebauch, oder jenes andere, das von ersterem gejagt wird.

Was wir zu verabschieden haben, ist also die Vorstellung eines freien Selbst, das dem Text vorausliegt und das sich des Textes als seines Werkzeugs bedient, um andere Selbste zu beeinflussen.[14] Wir sprechen also von der Primordialität des Textes.

5. Kommunikationsfunktionen

Mit diesem Abschnitt bewegen wir uns im Rahmen der Relationen, die zwischen Sprache und dem Anderen im Sinne des Schemas auf S. 115 bestehen. Der primordiale Text negiert nicht die Ausdrucksfunktion. Indem er kommunikativer Text ist, ist er Text, der *alle* Funktionen von Kommunikationen an sich hat. Da ist zuerst *die konstitutive Funktion des Ausdrucks:* etwas oder jemand äußert sich in Kommunikation, entäußert sich und gibt etwas an seine Umwelt ab. Die zweite *konstitutive Funktion* ist die der *Intentionalität*: die Äußerung ist anderes als bloße Ausscheidung, Exkrementation, sie ist auf etwas gerichtet, hinterläßt also eine mehr als zufällige Spur. Das erschließt die dritte konstitutive

Funktion, die der *Sinnbildung*. Der kommunikative intentionale Ausdruck verändert in strukturierter Weise die Beziehung eines Ausdrückenden zu seiner Umwelt. Diese strukturelle Beziehung ist Sinn, und jede Veränderung ist Sinnbildung.

Neben den konstitutiven Funktionen, nicht etwa über ihnen, stehen die sozialen Funktionen von Kommunkation. Zuerst wäre anzuführen die *distanzierende Funktion* von Kommunikation. Reden setzt voraus, daß unmittelbarere Verhältnisse von »Ich«-»Du«-Einheiten aufgegeben worden sind.[15] Reden ist reflektierte und restituierte Einheit, die die Distanz wenigstens in actu dicendi voraussetzt. Damit ergibt sich der Übergang zur zweiten sozialen Funktion von Kommunikation, der *dialektischen*. Kommunikation ist der dialektische Prozeß der Auflösung und der Begründung von Einheit, und zwar genau indem Unterredung (Dia-Lektik) stattfindet. Die distanzierende Funktion hebt den Anderen in der Kommunikation als Anderen heraus, z. B. als Zuhörer, während ich rede. Die dialektische Funktion nimmt diese Distanz auf einer höheren Ebene zurück. Der Andere ant-wortet, d. h. er ist einer *wie ich* und ich höre seiner Antwort zu, d. h. bin einer wie er. Diese verschiedenen Funktionen bauen jedoch nicht aufeinander auf; denn die Distanzierung glückt nur genau unter der Bedingung, daß Dialektik mitgegeben ist. Wenn ich meinen großen Zeh, mit dem ich zuvor in unmittelbarer Einheit stand, anrede, gelingt die Distanzierung nicht, und zwar weil er nicht antworten wird, welches ich weiß. Illusionär kann sie gelingen, wenn ich mir gleichzeitig einbilde, er sei einer wie ich und werde demnächst antworten.

Eine weitere soziale Funktion begründet – dialektisch vermittelt – d. h. über das distanzierende und vereinigende Reden – die Vergemeinsamung der Kommunikationspartner, was Ausdruck und Intentionalität betrifft. Man kann vermuten, daß die Grammatikalität der Sprache auf dieser komplexen Funktion von Kommunikation beruht, ebenso wie die Diskursivität auf der Vergemeinsamung von Sinnbildung beruht. Dieses scheinen mir die Grundfunktionen von Kommunikation zu sein, so wie sie in die Gestalt des kommunikativen Textes eingehen. Schwachstelle aller kommunikativen Prozesse, aller Texte auch, ist die dialektische Funktion, von deren Gelingen die komplexeren Vergemeinsamungsprozesse abhängig sind. Statt eines Kontinuums der Nähe in Vergemeinsamungsprozessen zu begründen, kann die Dialektik auch zu einer Dialektik der Negation ausgestaltet werden, die immer neue und immer vermitteltere Distanzierungen ermöglicht. Das ist der Ursprung der Macht in Vergemeinsamungsprozessen. Der Andere wird dann entweder zwar als einer wie ich akzeptiert, aber ich gebe mich nicht wie sein Anderer. Oder umgekehrt: ich gebe mich zwar als ein Anderer des Anderen, ohne ihn jedoch als einen wie mich zu akzeptieren. Im ersten Fall darf er zwar antworten, aber ihm wird nicht mehr geantwortet. Vielmehr bin ich stets der Ursprung der Kommunikation: Prüfungen, Verhöre und andere exzentrische Kommunikationsformen sind Beispiele solcher Macht begründenden Kommunikationspathologien. Im zweiten Fall darf der andere gar nicht erst reden, obgleich es Pausen in meinem Reden gibt, in denen der Schein entsteht, ich könnte vom Reden zum Zuhören wechseln. Kommunikation im vollen Sinne wird in beiden Fällen verweigert, die Rolle des Anderen zwar durch Distanzierung und Kommunikationssimulation begründet, aber nur, um sogleich über den Schein von Kommunikation noch weiter distanziert zu werden. Distanzierung und d. h. im Effekt: Macht, ist nicht mehr mediale Funktion von Kommunikation, sondern Zweck. Das erzeugt Angst, die jedoch nicht ausgelebt wird, sondern zugleich in den Angstkompensationseffekt der »freiwilligen« Kommunikationseinschränkung umgelenkt wird. »Taceat mulier in ecclesia...« et tacet. Perfider kann Macht nicht begründet sein. Aber es wäre überzogen zu sagen, daß bereits das Reden-Wollen, d. h. eine zeitlang die Zuhörer beanspruchen zu wollen, ein Macht-Anspruch wäre.[16] Er ist es nur, wenn von vornherein klar ist, oder durch das Reden klar gemacht wird, daß der Zuhörer nicht soll antworten dürfen und seinerseits Gehör beanspruchen. Indem Macht in der geschilderten Weise mitten in kommunikativen Texten durch gewisse Pathologien entsteht, kann man mit S. Cohen sagen, daß Macht »hörbar« sei.[17]

6. Redegewohnheitsnotwendigkeiten

Macht ist zwar kein Element, das in Texten als solchen vorkommt, noch weniger ist es eines, das im Sprachsystem eingebaut ist, etwa in der Art, daß der Gebrauch des Akkusativs eine Herrschaftsbeziehung bedeutete oder daß von »dem Studienbewerber« zu sprechen, die weibliche Hälfte und von »der studentischen Hilfskraft« die männliche Hälfte der Menschheit ausschlösse. Sehr wohl aber ist Macht in den Diskursen eingebaut. Und eine unserer nächsten Fragen wird sein müssen, wie dieses Verhältnis der Texte zu den Diskursen einerseits, der Diskurse zur Macht andererseits aussieht.

Es ist eine alltägliche Beobachtung, daß es Positionen im Gesellschaftssystem gibt, deren Sprache i. w. S. von anderen Positionen aus übernommen wird. Das reicht von solchen Phänomenen wie dem Untergang ganzer Sprachen bis zu solchen Verdrehungen wie, daß diejenigen, die ihre Arbeitskraft und Lebenszeit hergeben, Arbeit-Nehmer heißen, diejenigen, die diese Gaben gerne annehmen, dagegen Arbeit-Geber. Selbst wenn man die darin steckende Perfidie durchschaut, darf man unter Gefahr der Unverständlichkeit nicht anders reden. Jedoch wird man nicht dem einzelnen Sprachbenutzer, der Arbeit nimmt und sich »Arbeitgeber« nennt, eben dadurch, daß er so redet, Machtausübung unterstellen dürfen. Auch wird man nicht die Macht als im Sprachsystem als solchem eingebaut ansehen dürfen, um zu erklären, wieso sich in einzelnen Sprachverwendungen eine Machtbeziehung zeigt. Vielmehr empfehle ich, die Dinge so zu sehen, daß man sagen würde: Wir sprechen niemals nur, benutzen niemals nur die uns zur Verfügung stehende Sprache. Oder anders gesehen: In uns oder durch uns spricht niemals nur die Sprache. Einige solcher Zusatzeinrichtungen, die in unserem Reden mitwirken, nenne ich also Diskurse. Diskurse sind Redegewohnheitsnotwendigkeiten. Mit dieser fast paradoxen Formulierung, in der sich »Gewohnheit« und »Notwendigkeit« zu widersprechen scheinen, ist die ambige Mittelstellung des Begriffs zwischen Normativität des Sprachsystems und der Faktizität des Redens angesprochen. Im Hinblick auf die beugende Kraft des Sprachsystems sind Diskurse bloße partikulare und ausdifferenzierte Redegewohnheiten. Im Hinblick auf die Vielfalt des tatsächlichen Redens haben Diskurse apriorische normative Kraft. Diese Normativität des Diskurses verdankt sich nicht einer Ableitung aus der Normativität des Sprachsystems. In dieser Hinsicht sind das Oberfränkische und der Diskurs der heutigen Physik unvergleichbare Phänomene. Es gehört die oberfränkische Küche in keiner Weise zum oberfränkischen Dialekt. Nichtsprachliche Praktiken gehören aber sehr wohl zu den Diskursen, z. B. das Experimentieren ist notwendiger

Bestandteil des Diskurses der Physik. Diskurse mobilisieren daher diejenigen, die sich in ihrem Geltungsbereich befinden, zu Handlungen, die aufeinander abgestimmt zu sein scheinen, selbst wenn keine *Abreden* stattfanden. Zugleich schließen sie die Anderen aus und isolieren sie. Die Isolation der Gegner vom Diskurs und voneinander nutzt die Trennfunktion der Machtrelation und stabilisiert die latente Macht des Diskurses.

Der Diskurs organisiert sprachliche Macht, die sich im Text auswirkt. Und dem Text als symbolischem Prozeß ist das Handeln der Menschen assoziiert. Die Organisationsform des Diskurses ist eine Erklärung dafür, wieso es so etwas wie sprachliche Macht überhaupt geben kann, ohne Erklärungen von der Art des Einwirkens von Geistigem auf Materielles bemühen zu müssen. Durch »Geistiges« organisierte Materialität (Diskurse) ist der reinen Prozeßform der Materialität, was die Kontinuitätsgewähr betrifft, überlegen.

Wir haben nach der Textimmanenz der Macht gefragt. Dieses Fragen erweist sich angesichts der in den Sozialwissenschaften herrschenden Machtbegriffe, für die symbolische Macht allenfalls ein Epiphänomen ist, als schwierig. Aber der Begriff der symbolischen Macht ist weder eine Metapher, noch ist das Phänomen ein Epiphänomen. Geht man vielmehr darauf zurück, daß sich Gesellschaftlichkeit nicht ohne Kommunikation und Kommunikation nicht ohne Symbole denken läßt, dann ist kaum mehr plausibel, wie Macht, eine grundlegende soziale Relation, ohne Symbole überhaupt möglich sein sollte, ja, symbolische Macht ist eigentlich ein Pleonasmus (wie »kommunikativer Text«), der nur deswegen ausgedrückt werden muß, weil das vorwaltende Verständnis ein anderes ist. Es zeigt sich dann, daß diese symbolische Macht ihren genuinen Ort weder im Sprachsystem noch in den Texten haben kann; auf einer mittleren Ebene, die zugleich normativ und deskriptiv wirkt, der des Diskurses nämlich, ist der Ansatzpunkt der Macht. Damit wird für eine Methodologie optiert, die weder elementaristisch noch substantialistisch sein kann, die vielmehr Relationen als Mittelprozesse in das Zentrum der Analyse stellen muß.

7. Diskurs, Vernunft und der Rest

Ist die Macht der Diskurse vielleicht die Gestalt, unter der die Macht der Vernunft sich im Reden zur Geltung bringt? Das ist eine offensichtlich hegelianische Fragestellung, sie verdient daher wenigstens im ersten Schritt eine hegelianische Antwort. In ihr ist jedenfalls enthalten die Überzeugung, »daß das wahrhafte Gute, die allgemeine göttliche Vernunft, auch die Macht ist, sich selbst zu vollbringen«.[18] Was also dort im »Diskurs der Vernunft« (= »Vernehmen des göttlichen Werkes«) als Macht wirksam ist, ist keine fremde Macht, sondern diejenige der göttlichen Vernunft selbst. Dieser Diskurs der Vernunft hat die Erkenntnispräfiguration, die Welt zu erkennen, wie sie wirklich ist, denn die wirkliche Welt ist so, wie sein soll.

Der Diskurs der Vernunft ist das Medium, durch das der Schein – einer vermeintlichen Unmittelbarkeit – verschwindet, »als ob die Welt ein verrücktes, törichtes Geschehen sei«.[19] In der Enzyklopädie von 1830 wird in gleicher Weise dem »Begriff« die »Macht« attribuiert.[20] Hegel spricht auch – in seiner Sprache – die Probleme der Autorschaft an, und zwar als das »Gesetz des Herzens«.[21] Dieses – der Exzeß der Subjektivität – kann nicht in die Wirklichkeit eintreten, ohne sich an ihm fremde Gesetze zu verlieren: »Denn es erhält darin die Form des *Seins* und ist nun *allgemeine* Macht, für welche *dieses* Herz gleichgültig ist, so daß das Individuum *seine eigene* Ordnung dadurch, daß es sie *aufstellt,* nicht mehr als die seinige findet. Durch die Verwirklichung seines Gesetzes bringt es daher nicht *sein* Gesetz, sondern nur dies hervor, in die wirkliche Ordnung sich zu verwickeln [...]«.[22]

Das Herz ist nicht das einzige, was sich nicht einbringen kann in die Ordnung der vernünftigen und machtvollen Diskurse. So wie es ein Sein außerhalb der Bücher gibt, so gibt es potentiellen Sinn außerhalb des manifestierten. Die Selbstbewegung der Schrift geschieht in Räumen, die von der Schrift als strukturiert vorausgesetzt werden müssen, so daß die Schrift niemals die gerade Linie ist, sondern der Grundtyp der Schrift ist der Umweg und die Vermittlung. Allmählich fragt sich, um was herum sich die Schrift schreibt, um was die Rede herumredet. Was ist der Unsinn zwischen den Zeilen einer Lineatur, die die Diskurse vor-schreiben? Auch hier mag man wieder auf die Hegelsche Philosophie als Antwortsphäre verfallen. In seiner Darstellung der sittlichen Handlung im Rahmen der *Phänomenologie* spricht Hegel von der Tat: »Sie stört die ruhige Organisation und Bewegung der sittlichen Welt.«[23] Es gibt also ein Außerhalb der Ordnung. Hegel nennt es »Tat«. Was sie außerhalb, d. h. an sich ist, bleibt unklar, weil Klarheit nur innerhalb der vernünftigen Ordnung zu erwerben ist. Klarwerden können also nur allein die Effekte der Tat in der sittlichen Ordnung: sie läßt den allgemeinen Willen und das »Blut der Familie«, die Organisation und die Bewegung der sittlichen Welt, zu einem Gegensatz auseinandertreten, indem sie die Konstitution eines Selbst in der sittlichen Ordnung ist und dieses in jene einführt. Hegel denkt aber den Einbruch des Selbst in die sittliche Welt nicht als Einbruch der Chaoten, der vagierenden Individualitäten in eine heile Welt. Vielmehr nimmt er, um die Sache so kompliziert zu machen, wie sie ist, die sittliche Welt selbst als Grund der Tat, nicht etwa eine andere, außerhalb ihrer liegende Welt, an. Das Außerhalb liegt innerhalb. »Denn die Leidenschaft ist ebenso fähig, als Pflicht vorgestellt zu werden [...]«.[24] Dieses Diktum, gegen die Adresse von Kant ausgesagt, schließt das Außerhalb ein. Uns interessiert hier nicht der moralphilosophische Aspekt der Hegelschen Gedanken, sondern allein die vorgenommene Konturierung des Außerhalb als eines Phänomens des Innerhalb. Das Innerhalb ist in der Tat umfassend, es ist sozusagen Gottes Ganze Welt, in der es gleichwohl das Außerhalb als Exteriorisiertheit und insbesondere als vergangenes und aufgehobenes Exteriorisiert-Gewesen-Sein gibt. Als Bewußtseinsinhalte erhalten die sittlichen Mächte (nun der Plural der einfachen Sittlichkeit) den Charakter der Gegensätzlichkeit: Füreinander sind sie selbst das Außerhalb, das sich schließlich nur gewalthaft äußern kann. So gibt es zweierlei Sinn: die öffentlichen Gesetze, sagen wir die Diskurse – und »der unterirdische, ins Innere verschlossene Sinn«.[25] Was wir als Außerhalb aufzuklären suchten, zeigt sich im Innersten eingeschlossen: unterirdisch. Wirklichkeit und Wahrheit aber sind gegen dieses individuell frevelnde Bewußtsein im Bunde. »Das Sittliche, als das absolute *Wesen* und die absolute *Macht* zugleich, kann keine Verkehrung seines Inhalts erleiden ... Das absolute Recht des sittlichen Bewußtseins ist daher, daß die *Tat,* die *Gestalt* seiner *Wirklichkeit,* nichts anders sei, als es *weiß.*«[26] Dieses Diktum setzt den Schlußstrich unter das Denken des Außerhalb vom Diskurs der Vernunft aus: die Tat, die von außen kommt, ist nur als vom Diskurs aus gewußte wirklich: nämlich innerhalb als »unterirdisch«.

In hohem Maße wurde das Denken des Außerhalb inspiriert durch M. Blanchot. Für ihn ist das Außerhalb an und für sich nichts und ohnmächtig. Um es überhaupt zur Sprache zu bringen, muß es durch Unterwerfung negiert werden. Das Gesetz des Diskurses negiert und kreiert zugleich sein Außerhalb. Wenn also das Außerhalb zur Sprache kommt, dann durch den Diskurs hindurch, d. h. deformiert. Der Diskurs macht aus ihm etwas Abgeschlossenes und Geregeltes. Begreifbar wird das Chaos, indem die Bücher von ihm handeln: als Entropien, als Turbulenzen, als Revolutionen, als Pathologien und andere Unordnungen. Wie bei Hegel wird also auch bei Blanchot das Außerhalb als Unterirdisches domestiziert dargestellt. Daher kann auch der Text, der sprachliche Prozeß, in keiner Weise der Herrschaft der Diskurse entkommen. Der Text begrenzt sich gemäß den Regeln der Diskurse und schließt aus und ein. Allerdings gibt es beim späteren Blanchot eine Kategorie, mit deren Hilfe er diese Totalisierung der Diskurse zu unterlaufen strebt: es ist die Kategorie der »Abwesenheit des Buches«. In ihr wird der Werkcharakter, die Abgeschlossenheit und Regelhaftigkeit des Bezeichnens, als aufgegeben gedacht. »L'absence de livre« verbindet sich mit den anonymen Massen der Revolution, mit der absoluten Ohnmacht der Leute, ihrer institutionslosen, chaotischen Unorganisiertheit, ihrem scheinbar pathologischen willenlosen Umhergetriebensein. »L'absence de livre« hat kein verantwortliches Subjekt, kein zu Hause, zu dem der Prozeß zurückkehren könnte.

Wie man sieht, ist zwar ein solcher U-Topos denkbar, aber nicht mehr als Utopie feierbar. Sinn ergibt sich von dorther nicht, sondern allein durch den Diskurs vermittelt.[27]

8. Deformationsregeln

Wenn Texte Prozesse sind und unter den Regeln der Sprache und der Diskurse stehen, die sie steuern, dann ist die Frage, wie sie zugleich der einzige Ort sein können, an dem sich die Regeln verändern, ja an dem Regeln überhaupt geschaffen werden. Als Text unter Texten ist jeder Text zugleich Teil eines Textuniversums und wird durch dessen Strukturen, die nicht diejenigen der Sprache oder der Diskurse sind, in Opposition gesetzt zu allen anderen Texten. Hier definiert er sich als eine Einheit, die anders ist als alle anderen, und zwar ohne konstitutiven Bezug auf seinen Gegenstand. Hinter dem Text steht nicht der freie Ausdruckswille eines Sprech- und Handlungssubjekts, sondern der Diskurs. Aber durch die Innovationskapazität des Textes ist auch der Diskurs in seiner ordnungssichernden Funktion beständig bedroht. Es fragt sich nun allerdings, von welcher Art diese Innovationskapazität sein kann, wenn das Außerhalb nicht im Text zur Geltung kommen kann. Meine These ist: Dieses Einbrechen in die Texte und der Texte in den Diskurs kann nur gesehen werden als »Bruch eines Schweigens«. Sowohl der Versuch, das Außerhalb zum Reden zu bringen, mißlingt, weil das Außerhalb substantiell gar nichts ist, als auch der Versuch, konsequent zu schweigen; denn das Schweigen *ist* das Außerhalb des Textes, aber es bleibt auch dieses. Das Schweigen im Text aber ist das gebrochene Schweigen. Nun möchte man natürlich gerne wissen, was denn der Inhalt dieses gebrochenen Schweigens ist. »Le fait est que le texte sensé de notre vie est constamment entrecoupé de non-sens et de contre-sens«.[28] Taylor, den wir soeben zitiert haben, schreibt diesen Einbruch in den sinnvollen Text unverständlichen und unbeherrschbaren Kräften zu; es ist folglich nicht möglich zu fragen, was diese Kräfte eigentlich sind (das setzte voraus, daß wir sie eben doch verstehen und beherrschen [können]). Aber es ist angebbar, was sie in unseren Texten anrichten: sie deformieren den durch den Diskurs ermöglichten Sinn. Als Deformationen sind sie dem sinnkonstitutiven Medium Diskurs verpflichtet: kein Unsinn ohne Sinn. Aber das Ensemble dieser Deformationen bildet kein Gegenuniversum alternativen Sinns. Die Deformationsregeln bilden keine Untermenge der Regeln des Diskurses, auch wenn sie per negationem auf sie bezogen sind.

9. Befreiung durch Literatur?

Ist aber nicht der poetische Text, die Literatur, um jetzt wiederum an Hamann anzuknüpfen, ein Gegentext, der vielleicht gerade keinem Diskurs, sondern nur unmittelbar der Sprache selbst unterworfen ist, so daß er immer wieder das Aufbegehren gegen die Diskurse, die Subversion der Diskurse und die Möglichkeit der Deformation und Innovation der Diskurse darstellte? Eine solche Konzeption würde eine Poetik vorschreiben, in der es nicht etwa zu erfüllende Genres etc. gäbe, sondern einen sich entwerfenden Text, der mit allem spielen könnte, u.a. auch mit seinen eigenen Formalstrukturen. Das einzelne literarische Wort, als textuelles Grundereignis, wäre kein Element mehr, bezogen auf etwas, sei es auch außerhalb: Das literarische Wort erschiene als der Bruch des Schweigens, der durch die Widersprüche des Redens sich aufdrängte. Nun bedürfte es keines Helden und keines Genies mehr, die das Schweigen brächen, sondern dieses bricht sich dort, wo das Reden durch die Widersprüchlichkeiten der Diskurse bestimmte Textfortsetzungen unmöglich gemacht hat. Das Wort wird zum »croisement de surfaces textuelles«, zum »dialogue de plusieurs écritures«.[29] Das poetische Wort folgte einer Logik, die die ordnende Logik des Diskurses überschritte, es wäre die unordentliche Logik des Karnevals, in der vielfältige, rattenfängerartige Anschlüsse auf verschiedensten Ebenen entstehen und sich widersprüchlich durchkreuzen, damit neue Wörter und Anschlüsse ermöglicht würden.

Nietzsche hat darauf aufmerksam gemacht, daß es ein Mangel an »Feinheit« sei, an differenzierter Sensibilität, der den Text dann aus diesen Widersprüchen heraus den Weg in die Obhut der Eindeutigkeit eines Diskurses suchen läßt. Allerdings sind Diskurse auch Formen, in denen sich der Wille zur Macht genießen kann, indem er dem Werden den Stempel des Seins, des Bleibenden aufdrückt. Allein so sind unsere Erfahrungen und Narben bleibende und lassen uns etwas lernen; sie steuern zukünftige Texte, so daß man weiß, woran man ist. Wenn Böll plötzlich schriebe wie Grass und Grass wie Handke und Konsalik ebenfalls wie Handke, Handke aber wie Heiner Geißler, woran sollte man dann in Zukunft noch glauben? Böll sorgt dafür, daß Grass wie Grass schreibt, und daher schreibt Böll wie Böll. Das Terrain ist verteilt. Literatur entzieht sich so zwar vielen Diskursen, doch kann sie es nicht vermeiden, eigene Redegewohnheitsnotwendigkeiten auszubilden.[30]

Wer das Schweigen bricht und das Wort ergreift, tut dies nicht um seinetwillen, geschweige um höherer selbstloser Ziele willen; vielmehr drückt sich der Diskurs in seinen immanenten und externen Widersprüchen in ihm aus, nicht weniger als in Texten, die treu ihrem Diskurs folgen. Der Polytheismus der Diskurse mindestens ermöglicht immer wieder denjenigen Verbal-Karneval, den wir Literatur nennen und dem wir die Subversion der Diskurse zuschreiben dürfen. Eben deswegen können wir sagen, daß die Diskurse (durch Macht) den Sinn der Texte konstituieren, als auch, daß die poetische Befreiung vom Diskurs Sinn generiert.

Dennoch sind Unterschiede zwischen Texten unverkennbar. Gesetzestreue, diskurskonforme Texte ergeben sich widerspruchslos vermeintlicher Widerspruchsfreiheit der Diskursivität: Sie argumentieren, belehren und überzeugen. Anarchistische, diskursdelusive Texte rebellieren gegen die Widersprüche der Diskurse: sie palavern, erzählen und bestechen: Dekalog und Odyssee.

Daneben gilt es die Rezeptionsseite zu beachten: Diskurse sind nicht nur Instrumente der Steuerung der Textproduktion. Sinnkonstitution in kommunikativen Texten wird nicht einem Autor zugeschrieben, so daß im Verstehen der Texte nur eingelagerter Sinn freizulegen wäre. Vielmehr steht Kommunikation zwischen Textpartizipienten unter dem Postulat der Sinnkonstitution im Text. Daher können wir Diskurse letztlich nicht nur als Redegewohnheitsnotwendigkeiten begreifen, sondern ebensowohl als Verstehensgewohnheitsnotwendigkeiten. Daher kann es uns schließlich auch der Diskurs unter Umständen ersparen, einen Text als subversiv auffassen zu müssen. Darin genießt der Hermeneut seine Macht.

Anmerkungen

1 Friedrich Nietzsche, *Sämtliche Werke. Kritische Studienausgabe in 15 Bänden*, Bd. 12, München, Berlin 1980, S. 312.

2 Hierzu ausführlich Kurt Röttgers, *Der kommunikative Text und die Zeitstruktur von Geschichten*, Freiburg, München 1982, S. 12–30 passim.

3 Vgl. Karl-Heinz Stierle, *Die Einheit des Textes*, in: *Funkkolleg Literatur*, Helmut Brackert und Eberhard Lämmert (Hg.), Frankfurt/Main 1977, Bd. 1, S. 179 ff.; ders., *Text als Handlung und Text als Werk,* in: Manfred Fuhrmann, Hans Robert Jauß und Wolfhart Pannenberg (Hg.), *Text und Applikation*, München 1981, S. 537–549. Sehr brauchbar finde ich den Vorschlag von Samuel Ijsseling, *Macht, taal en begeerte,* in: Tijdschrift voor Filosofie 41 (1979), S. 375–404, S. 391: Ethos den Ort im Text zu nennen, von dem aus gesprochen wird,

Pathos den Ort im Text, zu dem gesprochen wird. Ethos und Pathos sind dann Positionen im Gewebe.

4 Johann Georg Hamann, *Sokratische Denkwürdigkeiten – Aesthetica in nuce,* Stuttgart 1968, S. 81.

5 Vgl. auch Daniel Coppalle und Bernard Gardin, *Discours du pouvoir et pouvoir(s) du discours,* in: La Pensée, 1980, H. 209, S. 99–113.

6 Roland Barthes, *Leçon/Lektion,* Frankfurt/Main 1980, S. 19. Eine entgegenlaufende Darstellung gibt James A. Ogilvy, *Many Dimensional Man: Decentralizing Self, Society, and the Sacred,* New York 1977, S. 68 f.: »Language provides an example of rulefollowing behavior that is nontotalitarian. Learning a language need not determine what one says, only how one says it.«

7 Ebd., S. 23.

8 Ebd., S. 21 ff.

9 Torgny Torgnysson Segerstedt, *Die Macht des Wortes,* Zürich 1947, S. 145; im Anschluß an Floyd Henry Allport, *Social Psychology,* New York 1924, S. 248.

10 Hermann Diels (Hg.), *Die Fragmente der Vorsokratiker,* Freiburg (o. J.), S. 10.

11 Ausgeführt in Kurt Röttgers, a. a. O., S. 208 ff.

12 Den Hinweis auf diese intertextuelle Veranlagung des Dachses verdanke ich der Diskussion meiner Vorlage mit dem Waidmann (und Kritiker?) Holger Dainat.

13 »Er hat eine lange Nase und einen Hängebauch«, sagt Norman N. Holland, *Einheit – Identität – Text – Selbst,* in: Psyche 33 (1979), S. 1127–1148, hier S. 1127.

14 Samuel Ijsseling, a. a. O.

15 Anders als Emmanuel Lévinas, *Die Spur des Anderen,* Freiburg, München 1983, S. 280 f., nennen wir solche Begegnungen nicht Kommunikation. »Ich« und »Du« stehen hier, streng genommen, in metaphorischer Redeweise; denn von beidem läßt sich erst dort und dann sprechen, wenn die Einheit zerfallen ist.

16 Vgl. Roland Barthes, *Leçon/Lektion.*

17 Sande Cohen, *Structuralism and the Writing of Intellectual History,* in: History and Theory 17 (1978), S. 175–206, S. 186.

18 Georg Wilhelm Friedrich Hegel, *Werke,* Frankfurt/Main 1976 ff., Bd. 12, S. 53.

19 Ebd.

20 Georg Wilhelm Friedrich Hegel, *Enzyklopädie der philosophischen Wissenschaften im Grundrisse,* hg. v. Friedhelm Nicolin und Otto Pöggeler, Hamburg ⁷1969, S. 151.

21 Georg Wilhelm Friedrich Hegel, *Phänomenologie des Geistes,* hg. v. Johannes Hoffmeister, Hamburg ⁶1952, S. 268.

22 Ebd.

23 Ebd., S. 331.

24 Ebd.

25 Ebd., S. 332.

26 Ebd., S. 333.

27 Vgl. Georges Préli, *La force du dehors: extériorité, limite et non-pouvoir à partir de Maurice Blanchot,* o. O. 1977, S. 141 f.

28 Charles Taylor, *Force et sens, les deux dimensions irréductibles d'une science de l'homme,* in: *Sens et existence, Festschrift Paul Ricœur,* hg. v. Gary Brent Madison, Paris 1975, S. 124–137, hier S. 131.

29 Julia Kristeva, Σημειωτικὴ, Paris 1969, S. 144.

30 Vgl. auch die Entstehung der Fabel als neuer Form der Aussprache des Alltagslebens: Michel Foucault, *La vie des hommes infâmes,* in: Les Cahiers du chemin 2 (1977), S. 12–29; die umgekehrte Novität einer affirmativen und abbildenden Geschichte der Macht schildert Louis Marin, *Pouvoir du récit et récit du pouvoir,* in: Actes de la recherche en sciences sociales 25 (1975), S. 23–43, 87 f.

Siegfried J. Schmidt

Diskurs und Literatursystem

Konstruktivistische Alternativen zu diskurstheoretischen Alternativen

1. Vorbemerkungen

1.0. Die folgenden Überlegungen beziehen sich auf die Spiegelungen diskurstheoretischer Theorieansätze (Foucaultscher und Derridascher Provenienz) in den Beiträgen dieses Bandes. Explizite Auseinandersetzungen mit diskurstheoretischen Theoremen werden aus Platzgründen sehr pauschal ausfallen müssen. Diese Skizzenhaftigkeit wird aber hoffentlich kompensiert durch die alternativen Frage- und Antwortmöglichkeiten zu diskurstheoretischen Themen im Rahmen einer konstruktivistisch orientierten Empirischen Literaturwissenschaft, die ich im folgenden ebenfalls nur in aller Kürze darstellen kann.

1.1 Verlauf und Stand des diskurstheoretischen »Diskurses« schätze ich insgesamt wie folgt ein: Während die Frontstellung der Diskurstheoretiker gegen strukturalistische Positionen deutlich erkennbar ist (zentriert etwa um Entsubstantialisierungen der Konzepte von Subjekt, Geschichte und Sinn sowie um die Kritik am Logozentrismus und Szientismus), bleibt die Absetzung von hermeneutischen Positionen eher ambige. Der diskurstheoretische Verzicht auf explizite Theoriebildung (sei er nun beabsichtigt oder nicht) und Empirisierung zumindest zentraler diskurstheoretischer Konzepte führt dazu, daß alte Problemstellungen in oft schwerverständlichen Formulierungen weitergeschleppt werden (so die Frage nach Autor, Text, Bedeutung, Interpretation, Literaturbegriff) und zentrale neue Konzepte, allen voran der Diskursbegriff, so vage gebraucht werden[1], daß sie zu allerlei metaphorischen Gebrauchsweisen und Deutungen Anlaß geben. Um die Situation in zwei diskurstheoretischen Lieblingsvokabeln zu umschreiben: Viele diskurstheoretisch argumentierende Kollegen »schreiben« traditionelle hermeneutische und strukturalistische Probleme lediglich in ein neues Metaphernsystem »ein«, statt sie explizit theoretisch zu »überbieten«.

1.2 Im bewußten Unterschied dazu versuchen Empirische Litera-

turwissenschaftler², das Gesamtterrain der Literaturwissenschaft
neu zu kartieren und eine von den erkenntnis- und wissenschaftstheoretischen Grundlagen bis zu Objekt- und Anwendungstheo-
rien kohärente empirisierbare Theorie der Literatur wie der
Literaturwissenschaft zu entwerfen.³ Sie entwickeln dabei neue
Problemstellungen, neue Modelle des Gegenstandsbereichs und
neue Formen interdisziplinärer Forschung (mit anderen Alliierten
in bisher von Literaturwissenschaftlern wenig befragten For-
schungsgebieten wie z. B. Biologie, Kognitionstheorie und Kybernetik), die insgesamt eine Alternative zu gleichzeitig betriebenen literaturwissenschaftlichen Forschungsprogrammen bieten.⁴
›Neu‹ heißt hier wohlgemerkt nicht: richtiger oder wahrer, sondern ›neu‹ signalisiert einen Perspektivwechsel des Blicks auf
Literatur und Literaturwissenschaft, der alle paradigmarelevanten
Aspekte (i. S. Kuhns) betrifft; und ›empirisch‹ besagt hier nicht: an
der Realität überprüft, sondern bezeichnet die Tendenz zur Inter-
subjektivierung und Operationalisierung des Wissenserwerbs sowie seine interne und externe Konsistenzüberprüfung im Rahmen
von Wissenschaft als einem sozialen System.⁵

2. Der theoretische Apparat

2.1. Das Literatursystem

Zu den Konvergenzpunkten der literaturwissenschaftlichen Diskussion der letzten 20 Jahre gehört wohl die Einsicht, daß ein
Literatur- oder Literarizitätsbegriff nicht über literarische Texte
und deren Merkmale allein zu gewinnen ist. Diese Einsicht hat
dazu geführt, daß mehr oder weniger systematisch andere Faktoren mitberücksichtigt worden sind, so. z. B. Rezipienten, Institutionen, Kommunikationsformen oder Medien. Solche Berück-
sichtigungen verlieren aber erst dann den Status von Beliebigkeit,
wenn es gelingt, ein historisch und empirisch plausibilisierbares
theoretisches Modell des Gegenstandsbereichs einer Literaturwissenschaft zu entwerfen. Aus systematischen wie historischen
Gründen empfiehlt es sich m. E., den literaturwissenschaftlichen
Gegenstand nicht über Texte, sondern über Prozesse, also nicht
als »Bibliothek«, sondern als ein »soziales System«, eben als *Literatursystem*, zu konzeptualisieren. Ich fasse diesen Vorschlag, den

ich verschiedentlich ausführlich dargelegt habe[6], hier kurz zusammen: Die verschiedenen Arten und Weisen des Umgehens mit literarischen Gegebenheiten im weitesten Sinne lassen sich systematisch auf vier Handlungsrollen abbilden, nämlich auf die Produktion, Vermittlung, Rezeption und Verarbeitung literarischer Gegebenheiten. Die möglichen Relationen zwischen (Handlungen in) diesen Handlungsrollen bilden die Struktur des Literatursystems. Die System-Umweltdifferenz eines Literatursystems wird geleistet von zwei Makro-Konventionen (der Ästhetik- und der Polyvalenz-Konvention), die Handlungen und Aussagen im Literatursystem umpolen auf ästhetische Werte (historisches Stichwort: Fiktionalität) sowie die Bandbreite sinnproduzierenden Umgehens mit literarischen Begebenheiten auf Aktantenspezifik hin optimieren (historisches Stichwort: Individualisierung). Die Funktion des Handelns in Literatursystemen läßt sich auf einer individuenbezogenen Ebene stenographieren als Integration und Simultaneisierung kognitiver, moralischer und emotiver Wahrnehmungs-, Denk- und Erlebnismöglichkeiten aus Anlaß des kognitiven Operierens mit literarischen Gegebenheiten; sie läßt sich auf einer gesamtgesellschaftlichen Ebene bestimmen als Selbstreflexion der Gesellschaft in Differenz zu allen anderen sozialen Systemen. Für das gegenwärtige (bürgerliche) Literatursystem sind diese Hypothesen zum Teil bereits empirisch plausibilisiert worden.[7] Hypothesen über die *Entstehung* moderner Literatursysteme werden gegenwärtig erarbeitet[8], wobei kohärente Verbindungen von Modellvorstellungen aus der Biologie (betreffend selbstreferentielle und selbstorganisierende Systeme) und der Luhmannschen Systemtheorie (die solche Modelle bereits adaptiert hat) mit den überaus reichhaltigen Forschungsmaterialien der 18. Jahrhundert-Forschung m. E. die Annahme erlauben, daß moderne Literatursysteme sich im 18. Jahrhundert in Europa als eigenständige soziale Systeme aus einer evident überkomplex gewordenen Gesamtgesellschaft ausdifferenziert haben. Die System-Umwelt-Differenz (also die Grenze) der neu entstehenden Literatursysteme wird im 18. Jahrhundert offenbar dadurch ausgebildet, daß eine Leitdifferenz »literarisch-nichtliterarisch« aufgebaut und *operativ* verwendbar wird, die sich in Form von Makrokonventionen zum intersubjektiv verbindlichen Handlungsregulativ entwickelt hat. Das Literatursystem stabilisiert sich im 18. Jahrhundert in dem Maße, wie es seinen Anspruch auf

Handlungsspezifik gegen andere Systeme wie Religion, Politik oder Erziehung durchsetzen und seine Struktur über die Institutionalisierung von Handlungsrollen konsolidieren kann, wobei erstmals Literaturkritik in Form der institutionalisierten Handlungsrolle Literaturverarbeitung installiert wird. Mit Hilfe dieser Struktur werden offene Handlungsmöglichkeiten auf erwartbare Handlungskonstellationen reduziert, nämlich auf die Verkettung von literarischen Ereignissen und literarischen Handlungen zu literarischen Prozessen. So wird etwa die Zeit- und Kausalfolge von der literarischen Produktion über die literarische Vermittlung und Rezeption zur literarischen Verarbeitung in Literatursystemen mit kapitalistischem Buchmarkt und der Verfügbarkeit von Massenmedien normal.

Durch Orientierung aller Prozesse an der neuen Leitdifferenz »literarisch-nichtliterarisch« kann das Literatursystem praktisch unbegrenzt mit anderen sozialen Systemen interferieren, also Aspekte der Umwelt aufnehmen und verarbeiten, allerdings um den »Preis« der Übersetzung in Systemspezifik, d. h. durch Ästhetisierung bzw. Literarisierung, also der Umpolung auf ein anderes Bewertungsverfahren für Handlungen (i. S. der oben genannten Makrokonventionen). Berücksichtigt man darüber hinaus den für das 18. Jahrhundert global festgestellten Aspekt der Verzeitlichung, der sich im Literatursystem ausgeprägt als Ereignischarakter der Elemente des Literatursystems (= literarische Ereignisse) sowie als Beschleunigung des Verbrauchs literarischer Gegebenheiten und des ständig steigenden Bedarfs nach neuen literarischen Begebenheiten (Stichwort: Innovation), dann liegt es nahe, Literatursysteme seit dem 18. Jahrhundert nach Modellvorstellungen von *Selbstreferenz* zu konzeptualisieren: Literarische Handlungen beziehen sich potentiell auf alles mögliche, sind aber nur dann im Literatursystem sinnvoll, wenn sie Anschlußhandlungen ermöglichen, die unter der Leitdifferenz »literarisch-nichtliterarisch« neue literarische Handlungen hervorbringen. Interaktionen des Literatursystems mit anderen sozialen Systemen gewinnen für das Literatursystem erst dann Informationswert und Relevanz, wenn sie innerhalb des Literatursystems unter dessen Handlungs- und Kommunikationsbedingungen (re-)formulierbar gemacht worden sind.

Die Ausbildung der Selbstreferentialität des Literatursystems kann zu Ende des 18. Jahrhunderts mit der Ausbildung einer reflexiven Poetik wohl als abgeschlossen betrachtet werden (wobei auch die Entstehung der Literaturwissenschaft eine wichtige Rolle spielt). Damit wird im Literatursystem Autonomie zur Reflexion gebracht, indem die Systemgrenze selbst auch thematisiert und damit auf Selbstreferenz reflektiert wird.[9]

2.2 Literaturwissenschaftliche Konsequenzen

2.2.1 Eine Umorientierung literaturwissenschaftlicher Forschung von Texten auf Literatursysteme zieht eine ganze Reihe wichtiger Konsequenzen nach sich, die in aller Kürze so bestimmt werden können: Konzepte von ›Literatur‹ und ›Literarizität‹ werden nicht über Konstellationen von Textmerkmalen aufgebaut, sondern über Spezifika des Umgehens mit solchen Gegebenheiten (Objekten und Prozessen), die Aktanten im Rahmen ihrer jeweils implizit oder explizit vertretenen poetisch-ästhetischen Überzeugungen *für literarisch halten.* Damit wird der Literaturbegriff als historisch kontingent und nur empirisch instantiierbar konzeptualisiert. Die traditionelle Konzentration literaturwissenschaftlichen Interesses auf (in aller Regel) ontologisierte literarische Texte und deren *Interpretation* (wobei das Interpretationskonzept notorisch unterbestimmt bleibt) wird in einer Empirischen Literaturwissenschaft ersetzt durch die Konzentration auf Text-Handlungs-/Kommunikations-Kontext-Syndrome. Die Grundthese lautet: Literarische Texte gibt es als sinnvolle Einheiten nur für Aktanten in Handlungsrollen in Literatursystemen als Bestandteilen einer Gesellschaft.

Alle *Bedeutungs- und Verstehensfragen* werden damit an Kommunikationshandlungen, Aktanten und Handlungkontexte gebunden und auf diese Weise ebenfalls radikal verzeitlicht und empirisiert. Um diesen Aspekt auch terminologisch zu konsolidieren, zieht das (in Schmidt, 1980 eingeführte) Begriffspaar ›Text‹ vs. ›Kommunikat‹ die Bedeutungsproblematik quasi auseinander: ›Text‹ bezeichnet das physikalische Substrat, mit dem bzw. aus Anlaß dessen kognitive Operationen im Bewußtsein von Aktanten ablaufen, deren Gesamtheit als Kommunikat bezeichnet wird (vgl. dazu Abschnitt 2.4).

Die zentrale *Aufgabe* literaturwissenschaftlicher Forschung besteht bei diesem Ansatz nicht länger in der sogenannten Bedeutungsentfaltung literarischer Texte, sondern in der diachronen und synchronen Beschreibung und Erklärung der Struktur, Funktion und Dynamik literarischer Handlungen, literarischer Prozesse und Literatursysteme, die von dem Ziel geleitet wird, *anwendbares Wissen* für Aktanten innerhalb und außerhalb des Literatursystems zu erzeugen.[10] Schließlich erlaubt die Einführung des Konzepts ›Literatursystem‹ eine deutliche Trennung zwischen *Teilnahme* am Literatursystem und wissenschaftlicher *Analyse* des Literatursystems durch eine klare Differenz zwischen den handlungsleitenden Makrokonventionen in den sozialen Systemen Literatur und Wissenschaft[11] – eine Trennung, die den Ausbildungssystemen Literaturunterricht und Literaturstudium zugute kommen sollte.

Das Problemlösungspotential dieses Ansatzes kann m. E. differenziert und erweitert werden, wenn man die Konzepte einer Empirischen Literaturwissenschaft verbindet mit einer konstruktivistischen Kognitions- und Gesellschaftstheorie.[12] Da auch hier ausführliche Darstellungen vorliegen, fasse ich nur kurz die Aspekte zusammen, die in den folgenden Überlegungen eine Rolle spielen werden.

2.3 Erkenntnistheoretische Grundlagen

2.3.1 Die hier einschlägigen erkenntnistheoretischen Grundlagen sind in den letzten Jahren im Rahmen einer konstruktivistischen Kognitionstheorie erarbeitet worden, die empirische Argumente und theoretische Modelle aus der Psychologie (Piaget, von Glasersfeld, Kriz), der Soziologie (Fleck, Berger und Luckmann), der Biologie (Maturana, Varela, Roth) und Kybernetik (von Foerster) sinnvoll miteinander zu verbinden sucht (vgl. die Darstellungen in Rusch, 1987, und Schmidt, 1987). Auf der Grundlage der Hypothese von der kognitiven Selbstreferentialität lebender Systeme werden dabei folgende Annahmen formuliert, die ich hier stichwortartig zusammenfasse: Der Mensch wird beschrieben im Modell organisationell geschlossener, selbstreferentieller autopoietischer Systeme. Damit wird eine strikte Differenzierung nach System und Beobachter, nach Systemkategorien und Beobachterkategorien eingeführt.

Wahrnehmung wird theoretisch modelliert als eine sensori-motorisch und sozial geleitete Konstruktion von Invarianten, wobei Eingabegrößen des Systems an vorhandene Konzeptstrukturen assimiliert bzw. akkomodiert werden. Dieser Prozeß ist insofern zirkulär, als die Interaktion von Wahrnehmendem und Wahrzunehmendem wechselseitig konstituierend wirkt (was wohlgemerkt kein vitiöser Zirkel ist). Wahrnehmung und Interpretation sind – schon wegen der Theoriegeleitetheit von Wahrnehmung – nicht deutlich voneinander zu trennen. Wahrnehmung ist ein subjektabhängiger, handlungsgebundener Prozeß, in dem Vererbung und Lernen interagieren. Wahrnehmungsverarbeitungen und Wissensproduktion sind sozial bedingt: Konventionen, die Akkumulation und Tradierung von Erfahrungen, Veränderungen der materiellen Umwelt, soziale Handlungsmuster, zur Verfügung stehende Kommunikationsmöglichkeiten, Medien, semiotische Systeme u. ä. m. wirken als intersubjektiv verfügbare Schematisierung kognitiver Operationen auf die subjektiven Kognitionsprozesse ein.

Wissen ist definiert durch die Methoden der Wissensgewinnung. Wird Wissensgewinnung bewußt und kontrollierbar methodisch geleitet, kann von wissenschaftlichem Wissen gesprochen werden.

Aus diesen Annahmen folgt, daß die Umwelt (mit Objekten und anderen Aktanten) vom lebenden System *konstruiert* wird. Diese Konstruktionen werden – aus Gründen der kognitiven Selbstreferenz autopoietischer Systeme – an ontologischen Konstrukten und Erfahrungen von Aktanten und nicht an der »wirklichen Welt« überprüft. Diese Konstruktionsarbeit setzt Umwelt und Interaktanten (sozusagen als das jeweils spezifisch »Andere«) voraus, denen wir unsere Eigenschaften »unterschieben« (vgl. von Glasersfeld, 1987). Bei Wissensbeständen kann unterschieden werden zwischen figurativem (aus Wahrnehmung und Propriorezeption stammendem) und operativem Wissen (qua Verbindung von figurativen Wissensbeständen).

Erkennen wird damit konzipierbar als abstrakteste Form von Handlung, die selbstreferentiell Vorstellungen von Wirklichkeit im Gehirn liefert. Erkennen zeigt uns, welche Handlungen möglich sind – aber nicht etwa, welche »der Wirklichkeit« entsprechen. Einerseits wird Wirklichkeit erfahrungsspezifisch im Handeln konstruiert; andererseits entwickeln sich die biologischen und psychischen Bedingungen des Erfahrenden und Erkennenden nur in Auseinandersetzung mit dieser »Wirklichkeit« im sozialen Kontext. Im Rahmen dieser selbstreferentiellen Beziehung werden traditionelle Subjekt-Objekt-Modelle von Wahrnehmung und Erkenntnis obsolet, wirken aber – leider – qua Dichotomisierungen weiter. Die philosophisch m. E. wichtigste Konsequenz dieses erkenntnistheoretischen Ansatzes besteht darin, daß Epistemologie (die implizit oder explizit immer auf nicht-empirische Letztbegründung aus ist) ersetzt wird durch eine konstruktivistische, tentativ und empirisch orientierte Kognitionstheorie. Die erkenntnistheoretische Leitfrage lautet nicht mehr: Was ist Wissen?, sondern: Wie erwerben wir Wissen?

Auf einige zentrale Aspekte dieser Kognitionstheorie will ich wenigstens kurz eingehen.

Kognition umfaßt nicht nur die sogenannten intellektuellen Prozesse, sondern den gesamten Lebensprozeß eines Subjekts. Mit Roth (1985) gehe ich davon aus, daß das, was wir ›Ich‹ nennen, nicht »im Gehirn sitzt«, sondern Teil der Welt ist.

Grundlegend für jede kognitionstheoretische Frage nach dem Erwerb von Wissen sind die Vorstellungen, die über Struktur und Funktionsweise des menschlichen Gehirns vertreten werden. Mit Roth fasse ich die hier vertretenen Annahmen in drei Punkten zusammen:

– Das menschliche Gehirn ist selbstreferentiell und selbstexplikativ. Dieses System ist funktional geschlossen und geht nur mit seinen eigenen Zuständen um.[13] Bei der Interpretation eigener Zustände operiert das Gehirn nach internen Konsistenzprüfungen, wobei Kriterien wie Kohärenz, Widerspruchsfreiheit, Plausibilität, Einfachheit und Erfolg relevant sind (vgl. an der Heiden, 1985).

– Das menschliche Gehirn ist kein Reflexsystem; die ontogenetischen und phylogenetischen Prüfungsverfahren für die Handlungssteuerung sind im Verlauf der Evolution hochverläßlich geworden.

– Das menschliche Gehirn konstruiert Welt, die theoretisch untergliedert werden kann in Umwelt, Körperwelt und Ichwelt. Die kognitive Welt ist in sich abgeschlossen und steht uns nicht als Objekt (im klassischen philosophischen Sinne) gegenüber. Wichtig ist dabei zu berücksichtigen, daß das Gehirn seine Funktionen nur unter spezifischen sozialen Bedingungen entwickeln kann: »In diesem Sinne ist die von unserem Hirn konstituierte Wirklichkeit eine soziale Wirklichkeit und keine Monade im Leibnizschen Sinne, obwohl sie in der Tat keine Fenster nach draußen hat.« (Roth, 1987, S. 254)

Akzeptiert man die Hypothese, daß autopoietische Systeme Welt innerhalb ihres kognitiven Bereichs konstruieren, dann müssen Konzepte wie Wahrheit, Sinn, Wert und Identität als Konstrukte sozialisierter Aktanten im Prozeß sozialer Interaktion modelliert werden, wobei – unbeschadet aller sozialen Einflüsse – aus kognitionstheoretischen Gründen das Subjekt und sein kognitiver Bereich als empirischer »Ort« der Konstruktion (sozusagen als materiales Substrat) angesehen und ernstgenommen werden müssen – was nicht mit einer metaphysischen Hypostasierung von Subjekt oder Individuum verwechselt werden darf. Mit diesen Hypothesen unverträglich sind Positionen des philosophischen Realismus, Nominalismus, Idealismus und Solipsismus.

Die hier skizzierte Position des (Radikalen) Konstruktivismus muß philosophisch eingeschätzt werden als ein *Modell*, nicht als die Beschreibung eines ontologischen Arrangements: »Entsprechend darf es in keiner Hinsicht als ›wahr‹ präsentiert werden, es genügt, es als einen möglichen Weg darzustellen, um zu einer intern konsistenten Vorstellung von organismischen Systemen zu kommen, die Erfahrungen machen und sich verhalten.« (von Glasersfeld und Richards; 1984, S. 23)

Mit einem solchen Modell sind Vorstellungen von Aprioris[14] und Letztbegründungen nicht vereinbar. Hinzu kommt, daß diese Vorstellungen in einer konstruktivistischen Kognitionstheorie auch gar keine Aufgabe haben; denn Objektivität kann hier hinreichend als Intersubjektivität des Erfahrungmachens modelliert werden und setzt keine systemtranszendente Ontologie voraus. Die offenbar so gefürchtete Willkür und Beliebigkeit der Erkenntnis wird eingeschränkt durch die oben genannten Kriterien interner Konsistenzprüfungen im Gehirn sowie die evolutionär entwickelten Prüfverfahren, durch Standards sozialen Handelns in den jeweiligen gesellschaftlichen Handlungssystemen sowie durch tradierte Wissensbestände der Kultur einer Gesellschaft.

Da im Konstruktivismus Erkennen, Denken und Wissen konsequent auf den Menschen bezogen werden und nicht auf (die) Wahrheit oder (die) Wirklichkeit, muß sich Erkenntnis auch unter menschlich-pragmatischer Perspektive legitimieren, muß Wissen als revidierbar, partiell und sozio-historisch bedingt eingeschätzt werden. Erkenntnis und Wissen werden damit auf die jeweilige Bereichs- und Erwerbsspezifik hin differenziert[15], womit positivistische und szientistische Vorstellungen explizit ausgeschlossen sind.

Sozialisationsprozesse, Konventionen und Institutionen sorgen also wesentlich für die Durchsetzung gesellschaftlich normierter Wirklichkeitsmodelle bei den Individuen einer sozialen Gruppe. Die Strukturen dieser Wirklichkeitsmodelle, ihre Legitimation wie ihre Handhabung sind deutlich geprägt von gesellschaftlichen Interessen und Machtansprüchen. Die konsensuellen Prinzipien der Wirklichkeitskonstruktion werden – wie Sprachwissenschaftler und Soziologen seit langem behaupten – vor allem durch Sprache vermittelt und im Subjekt internalisiert.

2.4 Kommunikationstheoretische Grundlagen

2.4.1 Wenn lebende Systeme miteinander interagieren, bilden sie einen Bereich von konsensuellen Interaktionen aus, der die Grundlage abgibt für Kommunikation.

Kommunikation wird im konstruktivistischen Rahmen nicht als Informations*austausch* modelliert, sondern als parallele Informations*konstruktion* im kognitiven Bereich kommunizierender Individuen. Das heißt, in sprachlicher Kommunikation werden nicht bereits vorliegende »Informationsquanten« vom Sender zum Empfänger transportiert; sondern im kognitiven Bereich werden – nach Maßgabe konventionalisierter »Auslöser« (wie z. B. natürlichsprachige Texte) – durch sog. Orientierungsinteraktionen (vgl. Rusch, 1987) Informationen allererst konstruiert. Information, verstanden als »Sinn für jemanden«, ist also eine strikt subjektdependente Größe (wobei immer berücksichtigt werden soll, daß das Subjekt als sozialisierter Aktant im sozialen Kontext verstanden wird).

Intersubjektiv als erfolgreich angesehene Kommunikationsprozesse beruhen also auch hier wieder auf zwei Voraussetzungen: auf der biologischen Voraussetzung der Vergleichbarkeit der kognitiven Ausstattung von Menschen; und auf der soziologischen Voraussetzung vergleichbarer sprachlicher Sozialisation und Akkulturation, die einen vergleichbaren Bestand an sprachlichen Konventionen (lexikalischen, syntaktischen und stilistischen Stereotypen), kognitiv schematisierten Wissensbeständen, Werten, Handlungsstrategien und dergleichen von den betroffenen Aktanten erzeugen läßt.

Diese Konventionen sorgen dafür, daß Sprecher einer natürlichen Sprache ein physikalisches Phänomen als »*Text* in einer natürlichen Sprache« identifizieren, auf dieses Phänomen die erlernten Strukturierungs- und Bearbeitungsoperationen anwenden, Kommunikate bilden, darüber kommunizieren usw. Für kommunizierende Individuen bilden Texte einen gemeinsam genutzten kognitiven Interaktionsanlaß. Die Gesamtheit der kognitiven Operationen, die ein Individuum in seinem kognitiven Bereich über dem Text als Auslöser entfaltet, nenne ich *Kommunikat*. Dabei unterscheide ich (rein theoretisch) am Kommunikat drei Ebenen: eine Ebene, die man im Anschluß an die psycholinguistische Forschung als *propositionale* Ebene bezeichnen könnte; eine Ebene, die man in Anschluß an H. Hörmann als *affektive* Ebene bezeichnen könnte; und eine dritte Ebene, die ich als lebenspraktische *Relevanz* bezeichne, sozusagen eine permanent mitlaufende Einschätzung nach lebenspraktischer Relevanz der Beschäftigung mit einem Text. In diesem Modell kommen Texte nicht mehr als objektive Sinnkonstanten vor, auf die man sich beziehen könnte, um Aussagen über ihren Sinn als wahr oder falsch zu *erweisen* (vgl. Heringer, 1984, und Fish, 1980), sondern die Wahrnehmung eines Textes *als* Text ist immer gebunden an einen kognitiven Bereich und hängt ab von den kognitiven Strategien, über die ein Aktant verfügt (vgl. Th. Herrmann, 1985). Mit diesen Annahmen ist das *Interaktionsmodell* der psycholinguistischen wie der rezeptionsästhetischen (Iser, Jauß) Rezeptionsforschung nicht mehr vereinbar. Aus kognitionstheoretischen Gründen kann man nicht davon ausgehen, daß eine objektive Größe »Text« auf eine objektive Größe »Rezipient« trifft, und daß beide sozusagen auf gleichem Fuße interagieren, sondern Texte und Kommunikate gibt es *als sinnvolle Größen* nur *im* kognitiven Bereich von Individuen (vgl. Schmidt, 1986).

Diese sprachtheoretischen Ansätze sind nicht auf den konstruktivistischen »Diskurs« beschränkt. So hat etwa D. Meutsch (1986) in einer zusammenfassenden Darstellung der psycholinguistischen und literaturwissenschaftlichen Verstehens-Forschung der letzten Jahre die konvergente Einsicht ausgemacht, daß Interaktionsmodelle das Verhältnis zwischen Text und Leser im Verstehensprozeß nicht adäquat beschreiben. ›Verstehen‹ muß vielmehr konsequent kognitivistisch als ein *innersystemischer* Vorgang modelliert werden (vgl. dazu die kontroverse Diskussion zwischen S. J. Schmidt und N. Groeben, 1986, sowie Rusch, 1986). Das aber impliziert, wie vor allem Th. Herrmann (1985) überzeugend dargelegt hat, daß man nicht von einem bestimmten verbalen Input auf einen bestimmten kognitiven Output schließen kann. Vielmehr erzeugt ein kognitives System *aus Anlaß* einer Textwahrnehmung unter Aktivierung potentiell aller affektiv-kognitiven Bezugssysteme *selbstreferentiell* ein autonomes Resultat, dessen Intersubjektivierbarkeit allein durch biologische und soziale Parallelitäten zwischen Aktanten gewährleistet wird. Wenn aber Bedeutungen nicht *im* Text liegen – und Analoges wird man für nicht-verbale Mitteilungsträger optischer, akustischer, haptischer usw. Art ebenfalls annehmen müssen – dann läßt sich auch nicht aus einem Wahrnehmungsanlaß genau auf seine Auswirkungen schließen – weder beim einzelnen Aktanten noch in sozialen Gruppen.

2.5 Soziologische Aspekte

2.5.1 Die bisher primär individualpsychologisch-kognitionstheoretische Argumentation kann im Theorierahmen des Radikalen Konstruktivismus auch um die nötigen *soziologischen Aspekte* erweitert werden. Dazu stütze ich mich auf P. Hejls konstruktivistische Sozialtheorie (1982, 1987), deren wichtigste Hypothesen für den hier einschlägigen Argumentationsgang ich im folgenden zusammenfasse.

Wenn lebende Systeme durch Interaktion vergleichbare Realitätskonstrukte[16] ausgebildet haben, entsteht das, was Hejl »soziale Bereiche« nennt. Soziale Bereiche schaffen Möglichkeiten für koordiniertes Handeln und für Kommunikation. Wenn Mitglieder einer Gruppe von lebenden Systemen eine gemeinsame Realität und damit einen Bereich sinnvollen Handelns und Kommunizierens erzeugt haben, *und* wenn sie auf ihn bezogen interagieren, dann entsteht ein »soziales System«. Soziale Systeme bestimmt Hejl als *synreferentiell;* d. h. sie sind primär gekennzeichnet durch die gemeinsame Ausbildung parallelisierter Zustände lebender Systeme als physiologische Basis der Entstehung von sozialer Realität, von Sinn und Bedeutung.

›Gesellschaft« definiert Hejl als Netzwerk aus sozialen Systemen mit den Aktanten als »Knoten«. »Gesellschaft wird damit als pluralistischer Prozeß der im Netzwerk sozialer Systeme verteilten Erzeugungen von Realitäten verstanden, auf die stets ebenfalls sozial verteilte Anpassungen an diese selbsterzeugten Realitäten folgen. Für diesen Prozeß muß weder eine seine Entwicklung determinierende Ursache noch ein Endzustand angenommen werden, auf den er zustrebt. Wir erzeugen unsere Realitäten selber [...]« (1987, S. 333).

Die Existenz einer gemeinsamen Realität bildet – nach Hejl – gleichsam die »Geschäftsgrundlage« sozialer Systeme. Ändert sich diese Geschäftsgrundlage, dann hat man es mit *sozialem Wandel* zu tun. Grundsätzlich gilt also: sozialer Wandel ist gebunden an einen Wandel der gemeinsamen Realität durch soziales Handeln von Aktanten.

Bei der Konstitution sozialer Systeme durch interagierende Aktanten wird ein Repertoire von Handlungen und Kommunikationsformen ausgebildet, das bei den Systemmitgliedern als sinnvoll und angemessen gilt. Demzufolge kann jedes Systemmitglied jede dieser Handlungen und Kommunikationsformen auf seine eigenen sozial erzeugten systemrelativen Erfahrungen beziehen und sie damit als bedeutungsvoll interpretieren. Andererseits kann jedes Systemmitglied sicher sein, daß seine eigenen Erfahrungen auch in speziellen Fällen von den anderen Mitgliedern geteilt werden können, solange es den synreferentiellen Bereich nicht verläßt. Wird ein Systemmitglied jedoch zunehmend mit »falschen Interpretationen« seiner Handlungen konfrontiert, oder häufen sich Kommunikationsprobleme mit anderen Mitgliedern, dann merkt es daran, daß es den synreferentiellen Bereich des jeweiligen sozialen Systems zu verlassen beginnt.

3. Konstruktivistische Konzeptualisierungen diskurstheoretischer Problemlagen

3.1 Zum Autorproblem

3.1.1 Die Metapher vom Verschwinden des Autors hat in diskurstheoretischen Diskussionen der letzten Jahre eine schon fast anrüchige Berühmtheit erlangt. Zu der Diskussion dieses Themas in Beiträgen dieses Bandes läßt sich aus konstruktivistischer Perspektive folgendes sagen: In ihrer Konzeption des Literatursystems legt eine Empirische Literaturwissenschaft lediglich als Rahmenbedingung fest, daß es eine *Instanz* geben muß, die literarische Gegebenheiten im weitesten Sinne produziert. Ob es sich dabei um einzelne Aktanten, um Aktantengruppen oder um Mensch-Maschine-Konstellationen (Stichwort: Computopoeme) handelt, ist eine historisch kontingente Frage, bei deren Beantwortung besonderes Augenmerk auf das jeweils verfügbare Mediensystem einer Gesellschaft gelegt werden muß. Unter *juristischen* Aspekten (vgl. G. Plumpes Beitrag zu diesem Band) ist der Autor als Referenzort für geistiges Eigentum, für die Zuordnung von Verantwortung und von Honoraren seit dem 18. Jahrhundert eine juristische Person, deren Status sich bis heute kaum geändert hat. Für den *Rezipienten* ist die Handlungsrolle »Literaturproduktion« Referenzort für die Annahme einer Instanz der Herstellung literarischer Gegebenheiten, die je nach Erfahrung mit einem (anonymen oder bekannten) persönlichen Autor, einer Autorengruppe usw. belegt werden kann. Theoretisch interessant wird die Frage nach dem Autor erst dann, wenn die Bedingungen literarischen Produzierens bestimmt und ihre Funktionen definiert werden sollen. Die Sozialisation (einschließlich der speziellen Branche der literarischen Sozialisation), der jeder Aktant lebenslang ausgesetzt ist, zusammen mit der o.g. Selbstreferentialität moderner Literatursysteme seit dem 18. Jahrhundert schließt die Konzeptualisierung literarischer Produktion als creatio ex nihilo ebenso aus wie Vorstellungen voraussetzungsloser Kreativität (Stichwort: Originalgenie). Jede literaturproduzierende Instanz verwendet natürliche Sprachen und bezieht sich notwendig auf Kommunikationen (als Umwelt) sowie in aller Regel auch auf bereits vorhandene literarische Gegebenheiten und deren kommunikative Verarbeitung. (Schon Marx bonmote, daß Bücher aus Büchern gemacht werden.) Insofern ist eine literaturproduzierende Instanz nie original oder kreativ im Sinne von voraussetzungslos, sondern sie wird erst möglich und wirksam im Voraussetzungssystem der literarischen Kommunikation in sozialen Gruppen (bzw. im Rahmen des Wirklichkeitsmodells, samt seinen literaturbezüglichen Aspekten, das die literaturproduzierende Instanz synreferentiell mit anderen teilt). (Motto: Literatur produziert Literatur.)

Andererseits vollzieht sich die Literaturproduktion, bewegen sich »Diskurse« und verhandeln sich »Kollektivsymbole« (sensu J. Link) nicht von allein; sie brauchen vielmehr Aktanten, die (in welcher Bewußtseinspflichtigkeit und Bewußtseinsfähigkeit auch immer) in ihren kognitiven Bereichen Sinn produzieren und literarische Gegebenheiten materialisieren, indem sie gesellschaftlich bereitgestellte Handlungsmöglichkeiten selegieren, kombinieren und respezifizieren und damit Differenzen erzeugen, die ein Spektrum von Anschlußhandlungen eröffnen und andere Möglichkeiten einschränken bzw. ausschließen. Dabei stehen literaturproduzierenden Instanzen die relativ unspezifizierten Möglichkeiten der Syntax und Lexik natürlicher Sprachen ebenso zur Verfügung wie bereits erheblich spezifiziertere kognitive Schemata (siehe unten Abschnitt 3.2.1), d. h. intersubjektiv geteilte kognitive Varianten (mit doppelter Kontingenz sensu N. Luhmann) für Sinnproduktion (auf Produzenten- wie auf Rezipientenseite).

Eine besondere Rolle spielen dabei im Literatursystem (als einem System mediengestützter Sinnproduktion) die sogenannten *Gattungen*. Gattungen lassen sich m. E. konzeptualisieren als intersubjektiv verfügbare kognitive Medienhandlungsschemata.[17] Gattungen vermitteln subjektive Handlungsspielräume mit intersubjektiven Erwartungen. Als Schemata der Selektion und Kombination von Möglichkeiten der Sinnproduktion in einem bestimmten Medium enthalten sie sowohl Konstanten wie Variablen und koordinieren damit Invarianz und Variabilität. (»Werke« sind demnach Materialisierungen der Variantenbildungen, die im Rahmen gesellschaftlich vorgegebener Gattungen möglich sind.)

Als intersubjektive Varianten medialer Sinnproduktion vermitteln Gattungen darüber hinaus zwischen Texten und dem literarischen »Diskurs«, worunter ich hier die Gesamtheit der Kommunikationen samt ihren Voraussetzungen und nichtsprachlichen Praktiken fasse, die im Literatursystem unter den dort geltenden Makrokonventionen ablaufen (dazu siehe unten Abschnitt 3.3.2) und die jeweils historisch kontingent eine Teilmenge aus der Menge der potentiell ausprägbaren Thematisierungen literarischer Gegebenheiten bilden. (Auch hier sorgt wieder Differenz für Spezifik der jeweiligen Selektionen.) Damit wird auch die Frage nach dem »Autor« in einer konstruktivistisch orientierten Empirischen Literaturwissenschaft konsequent empirisiert. Wie Literaturproduzenten zwischen der Scylla Sprache und der Charybdis Bibliothek, zwischen Geniephantasien und dem bloßen Abpausen von Aspekten zeitgenössischer literarischer »Diskurse« hin und her rochieren, ist eine nur empirisch beantwortbare Frage (wozu, wie vielleicht nicht unnötig zu erinnern ist, allemal eine komplexe und leistungsstarke Theorie gehört).

3.2.1 Wie die Beiträge dieses Bandes (speziell die von J. Fohrmann und H. Müller) zeigen, leben hermeneutische Interpretationserwartungen auch im diskurstheoretischen Rahmen weiter als Versuch, die »Sinnpotentiale« literarischer Texte zu »heben«, »Reste« und »Verborgenheiten« zu enttarnen. Verstehen wird dabei – in welchen Modifikationen auch immer – noch weitgehend nach Dialog- bzw. Interaktionsmodellen von Text und Rezipient konzipiert.

Diesen Modellen setzt eine Empirische Literaturwissenschaft ein Rezeptionsmodell entgegen, das konsequent auf Sinnproduktion bzw. Sinn*konstruktion* setzt: Rezipieren heißt Kommunikate konstruieren und nicht Sinn ermitteln. Kommunikatproduktion im Literatursystem geschieht aus Anlaß der Wahrnehmung von literarischen Gegebenheiten (bzw. allgemein des Umgehens mit solchen Gegebenheiten). Kommunikatkonstruktion ist ein innersystemischer kognitiver Prozeß, wobei die Subjektgebundenheit dieses Prozesses nicht mit *Subjektivität* verwechselt werden darf.

Die Parallelisierung solcher Prozesse, die zur Kompatibilisierung (und damit zur Kommunikationsfähigkeit) seiner Resultate führt, wird – wie oben mehrfach betont – gewährleistet von der biologischen Vergleichbarkeit interaktionsfähiger Aktanten einerseits wie von den kognitiven Operationsparallelitäten, die aus Sozialisation resultieren. Diese Parallelitäten basieren weitgehend auf kognitiven Schemata verschiedener Struktur und Reichweite (von Gestalten der Wahrnehmung, Handlungsschemata wie Frames und Scripts über Gattungen bis zu »Diskursen«)[18], die Welt- und Handlungswissen so in Strukturen organisieren, daß sie im Bedarfsfall als ganze »abgerufen« werden können (bzw. sich aufdrängen). Sie basieren weiterhin auf (Makro- und Mikro-)*Strategien* (vgl. van Dijk und Kintsch), die sowohl unser prozedurales Wissen über das Text- und »Diskurs«-Verstehen als auch die Anwendung dieses Wissens im Rezeptionsprozeß betreffen (vgl. die Darstellung in Schmidt, 1986). Schemata und Strategien garantieren die Intersubjektivität und – über doppelte Kontingenz – die Erwartbarkeit der strikt subjektgebundenen kognitiven Operationen und ihrer Resultate, indem sie subjektgebundene bewußtseinsinterne Sinnproduktionsprozesse auf deren Invarianten hin koordinieren.

Mit anderen Worten, die durch enormen Sozialisationsdruck in subjektive Kognitionen »implantierten« intersubjektiven Invarianten, die von Grammatiken, Schemata und Strategien »gespeist« werden, *ermöglichen* erst subjektive Sinnproduktion sowie deren subjektive wie intersubjektive Verstehbarkeit. Die entscheidende Fragestellung lautet daher nicht: Wie wird ein subjektives Ereignis (etwa ein Text) mit intersubjektivem Sinn in Beziehung gebracht? oder: Wie wird subjektive Willkür der Sinnproduktion »domestiziert«?; denn diese Fragen sind schon beantwortet, bevor ein Autor überhaupt zur Feder und ein Rezipient zum Buch greift (denn Ordnung geht aus Ordnung hervor, wie so unterschiedliche Denker wie Foucault, Luhmann und Maturana betonen).[19] Die entscheidende Frage lautet vielmehr: Wie selegiert ein Aktant sinnproduktive Handlungsmöglichkeiten, die innerhalb des Literatursystems zur Verfügung stehen? Welche Selektionen, Kombinationen usw. befriedigen seine eigenen Bedürfnisse und die seiner Co-Aktanten im Literatursystem[20], d. h. welche Produkte sind effizient (geworden) für weitere selbstreferentielle Prozesse und deren Bewertungen in daran anschließbaren kognitiven selbstreferentiellen Prozessen?

Die diskurstheoretischen Probleme mit dem *Werkbegriff*[21] resultieren m. E. aus einer (letztlich doch ontologisierenden) Dichotomisierung von Werk und Aktant, die notwendig zu Interaktionsvorstellungen führt. Ein »holistischer« (bzw. prozeßhomologisierender) Ansatz wie der des Radikalen Konstruktivismus dagegen verlagert auch »Werke« in Prozesse (samt deren Voraussetzungen), macht Werke durch die Differenz von Text und Kommunikat zu konstruktiven Prozessen.

Dieser semantiktheoretischen Argumentationsstrategie entspricht auf erkenntnistheoretischer Ebene der bewußte Verzicht auf eine system*externe* Ontologie: Referenzbildung wird als ein innersystemischer selbstreferentieller Prozeß begriffen, der die Existenz einer Wirklichkeit lediglich als regulative Idee, aber nicht als Substanz braucht, um das Zustandekommen selbstreferentieller kognitiver Prozesse und die Erfahrung ihres Gelingens und Scheiterns zu erklären.

Damit werden »*Interpretationen*« als Anschlußhandlungen interessant und nicht durch ihre (stets fiktive) Kohärenz mit dem literarischen Text, sondern gerade durch ihre Differenz. Willkür im Sinne einer dezisionistischen Sinnproduktion spielt bei Rezeption und Interpretation deshalb keine Rolle, weil die soziale Kontrolle ohnehin übermächtig ist und in Form intersubjektiver Varianten das Aktantensubjekt längst *vor* jedem kognitiven Prozessieren »domestiziert« hat – weshalb es ja bekanntermaßen so schwer ist, etwas Neues zu erzeugen, und weshalb Neues immer nur gerade so neu sein kann, wie es die Verarbeitungskapazität des Diskurses bewältigt.

3.3 Parallelen – Differenzen

3.3.1 Diskurstheoretiker, so heißt es immer wieder, setzten auf Differenz und nicht auf Identität. Diesem (obwohl anders gemeinten) Postulat bin ich bei den Überlegungen bisher gefolgt. Im letzten Abschnitt möchte ich auf einige bemerkenswerte Parallelen zwischen Diskurstheorie und (konstruktivistischer) Empirischer Literaturwissenschaft hinweisen – um dann bei Differenzen zu landen, die m. E. Anschlußmöglichkeiten für ein künftiges Gespräch bieten können.

  Der weitestgehende Konsens zwischen beiden Positionen besteht m. E. im Bereich der Ablehnung substantialisierender Konzepte von Literatur, Geschichte, Sinn und Bedeutung. In den Konsequenzen, die aus dieser Ablehnung gezogen werden, ist die Empirische Literaturwissenschaft genauso strikt, wie Foucault es im Blick auf Interpretationen, die nach Textbedeutungen fragen, gefordert hat: »Wäre nicht eine Diskursanalyse möglich, die in dem, was gesagt worden ist, keinen Rest und keinen Überschuß, sondern nur das Faktum seines historischen Erscheinens voraussetzt?« (*Geburt der Klinik*, S. 15) Diese Striktheit wird m. E. nur möglich, weil die Empirische Literaturwissenschaft konsequent auf Konstruktion und Beobachter »umgeschaltet« hat und Kompromißpositionen wie Konstitution oder Rekonstruktion ausschließt. (Daß sie sich damit viele neue Probleme einhandelt, wie z. B. D. Meutsch (1986) für die Verstehensforschung gezeigt hat, ist damit ebenso unbestritten wie die Tatsache, daß jede neue Brille neue Felder des Nichtgesehenen erzeugt.) Die Folgen für das Rezeptionsproblem habe ich oben anzudeuten versucht. Sie können auf die Formeln gebracht werden: Rezipienten erzeugen Lesarten (Kommunikation), ohne Original. Und: Nicht literarische Texte sind opak, sondern Rezipienten produzieren mehr oder weniger »leichtgängig« Kommunikate aus Anlaß von Textwahrnehmung.

Deutlicher (zumindest) als viele Diskurstheoretiker verhalten sich empirische Literaturwissenschaftler auch zum Status von Kommentaren im weitesten Sinne: Diese werden nicht unter dem Gesichtspunkt ihrer Konkurrenz gesehen, der – wie J. Fohrmann zu Recht betont – nur euphemistisch ihren wechselseitigen Ausschließlichkeitsanspruch kaschiert (aus leicht einsehbaren Gründen der Selbstrechtfertigung), sondern pointiert unter dem Gesichtspunkt ihres *Anschließbarkeitsanspruchs.* Eine besonders wichtige Konsequenz schließlich zieht die Empirische Literaturwissenschaft aus ihren konstruktivistischen Voraussetzungen im Hinblick auf Literaturgeschichtsschreibung, die strikt als Produktion und nicht als Reproduktion konzeptualisiert wird. Aufgrund unserer Kognitionsbedingungen konstruieren wir immer in der Gegenwart und unter gegenwärtigen Bedingungen. Modelle von »Vergangenem«, von der politischen »Geschichte« bis zur individuellen »Autobiographie« lassen sich nicht unter dem Gesichtspunkt ihrer Deckungsadäquanz mit dem »Geschehenen« bzw. einem »Lebenslauf« miteinander vergleichen, sondern ausschließlich unter dem Gesichtspunkt der Kriterien ihrer Herstellung. Unsere Theorien machen historische Daten erst signifikant, unsere Konzepte mit ihren spezifischen Differenzaspekten (wie z. B. das Diskurskonzept) respezifizieren Kohärenz wie Relevanz unserer Konstrukte (nicht *der* Geschichte).[22]

3.3.2 Während man als Konstruktivist von diskurstheoretischen Sprachtheorien, die mehr oder weniger umgebaute strukturalistische Ansätze anbieten, nicht viel Neues lernen kann (am wenigsten bei Derrida), kann Foucaults Diskurskonzept, so vage es ist, doch wesentliche Anregungen liefern, sich stärker als bisher mit produktions- und rezeptionssteuernden Faktoren in gesellschaftlichen Systemen auf mittlerer (Gattungsebene) und höherer Ebene (Diskursebene) zu beschäftigen. Ansätze dafür liegen mit dem Konventions- und Schemabegriff in der konstruktivistischen Kognitionstheorie vor. Und diese Ansätze haben gegenüber diskurstheoretischen Vorschlägen m. E. den Vorteil, daß sie expliziter formuliert sind als bei Foucault und anderen und prinzipiell auf Empirisierbarkeit hin angelegt sind. Genauer geklärt werden muß in Zukunft, ob es genügt, Diskurs kognitionstheoretisch als einen speziellen Wissensbereich zu konzipieren, wie es J. Link (in diesem Band) vorschlägt; ob sie im Sinne von K. Röttgers (ebenfalls in diesem Band) als »Verstehensgewohnheitsnotwendigkeiten« (unter Einschluß nichtsprachlicher Praktiken) eher konventionstheoretisch zu fassen sind; oder ob man – zumindest für den Literaturbereich – das Konzept des Literatursystems so ausdifferenzieren kann, daß Diskurse als intersubjektiv geteilte Systeme von Handlungs- und Kommunikationsvoraussetzungen (Voraussetzungssysteme im Sinne von Schmidt, 1980) in gesellschaftlichen Teilsystemen explizierbar und empirisch untersuchbar werden.[23] Diskurse würden dann – ähnlich Foucaults Vorschlag – mit sozialen Systemen korreliert (was das Problem ihrer Begrenzung lösbar machen würde) und nach sozialen Systemen spezifiziert (was das Problem der Bewußtseinspflichtigkeit und Bewußtseinsfähigkeit der dort postulierten Schemata im weitesten Sinn lösbarer machen würde). Außerdem könnten die spezifischen Wirkungsweisen eines Diskurses auf Produktions und Rezeptionsprozesse korreliert werden mit den Wirkungen der Makrokonventionen, die – als Funktionen der selektiven Leitdifferenz eines sozialen Systems – die System-Umwelt-Differenzierung spezifizieren (vgl. etwa die Leitdifferenzen: literarisch-nichtliterarisch, heilig-profan, wissenschaftlich-nichtwissenschaftlich).

Und schließlich ließe sich vielleicht auch mehr Licht in die vertrackte Diskussion darüber bringen, wie denn Gesellschaft und Individuum in der Diskursfrage miteinander zu vermitteln sind, ohne die Aktanten emphatisch zu individualisieren oder sie – im Namen von »Wirkungsfeldern« – schlicht zu eliminieren. Der konstruktivistische Ansatz zeigt hier mehr als nur einen Kompromiß auf (vgl. Hejl, 1987), indem er transsubjektive Bedingungen der Kognition, des Kommunizierens und Handelns zur *Voraussetzung* subjektgebundenen Operierens macht (Stichwort: Synreferentialität), zugleich aber das Subjekt als den empirischen Ort der Sinnproduktion unter den Regulativen des systemspezifischen Diskurses konzipiert (Stichwort: Konstruktivität von Wirklichkeit, Sinn und Wert).

1 Vgl. den Beitrag von M. Frank in diesem Band.

2 Ich beziehe mich dabei auf die Arbeiten der NIKOL-Forschungsgruppe an den Universitäten Siegen und Bielefeld.

3 Im Unterschied dazu konzentriert sich die Empirische Literaturwissenschaft Norbert Groebens primär auf Empirisierung literaturwissenschaftlicher Fragestellungen und auf die Entwicklung empirischer Methoden (vgl. Groeben, 1982).

4 Vgl. u. a. Schmidt, 1980, 1982; Finke, 1982; Hauptmeier und Schmidt, 1985; Rusch, 1987; Hauptmeier und Viehoff, 1983.

5 Vgl. Rusch, 1987 und Schmidt, 1987, S. 34 ff.

6 Vgl. Anmerkung 4 und Schmidt, 1983, 1984.

7 Vgl. Hintzenberg, Schmidt und Zobel, 1980; Schmidt und Zobel, 1983; Rusch und Schmidt, 1983; Meutsch, 1986.

8 Untersuchungen dazu habe ich begonnen im Rahmen meines Forschungsprojekts »Die Entstehung moderner Literatursysteme als selbstreferentielle Systeme im 18. Jahrhundert« am NIAS (Netherlands Institute for Advanced Studies in the Humanities and Social Sciences), Wassenaar 1986/87.

9 Die Hypothese der Selbstreferentialität des Literatursystems bedeutet keineswegs ein Plädoyer für einen L'art-pour-l'art-Ästhetizismus. Selbstreferentialität betrifft die soziale Organisation, nicht die im Literatursystem verhandelten Formen und Inhalte. Allerdings beeinflußt Selbstreferentialität als Selektionsinstanz Formen und Inhalte und befördert im 18. Jahrhundert die Neigung zum Ästhetizismus sowie zu Gegenbewegungen, die sich selbstreferentiell auf Ästhetizismus beziehen, und das Problem damit reflexiv machen (ein Beispiel für den Zusammenhang zwischen selbstreferentieller Organisation und Dynamik des Literatursystems).

10 Zum Fragenkomplex Angewandte Literaturwissenschaft vgl. NIKOL (Hg.), 1987.

11 Vgl. dazu Hauptmeier und Schmidt, 1985. – Vielleicht erlaubt diese Klärung auch eine vernünftigere Diskussion dekonstruktivistischer Vorlieben für einen literatur-literaturwissenschaftlichen Eintopf.

12 Vgl. die Beiträge in Schmidt (Hg.), 1987.

13 Vgl. an der Heiden: »Das Gehirn verfügt zwar über sensorische und motorische Teilsysteme, aber der von ihm erzeugte kognitive Phänomenbereich hat keinen Input und keinen Output, er kann daher auch nicht ›von außen‹ Informationen aufnehmen, er kann überhaupt nicht mit der Welt (physikalisch) interagieren. [...] Statt dessen ist der kognitive Bereich als ein fiktiver Bereich in sich abgeschlossen, er bildet sozusagen eine (nichtphysikalische) Welt für sich, und wir nennen ihn daher die kognitive Welt. Die reale Welt ist mit der kognitiven Welt über

das kognitive System verbunden. [...] Nicht die Umwelt bestimmt, was in die kognitive Welt aufgenommen wird, sondern das kognitive System. Wir stoßen hier erneut auf einem anderen Weg auf die kognitive Selbstreferenz. Sie besteht hier in der Abgeschlossenheit der kognitiven Welt gegenüber der realen Welt. [...] Die Überschneidungsfreiheit der beiden Phänomenbereiche, die hier reale und kognitive Welt genannt werden, ist besonders von H. Maturana hervorgehoben worden [...]« (1985, S. 83).

14 Aprioris sind m. E. auch evolutionstheoretisch nicht erklärbar, da das dort entwickelte Konzept der ›Passung‹ die grundlegende Interaktivität von Wahrnehmung verkennt.

15 Wie Kriz (1985) betont, kommen empirische Wissenschaften gerade unter Verzicht auf postulierte ontische Wahrheit und Wirklichkeit zu relevanten Ergebnissen. Auch Kriz konzipiert Wissenschaft als Handeln im Sinne eines sozialen Prozesses systematischer Erweiterung spezifischer Wissensbestände aufgrund spezifischer Fragestellungen. Durch spezifische Rezeptoren (z. B. Apparate), Handlungsmuster (Kategorien, Operationalisierungen), Sprachen und Wissensbestände werden s. E. spezifische Wirklichkeitsmodelle konstruiert. Damit wird empirische Wissenschaft gleichsam zu einem Ersatz für die theoretisch aufgegebene ontische Wirklichkeit.

16 Dieser Aspekt läßt sich genauer bestimmen mit Hilfe des Luhmannschen Begriffs der *Interpenetration;* vgl. Luhmann [2]1985, S. 290ff.

17 Zum Entwurf einer konstruktivistischen Mediengattungstheorie vgl. Schmidt, *Theory of media genre.*

18 Nach Rumelhart, Anderson u.a. sind Schemata konzeptionelle Abbildungen von Gegenständen, Zuständen, Ereignissen und Handlungen aufgrund typischer Erfahrungen (z. B. »Auto-Schema« oder »Vorlesungsschema«). Schemata erlauben eine kognitive Orientierung in Situationen, ohne daß wir jeden Situationsbestandteil einzeln »abarbeiten« müssen; sie organisieren Wissen in Strukturen, die als ganze »abgerufen« werden können.
Eine zweite Form der Wissensorganisation ist unter dem Namen Scripts bekannt geworden (vgl. Schank, Abelson u.a.). Scripts bezeichnen typische Handlungs- und Ereignisabfolgen in bestimmten Situationen (wie z. B. »Restaurant-Script« oder »Supermarkt-Script«).
Frames schließlich (vgl. Minsky oder Winograd) bezeichnen konventionell geregeltes soziales Weltwissen, das variable Schlüsse integriert. Auch hier, wie bei den übrigen Formen der Wissensorganisation, dominiert die Vorstellung, daß es zwar eine bestimmte Organisationsform von Wissen gibt, daß sie aber einen relativ hohen Grad an Variabilität enthält.
Diese Schema-Script-Frame-Forschung ist 1981 durch eine Arbeit von Graesser wesentlich erweitert worden, der darauf hingewiesen hat, daß

in den bisherigen Ansätzen die Vielfalt der Wissensbestände noch nicht genügend berücksichtigt worden ist, so z. B. Wissensbereiche wie rhetorisches, linguistisches und kausales Wissen; Wissen über Ziele, Pläne und Handlungen; Wissen über soziale Rollen, Personen, Objekte und räumliche Beziehungen. Nach seiner Vorstellung führt die Wahrnehmung von Daten – in welchem Bereich auch immer – in einem ersten Schritt zur Schemaidentifikation. Dann aber müssen Konzepte, also Formen der Wissensorganisation, eingesetzt werden, um solche Schemata anzuwenden – und das schließt Interpretationen, Schlußfolgerungen, Erwartungen, Aufmerksamkeitssteuerungen, Handlungskorrekturen und dergleichen ein. (Zu Einzelheiten und Literaturangaben vgl. Schmidt, 1986.)

19 Damit wird notabene nicht behauptet, daß sich Kreativität auf Kombinatorik reduzieren lasse!

20 An dieser Stelle lassen sich m. E. die bei Diskurstheoretikern so beliebten »Macht«-Probleme einbauen, wobei allerdings der Machtbegriff erheblich expliziter gemacht werden müßte.

21 H. Müller: »Ich sehe im Hinblick auf den Werkbegriff keine Möglichkeit, hermeneutische – und dazu zähle ich auch den sprachtheoretisch belehrten Dekonstruktivismus – und funktionale Verfahren streng deckungsgleich zu machen, obwohl es Überlappungen gibt und man stets in der Mitspieler-Beobachter-Rolle verhaftet ist. Dennoch ist folgendes festzuhalten: Favorisiere ich die Beobachterzuschreibung, ist der Werkbegriff auf empirisch-funktionaler Ebene zu eliminieren bzw. als objekt-sprachlicher zu analysieren, favorisiere ich die Teilnehmerzuschreibung, ist der Werkbegriff auf hermeneutischer Ebene zu restituieren. Ich fürchte, daß die Literaturwissenschaft – soweit man Zukunft absehen kann – mit dieser Dauerspaltung wird leben müssen.« (Vgl. seinen Beitrag in diesem Band.)

22 Für eine ausführliche Darstellung dieser Position vgl. Rusch, 1987, sowie die Diskussion in Schmidt (Hg.), 1985, sowie Schmidt, 1985, und Rusch und Schmidt, 1983.

23 Die Frage, was als Element eines Diskurses anzusetzen ist, wäre dann zumindest teilweise negativ beantwortbar: Diskurselemente sind jedenfalls keine Sätze oder Texte. Ob man damit auskommt, Diskurse als Makro-Gattungen, also als Makro-Medienhandlungsschemata einschließlich aller kognitiven und nichtkognitiven Bedingungen für ihr erfolgreiches Prozessieren zu konzipieren, müßte genauer geprüft werden.

Literaturverzeichnis

Peter Finke, *Konstruktiver Funktionalismus. Die wissenschaftstheoretische Basis einer empirischen Theorie der Literatur*, Braunschweig, Wiesbaden 1982.

Stanley Fish, *Is there a text in this class?*, Cambridge/Mass. 1980.

Ernst von Glasersfeld, *Siegener Gespräche über Radikalen Konstruktivismus*, in: Siegfried J. Schmidt (Hg.)., *Der Diskurs des Radikalen Konstruktivismus*, Frankfurt/Main 1987, S. 401–440.

Nobert Groeben, *Methodologischer Aufriß der empirischen Literaturwissenschaft*, in: SPIEL 1/1 (1982), S. 26–89.

Helmut Hauptmeier und Reinhold Viehoff, *Empirical research on the basis of bio-epistemology. A new paradigm for the study of literature?*, in: Poetics Today 4/1 (1983), S. 153–171.

Uwe an der Heiden, *Kognitive Selbstreferenz*, in: Gerhard Pasternack (Hg.), *Erklären, Verstehen, Begründen*, Bremen 1985, S. 59–86.

Peter Hejl, *Sozialwissenschaft als Theorie selbstreferentieller Systeme*, Frankfurt/Main 1982.

Ders., *Konstruktion der sozialen Konstruktion: Grundlinien einer konstruktivistischen Sozialtheorie*, in: Siegfried J. Schmidt (Hg.), *Der Diskurs des Radikalen Konstruktivismus*, Frankfurt/Main 1987, S. 303–339.

Hans-Jürgen Heringer, *Textverständlichkeit. Leitsätze und Leitfragen*, in: Wolfgang Klein (Hg.), *Textverständlichkeit – Textverstehen*, Zeitschrift für Literaturwissenschaft und Linguistik, 1984, H. 55, S. 57–70.

Dagmar Hintzenberg, Siegfried J. Schmidt und Reinhard Zobel, *Zum Literaturbegriff in der Bundesrepublik Deutschland*, Braunschweig, Wiesbaden 1980.

Theo Herrmann, *Allgemeine Sprachpsychologie*, München, Wien, Baltimore 1985.

Jürgen Kriz, *Wie empirisch ist die Empirie?*, in: SPIEL 4/1 (1985), S. 7–40.

Niklas Luhmann, *Soziale Systeme. Grundriß einer allgemeinen Theorie*, Frankfurt/Main ²1985.

Dietrich Meutsch, *Literatur verstehen. Eine empirische Studie*, Braunschweig, Wiesbaden 1986.

NIKOL (Hg.), *Angewandte Literaturwissenschaft*, Braunschweig, Wiesbaden 1986.

John Richards und Ernst von Glasersfeld, *Die Kontrolle von Wahrnehmung und die Konstruktion von Realität. Erkennungstheoretische Aspekte des Rückkopplungs-Kontroll-Systems*, in: Siegfried J. Schmidt (Hg.), *Der Diskurs des Radikalen Konstruktivismus*, Frankfurt/Main 1987, S. 192–228.

Gerhard Roth, *Erkenntnis und Realität: Das reale Gehirn und seine Wirk-*

lichkeit, in: Siegfried J. Schmidt (Hg.), *Der Diskurs des Radikalen Konstruktivismus,* Frankfurt/Main 1987, S. 229–255.

Gebhard Rusch, *Verstehen verstehen – Ein Versuch aus konstruktivistischer Sicht,* in: Niklas Luhmann und K. E. Schorr (Hg.), *Zwischen Intransparenz und Verstehen,* Frankfurt/Main 1986, S. 40–71.

Ders., *Von einem konstruktivistischen Standpunkt. Erkenntnistheorie, Geschichte und Diachronik in der empirischen Literaturwissenschaft,* Frankfurt/Main 1987.

Siegfried J. Schmidt, *Grundriß der Empirischen Literaturwissenschaft,* Teilband 1: *Der gesellschaftliche Handlungsbereich Literatur,* Braunschweig, Wiesbaden 1980.

Ders., *Grundriß der Empirischen Literaturwissenschaft,* Teilband 2: *Zur Rekonstruktion literaturwissenschaftlicher Fragestellungen in einer Empirischen Theorie der Literatur,* Braunschweig, Wiesbaden 1982.

Ders., *The Empirical Science of Literature ESL: A New Paradigm?,* in: POETICS 12 (1983), S. 19–34.

Ders., *Vom Text zum Literatursystem. Skizze einer konstruktivistischen Literaturwissenschaft,* LUMIS-Schriften 1 (1984).

Ders. (Hg.), *On writing histories of literature,* in: POETICS 14 (1985).

Ders., *On writing histories of literature. Some remarks from a constructivist point of view,* in: POETICS 14 (1985), S. 279–301.

Ders., *Texte verstehen – Texte interpretieren,* in: A. Eschbach (Hg.), *Perspektiven des Verstehens,* Bochum 1986, S. 75–106.

Ders., *Der Radikale Konstruktivismus: Ein neues Paradigma im interdisziplinären Diskurs,* in: ders. (Hg.), *Der Diskurs des Radikalen Konstruktivismus,* Frankfurt/Main 1987, S. 11–88.

Ders. (Hg.), *Der Diskurs des Radikalen Konstruktivismus,* Frankfurt/Main 1987.

Ders., *Towards a Constructivist theory of media genre,* in: POETICS 16, 1987, S. 1–25.

Ders. und Reinhard Zobel, *Empirische Untersuchungen zu Persönlichkeitsvariablen von Literaturproduzenten,* Braunschweig, Wiesbaden 1983.

Ders. und Gebhard Rusch, *Das Voraussetzungssystem Georg Trakls,* Braunschweig, Wiesbaden 1983.

Ders. und Helmut Hauptmeier, *Einführung in die Empirische Literaturwissenschaft,* Braunschweig, Wiesbaden 1985.

Ders. und Norbert Groeben, *How to do thoughts with words,* in: Dietrich Meutsch und Reinhold Viehoff (Hg.), *Comprehension of Literary Discourse,* Berlin, New York 1987 (im Druck).

Peter Schöttler

Sozialgeschichtliches Paradigma und historische Diskursanalyse

> »Comment cerner ce qu'il est convenu d'appeler les ›mentalités‹ sans leur trame textuelle, les pratiques discursives par lesquelles les hommes actualisent les idéologies qui les gouvernent?«
>
> *Régine Robin*[1]

I.

In der geschichtswissenschaftlichen Diskussion ist seit geraumer Zeit ein besonderes Interesse für die Analyse von *Sprachen* und *Diskursen*[2] aufgekommen. So wird z.B. in der englischen und amerikanischen Sozialgeschichte, die sich besonders intensiv um eine soziologisch orientierte Gesellschafts- und Arbeitergeschichte bemüht hat, neuerdings vielfältig über das Thema *languages of class* debattiert, und diese neue Sprachdiskussion ist dabei, den bisherigen relativen Konsens einer ›erfahrungsorientierten‹ Geschichtsschreibung aufzulösen. Auch in der Bundesrepublik, wo die traditionsreiche Disziplin der ›Begriffsgeschichte‹ v. a. aufgrund der Initiative von Reinhart Koselleck den Anschluß an die Sozialgeschichte gefunden hat, ist jetzt die Tendenz feststellbar, über Begriffsgenealogien hinaus neuartige Projekte einer systematischen Sprach- oder vielmehr Diskursanalyse zu konzipieren. In Frankreich schließlich hat die Diskussion über ein spezifisches Forschungsterrain ›Diskursanalyse‹ bereits in den 60er Jahren eingesetzt: Mehrere Fachzeitschriften, Institute und Forschungsprogramme widmen sich dort schwerpunktmäßig sprachanalytischen Studien mit historischen, sozialwissenschaftlichen und linguistischen Perspektiven.

Im Blick auf den epistemologischen Horizont der Geschichtswissenschaft stellt sich allerdings – auch im internationalen Maßstab – die Frage, ob und inwiefern diese sprach- und diskursanalytischen Projekte tatsächlich eine bemerkenswerte Neuerung darstellen oder ob sich damit eine verdeckte Tendenz der Rückkehr zu traditionellen Formen der Ideengeschichte andeutet.

Schreibt sich diese neue Diskussion in den seit den 20er Jahren angebahnten und dann in den 50er und 60er Jahren international durchgesetzten ›Paradigmenwechsel‹ von der Geistes- und Ereignisgeschichte zu einer umfassenden ›Sozialgeschichte‹ ein? Oder signalisiert sie neben einer weiteren Sektoralisierung der ›Gesamtgeschichte‹ *(histoire totale)* die allmähliche Auflösung jenes Paradigmas? Für eine zugleich differenzierte und abschließende Antwort ist es sicher noch zu früh. Die Tragfähigkeit der neuen Konzepte, ihre Operationalisierbarkeit in *empirischen* Studien usw. ist bislang erst ansatzweise getestet worden. Mängel und Probleme können also durchaus noch in Anfangsschwierigkeiten begründet liegen. Um vorschnelle Abschottungen und Verwerfungen zu vermeiden und eine breitere Debatte auch jenseits der eigenen ›Spezialisierung‹ zu ermöglichen, dürfte es daher wichtig sein, zunächst einmal die bereits vorliegenden Arbeiten und Erträge zu sichten und historiographisch zu situieren. Der folgende Beitrag versteht sich in diesem Sinne als komparativer wissenschaftsgeschichtlicher *Bericht,* nicht als Bilanz oder Programm. Sein Ausgangspunkt und Schwerpunkt liegt bei der französischen Forschung, daneben werden aber auch Ergebnisse der anglo-amerikanischen und deutschen Diskussion berücksichtigt.[3]

II.

Bereits die ›Gründungsväter‹ der ›Annales d'histoire économique et sociale‹, Lucien Febvre und Marc Bloch, haben in den 20er und 30er Jahren nicht nur – wie der Titel ihrer Zeitschrift zunächst suggerieren mochte[4] – die bis dahin als Nebenfach geltende ›Wirtschafts- und Sozialgeschichte‹ in den Vordergrund gerückt, sondern tendenziell einen neuen historischen Blick inauguriert, der auch die »3. Ebene« (Ernest Labrousse)[5] der Kulturen, Bewußtseinsformen, Ideologien usw. mit berücksichtigte. Es sollte nicht mehr nur nach den ›Ideen‹ und dem ›Geist einer Zeit‹ gefragt werden, sondern die bis dahin als ›geistig‹ geltenden Dimensionen sollten selbst als *»faits sociaux«* im Sinne der Durkheim'schen Soziologie ernstgenommen und zum Gegenstand spezifischer Untersuchungen gemacht werden. Mit den neuen Begriffen *mentalité* und *outillage mental*[6] (im Gegensatz zu *esprit*) wurde dieser Perspektivenwechsel signalisiert.[7]

Sprachanalytische Fragestellungen haben dieses mentalitätshistorische Projekt von Anfang an begleitet. Schon vor dem Ersten Weltkrieg hatte Lucien Febvre eine Allianz zwischen »Geschichte und Linguistik« gefordert, wobei er v. a. Mundartforschung, Sprachgeographie und Begriffsgeschichte im Auge hatte.[8] Im zweiten Jahrgang der ›Annales‹ wurde dann eine eigene Rubrik »Les mots et les choses« eingerichtet, die sich auf das Vorbild der deutschen Zeitschrift *Wörter und Sachen* berief, allerdings mit sozialgeschichtlichem Erkenntnisinteresse.[9] Febvre selbst verfaßte in der Folgezeit mehrere ›lexikologische‹ Aufsätze zu Begriffen wie *frontière, civilisation, capitalisme* und *travail*[10], die bis heute lesenswert sind.

Nach 1945, als die ›Annales‹ in Frankreich und international ihren Siegeszug begannen, ist die Mentalitätsgeschichte unter der Federführung von Fernand Braudel und Ernest Labrousse zweifellos zugunsten der Wirtschaftsgeschichte und Demographie etwas in den Hintergrund getreten. Lucien Febvre selbst verfolgte zwar kurz vor seinem Tod noch das Projekt einer Mentalitätsgeschichte des 15. bis 18. Jahrhunderts, das eine gleichzeitig in Auftrag gegebene wirtschaftsgeschichtliche Arbeit von Braudel »begleiten und ergänzen sollte«.[11] Aber Braudels Buch mußte dann ohne sein »Pendant« erscheinen.[12] Auch ist es sicher kein Zufall, daß erst in den 80er Jahren mit der von Philippe Ariès und Georges Duby herausgegebenen *Histoire de la vie privée* das notwendige Gegenstück zur achtbändigen Sozial- und Wirtschaftsgeschichte von Braudel und Labrousse entstanden ist.[13] Darin kommt eine weitere Schwerpunktverlagerung innerhalb der ›Annales‹-Historie zum Ausdruck – von der ökonomischen Strukturgeschichte zur sozio-kulturellen Geschichte und schließlich zur historischen Anthropologie[14] –, die auch in bezug auf die historische Sprachforschung zu Akzentverschiebungen, ja Diskontinuitäten geführt hat. Zwar wurde die ursprüngliche Thematik in den 50er Jahren von Autoren wie Alphonse Dupront, Robert Mandrou und Georges Duby weitergeführt[15], aber der starke Trend zur Quantifizierung[16] und die ungewöhnliche Offenheit der ›Annales‹ für interdisziplinäre Kontakte führten auch auf diesem Terrain zu einer Infragestellung der Tradition. Während sich Bloch und Febvre an der ›historisch-vergleichenden Linguistik‹ von Antoine Meillet und Ferdinand Brunot orientiert hatten[17], wurde nun eine Rezeption der ›strukturalen Linguistik‹ in der Nachfolge Ferdinand de Saussures unumgänglich.[18]

Die theoretische Konjunktur[19], die diesen Wandel herbeiführte, läßt sich im Nachhinein recht eindeutig mit dem Namen *Strukturalismus* belegen. Damit ist ein sehr heterogenes und sich häufig veränderndes Spektrum von Positionen bezeichnet, deren Gemeinsamkeit – v. a. in den Anfängen – in der Ablehnung des existentialistischen Historismus und Subjektivismus der Nachkriegszeit bestand, während man sich positiv v. a. auf die Ergebnisse der strukturalen Linguistik und Zeichentheorie bezog.[20] Es ist auffällig, daß fast alle einflußreichen ›Strukturalisten‹ (von Lévi-Strauss über Goldmann und Barthes bis hin zu Lacan und Bourdieu) frühzeitig Lehr- und Forschungsaufträge an der von den ›Annales‹ dominierten *Ecole des Hautes Etudes* erhielten. Auch brachte die Zeitschrift immer wieder wichtige Aufsätze aus diesem theoretischen Spektrum. Strukturale Geschichte[21] und strukturale Humanwissenschaften gingen wenn nicht eine Symbiose, so doch ein dauerhaftes Bündnis ein.[22]

Die Implikationen dieses theoretischen Umbruchs speziell für die historische Sprachanalyse lassen sich am deutlichsten an zwei Aufsätzen ablesen, die 1958 und 1960 in den ›Annales‹ erschienen sind und im nachhinein ohne Übertreibung als ›bahnbrechend‹ bezeichnet werden können. Der eine stammt von Algirdas Greimas, der damals noch in Alexandria lehrte und wenig später an die *Ecole des Hautes Etudes* berufen wurde.[23] Greimas erinnerte zunächst an Marc Blochs Plädoyer für eine »historische Semantik«[24], machte dann aber auf die in seinen Augen paradoxe *Rückständigkeit* der »neuen historischen Schule« hinsichtlich der theoretischen Entwicklungen in der Linguistik aufmerksam. Obwohl sich die *strukturale* Sprachwissenschaft fast »parallel« zu den Innovationen in der Geschichtswissenschaft entwickelt habe, unterhalte diese noch immer ein privilegiertes Verhältnis zur vorsaussureschen Linguistik, die mit ihrer »subjektiven« Methode einen überholten Wissensstand repräsentiere. Die Differenz beider Paradigmen wird unmißverstlich benannt:[25]

Innerhalb des weiten Feldes, das durch das Vokabular einer Epoche gebildet wird, wählt sie [die historische Linguistik] signifikante Wörter aus, die als »Zeitzeugnisse« fungieren *(mots-témoins)*. Meist sind es Neologismen, deren Erscheinen die Innovationen der Geschichte signalisiert. Aber allein der Sprachhistoriker entscheidet, ob sie repräsentativ sind. In jedem Fall handelt es sich um eine subjektive Determinierung individueller Tatsachen und um eine Atomisierung des historischen Kontextes; im Vordergrund steht jeweils das typische Faktum, das nur ein Überrest der epistemologischen Ansätze des 19. Jahrhunderts ist und möglicherweise auf die schon bei den Romantikern so beliebte Suche nach dem »Charakteristischen« zurückgeht. Die Saussure'sche Linguistik dagegen setzt diesem Atomismus der Tatsachen und diesem Psychologismus des Autors eine soziologische Haltung und eine Beschreibung lexikalischer Einheiten entgegen: Die Sprache ist ein globales System von Zeichen, das eine Kultur durchzieht und zum Ausdruck bringt. Sie ist nicht nur ein Repertoire von Wörtern, von denen nur einzelne als besondere Zeugnisse einer Geschichte gelten können, die sich ansonsten in einem Jenseits der Sprache abspielt; vielmehr ist sie als symbolisches System selbst der Ort, wo sich Geschichte abspielt. Sie bildet einen autonomen sozialen Raum, der über die Individuen hinausgeht und ihnen Gefühlsmodelle und Handlungsmuster aufdrängt. Die in strukturierten Ensembles – »Vokabularien« – organisierten Wörter definieren sich wechselseitig und bilden einen objektiven und zwangsläufigen Plan der Sprache, in dem der Historiker Mentalitätsstrukturen und Modelle der kollektiven Sensibilität entdecken kann (und nicht etwa »charakteristische« und »typische« Verhaltensweisen). Das ist die Ebene, auf der die sozialen Rollen verteilt werden und die sozialen Rahmenbedingungen für Gefühlsmodelle und Moralitätsnormen entstehen. Die Saussuresche Linguistik gibt dem Historiker also nicht sein eigenes Geschichtsbild zurück, sondern schlägt ihm bestimmte Methoden sowie einen einheitlichen und kohärenten Plan zur Beschreibung der Kulturgeschichte vor.

Auch wenn Greimas den Bogen im Gegenzug vielleicht etwas überspannte[26], formulierte er erstmals das Programm einer linguistisch fundierten historisch-strukturalen Diskursanalyse, wenngleich dieser *Begriff* ihm noch fehlte.

Der zweite Aufsatz stammte von Roland Barthes und ist unter seinem späteren Titel *Literatur oder Geschichte* auch in der Bundesrepublik im Kontext literaturtheoretischer Diskussionen berühmt geworden.[27] Aber daß dieser Text in einem sehr speziellen historiographischen Zusammenhang angesiedelt ist, wurde bisher kaum beachtet. Denn Barthes stützte sich bei seinem Plädoyer gegen eine reduktionistische Literatursoziologie, die vorschnell Homologien zwischen Texten und Sozialstruktur unterstellt[28], bezeichnenderweise auf das mentalitätshistorische Programm von Febvre, das gleichsam die Gliederung seines Artikels bestimmte.[29] Ebenso wie die ›Annales‹ die traditionelle *Ereignisgeschichte* verabschiedet hatten, wies Barthes jetzt auch die klassische Frage nach dem *Autor* und seinen *Intentionen* zurück; statt dessen sollte nach den sozialen, mentalen und institutionellen *Möglichkeitsbedingungen* von literarischen Texten gefragt werden. Als Teilgebiet der Mentalitätsgeschichte sollte auch die Literaturgeschichte dem Beispiel der Linguistik folgen und vom Primat des Signifikanten über das Signifikat ausgehen, um so die Literatur als institutionalisierten *Subjektivitätseffekt* erkennbar zu machen. Kein Zweifel, auch dieser Aufsatz, der noch nicht von ›Diskursen‹ spricht, hat Aspekte der Diskursanalyse bereits entscheidend vorweggenommen.

Wie kam es aber nun zu diesem neuen *Konzept?* Seinen besonderen epistemologischen Status erhielt der ehrwürdige und im Französischen nicht als ›Fremdwort‹ markierte Begriff *discours* Anfang der 60er Jahre vor allem im Werk Michel Foucaults. Als *Diskurse* werden bei Foucault keine hermeneutisch ergründbaren Texte bezeichnet, deren Sinn *jenseits* der sprachlichen Zeichen versteckt läge, sondern institutionalisierte Redeweisen, deren Regeln und Funktionsmechanismen gleichsam ›positiv‹ zu ermitteln sind[30]:

Seit dem klassischen Zeitalter entfaltet sich die Sprache innerhalb der Repräsentation und in deren Verdoppelung, die sie untergräbt. Künftig erlischt der ursprüngliche Text und mit ihm der unerschöpfliche Grund der Wörter, deren stumme Existenz den Dingen eingeschrieben war. Es bleibt allein die Repräsentation, die sich in den sprachlichen, das sich manifestierenden Zeichen abwickelt und dadurch zum *Diskurs* wird. [...] Künftig sucht man nicht mehr danach, wie man die große rätselhafte Wortfolge freilegen kann, die unter seinem [scil. des Diskurses] Zeichen verborgen ist, sondern fragt danach, wie er funktioniert: welche Repräsentationen er bezeichnet, welche Elemente er abtrennt und heraushebt, wie er analysiert und komponiert, welches Spiel der Substitutionen es ihm gestattet, seine Rolle als Repräsentation zu sichern. Die *Kritik* tritt an die Stelle des *Kommentars*.

Die ›verstehende Interpretation‹ der traditionellen Geistesgeschichte wird von Foucault zurückgewiesen. In einem Interview von 1969 heißt es[31]:

Ich möchte nicht unterhalb des Diskurses nach dem Denken der Menschen suchen, sondern ich versuche, den Diskurs in seiner manifesten Existenz zu nehmen, als eine Praxis, die bestimmten Regeln gehorcht. Es geht um Regeln der Formierung, der Existenz, der Koexistenz, um Systeme der Funktionsweise usw. Und genau diese Praxis in ihrer Konsistenz und beinahe in ihrer Materialität beschreibe ich.

Diese neue Art der Wissensgeschichte, die sehr viel auch der ›historischen Epistemologie‹ von Koyré, Bachelard und Canguilhem verdankt[32], hatte bemerkenswerte Gemeinsamkeiten mit den von Febvre, Bloch und vielen ›Annales‹-Autoren verfolgten Ansätzen einer nichtideengeschichtlichen Geschichte der bewußten *und* unbewußten Gedankenformen, auch wenn diese vielleicht theoretisch weniger reflektiert war.[33]

In Kombination mit den *gleichzeitig* erschienenen bzw. rezipierten Arbeiten von Jacques Lacan zur Struktur des Unbewußten und von Louis Althusser zur Materialität des Ideologischen[34], die einander ergänzten[35] und einen theoretischen Rahmen (u. a.) für eine nichtsubjektive, diskursorientierte Textlektüre bereitstellten, hat der Diskursansatz Foucaults nachhaltige (allerdings auch sehr heterogene!) Wirkungen in fast allen humanwissenschaftlichen Disziplinen gehabt. Was die Geschichtswissenschaft angeht, gab er den entscheidenden Anstoß, um die vorhandenen Elemente historischer Sprachanalyse zu überdenken und im Rahmen einer neuen Problematik als Diskursanalyse zu fundieren. Exemplarisch läßt sich dieser Neuansatz an den Arbeiten von Régine Robin verfolgen, die bis heute den wichtigsten Versuch darstellen, sozialgeschichtliche und linguistische Fragestellungen zu integrieren.

Bereits in ihrer Dissertation von 1969 über Semur-en-Auxois[36] unternahm R. Robin nicht nur eine subtile, das ganze ›Annales‹-Instrumentarium mobilisierende ›Klassenanalyse‹ der vorrevolutionären Gesellschaft – wobei sie den seither vielbenutzten Begriff der »Bourgeoisie-d'Ancien-Régime« prägte –, sondern auch einen ersten Versuch der Einbeziehung lexikometrischer und semiotischer Methoden in eine Analyse der sozialen Ideologien. Städtische und bäuerliche *cahiers de doléances* werden auf ihre sprachlichen Eigenarten hin untersucht und im Rückgriff auf die Methodik von Zellig Harris[37] in äquivalente Segmente ›transformiert‹: Konstante Wortgegensätze und Wortverbindungen werden damit sichtbar gemacht. Termini wie *seigneur, roi, citoyen, nation, peuple* usw. lassen sich in bestimmte Mikro-Kontexte einordnen. Bedeutungsverschiebungen und politische Konnotationen werden lesbar, die auf den ersten Blick und mit traditionellen hermeneutischen Mitteln nicht zu erkennen wären. Mentalitätsunterschiede zwischen Stadt und Land, verdrängte oder kaschierte Gegnerschaften, etwa zwischen Bürgertum und Unterschichten, lassen sich nun genauer als bisher ermitteln und belegen. Die historiographischen Hintergründe, Erkenntnisinteressen und Perspektiven solcher Analysen hat R. Robin 1973 in *Histoire et Linguistique*[38] dargestellt und diskutiert, wobei sie auch eine detaillierte Einführung in die verschiedenen Methoden bzw. Techniken der Diskursanalyse – von der Lexikometrie, über die Lexikologie und die Sem-Analyse bis hin zur ›automatischen Diskursanalyse‹[39] – gibt. In ihren späteren Studien über die Ideologie des Adels[40] oder über die diskursiven Konflikte zwischen Turgot und den Pariser ›Parlamentariern‹[41], über die rhetorischen Formen in den journalistischen Texten des Mai '68[42] oder über die Durchsetzung der ideologischen Hegemonie in den Schulbüchern der III. Republik[43] hat sie dieses Instrumentarium dann vielfältig variiert und ausgebaut.

In der Tat ist auffällig, daß sich R. Robin, die als erste Fachhistorikerin die bis dahin von historisch interessierten Fachlinguisten (mit entsprechend anderen Erkenntnisinteressen) betriebenen Diskursanalysen rezipierte[44], nie auf eine einzelne Untersuchungsmethode festgelegt, sondern je nach Fragestellung und zu untersuchendem Material mit den Möglichkeiten der verschiedensten Verfahren experimentiert hat. Im nachhinein werden daher auch manche Einseitigkeiten und Sackgassen sichtbar, die eine a priori bescheidenere ›Normalwissenschaft‹ vermutlich vermieden hätte. Die Diskursanalyse der 60er und 70er Jahre hatte z. B. noch weitgehend referentiellen Charakter: »Aufgrund unserer Tabellen und Äquivalenz-Klassen konnten wir allenfalls ›beweisen‹, was das historische Wissen bereits anderweits ermittelt hatte.«[45] Trotz ungeheuer aufwendiger Verfahren der Textaufbereitung – dies gilt zumal für die Methode von Michel Pêcheux[46], die sich nicht wie die Lexikometrie darauf beschränkt, Wörter ›auszuzählen‹ und statistisch zu korrelieren, sondern Bedeutungsfelder und Sinn-Verknüpfungen zu ermitteln versucht –, war der Ertrag für die Nichtlinguisten häufig enttäuschend. Die ›Annales‹-Redaktion konnte daher einige Arbeiten von R. Robin halb bewundernd und halb spöttisch kommentieren: »Luxuriöse und komplexe Arbeitstechniken, aber magere Resultate: dieses Mißverhältnis wird solche Pionierarbeiten noch lange belasten.«[47] Die neuere Praxis der Diskursanalyse, die unter dem programmatischen Stichwort »Archiv-Lektüre« steht[48], ist denn auch sehr viel offener gegenüber den methodischen Erfordernissen und Quellenproblemen der Geschichtswissenschaft. Sie will die Historizität der Diskurse nicht bloß meta-linguistisch berücksichtigen, sondern durch die Untersuchung von Themenverläufen, Kontexten und Sprachstrategien am Material aufspüren.[49] Dabei nimmt sie Überlegungen und Fragestellungen auf, wie sie in der historischen Textpragmatik und in der Ethnomethodologie entwickelt werden.[50] Das Axiom einer *Materialität* der Diskurse wird allerdings nicht aufgegeben: »Das Register der Sprache *(langue)* ist ebensowenig auf ein Ensemble von Handlungen, Verhaltensweisen oder sozialen Praxen zu reduzieren wie auf eine logisch-semantische Maschine.«[51]

III.

Auch wenn quantifizierende und formalisierende Verfahren, wie sie die diskursanalytischen Ansätze kennzeichnen, vor allem in der amerikanischen Sozialgeschichte keineswegs ungewöhnlich sind, haben derartige Projekte in England und den USA lange Zeit kaum positive Resonanz gefunden.[52] Die Dimension der Sprache (oder gar der Diskurse) wurde in zahllosen Studien über Klassen und Schichten, regionale oder lokale Arbeits- und Lebensbedingungen, Alltagserfahrungen und Kulturen nie ernsthaft berücksichtigt. Erst in den letzten Jahren läßt sich ein Wandel beobachten, indem Vertreter der amerikanischen »New Social History« oder der englischen »History from below« diesen vernachlässigten bzw. ignorierten Aspekt für ihre Forschungen entdecken. Ein Indikator dieses neuen Trends ist die Tatsache, daß die englische ›History-Workshop‹-Bewegung 1980 ihren Jahreskongreß unter dem Thema »Language and History« abhielt.[53] Allerdings lassen sich im Hinblick auf die Sprach- und Diskursanalyse zwei unterschiedliche Tendenzen feststellen: Einige Autoren thematisieren ›Sprache‹ vornehmlich im Rahmen einer kulturanthropologischen Problematik[54]; hier geht es folglich in erster Linie um sprachlich artikulierte soziokulturelle Deutungsmuster. Andere Autoren dagegen sind auf das Thema ›Sprache‹ im Zusammenhang mit der neueren marxistischen Ideologie- und Staatsdiskussion oder dem französischen ›Strukturalismus‹ gestoßen[55]; sie berücksichtigen daher stärker die Besonderheiten des sprachlichen Materials und die unbewußte ideologische Wirksamkeit der Diskurse. Die Implikationen dieser unterschiedlichen Ansätze, zwischen denen es natürlich zu Kombinationen und Vermengungen kommt, lassen sich an zwei Beispielen genauer aufzeigen:

Einer der ersten Beiträge zur neuen Diskussion war das Buch des amerikanischen Historikers William Sewell über die »Sprache der Arbeit« im französischen Ancien Régime und im beginnenden

19. Jahrhundert.[56] Im Unterschied zur traditionellen Sozialgeschichte wird darin die Entstehung von ›Klassenbewußtsein‹ nicht bloß aus den Arbeits-, Lebens- und Konfliktbedingungen hergeleitet, sondern die Entwicklung korporativer Deutungsmuster als zusätzliches *kulturelles* Erklärungsmoment eingeführt. Die dafür herangezogenen Quellen sind Zeitungen, Vereinssatzungen, Programme usw., kurzum sprachliches Material. Und in eben diesem relativ banalen Sinne ist dann von *language* die Rede. Zwar verwendet Sewell ein breites terminologisches Spektrum (*discourse, idiom, doctrine, ideology* usw.), aber es fehlt an trennscharfen Definitionen. Die semantischen und syntaktischen Besonderheiten der »Language of Labor« bleiben daher ebenso im Dunkeln wie die Wirksamkeit sprachlicher Effekte bei der Herausbildung von sozialen Deutungsmustern. Nach den diskursiven Regelmäßigkeiten und Normen im Sinne Foucaults wird an keiner Stelle gefragt. Trotz ihres avantgardistischen Anspruchs bleibt die Studie letztlich bei einer sozialhistorisch grundierten Ideengeschichte stehen, die in der Hauptsache ›Höhenkammzitate‹ interpretiert, während die Besonderheit der Diskurse und Mentalitäten verfehlt wird.

Es ist durchaus paradox: Während Sewell in einem Buch über *Frankreich* die französische Theorie-Diskussion und die bereits vorliegenden Sprachanalysen zu seinem Thema vollständig ignoriert[57], hat Gareth Stedman Jones in seinen unter dem Titel *Languages of Class* publizierten Studien zur *englischen* Arbeitergeschichte die wichtigsten theoretischen Ergebnisse der ›kontinentalen‹ Diskussion wenigstens implizit berücksichtigt.[58] Als einer der Aktivisten der ›History-Workshop‹-Bewegung unterzieht Stedman Jones ausgerechnet den anglo-marxistischen »Erfahrungsansatz«, wie er vor allem mit dem Namen E. P. Thompson verbunden ist, einer grundsätzlichen Kritik.[59] Während man in den 70er Jahren Thompson gelegentlich eine Reduktion der Klassenrealität auf das ›Klassenbewußtsein‹, also eine Überbetonung der kulturellen gegenüber der sozialökonomischen Ebene vorgeworfen hat[60] und demgegenüber das Desiderat einer erneuerten Ideologietheorie formuliert wurde[61], versucht Stedman Jones die impliziten geschichtsphilosophischen Idealismen der Sozialgeschichtsschreibung, die er schon früher kritisierte[62], nunmehr *positiv* zu überwinden, indem er die »Materialität der Sprache«[63] als theoretisches Konzept und empirisches Forschungsterrain thematisiert[64]:

Um Veränderungen im politischen Verhalten zu erklären, haben sich die Historiker, unabhängig davon, ob sie eher den alten Traditionen der Labour-Geschichte oder den neuen Konventionen der Sozialgeschichte verpflichtet sind, für alles mögliche interessiert, nur nicht für Veränderungen im politischen Diskurs. Implizit oder explizit gehen sie von einem essentialistischen Klassenbegriff aus, bei dem alle verschiedenen Klassensprachen *(languages of class)* mit marxistischen oder soziologischen Konzepten der »Klassenlage« konfrontiert und dann jeweils die Übereinstimmung oder Abweichung gegenüber den aus der sozioökonomischen Logik hergeleiteten Klassenpositionen gemessen wird. Dahinter steht unausgesprochen die Annahme, daß die bürgerliche Gesellschaft ein Terrain sei, auf dem soziale Gruppen oder Klassen miteinander in Konflikt stehen, deren gegensätzliche Interessen in der politischen Arena rational zum Ausdruck gelangen. Außerdem wird unterstellt, daß solche Interessen bereits existieren, bevor sie überhaupt ausgedrückt werden. Die Sprachen der Politik sind daher nur vorübergehende Formen [...], durch die hindurch man essentielle Interessen dekodieren kann. Um die politische Geschichte der »Arbeiterklasse« bzw. der »Arbeiterklassen« neu zu schreiben, müssen wir am anderen Ende der Kette ansetzen. Sprache durchbricht alle simplifizierenden Vorstellungen von einer Determination des Bewußtseins durch das soziale Sein, denn sie ist selbst ein Teilelement dieses sozialen Seins. Folglich können wir nicht durch eine Dekodierung der politischen Sprache einen ursprünglichen und materiellen Ausdruck von Interessen zu fassen bekommen. Vielmehr werden diese Interessen in erster Linie durch die diskursive Struktur der politischen Sprache geformt und definiert. Daher müssen wir die Produktion von Interessen, Identifikationen, Beschwerden und Wünschen innerhalb der politischen Sprachen selbst untersuchen.

In einer längeren Studie über die »politische Sprache des Chartismus« versucht Stedman Jones, diesen Ansatz erstmals einzulösen.[65] Die Lektüre der chartistischen Presse und der frühsozialistischen Literatur führt ihn zu der These, daß die Sprache dieser breiten Volksbewegung eigentlich nie über das Repertoire des ›Radikalismus‹ des späten 18. und frühen 19. Jahrhunderts hinausgegangen sei. Die Stärke des Chartismus bestand in seiner *politischen* Zielsetzung, die gegenüber den *sozialen* Forderungen stets das Primat besaß (und nicht umgekehrt, wie in der neueren Geschichtsschreibung vertreten wird). Nur so sei ein breites Klassenbündnis möglich gewesen, das auch Teile der Mittelschicht einbezog. Auch sei das Scheitern des Chartismus »nicht in erster Linie auf ökonomische Entwicklungen, eine Spaltung der Bewegung oder ein unreifes Klassenbewußtsein zurückzuführen«, wie von vielen Sozialhistorikern behauptet wurde, sondern auf Veränderungen in der staatlichen Politik, die plausibel machen konnte, daß soziale Verbesserungen auch ohne politische Systemveränderungen (allgemeines Wahlrecht) möglich wären, wodurch die chartistische Identifizierung von *people* und *working class* in Frage gestellt wurde.[66]

Sowohl diese (hier sehr verkürzt wiedergegebene) inhaltliche These wie auch der methodische Neuansatz des Buches haben zu lebhaften und symptomatischen Reaktionen geführt.[67] Während von orthodoxen Marxisten sofort der Vorwurf erhoben wurde, Stedman Jones verrate die sozialhistorische Klassenanalyse zugunsten eines vage formulierten »linguistic *trompe d'œil*«[68], wurde von anderer Seite die Brisanz des Neuansatzes heruntergespielt und statt dessen eine direkte *Kontinuität* zu Thompson hergestellt: »Mit *Languages of Class* wird in der Nachfolge von Thompson der Versuch unternommen, die Idee des Klassenbewußtseins noch stärker von ihrer unmittelbaren Ankettung an die ökonomische Basis oder das gesellschaftliche Sein zu befreien.«[69] Die Mißverständnisse könnten kaum größer sein. Ihren Grund dürften sie teilweise jedoch auch in manchen Schwächen des Buches selbst haben. Stedman Jones hat nämlich seine theoretischen und methodologischen Präsuppositionen nicht immer hinreichend klar formuliert und ›abgesichert‹. Fast scheint es, als ob er nach seiner für englische Verhältnisse äußerst theoretischen Kritik am »Essentialismus« des Erfahrungsansatzes es nicht mehr gewagt hätte, seine *eigenen* Konzepte mit der gleichen Verve zu explizieren. Welch schweren Stand er mit seiner Position offenbar hat, ist aus dem letzten Absatz der *Introduction* herauszulesen, der dafür plädiert, die unter Historikern besonders verbreiteten Ressentiments gegenüber der französischen ›strukturalistischen‹ Diskussion zu überwinden[70]:

Die hier entwickelten Vorschläge sollen nicht als triumphales Manifest gelesen werden, sondern vielmehr als Antwort auf das Scheitern oder die Sackgassen früherer Interpretationsansätze. Angesichts der vielen großspurigen Todesurteile, die seit dem Aufkommen des Strukturalismus in Frankreich in bezug auf die Geschichte verkündet wurden, ist es kaum überraschend, daß die meisten Historiker darauf [...] mit Skepsis und Feindschaft reagierten.[71] Aber ein berechtigtes Mißtrauen gegenüber einer intellektuellen Mode ist kein hinreichender Grund, Theorien außer acht zu lassen, die versucht haben, aus den bahnbrechenden Erkenntnissen der Linguistik des 20. Jahrhunderts sozialwissenschaftliche Konsequenzen zu ziehen. Tatsache ist, daß diese Entwicklungen in der Geschichtswissenschaft bisher kaum rezipiert wurden und daß es völlig unsinnig ist, die Bedeutung eines solchen Projekts lediglich an den Schwachpunkten einiger allzu weitgehender oder voreiliger Publikationen zu messen. Wenn die Geschichtswissenschaft erneuert werden soll [...], so kann dies nicht durch eine defensive Wiederholung altbekannter und inzwischen abgenutzter Formeln geschehen. Vielmehr muß sie sich auf das intellektuelle Terrain der Gegenwart begeben – nicht um eine Bedrohung abzuwehren, sondern um eine Gelegenheit zu ergreifen.

Stedman Jones will dieser »Skepsis« offenbar dadurch entgegenkommen, daß er den verdächtigen Begriff »discourse« weitgehend vermeidet und statt dessen einfach nur von »language« spricht. Dieses Wort wird dann aber so variantenreich – und letztlich untheoretisch – verwendet, daß ansonsten vermeidbare Mißverständnisse geradezu provoziert werden. Obwohl Stedman Jones z. B. »diskursive Relationen« analysieren will[72], die weder soziologisch noch ökonomisch ›ableitbar‹ sind, spricht er von »Klassensprachen« oder auch von »politischen Sprachen«, die eben doch den Gedanken nahelegen, hier würden direkte Zuordnungen (z. B. im Sinne der Soziolinguistik) vorgenommen.[73] Wie wichtig einige begriffliche Klärungen und Erläuterungen gewesen wären, zeigt sich auch daran, daß in *allen* Besprechungen das Unverständnis der Fachkollegen zum Ausdruck kommt, was denn unter einer »nicht-referentiellen Konzeption der Sprache«[74] zu verstehen sei. Allein sehr viel explizitere Rückgriffe auf Ergebnisse der seit den 60er Jahren in Frankreich geführten Diskussion hätten den falschen Eindruck vermeiden können, hier werde ein abstraktes theoretisches Modell vorschnell in die Geschichtswissenschaft importiert. Ähnliche Einwände gelten für die konkrete Untersuchung der chartistischen Sprache. Denn im Unterschied zur französischen Diskursanalyse, die – im Anschluß an Pêcheux – sehr bald ihr Hauptaugenmerk auf die Widersprüche und Regelverletzungen in den Diskursen gelegt hat, also auf die sprachlich-materiellen Symptome subjektiver Widersetzlichkeit[75], geht Stedman Jones von einer sehr ›geschlossenen‹ und allgemeinen Konzeption von Sprache aus, die solche Diskursbrechungen und überhaupt die komplexe Realität der »Interdiskurse« (Jürgen Link) weder adäquat ermitteln noch darstellen kann.[76] Daher gerät auch er letztlich wieder in eine gewisse Nähe zur traditionellen Ideen- und Ideologiegeschichte.[77] Die Rezeption seines heraus-

ragenden Buches hat es aufgrund dieser Unentschiedenheit besonders schwer.

Insgesamt zeigt die anglo-amerikanische Sozialgeschichtsdiskus-
sion über *language* und *discourse* recht eindringlich, worum es
geht: Entweder es gelingt, mit diesen Begriffen neue Perspektiven
in die geschichtswissenschaftliche Praxis einzuführen, die in *Kontinuität* zur Sozial- und Mentalitätsgeschichte die materiale Analyse bislang vernachlässigter Dimensionen des ›sozialen Ganzen‹
tatsächlich vorantreiben, oder es wird mehr oder weniger vorübergehend (›modisch‹) nur eine Art *Ersatzterminologie* für traditionelle Fragestellungen eingeführt, die vor zehn oder zwanzig
Jahren ebensogut mit den Wörtern ›Klassenbewußtsein‹, ›Ideologie‹, ›Ideen‹ usw. ausgekommen sind.[78] Und bereits ein Blick in
die englischsprachigen Fachzeitschriften kann zeigen, daß diese
zweite Möglichkeit keineswegs weniger wahrscheinlich ist.[79]

IV.

Wie stellt sich nun im Vergleich zur französischen und angelsächsischen Welt die historische Sprach- und Diskursanalyse in der
Bundesrepublik dar? Zunächst ist an einige Besonderheiten der
bundesdeutschen Sozialhistorie zu erinnern. Während sich in
Frankreich die Thematik des Diskurses im Rahmen der theoretischen Konjunktur der 60er Jahre im Sinne einer methodischen
Interessenkonvergenz und Annäherung von Mentalitätsgeschichte und strukturalistischer Linguistik entwickeln konnte, hat
ein ähnlicher interdisziplinärer Austausch zwischen deutschen
Historikern und Linguisten nie stattgefunden. Weder gab es ein
entsprechendes Interesse – sei's als Angebot, sei's als Nachfrage –
der Sprachwissenschaftler[80], noch der Historiker (wobei auf die
›Begriffsgeschichte‹ gleich noch einzugehen ist). In keiner deutschen historischen Zeitschrift wäre die Publikation von Beiträgen
wie den erwähnten ›Annales‹-Aufsätzen von Greimas, Barthes,
Pêcheux, Robin usw. denkbar gewesen. Auch die diskursanalytischen Ansätze der 70er und 80er Jahre, über die hier zu berichten
ist, sind bisher z. B. von dem innovativsten Historikerorgan, *Geschichte und Gesellschaft,* nicht zur Kenntnis genommen worden.
Zwei Momente scheinen zusammenzukommen, die eine produktive Rezeption der französischen Anregungen auf diesem Gebiet

bisher behindert haben: (1) Die vergleichsweise späte und stets sehr selektive Rezeption der ›Annales‹-Historie (sowie auch der sonstigen französischen und westeuropäischen Theoriedebatten) durch die deutschen Historiker; es dürfte sich leicht nachweisen lassen, daß englischsprachige Beiträge im Aufsatzteil und Rezensionsteil sowohl der ›Historischen Zeitschrift‹ als auch von ›Geschichte und Gesellschaft‹ bereits rein quantitativ sehr viel stärker repräsentiert sind.[61] (2) Die besondere philosophisch-hermeneutische Einfärbung der bundesdeutschen Historie, aus der sich bis heute eine eigentümliche Thematisierung von Sprachproblemen ergeben hat.

In der Tat ist auffällig, daß die Frage der ›Sprache‹ von deutschen Historikern nach wie vor fast ausschließlich in einem erkenntnistheoretischen Zusammenhang diskutiert wird, wie er positiv oder negativ durch die Fragestellung des Historismus abgesteckt worden ist. Die Prozesse der Sinnproduktion durch Sprache kommen dagegen als historischer Forschungsgegenstand kaum in den Blick.[82] Auch sollten die heute anzutreffenden materialen Begriffsgeschichten nicht vergessen lassen, daß diese Disziplin vor nicht allzu langer Zeit noch eindeutig in der Philosophie angesiedelt war[83] und – z. B. bei Otto Brunner, der diesen Ansatz in die Nachkriegshistorie übermittelte[84], – mit dem Programm eines konservativen »Terminologiehistorismus« (Wolfgang Mager) einherging. Deutsche Begriffshistorie war zunächst und vor allem Begriffs*philosophie* und keineswegs Sozialgeschichte im Sinne des neuen Paradigmas. Erst seit der Mitte der 60er Jahre hat vor allem Reinhart Koselleck in Verbindung mit Werner Conze und Otto Brunner (die Kontinuität wurde also nicht explizit unterbrochen) die Begriffsgeschichte »als methodisch eigenständigen Teil sozialhistorischer Forschung« zu definieren und durchzusetzen versucht.[85] Das großangelegte Lexikon *Geschichtliche Grundbegriffe,* für das es auch im internationalen Maßstab keine Parallele gibt, dokumentiert die ersten Ergebnisse dieser Bemühungen.[86] Begriffsgeschichte im Sinne Kosellecks ist eine durch sozialhistorische Fragestellungen und Methoden geschulte und transformierte Ideengeschichte, die sich auf die langfristige Entwicklung besonders ›bedeutungsvoller‹ Wörter konzentriert. In diesen ›Begriffen‹ sind sowohl ›Sachgeschichte‹ wie auch ›Erfahrungsgeschichte‹ mehrdeutig aufbewahrt. Die Rekonstruktion ihres Bedeutungswandels erfolgt primär in einer diachronen Perspektive, aber auch die synchronen Verflechtungen im Sinne der »Gleichzeitigkeit des Ungleichzeitigen« sollen berücksichtigt werden.[87] Indem sie sich auf bestimmte ›Schlüsselbegriffe‹ konzentriert, »die aus der Vergangenheit Europas hinüberreichen in unsere Gegenwart, die den Wandel in der Moderne registrieren, ihn erfassen, bzw. sich in ihrem Bedeutungsgehalt den sich verändernden Bedingungen anpassen und insofern ihren Sinn wandeln«[88], ist begriffsgeschichtliche Forschung kein Selbstzweck. Vielmehr beansprucht sie, in dem Maße, wie es ihr gelingt, die Fülle der Sozialgeschichte in Begriffen wiederzufinden, implizit eine theoretische Orientierungsfunktion für die gesamte Geschichtswissenschaft:[89]

Begriffe, die vergangene Tatbestände, Zusammenhänge und Prozesse umgreifen, werden für den Sozialhistoriker, der sich ihrer im Erkenntnisgang bedient, zu Formalkategorien, die als Bedingungen möglicher Geschichte gesetzt werden. Erst Begriffe mit dem Anspruch auf Dauer, wiederholbare Anwendbarkeit und empirische Einlösbarkeit, also Begriffe mit strukturalem Anspruch, geben den Weg frei, wie eine ehemals »wirkliche« Geschichte heute überhaupt als möglich erscheinen und somit dargestellt werden kann.

Wie in der Diskussion um die *Geschichtlichen Grundbegriffe* durchaus vermerkt wurde[90], ist dieser durch eine kritische Transformation der Geistesgeschichte gewonnene Ansatz von den nahezu zeitgleich entstandenen französischen Formen der historischen Lexikometrie und Diskursanalyse sehr weit entfernt. Koselleck hat dafür nur in seiner ›Einleitung‹ eine kurze Erklärung in Form einer Abgrenzung gegenüber den fachspezifischen Erkenntnisinteressen der »modernen Sprachwissenschaft, speziell der strukturalen Linguistik« gegeben, an die sich der Satz anschließt: »Gleichwohl werden sprachwissenschaftliche Zugriffe verwendet.«[91] Was darunter zu verstehen ist, bleibt unklar. Aus dem inzwischen fast vollständig vorliegenden Lexikon – dessen eminente Qualitäten hier natürlich nicht zur Debatte stehen – ergibt sich jedoch, daß diskursanalytische Fragestellungen und Arbeitsweisen in der Tat keine Rolle gespielt haben, während die Kontinuität zur »altbewährten ideengeschichtlichen Gipfelwanderung« (Rolf Reichardt) in vielen Beiträgen unübersehbar ist.[92] Jürgen Link hat denn auch das isoliert diachrone Vorgehen und die weitgehende Beschränkung der Belege auf philosophische ›Höhenkamm‹-Texte« moniert.[93] Die Einlösung der sozialhistorischen Orientierung hätte demgegenüber, wie Sheehan betont hat, die sozialen und sprachlichen Zusammenhänge, in denen bestimmte Begriffe nur auftreten *können*, sehr viel präziser untersuchen müssen, als dies in punktuellen Langzeitanalysen möglich ist[94]:

Because many concepts are so difficult to extract from their linguistic context, a number of *Begriffe* cannot be studied in isolation but must be seen as a part of a larger social or political vocabulary. Because the usage of concepts is so varied and ambiguous, the search for historical »meaning« will often involve an exhaustive survey and a meticulous analysis of a larger number of sources. And because words are shaped by, and in turn shape, the historical world of which they are a part, setting them in their proper context will be a task of extraordinary range and complexity. Although none of these difficulties is insuperable, all of them raise questions about the historical integrity of the *Begriff* and the possibility of tracing its development over an extended period of time.

Eine stärker die Synchronie betonende Perspektive würde freilich eine weitgehende Transformation der noch aus der Philosophiegeschichte stammenden ›begriffsgeschichtlichen Methode‹ erfordern.[95] Das heißt, es wäre ein Terrainwechsel nötig, wie er seinerzeit in Frankreich zwischen der vor-strukturalistischen Lexikologie und der nach-strukturalistischen Diskursanalyse vollzogen wurde.

Diese auffällige Differenz zwischen deutscher und französischer Entwicklung kommt freilich nicht von ungefähr, sondern verweist, wie bereits angedeutet, auf einige besondere Rezeptionsprobleme, die leicht übersehen oder verdrängt werden:

(1) Die Mentalitätsgeschichte als alternatives Konzept zur Ideen- und Geistesgeschichte wurde von den deutschen Historikern lange Zeit entweder abgelehnt oder als französische ›Spezialität‹ nicht ernsthaft aufgegriffen.[96] Noch 1980 schrieb Ernst Hinrichs: »Mentalität‹ als dem Kollektiven, dem Unbewußten, der ›langandauernden‹ Stabilität zugewiesene Kategorie bereitet einer Wissenschaft Schwierigkeiten, die auch heute noch wesentliche Elemente ihres Selbstverständnisses der spezifisch deutschen Tradition des Historismus entnimmt, in der die ›Individualität‹ und die ›Entwicklung‹ eine herausragende Rolle spielen.«[97] Erst neuerdings zeichnet sich die Entstehung eines eigenen mentalitätshistorischen Forschungsfeldes ab[98], wobei sicher ein gewisser Zusammenhang mit dem Publikumsinteresse für die ›Alltagsgeschichte‹

und dem großen Erfolg historischer Übersetzungen aus dem Französischen besteht.

(2) Die Rezeption des französischen ›Strukturalismus‹ (oder ›Neostrukturalismus‹) wurde hierzulande von so vielen Widerständen, Ausgrenzungen und Berührungsängsten begleitet, daß sie selbst ein idealer Gegenstand für mentalitäts- und diskursanalytische Studien wäre. Denn über den »strukturalistischen Angriff auf die Geschichte« (Alfred Schmidt), über den ›Objektivismus‹ und die ›Subjektfeindlichkeit‹ der strukturalistischen Thesen wußte *man* immer schon Bescheid – auch dann, wenn die einschlägigen Texte nur sehr spät (und oft unleserlich) übersetzt wurden.[99] Dies gilt nicht zuletzt für die ›Neue Linke‹, die unter dem geschichtsphilosophischen Einfluß der Frankfurter Schule das theoretische Innovationspotential z. B. der Texte von Foucault, Althusser oder Lacan lange Jahre überhaupt nicht wahrnahm.[100] Die Anhänger einer ›emanzipatorischen Geschichtswissenschaft‹ machten da keine Ausnahme.[101] Erst in den späten 70er Jahren hat sich diese Abwehr teilweise gelockert; vor allem Foucault konnte endlich als ein Philosoph gelesen werden, der keineswegs ›geschichtsfeindlich‹ argumentierte, sondern *andere* Wege der Geschichtsforschung erkundete. Nach wie vor liegt freilich auf den ›Franzosentheorien‹ das Odium des Verdachts: Wenn schon nicht ›die Geschichte‹, so haben sie vielleicht ›die Moderne‹ verraten?[102]

(3) Auch der Diskursbegriff blieb lange Zeit ausgegrenzt. Noch 1973 mußte Rodolphe Gasché seine Verwendung in einer wissenschaftsgeschichtlichen Studie auf Drängen des Verlags ausführlich erläutern.[103] Heute dagegen ist das Wort aufgrund seiner – allerdings ganz anders definierten – Verwendung in den neueren Texten von Jürgen Habermas in die allgemeine Mediensprache eingesickert, so daß man sich vor ›Diskursen‹ mittlerweile ebensowenig retten kann, wie früher vor ›Dialogen‹ und dann vor ›Rekonstruktionen‹. Dieser Habermassche Diskursbegriff tritt nicht zufällig im Singular auf, denn er visiert eine erkenntnistheoretische Idealsituation an. Gegenüber diesem neuen *common sense* hat es der im Anschluß an Foucault entwickelte Diskursbegriff, der letztlich kein philosophisches, sondern ein empirisch-wissenschaftliches Konzept bezeichnet, besonders schwer. Zumal im theoretischen Handgemenge, wenn Nuancen verwischt werden, behält der erkenntnisphilosophische Diskursbegriff, der den ›Vorteil‹ hat, keine inhaltlichen Forschungsdesiderate zu implizieren, in der

Regel die Oberhand. So bezeichnet z. B. das immer häufiger anzu-
treffende Syntagma ›öffentlicher Diskurs‹ im Grunde nichts anderes als eine soziologisch bestimmbare räsonierende Öffentlichkeit, und keineswegs eine historisch spezifische, nach bestimmten
impliziten Regeln funktionierende Redeweise.

Trotz dieser widrigen Voraussetzungen lassen sich jedoch seit
einigen Jahren verschiedene Ansätze einer im weitesten Sinne historischen Diskursanalyse beobachten. Dabei ist es kein Zufall,
daß es sich durchweg um Projekte handelt, die entweder thematisch oder aufgrund der wissenschaftlichen Sozialisation ihrer
Bearbeiter einen Bezug zu Frankreich haben.[104] Im Blick auf die
Sozialgeschichte sind vor allem vier Ansätze zu nennen, die auf
jeweils eigenständige Weise historische und/oder politische
Sprachanalysen betreiben und die dabei auftretenden methodologischen Probleme reflektieren:

(1) Das v. a. von Rolf Reichardt und Hans Ulrich Gumbrecht
initiierte Projekt einer ›sozialhistorischen Semantik‹;

(2) das v. a. von Jürgen Link entwickelte Konzept zur Analyse
von Kollektivsymbolen;

(3) die von Wolfgang Fritz Haug u. a. durchgeführten Untersuchungen von politischen Ideologien und Diskursen;

(4) das Projekt einer ›politischen Sprachwissenschaft‹, wie sie
z. B. Utz Maas mit seiner kürzlich vorgelegten Studie zur Alltags-
sprache im Nationalsozialismus vertritt.

Die unter (1) und (2) genannten Ansätze, die meines Erachtens
die bislang anregendsten und wichtigsten Ergebnisse vorweisen
können, sollen im folgenden kurz genauer charakterisiert werden[105]:

Der von Reichardt, Gumbrecht u. a. im Zusammenhang mit
einem Lexikonprojekt zum politisch-sozialen Vokabular der
Französischen Revolution und des Ancien Régime entwickelte
Ansatz begreift sich ausdrücklich als »Mittelweg zwischen ›Lexikometrie‹ und ›Begriffsgeschichte‹«.[106] Angestrebt wird also
eine Art Synthese französischer und deutscher Forschungskon-
zepte. Die Modelle der Lexikometrie und Diskursanalyse werden
umfassend rezipiert, aber unter bewußter Abschwächung ihrer
linguistischen Aspekte in sozial- und begriffsgeschichtliche Fragestellungen eingebunden. Die Erfahrungen der deutschen Begriffsgeschichte werden aufgegriffen, aber ideengeschichtliche
›Gipfelwanderungen‹ sollen vermieden werden. Programmatisch

wird deshalb auf Alltagstexte und serielle Quellen zurückgegriffen. Das Material wird unter Homogenitätsgesichtspunkten ausgewählt und aufbereitet. Synchrone Praxisbereiche, Diskursebenen, Wissensvorräte usw. werden systematisch ausdifferenziert, um die Träger- und Interessengruppen von ›normalen‹ Sprachwandlungsprozessen sowie deren Breiten- und Tiefenwirkung so genau wie möglich zu ermitteln.[107] Während die klassische hermeneutische Lektüre vor allem das Singuläre und Außergewöhnliche sucht, steht hier die normative Kraft der Diskurse im Vordergrund: »Gesucht werden weniger der Erstbeleg und die philosophische Einsicht, als der gesellschaftliche Sprachgebrauch.«[108] Gewiß, die theoretische Rückkoppelung des Projekts an die phänomenologische Wissenssoziologie[109] signalisiert im Vergleich zum Diskursbegriff Foucaults noch immer eine starke Bindung an die Subjekt-Perspektive der vor-strukturalistischen Geisteswissenschaften, aber die bereits vorliegenden Ergebnisse[110] zeigen dennoch, daß hier ein ganz entscheidender und für Historiker unmittelbar nachvollziehbarer Schritt in Richtung auf eine Sozialgeschichte der kollektiven Denk- und Argumentationsmuster vollzogen wurde.

Während die ›sozialhistorische Semantik‹ zu einer Vermittlung von Begriffsgeschichte und Diskursanalyse über die Zwischenglieder Mentalitätsgeschichte und Textpragmatik kam, knüpfte der von Jürgen Link entwickelte und inzwischen systematisierte Ansatz zur Analyse von Kollektivsymbolen und ›elementarer‹ bzw. ›institutionalisierter‹ Literatur[111] sehr direkt am ›politischen Strukturalismus‹ der 60er Jahre an. Saussure, Marx und Brecht galt es zu verbinden, später kamen Foucault, Gramsci und Freud hinzu ... In Anlehnung an das Instrumentarium der strukturalen Semantik und Semiotik hat Link in Text- und auch Bildanalysen ein Verfahren zur Beschreibung jener ›Regeln‹ entwickelt, nach denen literarische und journalistische ›Symbole‹[112] und Symbolketten alltagssprachlich produziert werden, oder vielmehr: *sich* produzieren. Für Sozialhistoriker ist dieses generative Modell vor allem deshalb interessant, weil es nicht nur für die Analyse von Texten der ›hohen Literatur‹, sondern auch der allermeisten Alltagstexte (Link spricht von »elementarer Literatur«) geeignet ist. Angelpunkt ist der Begriff des ›Interdiskurses‹, der gleichsam den größten gemeinsamen Nenner zwischen den Spezialdiskursen bezeichnet[113]:

Es gibt [...] diskursive Elemente, die nicht bloß auf einen einzigen oder wenige Spezialdiskurse beschränkt sind, die statt dessen vielmehr *zwischen mehreren Diskursen übereinstimmen*. Typisch dafür ist die Kollektivsymbolik [...]: Nicht bloß im Sportdiskurs, auch im juristischen, politischen, religiösen [Diskurs] usw., ist heutzutage ständig von *fairneß* die Rede; *fairneß* wäre also ein typisches interdiskursives Element. Man kann [...] die einzelnen Diskurse danach unterscheiden, wie groß ihr jeweiliger interdiskursiver Anteil ist: Die Spezialwissenschaften sind dann am weitesten vom Interdiskurs entfernt, journalistische, politische und literarische Diskursive sind dagegen am stärksten im Interdiskurs *verankert*. Die rein semantischen (natürlich-sprachlichen) interdiskursiven Elemente (Symbole, Floskeln, Mythen, Charaktere, »Phrasen« usw.) bilden in ihrer Gesamtheit die Grundlage »ideologischer Systeme« (Marx/Engels), da sie die gesellschaftlichen Teilbereiche rein *imaginär* (»bildlich«) totalisieren.

Wie Link und andere inzwischen vielfach demonstriert haben[114], lassen sich mit diesem Konzept elementare Diskursstrukturen sehr präzise ›dekonstruieren‹. Während sich die Begriffsgeschichte – auch in ihrer nach-strukturalistischen Form als ›sozialhistorische Semantik‹ – in erster Linie für die Signifikanz bzw. den Kontext einzelner Wörter oder Grundbegriffe interessiert, ermöglicht diese Art der Diskursanalyse, die das ›Gewimmel‹ der Symbole als »Katachresen-Mäander« (Link) konkret zu entschlüsseln vermag, eine neuartige Objektivierung des bislang als nebelhaft und diffus geltenden Feldes der alltäglichen und spontanen ›Weltbilder‹. Perspektivisch wird auf diese Weise vielleicht zum erstenmal ein als äußerst unzugänglich geltendes[115] Teilgebiet der Mentalitäts- und Ideologiengeschichte wissenschaftlich erschlossen werden können.

V.

Da dieser Bericht keine Bilanz intendierte, sondern Forschungsansätze umreißen und dabei auch einige ›wertende‹ Akzente setzen wollte, ist zum Schluß auch kein eindeutig positives oder negatives Resümee zu erwarten. Das in der französischen, anglo-amerikanischen und deutschen Geschichtswissenschaft ungleichzeitig aufgekommene Interesse an Sprach- und Diskursanalysen hat – trotz aller Differenzen und länderspezifischen Debatten – einige sehr ähnliche, ja sogar konvergierende Orientierungen ergeben, die freilich mit unterschiedlicher Radikalität verfolgt werden. Die programmatische Abgrenzung der Sozialgeschichte gegenüber der traditionellen Ideengeschichte wird nicht mehr als ausreichend empfunden; die sozialhistorische Analyse von Kulturen, Mentalitäten und Ideologien hat überall auf das Problem aufmerksam gemacht, daß die Sprache mehr ist als nur ein passives Medium für den Transport von Bedeutungen. Sie ist nur scheinbar transparent und beliebig; je genauer man sie betrachtet, desto deutlicher wird, daß ihre jeweilige Organisationsform – ihre diskursive Struktur – nicht unwesentlich an den ›Bedeutungen‹ beteiligt ist, die im historiographischen Alltag noch allzu oft den bewußten Intentionen der Subjekte zugerechnet werden. Hier hat die Rezeption der strukturalen Linguistik bei einigen Historikern einen neuen Blick und neue Lektüren ermöglicht. Ganz bewußt haben sie daraufhin den Primat des Signifikats (des ›Sinngehalts‹) unterlaufen und durch Zerlegung, Formalisierung und Quantifizierung die dem strategischen Handeln der Subjekte gänzlich undurchsichtige Ebene des Signifikanten wenigstens zu konturieren versucht. Sofern sie bei diesem ›objektivistischen‹ Zugriff nicht stehengeblieben sind, sondern gleichsam den Weg zum Signifikat wieder zurückgegangen sind, haben sie in der Regel ganz neue inhaltliche Interpretationsmöglichkeiten für die ihnen vorliegenden Texte gefunden.

Natürlich werden sprach- und diskursanalytische Untersuchungen bislang nur von einem kleinen Teil der Historikerschaft praktiziert. Trotz unzähliger Fallstudien[116] scheinen die ›technische‹ Präsentation und das in vielen Arbeiten spürbare oder dominante Erkenntnisinteresse der beteiligten Linguisten – dies gilt zumal für viele französische Analysen – die meisten Sozialhistoriker abzuschrecken. Hier liegt ein Problem, das in Zukunft von den Praktikern der Diskursanalyse verstärkt berücksichtigt werden sollte. Ein weiterer, eher atmosphärischer Aspekt kommt hinzu, der trotz der üblichen Zeitverschiebung auch in der Bundesrepublik wirksam ist: die Wende in der französischen theoretischen Konjunktur. Auch wenn die interdisziplinären und epistemologischen Zusammenhänge in beiden Ländern sehr unterschiedlich waren, kann angesichts der konstitutiven Bedeutung strukturalistischer, tendenziell anti-hermeneutischer und anti-subjektivistischer Fragestellungen für die Formulierung sprach- und diskursanalytischer Konzepte die offenkundige Krise des ›politischen Strukturalismus‹ nicht folgenlos bleiben. In dem Maße, wie die Verbindung von Saussure, Marx und Freud heute Vielen obsolet erscheint, während die Philosophien der Subjektivität und Freiheit erneut die Diskurse beherrschen, erhält auch die alte, nur oberflächlich modernisierte Ideengeschichte eine neue Chance.[117] Paradigmenwechsel in den Sozial- und Humanwissenschaften sind nicht irreversibel.

Anmerkungen

1 Régine Robin, *Langage et idéologies,* in: Le Mouvement Social, 1973, Nr. 85, S. 3–11 (S. 5).

2 Um Mißverständnisse zu vermeiden: Im folgenden wird der Begriff *Diskurs* stets im Sinne von *institutionalisierter Redeweise* (im Anschluß an Foucault) und nicht etwa im Sinne einer möglichst herrschaftsfreien und rationalen Debatte (im Anschluß an Habermas) verwandt. Zu dieser Differenz siehe die Ausführungen w. u. sowie auch die Beiträge von Jürgen Link und Gerhard Plumpe im vorliegenden Band.

3 Während sich der vorliegende Text auf das Konzept des ›Diskurses‹ konzentriert, habe ich die aus meiner Sicht komplementären Konzepte ›Mentalität‹ und ›Ideologie‹ in einem gleichzeitig erscheinenden Beitrag ausführlicher vorgestellt und diskutiert: *Mentalitäten, Ideologien, Diskurse. Zur sozialgeschichtlichen Thematisierung der »3. Ebene«,* in: Alf Lüdtke (Hg.), *Alltagsgeschichte. Diskussionen und Perspektiven,* Frankfurt/Main, New York 1988. In diesem Text finden sich auch zusätzliche ›technische‹ Erläuterungen zur historischen Diskursanalyse sowie illustrative Beispiele.

4 Der Titel der Zeitschrift wurde zwischen 1939 und 1945 mehrfach geändert. Seit 1946 erscheint sie unter dem Namen: ›Annales · Economies · Sociétés · Civilisations‹ (fortan zit.: AESC). Zum spez. Ansatz dieser historiographischen Schule siehe einführend: Claudia Honegger (Hg.), *Schrift und Materie der Geschichte. Vorschläge zur systematischen Aneignung historischer Prozesse,* Frankfurt/Main 1977; Georg G. Iggers, *Neue Geschichtswissenschaft. Vom Historismus zur Historischen Sozialwissenschaft,* München 1978, S. 55 ff.; Michael Erbe, *Zur neueren französischen Sozialgeschichtsforschung. Die Gruppe um die »Annales«,* Darmstadt 1979. Im Blick auf das theoretische und politische Umfeld s. auch: Peter Schöttler, *Von den »Annales« zum »Forum-Histoire«. Hinweise zur »neuen Geschichte« in Frankreich,*

in: Hannes Heer/Volker Ullrich (Hg.), *Geschichte entdecken. Erfahrungen und Projekte der neuen Geschichtsbewegung,* Reinbek 1985, S. 58–71.

5 Zit. nach Pierre Chaunu, *Un nouveau champ pour l'histoire sérielle: le quantitatif au troisième niveau,* in: *Mélanges en l'honneur de Fernand Braudel,* Bd. 2, Toulouse 1973, S. 108. Mit den ›drei Ebenen‹ wird auf den Untertitel der ›Annales‹ und die Unterscheidung von Ökonomie, Gesellschaft und ›Zivilisation‹ im Sinne von Mentalitäten und Kultur angespielt.

6 Zur Genese des sozialhistorischen Mentalitätsbegriffs, den Bloch und Febvre v. a. von dem Ethnologen Lucien Levy-Bruhl und dem Psychologen Charles Blondel übernommen haben, siehe bes.: Jacques Le Goff, *Les mentalités. Une histoire ambiguë,* in: ders./Pierre Nora (Hg.), *Faire de l'histoire,* Bd. 3, Paris 1974, S. 106–129; Jacques Revel, Art. *Mentalités,* in: André Burguière (Hg.), *Dictionnaire des sciences historiques,* Paris 1986, S. 450–456.

7 Siehe dazu auch die Operationalisierung dieser Begriffe in ihren eigenen empirischen Studien, wie z. B. Marc Bloch, *Les rois thaumaturges. Etude sur le caractère surnaturel attribué à la puissance royale particulièrement en France et en Angleterre,* Paris 1983 (zuerst: 1924); Lucien Febvre, *Martin Luther. Religion als Schicksal,* Frankfurt/Main, Berlin, Wien 1976 (zuerst: 1928); ders., *Le problème de l'incroyance au 16e siècle. La religion de Rabelais,* Paris 1968 (zuerst 1942). Die Unterschiede zwischen dem eher sozial-anthropologischen Ansatz von Bloch und dem psychologischen Ansatz von Febvre hat kürzlich André Burguière herausgearbeitet: *La notion de »mentalités« chez Marc Bloch et Lucien Febvre: deux conceptions, deux filiations,* in: Revue de Synthèse 104 (1983), S. 333–348.

8 Siehe Lucien Febvre, *Histoire et linguistique,* in: Revue de synthèse historique 23 (1911), S. 131–147, sowie ders., *Combats pour l'Histoire,* Paris 1953, S. 147–200 (mit Aufsätzen von 1906–1926). Vgl. auch Françoise Helgorsky, *Ferdinand Brunot et Lucien Febvre ou l'histoire par les mots,* in: *Au bonheur des mots. Mélanges en l'honneur de Gérald Antoine,* Nancy 1984, S. 529–540; Lawrence D. Walker, *A Note on Historical Linguistics and Marc Bloch's Comparative Method,* in: History and Theory 49 (1980), S. 154–164.

9 Vgl. Lucien Febvre, *Les mots et les choses en histoire économique,* in: Annales d'histoire économique et sociale 2 (1930), S. 231–234.

10 Lucien Febvre, *Pour une Histoire à part entière,* Paris 1962, S. 11–24, 325–329, 481–528, 649–658. Siehe auch Marc Blochs Bemerkungen zur »historischen Semantik«, in: ders., *Apologie der Geschichte oder Der Beruf des Historikers,* München 1985, S. 120 ff. (zuerst: 1949).

11 Fernand Braudel, *Die Dynamik des Kapitalismus,* Stuttgart 1985, S. 13.

12 Siehe ders., *Sozialgeschichte des 15. bis 18. Jahrhunderts,* 3 Bde., München 1985/86. (In Frankreich erschien der 1. Band dieses Werkes zuerst 1967, die dreibändige Ausgabe 1979.)

13 Fernand Braudel/Ernest Labrousse (Hg.), *Histoire économique et sociale de la France,* 8 Bde., Paris 1970 ff. (soeben sind Auszüge daraus in einer dt. Ausgabe erschienen: dies., *Wirtschaft und Gesellschaft in Frankreich im Zeitalter der Industrialisierung. 1789–1880,* 2 Bde., Frankfurt/Main 1986/87); Philippe Ariès/Georges Duby (Hg.), *Histoire de la vie privée,* 5 Bde., Paris 1985 ff. Bevor dieser mentale Arkanbereich zum Thema wurde, waren zunächst jedoch ebenso groß angelegte Geschichten des ländlichen und des urbanen Frankreich, hg. von Duby und Le Roy Ladurie, publiziert worden.

14 Neben den bereits zit. Aufsätzen von Le Goff und Burguière (Anm. 6 u. 7) siehe dazu: Daniel Roche, *De l'histoire sociale à l'histoire socioculturelle,* in: *Mélanges de l'Ecole Française de Rome,* 1979, S. 7–19; Roger Chartier, *Intellectual History or Sociocultural History? The French Trajectories,* in: Dominique LaCapra/Steven L. Kaplan (Hg.), *Modern European Intellectual History,* Ithaca/N. Y. 1982, S. 13–46; André Burguière, Art. *Anthropologie historique,* in: ders., *Dictionnaire,* S. 52–60, – Braudel dagegen hat diese Entwicklung eher skeptisch beurteilt. Vgl. z. B. seine Diskussionsbeiträge bei der Gründung des »Fernand-Braudel-Centers« der Universität von New York in Binghamton, in: Review 1 (1978), S. 255 f.

15 Vgl. den Forschungsüberblick in: Régine Robin, *Histoire et Linguistique,* Paris 1973, S. 54 ff. sowie spez.: Georges Duby, *La féodalité? Une mentalité médiévale,* in: AESC 13 (1958), S. 765–771; ders., *Histoire des mentalités,* in Charles Samaran (Hg.), *L'Histoire et ses methodes,* Paris 1961, S. 937–966 (S. 953); Robert Mandrou, *Introduction à la France moderne (1500–1649). Essai de psychologie historique,* (1961), Paris 1974, S. 92 ff.; Alphonse Dupront, *Sémantique historique et histoire,* in: Cahiers de lexicologie 14 (1969), S. 15–25; ders., *Langage et Histoire,* Moskau 1970 (XIII. Intern. Kongreß der Geschichtswiss.); ders., *Du sacré,* Paris 1987.

16 Siehe dazu u. a.: Emmanuel Le Roy Ladurie, *Le Territoire de l'historien,* Paris 1973, S. 11 ff., wo sich auch der denkwürdige Satz (von 1968) findet: »L'historien de demain sera programmeur ou il ne sera plus« (S. 14); François Furet, *Die quantitative Geschichte und die Konstruktion der geschichtlichen Tatsache* (1970), in: Honegger, a. a. O., S. 86–107. Die Mentalitätsgeschichte schien demgegenüber für die quantifizierende Aufarbeitung großer Quellenmassen zunächst weniger geeignet. Erst das Buch von Michel Vovelle über den langfristigen Entchristianisierungstrend im 18. Jahrhundert (*Piété baroque et déchristianisation en Provence au XVIIIᵉ siècle,* Paris 1973) brachte hier den entscheidenden methodologischen Durchbruch.

183

Siehe dazu Chaunu, a. a. O., sowie auch Vovelles eigene Überblicks-darstellung: *Die Französische Revolution. Soziale Bewegung und Umbruch der Mentalitäten*, München 1982, S. 80 ff. Vovelle ist kürzlich auch dem Mißverständnis entgegengetreten, daß quantifizierende Mentalitätsgeschichte und mikrogeschichtliche Fallstudien einander ausschließen würden: *Histoire sérielle ou »case studies«: vrai ou faux dilemme en histoire des mentalités*, in: *Histoire sociale, sensibilités collectives et mentalités. Mélanges Robert Mandrou*, Paris 1985, S. 39–49.

17 Siehe Anm. 8 sowie Hans-Dieter Mann, *Lucien Febvre. La pensée vivante d'un historien*, Paris 1971, S. 123 ff.

18 Dies gilt um so mehr, als die strukturalistisch orientierte Ethnologie von Claude Lévi-Strauss – sein Aufsatzband *Anthropologie structurale* erschien erstmals 1958 (dt. 1969) – schon seit längerem bemüht war, die Denkmodelle der strukturalen Linguistik in die Humanwissenschaften hineinzutragen. Fernand Braudels berühmter ›Annales‹-Aufsatz von 1958 über die *longue durée* ist wesentlich durch diese Herausforderung geprägt (*Geschichte und Sozialwissenschaften: die »longue durée«*, in: Honnegger, a. a. O., S. 47–85).

19 Auf die *politische* Konjunktur, in der der ›Strukturalismus‹ entstanden ist, kann an dieser Stelle nicht näher eingegangen werden. Allerdings ist gegenüber der auch von einem ›Annales‹-Historiker wie Furet vertretenen reduktionistischen These, daß der ›Strukturalismus‹ eine Abkehr von ›der Geschichte‹ und das ›Ende der Ideologien‹ im Sinne Raymond Arons widerspiegele (François Furet, *Les intellectuels français et le structuralisme*, in: Preuves, 1967, Nr. 192, S. 3–12) daran zu erinnern, daß das politisch-praktische Engagement von Intellektuellen historisch nicht unbedingt mit besonders ›subjektbetonten‹ Theoriepositionen einhergehen muß. Auf eine ähnliche Scheinparadoxie hat treffend der Wissenschaftshistoriker Georges Canguilhem am Beispiel des in der Résistance umgekommenen Logikers Jean Cavailles aufmerksam gemacht, der eine ›subjektlose‹ Philosophie vertrat; französische Existentialisten wie Sartre hätten sich demgegenüber während der Kriegsjahre eher passiv verhalten… (*Vie et mort de Jean Cavailles*, Paris 1976, S. 39). Man könnte sich fragen, ob das rückhaltlose politische Engagement eines wissenschaftlichen ›Objektivisten‹ wie Marc Bloch, das ihn 1944 vor ein deutsches Erschießungskommando führte, nicht ebenfalls ein Beispiel für diese der psychopädagogischen ›Evidenz‹ widersprechende Einheit von Theorie und Praxis ist.

20 Zum ›Strukturalismus‹ als theoretischer ›Problematik‹ vgl. u. a.: François Wahl (Hg.), *Einführung in den Strukturalismus*, Frankfurt/Main 1973; Gilles Deleuze, *Woran erkennt man den Strukturalismus?*, in: François Châtelet (Hg.), *Geschichte der Philosophie*, Bd. 8, Frank-

furt/Main, Berlin, Wien 1975, S. 269–302. Zur deutschen Rezeption
siehe w. u. Abschn. IV.

21 1965 ließ Braudel die Neufassung seines Mittelmeerbuches mit folgenden Sätzen enden: »Dem Temperament nach bin ich ein ›Strukturalist‹
[…]. Aber der ›Strukturalismus‹ eines Historikers hat nichts mit der
Problematik zu tun, die unter diesem Namen die anderen Humanwis-
senschaften heimsucht. Er führt nicht zu einer mathematischen
Abstraktion der Verhältnisse, die sich dann nur noch in Funktionen
ausdrücken lassen. Sondern er führt zu den eigentlichen Quellen des
Lebens, dorthin, wo es am konkretesten, am alltäglichsten, am unzer-
störbarsten und auf anonyme Weise am allermenschlichsten ist« (*La
Méditerrannée et le monde méditerranéen à l'époque de Philippe II*,
Bd. 2, Paris ²1966, S. 520). Der anti-empiristische Impetus vieler
›Strukturalisten‹ wurde von Braudel also nicht geteilt.

22 Zu den Auswirkungen dieser Verbindung auf dem Terrain der Geschichte s. die kritischen Überlegungen in: Gérard Mairet, *Le discours
et l'historique. Essai sur la représentation historienne du temps,* Paris
1974; Régine Robin/Michel Grenon, *Pour une déconstruction d'une
pratique historique,* in: Dialectiques, 1975, Nr. 10/11, S. 5–32; Guy
Bourdé/Hervé Martin, *Les écoles historiques,* Paris 1983, S. 263 ff.

23 Algirdas J. Greimas, *Histoire et linguistique,* in: AESC 13 (1958),
S. 110–114.

24 Siehe oben Anm. 10.

25 Greimas, S. 111 f.

26 Vgl. seinen Begriff des »linguistischen Plans« oder auch den zugespitz-
ten Gegensatz von »subjectivisme comprehensif« und »nouvel objec-
tivisme, non plus atomiste, mais totalitaire« (ebd.).

27 Roland Barthes, *Histoire et Littérature: à propos de Racine,* in: AESC
15 (1960), S. 524–537; u. d. T. *Littérature ou Histoire* erneut in: ders.,
Sur Racine, Paris 1963, S. 145–167 (*Literatur oder Geschichte,* Frank-
furt/Main 1969, S. 11–35).

28 Dies richtete sich nicht nur gegen eine platte Widerspiegelungstheo-
rie, sondern auch gegen die subtilere Racine-Interpretation Lucien
Goldmanns (*Le dieu caché,* Paris 1955 [dt. 1973]), der eine ›Homologie‹ zwischen Jansenismus und Amtsadel behauptete.

29 Barthes, *Literatur,* S. 15. Der Bezug gilt dem bereits 1941 formulierten Programm einer Sozialgeschichte der Literatur durch Lucien
Febvre: *Littérature et vie sociale. De Lanson à Daniel Mornet: un
renoncement?,* in: Annales d'histoire sociale 3 (1941), S. 113–117; erneut in: ders., *Combats,* S. 262–268 (S. 264).

30 Michel Foucault, *Les mots et les choses. Une archéologie des sciences
humaines,* Paris 1966, S. 93 f. Dt. u. d. T.: *Die Ordnung der Dinge,*
Frankfurt/Main 1971, S. 115 f. (Meine Übersetzung ist gegenüber dieser Fassung verändert). Vgl. zuvor bereits ders., *Naissance de la*

clinique, Paris 1963, S. XIII (*Die Geburt der Klinik,* München 1973, S. 14), und später ders., *L'archéologie du savoir,* Paris 1969 (*Archäologie des Wissens,* Frankfurt/Main 1975); *L'ordre du discours,* Paris 1971 (*Die Ordnung des Diskurses,* München 1974). – Eine gute Einführung geben Gerhard Plumpe u. Clemens Kammler: *Wissen ist Macht. Über die theoretische Arbeit Michel Foucaults,* in: Philosophische Rundschau 27 (1980), S. 185–218.

31 Michel Foucault, Interview mit J. J. Brochier, in: Magazine Littéraire, 1969, Nr. 29, S. 23–25 (S. 23). Siehe dazu ders., *Archäologie,* S. 169 ff.; ders., *Antwort auf eine Frage,* in: Linguistik und Didaktik 1 (1970), S. 228–239, 313–324 (S. 238 f.).

32 Vgl. ders., *La vie: l'expérience et la science,* in: Revue de métaphysique et de morale 90 (1985), S. 3–14. Von den erwähnten Wissenschaftshistorikern vgl. u. a.: Alexandre Koyré, *Von der geschlossenen Welt zum unendlichen Universum,* Frankfurt/Main 1969; Gaston Bachelard, *Epistemologie,* Frankfurt/Main, Berlin, Wien 1974; ders., *Die Bildung des wissenschaftlichen Geistes,* Frankfurt/Main 1978; Georges Canguilhem, *Wissenschaftsgeschichte und Epistemologie,* Frankfurt/Main 1979. Einführend: Dominique Lecourt, *Kritik der Wissenschaftstheorie. Marxismus und Epistemologie (Bachelard, Canguilhem, Foucault),* Berlin 1975. Zu den Beziehungen zwischen ›Annales‹ und Epistemologie s. auch: Pietro Redondi, *La science moderne et l'histoire des mentalités. La rencontre de Lucien Febvre, Robert Lenoble et Alexandre Koyré,* in: Revue de Synthèse 104 (1983), S. 309–332.

33 Während der Buchtitel *Les mots et les choses* an die oben erwähnte ›Annales‹-Rubrik zu erinnern scheint, hat Foucault in der Einleitung seiner *Archäologie des Wissens* eine ganz explizite Verbindung zur *nouvelle histoire* gezogen. Vgl. auch sein in Anm. 31 zit. Interview sowie: ders., *Über verschiedene Arten Geschichte zu schreiben,* (1967), in: Adelbert Reif (Hg.), *Antworten der Strukturalisten,* Hamburg 1973, S. 157 ff. Zur Foucault-Rezeption durch ›Annales‹-Historiker s. z. B. Michelle Perrot (Hg.), *L'impossible prison,* Paris 1978. Fernand Braudel, der stets einen Blick für Außenseiter hatte, bezeichnete Foucault als den »einzigen Kulturhistoriker« in der direkten Nachfolge von Lucien Febvre (Review 1 [1978], S. 256). – Ein amerikanischer Ideenhistoriker hat kürzlich mit einer ›Zitations-Analyse‹ belegt, was ohnehin evident ist, nämlich daß eine breitere Foucault-Rezeption erst in den 70er Jahren eingesetzt hat: Allan Megill, *The Reception of Foucault by Historians,* in: Journal of the History of Ideas 48 (1987), S. 117–141.

34 Vgl. Jacques Lacan, *Ecrits,* Paris 1966 (*Schriften,* 3 Bde., Olten, Freiburg 1973–1980); Louis Althusser, *Freud et Lacan,* in: La Nouvelle Critique, 1964/65, Nr. 161/162, S. 88–108 (dt. Berlin 1970); ders.,

Pour Marx, Paris 1965 (dt. gek. 1968); ders. u. a., *Lire le Capital,* 2
Bde., Paris 1965 (dt. gek. 1972). Dazu einführend: Samuel Weber,
Rückkehr zu Freud. Jacques Lacans Ent-stellung der Psychoanalyse,
Frankfurt/Main, Berlin, Wien 1978; Klaus Thieme u.a., *Althusser zur
Einführung,* Hannover 1982.

35 In der Tat muß die aus heutiger Sicht nicht immer naheliegende ›Par-
allel-Rezeption‹ von Althusser und Lacan (sowie auch von Canguilhem, Foucault usw.) besonders betont werden. Vor allem die beiden
an der Ecole Normale Supérieure erscheinenden Studentenzeitschrif-
ten ›Cahiers Marxistes-Leninistes‹ (1965–68) und ›Cahiers pour
l'Analyse‹ (1966–69) dokumentieren im nachhinein die Entstehung
einer theoretischen Konfiguration, die Michel Pêcheux rückblickend
als ›politischen Strukturalismus‹ bezeichnet hat (*Sur la déconstruction
des théories linguistiques,* in: DRLAV, 1982, Nr. 27, S. 1–24). Typisch
dafür ist z. B. der Aufsatz von Jacques-Alain Miller, *Action de la
structure,* in: Cahiers pour l'Analyse, 1968, Nr. 9, S. 93–105. Im Stru-
del des Mai '68 sind diese theoretischen ›Bündnisse‹ dann zerbröckelt,
und aufgrund der später entstandenen politischen Verfeindungen
möchten manche heute nicht mehr daran erinnert werden. Als Versuch, diese theoretische Konjunktur im Blick auf die Psychoanalyse
aufzuarbeiten, s. jetzt: Elisabeth Roudinesco, *La bataille de cent ans.
Histoire de la psychanalyse en France,* Bd. 2, Paris 1986, S. 383 ff. Vgl.
auch Roland Barthes, *L'aventure sémiologique,* Paris 1985, S. 9 ff.,
sowie bes. Michel Pêcheux/Françoise Gadet, *Sprachtheorie und Diskursanalyse in Frankreich* [Interview mit Manfred Geier und Harold
Woetzel], in: Das Argument 24 (1982), S. 386–399.

36 Régine Robin, *La société française en 1789: Semur-en-Auxois,* Paris
1970. Vgl. meine Besprechung in: Politische Vierteljahresschrift 16
(1975), S. 143–147.

37 Zellig H. Harris, *Discourse Analysis,* in: Language 28 (1952), S. 1–30;
frz. Übers. 1969; dt. u. d. Titel *Textanalyse* in: Elisabeth Bense u. a.
(Hg.), *Beschreibungsmethoden des amerikanischen Strukturalismus,*
München 1976, S. 261–298. Zur franz. Rezeption, die durch den Lin-
guisten Jean Dubois vermittelt wurde, s. Pêcheux/Gadet, a. a. O.,
S. 389 f.

38 Régine Robin, *Histoire.*

39 Ebd., S. 124–209. Für eine detaillierte Darstellung dieser verschiedenen Analysetechniken siehe auch Dominique Maingueneau, *Introduction aux méthodes de l'analyse du discours,* Paris 1976. Spez. für
Historiker vgl. das Resümee von Annie Geffroy/Maurice Tournier,
Le texte historique en machine; in: Histoire moderne et contemporaine informatique, 1984, Nr. 4, S. 5–28. Zum Ansatz der ›automatischen Diskursanalyse‹ von Pêcheux s. unten, Anm. 46.

40 Régine Robin, *Le champ sémantique de »féodalité« dans les cahiers de*

doléances généraux de 1789, in: Bulletin du Centre d'Analyse du Discours 2 (1975), S. 61–68.

41 Dies./Denise Maldidier, *Polémique idéologique et affrontement dis-
cursif en 1776: les grands édits de Turgot et les remontrances du
Parlement de Paris,* in: Le Mouvement Social, 1973, Nr. 85,
S. 13–80.

42 Dies., *Du spectacle au meutre de l'évènement: reportages, commentai-
res et éditoriaux de presse à propos de Charléty (Mai 1968),* in: AESC
31 (1976), S. 552–588.

43 Régine Robin, *Los manuales de historia de la Tercera República Fran-
cesa: un problema de hegemonia ideológica,* in: Mario Monteforte
Toledo (Hg.), *El discurso politico,* Mexico 1980, S. 245–289.

44 Ich denke hier bes. an die Pionierarbeiten von Jean Dubois, *Le vocabulaire politique et social en France de 1869 à 1872,* Paris 1962;
Jean-Baptiste Marcellesi, *Le Congrès de Tours (Décembre 1920). Etudes sociolinguistiques,* Paris 1971 (mit zwei wichtigen Vorworten von
Ernest Labrousse und Jean Dubois); Denise Maldidier, *Le vocabulaire de la guerre d'Algérie,* ungedr. Thèse de 3ᵉ cycle, Universität
Paris X, 1970 (Resümee u. d. Titel: *Discours politique et guerre d'Algérie,* in: La Pensée, 1971, Nr. 157, S. 86–97); Maurice Tournier, *Un
vocabulaire ouvrier en 1848. Essai de lexicométrie,* ungedr. Thèse
d'Etat, Universität Paris III, 1976 (Resümee u. d. gleichen Titel, in:
Bulletin de Saint-Cloud, Mai 1976, S. 30–37); ders., *Le vocabulaire
des pétitions ouvrières de 1848: étude des parentages statistiques,* in:
Robin, *Histoire,* S. 216–303; ders., *Le mot »peuple« en 1848: dési-
gnant social ou instrument politique?,* in: Romantisme, 1975, Nr. 9,
S. 6–20; ders./André Salem, *Vocabulaires de Quarante-Huit. Corres-
pondances et classements,* in: Annales historiques de la Révolution
française 47 (1975), S. 536–555.

45 Régine Robin, *L'analyse du discours entre la linguistique et les sciences humaines: l'éternel malentendu,* in: Langages, 1986, Nr. 81,
S. 121–128 (S. 126); engl. in: Sociocriticism, 1985, Nr. 2, S. 151–
163.

46 Die zahlreichen theoretischen und empirischen Arbeiten Michel Pêcheux' (1938–1983), eines am Schnittpunkt von Marxismus, Linguistik und Psychoanalyse arbeitenden Philosophen, der Ende der 60er
Jahre eine computergestützte Methode der »automatischen«, d. h.
nicht-subjektiven Diskursanalyse entwickelte (ders., *Analyse auto-
matique du discours,* Paris 1969; s. dazu Mots, 1982, Nr. 4,
S. 95–122), haben in der französischen Diskussion eine zentrale Rolle
gespielt. In den letzten Jahren hat sich Pêcheux, von dem auch ein
Aufsatz in den ›Annales‹ erschien (*Recherches sur le discours illumini-
ste au 18ᵉ siècle: Louis-Claude de Saint-Martin et les »circonstances«,*
in: AESC 26 [1971], S. 681–704; zus. mit Gérard Gayot) verstärkt

geschichtstheoretischen Fragestellungen zugewandt und ein interdisziplinäres Forschungsprojekt »Analyse de discours et lectures d'archive« am CNRS geleitet (vgl. ders., *Über die Rolle des Gedächtnisses als interdiskursives Material. Ein Forschungsprojekt im Rahmen der Diskursanalyse und Archivlektüre*, in: Manfred Geier/Harold Woetzel (Hg.), *Das Subjekt des Diskurses;* Berlin 1983, S. 50–58). Pêcheux' wichtigste Bücher sind: *Les vérités de La Palice. Linguistique, sémantique, philosophie,* Paris 1975 (engl. Übers. 1981); zus. mit Françoise Gadet, *La langue introuvable,* Paris 1981. Siehe dt. auch: Pêcheux/ Gadet, *Sprachtheorie;* ders./Catherine Fuchs, *Das Subjekt und der Sinn. Zur Neuformulierung des Erkenntnisgegenstands Sprache,* in: Alternative 18 (1975), S. 204–216; ders., *Zu rebellieren und zu denken wagen! Ideologien, Widerstände, Klassenkampf,* in: KulturRevolution, 1984, Nr. 5, S. 61–65, 1984, Nr. 6, S. 63–66. Vgl. die vollständige Bibliographie in: Mots, 1986, Nr. 13, S. 195–200 sowie einführend: Maingueneau, *Introduction,* S. 83 ff.

47 *Le choix des Annales,* in: AESC 29/3 (1974), o. S. Robert Mandrou bemerkte im gleichen Jahr in einer Diskussion: »Pour ce qui est de l'histoire linguistique, il est certain que, devant le haut prix de la démarche, la rentabilité apparaît mal dans certain cas. Mais il n'empêche que l'analyse des ›formations discursives‹, qui n'est pas une simple analyse du vocabulaire, reste une bonne piste« (*Du marxisme et des historiens,* in: La Nouvelle Revue Socialiste, 1975, Nr, 8, S. 28). Vgl. auch Emmanuel Le Roy Ladurie, *Zehn Jahre historische Forschung* (frz. 1978), in: *Klett-Cotta. Das erste Jahrzehnt 1977–1987. Ein Almanach,* hg. v. Thomas Weck, Stuttgart 1987, S. 162–182 (S. 163 f.).

48 Siehe Robin, *L'analyse;* Jacques Guilhaumou/Denise Maldidier, *Effets de l'archive. L'analyse de discours du coté de l'histoire,* in: Langages, 1986, Nr. 81, S. 43–56.

49 Vgl. z. B. Jacques Guilhaumou, *Subsistance(s) et discours publics dans la France d'Ancien Régime,* in: Mots, 1984, Nr. 9, S. 57–87; ders./ Denise Malidider, *Coordination et discours. »Du pain et X« à l'époque de la Révolution française,* in: LINX, 1984, Nr. 10, S. 97–117.

50 Zu dieser Rezeption siehe Jacques Guilhaumou, *Itinéraire d'un historien du discours (1973–1983),* in: Pierre Achard u. a. (Hg.), *Histoire et Linguistique,* Paris 1984, S. 33–42; ders./Hans Jürgen Lüsebrink, *La pragmatique historique de texte et les langages de la Révolution française,* in: Mots, 1981, Nr. 2, S. 191–203.

51 Robin, *L'analyse,* S. 127.

52 Symptomatisch hierfür ist z. B. die völlig negative Rezension des *Semur-en-Auxois*-Buches von Robin durch Charles Tilly (American Historical Review 76 [1971], S. 787), obgleich Tilly selbst durchaus ein Praktiker der Quantifizierung ist. Vgl. auch Tony Judt, *A Clown in Regal Purple: Social History and the Historians,* in: History Work-

shop, 1979, Nr. 7, S. 66–94 (S. 73). Als Ausnahmen sind zwei kurze Texte von Robert u. Patricia Baker zu nennen: *Linguistics and the Study of French Socialism: A Bibliographic Essay*, in: Intern. Labor and Working Class History, 1973, Nr. 4, S. 19–24; *Actions Speak Louder than Words, but What do they Say? An Essay on Working-Class Language and Politics in Early Twentieth-Century-France*, in: Proceedings of the Western Society for French History, 1975, Nr. 3, S. 402–411. – Weitgehendes Unverständnis für die ›europäische‹ Diskurs-Diskussion dokumentiert auch der Handbuch-Aufsatz von Nancy S. Struever, *Historiography and Linguistics*, in: Georg G. Iggers/Harold T. Parker (Hg.), *Intern. Handbook of Historical Studies*, Westport/Con. 1979, S. 127–150.

53 Dazu erschien ein Schwerpunktheft der gleichnamigen Zeitschrift: History Workshop, 1980, Nr. 10, mit Beiträgen von Maurice Godelier und Pierre Achard. Weitere Beiträge von Peter Burke und Lynn Hunt wurden in Nr. 11 (1981) und Nr. 15 (1983) publiziert.

54 Wichtigster Bezugspunkt sind hier die Texte von Clifford Geertz (*Dichte Beschreibung. Beiträge zum Verstehen kultureller Systeme*, Frankfurt/Main 1983).

55 Wichtigste Bezugspunkte sind hier einerseits die Texte von Gramsci, Althusser und Poulantzas, andererseits die Arbeiten von Foucault und Lacan.

56 William H. Sewell Jr., *Work & Revolution in France. The Language of Labor from the Old Regime to 1848*, Cambridge 1980 (frz. Übers. 1983). Siehe dazu meine Rez. in: Zeitschrift für Historische Forschung 11 (1984), S. 511–512. – Aus Platzgründen kann ich nicht näher auf zwei wichtige Bücher eingehen, die in einer ähnlichen Richtung wie Sewell argumentieren und den Sprachbegriff eher im ›übertragenen‹ Sinne gebrauchen: Lynn Hunt, *Politics, Culture and Class in the French Revolution*, Berkeley 1984; William M. Reddy, *The Rise of Market Culture. The Textile Trade and French Society, 1750–1900*, Cambridge, Paris 1984.

57 Während Foucault immerhin in einer Fußnote erwähnt wird, ignoriert Sewell die Arbeiten von Robin, Guilhaumou usw. sowie die unmittelbar einschlägigen Forschungen von Dubois [vgl. Anm. 44], Berke Vardar (*Structure fondamentale du vocabulaire social et politique en France, de 1815 à 1830*, Istanbul 1973) und v. a. Tournier [vgl. Anm. 44].

58 Gareth Stedman Jones, *Languages of Class. Studies in English Working Class History 1832–1982*, Cambridge 1982. Neben den weiter unten zit. Besprechungen siehe dazu ausführlicher meinen Beitrag: *Sozialgeschichte, »Erfahrungsansatz« und Sprachanalyse*, in: KultuR-Revolution, 1986, Nr. 11, S. 56–66. Einige der wichtigsten Aufsätze von Stedman Jones werden 1988 u. d. T. ›*Klassen, Politik und Sprache*‹ in dt. Übers. erscheinen.

59 Edward P. Thompsons Hauptwerk von 1963 ist jetzt endlich auch in
deutscher Sprache erschienen: *Die Entstehung der englischen Arbeiterklasse*, 2 Bde., Frankfurt/Main 1987. Siehe auch Thompsons vehemente Polemik gegen den strukturalen Marxismus Louis Althussers:
Das Elend der Theorie, Frankfurt/Main, New York 1980, die sich
allerdings nur vordergründig an Althusser abarbeitet (was einige sehr
persönliche Attacken nicht ausschließt); in der Hauptsache richtet
sich Thompson gegen eine Gruppe englischer ›Althusserianer‹, die
den Theorizismus der frühen Althusser-Schriften vollständig ad
absurdum führte (s. dazu Gregory Elliott, *The Odyssey of Paul Hirst*,
in: New Left Review, 1986, Nr. 159, S. 81–105). Zu der dadurch
ausgelösten heftigen Diskussion über das Verhältnis von Geschichte
und Theorie sowie über die Rezeption ›französischer‹ Ansätze siehe
u. a.: Keith Nield/John Seed, *Theoretical Poverty or the Poverty of
Theory: British Marxist Historiography and the Althusserians*, in:
Economy and Society 8 (1979), S. 383–416; Paul Hirst, *The Necessity
of Theory*, ebd., S. 417–445; Perry Anderson, *Arguments within English Marxism*, London 1980; Raphael Samuel (Hg.), *People's History
and Socialist Theory*, London 1981, S. 375 ff. Vgl. auch die Rez. von
Fred E. Schrader (Intern. Wiss. Korr. zur Gesch. der deutschen
Arbeiterbewegung 16 [1980], S. 478–488), Stefan Breuer (Leviathan 8
[1980], S. 589–595) und Heinz-Dieter Kittsteiner (Berliner Hefte 18
[1981], S. 109–121). Zur Geschichte und Besonderheit der anglo-
marxistischen Geschichtsschreibung siehe außerdem: Raphael Samuel, *British Marxist Historians, 1880–1980*, in: New Left Review,
1980, Nr. 120, S. 21–96; Gregor McLennan, *Marxism and the Metho-
dologies of History*, London 1981; Harvey J. Kaye, *The British Marxist Historians*, London 1984; Stephen Yeo, *Whose Story? An Argument from within Current Historical Practice in Britain*, in: Journal of
Contemporary History 21 (1986), S. 295–320. Vgl. auch Anm. 61.

60 Hier ist bes. an die 1978/79 in Nr. 6 bis 8 des ›History Workshop‹
ausgetragene Kontroverse zu denken, die durch einen Artikel von
Richard Johnson ausgelöst wurde. Leicht gekürzt ist dieser umstrit-
tene Text auch auf deutsch erschienen: *Edward Thompson, Eugene
Genovese und sozialistisch-humanistische Geschichtsschreibung*, in:
Das Argument 22 (1980), S. 39–49. Stedman Jones ergriff damals im
wesentlichen für Johnson Partei, kritisierte aber auch die Verengun-
gen des ›Althusserianismus‹ (*History and Theory*, in: History Workshop, Nr. 8, 1979, S. 198–202).

61 Diese außerordentlich breite Diskussion ging zunächst auf Gramsci
und Althusser zurück, gewann dann aber an Eigenständigkeit und
führte u. a. im Zusammenhang mit dem *Centre für Contemporary
Cultural Studies* (CCCS) in Birmingham zu vielen anregenden empirischen Studien. Vgl. bes. CCCS, *On Ideology*, London 1978; dies.,

Working Class Culture, London 1979; dies., *Making Histories*, London 1982; John Clarke u. a., *Jugendkultur als Widerstand*, Frankfurt/Main 1979; Paul Willis, *Spaß am Widerstand*, Frankfurt/Main 1982. Einführend: Stuart Hall, *Über Ideologieforschung in Großbritannien*, in: Das Argument 21 (1979), S. 846–855. – Zur ebenfalls durch die Althusser-Rezeption ausgelösten allgemeinen englischen Ideologie-Diskussion siehe: Ernesto Laclau, *Politics and Ideology in Marxist Theory*, London 1977 (dt. Berlin 1981); Paul Hirst, *On Law and Ideology*, London 1979; Göran Therborn, *The Ideology of Power and the Power of Ideology*, London 1980; Grahame Lock, *The State and I*, Den Haag 1981, sowie bes. die Zeitschriften ›Economy and Society‹, ›Screen‹ und ›Ideology & Consciousness‹. – Als ein Ergebnis dieser Debatten kann die Forderung Geoff Eleys verstanden werden, auch in der Sozialgeschichte verstärkt ideologietheoretische Überlegungen fruchtbar zu machen: *Some recent Tendencies in Social History*, in: Iggers/Parker, a. a. O., S. 55–70. – Einer der ›grand old men‹ der engl. Sozialhistorie, George Rudé, hat einige dieser theoretischen Anregungen bereits aufzunehmen und ›anzuwenden‹ versucht: *Ideology and Popular Protest*, London 1980.

62 Siehe dazu bereits seine Aufsätze: *The Pathology of English History*, in: New Left Review, 1967, Nr. 46, S. 29–43; *The Marxism of the Early Lukács. An Evaluation*, ebd., Nr. 70 (1971), S. 27–64; *From Historical Sociology to Theoretical History*, in: British Journal of Sociology 27 (1976), S. 295–305.

63 Stedman Jones, *Languages*, S. 20. An dieser Stelle findet sich ein direkter Hinweis auf Saussure.

64 Ebd., S. 21–22.

65 Ebd., S. 90–178.

66 Ebd., S. 178.

67 Vgl. u. a.: John Foster, *The Declassing of Language*, in: New Left Review, 1985, Nr. 150, S. 29–45; Gregory Claes, *Language, Class and Historical Consciousness in Nineteenth Century Britain*, in: Economy and Society 14 (1985), S. 239–263; Robert Gray, *The Deconstructing of English Working Class*, in: Social History 11 (1986), S. 363–373; James E. Cronin, *Language, Politics and the Critique of Social History*, in: Journal of Social History 20 (1986/87), S. 177–184.

68 Foster, *Declassing*, S. 43.

69 Claes, *Language*, S. 258.

70 Stedman Jones, *Languages*, S. 24.

71 Stedman Jones spielt hier auf die ultra-theorizistischen Texte von Barry Hindess und Paul Hirst an (v. a. *Pre-Capitalist Modes of Production*, London 1975), die Thompsons vehemente Kritik an Althusser provozierten. Siehe Anm. 59.

72 Stedman Jones, *Languages,* S. 23.

73 Foster verweist denn auch triumphierend auf die Errungenschaften der sowjetischen Soziolinguistik, während die von Stedman Jones angeführte Saussuresche Linguistik allenfalls für die Analyse »toter Sprachen« geeignet sei (*Declassing,* S. 38 ff.). Diesem Einwand hätte man z. B. anhand der neueren Diskussion über das Verhältnis von *langue* und *parole* zuvorkommen können. Vgl. u. a. Claudine Haroche, Paul Henry, Michel Pêcheux, *La sémantique et la coupure saussurienne: langue, langage, discours,* in: Langages, 1971, Nr. 24, S. 93–106. Zur Kritik der Soziolinguistik aus dieser Perspektive s. Françoise Gadet, *Théorie linguistique ou réalité langagière?,* in: Langages, 1977, Nr. 46, S. 59–89.

74 Stedman Jones, *Languages,* S. 21.

75 Vgl. bes. Pêcheux/Fuchs, *Subjekt;* Pêcheux, *Zu rebellieren;* Pêcheux/Gadet, *Sprachtheorie,* S. 396 ff.

76 Was die chartistischen Texte angeht, wären z. B. folgende konkrete Analyse-Schritte denkbar gewesen: 1) quantitative Analyse der ständig wiederkehrenden Termini und deren Gruppierung um einzelne thematische Pole; 2) genealogische Analyse aller Symbole und Begriffe im engeren Sinne; 3) Analyse des *Systems* dieser Begriffe und Symbole, also der durch sie gebildeten Oppositionen, Assoziationen oder Substitutionen usw.

77 Siehe dazu die Kritik von Gray, *Deconstructing,* S. 369 f.

78 Natürlich müssen solche in methodischer Hinsicht konventionellen Studien nicht zwangsläufig uninteressant sein. Das Gegenteil gilt z. B. für die begriffsgeschichtlichen Arbeiten von Asa Briggs: *The Language of »Class« in Early Nineteenth-Century England,* in: ders., *The Collected Essays of Asa Briggs,* Bd. 1, Brighton 1985, S. 3–33 (zuerst 1960); ders., *The Language of »Mass« and »Masses« in Nineteenth-Century England,* in: ebd., S. 34–54 (zuerst: 1979). Vgl. auch Raymond Williams, *Gesellschaftstheorie als Begriffsgeschichte. Studien zur historischen Semantik von »Kultur«,* München 1972 (engl. 1958); ders., *Keywords. A Vocabulary of Culture and Society,* London [8]1983.

79 Vgl. z. B. Donald Reid, *Industrial Paternalism: Discourse and Practice in Nineteenth-Century French Mining and Metallurgy,* in: Comparative Studies in Society and History 27 (1985), S. 579–607; John Smail, *The Languages for Labour and Capital: The Transformation of Discourse in the Early Years of the Industrial Revolution,* in: Social History 12 (1987), S. 49–71. Smail benutzt den Diskursbegriff unter Berufung auf Gramsci und Foucault (!) im Kontext einer völlig »essentialistischen« Konzeption im Sinne von Stedman Jones; Diskurse sind für ihn »kohärente Begriffssysteme«, deren soziale Träger immer schon feststehen. Wesentlich reflektierter ist demgegenüber die anre-

gende Studie von Michael Sonenscher, *The Sans-Culottes of the Year II. Rethinking the Language of Labour in Revolutionary France*, in: Social History 8 (1984), S. 301–328; gekürzt auch frz. in: AESC 40 (1985), S. 1087–1108. In Abgrenzung zum allzu ›geschlossenen‹ Sprachbegriff von Stedman Jones thematisiert Sonenscher die Brüche zwischen *öffentlichem* und *privatem* Diskurs und gewinnt so einen Zugang zur ›Innenseite‹ des sans-culottischen Bewußtseins.

80 Vgl. aus sprachwissenschaftlicher Perspektive den resignierten Bericht von Herbert Dieckmann, *Linguistik und Sozialgeschichtsforschung,* in: Renate Bartsch/Theo Vennemann (Hg.), *Linguistik und Nachbarwissenschaften,* Kronberg/Ts. 1973, S. 141–159. Zur älteren Literatur s. auch: ders., *Sprache in der Politik. Einführung in die Pragmatik und Semantik der politischen Sprache,* Heidelberg 1969. Neuerdings zeichnet sich jedoch ein Wandel ab. Vgl. etwa Franz Januscheck (Hg.), *Politische Sprachwissenschaft. Zur Analyse von Sprache als kultureller Praxis,* Opladen 1985.

81 Im 1975 gebildeten Beirat von ›Geschichte und Gesellschaft‹ (fortan zit. GG) sind zwölf englischsprachige Historiker vertreten gegenüber einem Franzosen (François Furet), der dann nie einen Text in GG publiziert hat. Zu den deutsch-französischen Beziehungen im Bereich der Historie vgl. Ernst Hinrichs, *Läßt sich die Geschichte mit Brettern vernageln?,* in: *Frankreich und Deutschland. Zur Geschichte einer produktiven Nachbarschaft,* Bonn 1986, S. 129–143; Hartmut Kaelble, *Sozialgeschichte in Frankreich und der Bundesrepublik: Annales gegen historische Sozialwissenschaften?,* in: GG 13 (1987), S. 77–93, der jedoch aus naheliegenden Gründen die Versäumnisse der Vergangenheit eher milde darstellt. Zur verspäteten ›Annales‹-Rezeption s. Erbe, a. a. O., S. 1 ff. Kritisch aus französischer Perspektive: Georges Roche, *Un mouvement des nouvelles Annales en RFA?,* in: Revue d'Allemagne 11 (1979), S. 405–420, wo auch ausdrücklich das mentalitäts- und diskursanalytische Defizit von GG unterstrichen wird (S. 414 ff.).

82 Vgl. etwa Karl-Georg Faber, *Theorie der Geschichtswissenschaft,* München ⁴1978, S. 147–164; Wolfgang J. Mommsen, *Die Sprache des Historikers,* in: Historische Zeitschrift 238 (1984), S. 57–81.

83 Siehe H. H. Meier, Art. *Begriffsgeschichte,* in: Joachim Ritter/Karlfried Gründer (Hg.), *Historisches Wörterbuch der Philosophie* (fortan zit. HWdPh), Bd. 1, Basel/Stuttgart 1971, Sp. 788–808 sowie Reinhart Koselleck, *Sozialgeschichte und Begriffsgeschichte,* in: Wolfgang Schieder/Volker Sellin (Hg.), *Sozialgeschichte in Deutschland. Entwicklungen und Perspektiven im internationalen Zusammenhang,* Bd. 1, Göttingen 1986, S. 89–109 (S. 90 f.). Siehe natürlich auch die von Erich Rothacker begründete Zeitschrift ›Archiv für Begriffsgeschichte‹ (seit 1955).

84 Siehe den sehr informativen Aufsatz von Otto Gerhard Oexle, *Sozial-geschichte – Begriffsgeschichte – Wissenschaftsgeschichte. Anmerkungen zum Werk Otto Brunners*, in: Vierteljahreshefte für Sozial- und Wirtschaftsgeschichte 71 (1984), S. 303–341 (mit weiteren Hinweisen).

85 Reinhart Koselleck, *Begriffsgeschichte und Sozialgeschichte*, in: Peter Christian Ludz (Hg.), *Soziologie und Sozialgeschichte. Aspekte und Probleme*, Köln 1972, S. 116–131 (S. 127); erneut in: ders., *Vergangene Zukunft. Zur Semantik geschichtlicher Zeiten*, Frankfurt/Main 1979, S. 107–129 (S. 124).

86 Otto Brunner/Werner Conze/Reinhart Koselleck (Hg.), *Geschichtliche Grundbegriffe. Historisches Lexikon zur politisch-sozialen Sprache in Deutschland*, bisher 5 Bde., Stuttgart 1972–1984. Vgl. auch R. Koselleck, *Richtlinien für das Lexikon politisch-sozialer Begriffe der Neuzeit*, in: Archiv für Begriffsgeschichte 11 (1967), S. 81–99. Ferner ders. (Hg.), *Historische Semantik und Begriffsgeschichte*, Stuttgart 1978 sowie die von dems. und Karlheinz Stierle hg. Buchreihe *Sprache und Geschichte* (bisher 10 Bde.).

87 R. Koselleck, *Einleitung*, in: Brunner/Conze/Koselleck, *Grundbegriffe*, Bd. 1, Stuttgart 1972, S. XXI.

88 Ders., *Richtlinien*, S. 82.

89 Ders., *Begriffsgeschichte*, S. 129 (*Vergangene Zukunft*, S. 126).

90 Siehe James J. Sheehan, *Begriffsgeschichte: Theory and Practice*, in: Journal of Modern History 50 (1978), S. 312–319. Zur Diskussion um die *Grundbegriffe* vgl. außerdem bes. Helmut Berding, *Begriffsgeschichte und Sozialgeschichte*, in: Historische Zeitschrift 223 (1976), S. 98–110; Irmline Veit-Brause, *A Note on Begriffsgeschichte*, in: History and Theory 20 (1981), S. 61–67; Rolf Reichardt, *Zur Geschichte politisch-sozialer Begriffe in Frankreich zwischen Absolutismus und Restauration. Vorstellung eines Forschungsvorhabens*, in: Zeitschrift für Literaturwissenschaft und Linguistik 47 (1982), S. 49–74, sowie Koselleck, *Historische Semantik*, dort bes. Heiner Schultz, *Begriffsgeschichte und Argumentationsgeschichte*, S. 43–74.

91 Koselleck, *Einleitung* [vgl. Anm. 87], S. XXI.

92 Reichardt, *Zur Geschichte*, S. 53.

93 Axel Drews, Ute Gerhard, Jürgen Link, *Moderne Kollektivsymbolik. Eine diskurstheoretisch orientierte Einführung mit Auswahlbibliographie*, in: Intern. Archiv für Sozialgeschichte der deutschen Literatur, 1985, 1. Sonderheft, S. 256–375 (S. 274).

94 Sheehan, *Begriffsgeschichte*, S. 319.

95 Vgl. Hans Ulrich Gumbrecht, Rolf Reichardt, Thomas Schleich, *Für eine Sozialgeschichte der französischen Aufklärung*, in: dies. (Hg.), *Sozialgeschichte der Aufklärung in Frankreich*, Bd. 1, München 1981, S. 3–51 (S. 36).

96 Symptomatisch hierfür ist z. B. das Fehlen eines Artikels »Mentalität« oder »Mentalitätsgeschichte« im HWdPh (wohingegen es dort jeweils eigene Artikel zur Begriffs-, Geistes- und Ideengeschichte sowie sogar zur Intellectual History gibt!). Während das Mentalitätskonzept in den Schriften der ›Bielefelder Schule‹ lange Zeit völlig fehlte, diente es in den 70er Jahren v. a. positivistischen oder konservativen Historikern (teilweise im Anschluß an Theodor Geiger, *Die soziale Schichtung des deutschen Volkes,* Stuttgart 1932) als unverdächtiges Surrogat für marxistisch klingende Vokabeln. Vgl. z. B. Werner K. Blessing, *Zur Analyse politischer Mentalität und Ideologie der Unterschichten im 19. Jahrhundert,* in: Zeitschrift für bayrische Landesgeschichte 34 (1971), S. 768–816; Franz Josef Schmale, *Mentalität und Berichtshorizont. Absicht und Situation hochmittelalterlicher Geschichtsschreiber,* in: Historische Zeitschrift 226 (1978), S. 1–16. Eine Ausnahme ist dagegen Rolf Sprandel, *Mentalitäten und Systeme. Neue Zugänge zur mittelalterlichen Geschichte,* Stuttgart 1972.

97 Ernst Hinrichs, *Zum Stand der historischen Mentalitätsforschung in Deutschland,* in: Ethnologia Europea 11 (1979/80), S. 226–233 (S. 226).

98 Grundlegend war v. a. der Forschungsbericht von Rolf Reichardt, *»Historie des Mentalités«. Eine neue Dimension der Sozialgeschichte am Beispiel des französischen Ancien Régime,* in: Intern. Archiv für Sozialgeschichte der Literatur 3 (1978), S. 130–166; vgl. auch ders., *Für eine Konzeptualisierung der Mentalitätshistorie,* in: Ethnologia Europea 11 (1979/80), S. 234–241; Klaus Herbers/Ludolf Kuchenbuch, ›Konjunktur‹ und ›Mentalität‹. *Beobachtungen zur französischen Mediävistik,* in: Lendemains 4 (1979), S. 25–42; Ernst Hinrichs, *Mentalitätsgeschichte u. regionale Aufklärungsforschung,* in: ders./ Wilhelm Norden (Hg.), *Regionalgeschichte. Probleme und Beispiele,* Hildesheim 1980, S. 21–41. Siehe neuerdings auch Hagen Schultze, *Mentalitätsgeschichte – Chancen und Grenzen eines Paradigmas der französischen Geschichtswissenschaft,* in: Geschichte in Wissenschaft und Unterricht 36 (1985), S. 247–271; Volker Sellin, *Mentalität und Mentalitätsgeschichte,* in: Historische Zeitschrift 241 (1985), S. 556–598.

99 Während sehr schnell (meist miserable) Sekundärdarstellungen vorlagen, die z. T. bis heute als Standardwerke zirkulieren (so z. B. Günther Schiwy, *Der französische Strukturalismus. Mode–Methode–Ideologie,* Reinbek 1969; 4. Aufl. 1984: 46000 Ex.), wurden die französischen Texte selbst nur mit erheblicher Verspätung und häufig unsorgfältig bzw. inkompetent übersetzt (man denke nur an die frühen Foucault- und Althusser-Übersetzungen, Lacan dagegen blieb zunächst völlig unübersetzt). Theoriegeschichtlich kommt hier einigen Verlagen und ihren Beratern eine erhebliche Verantwortung

zu. Beobachtern der Editionslandschaft ist auch nicht entgangen, daß Autoren wie Althusser, Derrida, Lacan und z. T. Foucault bald nur noch in mittleren und kleinen Außenseiterverlagen erscheinen konnten, weil *inhaltliche* Bedenken die kontinuierliche Herausgabe ihrer Schriften in den großen geisteswissenschaftlichen Verlagen verhinderten.

100 Helga Gallas mußte z. B. ihren Reader *Strukturalismus als interpretatives Verfahren* (Darmstadt, Neuwied 1972) mit dem Satz beginnen: »Wer sich hierzulande als Marxist öffentlich mit der strukturalistischen Methode auseinandersetzt, ohne zugleich anzukündigen, daß es sich selbstverständlich um eine vernichtende Kritik handele, der muß mit verhärteten Vorurteilen rechnen« (S. VII).

101 Siehe z. B. Basisgruppe Geschichtswissenschaft, *Historie zwischen Ideologie und Wissenschaft*, Hamburg 1970, S. 117ff.; Dieter Groh, *Kritische Geschichtswissenschaft in emanzipatorischer Absicht*, Stuttgart 1973, S. 58 f., sowie (als Anwendung der ›Objektivismus‹-Kritik auf die ›Annales‹-Schule) S. 67 ff. Besonders einflußreich war seinerzeit auch die aus der Perspektive der Frankfurter Schule geführte Althusser-Kritik von Alfred Schmidt, *Geschichte und Struktur. Fragen einer marxistischen Historik*, München 1971.

102 Vgl. die mit zwanzigjähriger Verspätung von Jürgen Habermas aufgenommene Auseinandersetzung mit dem ›Poststrukturalismus‹: *Der philosophische Diskurs der Moderne*, Frankfurt/Main 1985. Wie seinerzeit die Kritiker der Neuen Linken glaubt Habermas an eine ›soziologische‹ Ursache für den »Einfluß der Poststrukturalisten auf deutschen Universitäten«, denn in diesen Theorien spiegele sich letztlich die düstere Lage auf dem akademischen Arbeitsmarkt (ders., *Die neue Unübersichtlichkeit*, Frankfurt/Main 1985, S. 223).

103 Rodolphe Gasché, *Die hybride Wissenschaft. Zur Mutation des Wissenschaftsbegriffes bei Emile Durkheim und im Strukturalismus von Claude Lévi-Strauss*, Stuttgart 1973, S. 8. Ähnliche Erfahrungen konnte der Verf. 1976 bei der Übersetzung eines ›althusserianischen‹ Textes machen; der Verlag zwang ihn damals zu Anfügung eines Glossars, um z. B. die Übersetzung von »produire« mit »produzieren« zu begründen (s. Urs Jaeggi/Axel Honneth (Hg.), *Theorien des historischen Materialismus*, Frankfurt/Main 1977, S. 342 f.). Muß nach dem Vorangegangenen noch erwähnt werden, daß der Begriff *Diskurs* im HWdPh natürlich fehlt?

104 Außerdem ist die große Zahl literaturwissenschaftlicher Arbeiten bemerkenswert, was u. a. mit der in diesen Fächern selbstverständlicheren Rezeption linguistischer und semiologischer Ansätze zusammenhängen dürfte.

105 Zu dem unter (3) angeführten Ansatz siehe: Projekt Ideologie-Theorie, *Faschismus und Ideologie*, 2 Bde., Berlin 1980; Wolfgang Fritz

Haug, *Die Faschisierung des bürgerlichen Subjekts*, Berlin 1986; Jan Rehmann, *Die Kirchen im NS-Staat*, Berlin 1986; Herbert Bosch u. a., *Der interne Staat des Bürgertums*, Berlin 1987. Zu dem unter (4) genannten Ansatz siehe Utz Maas, *»Als der Geist der Gemeinschaft eine Sprache fand«. Sprache im Nationalsozialismus. Versuch einer historischen Argumentationsanalyse,* Opladen 1984. Im Anhang dieses Buches findet sich auch eine lesenswerte methodologische Auseinandersetzung mit alternativen Forschungsansätzen (S. 208–251).

106 Rolf Reichardt, *Einleitung,* in: ders./Eberhard Schmitt (Hg.), Handbuch politisch-sozialer Grundbegriffe in Frankreich 1680–1820, München 1985, Heft 1/2, S. 60.

107 Siehe ebd. sowie bereits Gumbrecht/Reichardt/Schleich, *Für eine Sozialgeschichte*, S. 36.

108 Reichardt, *Zur Geschichte*, S. 56.

109 Siehe v. a. Hans Ulrich Gumbrecht, *Für eine phänomenologische Fundierung der sozialhistorischen Begriffsgeschichte,* in: Koselleck, *Historische Semantik*, S. 75–101; ders./Hans-Jürgen Lüsebrink/Rolf Reichardt, *Histoire et langage: travaux allemands en lexicologie historique et en histoire conceptuelle,* in: Revue d'histoire moderne et contemporaine 30 (1983), S. 184–195.

110 Neben den bereits vorliegenden Heften des ›Handbuchs‹ siehe v. a. die überzeugende Analyse der Flugschriften zum Bastille-Sturm durch Hans-Jürgen Lüsebrink u. Rolf Reichardt: *La »Bastille« dans l'imaginaire social de la France à la fin du XVIIIe siècle (1774–1799),* in: Revue d'histoire moderne et contemporaine 30 (1983), S. 196–234. Vgl. dt. auch Reichardt, *Zur Geschichte,* S. 57 ff.

111 Siehe Jürgen Link, *Literaturwissenschaftliche Grundbegriffe,* München 1974, ²1979; ders., *Die Struktur des Symbols in der Sprache des Journalismus,* München 1978; ders./Ursula Link-Heer, *Literatursoziologisches Propädeutikum,* München 1980; ders., *Elementare Literatur und generative Diskursanalyse,* München 1983; ders./Wulf Wülfing (Hg.), *Bewegung und Stillstand in Metaphern und Mythen. Fallstudien zum Verhältnis von elementarem Wissen und Literatur im 19. Jahrhundert,* Stuttgart 1984.

112 Zu Links semiotischer Symbol-Definition in Abgrenzung zur bisherigen hermeneutisch-geistestypologischen Symbolforschung siehe u. a. Drews/Gerhard/Link, *Moderne Kollektivsymbolik*, S. 266. Vgl. auch Link, *Kollektivsymbole und Mediendiskurse. Zur aktuellen Frage, wie subjektive Aufrüstung funktioniert,* in: Kulturrevolution, 1982, Nr. 1, S. 6–21.

113 Stichwort »Interdiskurs«, in: KultuRRevolution, 1983, Nr. 4, S. 66. Vgl. auch Link, *Elementare Literatur*, S. 16.

114 Siehe v. a. die seit 1982 von Jürgen Link und Ursula Link-Heer herausgegebene ›Zeitschrift für angewandte Diskurstheorie‹, ›KultuRRe-

volution‹, in der laufend Analysen von politischen, literarischen und historischen Texten erscheinen (bisher 14 Hefte).

115 Diese Unzugänglichkeit wird üblicherweise damit begründet, daß sich Weltbilder nur sehr indirekt quellenmäßig erfassen lassen. Die besondere Struktur der Sprache wurde jedoch kaum als Quelle angesehen. Auch die relative Seltenheit sprachlicher Überlieferungen aus den Unterschichten kann nur teilweise als Einwand gelten; hier wird man exemplarisch verfahren und sich an das Prinzip des »außergewöhnlichen Normalen« halten müssen. Siehe Carlo Ginzburg/Carlo Poni, *Was ist Mikrogeschichte?*, in: Geschichtswerkstatt, 1985, Nr. 6, S. 48–52 (S. 51).

116 Siehe die laufende Bibliographie lexikologischer und diskursanalytischer Arbeiten in: Mots, 1980 ff., Nr. 1 ff.

117 Das signifikanteste Beispiel für diese Entwicklung sind die neueren Bücher von François Furet, der früher, auch hinsichtlich der ›historischen Semantik‹, ein extremer Anhänger der Quantifizierung war (vgl. ders. u. a., *Livre et société dans la France du XVIIIᵉ siècle*, Bd. 2, Paris, Den Haag 1970, S. 93–228). Heute vertritt er eine methodisch diffuse »histoire conceptuelle«: *Penser la Révolution française*, Paris 1978 (dt. Frankfurt/Main, Berlin, Wien 1980); ders. (Hg.), *Marx et la Révolution française*, Paris 1986; ders. (Hg.), *La gauche et la Révolution au XIXᵉ siècle*, Paris 1986.

Peter Uwe Hohendahl

Marxistische Literaturtheorie zwischen Hermeneutik und Diskursanalyse

Fredric Jamesons
»The Political Unconscious«

Es ist ein Gemeinplatz, daß sich in den Vereinigten Staaten eine eigenständige marxistische Gesellschaftstheorie nur am Rande der etablierten Sozialwissenschaften hat entwickeln können. So wenig wie es in Nordamerika eine kommunistische Massenpartei gibt, die auf das politische Leben des Landes einen nennenswerten Einfluß hat, so wenig ist es der marxistischen Theorie gelungen, über den Status einer marginalen Wissenschaft hinauszugelangen und im Rahmen der etablierten akademischen Disziplinen Anerkennung zu finden. Insbesondere seit den fünfziger Jahren ist die radikale politische Tradition Amerikas, die noch in den Jahren der Depression lebendig war, in einem solchen Maße eliminiert worden, daß die Erinnerung an ihre Existenz fast verloren gegangen ist.[1] Das Gleiche gilt indessen nicht für die Kulturwissenschaften. Während die radikale Vergangenheit Amerikas in den Sozialwissenschaften nach dem Zweiten Weltkrieg fast ausgelöscht wurde, blieben die Kulturwissenschaften offener. Sie erlaubten, besonders seit den sechziger Jahren, erneut das Einströmen und die Verarbeitung marxistischer Theoreme verschiedener Herkunft. Das trifft nicht zuletzt auf die Literaturwissenschaft zu. Es ließe sich die These vertreten, daß die marxistische Literaturtheorie noch nie so einflußreich gewesen ist wie gegenwärtig. Freilich handelt es sich bei diesen Theoremen, wie wir sogleich sehen werden, nicht um Traditionen, die aus dem amerikanischen Radikalismus hervorgegangen sind, sondern um die Rezeption und Verarbeitung europäischer Strömungen, also um einen hybriden Seminar-Marxismus, der an den Eliteuniversitäten des Landes, die mit Europa in ständigem Ideenaustausch stehen, verwurzelt ist.

In diesem Zusammenhang ist das Œuvre von Fredric Jameson exemplarisch. Jameson, der zuerst 1961 mit einer Arbeit über Sartre hervortrat[2], hat in den folgenden Jahren die theoretische

Debatte innerhalb des Marxismus aufgearbeitet und gleichzeitig die Auseinandersetzung mit dem Formalismus und Strukturalismus aufgenommen. Während Jameson in *Marxism and Form* 1971 eine kritische Einführung in den auf Lukács aufbauenden Hegelschen Marxismus vorlegte und gleichzeitig in dem abschließenden Kapitel zum ersten Mal ein systematisches Programm für eine marxistische Methodologie der Interpretation entfaltete, enthielt das ein Jahr später erschienene Buch *The Prison-House of Language* eine weithin deskriptive, wenn auch im Grundton kritische Auseinandersetzung mit dem russischen Formalismus und vor allem dem neueren französischen Strukturalismus. Dieses Nebeneinander von »deutscher« und »französischer« Theorie, die gleichzeitige kritische Appropriation marxistischer und strukturalistischer Theoreme, ist nicht nur bezeichnend für die intellektuelle Biographie von Fredric Jameson, sondern gleichzeitig paradigmatisch für die Konstellation der avancierten marxistischen Kulturtheorie in den USA. Sie mußte auf der einen Seite das Erbe des Hegelschen Marxismus aufarbeiten und damit den Anschluß finden an die deutsche und französische Diskussion der fünfziger und sechziger Jahre; sie konnte auf der anderen Seite die theoretischen Entwicklungen nicht übersehen, die in Amerika den herrschenden New Criticism seit den sechziger Jahren in Frage stellten.

Wie läßt sich dieses Projekt wenigstens in Umrissen beschreiben? Die knappste Formel wäre: Jamesons Theorie entfaltet sich als ein gegenseitiges Sich-Abarbeiten von strukturalistischem Marxismus (Althusser) und Hegelianischem Marxismus (Lukács). Dieses Grundmuster wird dadurch erweitert, daß auf der einen Seite durch Althusser strukturalistische und poststrukturalistische Theoreme aus dem Werk von Greimas und Lacan eingebracht werden, die dann im Denken von Jameson ihre eigene Kraft entfalten, und daß auf der anderen Seite die Lukácssche Position kritisch reflektiert wird durch die Ansätze der Frankfurter Schule und Blochs. Ohne den Utopie-Begriff Blochs zum Beispiel ist die Gestalt und die politische Intention von Jamesons Theorie nicht zu verstehen.

Jameson und die Lukács-Tradition

Zu Beginn der siebziger Jahre, in *Marxism and Form*[3], steht Jameson freilich noch fest auf dem Boden des Hegelschen Neo-Marxismus. Unverkennbar stellt die Theorie des frühen Lukács die entscheidenden Kategorien für das abschließende systematische Kapitel des Buches zur Verfügung. Obgleich Jameson hier wie auch später gegen die konventionelle Einteilung des Lukácsschen Œuvres in eine Früh-, Mittel- und Spätphase polemisiert und die Einheit des Gesamtwerkes betont, ist in systematischer Beziehung das Übergewicht des Frühwerks nicht zu übersehen. Unter theoretischen Gesichtspunkten ist dies nicht erstaunlich, denn diese Gewichtung erlaubt es Jameson, sowohl die Autoren der Frankfurter Schule, besonders Adorno, als auch Bloch in sein Programm zu integrieren. Das gemeinsame Band ist natürlich die Kategorie der Dialektik sowie die Theorie der Verdinglichung, wie sie in *Geschichte und Klassenbewußtsein* entfaltet wird. Zwar unterscheidet Jameson zwischen der Hegelschen und der Marxschen Dialektik, doch sieht er 1971 zwischen ihnen keinen unüberwindlichen Gegensatz, sonden Unterschiede, die sich aus der spezifisch Marxschen Hegel-Aneignung ergeben. Damit stellt sich Jameson offen in die Tradition eines Denkens, für das der Begriff der *Totalität* unverzichtbar ist. Objektive Realität, ob es sich nun um empirische Strukturen oder um ästhetische Gebilde handelt, kann folglich nur erfaßt und begriffen werden in der dialektischen Spannung von konkretem Einzelnem und Ganzem. Angewandt auf die Bestimmung des Kunstwerks bedeutet dies, daß sich Jamesons Theorie an den Bedingungen der Vermittlung zwischen ästhetischer und gesellschaftlicher Sphäre, zwischen Form und gesellschaftlicher Struktur, zwischen Gehalt und geschichtlichem Moment abarbeiten muß.

Aus dieser Problemstellung ergibt sich zugleich die Tendenz und die Struktur der Argumentation. Da Jameson an dem Lukácsschen Begriffsapparat festhält, also auch an Kategorien wie Klasse, Klassenkampf, ökonomischer Basis und kulturellem Überbau, muß er sich auch mit dem gegen Lukács erhobenen Vorwurf der Vulgarisierung marxistischer Theorie implizit auseinandersetzen. Diese Kritik des vulgären Marxismus erscheint bei ihm in zweierlei Gestalt. Auf der einen Seite wiederholt Jameson das klassische Argument, daß die Marxsche Theorie nicht bloß oder nicht wesentlich eine ökonomische Theorie ist, aus der sich dann eine sekundäre Kulturtheorie ableiten läßt, auf der anderen Seite – und hier kommt er näher an die zeitgenössische Diskussion heran – wendet er sich gegen eine statische Auslegung der Beziehung zwischen gesellschaftlicher Struktur und Kunstwerk, wie er sie auch im genetischen Strukturalismus Lucien Goldmanns zu finden glaubt. Um den möglichen Vorwurf eines planen Abbildungsmodells aufzufangen, betont Jameson den dynamischen Charakter der dialektischen Beziehung zwischen ästhetischer Struktur und Gesellschaftsstruktur, die sich eben nicht als Homologie begrifflich fassen läßt.[4]

Das zentrale theoretische und methodische Problem ist für Jameson, um es noch einmal zu sagen, die Frage der dialektischen Vermittlung. Doch auch in anderer Hinsicht tritt Jameson das Erbe des Hegelschen Neo-Marxismus an. Das vorgeschlagene Deutungsverfahren steht im weiteren Sinn in der *hermeneutischen* Tradition. Am Schluß des letzten Kapitels beruft sich Jameson ausdrücklich auf den Begriff der inneren Form, dessen antipositivistischen, hermeneutischen Charakter er herausstellt und für eine marxistische Theorie nutzbar machen will. Der Begriff der inneren Form, den Jameson von Schiller übernimmt, bedeutet für ihn, daß in der Dialektik von Form und Gehalt die Arbeit des Interpretierens, gerade auch des gesellschaftskritischen Lesens, sich von selbst ergibt. Es handelt sich um das Hervorholen dessen, was in der Struktur des Werkes ohnehin enthalten ist. »Thus the process of criticism is not so much an interpretation of content as it is a revealing of it, a laying bare, a restoration of the original message, the original experience, beneath the distortions of the various kinds of censorship that have been at work upon it.«[5] Offensichtlich besteht Jameson hier auf der Möglichkeit, daß die Bedeutung eines literarischen Textes enthüllt und festgestellt werden kann. Und wenn wir hier von Bedeutung sprechen, bezieht sich dieser Ausdruck nicht nur auf die Semantik des Textes, sondern zugleich auf die Relation zur Totalität der außerästhetischen Wirklichkeit.

Freilich dürfen wir Jameson an dieser Stelle nicht eine krude Reduktion auf eine inhaltliche Botschaft unterstellen. Wenn er von der Enthüllung der Bedeutung spricht, meint er, wie er anschließend an einem Beispiel ausführt, nicht den Inhalt oder die Thematik. Vielmehr versteht er darunter die Artikulation verschiedener

Schichten, die von der Oberfläche der Handlung und der Charaktere zu tieferen Schichten der Artikulation führt. Kunstkritik ist folglich »demystification« von Strukturen, die unter dem Druck gesellschaftlicher Kräfte ihre wahre Bedeutung nicht zu erkennen geben.

Dieser Gesichtspunkt einer Hierarchie von Bedeutungsschichten, die bloßgelegt werden müssen, ist für unsere Betrachtung wichtig, obschon er in *Marxism and Form* noch ganz eingebettet bleibt in einen hermeneutischen Ansatz. Man kann diesen Anstoß jedoch weiterverfolgen, bis er 1979 in *The Political Unconscious* in veränderter Gestalt neu auftritt, nämlich im Zusammenhang einer poststrukturalistisch beeinflußten Diskurstheorie. Bevor ich diesen Zusammenhang näher erläutere, müssen wir uns freilich fragen, welche Elemente des poststrukturalistischen Denkens Jameson in den siebziger Jahren aufgreift und verarbeitet.

Die Rezeption der französischen Theorie

Die Auseinandersetzung mit der französischen Theorie vollzieht sich bei Jameson gleichzeitig oder im unmittelbaren Anschluß an den ersten Versuch einer marxistischen Synthese in *Marxism and Form*. In *The Prison-House of Language* (1972) entwickelt Jameson seine Kritik des Strukturalismus, an der er im wesentlichen festgehalten hat.[6] Die Grenzen des von Saussure ausgehenden Strukturalismus sind einmal seine Vernachlässigung der Diachronie (Verlust der Geschichte) und zum anderen seine Unfähigkeit, aus dem Gehäuse der Sprache auszubrechen; er beschränkt sich auf die Opposition von Signifikant und Signifikat, ohne den Referenten (Wirklichkeit) noch zu berühren. Gleichzeitig jedoch ist Jameson daran interessiert, bestimmte Theoreme und Operationen des Strukturalismus zu übernehmen. Das betrifft besonders Greimas' Bestimmung einer mehrfachen Negation im Rahmen seines semantischen Vierecks, das zwischen der direkten und der indirekten (bestimmten/offenen) Negation unterscheidet. Jamesons Interesse an diesem Viereck ist unschwer zu erklären. Greimas gelingt hier die statische Darstellung von Beziehungen, die in dynamischer Form als *Dialektik* sich niederschlagen. Anders gesprochen, Jameson ist an jenen Momenten des Strukturalismus interessiert, die eine Übersetzung des linguistischen Diskurses in den marxistischen (und umgekehrt) ermöglichen. Auf diese Weise läßt sich der Strukturalismus, wenn auch nicht restlos, in den Marxismus überführen.

Nicht weniger wichtig, obschon komplexer, ist die Aneignung der Psychoanalyse in ihrer Lacanschen Gestalt. Komplexer insofern, als Jamesons Verständnis der Theoreme Lacans bereits vorbestimmt ist durch die Rezeption dieser Theoreme bei Althusser[7], ferner durch die rigorose von Jameson vorgenommene Auswahl der aufgegriffenen Theorieelemente. Lacans Theorie interessiert Jameson primär unter dem Gesichtspunkt der Lösung spezifischer Probleme innerhalb der marxistischen Theorie. So liegt für Jameson der größte Nachdruck auf der Darstellung der drei erkenntnistheoretischen Ebenen der psychischen Struktur. Im Mittelpunkt steht der Begriff des *Realen* als einer für den Marxismus unverzichtbaren Kategorie. Der Lacansche Begriff des Realen erlaubt Jameson, sich mit dem Poststrukturalismus über eine Konzeption der Wirklichkeit zu verständigen, in der das Reale nicht unmittelbar zugänglich ist, aber auch nicht restlos textualisiert werden kann. Mit diesem epistemologischen Aspekt verbindet sich der strategische Gesichtspunkt, über die Kategorie des Symbolischen (Sprache) den literarischen Text zur Wirklichkeit in Beziehung zu setzen.

In seinem Aufsatz *Imaginary and Symbolic in Lacan* (1977) mit dem bezeichnenden Untertitel *Marxism, Psychoanalytic Criticism and the Problem of the Subject* verfolgt Jameson in der Hauptsache die zentralen Kategorien des Imaginären, des Symbolischen und des Realen.[8] In unserem Zusammenhang können wir die Einzelheiten der Darstellung außer Betracht lassen, doch müssen wir uns eingehender mit ihrer Anwendung auseinandersetzen. Für das erste, vorsprachliche Stadium der kindlichen Entwicklung (das Imaginäre) betont Jameson die Entwicklung binärer Gegensätze von gut und böse, die später die Basis für archaische Formen der Ethik bilden. Im Falle der symbolischen Ordnung, also der nächsten Entwicklungsstufe, unterstreicht Jameson den Zusammenhang mit der klassischen Freudschen Theorie, d. h. er hebt die enge Verbindung von libidinöser und sprachlicher Struktur hervor. Insbesondere aber akzentuiert Jameson in seiner Darstellung die durch den Übergang des Kindes in die symbolische Ordnung entstehende *Entfremdung* (Entfremdung durch den Gebrauch der Sprache), eine Situation, die Jameson als Lacans Nähe zu Hegel deutet – im Unterschied etwa zu Deleuzes und Guattaris Bevorzugung der schizophrenen Struktur. Mit Lacan besteht Jameson auf der zentralen Funktion der Sprache für die Bestimmung des Menschlichen[9]; denn die Sprache enthält die Befreiung aus der »schlechten Unmittelbarkeit« der vorsymbolischen Spiegelphase. Zugleich mit der symbolischen Ordnung (der Sprache) konstituiert sich das *Unbewußte*. »This production of the Unconscious by way of a primary repression which is none other than the acquisition of language is then reinterpreted in terms of the communicational situation as a whole.«[10] Jameson liegt daran, die Verbindung von Sprache und Unbewußtem hervorzuheben, also gerade jenen Aspekt, durch den sich Lacan von der orthodoxen Theorie Freuds unterscheidet. Das Unbewußte erscheint als die Kette der sprachlichen Zeichen (Signifikanten); und das Subjekt ist der Sprache (als einem System) unterworfen.

Für Jameson stellt sich nunmehr die doppelte Frage: (1) Wie kann die Lacansche Psychoanalyse für die Literaturwissenschaft nutzbar gemacht werden und (2) wie kann die Lacansche Theorie in die Marxsche eingefügt werden. In Bezug auf die erste Frage deutet Jameson die Möglichkeit an, den Übergang von der imaginären zur symbolischen Ordnung als Analogie von Unordnung/Chaos zu Ordnung/Struktur im Prozeß des Erzählens anzusehen – eine Anregung, die auf das Balzac-Kapitel von *The Political Unconscious* vorausdeutet. Es geht Jameson mit anderen Worten darum zu bestimmen, in welcher Weise der literarische Text am Imaginären bzw. am Symbolischen teilhat.[11]

Die Beantwortung der zweiten Frage führt uns zur dritten Kategorie: So sehr Jameson die Bedeutung der symbolischen Ordnung für die literarische Produktion hervorhebt, so zielt seine Darstellung Lacans schließlich auf die Explikation des Begriffs des *Realen* ab. Das Reale, das nach einer Formulierung Lacans der Symbolisation entzogen bleibt, ist für Jameson die *Geschichte*. Jamesons Strategie besteht nun darin, zwischen Lacan und Hegel eine größere Nähe anzunehmen, als dies herkömmlich der Fall ist. So versucht er, am Beispiel der Lacanschen Poe-Interpretation (Poes *The Purloined Letter*) zu zeigen, daß auf der Basis der strukturalistischen Lektüre des Textes eine dialektische Deutung möglich ist. Folglich kann sich die Aneignung der Lacanschen Theorie sowohl auf der Ebene der objektiven Textstruktur als auch auf der Ebene der Methode vollziehen. Entsprechend argumentiert Jameson, daß die Verbindung von Marxismus und Psychoanalyse möglich ist im Rahmen eines beide Theorien übergreifenden *hermeneutischen Modells*. Die gemeinsame Basis ist die Anerkennung des Wirklichen, d. h. der Geschichte als eines außerhalb der Sprache liegenden Referenten. Die Lacansche Annahme eines dezentrierten Subjekts, das weder mit der Sprache noch mit dem Wirklichen identisch ist, führt zu einem asymptotischen Zugang zur Realität, die nur als Grenzwert verstanden werden kann. Auf der einen Seite ist sie in der Lebenspraxis ununterscheidbar von der symbolischen Ordnung (Sprache, Text), auf der anderen Seite ist sie ontologisch unabhängig von ihr (S. 387 f.).

Ohne Zweifel erblickt Jameson in Lacans Theorie, nicht zuletzt in der Unterscheidung zwischen Wissenschaft und Wahrheit, einen deutlichen Fortschritt gegenüber älteren marxistischen Modellen. Darin folgt er offensichtlich Althusser (der explizit genannt wird, S. 390). Am Ende der ausführlichen Darstellung wird deutlich, daß ihr letztes Ziel, jenseits der Aneignung der Psychoanalyse, die Ausformulierung einer innermarxistischen Spannung ist, nämlich der Spannung zwischen dem dialektischen Marxismus von Lukács und dem strukturalistischen Marxismus Althussers und seiner Schüler. Jamesons Stellungnahme ist bemerkenswert. Er behandelt Althussers Polemik gegen den Humanismus sowie die Kritik des frühen, auf Hegel aufbauenden Marx als lokale, französische oder bestenfalls europäische Probleme, die für den amerikanischen Marxismus keine Bedeutung haben (S. 391). Deshalb sieht es Jameson als seine Aufgabe an, diese Kritik des Hegelschen Marxismus noch einmal zu schreiben. Insbesondere versucht Jameson, den kritischen Teil der Lukácsschen Tradition, d. h. die Kritik der kapitalistischen Verdinglichung, wie sie bei Adorno und Marcuse erneut ausformuliert wird, zu retten, ohne den Subjektbegriff der Frankfurter Schule noch zu teilen. Die Lösung liegt für Jameson in der Kategorie des *Utopischen*. Damit verbindet sich die Forderung, die marxistische Theorie nicht nur analytisch zu behandeln, sondern eine gesellschaftliche Situation zu unterstellen, in der die Problematik der spätkapitalistischen Gesellschaft überwunden ist. »The solution can only lie, it seems to me, in the renewal of Utopian thinking, of creative speculation as to the place of the subject at the other end of historical time, in a social order which has put behind it class organization, commodity production and the market, alienated labor, and the implacable determinism of an historical logic beyond the control of humanity.« (S. 393)

Ist das eine Rückkehr zum Subjektbegriff? Terry Eagleton vertritt diese Ansicht; er hält Jameson vor, im Grunde im Banne des Hegelschen Marxismus geblieben zu sein, obschon er sich die Althussersche Terminologie angeeignet habe.[12] Jameson selbst sieht es freilich anders: Am Schluß des Lacan-Aufsatzes greift er Althussers Ideologiebegriff auf (Althusser: Ideologie ist »die Darstellung der imaginären Beziehung der Individuen zu ihren wirklichen Existenzbedingungen«) und folgert daraus, daß Ideologiebildung nicht auf Klassengesellschaften beschränkt ist, sondern »the ideological representation must rather be seen as that indispensable mapping fantasy or narrative by which the individual subject invents a ›lived‹ relationship with collective systems which otherwise by definition exclude him insofar as he or she is born into a pre-existent social form and its pre-existent language.« (S. 394) Unverkennbar verliert der Ideologiebegriff in dieser Formulierung seine negativen Konnotationen und stellt sich statt dessen dar als ein unumgänglicher Aspekt sozialer Praxis. Die Vision einer kommunalen Gemeinschaft ohne Entfremdung wird als Jamesons Projekt hier sichtbar. Dabei verschränken sich Utopie und Ideologie in einer dem klassischen Marxismus fremden Weise.

Das Ergebnis: Hybride Theoriebildung

Der Lacan-Aufsatz verfolgt eine doppelte Strategie: Auf der einen Seite versucht er, die Struktur der Lacanschen Psychoanalyse bloßzulegen, um ihre Ähnlichkeit mit dem Marxismus zu zeigen, auf der anderen Seite treibt er die kritische Analyse der Modellbildung so weit voran, daß Jamesons marxistische Theorie, wie sie in *Marxism and Form* vorgestellt wurde, selber eine veränderte Gestalt annimmt. Dieser Revision des Marxismus, die Jameson in *The Political Unconscious* vorlegt, müssen wir uns nun zuwenden. Meine Darstellung wird sich freilich auf wenige Punkte beschränken. Sie wird dabei von folgenden Fragen ausgehen: (1) In welcher Weise verbindet Jameson den poststrukturalistischen Diskurs mit dem vertrauten neo-marxistischen Diskurs? (2) Welche Folgen hat diese Verbindung für die Struktur einer revisionistischen marxistischen Theorie? (3) Wie wirkt sich dieser revisionistische Marxismus auf die Lektüre von literarischen Texten aus? Ergeben sich neue Ansätze und neue Ergebnisse?

An dem hohen Anspruch von *The Political Unconscious* besteht kein Zweifel. Jameson stellt sich die Aufgabe zu beweisen, daß der Marxismus nicht nur eine mögliche unter mehreren konkurrierenden Theorien ist, sondern den Status einer übergreifenden Theorie hat, zu der sich die anderen wie Service-Theorien verhalten. Innerhalb der marxistischen Theorie handelt es sich dann vor allem darum, das von *Marxism and Form* vertraute Modell so zu transformieren, daß es gegen kritische Einwände des strukturalistischen und poststrukturalistischen Denkens gefeit ist. Diese Übersetzung benutzt einmal die Althussersche Kritik der traditionellen marxistischen Kategorien wie der des Subjekts, der organischen Kausalität und der Totalität, sie grenzt sich jedoch gleichzeitig gegen Althussers Lösungen ab, hält insbesondere am Begriff der *Vermittlung* fest, insofern Beziehungen zwischen verschiedenen Ebenen von Realität und/oder Textbedeutungen hergestellt werden müssen. Gleichwohl entsteht ein weitgehend verändertes Modell, in dem literarische Werke nicht mehr als Abbildungen von Klassenkonflikten aufgefaßt werden, vielmehr als *symbolische Handlungen,* in denen sich der *Diskurs* von Klassen artikuliert. Der Diskursbegriff operiert also auf der Ebene der objektiven Beziehungen, genauer gesprochen, wie wir sehen werden, auf der Ebene der Ideologie (im Sinne Althussers). Aus dieser Lokalisierung ergeben sich signifikante Konsequenzen für die Konzeption der Lektüre von literarischen Texten. Bemerkenswert ist indes, daß Jameson die Verwendung des Diskursbegriffs nicht gleichsetzt mit der Ablehnung des Hermeneutikbegriffs, sondern eine solche binäre Opposition, wie sie sich bei Deleuze und Guattari im *Anti-Ödipus* (gegen Freud) findet, kritisiert. Diese Position muß sich jedoch am strukturalistischen Marxismus Althussers abarbeiten.

Das neue Modell, das Jameson nicht zuletzt in der Auseinandersetzung mit Althusser gewinnt, muß hier wenigstens skizziert werden. Jameson übernimmt den Begriff der strukturalen Kausalität (in dem ein Subjekt nicht auftritt), verteidigt aber gleichzeitig die Möglichkeit mechanischer und expressiver Kausalität, die der Strukturalismus verwirft. Bekanntlich richtet sich Althussers Polemik vor allem gegen Hegels Konzeption einer von einem Element (Subjekt) her bestimmten Totalität. Jameson rettet nun den

Begriff der expressiven Kausalität, indem er ihn auf bestimmte Situationen beschränkt (lokale Bedeutung), nämlich den Bereich kultureller Ideologie. Narrative Erklärungen, die die Geschichte textualisieren, sind Jameson zufolge unvermeidlich und in bestimmter Hinsicht auch unverzichtbar (S. 34). Die literarischen Werke selbst zeigen die Spuren solcher »master narratives«, welche die Struktur von individuellen Narrationen in literarischen Texten determinieren. So ergibt sich folgende Hierarchie: Geschichte als die abwesende Ursache determiniert die bereits ideologischen Textualisierungen (master codes), die dann ihrerseits die literarischen Texte bestimmen. »We would therefore propose the following revised formulation: that history is *not* a text, not a narrative, master or otherwise, but that, as an absent cause, it is inaccessible to us except in textual form, and that our approach to it and to the Real itself necessarily passes through its prior textualization, its narrativization in the political unconscious.« (S. 35) Das Unbewußte liegt somit für Jameson (im Anschluß an Lacan) auf der Ebene der Sprache.

In enger Verbindung mit dieser Revision der Relation von Geschichte und Geschichten (Narrationen) steht die Revision des ontologischen Modells. An die Stelle der traditionellen Basis/ Überbau-Beziehung, in der der gesamte kulturelle Bereich eine sekundäre Ableitung darstellt, tritt ein Modell, in dem die ökonomische Struktur (Produktivkräfte und Produktionsverhältnisse) nicht mehr die Basis für den sozialen und kulturellen Bereich bildet, sondern neben ihnen steht. Folglich kann die Aufgabe von literarischer Deutung auch nicht mehr darin bestehen, zwischen der ökonomischen Basis und dem literarischen Text Schritte der Vermittlung nachzuweisen. Mit Althusser nimmt Jameson vielmehr an, daß die verschiedenen Ebenen partiell autonom sind und folglich ihre eigenen Diskurse entfalten können. Freilich besteht Jameson gegen Althusser darauf, daß der Begriff der Vermittlung in diesem Modell nach wie vor fruchtbar ist (S. 40). Vermittlung erscheint jetzt als »transcoding«, eine Operation, die den Vergleich zwischen verschiedenen Ebenen der Textualisierung gestattet. Auf diese Weise wird die Kategorie der Totalität, die immer mitzudenken ist, nicht so sehr Ausdruck der Identität als Zeichen der *Differenz*.

Welche Folgen ergeben sich aus dieser Revision für die Beschreibung und Einordnung literarischer Texte? Einige der Jamesonschen Forderungen erscheinen vertraut: (1) Verbot der reduktiven Auslegung und Insistenz auf der Autonomie der literarischen Ebene (Literaturgeschichte), (2) Nachweis der Beziehung zu anderen Ebenen der Gesamtstruktur, (3) Möglichkeit der Festlegung sozialer Funktionen. Den dritten Punkt formuliert Jameson in folgender Weise: »All literature must be read as a symbolic mediation on the destiny of community«. (S. 70) Freilich bleibt zu klären, wie diese symbolische Vermittlung zu lesen und konzeptionell zu erfassen wäre. Interessanterweise ist es die Theorie Northrop Fryes, die das Beispiel für eine solche abgestufte Hierarchie von Lektüren liefert. Jamesons Umformulierung der Hermeneutik besteht darin, den Text auszudifferenzieren in eine Reihe von aufeinander bezogenen literarischen Sinnschichten. Die Lektüre des Textes steht im Zusammenhang von drei Deutungsbezügen: (1) im Zusammenhang der politischen Geschichte im Sinne von Ereignisketten, (2) im Zusammenhang der Klassenkonflikte und Klassenkämpfe, (3) im Zusammenhang der Geschichte der gesellschaftlichen Formationen (mode of production). Im ersten Bezugsrahmen lesen wir den Text als *symbolische Handlung,* im zweiten Bezugsrahmen gehen wir über den individuellen Text hinaus und beziehen uns auf den *kollektiven Diskurs* der Klassen, auf der dritten Bezugsebene lesen wir den Text im Hinblick auf die *Ideologie seiner Form.*

Ein Beispiel für die erste Ebene wäre Lévi-Strauss' Deutung der Gesichtsbemalung der Caduveo Indianer, d. h. eine Lektüre »by construing purely formal patterns as a symbolic enactment of the social within the formal and the aesthetic.« (S. 77) Das Ästhetische operiert als eine symbolische Handlung, d. h. ein ideologischer Akt, durch den eine real ungelöste soziale Situation entschärft wird. Offensichtlich liegt das Schwergewicht dieser Deutung nicht auf der verstehenden Aneignung oder dem immanenten Enthüllen eines Wahrheitsgehaltes, sondern auf der Untersuchung der gesellschaftlichen Funktion (symbolische Handlung als Problemlösung). Diese symbolische Handlung kann als Textualisierung das Reale zwar nicht begreifen, bewegt sich jedoch auf das Reale zu. Das Wirkliche, also die Geschichte, ist nur in der Form von Textualisierungen zu erfassen. Entsprechend verfährt die Textanalyse strukturalistisch (etwa in der Art von Greimas), das Ergebnis muß dann jedoch transkodiert werden auf die Ebene des Sozialen. Die Spannungen und Widersprüche eines Textes erweisen sich derart als »symptomatische Projektionen« (S. 83) von sozialen Konflikten.

Damit erreichen wir die zweite Bezugsebene, nämlich die Ebene der Klassenkonflikte und ihrer Diskurse. Hier richtet sich das Interesse der Lektüre auf den antagonistischen Dialog oppositioneller Klassen (S. 84), in den auch die individuellen Texte einbezogen sind. Wiederum müssen wir uns vor Augen halten, daß eine solche Lektüre wenig gemein hat mit traditionellen hermeneutischen Verfahren; das Muster des Lesens ist vielmehr die Saussuresche Unterscheidung von *langue* und *parole*. Die individuellen literarischen Texte erhalten nunmehr den Stellenwert einer *parole* gegenüber der objektiven Struktur von Klassendiskursen. Entsprechend bedarf die Exegese eines neuen Instrumentariums. Zur Diskussion steht der Stellenwert und die strategische Funktion von Formen, Gattungen, ja kulturellen Sektoren innerhalb des Klassenantagonismus. Diese zweite Ebene ist daher nicht weniger ideologisch als die erste. Jameson bezeichnet sie als die Ebene der *Ideologeme*: »The ideologeme is an amphibious formation, whose essential structural characteristic may be described as its possibility to manifest itself either as pseudoidea – a conceptual or belief system, an abstract value, an opinion or prejudice – or as a proto-narrative, a kind of ultimate class fantasy about the ›collective characters‹ which are the classes in opposition.« (S. 87)

Die Analyse solcher Ideologeme, d. h. die Analyse von sozialen Diskursen ist indes noch nicht der letzte Schritt des marxistischen Projekts. Jameson entwirft einen weiteren Rahmen, nämlich die Untersuchung des »mode of production«. Damit berührt er freilich ein heiß umstrittenes Problemfeld, denn die Annahme von einander ablösenden gesellschaftlich-ökonomischen Formationen (Feudalismus, Kapitalismus, Sozialismus) gehört zu den Elementen der marxistischen Theorie, die dem Historismus-Verdacht besonders ausgesetzt sind. Eine dialektische Behandlung dieser Frage würde Jameson zufolge einmal die Erkenntnis voraussetzen, daß eine bestimmte Epoche ungleichzeitige Elemente enthält, also auch verschiedene Produktivkräfte und Produktionsverhältnisse, und zum anderen nahelegen, daß ein individueller Text oder auch ein Ideologem entsprechend im Rahmen eines solchen Spannungsfeldes zu beschreiben ist (S. 95 ff.). Jameson bestimmt dieses Spannungsfeld als den Ort einer *kulturellen Revolution,* d. h. »that moment in which the coexistence of various modes of production becomes visibly antagonistic, their contradictions moving to the very center of political, social, and historical life« (S. 95). Die Untersuchung einer solchen kulturellen Revolution stellt die dritte Ebene dar, den weitesten Horizont der marxistischen Analyse, in dem die Widersprüche der an einander sich reibenden »modes of production« den Text darstellen (S. 96). In diesem Rahmen nun operiert die Ideologie der Form, also »the determinate contradiction of the specific messages emitted by the varied sign systems which coexist in a given artistic process as well as in its general social formation« (S. 98 f.). Jamesons Hinweis auf die literarischen Gattungen, in denen nicht nur formale Muster und Strukturen, sondern in und mit ihnen auch Botschaften aufbewahrt sind, kann hier zur Veranschaulichung des Gemeinten dienen.

Jamesons Theorie der Lektüre operiert, wie wir gesehen haben, mit drei Ebenen. Auf der ersten erscheint der Text als symbolische Handlung, auf der zweiten ist der Gegenstand der Diskurs der oppositionellen Klassen (Ideologeme), auf der dritten Ebene schließlich geht es um die Ideologie der Form. Obgleich Jameson von einer marxistischen Hermeneutik spricht, ist es offenbar unangemessen, dieses Programm mit einem hermeneutischen Ansatz zu vergleichen, da es sich bei der zweiten und dritten Ebene nicht um Akte des Verstehens, sondern um Prozesse der Analyse handelt. Um den Sachverhalt anschaulicher zu machen, möchte ich wenigstens an einem Beispiel vorführen, in welcher Weise Jameson sein Programm an Texten entfaltet. Bei dieser Gelegenheit wird dann auch deutlicher werden, in welcher Form Jameson die psychoanalytische Theorie (Lacan) integriert. Die Theorie der Ideologeme entfaltet Jameson in dem Kapitel über den englischen Romancier George Gissing (1857–1903). Ideologeme sind aus der Perspektive der literarischen Produktion das Rohmaterial, aus dem der Roman sich aufbaut, um seine eigene narrative Struktur zu finden. Ein naturalistischer Autor wie Gissing findet bereits eine Reihe von Ideologemen, d. h. paradigmatischen Lösungsversuchen für den sozialen Antagonismus seiner Zeit vor, unter anderem des Melodrama und das von Dickens entwickelte Paradigma des sentimentalen Romans. Gissing schließt an diese Paradigmen an; freilich modifiziert er sie.

Dieses Modell des Lesens hat wichtige methodische Konsequenzen: Der Blick der Kritik richtet sich nicht so sehr auf den Inhalt des Romans, seine Gestalten und seine Handlung, als auf das narrative Paradigma, das die bürgerliche Phantasie bei der Vorstellung sozialen Elends und seiner möglichen Überwindung steuert. Die Lektüre des Romans fordert folglich zwei Operationen: auf der einen Seite die Rekonstruktion der zugrundeliegenden Ideologeme, auf der anderen Seite die Untersuchung der individuellen Aneignung und Revision des Paradigmas. Von herkömmlichen ideologiekritischen Verfahren unterscheidet sich Jamesons Ansatz dadurch, daß das Ausfüllen der Paradigmen, die Untersuchung der spezifischen narrativen Strategien des Romans der Gegenstand der Analyse wird, während der ideologiekritische Vergleich des Textes mit der »sozialen Realität« in der Theorie von Jameson nicht mehr sinnvoll ist, da alle Textualisierungen notwendig ideologisch sind. Das Interesse des Interpreten richtet sich auf »containment strategies, which seek to fold everything which is not-being, desire, hope, and transformational praxis, back into the status of nature; these impulses toward the future and toward radical change must systematically be reified, transformed into ›feelings‹ and psychological attributes, the properties and accidents of ›characters‹ now grasped as organisms and forms of being.« (S. 193 f.) Die literarische Analyse kann natürlich nicht auf ein Vorverständnis der politischen und sozialen Geschichte (in diesem Falle Englands) verzichten; dieses Wissen über den grundlegenden Konflikt zwischen Bürgertum und Proletariat wird jedoch nicht (wie noch bei Lukács) als Gerüst für narrative Prozesse vorausgesetzt. Vielmehr erhalten die Ideologeme bei Jameson einen semi-autonomen Status. Indem die Lektüre sie aus dem Text hervorhebt und als narrative Diskurse mit ihren jeweiligen Schwerpunkten und Grenzen beschreibt, vermittelt sie eine Einsicht in die Bedeutung des literarischen Textes als einer spezifischen Variante von *Sinnproduktion*. Als Diskursanalyse geht eine solche Untersuchung prinzipiell über den individuellen Text hinaus; der individuelle Roman Gissings hat in diesem Zusammenhang den Wert eines Beispiels, ohne jedoch dadurch auf das Niveau bloßen Materials herabzusinken.

Im Falle Gissings legt Jameson Nietzsches Theorie des sozialen Ressentiments den Romanen als Muster zugrunde, aus dem sich verschiedene Lösungsmöglichkeiten entwickeln lassen, um den fundamentalen sozialen Antagonismus des 19. Jahrhunderts zu kennzeichnen. Die sozial-psychologische Kategorie des Ressentiments erlaubt zugleich den Übergang vom sozialen zum psychologischen Diskurs. Die Romane Gissings erweisen sich unter diesem Gesichtspunkt als Artikulation eines Verlangens, das im Unterschied zu dem Verlangen in Balzacs Texten nicht einmal mehr die Lust an der Ware ist, sondern »pre-desire«, das schon entwertet ist, bevor es sein Ziel erreicht. »The dialectic of desire is thus in Gissing something like the negation of a negation. Since his characters never reach the point of being in a position to desire, it is as though the whole system of success and failure has been undermined from the outset by a narrative strategy which may be read as something like the final form of *ressentiment* itself.« (S. 205)

Es dürfte deutlich geworden sein, in welcher Weise Interpretation bei Jameson als Analyse von Ideologemen angelegt ist, sich also von der klassischen Hermeneutik, aber auch von Verfahren, wie sie Adorno entwickelt hat, entfernt. Weniger deutlich ist bisher der Anspruch, den Poststrukturalismus, namentlich Lacan, in das marxistische Projekt integriert zu haben. Das Balzac-Kapitel, das den literarischen Text als symbolische Handlung bestimmt, gibt darüber genauere Auskunft. Jameson liest Balzacs Romane nicht wie Lukács als Ausdruck der frühkapitalistischen Gesellschaft, sondern (darin Adorno näher) als Wunscherfüllungsphantasien, die sich freilich an Realitätselementen abarbeiten. Dies ist der Ort, wo die Lacansche Unterscheidung zwischen dem Imaginären und dem Symbolischen für die Bestimmung des bürgerlichen Realismus fruchtbar wird. Während Wunscherfüllung auf der Ebene des Imaginären leicht korrumpierbar ist und der Warenform angeglichen werden kann, enthält die symbolische Ebene eine komplexere und »realitätsnähere« Phantasieproduktion (183). Solche Produktion versagt sich der glatten Wunscherfüllung. Mit den Worten von Jameson: »not Balzac's deeper sense of political and historical realities, but rather his incorrigible fantasy demands ultimately raise History itself over against him, as absent cause, as that on which desire must come to grief« (183). So stellt sich Textproduktion für Jameson in folgendem Schema dar: Die Phantasmen führen zu einem Tagtraum, d. h. einem imaginären Text, der einerseits fundiert ist in Ideologemen und auf der anderen Seite eine Stufe darstellt zur Produktion von sekundären Texten, eben symbolischen Texten, die den Anspruch haben, Wirklichkeit zu repräsentieren, d. h. realistisch zu sein.

Die amerikanische Diskussion

The Political Unconscious hat in den Vereinigten Staaten eine lebhafte, zum Teil scharfe Debatte ausgelöst, an der nicht nur marxistische Theoretiker beteiligt waren. Sowohl der umfassende systematische Anspruch als auch die rigorosen methodischen Forderungen haben Anerkennung gefunden, zum Teil aber auch scharfe Ablehnung hervorgerufen. Jameson war sich dieses Risikos durchaus bewußt, da er die theoretische Exposition wie auch die methodologische Ausrichtung seiner Darstellung als eine politische Frage verstand. Bereits in *Marxism and Form* bemerkte er explizit, daß die Frage der Hermeneutik nicht nur eine technische oder philosophische, sondern eine *politische* ist.[13] Durch hermeneutische Verfahren, so lautet das Argument, wird der Kontakt mit den Quellen revolutionärer Kräfte ermöglicht. Nun wäre es unangemessen, diesen traditionellen Hermeneutikbegriff auf *The Political Unconscious* zu übertragen. Gleichwohl hält Jameson auch in der Revision seines Projekts an der Priorität des Politischen fest. Dieser Anspruch, der bei einem marxistischen Theoretiker nicht überrascht, ist fast allgemein anerkannt worden. Dagegen sind die Meinungen über Jamesons neue Position und über die innere Logik seines Programms durchaus geteilt. Im poststrukturalistischen Lager scheint die Ansicht vorzuherrschen, daß Jameson im wesentlichen eine neo-marxistische Theorie Hegelscher Provenienz fortgeschrieben habe. Das heißt, man sieht die Rezeption von Lévi-Strauss, Greimas, Lacan etc. als Zusätze an, die die Grundstruktur nicht berühren. Terry Eagleton, von einer Althusserschen Position herkommend, teilt diese Einschätzung.[14] Für ihn bleiben die strukturalistischen Theorieelemente Bausteine, die ihre ursprüngliche Funktion verloren haben. Wenn man ihre Integration als gelungen betrachtet, so geschieht es um einen Preis, der die Synthese verdächtig erscheinen läßt. Auf der anderen Seite ist man im Lager des phänomenologischen Marxismus überzeugt, daß Jamesons Programm durch die Öffnung gegenüber der französischen Theorie entscheidende Elemente des marxistischen Ansatzes preisgegeben hat – insbesondere das marxistische Verständnis der Dialektik.

Die Einwände lassen sich folgendermaßen zusammenfassen: Die angestrebte Synthese ist letztlich nicht gelungen, da sie auf Analogien und Homologien beruht, die die verschiedenen Theoreme zwar verbinden, aber nicht verschmelzen. In diesem Sinne argumentiert Cornel West in ›Boundary 2‹ von einer marxistischen Position aus, daß Jamesons Fehler nicht darin besteht, zu sehr bei Lukács zu bleiben, sondern vielmehr darin, zu versuchen, eine Brücke zum Strukturalismus zu schlagen.[15]

Dieselbe Annäherung findet der Historiker Dominique LaCapra, der der ›Diacritics‹-Gruppe nahesteht, nicht radikal genug.[16] Er entdeckt (mit Recht) bei Jameson binäre Kategorien (individuell/kollektiv; Notwendigkeit/Freiheit), die aus der idealistischen Tradition stammen.[17] Das Gleiche wäre natürlich anzumerken im Hinblick auf eine Begriffsopposition wie Totalität/Individualität. Wenn Jameson mit Nachdruck die Unverzichtbarkeit des Totalitätsbegriffes betont, ist er in der Gefahr, in binäres Denken zurückzufallen. Für LaCapra wie für Eagleton steht Jameson (in der Nachfolge von Lukács und Sartre) in der Tradition des Hegelschen Marxismus, also einer Variante der Identitätsphilosophie. Jameson versucht nach dem Urteil LaCapras, die Theorie des westlichen Marxismus zu erneuern, indem er sie mit der Freudschen Theorie verbindet.[18]

Daß dies die Absicht von Jameson ist, bedarf keiner näheren Erläuterung. Eine andere Frage ist freilich, ob Jameson, wie LaCapra und Eagleton nahelegen, einfach einen poststrukturalistischen Freud auf den Lukácsschen Marxismus gestülpt hat. Diese Deutung scheint mir das Ausmaß und die Art der Revision zu unterschätzen. Zumindest müssen wir ins Auge fassen, daß die zentrale Kategorie der Dialektik (wobei die Marxsche von der Hegelschen unterschieden wird) im Lichte der poststrukturalistischen Kritik von Jameson neu gelesen wird. So wäre es bedenklich, Jameson (mit LaCapra) entgegenzuhalten, daß seine Lektüre des Gegensatzes von Identität und Differenz bei Hegel letzten Endes die Kategorie der Identität favorisiert. Für Jameson (wie für Adorno) ist vielmehr die *Differenz* das entscheidende Moment der dialektischen Bewegung – ob dies dem historischen Hegel entspricht, ist eine andere Frage. Von Hegel unterscheidet sich Jameson natürlich auch in anderer Hinsicht, vor allem durch die Annahme, daß *Geschichte* nicht das Gegenwärtige, Anwesende ist, sondern »the absent cause«, der Grenzwert, dem das dialektische Denken sich nur asymptotisch nähern kann. Diese Definition der Geschichte (im Unterschied zu ihrer Textualisierung) hat nichts mit Blindheit zu tun (so LaCapra). Das Problem der blinden Stellen taucht auf der Ebene der Textualisierung auf, und zwar sowohl auf der Seite des Textes als auch auf der Seite des Lesers (als Folge von Verdinglichung). Und hier wäre freilich zu beobachten, daß Jamesons Neigung, das utopische Moment einer Gattung oder eines literarischen Textes zu favorisieren (gegenüber dem ideologischen), gelegentlich einer Überbelichtung gleichkommt, die den Leser blind werden läßt.

Diese Bevorzugung der utopischen Perspektive hat nun eigentümlicherweise nicht die Folge, daß Jamesons marxistische Theorie selbst als politische Handlung erscheint. Eher im Gegenteil. Es entsteht, wie mehr als ein Kritiker angemerkt hat, der Eindruck eines abgehobenen Textes, der mit unserer Lebenswelt wenig zu tun hat. Ein geistesgeschichtlicher statt eines politischen Marx. Ähnliches hätte sich natürlich schon über *Marxism and Form* sagen lassen. Die Integration des Strukturalismus und der Freudschen Theorie hat daran wenig geändert. Es ist eine Theorie zweiter Stufe entstanden, die freilich signifikant in den gegenwärtigen Theoriediskurs eingreift, gerade weil sie die kritischen Momente der beteiligten Theorien aufgreift und verarbeitet. Daß dies in der Form einer Texttheorie der mehrfachen Bedeutung geschieht, die sich auf Northrop Frye beruft, scheint mir eher eine provisorische Lösung zu sein, da sie die Gefahr einer undialektischen Stufung und Hierarchisierung enthält, die schließlich, wie Hayden White mit Recht bemerkt [19], auf die Konzeption einer perfekten Gemeinschaft hinausläuft.

Was sichert die marxistische Darstellung, in der die Geschichte als Prozeß von der Notwendigkeit zur Freiheit erscheint, gegen den Einwand ab, selber eine illusionäre Konzeption zu sein? Wodurch zeichnet sich mit anderen Worten die marxistische Narration gegenüber anderen aus? Etwa religiösen Lösungen? Für Jameson ist es sicher nicht die Wissenschaftlichkeit des marxistischen Projekts, die es von ideologischen Lösungen abgrenzt. Diesen bei Althusser erneut hervorgehobenen Gegensatz unterläuft er gerade durch die Annahme, daß alle Textualisierungen in der Form von Narrationen *Ideologeme* darstellen. Die Legitimation des marxistischen Projekts liegt für Jameson vielmehr in seinem Ziel, eben der sozialistischen Gemeinschaft. Jameson muß folglich argumentieren, daß der marxistische »master code« anderen Zugängen und Methoden überlegen ist. So schreibt er im Vorwort von *The Political Unconscious:* »I will here argue the priority of a Marxian interpretive framework in terms of semantic richness. [...] Marxism is here conceived as that ›untranscendable horizon‹ that subsumes such apparently antagonistic or incommensurable critical operations, assigning them an undoubted sectorial validity within itself, and thus at once canceling and preserving them.« (S. 10) Dieses aus der methodischen Debatte der Literaturwissenschaft vertraute Argument ist freilich nicht mehr als ein Hinweis; zwingender wäre das Argument, daß der marxistische Kode seine Überlegenheit darin erweist, daß er die anderen Kodes umfassen und integrieren kann und überdies im Hinblick auf diese Kodes wie auch auf sich selbst als *Metakode* operiert. Offensichtlich stellt diese Annahme keine Begründung oder Ableitung im traditionellen Sinne dar, sondern eine Setzung, die sich in der Durchführung bewähren und beweisen muß. Entsprechend lautet der Vorschlag im Schlußkapitel: Marxistische Kritik besteht aus einer negativen und einer positiven Hermeneutik, aus einer ideologiekritischen Analyse und aus einer Entzifferung der utopischen Impulse im gleichen Text (S. 286). Innerhalb dieses Rahmens erhält die Analyse von Diskursen (Ideologemen) ihren Ort.

Das eindrucksvolle Gebäude von Jamesons Theorie, in dem verschiedene Theoreme ihren Platz finden, ist selbstreflexiv und selbstkritisch angelegt. Doch diese Selbstreflexion bleibt wesentlich immanent. Die institutionellen Aspekte der Theoriebildung werden gelegentlich angesprochen, freilich bleiben sie unterentwickelt. Das Gleiche gilt für die Analyse von literaturkritischen Verfahren als in sozialen Institutionen begründeten Diskursen. Man braucht nur Jamesons Schlußkapitel mit den zusammenfassenden Betrachtungen in Terry Eagletons *Literary Theory* (1983) zu vergleichen, um diese Lücke zu bemerken. Während Eagleton den *Diskursbegriff* im Anschluß an Foucault auf die Theorie wie auf die Literatur als Teilgebiete von diskursiven Praktiken anwendet[20], beschränkt Jameson den Gebrauch des Diskursbegriffs auf die Stufe der Ideologeme. Das hängt offensichtlich damit zusammen, daß Jameson es ablehnt, den Unterschied zwischen Theorie und Kunstwerk durch einen generalisierten Textbegriff einzuebnen.

Anmerkungen

1 Vgl. *The Left Academy*, hg. v. Bertell Ollman und Edward Vernoff, New York 1982.

2 Fredric Jameson, *Sartre: The Origins of a Style*, New Haven 1961.

3 Ders., *Marxism and Form*, Princeton 1971.

4 Ebd., S. 375.

5 Ebd., S. 404.

6 Ders., *The Prison-House of Language: A Critical Account of Structuralism and Russian Formalism*, Princeton 1972.

7 Vgl. Louis Althusser, *Ideologie und ideologische Staatsapparate*, Hamburg, Berlin 1977.

8 Fredric Jameson, *Imaginary and Symbolic in Lacan*, in: Yale French Studies 55/56 (1977), S. 338–395.

9 Ders., *Imaginary and Symbolic in Lacan*, S. 362.

10 Ebd., S. 363.

11 Ders., *The Political Unconscious*, Ithaca 1981, S. 377. Im folgenden erscheinen die Seitenangaben im Text in Klammern.

12 Terry Eagleton, *Fredric Jameson: The Politics of Style*, in: Diacritics 12 (Fall 1982), S. 14–22, besonders S. 19.

13 Fredric Jameson, *Marxism and Form*, S. 84.

14 Terry Eagleton, *Fredric Jameson*.

15 Cornel West, *Fredric Jameson's Marxist Hermeneutics*, in: Boundary 2/11 (Fall/Winter 1982/83), Nr. 1/2, S. 177–200.

16 Dominique LaCapra, *Rethinking Intellectual History*, Ithaca/London 1983, S. 234–267.

17 Ebd., S. 251.

18 Ebd., S. 254.

19 Hayden White, *Getting out of History*, in: Diacritics 12 (Fall 1982), S. 2–13, besonders S. 3.

20 Terry Eagleton, *Literary Theory. An Introduction*, Minneapolis 1983, S. 205.

III

Uwe Japp

Der Ort des Autors in der Ordnung
des Diskurses

L'Auteur est mort.
Vive l'auteur.

»*Der Autor, des -s, plur.* die Autören, ein aus dem Latein. *Autor*
entlehntes Wort, welches im Deutschen noch am häufigsten gebraucht wird, den Urheber oder Verfasser eines Buches, einen
Schriftsteller zu bezeichnen. Ein Autor werden, anfangen Bücher
zu schreiben. Er ist ein Autor, er schreibt Bücher, hat Bücher
geschrieben, er ist ein Schriftsteller.« So weiß es 1808 Johann Christoph Adelung in seinem grammatisch-kritischen Wörterbuch.[1]
Adelung kennt außerdem die Autorschaft als den Stand oder Beruf
eines Autors oder Schriftstellers, die Autorsucht als die ungeord-
nete Sucht, Bücher zu schreiben, und den Autorkniff als das
unerlaubte versteckte Hilfsmittel eines Schriftstellers, seine Leser
zu hintergehen. Was die erwähnte Entlehnung aus dem Lateinischen betrifft, so ist der *auctor* die substantivische Bildung zu
augere = ›vermehren‹ und meinte ursprünglich den ›Förderer‹,
dann den ›Urheber‹. In dieser Eigenschaft, allerdings bereits auf
einen bestimmten Gegenstand bezogen, erscheint der Autor im
Deutschen zuerst 1473 bei Steinhöwel als »der auctor dieses büch-
lins«.[2] Wenn es bei Adelung heißt, das aus dem Lateinischen
entlehnte Wort werde im Deutschen ›noch‹ am häufigsten gebraucht, um den Urheber oder Verfasser eines Buches, einen
Schriftsteller zu bezeichnen, so liegt darin auch ein Hinweis, daß –
zumindest aus Adelungs Perspektive – auf den Gebrauch des in
Rede stehenden Wortes ohne großen Schaden auch gänzlich verzichtet werden könnte; wie denn in der Tat in Adelungs Wörterbuch zahlreichen Entlehnungen aus dem Lateinischen oder
Französischen das Attribut des Unnötigen zugeschrieben wird.
Andererseits wird der Ausblick auf einen vielleicht weniger häufigen, aber doch ebenfalls möglichen Gebrauch des Wortes Autor
eröffnet. Dieser Wortgebrauch bestünde offenbar darin, hinter die
scheinbar selbstverständliche Bezugnahme auf Bücher oder Werke
zurückzugehen, um so den Autor als den Urheber auch solcher

Dinge oder Sachverhalte in den Blick zu bekommen, die nicht im Buche stehen. Der Autor wäre dann einfach der Urheber oder die Ursache von irgend etwas, dessen Eigenart von Fall zu Fall bestimmt werden müßte. Indes handelt es sich hierbei eher um eine Erinnerung an den wortgeschichtlichen Ursprung, nicht aber um den bestimmten Gebrauch, der von dem Wort Autor (bzw. author oder auteur) im Laufe der Geschichte und in verschiedenen Sprachen tatsächlich gemacht wurde. Das bestätigt etwa das Wörterbuch von Jacob und Wilhelm Grimm, in dem der Autor als »*verfasser* oder *schriftsteller*« bezeichnet wird. Zwar ist das Goethe-Wort, das als Beleg für diesen Wortgebrauch angeführt wird, nicht gerade eine Ermunterung zum Autorsein. Es zeigt aber den diskursiven Zusammenhang, der den Brüdern Grimm bei ihrer Suche nach entsprechenden Belegen aussichtsreich erschien. Weitere Funde ihrer Suche (meist aus Rabener) illustrieren die Wortbildungen: Autorende, Autorfehler, Autorgewissen, Autorhandwerk, Autorleben, autormäszig, Autormiene, Autornoth, Autorschaft, Autorwelt und Autorwesen.[3] Die genannten ›autormäszigen‹ Ausdrücke konstituieren insgesamt jene (Teil-)Ordnung des Diskurses, die den Autor mit seinem geschriebenen Werk und seinen tatsächlichen oder potentiellen Lesern zu einer mehr oder weniger stabilen Einheit verbindet. Daß die Wirklichkeit des Autors nicht mit der Weisheit der Wörterbücher übereinstimmen könnte, ist indes keine Erfindung der Diskursanalyse, sondern gehört bereits zum Kanon der romantischen Konjekturen. »Wer ein *Autor* sei oder nicht (im ursprüngl.[ichen Sinne]) zu wissen, würde eine unendliche litterar.[ische] Kenntniß erfodert.« So heißt es 1797 bei Friedrich Schlegel.[4] Eine optimistischere Auskunft hat dagegen Arno Schmidt einer seiner Figuren in den Mund gelegt: »Ein Autor?: ist derjenige, dem ›ein Stock im Petticoat‹ beim Anblick dessen einfällt, wozu ein Leser zeitlebens ›Schirm‹ sagt.«[5] Auf dem Umweg über die literarische Kenntnis einerseits, den Leser andererseits bestätigen immerhin beide Autoren die gleichsam festgeschriebene Zugehörigkeit des ›Autors‹ zur Welt der Bücher.

Der Begriff des Autors verbindet mit dem Vorteil der Neutralität den Nachteil der Undeutlichkeit. Weder die pathetische Höhenlage des Genies noch die polemische Niederung des Epigonen ist von vornherein impliziert. Gesagt ist nur, daß der Autor ein Verfasser von Schriften ist, deren Form und Inhalt er (bis zu einem gewissen Grad) selbst verantwortet. Ungesagt bleibt dagegen, um welche Art von Schriften es sich handelt, da ein Autor offenbar ebensogut der Verfasser eines Romans wie der einer Romantheorie oder sonst einer theoretischen Abhandlung (z. B. über den Autor) sein kann. Diese gattungsspezifische Undeutlichkeit teilt der Begriff des Autors mit dem des Diskurses, da auch hier poetische und/oder theoretische Talente zum Tragen kommen können. Indes ist der Begriff des Diskurses weiter als der des Autors, da Diskurse auch von Sprechern hervorgebracht werden können, denen das Talent oder die Lust zum Verfassen schriftlicher Werke abgeht. Betrachtet man die Ordnung des Diskurses in diesem weiten Sinne, so leuchtet ein, daß nicht alle Diskurse auf einen namhaften oder benennbaren Autor zurückgeführt werden können. Vielmehr verhält es sich so, daß der Autor mehr oder weniger bekannter Werke auch in Diskurse verwickelt ist, die nicht von ihm selbst verantwortet werden – und deren strukturierende Funktion ihm von Fall zu Fall nicht einmal bewußt ist. Die Diskursanalyse leitet daraus die weitergehende Konsequenz ab, daß der Autor auch dort, wo er sich selbst die Verantwortung für seinen Diskurs zuschreibt, nicht wirklich Herr im eigenen Hause sei. Mit anderen Worten: Dem *auctor* wird die *auctoritas* entzogen. Ihren metaphorischen Höhepunkt erreicht diese argumentative Tendenz in der kollektiven Rede vom ›Tod des Autors‹, deren Autorität allerdings ihrerseits zum Gegenstand einer Befragung gemacht werden muß.

Die Geschichte des Autors ist gewissermaßen die Geschichte des Schwankens seiner beglaubigten oder bestrittenen Selbstverantwortlichkeit. So wird oder wurde die Selbstverantwortlichkeit des Autors durch die Stimme des Enthusiasmus, den Einfluß des Geldes, die Irritation des Zufalls oder den Widerstand des Unbewußten eingeschränkt. Die komplementäre Geschichte seiner Erfolge wird oder wurde dagegen von der Macht des Schöpferischen, der Autonomie des Individuums, der Notwendigkeit des Werkes oder dem Bewußtsein des Machbaren (bzw. einer ›Philosophie der Komposition‹) begleitet. Im Grunde handelt es sich um zwei rivalisierende Poetiken oder Theorien des Schreibens, die den Autor einerseits im Schatten seiner institutionellen Bedingtheit, andererseits im Licht seiner individuellen Unbedingtheit zeigen. Allerdings bezeichnet die bedingt/unbedingte Situation des Autors keine absolute Alternative, wie schon die Aufmerksamkeit auf jenes historische *commercium,* zu dem der Autor mit dem Werk und dem Leser verbunden ist, deutlich macht.

Im Zusammenhang mit dem Werk und dem Leser scheint dem Autor die Rolle eines Ersten unter Ungleichen zuzukommen, da das Werk den Autor als den Grund seiner Entstehung und der Leser das Werk als den Gegenstand seiner Tätigkeit voraussetzt. Mit anderen Worten: Ohne Autor kein Werk und ohne Werk kein Leser. Ebenfalls erscheint ein Autor ohne Werk als eine irreführende Vorstellung. Andererseits ist durchaus denkbar, daß ein Autor und sein Werk ohne Leser auskommen müssen, sei es, weil das Werk keinen Verleger gefunden, sei es, weil der Autor kein Publikum gesucht hat. Indes ist die Frage nicht abzuweisen, ob der Verfasser einer Schrift, die nur ihn zum Leser hat, mit Gründen als Autor bezeichnet werden kann, da zu den charakteristischen Merkmalen eines Autors gerade die Öffentlichkeit seines Werkes zu gehören scheint. Unabweisbar kommen hiermit aber Probleme der Wertung (auch solche ökonomischer Art) in die Frage nach dem Autor hinein; was etwa Ernst Jünger zu der Bemerkung veranlaßt hat: »Auch der Autor hat Börsenkurs und muß sich damit abfinden.«[6] Es ergibt sich daraus, daß der wertende Blick des Lesers auf ein veröffentlichtes oder unveröffentlichtes Werk schließlich dahin führen kann, einen Verfasser von der Zugehörigkeit zur ›Autorwelt‹ auszuschließen. Wenn sich damit die Priorität des Autors vor dem Werk und dem Leser in ihr Gegenteil zu verkehren scheint, so bleibt sie zugleich bestehen: allerdings nur auf einer genealogischen Ebene der Betrachtung. Zwar ist der Autor der ›Urheber‹ des Werkes. Aber das besagt eben nicht viel, wenn man von der Frage nach dem Ursprung zur Frage des Wertes (und der Wertung) übergeht. Schließlich kann der Autor auch der Urheber schlechter oder mißlungener Werke sein. Offenbar wäre es aber unsinnig, in dieser Sache dem Urteil des Autors zu vertrauen. Deshalb können hier das Werk und der Leser als die geeigneteren Gegenstände der Befragung erscheinen.

Es ist der Schritt von der Genealogie zur Epistemologie, der (ebenso wie aus der Perspektive der Wertung) eine Einschränkung der Autorität des Autors bewirkt. Auch hier ist zunächst unbestritten, daß der Autor der Urheber seines Werkes ist. Aber nachdem er geschrieben hat, was er geschrieben hat, befindet er sich in einer Lage, die nicht grundsätzlich von der eines jeden anderen Interpreten oder Exegeten verschieden ist. Eher behindert seine Erinnerung an das, was er hat schreiben wollen, eine unbefangene Lektüre des Werkes. »Pas d'autorité de l'auteur.« So lautet deshalb Paul Valérys Kommentar in dieser Sache.[7] Valéry zeigt zugleich, daß dem Autor eines Werkes der Literatur auch auf epistemologischem Gebiet eine gleichberechtigte Stimme zukommen kann. Allerdings wird sein Diskurs über ein Werk nicht schon durch den Umstand gerechtfertigt, daß er zugleich der Autor dieses Werkes ist. Vielmehr impliziert der Wechsel der Diskursformationen das Inkrafttreten anderer Beglaubigungsrituale. Aus epistemologischer Sicht folgt daraus, daß wir es gleichsam mit zwei Autoren zu tun haben, zumindest mit einem Autor, der mehrere Orte in der Ordnung des Diskurses okkupiert. Die radikalere Konsequenz aus dieser Sicht der Dinge besteht freilich darin, daß die Bedeutung des Autors auf seine genealogische Autorität reduziert wird, während er auf dem Feld der Episteme eine eher gleichgültige Rolle spielt. Dies könnte man als eine diskursanalytische Kritik des Autors avant la lettre bezeichnen; wenn nicht die Diskursanalyse ihre hier interessierende Pointe gerade darin hätte, auch die genealogische Autorität des Autors in Frage zu stellen. Erst dieser Schritt motiviert dann die Rede vom ›Tod des Autors‹, deren metaphorische Suggestion in den Schriften von Michel Foucault und Roland Barthes als eine vollendete Tatsache behandelt wird. »Ce qu'il faudrait faire«, sagt Foucault, »c'est repérer l'espace ainsi laissé vide par la disparition de l'auteur [...].«[8]

Die wortgeschichtliche Bedeutung des Diskurses verweist auf das Hin- und Herlaufen der Rede und damit auf den Austausch von Argumenten. Diese rationale Fixierung des Wortes wird von den (französischen) Diskurstheoretikern weitgehend aufgegeben, so daß wissenschaftliche, literarische und alltagssprachliche Mitteilungen gleichermaßen als Diskurse gelten. Gleichwohl bleibt es (auch für Foucault) merkwürdig, wenn Romane, Dramen oder Gedichte als Diskurse vorgestellt werden. Deshalb widerfährt der Literatur die Rücksicht, als ›literarischer Diskurs‹ eine Sonderstellung in der allgemeinen Ordnung des Diskurses zu behaupten. Könnte man nicht ebensogut weiterhin von literarischen Werken sprechen? Foucault verneint diese Frage, weil er der Ansicht ist, daß der Begriff des Werkes zu den Illusionen einer idealistischen Wissenschaft gehöre, die den Ausblick auf jenen leeren Raum, den ehemals der Autor innehatte, verstellen.[9] Die bekannte Tatsache, daß auch die Bestimmung des Werkes Probleme aufwirft, veranlaßt Foucault zu der Vermutung, daß die sog. Einheit des Werkes sich gewöhnlich nicht aus der Betrachtung der Texte ergibt, sondern aus der Erinnerung an das Individuum, das geschrieben hat; womit man also wieder beim Autor angelangt wäre. Foucault kritisiert deshalb die Wende vom Autor zum Werk als die unzureichende Maßnahme einer Wissenschaft, die lediglich die Ungewißheit ihrer Voraussetzungen, nicht aber die Objektivität ihrer Aussagen vermehrt hat.

In einem allgemeinen Sinne kann man sagen, daß der Autor derjenige ist, der schreibt. Nun ist aber das Schreiben keine Tätigkeit, die irgend jemand ohne Unterbrechung ausüben könnte. Ist folglich der Autor, wenn er nicht schreibt, ein anderer? Dann müßte die Eigenart des Autors im Akt des Schreibens begründet sein, nicht aber in irgendwelchen Eigenschaften, die aus der Ordnung des (geschriebenen) Diskurses hinausführen. Das mag so sein. Für Foucault ist aber der Begriff des Schreibens letztlich nur eine andere Art der Ablenkung von der wirklichen Abwesenheit des Autors, mit der folglich die Theoretiker des Schreibens nicht wirklich ernst gemacht haben. Zwar dispensiert die Aufmerksamkeit auf den Akt des Schreibens von der Rücksicht auf heterogene Einflüsse, andererseits werden die Spuren des Autors lediglich verwischt, indem der empirische Autor in eine transzendentale Begrifflichkeit übersetzt wird.[10] Die Begriffe des Werkes und des Schreibens sind also gleichermaßen ungeeignet, dem Verschwinden des Autors (das Foucault übrigens auf Mallarmé zurückdatiert) gerecht zu werden. Foucaults eigener Vorschlag geht dann dahin, den zugleich abwesenden und gegenwärtigen Autor als eine *Funktion* bzw. ein *Prinzip* des Diskurses zu beschreiben.

Dieser Perspektivenwechsel (denn um einen Paradigmawechsel handelt es sich offenkundig nicht) hat u. a. zur Folge, daß der Autor weder als empirisches noch als ontologisches Subjekt interessiert, sondern – wenn überhaupt – als ein diskursives Merkmal, das eine Klasse von Diskursen durch die Art und Weise charakterisiert, in der sie sich auf den Autor beziehen. Untersucht wird folglich nicht der Autor als Urheber von Diskursen, sondern der Diskurs als der (historisch variable) Spielraum von Autorfunktionen. Die Funktionen, die Foucault dem Autor zuschreibt, liegen vornehmlich auf klassifikatorischem Gebiet. So dient der Name des Autors etwa dazu, verschiedene Texte zu einer Gruppe zusammenzufassen und damit von anderen Texten abzugrenzen. Oder

die Bezugnahme auf einen Autor definiert ein bestimmtes Wert-
niveau, einen theoretischen Zusammenhang, eine stilistische Einheit, eine historische Situation oder einen Fokus des Ausdrucks.[11]
Der Autor als Funktion betrachtet wird also, obwohl er den Diskurs vereinheitlicht, zugleich pluralisiert. Dem entspricht die Pluralität seines Ego, die Foucault an allen Diskursen beobachten
will, in denen ein Autor ›ich‹ sagt, da dieses ich grundsätzlich (und
also nicht nur in der Fiktion) auf verschiedene Orte in der Ordnung des Diskurses verweisen könne. Auf jeden Fall sei es ein
Fehler, hierbei umstandslos an das reale Individuum zu denken.[12]
Foucault bemerkt selbst, daß er sein Thema bislang allzu eng
gefaßt habe. Tatsächlich ist nicht zu übersehen, daß bisher weder
der Autor noch das Werk gleich einem in den Sand des Meeresufers
gemalten Gesicht verschwunden sind, wie es Foucault bekanntlich
an anderer Stelle auch dem Menschen in Aussicht gestellt hat.[13]
Vielmehr scheint die diskursanalytische Dekonstruktion des Autors ihr Telos gerade darin zu haben, das traditionelle Bild des
Autors zu bereichern, indem sie es um die Dimension seiner funktionalen Problematisierung vermehrt.

Das traditionelle Bild des Autors bezieht seine Evidenz aus der
einheitstiftenden Beziehung auf ein Werk. Foucault kritisiert diese
Evidenz, indem er die Einheit der Werke (und insbesondere der
œuvres complètes) in Frage stellt. Die eingeschränkte Perspektive
dieser Kritik besteht aber darin, daß sich unter dem neuen Namen
des Diskurses die vertraute Einheit des Buches mit allen ihren
bekannten Fragwürdigkeiten verbirgt. Foucault gelangt deshalb
mit einem weitergehenden Argument zu der Behauptung, daß der
Autor in der Ordnung des Diskurses (und also aus diskursanalytischer Sicht) der Autor von weit mehr als einem Buch sein könne:
nämlich der Autor einer Theorie, einer Tradition oder eines
Faches, in denen wiederum andere Bücher und andere Autoren
vorkommen können. Foucault nennt diese Autoren »fondateurs
de discursivité«.[14] Soweit die Behauptung, die in der Tat geeignet
wäre, ein neues Licht auf den Autor zu werfen. Das Argument, das
die Behauptung rechtfertigen soll, besagt dann, daß diese besonderen Autoren nicht nur ihre Werke ›geschaffen‹, sondern zugleich
eine Reihe anderer Texte ›ermöglicht‹ haben: wie z. B. an der
Bedeutung, die Marx für den Marxismus oder Freud für die Psychoanalyse zukommt, zu sehen sei. Nun mag es sein, daß der
›transdiskursive‹ Autor (wie Foucault ihn auch nennt) andere Texte

oder Diskurse ermöglicht; er hat sie aber nicht geschrieben – und kann folglich nur auf Umwegen (wenn überhaupt) für das verantwortlich gemacht werden, was andere in seinen Spuren sagen bzw. schreiben. In einem strengen Sinne handelt es sich eben nicht um einen ›Autor‹, sondern um einen ›Ermöglicher‹. Merkwürdig ist, daß die Vernachlässigung dieser Differenz nicht dem postulierten Verschwinden des Autors aus der Ordnung des Diskurses Rechnung trägt, sondern abermals der Pluralisierung seiner Präsenz (wenn auch nur auf metaphorischem Gebiet) Vorschub leistet.

Erst am Schluß seiner Beantwortung der Frage, was ein Autor sei, kommt Foucault auf die (von Beckett inspirierte) These vom ›Tod des Autors‹ zurück: allerdings nicht in der Form einer Beschreibung, sondern im Medium einer Utopie, die das Bild einer Kultur ausmalt, »où les discours circuleraient et seraient reçus sans que la fonction - auteur apparaisse jamais«.[15] Noch ist also für den Autor nicht alles verloren.

Foucault hat zwei Reden (oder, wie er selbst sagt: ›Diskurse‹) gehalten, in denen der Ort des Autors in der Ordnung des Diskurses auf ausdrückliche Weise thematisiert wird: die eine, auf die wir uns soeben bezogen haben, am 22. Februar 1969 vor den Mitgliedern der Société française de Philosophie, die andere, berühmtere, am 2. Dezember 1970 am Collège de France. Wie Foucault zunächst den Zuhörern am Collège de France und dann seinen Lesern im allgemeinen mitteilte, sei davon auszugehen, daß in jeder Gesellschaft die Produktion des Diskurses durch eine Reihe von Prozeduren zugleich kontrolliert, selektiert, organisiert und redistribuiert werde.[16] Freilich kommen diese Prozeduren nicht allein aus Gründen der Zweckmäßigkeit zum Einsatz. Vielmehr soll ihre Aufgabe darin bestehen, eine ursprünglichere Gestalt des Diskurses zu disziplinieren: um so die Kräfte und Gefahren des Diskurses zu bannen, seine aleatorische Ereignishaftigkeit zu beherrschen, vor seiner schweren, furchtbaren Materialität auszuweichen ... Was die Ordnung des Diskurses zuläßt, ist folglich nur ein disziplinierter Diskurs, unter dessen Oberfläche ein anderer (ursprünglicherer) Diskurs seiner gelegentlichen Entdeckung harrt. In jenem verborgenen Diskurs, von dem nicht gänzlich deutlich wird, ob er als bloße Virtualität oder als wirkliche Latenz zu denken ist, spielt der Autor keine Rolle, da wir hier, wie Foucault andeutet, lediglich die Chance haben, ein unaufhörliches Gemurmel bzw. ein ordnungsloses Rauschen zu vernehmen. Der

Autor ist deshalb von vornherein ein Agent der Ordnung, der nur in der Ordnung des disziplinierten Diskurses eine Rolle spielt, da seine eigentliche Funktion gerade darin besteht (bzw. bestehen soll), den Überschuß des undisziplinierten Diskurses einzuschränken und in geordnete Bahnen zu lenken. Freilich ist der Autor nur eine Maßnahme dieser Art unter anderen.

Der Gedanke der Hervorbringung oder (emphatischer) der Schöpfung tritt deshalb in den Hintergrund, weil der Diskurs gewissermaßen immer schon da ist. Er muß nur auf solche Weise zugerichtet werden, daß er akzeptabel erscheint. Diesem Zweck dienen, wie Foucault sagt, drei Prozeduren der Ausschließung, deren erste zwischen dem Erlaubten und dem Verbotenen, deren zweite zwischen der Vernunft und dem Wahnsinn, deren dritte zwischen dem Wahren und dem Falschen unterscheidet.[17] Man hat sich folglich die Entstehung der Ordnung des Diskurses als den Übergang von einem Diskurs I, der wesentlich Unordnung ist, zu einem Diskurs II, der lediglich unsere Ordnung ist, vorzustellen. Die Frage, welchem Umstand sich die Entstehung des Diskurses I verdankt, bleibt dabei allerdings weitgehend unbeantwortet. Dies ist vielmehr der Punkt, an dem die Analyse des Diskurses eine Metaphysik des Diskurses vorauszusetzen scheint. Ebenso könnte man freilich fragen, wie es möglich ist, auf der Ebene des Diskurses II von der untergründigen Existenz eines Diskurses I überhaupt etwas zu wissen, da es doch zu den Aufgaben der Prozeduren der Ausschließung zu gehören scheint, das Durchsickern solcher Informationen zu verhindern. Foucault beruft sich in dieser Sache indes auf die notorischen Grenzüberschreitungen jener Autoren, die weder einen Bereich des verbotenen Wortes noch die Abtrennung des Wahnsinns noch den Willen zur Wahrheit als verpflichtende Richtlinien *ihres* Diskurses akzeptiert haben; woraus sich dann etwa erklärt, weshalb Foucault in Bataille, Artaud oder Nietzsche die Vorläufer einer vorurteilsloseren Sicht der Dinge erkennt.[18]

Die genannten Prozeduren der Ausschließung werden von außen an den Diskurs herangetragen. Daneben gibt es interne Prozeduren, deren Funktion insbesondere darin besteht, die Dimension des Ereignisses und des Zufalls zu disziplinieren. Hier nennt Foucault den Kommentar und den Autor als die herausragenden Maßnahmen einer Kontrolle, der sich der Diskurs selber unterwirft. Zwar ist der Kommentar die Bedingung einer unabsehbaren

Vervielfältigung seiner selbst, gleichwohl dient er einer Verknappung des Diskurses, da seine Funktion nicht allein darin besteht, das schon einmal Gesagte mit anderen (möglicherweise deutlicheren) Worten zu wiederholen, sondern ebenfalls darin, es in eine bestimmte (mutmaßlich vertrautere) Ordnung einzuschreiben. So entstehen ganze Klassen von sekundären Texten, die um einen primären Text herum zirkulieren – und gerade dadurch von jener Dimension ablenken, die als das Ereignis oder als der Zufall des Diskurses hätte erscheinen können (und folglich so hätte wahrgenommen werden müssen). Im Grunde geht es also darum, dem Diskurs eine Identität zu verleihen, die ihm nicht von vornherein zukommt. Mit dieser Aufgabe ist nun – nach Foucaults Ansicht – auch der Autor betraut. Der Unterschied liegt indes darin, daß der Kommentar, um den Zufall des Diskurses durch ein Spiel der *Identität* einzuschränken, sich die Form der *Wiederholung* und des *Selben* gibt, während das Prinzip des Autors, um diesen Zweck zu erreichen, die Form der *Individualität* und des *Ich* annimmt.[19] Zwar fände auch Foucault es absurd, wenn man die Existenz des schreibenden und erfindenden Individuums leugnen wollte; gleichwohl erblickt Foucault in der Institution des Autors nicht eine produktive Instanz des Diskurses I, sondern eine verstellende Maßnahme des Diskurses II, letztlich sogar eine Gewalt, die wir (auf der Ebene des Diskurses II) den Dingen antun.

Wenn dies so ist, welche Konsequenzen soll die Wissenschaft daraus ziehen? Foucault beantwortet diese Frage, indem er u. a. den Vorschlag macht, ein ›Prinzip der Umkehrung‹ als eine methodische Forderung einer (allerdings erst im Entstehen begriffenen) Diskursanalyse zu installieren. Demzufolge wäre der Autor nicht (oder nicht nur) als eine positive Quelle des Diskurses anzusehen, sondern als ein negatives Spiel der Verknappung des Diskurses.[20] Nicht die Schöpfung des Diskurses interessiert, sondern der Diskurs als Ereignis. Letztlich ist es folglich so, daß die Autorität des Autors, die von anderer Seite im Namen des Werkes oder des Lesers eingeschränkt wurde, nunmehr im Namen des Diskurses zurückgewiesen wird. Indes bringt man eine Sache nicht zum Verschwinden, indem man sie problematisiert; wobei insbesondere fraglich ist, ob das Verfahren der Umkehrung, das eben immer auf das ihm Vorausliegende fixiert bleibt, zu einem solchen Vorhaben ausreicht. Was Foucault tatsächlich (in Ansätzen) beschreibt, ist deshalb eine kritische Analyse der Funktion des

Autors *in* der Ordnung des Diskurses, nicht das Verschwinden des Autors *aus* dieser Ordnung.

Foucault war immerhin so vorsichtig, die Produktivität des Autors nicht gänzlich in Abrede zu stellen. Vielmehr war er der Ansicht, daß man die positive Rolle des Autors nur verstehen könne, wenn man zugleich seine einschränkende Funktion beachte.[21] Es handelt sich folglich auch hier um ein komplementäres Modell, das die Bedeutung des Autors nicht auslöscht, sondern vermehrt, wenn auch im wesentlichen um negative Züge. Fragt man deshalb genauer, vom ›Tod‹ welchen Autors in den diesbezüglichen Diskursen die Rede ist, so wird klar, daß es um die Fiktion eines absoluten Autors geht. Das zeigt – deutlicher noch als Foucault – Roland Barthes, der dieser argumentativen Tendenz den Namen gegeben hat.[22] Barthes hat allerdings (worauf Foucault anspielt) gegen die Ohnmacht des Autors die Macht der *Sprache* (und des *Schreibens*) ausgespielt. Was mit dem metaphorischen Überschwang einer sich selbst konstituierenden Wissenschaft der ›Tod des Autors‹ genannt wurde, ist folglich nichts anderes als die Kritik jenes mythologischen Wesens, das Barthes als den Autor-Gott (»Auteur-Dieu«) bezeichnet hat.[23] Gegen die einseitige Fixierung auf jenes gottgleiche Wesen, das freilich in dieser Stilisierung selbst erst erfunden werden mußte, wurde die Eigendynamik des Diskurses *bzw.* der Sprache in Erinnerung gebracht: allerdings mit dem Resultat einer ebenso einseitigen Parteinahme.

Insgesamt wird die Beantwortung der Frage, was ein Autor ist, im Zusammenhang der Diskursanalyse nicht wenig duch die Frage kompliziert, was ein Autor nicht ist. Ein gewisses Interesse an *dieser* Frage hat indes schon Lord Byron, wenn auch aus anderen Gründen, zum Ausdruck gebracht, indem er sagte: »One hates an author that's *all author*«.[24]

Anmerkungen

1 J. C. Adelung, *Grammatisch-kritisches Wörterbuch der Hochdeutschen Mundart*, Erster Theil: A–E, Wien 1808, Sp. 674.

2 F. Kluge, *Etymologisches Wörterbuch der deutschen Sprache*, Berlin 1960[18], S. 42.

3 J. u. W. Grimm, *Deutsches Wörterbuch*, Bd. 1: A-Biermolke, Leipzig 1854, Sp. 1044 f. (Das genannte Goethe-Wort lautet: »mir will das kranke zeug nicht munden, / autoren sollten erst gesunden.«)

4 F. Schlegel, *Fragmente zur Litteratur und Poesie*, in: *Kritische Friedrich-Schlegel-Ausgabe*, hg. v. E. Behler u. a., Bd. 16, hg. v. H. Eichner, Paderborn, München und Wien 1981, S. 139 (Nr. 643).

5 A. Schmidt, *Der Platz, an dem ich schreibe*, in: ders., *Trommler beim Zaren*, Karlsruhe 1966, S. 341.

6 E. Jünger, *Autor und Autorschaft*, Stuttgart 1984, S. 20.

7 P. Valéry, *Au sujet du Cimetière Marin*, in: *Œuvres*, hg. v. J. Hytier, Bd. 1, Paris 1957, S. 1507.

8 M. Foucault, *Qu'est-ce qu'un auteur?*, in: Bulletin de la Société française de Philosophie 63 (1969), Nr. 3, S. 73–95, hier S. 81.

9 Ebd., S. 79 f.

10 Ebd., S. 80.

11 Ebd., S. 86 f.

12 Ebd., S. 87 f.

13 M. Foucault, *Les mots et les choses*, Paris 1966, S. 398.

14 Foucault, *Qu'est-ce qu'un auteur?*, S. 89.

15 Ebd., S. 95.

16 M. Foucault, *L'ordre du discours*, Paris 1971, S. 10 f.

17 Ebd., S. 11 ff.

18 Ebd., S. 23.

19 Ebd., S. 31.

20 Ebd., S. 53 f.

21 Ebd., S. 38.

22 R. Barthes, *La mort de l'auteur*, in: Manteia, 1968, Nr. 5, S. 12–17.

23 Ebd., S. 15.

24 Lord Byron, *Beppo*, in: *The Works of Lord Byron*, hg. v. T. Moore, Bd. 11, London 1834, S. 132 (LXXV).

Harro Müller

Einige Notizen zu Diskurstheorie und Werkbegriff

»Das Werk ist die Totenmaske der Konzeption«

Benjamin

I.

Ich möchte einige experimentell angelegte Überlegungen präsentieren, verspreche keine Synthese und beginne mit einem Zitat: »Und Gott sah an alles, was er gemacht hatte; und siehe da, es war sehr gut. Da ward aus Abend und Morgen der sechste Tag. Also ward vollendet Himmel und Erde mit ihrem ganzen Heer. Und also vollendete Gott am siebenten Tag seine Werke, die er machte, und ruhte am siebenten Tag von allen seinen Werken, die er machte. Und Gott segnete den siebenten Tag, und heiligte ihn, darum daß er an demselben geruht hatte von allen seinen Werken, die Gott schuf und machte.« Die Welt als Werk, als Schöpfung Gottes, der sie voll grandioser Selbstgefälligkeit als essentiell »sehr gut« befindet, dieser Werkbegriff bereitet keine Schwierigkeiten, sofern man sich innerhalb des theologischen Diskurses bewegt, zumal wenn man bedenkt, daß der allmächtige, gnädige und gerechte Schöpfer und Werkmeister ohne Souveränitätseinbuße auch auf sein Werk hätte verzichten können.

Von Gottes sehr guten Werken kündet die Bibel, sie ist das Buch der Bücher, als Gottes eigenes Wort gegen jegliche Kontingenz gefeit, ein absolutes Buch, eine Urschrift, von der nachfolgende Bücher – Werke von Menschenhand – nur unvollkommene Simulakren sein können. Auch diese Verwendung des Werkbegriffs kann man dogmatisch hinreichend absichern, sie ist – so gesehen – unproblematisch, und insofern könnte ich meine Überlegungen mit geplanter Plötzlichkeit beenden, hätte sich nicht – und jetzt mache ich einen großen Sprung – in der *Moderne* ein Autonomie beanspruchendes, profanes Kunstsystem ausdifferenziert, in dessen Diskurs der Werkbegriff wiederum einen wichtigen Ort eingenommen hat und sich auch heute noch behauptet, wenn man dem Colloquium »Kunst und Philosophie 3. Das Kunstwerk« folgen will, das freilich auch Probleme sieht: »Entgegen allen Manifesten und Proklamationen, die vom Ende der Kunst und des Kunstwerks sprechen, gibt es heute Gründe dafür, den Werkbegriff nicht einfach aufzuheben und zu eliminieren, sondern ihn neu zu definieren.«[1]

Nun variieren innerhalb dieses ausdifferenzierten Kunstsystems die Verwendungsweisen des Werkbegriffs. Auf den Literaturdiskurs als Sonderdiskurs innerhalb des Kunstdiskurses blickend, möchte ich zu zwei zentralen Verwendungsmöglichkeiten einige selektiv und exklusiv geratene ›Beobachtungen‹ mitteilen und daran Folgerungen anknüpfen.

II.

Nach Verabschiedung eines am Rhetorikmodell orientierten Werkbegriffs, der Artifizialität und Regelhaftigkeit akzentuierte, funktioniert der Werkbegriff in der klassisch-romantischen ›Epoche‹ wesentlich *symbolisch*.[2] Das Kunstwerk ist vieldeutig, rätselhaft, der Natur strukturhomolog. Zwischen Signifikant und Signifikat wird eine organische bzw. natürliche Beziehung angenommen, dennoch ist das Kunstwerk diskursiv nicht erkennbar und ermöglicht prinzipielle Verschieden-Verstehbarkeit beim Leser, ist nicht autorintentional reduktibel, weil der Schöpfungsprozeß als ganzer nicht mit Hilfe eines Regelapparates eingefangen werden kann. Das Kunstwerk als universales, bedeutendes, natürliches, reflexives Zeichen, als »offenbares Geheimnis«, als »etwas geistig Organisches« (Goethe) weist zwar auf die Begrenztheit menschlicher Erkenntnis, stellt zugleich aber einen Versuch ihrer Überwindung dar, indem es auf Unendliches zeigt. Dabei kann Unendliches religiös-dogmatisch den Schöpfergott meinen, auf Natur als organologische Fundierungskategorie oder auf geschichtsphilosophische Rahmenkonzeptionen mit den üblichen gattungstheoretischen Unterstellungen und nicht zuletzt auf das rätselhafte Leben selbst bezogen werden. Innerhalb dieser Werkkonzeption, die ein Offenbarungsmodell fortschreibt, stellt der Symbolbegriff die Scharnierstelle dar, mit deren Hilfe der Blick von der Oberfläche auf die Tiefe, von der Erscheinung auf das Wesen, vom Endlichen auf das Unendliche gelenkt zu werden vermag; er ermöglicht die ›Vermittlung‹ zwischen Individuellem, Besonderem und Allgemeinem auf eine Weise, daß im schönen Schein Wahrheit aufscheinen kann. Vorausgesetzt ist dabei eine bestimmte organologische, repräsentative Sprachkonzeption, eine Subjekttheorie, die das Subjekt als schöpferisch tätiges, unter keinerlei Form von Subsumtionslogik verrechenbares Individuum begreift und nicht zuletzt – und das ist entscheidend – sinngarantierende Rahmenannahmen, die die schöne Ordnung verbürgen und den Gedanken an Kontingenz als Startbedingung systematisch verunmöglichen.

Alle diejenigen, die den Symbolbegriff prämieren, setzen sich vom Allegoriebegriff ab, so z. B. Wilhelm von Humboldt:

Denn das Symbol hat das Eigenthümliche, dass die Darstellung und das Dargestellte immer wechselweise den Geist einladend nöthigen länger zu verweilen und tiefer einzugehen, da die Allegorie hingegen, wenn einmal die vermittelnde Idee aufgefunden ist, wie ein gelöstes Räthsel, nur kalte Bewunderung oder leichtes Wohlgefallen an anmuthig gelungener Gestalt zurücklässt.[3]

Humboldt begreift die Allegorie als konventionell geregeltes semantisches Zuordnungsverfahren, das ohne Rest *begrifflich* aufgelöst werden kann. Von der literarischen Moderne wird zwar die Begriffsopposition Symbol-Allegorie übernommen, der Allegoriebegriff jedoch entscheidend umgeschrieben. Diese neue Variante des Allegoriebegriffs hat spätestens seit Baudelaire Karriere gemacht, ist von Benjamin aktiviert worden und dient Paul de Man als das Kennzeichen jener modernen literarischen Werke, welche die machtvolle, stets mit dem Symbolbegriff verknüpfte Sinnzentrierungspolitik mit ihren jeweiligen Heterogoniebeseitigungsverfahren verabschiedet haben:

Während das Symbol die Möglichkeit einer Identität oder Identifikation postuliert, bezeichnet die Allegorie vor allem eine Distanz in ihrer Relation zum eigenen Ursprung und etabliert ihre Sprache – indem sie auf Nostalgie und Koinzidenzverlangen verzichtet – im Leeren dieser zeitlichen Differenz.[4]

Der moderne Allegoriebegriff geht von einer prinzipiell arbiträren Beziehung zwischen Signifikant und Signifikat aus, setzt auf Differenz, Diskontinuität und nicht zuletzt auf Dispersheit, er prämiert nicht Sinnpräsenz, sondern Sinnabsenz, er setzt nicht auf Ordnung, sondern auf das Chaos; Sinnzuweisungen sind dezisionistische Akte der Rezipienten:

Wird der Gegenstand unterm Blick der Melancholie allegorisch, läßt sie das

Leben von ihm abfließen, bleibt er als toter, doch in Ewigkeit gesicherter zurück, so liegt er vor dem Allegoriker, auf Gnade und Ungnade ihm überliefert. Das heißt: eine Bedeutung, einen Sinn auszustrahlen, ist er von nun an ganz unfähig; an Bedeutung kommt ihm das zu, was der Allegoriker ihm verleiht.[5]

Nun glauben viele Anhänger der literarischen Moderne, mit der Präferierung eines allegorischen Werkbegriffs aus dem Schneider zu sein; allerdings ist folgendes zu bedenken: Sowohl der symbolische als auch der allegorische Werkbegriff schreiben Metaphysik fort; beide liefern substantielle, wenn auch invers gewendete Annahmen über die jeweiligen Welt- und Werkverhältnisse. Der Werkbegriff bleibt weiterhin *ontologisch* aufgeladen; die Werke enthalten einen metaphysisch tingierten Wahrheitsanspruch, der der – hermeneutischen – Aneignung bedarf, ganz gleich, ob auf Sinnfülle oder Sinnleere abgezielt wird.

III.

Diskurstheorie Foucaultscher Provenienz stellt demgegenüber eine radikale Form der Metaphysikkritik dar, die einen substantiellen Totalitätsbegriff negiert. Sie will sich auf das Ver- und Entzauberungsspiel des symbolischen und des allegorischen Werkbegriffs nicht einlassen, sondern deren Spielregeln, deren Funktionieren beobachten und analysieren. Daher bei Foucault die schroffe Negation von Oberflächen-Tiefen-, von Erscheinung-Wesenmodellen und nicht zuletzt von Expressionsmodellen, daher seine Forderung, auf jene hermeneutischen Verfahren gänzlich zu verzichten, die stets einen eigentlichen verborgenen, geheimnisvollen Sinn suchen, ihn nie finden und sich auf diese Weise trefflich am ›Leben‹ erhalten können. Auf Grund dieser Option fordert Foucault energisch, den Werkbegriff als *Funktion* des Diskurses streng im Objektbereich zu lokalisieren, das diskursive Verknappungsspiel mit den kalten Augen des Genealogen von außen zu re-konstruieren, um zu zeigen, welche Identitätseffekte mit Hilfe des Werkbegriffs jeweils erzielt werden können. Dabei ist der Werkbegriff eine der Spielmarken im Kunstdispositiv, das diskursive und nicht-diskursive, institutionalisierte und nicht-institutionalisierte Praktiken umfaßt. Innerhalb des Kunstdispositivs funktioniert der Werkbegriff vereinheitlichend: In allen

Kunstarten werden Kunstwerke hergestellt; der Werkbegriff homogenisiert sodann das Kommunikationsprogramm über Kunstwerke, organisiert die Beteiligung, reduziert Einstellungsbeliebigkeit und reguliert massiv die Erwartungen.[6]

Gegenüber Diskurs-Umwelten setzt er sich ab, indem er – strenge Nichtableitbarkeit postulierend – den Autonomieanspruch des Kunstdiskurses gegenüber externen Zumutungen betont, steht aber zugleich in Interferenzbeziehungen zu anderen Diskursen, z. B. zum juridischen.[7]

Dieser von Foucault präferierte diskurstheoretische Ansatz erfordert eine Umschreibung des Forschungsdesigns. Es geht nicht um Hermeneutik der Fülle oder Hermeneutik der Leere, sondern um funktionale Beschreibungen, um funktionale Erklärungen, wobei der Werkbegriff eines der Steuerungselemente ist, mit dessen Hilfe auch der literarische Diskurs als Sonderdiskurs innerhalb des Kunstdiskurses Kontingenz minimiert und Homogenisierungen durchsetzt. Diese Form der Diskursanalyse verabschiedet die hermeneutische Teilnehmerperspektive, für die der Werkbegriff unabdingbar ist, und setzt radikal auf die Beobachterperspektive. Für ihre empirische Analyse des im Objektbereich lokalisierten Werkbegriffs könnte sie sich im Hinblick auf den literarischen Diskurs von folgender – formalen – Hypothese leiten lassen: Werke sind weder zeitlose Substanzen noch fixe Identitäten, sie enthalten keinen – wie auch immer – korrespondenztheoretisch abgesicherten Wahrheitsanspruch, der Objektivitätseffekte suggeriert, vielmehr sind sie machtimprägnierte, künstlich-kunstvoll hergestellte disperse Einheiten, die sich wesentlich aus Differenzen ergeben, Identitätseffekte erzeugen und stets in intertextuelle Zusammenhänge eingelagert sind.

Bei Foucaultscher Diskurstheorie handelt es sich also nicht um ein Ästhetikfortschreibungsprogramm, wie es z. B. Jauß, Lotman, Bohrer, Eco, aber auch Adorno – »die überaus heterogenen Interpretationen werden ermöglicht von objektiver Mehrdeutigkeit« – anzielen, vielmehr wird eine Position bezogen, die Ästhetiktheorie und Werkinterpretation als diskursive Praktiken lokalisiert, die – innerhalb ihres institutionell abgesicherten Rahmens mit den üblichen Ausgrenzungsmechanismen – machtvoll eine aktive Sinnordnungspolitik verfolgen und stets auf Disziplinierungseffekte angelegt sind: Die Diener des Werks sind zugleich die Herren der Interpretation.

Allerdings enthält die Foucaultsche Diskurstheorie durchaus ihre eigenen Aporien, da sie nicht nur objektiv-funktional beschreibt, sondern zumindest für die Gegenstandskonstitution interpretative Verfahren benutzt und mitnichten bei aller Betonung der distanzierenden Beobachterperspektive der Teilnehmerperspektive auch bei ihren ›materialen‹ Forschungsvorhaben ganz entraten kann.[8] Auch scheint mir der Effektbegriff – wenn man ihn seines suggestiven Effektes entkleidet – mit Hilfe *funktionaler* Kategorien umschreibungsbedürftig zu sein: Das Werk ist ein Effekt des Diskurses, das Werk ist ein Effekt des souveränen Autors, diese beiden Sätze sind als Aussagen strukturell identisch.

IV.

Wenn diese Einwürfe zu Foucault stimmen, sind im Hinblick auf eine weitere Verwendung des Werkbegriffs zusätzliche Überlegungen erforderlich, zumal die Versuche, den Werkbegriff mit Hilfe von Poetizitäts- und Fiktionalitätstheorien neu zu plazieren, keinen Ausweg geboten haben und auch die von Roland Barthes vorgenommene texttheoretische Relativierung des Werkbegriffs in kaum lösbare Schwierigkeiten geführt hat.[9] Gibt es nicht vielleicht doch nicht-metaphysische Identitätsannahmen im Hinblick auf den Werkbegriff? Man könnte mit Nelson Goodman und Catherine Z. Elgin davon ausgehen[10], daß die Identität eines Werkes lediglich in der Konfiguration der Buchstaben, der Räume und der Zeichensetzungen besteht; alles, was darüber hinausgeht, ist Spiel pluraler Interpretationen, die auch in antagonistischen Beziehungen zueinander stehen können. Man geht also von einer schmalen – syntaktischen – Identitätsannahme aus, diesseits aller Semantik und Pragmatik. Wenn logische, semantische und pragmatische Präsuppositionen ins Spiel kommen, die massiv durch das Wissenschaftssystem vorstrukturiert sind[11], werden Deutungshypothesen geliefert, die nicht mit Hilfe einer wie auch immer funktionierenden Korrespondenztheorie abgesichert werden können, zumal es zumindest prinzipiell möglich ist, die Kontextargumentationen intern und extern unbegrenzt fortzusetzen. Das scheint nun ein Plädoyer für »anything goes« zu sein, ist es aber nicht. Um diesem Interpretationsspiel einige Hindernisse in den Weg zu stellen, damit es nicht der stets lauernden Gefahr einer substantiellen Metaphysik verfällt, könnte man überlegen, ob relationale Argumentationsweisen weiterhelfen, z. B. indem man von der Relation Allegorie/Symbol ausgeht und im Symbolischen das Allegorische und im Allegorischen das Symbolische sucht, wobei die Relation Allegorie/Symbol metaphorisch zu verstehen ist, um das Spiel zwischen Differenz als Startbedingung und produzierter Identität zu markieren. Die interpretativen De- und Retotalisierungsbewegungen sind als *konstruktive* Verfahren unrein, die Reihe der relationalen Annahmen ist nicht abschließbar und erschließt das Werk nicht, von dem es – auf semantisch-pragmatischer Ebene – sowieso kein Original gibt. Vielmehr verweist sie auf jene *Differenz* zwischen Werk und Interpretation, die das Interpretationsspiel der Literaturwissenschaft immer wieder motiviert. Bei dem von mir vorgeschlagenen Interpretationsverfahren resp. Lesartenverfahren handelt es sich folglich um ein Interventionsspiel ohne Anfang und ohne Ende, wohlwissend, daß relationale Metaphysikkritik auch immer Metaphysik fortschreibt, insofern stets sinntingiert ist, und es keinen archimedischen Punkt gibt, von dem aus im strengen Sinne performative von konstativen Sprechakten sortiert werden könnten.[12] Deshalb ist es eine der wesentlichen Aufgaben der Literaturwissenschaft, die Konstitutionsbedingungen von Interpretationen, die auch als Sinnabschlußunternehmen zu verstehen sind, die Anschlußhandeln ermöglichen sollen, diskurstheoretisch zu klären und die nichtdiskursiven Praktiken zu analysieren, die das Interpretationsspiel als Machtspiel allererst ermöglichen.[13] Als »selbstreflexive« Wissenschaft betriebe sie eine Form nüchterner genealogischer Konstruktionsarbeit, die ihr gut zu Gesicht stehen könnte und die manch überzogene Selbstzuschreibungskonvention schnell revidieren würde: Auf diese Weise ließen sich z. B. die Funktionsregeln des in der herkömmlichen Literaturwissenschaft besonders beliebten ›advokatorischen‹ Diskurses mit seinen Überschwenglichkeitsgesten ohne größere Schwierigkeiten analysieren.

V.

Damit komme ich zu einem Ergebnis, das weiterer Überlegungen bedarf: Ich sehe im Hinblick auf den Werkbegriff keine Möglichkeit, hermeneutische – und dazu zähle ich auch den sprachtheoretisch belehrten Dekonstruktivismus – und funktionale Verfahren streng deckungsgleich zu machen, obwohl es Überlappungen gibt und man stets in der Mitspieler-Beobachter-Rolle mit ihren unterschiedlichen Situierungsmöglichkeiten verhaftet ist. Natürlich kann man über die Relation Mitspieler – Beobachter wieder Metaüberlegungen anstellen. Eine schlußendlich methodologisch hinreichend abgesicherte und logisch saubere Lösung in diesem Spiel gibt es ebensowenig wie eine trennscharfe Scheidung zwischen Objekt- und Metasprache.

So ist folgendes Perspektiv-Wechselspiel für die Literaturwissenschaft bis auf weiteres zu konstatieren: Favorisiere ich die Beobachterzuschreibung als Leitkonvention, ist der Werkbegriff auf empirisch-funktionaler Ebene zu eliminieren bzw. als objektsprachlicher zu analysieren, favorisiere ich die Teilnehmerzuschreibung als Leitkonvention, ist der Werkbegriff für die Leseartenproduktion zu restituieren. Ich fürchte, daß die Literaturwissenschaft – soweit ich die (ungewisse) Zukunft absehen kann – mit dieser Dauerspaltung wird leben müssen. Daß damit Erfahrungen des Mangels und des Schmerzes verbunden sind, ist mir – jenseits aller postmodernen Fröhlichkeitsanstrengungen – nicht ganz unbekannt. Zur Schmerzlinderung zitiere ich zum Abschluß zwei Textstellen herbei; das erste Zitat ist von Walter Benjamin und das zweite von Lawrence Sterne, dessen *Tristram Shandy* mir immer wieder zeigt, wie lohnend es ist, sich nicht-professionell und professionell zugleich mit Literatur zu beschäftigen:

Manchmal jedoch, im Winter, wenn ich in der warmen Stube am Fenster stand, erzählte das Schneegestöber draußen mir so lautlos. Was es erzählte, hatte ich zwar nie genau erfassen können, denn zu dicht und unablässig drängte zwischen dem Altbekannten Neues sich heran. Kaum hatte ich mich einer Flockenschar inniger angeschlossen, erkannte ich, daß sie mich einer anderen hatte überlassen müssen, die plötzlich in sie eingedrungen war. Nun aber war der Augenblick gekommen, im Gestöber der Lettern den Geschichten nachzugehen, die sich am Fenster mir entzogen hatten.[14] Natur war in ihren Gaben an meinem Vater über die Maßen verschwenderisch gewesen und hat die Saat der Wortkritik so tief in ihn gelegt wie die Saat jeder anderen Erkenntnis – so daß er einmal sogar sein Taschenmesser herauszog, um an einem Satz zu versuchen, ob er dort nicht einen besseren und tieferen Sinn herauszukratzen vermöchte. Nur ein einziger Buchstabe fehlt mir, Bruder Toby, rief mein Vater, um hinter den geheimen Sinn des Erasmus zu kommen, ein einziger [. . .]. Da bist du ihm ja nahe genug, antwortete treuherzig Onkel Toby. Pah, rief mein Vater, ich bin noch immer sieben Meilen davon entfernt. Ich habe es getan [...] rief mein Vater mit den Fingern schnalzend. Sieh nur her, Bruder Toby, wie ich den Sinn verbessert habe [...]. Aber du hast damit ja ein Wort verdorben, antwortete Onkel Toby. Mein Vater setzte die Brille auf, biß sich in die Lippen und riß in seiner Wut die Seite heraus.[15]

Anmerkungen

1 Vgl. Willy Oelmüller, *Vorwort*, in: Willy Oelmüller (Hg.), *Kolloquium Kunst und Philosophie 3. Das Kunstwerk,* Paderborn 1983 (UTB 1276), S. 11.

2 Vgl. Bernd Brunnemeier, *Vieldeutigkeit und Rätselhaftigkeit,* Amsterdam 1983.

3 Wilhelm v. Humboldt, *Gesammelte Schriften,* Berlin 1903 ff., Bd. 1, S. 218.

4 Paul de Man, *Blindness and Insight,* Minneapolis ³1985, S. 207.

5 Walter Benjamin, *Gesammelte Schriften,* hg. v. Rolf Tiedemann und Hermann Schweppenhäuser, Frankfurt/Main 1974 ff., Bd. I.1, S. 359.

6 Niklas Luhmann, *Das Kunstwerk und die Selbstreproduktion der Kunst,* in: Delfin 3 (1984), S. 53.

7 Vgl. den Beitrag von Gerhard Plumpe in diesem Band.

8 Vgl. Harro Müller, *Einige Argumente für eine subjektdezentrierte Literaturgeschichtsschreibung,* in: Wilhelm Voßkamp und Eberhard Lämmert (Hg.), *Historische und aktuelle Konzepte der Literaturgeschichtsschreibung. Zwei Königskinder? Zum Verhältnis von Literatur und Literaturwissenschaft,* Tübingen 1986, S. 24–34, spez. S. 27.

9 Vgl. Robert Weimann, *Textual Identidy and Relationship: A Metacritical Excursion into History,* in: Mario J. Valdés und Owen Miller (Hg.), *Identity of the Literary Text,* Toronto 1985, S. 274–296.

10 Vgl. Nelson Goodman/Catherine Z. Elgin, *Interpretation and Identity: Can the Work Survive the World?,* in: Critical Inquiry 12 (1986), S. 564–575.

11 Vgl. den Beitrag von Jürgen Fohrmann in diesem Band.

12 Vgl. meinen Beitrag zu Paul de Man in diesem Band.

13 Vgl. Harro Müller: *Einige Giftpfeile wären nicht so schlecht. Zehn Einwürfe zum Zusammenhang von Geschichtstheorie, Hermeneutik, Literaturgeschichtsschreibung,* in: Delfin 4 (1984), S. 77–83, spez. S. 80 f.

14 Walter Benjamin, *Gesammelte Schriften,* Bd. IV, S. 275.

15 Lawrence Sterne, *Das Leben und die Ansichten Tristram Shandys,* Darmstadt 1966, S. 246.

Jürgen Fohrmann

Der Kommentar als diskursive Einheit
der Wissenschaft

Michel Foucault nimmt in *Les mots et les choses* eine Bemerkung Montaignes zum Anlaß, über eine Textsorte zu reflektieren, die er als ›Kommentar‹ bezeichnet. Montaigne hatte behauptet:

Il y a plus affaire à interpreter les interpretations qu'à interpreter les choses, & plus de liures sur les liures que sur autre subiect: nous ne faisons que nous entregloser.[1]

Foucault kommentiert Montaigne:

Die Aufgabe des Kommentars kann *per definitionem* nie beendet sein. Dennoch ist der Kommentar völlig auf den rätselhaften, gemurmelten Teil gerichtet, der sich in der kommentierten Sprache verbirgt. Er läßt unterhalb des existierenden Diskurses einen anderen, fundamentaleren und gewissermaßen »ersteren« Diskurs entstehen, den wiederherzustellen er sich zur Aufgabe macht. Es gibt nur einen Kommentar, wenn unterhalb der Sprache, die man liest und entziffert, die Souveränität eines ursprünglichen Textes verläuft. Und dieser Text verspricht bei der Begründung des Kommentars diesem gewissermaßen als Belohnung seine endgültige Entdeckkung.[2]

Diesen ursprünglichen Text zu suchen und damit an Wahrheit teilzuhaben: Daraus haben die philologischen Disziplinen ihr wissenschaftliches Ethos entwickelt. Es war auch dieses Ethos, das schon den Literaturhistoriker Erich Schmidt in seiner berühmten Antrittsvorlesung *Wege und Ziele der Litteraturgeschichte* (1880) dazu brachte, auf eben dieselbe Montaigne-Stelle zurückzugreifen, aber nicht, um die Unabschließbarkeit des Kommentars zu bejubeln, sondern um vor allzu deutlicher Selbstreferenz zu warnen.[3] Der Forscher habe sich nicht auf Anmerkungen über Anmerkungen zu kaprizieren, er habe vielmehr die poetischen Texte selbst in den Mittelpunkt seiner Arbeit zu stellen. Der Kommentar soll so immer auf etwas zielen, das nicht neben, sondern vor ihm liegt und das er einzuholen sich bemühen muß.

Diese Aufgabe des Kommentars ist nicht auf das 16. Jahrhundert beschränkt, an dessen Beispiel sie von Foucault zunächst entwickelt wird; ihre eigentliche Karriere beginnt mit der Mitte des 18.

Jahrhunderts. Erst wenn Text und Welt in ein neues Verhältnis gesetzt werden, wenn Welt vornehmlich in Texten zum geheimnisvollen Ausdruck kommen und dieser Ausdruck sinnhaft enträtselt werden soll, kann der Kommentar zum Schlüssel und zum Ergebnis von Weltaneignung werden.

Foucault kann diese Kommentarfunktion daher gerade in jenem epistemischen Umbau entdecken, in dem Sprachwissenschaft, Ökonomie und Naturgeschichte auf Produktion umstellen und kann sie dann, in der *Archäologie des Wissens*, in sein Szenario des »historischen Projekts« integrieren: Wird – wie hier – die Sinnhaftigkeit von Geschichte apriorisch gesetzt, so werden Monumente zu Dokumenten, von Ordnung nämlich.[4]

›Welt‹ teilt sich dann in zwei Ebenen auf. Sie hat eine sinnhafte Tiefen- und eine vertextete Oberflächenstruktur. Allein durch die Bearbeitung der Oberfläche – und dies ist das Novum, das den Siegeszug der Textwissenschaften erst begründet – kann der Tiefenstruktur, die stets als das Eigentliche gilt, als Zentrum, als Ordnung, ihre Wahrheit abgerungen werden. Es ist der Kommentar, der so Monumente zu Dokumenten macht, indem er den verstreuten Überlieferungen mit heiligem Pathos einen bislang verborgenen Sinnzusammenhang unterlegt. Dieser Kommentar geht so stets auf Kohärenz aus und weiß um seine Bedeutung für ein Geschichtsmodell, in dem jeder Augenblick auf Ursprung und Ziel verweist. Er kann daher den Zufall nicht dulden. Was wurde *wirklich* gesagt: das ist die Frage, die – so Foucault in der *Ordnung des Diskurses*[5] – den Diskurs nachhaltig zu organisieren, den Aufstieg des Kommentars zu begründen vermag. In der *Geburt der Klinik* hat Foucault dann versucht, diese Aufgabe des Kommentars sprachtheoretisch zu formulieren:

[...] der Kommentar setzt per definitionem einen Überschuß des Signifikats im Verhältnis zum Signifikanten voraus, einen notwendigerweise nicht formulierten Rest des Denkens, den die Sprache im Dunkeln gelassen hat, einen Rückstand, der dessen Wesen ausmacht und der aus seinem Geheimnis hervorzuholen ist.[6]

Kommentieren hieße dann zunächst, um dieser Begrifflichkeit zu folgen, Signifikanten auf Signifikate zu beziehen, zuzuordnen, und nun, in einem zweiten Schritt, Signifikate miteinander zu verbinden. Damit sind aber – jenseits von metaphysischer Ordnungsstiftung, der das historische Projekt sich zunächst ganz verschrieben hatte – zwei Kardinalprobleme der Textaneignung berührt: die Frage einmal nach der Legitimität des Kommentarverfahrens, die Frage andererseits nach der Begründbarkeit der Zurechnungen und Vernetzungen.

Michel Foucault selbst hat den Traum vom Verschwinden des Kommentars geträumt; er setzte daher ganz auf ›Oberfläche‹ und verlagerte damit den Blick von der vertikalen in die horizontale Achse. Nicht mehr, was hinter den Aussagen steht, sondern wie sie sich zueinander verhalten, müsse untersucht werden:

Wäre nicht eine Diskursanalyse möglich, die in dem, was gesagt worden ist, keinen Rest und keinen Überschuß, sondern nur das Faktum seines historischen Erscheinens voraussetzt?[7]

Eine solche Änderung der Blickrichtung, die strikt vom Nebeneinander der énoncés ausgeht und ihre Formierung zu analysieren versucht (ironischerweise aber in der Metapher vom ›Erscheinen‹ noch ein Zwei-Ebenen-Modell transportiert), ist nach der säkularen Herrschaft der (Tiefen-)Hermeneutik von nicht zu unterschätzender Faszination, verspricht sie doch, die mehr oder minder kontingent sich ablösenden Bedeutungsblöcke aus ihren Produktionsbedingungen verstehbar zu machen, ohne wieder auf eine zweite, fundierende Ebene zurückgreifen zu müssen (z. B. Sozialgeschichte). Nichts weniger als eine neue Wissenschaft, die jenseits des Kommentars und jenseits der überkommenen Disziplineneinteilung liegt, ist es daher, was die Diskursanalyse in Aussicht stellt.

Nun läßt sich jedoch zeigen, daß auch ein solch revolutionierendes Verfahren nicht in der Lage ist, den Kommentar zu umgehen. Daher bedarf es einer Neusituierung, nicht aber einer Beerdigung des Kommentarbegriffs. (Wissenschaftliche) Probleme neigen dazu, auch nach ihrer Totsprechung überraschende Wiedergeburten zu erleben.

Um diesen Nachweis zu führen – und um Foucault umdenken zu können –, ist es notwendig, Foucault nicht nur zu folgen. Das heißt vor allem: nicht von den Objektbereichen auszugehen, die Foucault selbst als Ergebnis von Verteilungs- und Anordnungsprozeduren hergestellt hat. Da ›Wissenschaft‹ im Mittelpunkt stehen soll, werden die Disziplinen, insbesondere die literaturwissenschaftlich-philologischen, hier als Untersuchungsgegenstand gewählt. Dies ist nicht von Foucault anvisiert worden.

Auch die Literaturwissenschaft nimmt ihre Bedeutungszuord-
nungen durch den Kommentar vor. Gemeint ist also nicht nur
jener Kommentar, den man im Anhang von Textausgaben so gerne
zu Rate zieht; gemeint ist auch nicht nur die Interpretation, die
das, was der Text gesagt haben soll, sauber nach Hause tragen will;
und ebenfalls nicht nur gemeint ist jene Reflexion, die schon bestehende Interpretationen zu durchleuchten und dann zu überbieten
versucht. Alle diese Formen sind zwar Kommentare, aber der
Kommentar ist auf keine dieser Formen beschränkt. Er ist die
formale Prozedur, gewissermaßen die abstrahierte Bedingung der
Sortendifferenzierung. Es handelt sich eben um den allgemeinen
Vorgang der Bedeutungszuweisung, die im Kommentar ihr jewei-
liges Ergebnis findet. Textanhang, Interpretation, Forschungsüberblick spezifizieren dann auf unterschiedliche Weise diese
grundsätzliche Operation. Als Kommentare bilden sie die Einheiten, in denen Bedeutung zugeschrieben wird. Solche Einheiten
sind zwar parzellierbar, aber auch als Einheiten stets relevant. Man
sollte sie daher nicht vorschnell als Souveränitätsgesten abtun. Die
Einheit des jeweiligen Kommentars ist eine diskursive Einheit. Im
Spiel der Differenz dient der Kommentar als identifizierbare
Größe, und im Negieren wissenschaftlicher Selbstzurechnungen
darf nicht zugleich auch der Kommentar als Einheit aufgegeben
werden. Vor dem vorschnellen Zurstreckebringen des Kommentars ist daher sein funktionaler Ort allererst zu bestimmen.

Jeder Kommentar dient als *Ab*schluß und *An*schluß. Abschluß
nach außen: Im Diskurssystem der Wissenschaft kann der Kommentar als Einheit behandelt werden, und bestimmte Zurechnungen können erfolgen. Systeme ohne festmachbare Elemente sind
unspezifisch. Abschluß nach innen: Abschlüsse benötigen, um
ihre Grenzen zu ziehen, *initiierende* und *terminale Verfahren,*
deren Wechselspiel der Aufbau des Kommentars sich erst verdankt. Jeder Kommentar wird dadurch zu einem Kompositum,
das zwar an vieles anzuknüpfen versteht, vieles arrangiert, aber
gerade in seiner Differenz zu anderen Kommentaren als unver-
wechselbare Einheit stets sich präsentiert. So strukturiert, schließt
der Kommentar an bestehende Kommentare des Diskurssystems
an (schließt andere zugleich aus) und bietet dann selbst wieder jene
benennbare Größe, auf die erneut Bezug genommen werden
kann. Nur Beziehbares kann diskursiv integriert werden. Leidet
nicht der Jean Paulsche »Schulmeister Wutz« am Fehlen der ›Dif-

férance‹, leidet er also nicht daran, daß seine Bezüge nicht mehr den Kommentaren, sondern allein dem Ostermeßkatalog entstammen? Er leidet nicht, aber es handelt sich hier auch wirklich um einen Sonderfall.[8]

Kommentare als diskursive Einheiten stehen daher notwendig im Verhältnis zueinander, das sie begründet und trennt: etwas *ist* nur in der Differenz zu anderem und zugleich *auf der Basis* dieser Differenz. Derrida hat den Begriff der Différance dafür geprägt.[9]

Ich behaupte, daß dieses Feld der Kommentare – um eine räumliche Metapher zu benutzen – selbstreferentiell aufgebaut ist und auch selbstreferentiell sich steuert[10]: »Wir machen nichts als Anmerkungen übereinander.« Diese Behauptung hat weitreichende Konsequenzen sowohl für die Auffassung des literarischen Werkes als auch für die Beziehung von Kommentar und poetischem Produkt. Gilt diese Annahme nämlich, so stehen Kommentare nicht *hinter,* sondern *vor* den literarischen Texten; es gibt dann keinen schon feststehenden poetischen Gegenstandsbereich, den es ex post zu gliedern, zu erklären, zu vermitteln gilt, sondern in der Arbeit der Kommentare wird das zu bearbeitende Objekt zugleich erzeugt. Nicht die literarischen Texte, sondern die anderen Kommentare des Wissenschaftssystems und damit eine wechselnde Matrix je eigentümlicher Verfahren organisieren die Produktion jedes neuen Kommentars. Insofern liegt der Kommentar vor den literarischen Texten. Denn das, was er einzuholen vorgibt, jedoch durch seine Bearbeitung erst kommunikabel macht, ist nie das ›eigentliche‹ poetische Produkt (das jenseits von Bedeutungszuweisungen nicht zu Kommunikation wird), sondern eine bestimmte Kombination diskursiver Zuschreibungen, die das poetische Produkt in seinem wissenschaftlichen So-Sein erst begründen. Das sog. »Bürgerliche Trauerspiel« des 18. Jahrhunderts etwa ist vornehmlich das Resultat einer Sozialgeschichte der Literatur. Die Metapher des »Vor-den-Texten-Stehens« will mithin nicht behaupten, die literaturwissenschaftlichen Lesarten seien nicht ›adäquat‹; das Angemessenheitskriterium selbst hat ja kein fundamentum in re, sondern ist lediglich ein Regularium, mit dem der Wissenschaftsdiskurs seine Kommentarentscheidungen zu begründen versucht. »Vor-den-Texten-Stehen« betont nur, daß den poetischen Produkten im Wissenschaftssystem *spezifische* Bedeutung zugewiesen wird. Textauslegung hat dann kein lebensweltliches

Dialogmodell zwischen Text und Leser zur Voraussetzung[11], sondern die diskursiven Möglichkeiten eines Systems. Um mit Worten zu spielen: Lebenswelt ist auch nur in dieser Welt.

Weder die individuelle, noch die soziale Lebenswelt, sondern die *disziplinäre Gemeinschaft* der Literaturwissenschaft[12] bildet daher den Rahmen, der die Bedingungen und Grenzen des Kommentars über literarische Texte bestimmt. Und auch nicht die Aussagenfelder, die Michel Foucault in *Les mots et les choses* am Beispiel von Naturgeschichte, Ökonomie und Grammatik entwickelt und deren Invention er dann in der *Archäologie des Wissens* zum theoretischen Prinzip gemacht hat, ergeben die Einheiten, die die besonderen Verteilungsprozeduren der Disziplinen hinreichend berücksichtigen könnten. *Solche* Feldmarkierungen bleiben nach der Auflösung allgemeiner Gelehrsamkeit die Erklärung schuldig, warum sie wirken und es dennoch nicht vermögen, das Wissen auch *institutionell* zu bestimmen. Foucault selbst hat daher schon in der *Ordnung des Diskurses* auf die »diskursive Polizei« der Disziplinen verwiesen und in *Überwachen und Strafen* die Herausbildung einer Institution als den Einheit verbürgenden Referenzpunkt genutzt.[13]

Ich gehe daher davon aus, daß die disziplinäre Gemeinschaft für den literaturwissenschaftlichen Kommentar als grundlegende Einheit zu betrachten ist. Es ist eine Einheit, die keinen substantiellen Charakter für sich beanspruchen kann. Vielmehr handelt es sich bei allen Wissenschaften um Identitäten, die erst aus den wechselseitigen Differenz-Zurechnungen sich ergeben. Es erscheint mir also sinnlos, nach einer zeitlosen Matrix von Literaturwissenschaft/Philologie zu suchen, sondern im Vordergrund stehen müßte, historisch sich wandelnde Einheiten als System sich wechselseitig bedingender Differenzen in den Blick zu bekommen, ein Weg, der wissenschaftsgeschichtlich von der Philologie über die Literaturgeschichte zur Literaturwissenschaft führt und zugleich die fortwährende Annäherung oder Abweisung der Philosophie zum Inhalt hat. Wissenschaftssysteme produzieren *in* ihren Diskurszusammenhängen ihre sich stets bewegenden und bewegbaren Gegenstandsextensionen. Literarische Texte erscheinen im Wissenschaftssystem daher erst in ihrer Bearbeitung durch (vornehmlich) den Kommentar, und jede Neukommentierung ist eine Kommentierung *im* Wissenschaftssystem. In der Tat ist es überaus produktiv, nicht nach dem ›was heißt es wirklich‹, sondern auf die Verteilung von Aussagen zu blicken; aber gleichfalls notwendig ist es, diese Verteilungsregeln geordnet und nicht in letztlich unbegründeter Auswahl zu untersuchen[14]; auch ohne auf eine Theorie *der* Moderne zurückgreifen zu müssen, erscheint es hier möglich, Distributionen *innerhalb* eines Systems, das das spezifische ›Wie‹ der Aussagenverteilung reguliert, zu analysieren. Als solche Systeme dienen disziplinäre Gemeinschaften. So wird die Naturgeschichte von der Evolutionstheorie und die allgemeine von der historischen Grammatik auf spezifische Weise abgelöst, und die Verteilungsanalyse der Kommentare rechnet sich in differentiellen Einheiten. Intertextualität ist daher ungebrochen nur innerhalb *einer* Wissenschaftsdisziplin möglich, da nur *das* aus anderen Diskursen übernommen werden kann, was in den eigenen Diskurs sich einfügen läßt. Die Identität scheinbar übergreifender Präsuppositionen wäre dann nur ein von der Sprache suggerierter Nominalismus und wissenschaftliche Verständigung etwa ein Effekt, der aus der Teilhabe an einer ›gemeinsamen‹ Signifikantenmenge sich zu ergeben scheint, gleichwohl die zugeordneten Signifikate verschieden sind.

Auch das Reden über Literatur ist daher abhängig vom diskursiven Ort des Sprechens; gerade die Wissenschaftsgeschichte zeigt, welchen grundlegenden Unterschied es macht, ob etwa der Philologe oder der Philosoph sich über Literatur zu äußern beginnen. Das Foucaultsche »Wer spricht?« bildet so den wichtigsten Ausgangspunkt der Analyse.

Foucault hatte die überkommene Funktion des Kommentars als Aufspüren eines eigentlichen Diskurses, einer verborgenen Sinnschicht zu bestimmen versucht. Allgemeiner läßt sich formulieren: der Kommentar errichtet eine Signifikantenkette (den Kommentar) über eine andere Signifikantenkette (den Text), in der Absicht, diese zweite Signifikantenkette so zu (re-)arrangieren, daß eine *Signifikatfunktion* zugewiesen werden kann.

Für das Schillersche Werk etwa übernimmt in vielen Kommentaren des 19. Jahrhunderts die deutsche Nation, von der behauptet wird, sie käme in Schillers Œuvre zur Erscheinung, eine solche Signifikatfunktion. Die deutsche Nation ist also das Signifikat, durch dessen Zuordnung die Signifikanten (Schillers Werk) erst eine bestimmte Bedeutung erhalten. Da sprachlich repräsentiert, ist auch dieses Signifikat genau besehen selbst nur ein Signifikant, denn um zu erläutern, was diese Nation ›eigentlich‹ ausmacht, benötigt man erneut einen Referentialcode, z. B. die Ethik oder die Psychologie (»Wesensmerkmale der deutschen Nation sind Sittlichkeit oder Introversion«). Das Volk und sein Wesen werden als Signifikanten nun ihrerseits einem neuen Signifikat zugerechnet (Ethik, Psychologie). Es geht also um eine Signifikat*funktion.* Solche Zuordnungen geben sich gern als ›*Re*konstruktionen‹, der hypothetisch-konstruktive Status des Unternehmens wird mit gewisser Notwendigkeit unter den Tisch gekehrt. Anschlußtexte übernehmen dann diese Beziehungsoptionen und versuchen sich im Detaillieren: Was bislang nicht beachtet wurde, will auch noch gesagt werden.

Die Arbeit des Kommentierens ist also ein *formales Verfahren:* Die Signifikantenkette des Kommentars rückt die Signifikantenkette des Textes in jenes rechte Licht, das die ›wirkliche‹ Bedeutung, das Signifikat, freigibt. Der Wechsel der Gegenstände variiert dieses Modell, und der Austausch der Signifikate wirkt nicht mindernd, sondern stimulierend. Die Karriere der sozialgeschichtlichen Literaturbetrachtung der 70er Jahre bietet ein schönes Beispiel, hat doch die disziplinierende Dignität ›eigentlicher‹ Signifikate wie ›Adel‹ oder ›Bürgertum‹ eine weitgehende, emphatische Relektüre literarischer Traditionen motiviert.

Die Philologie oder die Literaturwissenschaft gewinnen dann ihre Begrifflichkeiten aus der Differenzierung dieses Verfahrens. Je unterschiedlich werden also Texte auf wechselnde Signifikate bezogen: klassifikatorisch oder temporal, genetisch oder funktional. Werke können damit zu Gattungen[15] oder zu Autoren, zu Epochen oder Formationen, zu Volksgeist oder Rezipientengruppen in ein *bedeutendes* Verhältnis gesetzt werden; und dann lassen alle diese Abstraktionen sich noch untereinander relationieren, wobei die Signifikant- oder Signifikat-Funktionen je nach Erfordernis vertauschbar sind: Das bunte Gewimmel vielfältiger Bezüge springt ins Auge, das das Normalbild der Literaturwissenschaften bestimmt. Der Kommentar expandiert und ist immer wieder neu, wiederholt aber stets die diskursiv eingespielten Signifikatzuordnungen. Nur dadurch ergibt sich Fremdheit und Vertrautheit, Differenz bei grundlegender Ähnlichkeit.

Einschluß und Ausschluß aus diesem System regeln sich durch Feststellungen von Zugehörigkeit. Vor dem Gesetz aber steht ein Türhüter. Verfahren und Gegenstandsbezug heißen die Kriterien, die über Angemessenheit entscheiden und die nicht eigen-systemische Diskursivität erst in Um-Schreibungen passieren lassen. Auch ›innen‹ muß ein solches System standardisieren und diskursive Reichweiten zuteilen können. Neben dem Vertrautsein mit Verfahren wird bei ›Geltungsproblemen‹ der Gegenstandsbereich angerufen. Die ›Sache selbst‹ muß als jenes Regulativ dienen, das es erlaubt, Wahrheitsfragen *außerhalb* des Sozialsystems einer Wissenschaft, also außerhalb von Machtfragen diskutierbar zu machen. Verfahrens- oder Sachbezug betonen so jene unabdingbare Wahrheit, in deren Schutz diskursive Regime sich zu entfalten, Forschung zu steuern und Kommentare zu lenken vermögen.

›Kommentieren‹ wird also ein Verfahren genannt, das das Ziel verfolgt, (literarischen) Texten Signifikate zuzuweisen; deren sinnhafter Ort scheint nur *innerhalb* des wissenschaftlichen Diskurssystems zu liegen, und alle Belieferungsangebote oder -ansprüche komplementärer Systeme erfordern spezifische Sinn-Einordnungsverfahren.

Sinn-Einordnungen sind daher abhängig von ihren Zuteilungen zu jeweiligen Signifikaten, deren disziplinäre Reichweite zugleich die Macht von Forschungsrichtungen repräsentiert.

Sinn-Zuweisungen, die auf das Ganze, auf den *einen* Sinn des Textes nämlich zielen, verlangen dem Kommentar eine »ästhetische« Inszenierung ab. Er baut die Mythen von Anfang und Ende, von Höhe und Tiefe; er arbeitet an der Herstellung von Kohärenz, läßt aus, verbindet, setzt in Beziehung, erstellt ein wissenschaftliches Kunstwerk, das sich ganz als Kunst der Darstellung, als Rhetorik verstehen muß.[16]

Der Kohärenzanspruch der Kommentare ergibt sich aus der Annahme, das jeweils zugeordnete Signifikat bilde selbst eine zusammenhängende Einheit; daher wären auch die Signifikanten, die doch stets als stellvertretender *Ausdruck* des Signifikats betrachtet werden, als kohärente Gebilde zu begreifen. Die emphatische Rede vom Kunstcharakter der großen Werke, die gleichzeitig mit dem ›Zwei-Ebenen-Modell‹ von Geschichte entsteht, fängt diesen Kohärenzanspruch dann ein.

Obwohl von der Einheit des Gegenstandsbereichs so ausgegangen wird, scheint die Einheit der Wissenschaft stets gefährdet. Die Koexistenz der Kommentare (zugleich ihre Konkurrenz) ist vielfach auf Diffusion angelegt, und nur manchmal erscheint es möglich, ein minimales gemeinsames Forschungsfeld herzustellen. Gelingt dies, so ist in der Regel die Übernahme eines *privilegierten*

Signifikats damit verbunden, das als Anfang, Auf-dem-Weg-Sein und Ziel der Einheit zugleich definiert werden muß: als Schöpfer und Erfüllung. Für die Literaturgeschichte des 19. Jahrhunderts etwa hatte die Nation diese Funktion übernommen, für die Sozialgeschichte der Literatur zumeist das Bürgertum. Man kann sich Derridas Vorstellung von der Substitution von Zentren oder Präsenzen zunutze machen[17] und formulieren, daß die bisherige Makrobewegung des Kommentarsystems in der jeweiligen Ersetzung privilegierter Signifikate bestanden hat. Ihr Mit- und Nacheinander markiert die großen Blickrichtungen, auf die die Kommentare die Texte bezogen und die eine Art ›Reihenbildung‹ ermöglicht haben. Privilegierte Signifikate sind so Optionen auf Kohärenz und wollen das fortwährende Sinnunternehmen organisieren. Ohne zu spezifizieren, ohne das Sinnprojekt also zu zerlegen, zu detaillieren, ist dies nicht möglich, wenn ein Forschungsprogramm sich anschließen soll. Weitere Zuordnungen sind noch zu erbringen, und Gattungen, Autoren oder Werke treten in die jeweilige Kommentarwelt ein. Wie aber die weiteren Zuordnungen ordnen, mit welchen rhetorischen Mitteln die Sequenzen verbinden und wie schließlich die aufhebenden, differenzierenden oder wegwerfenden Wertduale einbauen, die die Neukommentierung oder Stillstellung des Textes verfügen wollen? Es gibt kein Verfahren, das nicht hinter dem projektierten Kohärenzanspruch zurückbliebe. Partiell auch immer zu addieren, ist das traurigfröhliche Schicksal des Kommentars. So entsteht ein motivierendes Spannungsverhältnis. Die Annahme privilegierter Signifikate wird zwar in allen Kommentaren notwendig, ununterschieden davon, auf welcher Zuordnungsebene sie sich befinden, ob also die Nation oder das Bürgertum, oder nur ein Autor oder eine Gattung als Signifikat fungieren und jenseits des vorliegenden Kommentars wieder der Nation oder dem Bürgertum zugeschrieben werden können. Aber gleichwohl genügt die Arbeit des Kommentars nie seinen internen Kohärenzansprüchen, da das Heterogene sich nicht bruchlos verbinden und aller rhetorischer Schliff den gesuchten Zusammenhang nicht aufscheinen läßt. Es geht daher stets um ein historisches *Projekt*.

Der Kommentar als identifizierbare Einheit übernimmt so eine Reihe von Funktionen: Er realisiert Bedeutung, wenn er einen zweiten Text über einen ersten Text produziert. Er ist Ordnung und stellt zugleich Ordnung her, wenn er klassifikatorisch

(Gattungen...), temporal (Epochen...) oder personal (Autor, Werk...) zuschreibt; er inszeniert Ordnung, wenn er alle Kunstfertigkeit aufwendet, um den Eindruck von Stimmigkeit rhetorisch zu erzeugen. Und endlich schließt der Kommentar damit an schon bestehende Kommentare an und grenzt sich – als einzigartig – zugleich von diesen Kommentaren wieder ab. Denn unzulässig ist in einer Wissenschaft, die sich ganz auf Selbstüberbietung eingestellt hat, auch nur den Anschein von bloßer Wiederholung zu erwecken.

Dies alles zu untersuchen ist das Programm von Wissenschaftsforschung. Die Genealogie signifikativer Zuordnungen bietet die Abfolge, und in ihren Verzweigungen organisiert sie ein Netz von Anschlüssen und Abschlüssen, die das privilegierte Signifikat in eine Vielzahl von Details zerlegen können. Anschlüsse stellen Verbindungen im Wissenschaftssystem her, und ihre Entdeckung erbringt die Reihen wissenschaftlicher Forschung. Abschlußverfahren hingegen ergeben identifizierbare Einheiten, die jeweils auf der Inszenierung von Kohärenz beruhen. Folglich müßte es ebenso um eine Analyse der Kohärenzfiguren gehen, um Sequenzen steuernde und Verbindung herstellende Rhetorik, wie auch um jene Unvereinbarkeiten, die den angestrebten Zusammenhang zu unterlaufen und die Inszenierung auf den Status des Versuchs dann zu beschränken wissen. Denn das Sinn-Projekt ist und *darf* nicht umzusetzen sein, da doch gerade die Lücke jede Neuproduktion erst motiviert und das Projekt am Leben hält. Literaturwissenschaft lebt von ihrem Nicht-ans-Ende-Kommen.

Wie also weiter mit dem Kommentar verfahren? Der Kommentar steht selbst zur Untersuchung an. Seine Organisation und das, was sie bedingt, sind zu analysieren. Was die Kommentare formiert, muß der Zuweisung einer Bedeutung zunächst vorgelagert sein. Damit also geht es um Wissenschaft und ›Wissenschaftsgeschichte‹.

Beide allerdings kommen selbst nicht ohne Einheiten aus. Welche Größen sollen in ihrer Organisation bestimmt, welche Kommentare gruppiert werden? Man sollte sich keinen szientifischen Träumereien hingeben. Stets handelt es sich um durch und durch konstruktive Unternehmen, die Einheiten schaffen, um Beliebigkeit zu begrenzen und damit Organisation erst aufweisbar zu machen. Im Analysieren von Organisation wird aber auch immer Bedeutung zugeschrieben. Einheiten sind dann Eingrenzungen von Bedeutungspotential. Rückkehr also des Kommentars – im Kommentar über seine Formierung.

Der Foucaultsche Traum vom Verschwinden dieses Kommentars, von der reinen Analyse der Distribution, verschiebt die Kommentarfunktion, bringt sie aber nicht zum Erlöschen. Höchstens verliert dieser Kommentar seinen Namen. Die Foucaultsche Rede differenziert, identifiziert und systematisiert den Verteilungsmodus, und *er* ist nun jener Verursacher, als dessen Effekte die Dispersionen dann erscheinen.

Das Oberflächen-Tiefenmodell, gleichgültig ob es die Geheimnisse der Geschichte enträtseln oder die plane Verteilung der Signifikanten metaphysikkritisch untersuchen will, behält seine diskursorganisierende Kraft; solange Bedeutung nämlich hergestellt werden soll, sind Signifikanten auf Signifikate zu beziehen. Auch die Standardisierung von Bedeutung, die im kategorialen Netz eines Diskurses ihren Ausdruck findet, wird über die Zuordnung zu Signifikaten erreicht. Und schließlich bringt der Kommentar, der diese Zuordnungen stets vornimmt und auf ihnen beruht, die Einheiten hervor, deren Identifizierbarkeit das diskursive Feld erst möglich macht.

Auch ohne die Metaphysik, also ohne Wahrheitsansprüche und ohne das Festlegen von Bedeutung ganz tilgen zu können, zielt dieses Eingeständnis gleichwohl nicht auf die fröhliche Fortschreibung der Tradition. Jenseits der Kunstwerksideologie geht es nicht mehr um die verborgene Ebene der Geschichte, sondern um die nicht abschließbare Zuschneidung literarischer Werke durch die kommentierende Arbeit, in der sowohl Bedeutung zugewiesen als auch Bedeutungsformierung analysiert wird. Solcher Zugewinn ergibt sich, wenn das Spiel des Kommentars sich auch als Unernst begreifen und auf seine eigene Komplexität sich einzulassen beginnt. Das Wissen um Selbstbezüglichkeit ermöglicht dann ein neues Umgehen mit Literatur[18], eine neue Auffassung des Kommentars, der stets einhält, ohne an sein Ende gekommen zu sein, stets sistiert, ohne in kongenialer Geste das Werk nach Hause tragen zu wollen.

Jede Analyse, die diese Kommentarfunktion zu invenieren versucht, bleibt trotz erfreulich-gewendetem Blick selbst in das Wissenschaftssystem eingeschlossen. Die Denkmalshöhe des Beobachters ist von eigenen Gnaden. Verstimmen sollte dies nicht, denn nur so bleibt ja die Chance über die Kommentierung des Kommentars noch eine Nachrede erscheinen zu lassen, die selbst – nach etwas Zögern – zugibt, nichts anderes zu sein – als Kommentar.

Anmerkungen

1 *Les essais de Michel de Montaigne,* hg. v. Fortunat Strowski und François Gebelin, Bd. 3, 13, Bordeaux 1919, S. 365.

2 Michel Foucault, *Die Ordnung der Dinge. Eine Archäologie der Humanwissenschaften,* Frankfurt/Main 1974 (stw 96), S. 73; frz.: *Les mots et les choses,* 1966.

3 Vgl. Erich Schmidt, *Wege und Ziele der deutschen Litteraturgeschichte* (1880), in: ders., *Charakteristiken,* Berlin²1902, S. 455–472, bes. S. 472.

4 Vgl. Michel Foucault, *Archäologie des Wissens,* Frankfurt/Main 1981 (stw 356); frz.: *L'archéologie du savoir,* 1969.

5 Vgl. Michel Foucault, *Die Ordnung des Diskurses.* Inauguralvorlesung am Collège de France, 2. Dezember 1970, München 1974; frz.: *L'ordre du discours,* 1971.

6 Michel Foucault, *Die Geburt der Klinik. Eine Archäologie des ärztlichen Blicks,* Frankfurt/Main, Berlin, Wien 1976, S. 14; frz.: *Naissance de la clinique,* ²1972.

7 Ebd., S. 15.

8 Vgl. Jean Paul, *Leben des vergnügten Schulmeisterlein Maria Wutz in Auenthal. Eine Art Idylle,* in: ders., *Werke in zwölf Bänden,* hg. v. Norbert Miller, Bd. 1, München, Wien 1975, S. 422–462.

9 Jacques Derrida, *Die différance* (1968), in: ders., *Randgänge der Philosophie,* Frankfurt/Main, Berlin, Wien 1976, S. 6–37.

10 Zum Begriff der Selbstreferenz siehe die Arbeiten von Niklas Luhmann; zuletzt: *Soziale Systeme. Grundriß einer allgemeinen Theorie,* Frankfurt/Main 1984.

11 Siehe unsere Einleitung zu diesem Band.

12 Vgl. zum Begriff und zur Herausbildung der »disziplinären Gemeinschaft« Holger Dainat/Rainer Kolk, »*Geselliges Arbeiten*«. *Bedingungen und Strukturen der Kommunikation in den Anfängen der Deutschen Philologie,* in: Jürgen Fohrmann/Wilhelm Voßkamp (Hg.), *Von der gelehrten zur disziplinären Gemeinschaft. Beiträge zur Wissenschaftsgeschichte der deutschen Literaturwissenschaft im 19. Jahrhundert,* Stuttgart 1987 (DVjs-Sonderheft, 1987), S. 7–41.

13 Michel Foucault, *Überwachen und Strafen. Die Geburt des Gefängnisses,* Frankfurt/Main 1977 (stw 184); frz.: *Surveiller et punir. La naissance de la prison,* 1975.

14 Dieser Vorwurf ist Foucault zu machen; bei ihm wird – sieht man von einer unexplizierten Festlegung auf den Machtprozeß der entzauberten, ausschließenden Moderne ab – nicht deutlich, wie seine Untersuchungen zum Wahnsinn, zum Gefängnis, zur Sexualität genau zusammenhängen. Foucault, als wahrer Archäologe, bietet hier keinen Theorierahmen. Damit werden die Untersuchungen aber supplementär und auch ein gutes Stück beliebig.

15 Zur Gattungsfunktion vgl. Jürgen Fohrmann, *Remarks towards a Theory of Literary Genres*, 1988 (erscheint in Poetics).

16 Dies wird bereits in der Frühphase der Literaturgeschichtsschreibung, etwa bei Gervinus, deutlich; vgl. Georg Gottfried Gervinus, *Grundzüge der Historik*, in: ders., *Schriften zur Literatur*, hg. v. Gotthard Erler, Berlin (Ost) 1962, S. 49–103.

17 Vgl. Jacques Derrida, *Die Struktur, das Zeichen und das Spiel im Diskurs der Wissenschaften vom Menschen*, in: ders., *Die Schrift und die Differenz*, Frankfurt/Main 1976 (stw 177), S. 422–442; frz.: *L'écriture et la différence*, 1967.

18 Siehe z. B. die Vorschläge, die Harro Müller gemacht hat; vgl. Harro Müller, *Kleist, Paul de Man und Deconstruction* (in diesem Band).

IV

Jutta Kolkenbrock-Netz
Diskursanalyse und Narrativik
Voraussetzungen und Konsequenzen einer interdisziplinären Fragestellung

Die Zeit struktural-generativer Ansätze der Erzählforschung scheint vorbei. Zumindest auf dem Felde der westdeutschen Literaturwissenschaft und Linguistik wird der Eindruck erweckt, als hätte die Kommunikationstheorie dem Strukturalismus methodisch den Rang längst abgelaufen. Nicht ganz unparteilich stellen Elisabeth Gülich und Wolfgang Raible daher in ihrer durchaus brauchbaren Übersicht linguistischer Textmodelle ein allgemeines Modell sprachlicher Kommunikation an den Anfang, um es zur Beurteilung der entsprechenden Textmodelle heranzuziehen.[1]

Die 1976 von Elisabeth Gülich entwickelten Ansätze zur kommunikationstheoretischen Analyse von mündlichen und schriftlichen Erzähltexten setzen wie selbstverständlich das Scheitern der tiefenstrukturellen Erzähltextanalyse voraus[2]. Es habe sich als unmöglich herausgestellt, die historische Vielfalt von mündlichen und schriftlichen Erzähltexten auf die Einheit einer logisch artikulierbaren narrativen Grundstruktur zurückzuführen, wie es das generative Modell von Algirdas J. Greimas impliziere.[3] Statt dessen versucht Elisabeth Gülich den Erzähltext pragmalinguistisch als *Textsortenklasse* zu bestimmen, der durch die Sprechhandlung »Erzählen« definiert sei. Die Narrativik begrenzt sich auf eine textlinguistische Gattungstheorie, welche sich jedoch aufgrund ihrer handlungstheoretischen Orientierung an einem anthropologisch-soziologischen Grundmodell ausrichtet. Mit der Wahl eines solchen kommunikationstheoretischen Ansatzes ist eine normative Vorentscheidung getroffen, die eine Reihe von problematischen Konsequenzen hat. So privilegiert Elisabeth Gülich nicht zufällig die mündliche Alltagskommunikation, innerhalb deren erzählt wird, gegenüber der schriftlich fixierten Erzählung. Vorausgesetzt in ihrem Kommunikationsmodell ist ein außersprachlich existierendes, sich selbst präsentes Subjekt, welches sich einer pragmatischen Situation, in der erzählt wird, überläßt. Das spezifizierte Modell einer Kommunikation durch Erzählen impliziert grundsätzlich die Identität des empirischen Sprechers mit seiner Sprecherrolle in der Erzählung. Dasselbe gilt für die Position des Hörers, der an die Erzählung *Erwartungen* stellt. Auf der Seite des erzählenden Subjekts findet sich analog dazu die psychologische Kategorie der *Intention*. Auch wenn Intention und Erwartung aus dem Erzähltext nur aus performativen Ausdrücken erschlossen werden können, setzt E. Gülich dennoch voraus, daß Intention und Erwartung sich im Text realisieren. Die durchaus ungleiche Position der Kommunikationspartner in der pragmatischen Situation, in der erzählt wird, soll über die Applikation des *Vertragsmodells* ausgleichbar sein, indem die Subjekte sich ihre aus der Situation ergebenden Kommunikationsansprüche wechselseitig vermitteln. Insofern sie nicht selbst ohne weiteres situativ beziehbar ist, muß daher die schriftlich fixierte Erzählung als *defizienter Modus* von mündlichen Erzählungen gelten, welche in die Alltagskommunikation eingebettet sind. Wenn sich in fiktionalen Erzähltexten eine *ausgesagte* bzw. *erzählte* Kommunikationssituation findet, wird sie daher als *Ersatz* für die fehlende mündliche Erzählkommunikation gewertet, aus welcher wiederum die narrative Textsorte insgesamt begründet wird.

Ein besonders interessantes Problem stellt die Thematisierung der Intention des Erzählers im Rahmen dar. Sie kann, obwohl die tatsächliche Intention natürlich nicht nachprüfbar ist, entscheidend für das Verständnis der Erzählung sein, da sie dem Erzähltext jenen Stellenwert im – erzählten – Kommunikations- bzw. Interaktionszusammenhang gibt, den Erzähltexte in der Alltagskommunikation ohnehin haben.[4]

Der Anwendbarkeit dieses pragmalinguistisch begründeten Ansatzes der Erzähltheorie auf literaturwissenschaftliche Untersuchungen steht die rekurrente Erfahrung entgegen, daß literarische ›Kommunikation‹ sich historisch gerade *im Bruch* mit der Alltagskommunikation konstituiert hat und erst recht in der Moderne über parodistische und ironische Spiele der Simulation von Kommunikation verläuft.

Durch die literarischen *Subjektinszenierungen* hat sich Michel Foucault umgekehrt in seinen Diskursanalysen anregen lassen, interaktionistische und kommunikationstheoretische Textmodelle de facto zu unterlaufen. Epistemologisch liegt die Chance der Diskursanalyse gerade darin, daß sie sich jenseits der etablierten Fachgrenzen der Universität ansiedelt, andererseits aber zahlreiche ihrer Verfahrensweisen gerade einer impliziten oder expliziten Auseinandersetzung mit strukturalistischen und semiotischen Ansätzen, wie sie in der Linguistik und der Literaturwissenschaft entwickelt worden sind, verdankt. Der *Archäologie des Wissens* ist zu entnehmen, daß das ›Subjekt‹ und seine kommunikativen ›Intentionen‹ durch die im Diskurs existierende Anordnung von *Subjekt-Positionen* festgelegt ist.[5] Diese Anordnung wiederum ist das Produkt von institutionell regulierten Macht- und Wissenskomplexen – den *Dispositiven* –, deren historische Existenz also auch die Formen von Subjektivität determiniert. Im Sprechen des ›Subjekts‹, d. h. im Verlauf einer sprachlichen *Äußerung,* können sehr unterschiedliche *Aussagesubjekte* konstituiert werden, welche auf eine Heterogenität von Subjekt-Positionen verweisen können.[6] Diskursanalytisch wäre dementsprechend eine Erzählung auf zumindest zwei Ebenen bestimmbar: Als *Redeform* innerhalb von Diskursen, d. h. auch in Systemen von *Subjekt-Positionen,* und als *Aufnahme bzw. Simulation* diskursiver Subjekt-Positionen sowohl innerhalb der erzählten Handlung als auch innerhalb des Erzählvorgangs.

Was die Diskursanalyse im Anschluß an Foucault, die eine Beschreibung der jeweiligen Formation von Äußerungsmodalitäten impliziert, in dieser Hinsicht leisten könnte, sei kurzerhand an einem kleinen Beispielfall demonstriert. Es handelt sich um die kleine literarische Erzählung von Wilhelm Jensen, einem Freund und Zeitgenossen Wilhelm Raabes, die im Jahre 1903 unter dem Titel *Gradiva. Ein pompejanisches Phantasiestück*[7] erschien und durch Sigmund Freuds Kommentar aus dem Jahre 1907 *Der Wahn und die Träume*[8] zu ihrer Berühmtheit gelangte.

Zum literarischen Text liefert Freud – wie er selbst formuliert – eine »Reproduktion«, »indem wir die Erzählung fast durchwegs aus den eigenen Worten des Dichters wiedergaben, Text wie Kommentar von ihm selbst besorgen ließen«.[9] In einem zweiten Schritt entschließt sich Freud zu einer weiteren Wiederholung des Textes, welche aber Wiederholung einer Wiederholung ist: die Wiederholung von Freuds »Reproduktion«:

Korrekt ist nun wirklich diese dichterische Darstellung einer *Krankheits- und Behandlungsgeschichte,* die wir nach Abschluß der Erzählung und Sättigung der eigenen Spannung besser übersehen können und nun mit den technischen Ausdrücken unserer Wissenschaft reproduzieren wollen, wobei uns die Nötigung zur Wiederholung von bereits Gesagtem nicht stören soll.[10]

Von der Erzählung Jensens existieren also im Grunde *drei Fassungen:* 1. der literarische Text, 2. eine Krankheits- und Behandlungsgeschichte, die Freud auch »eine psychiatrische Studie«[11] nennt, und 3. die wissenschaftliche Beschreibung der Entstehungsgeschichte eines Wahns und des Prozesses seiner Heilung.

Das Erzählte wechselt die verschiedenen Diskursfelder in einem ganz anderen Sinne, als es in erzähltheoretischem Rahmen allein festgehalten werden könnte. Nicht nur differiert jeweils der Erzählvorgang, sondern – wie zu zeigen ist – auch die Art der Einschreibung in die diskursiven Formationen. Der Diskurswechsel wiederum zeigt sich erzähltheoretisch in einer Verschiebung der handlungskonstituierenden Oppositionen.

Jensens literarische Erzählung *Gradiva* gleicht im Ablauf ihrer narrativen Sequenzen die Opposition ›Tod vs. Leben‹ durch ›die Kunst‹ aus – durch eine besondere Kunst, welche ›das Leben‹ wiedergibt. Diese ist auf der erzählten Handlungsebene als ein antikes Reliefbild repräsentiert, das eine »im Schreiten begriffene weibliche Gestalt« darstellt, in der »etwas im nicht niedrigen Sinn Menschlich-Alltägliches, gewissermaßen ›Heutiges‹ zur körperhaften Wiedergabe« gelangt.[12] Indem sich nun Norbert Hanold, der Hauptakteur der Erzählung, der sich auf die Wissenschaft der Archäologie verlegt hat, auf die Suche nach einer lebendigen Entsprechung des Bildes begibt, führt ihn das Bild von seinem Interesse an den Überresten einer toten Vergangenheit in die lebendige Gegenwart. Es kommt zur erotischen Begegnung mit Zoë Bertgang, die sich als Geliebte seiner Kindheit zu erkennen gibt. Außerdem wird in der Erzählung die Phantastik des Traums, welche in eine halluzinatorische Wahrnehmung des Wirklichen mündet, mit der ›Wirklichkeit‹ und den Ansprüchen des ›Lebens‹ versöhnt. Die narrative Basisopposition ›Schein vs. Sein‹ wird durch ›das Weibliche‹ und ›die Liebe‹ ausgeglichen.

Wie sich im einzelnen noch genauer zeigen ließe, realisiert sich in diesen narrativen Konzepten der Erzählung *eine Autorposition*, welche innerhalb der diskursiven Formation der Literatur der Jahrhundertwende einzunehmen nicht nur möglich, sondern auch erfolgversprechend war. Sehr konjunkturgerecht artikuliert sich in dieser Erzählung ein Kompromiß zwischen einem ästhetischen Programm des ›*Realismus*‹ und dem Jahrhundertwendekonzept einer *phantastischen Literatur,* die den Mythos – in diesem Falle den Pygmalion-Mythos – wiederbelebt, indem sie ihm nicht zuletzt eine psychologische Dimension verleiht. Auf der Ebene des Erzählvorgangs wird dieser Kompromiß aufgenommen in einer Verbindung des epischen Normaltyps[13] – es handelt sich um eine ›Er- Erzählung‹ ohne Fiktionalisierung des Erzählvorgangs – mit einem gezielten Perspektivenwechsel, der zeitweilig die Subjekt-Position des Lesers mit derjenigen der Hauptfigur zusammenfallen, zeitweilig aber auch beide deutlich divergieren läßt. Wenn sich der Leser auf den ›Boden‹ der erzählten Wirklichkeit versetzt fühlt, kann er sich dem in seine Phantasiewelt verstrickten Helden überlegen fühlen. Reicht die Erzählperspektive nicht über die Perspektive des Helden hinaus, sieht der Leser sich selbst als Gefangenen des Traums. Diese recht konventionelle Erzählweise streitet für den ästhetischen Schein, aber auch für das Recht des alltäglichen Lebens, das als ›Wirklichkeit‹ simuliert wird.

In seiner *ersten Wiedergabe* der Erzählung nimmt der wissenschaftliche Autor Freud scheinbar die Position des Lesers ein, welche die Erzählung eingeräumt hatte. Aber in der Erzählung Freuds stellt sich sehr bald heraus, daß der Arzt und Psychoanalytiker den Text Jensens nicht innerhalb der ästhetisch-determinierten Diskursformation der Literatur aufnimmt, obwohl er sich in seiner Beschäftigung mit Literatur keineswegs – wie oft behauptet worden ist – auf das Stoffliche, den ›Inhalt‹ der Literatur, beschränkt, sondern auch das ›Formale‹, die Verwendung der Perspektive z. B., beachtet.[14] Die ›Inhaltsangabe‹ von Jensens *Gradiva* erweist sich vielmehr als das schriftliche Protokoll einer Lektüre, welche den Text in einem *Zwischenraum* der Diskursformationen *Literatur* und *Psychiatrie* situiert, um damit die Konstituierung eines *neuen* Diskursfeldes anzuzeigen, das *Psychoanalyse* heißt.

In der Freudschen Wiederholung wird das erzählte Geschehen von einer *Subjekt-Position* aus präsentiert, die durch eine *Spaltung* gekennzeichnet ist. In Abweichung von der literarischen Erzählweise des Autors Jensen erscheint nun ein auktoriales »wir«, welches die Position des Lesers meint, aber zugleich wissenschaftliche Deutungsinstanz ist. Die Wiederholung produziert also ein *Mehr* an Aussage, indem sie das Wissen des zuvor in der *Anonymität* verbliebenen literarischen Erzählers als ein Wissen der Psychopathologie enthüllt. Die ›Allwissenheit‹ des auktorialen Erzählers, der sich als »wir« benennt, bleibt kein erzähltechnisches Prinzip, sondern erscheint durch einen *wissenschaftlichen Diskurs* gefüllt, dem die kommentierenden Aussagen des Textes von Freud zuzurechnen sind. Im Zuge dieser *diskursiven Transformation* ändern sich auch die narrativen Konzepte der Handlung. Die nacherzählte Geschichte ist eine Geschichte des *Vergessens,* das aber nur scheinbar im Gegensatz zu dem *Erinnern* steht. Diese Opposition wird durch die *Verdrängung* ausgeglichen. Die Erzählung zeigt die Resistenz der ›vergessenen‹ Kindheitseindrücke, welche als sexuell zu bezeichnen sind, im Vorgang des Vergessens selber auf, der deshalb nur als Verdrängung erkannt und zur therapeutischen Einleitung einer Erinnerung genutzt werden kann. In der Folge seiner Nacherzählung kann Freud die Erzählung *Gradiva* »eine Kranken- und Heilungsgeschichte« nennen, »wie zur Einschärfung gewisser fundamentaler Lehren der ärztlichen Seelenkunde bestimmt«.[15]

Aber es vollzieht sich kein einfacher diskursiver Übergang von der Literatur zur Psychiatrie, wenn auch das *narrative Genre* der »Kranken- und Heilungsgeschichte« dem medizinisch-psychiatrischen Diskurs entstammt. Der wissenschaftliche Autor Freud unterstellt dem literarischen Autor ein Wissen, das die Psychiatrie nicht hat. »Die Wissenschaft besteht nicht vor der Leistung des Dichters.«[16] An anderer Stelle bezeichnet Freud den »Dichter« als den »Vorläufer der Wissenschaft und so auch der wissenschaftlichen Psychologie«.[17] Enttäuschend ist nur, daß – wie der kurze *Briefwechsel* zwischen Freud und dem Autor Jensen beweist[18] – der literarische Autor von dem ihm unterstellten Wissen nicht unbedingt etwas wissen will. Einzig von einem neuen Wissen aus, welches sich aus der Entdeckung des Unbewußten ergibt, kann eine Subjekt-Position ausgebildet werden, die die Aufnahme eines spezifischen Wissens aus der Literatur erlaubt: »Anschauungen, die er (der wissenschaftliche Autor Freud – J. K.-N.) hier aus der *Gradiva* von *W. Jensen* herausgeholt und in den Fachausdrücken dargestellt hat.«[19]

Insofern das Wissen der Literatur als Autorwissen interpretiert wird, artikuliert sich im Text von Freud eine imaginäre Verkennung, welche auch die Diskussion um das Verhältnis von Psychoanalyse und Literatur auf den falschen Weg geführt hat.[20] Die Literatur gerät zum Spiegel eines Wissens, das sich *jenseits* von ihr ausgebildet hat, dem Wissen der Psychoanalyse. So verrät sich das auktoriale »wir« des Erzählers der Nacherzählung als ein imaginärer Zusammenschluß von drei verschiedenen Subjekt-Positionen:

der Leserposition, der Position eines ›allwissenden Erzählers‹ und der Position des wissenschaftlichen Autors. Aber wenn man den Akt der diskursiven Transformation, der sich über die spezifischen Wiederholungen des Textes vollzieht, berücksichtigt, wird erkennbar, daß sich die Psychoanalyse in einen *interdiskursiven* Raum zwischen Literatur und Psychiatrie begibt, um einen epistemologischen Umbruch zu bewirken. Das Wissen, in dem sich Literatur und Psychoanalyse treffen können, ist die *Diskursivität* des literarischen Textes überhaupt, welche sich im Vollzug des Erzählens insgesamt, aber auch in den erzählten *Dialogen* und *Träumen* zeigt. Weil die Literatur Subjekte über ihr Sprechen konstituiert und in ihrem Sprechen selbst Subjektivität hervorbringt, erweist sie sich als ein *Erfahrungsfeld des Unbewußten*, das aber erst durch die Psychoanalyse wissenschaftlich konstituiert werden konnte.

In der zweiten Aufnahme der literarischen Erzählung wird der Text dann sehr eindeutig in das von der Psychoanalyse neu eröffnete diskursive Feld transponiert. Die erzählten Träume werden zu exemplarischen Textstellen, an denen sich die psychoanalytischen Regeln der Traumdeutung demonstrieren lassen. Das zum zweiten Mal Wiedererzählte erhält eine *andere Zeitlichkeit*, welche sich aus der systematischen Abfolge von Begriffen ergibt. Die wissenschaftlich erfaßte *Genese des Wahns aus dem Traum* bedarf der konkreten Lebensgeschichte eines Individuums nur noch als Exemplum. Im Gang dieser Nacherzählung findet sich keine Aufnahme der Leser-Position mehr. Die Position dessen, der spricht, ist einzig von dem Forschersubjekt der Psychoanalyse noch zu besetzen.

In den differenten Formationen von Äußerungsmodalitäten bekommt der narrative Text – das sollte am Beispiel gezeigt werden – einen durchaus unterschiedlichen Status; und er erfährt auch im Übergang von einem Diskurs zum anderen eine grundlegende Strukturveränderung, welche auch vor den narrativen Konzepten nicht haltmacht. Dem Autor Jensen wurde in den Nacherzählungen der *Gradiva* durch Freud von einer anderen diskursiven Position aus das Wort entwendet. Und auch die im Text der Literatur sich artikulierende Autorposition konnte keineswegs mit einer realen Kommunikationsintention der Person Wilhelm Jensen identifiziert werden, sondern war auf das literarische System als Diskurs zu beziehen. Es ist nun noch genauer zu prüfen, wie sich das hier vorgeführte diskursanalytische Vorgehen zur strukturalen Erzählforschung bzw. zu einem struktural-generativen Ansatz der Narratologie verhält. Zu diesem Zweck wird es notwendig sein, auf die Ebene einer *allgemeinen* theoretischen Ausführung zurückzugehen.

Das Objektfeld der Narratologie ist zugleich weiter und enger als das der historischen Diskursanalyse. Es ist weiter, weil sich das Narrative in verschiedenen Diskursformationen auffinden läßt, nicht auf spezifische Diskursformen bzw. Textgenres zu beschränken ist, aber auch kultur- und epochenübergreifend aufzutreten scheint. Als enger aber erweist sich der Gegenstandsbereich der Narratologie, wenn man das Narrative im Status seines Artikuliertseins untersucht, denn es kann als intra- oder auch interdiskursive Form einer Sinnartikulation betrachtet werden, welche – wie andere Aussagen auch – jeweils den Bedingungen und Formierungen eines gesellschaftlich institutionalisierten diskursiven Feldes unterliegt.

In seiner Abhandlung *Die Kategorien der literarischen Erzählung* hat Tzvetan Todorov z. B. sein Untersuchungsgebiet selbst spezifiziert: Die Erzählung (récit) wird als ein bestimmter struktureller Bestandteil des literarischen Diskurses untersucht.[21] Sie ist freilich nicht mit dem literarischen Genre »Erzählung« oder dem Prosawerk in der Literatur zu verwechseln, sondern bezeichnet das, was in diesen Fällen das ›Erzählerische‹ ausmacht – neben anderen Elementen, die auch strukturell bestimmt werden müßten.[22] Wenn Todorov schreibt: »Wir versuchen hier, ein Begriffssystem vorzuschlagen, das einer Untersuchung des literarischen Diskurses dienen könnte«[23], so meint er die *Literarizität* bzw. *Poetizität* von Texten in Anlehnung an Roman Jakobson, der den Gegenstand literaturwissenschaftlicher Untersuchung unter Anwendung linguistischer Methoden neu zu definieren versucht hat.[24] Aber abgesehen davon, daß bereits dieser Begriff in seiner Bedeutung schwankt zwischen einem Merkmal, das jedem Text, insofern er sprachlich verfaßt ist, eignet, und einer historischen Funktionsbestimmung von textuellen Äußerungen, welche auf keinen außersprachlichen Verwendungszusammenhang mehr angewiesen scheinen[25], spielt Todorovs Begriff des »literarischen Diskurses« auf ein ästhetisches Literaturkonzept an, das ein historisches System von Werken bezeichnet, welche wechselseitig aufeinander beziehbar sind. Von der strukturalen Erzählforschung ausgehend soll sich auch eine neue Literaturgeschichte schreiben:

> Das Werk hat aber keine unabhängige Existenz. Es wird in eine literarische Welt schon vorhandener Werke integriert. Jedes Kunstwerk tritt in ein komplexes Beziehungsgeflecht mit Werken aus der Vergangenheit ein, die je nach Epoche andere Hierarchien bilden.[26]

Die deutliche *Ambivalenz* in der Bestimmung des literarischen Diskurses, der von Todorov im übrigen im Unterschied zu *anderen* gesellschaftlichen Diskursen eingeführt wird, auf welche die herkömmliche Interpretation zurückgreife, verbirgt ein grundlegendes Problem der Narrativik, das in der Abhandlung von Todorov noch nicht ausreichend formuliert, geschweige denn gelöst erscheint: das Problem, sich *zwischen* der Linguistik und gesellschafts- bzw. kulturwissenschaftlichen Disziplinen situieren zu müssen.

Der generative Ansatz der Narratologie von Algirdas Julien Greimas behebt diese Schwierigkeit, indem er sich dem Projekt einer allgemeinen semiotischen Kulturtheorie verpflichtet zeigt. Diese tritt als ein absoluter *Metadiskurs* für sämtliche menschlichen Wissens- und Bedeutungssysteme auf und impliziert die *logische* Erklärung des Zusammenhangs *aller* Diskurse, von denen in einem gewissen – noch zu definierenden – Sinn *jeder* narrative Strukturen aufweisen muß, wenn er Anspruch auf Sinnbildung erhebt. Denn sehr allgemein läßt sich Narration als Umsetzung einer Struktur semischer Elemente in einen semiotischen Prozeß beschreiben, wobei vorausgesetzt ist, daß diese Struktur in logischer Systematizität existiert. Die generative Narratologie kann sich deshalb auch selbst als *Diskurstheorie* bezeichnen. Sie ist *translinguistisch* konzipiert und führt durch das Rekurrieren auf eine logische Elementarstruktur der Bedeutung den Anspruch mit sich, kulturtypologische Diskursspezifikationen theoretisch zu überbieten.[27]

Das narratologische Strukturmodell von Greimas existiert auf *drei Ebenen:* Es beschreibt die Generierung der Bedeutung ausgehend von einer logisch angeordneten *Tiefengrammatik* im Durchlauf auf *narrative*, d. h. anthropomorph gefaßte *Strukturen*, welche ihrerseits einen den Sinn tragenden, d. h. in Aussagen artikulierten *Diskurs* hervorbringen.[28] Im Idealfall also müßten sich die narrativen Strukturen in Texten durch eine geregelte Folge von *Transformationen* erklären lassen. Prinzipiell angenommen wird die Übersetzbarkeit von *logischen Operationen* (innerhalb der Elementarstruktur der Bedeutung) in *aktantielle Kategorien* (auf der mittlere Ebene des Modells) sowie schließlich in die entsprechenden Verfahren der *Diskursivierung*.[29] Deskriptive Interpretationsmodelle haben nur die letzte Ebene des narrativen Modells erfaßt und diese zumeist phänomenologisch darzustellen versucht.[30] Der struktural-generative Ansatz bietet nun jedoch die Möglichkeit, Regeln für die Umwandlung explikativer bzw. argumentativer Textstrukturen in erzählerische aufzustellen. Unter der Voraussetzung eines sehr weit gefaßten Begriffs von Narration entfallen die Unterschiede dieser Textgenres sogar auf der unteren und möglicherweise der mittleren Ebene des Modells, während sie auf der diskursiven Ebene der Textmanifestation Bedeutung gewinnen. Der Narrativik wird auf diese Weise ein sehr breites Anwendungs- und Untersuchungsfeld garantiert. So läßt sich in der Beschreibung der Diskursivierungsverfahren – Greimas und Courtés benennen sie als *Aktoralisierung, Spatialisierung* und *Temporalisierung*[31] – eine Skala von Möglichkeiten textueller Realisierung aktantieller Schemata und Raum-Zeit-Modelle aufstellen. Die auf diese Diskursivierungsregeln jeweils bezogenen *Aussageprozeduren* der *Ablösung (débrayage)* und der *Rückbindung (embrayage)* betreffen hingegen das jeweilige Verhältnis von Enunziation und Enunziat.[32] Zielt die Ablösung auf die Herstellung einer Nicht-Identität von Aussagevorgang und Aussage, welche sich z. B. in der Differenz der pronominalen Besetzung sowie der deiktischen Bestimmungen zeigt, so simuliert die Rückbindung umgekehrt eine tendenzielle Übereinstimmung von Aussagevorgang und Aussage, welche aber letztlich nur über eine Anullierung des Ausgesagten herstellbar ist.[33] Was kommunikationstheoretisch orientierte Modelle der Erzählforschung nur unter Bezugnahme auf außersprachlich existierende Subjekte fassen können, erscheint hier also ganz innerhalb eines strukturalen Textmodells, welches die Konstitutionsbedingungen des Äußerungssubjekts einerseits und des Aussagesubjekts andererseits angibt. Die generative Narrationstheorie hebt also wie die historische Diskurstheorie auf die Differenz und Regelhaftigkeit von Aussagevorgang und Aussage ab. Das generative Modell erweckt insgesamt den Eindruck, die Dichotomie von ›langue‹ und ›parole‹, welche für den linguistischen Ansatz bezeichnend ist, beseitigt zu haben. Die aktuellen Prozesse syntagmatischer Verkettung im Vollzug der Narration gelten als vorkonstruiert durch die syntaktischen Strukturen einer narrativen Tiefengrammatik. Aber in der Gegenüberstellung der semio-narrativen und diskursiven Kompetenzen eines Äußerungssubjekts und dessen narrativen Performanzen kehrt dieselbe Dichotomie verschoben wieder. Die Äußerung selbst, der Aussagevorgang (énonciation), bleibt auch bei Greimas und Courtés theoretisch unterbestimmt, wenn diese bloß *einen Ort* bezeichnet, an dem sich das Subjekt der Äußerung durch Aktualisierung semio-narrativer Virtualität konstituiert.[34] Der semiotische Autonomieanspruch, welcher in dieser Lösung erhoben wird, hat zwar den Effekt, die Konzeption des außersprachlich existierenden Subjekts als letzter Instanz der Sinnproduktion auszuschließen, schließt aber auch die Bereitschaft ein, semio-narrative Prozesse an die Voraussetzung einer universal gültigen Logizität zu binden, welche wiederum anthropologisch fundiert sein kann.[35] Das Terrain der Humanwissenschaften, welches Foucault erforscht hat, ist also auch durch diese subjektkritische Narratologie nicht gänzlich verlassen.[36]

Die hermeneutische Kritik an dem generativen Modell des narrativen Textes hat vor allem den universalen Geltungsanspruch historisch zu relativieren versucht. So wurde beispielsweise dafür plädiert, das aktantielle Modell, das Greimas ausgehend von den Ergebnissen von Propps morphologischer Analyse des Zaubermärchens entwickelte, auf den Anwendungsbereich dieser und ähnlicher Textgattungen zu beschränken bzw. es im Hinblick auf andere historische Gattungen zu variieren.[37] Die grundlegende Frage, die in diesem Zusammenhang auftauchte, betraf die Transformierbarkeit der tiefenstrukturellen Ebenen bis hin zu einer narrativen Textoberfläche. Beispielsweise konnte schon auf der Ebene des narrativen Gattungsschemas des höfischen Romans eine konstitutive *Nichtübereinstimmung* von thematischen Rollen, durch welche die Akteure gekennzeichnet sind, und aktantiellen Positionen ausfindig gemacht werden.[38] Da Greimas die jeweilige historisch-gesellschaftliche *Funktion* narrativer Sinnstrukturen ausklammere, sei sein generatives Modell auf historische Textvorkommen ohnehin nur sehr bedingt anwendbar.[39] Nun ist zunächst die Frage aufzuwerfen, ob die Anwendung des generativen Narrationsmodells auf Texte implizieren muß, die einem Autor zugeschriebene literarische Äußerung oder die in

Auseinandersetzung mit verschiedenen Texttypen des soziokulturellen Systems der Literatur konstituierten historischen Erzählgattungen restlos zu erklären. Die narrative Strukturierung eines Textes bzw. einer Textgattung aufzuweisen ist nicht dem Nachweis einer geschlossenen und einheitlichen Werk- bzw. Gattungsstruktur gleichzusetzen, auf den es jedoch der hermeneutischen Interpretation ankommt.

Interessanterweise ist der Versuch unternommen worden, den generativen Ansatz der Erzähltheorie in einen interpretativen zu transformieren, um die Präzision struktureler Explikationsmodelle der Narration für die Analyse der Handlung zu nutzen, ohne die hermeneutische Position philosophisch preisgeben zu müssen. Karlheinz Stierle hat es in seinem Aufsatz *Geschehen – Geschichte – Text der Geschichte* vorgeführt.[40] Er faßt den Erzähltext letztlich als Ergebnis eines stufenweisen Interpretationsvorgangs auf. Dieser beginnt bereits mit einer kollektiv verbürgten Aneignung des an sich unstrukturierten Geschehens durch ein historisches narratives Gattungsschema als ›Geschichte‹[41] und setzt sich in der Aufnahme der ›Geschichte‹ durch ein individuelles Autorsubjekt fort, das den ›Text der Geschichte‹ schreibt. Die Anwendbarkeit des narratologischen Ansatzes von Greimas beschränkt sich für Stierle auf die Ebene der ›Geschichte‹. Die Entdeckung von Regelhaftigkeit auf dieser Ebene verdankt sich der *Konventionalität* der narrativen Gattungen als Handlungsschemata.[42] Jeder narrative Text weise dementsprechend eine »systematisch-ideologische Schicht«[43] auf, welche sich in abstrakten narrativen Oppositionen artikulieren lasse. Solche Logizität und Regelhaftigkeit aber wird für den Vorgang der Diskursivierung bestritten. Ihn rechnet Stierle insgesamt der Subjektivität des Autors zu. Die Diskursebene selbst wird noch einmal aufgespalten: in einen translinguistischen ›Tiefendiskurs‹ (discours I), welcher die Möglichkeiten eines »subjektiven Innehabens der Geschichte«[44] bezeichnet, und einen ›Oberflächendiskurs‹ (discours II), der die sprachlich-stilistische Textoberfläche, die ›individuelle Textgestalt‹ in engerem Sinne meint.[45] Solcher hermeneutischen Vereinnahmung strukturaler Ansätze der Erzähltheorie kommt der Tatbestand entgegen, daß das Problem der Strukturierung der Textoberfläche durch sie nicht in derselben Ausführlichkeit behandelt worden ist wie das der Handlungsebene. Auch entfaltet in dieser Auseinandersetzung, welche in jedem Falle der gegenseitigen Abschottung vorzuziehen ist, die Ambiguität des Literaturberiffs latent ihre Wirkungen. Denn das Verhältnis zwischen einer strukturalen und einer historischen Gattungstheorie bleibt auch hier ungeklärt. In der Stringenz der struktural-generativen Modellbildung muß sich die Gestaltung einer Erzählung, die innerhalb der historischen Diskursformation der Literatur als *Autortext* auftritt, nicht mit der Textoberfläche, wie sie aus den beiden anderen Ebenen des narrativen Textes generierbar ist, identisch sein. Das Modell hilft umgekehrt dazu, das Narrative in den jeweiligen Textvorkommen als Struktur zu bestimmen, die neben anderen Strukturen auftreten kann. Insofern auch Stierle die Ebene der ›Geschichte‹ als für die Gattungsbestimmung des narrativen Textes konstitutive anerkennt[46], gibt er einer strukturalen Bestimmung der Gattungen de facto den Vorzug.

In ihren theoretischen Voraussetzungen wendet sich die Diskursanalyse Michel Foucaults nun gerade der Problematik zu, die die generativen Ansätze der Linguistik und der Semiotik offengelassen haben. Denn Gegenstand der Diskursanalyse ist eben die *Differenz*, die zwischen der linguistischen und semiotischen Regularität einer Aussage und ihrem historischen Auftauchen, das *ein historisches Ereignis* ist, aufklafft.[47] Wenn mit der deduktiv gewonnenen generativen Erzählgrammatik theoretisch die Möglichkeit gegeben ist, die diskursiven Performanzen als Transformationen grammatikalisch definierbarer narrativer Performanzen erklärbar zu machen, so setzt Foucault bei solchen diskursiven Performanzen an, um in ganz entgegengesetzter Richtung deren historische *Existenzmodalitäten* zu bestimmen.[48] Während die generativ verfahrende Erzähltheorie von einem geschlossenen immanenten Universum der ›langage‹, das durch metasprachliche Konstruktionen gewonnen ist, auf ein offenes Universum der Manifestation verweist[49], insistiert die Diskursanalyse auf der endlichen Menge von historischen diskursiven Ereignissen.[50] Denn das, was nach den Regeln der Logik und Grammatik hätte gesagt werden können, ist stets mehr als das, was tatsächlich gesagt worden ist. Der Diskurs existiert also – ganz im Gegensatz zu dem, was die Hermeneutiker meinen – nicht durch seine tendenzielle Unabschließbarkeit und die Unausschöpflichkeit seines Sinns, sondern durch die historische Begrenztheit und Bedingtheit seiner jeweiligen Sinneffekte. Der Aussage kommt nach Foucault zwar Ereignischarakter zu, doch geht dieser nicht in einer einmaligen

Äußerung von Subjektivität auf. Die Aussage ist kein isoliertes Ereignis, sondern bildet mit anderen Aussageereignissen gemeinsam *eine Struktur,* die ihre Sprecher nicht kennen, weil sie sich erst *im nachhinein* dem archäologischen Blick erschließt.[51] Auf das Projekt der Semiotik bezogen heißt das, daß die metasprachliche Konstruktion von Virtualitäten der Sinnartikulation nicht ohne weiteres deren Aktualisierung einschließen kann, weil die tatsächlichen *Sinneffekte* von Diskursen einem ganz anderen Regelsystem gehorchen, das sich durch die historischen Ereignisse der Aussagen überhaupt erst formiert. Es läßt sich daher zwar theoretisch die Logizität von sprachlichen und nicht-sprachlichen Bedeutungssystemen konstruieren, aber diese sind nicht als eine durch Regelhaftigkeit *gesicherte* Artikulation von Sinn anzusehen. So wenig wie das sprechende Subjekt von der Spontaneität seiner Äußerung auf die Spontaneität seiner Aussage schließen kann, so wenig läßt sich umgekehrt der Sinn durch metasprachliche Konstruktion – durch ein theoretisches Super-Subjekt also – vorab garantieren oder gar kalkulieren. Die Arbeiten Foucaults steuern eine streng *funktionale* Analyse des Sinns an, indem sie die jeweiligen hervorgebrachten Bedeutungseinheiten nicht nur zu früher geäußerten in Beziehung setzen, sondern auch die institutionell geregelten Felder ihres Auftauchens zu bestimmen versuchen.

Kehren wir unter dieser Voraussetzung zum anfangs erwähnten Problem der theoretischen Unterbestimmung der »énonciation« durch den generativen Ansatz zurück, so liefert die Diskurstheorie Foucaults eine weitere Differenzierung, die aber zugleich als Begrenzung des Konzepts des Aussagevorgangs gewertet werden kann. Die ›énonciation‹ bezeichnet nicht mehr bloß die einfache Leerstelle, die ein Subjekt durch beliebige Manifestation von narrativen Regeln ausfüllen kann, sondern einen historisch bestimmbaren Ort einer diskursiven Praxis, an dem Subjekte plaziert werden, weil die diskursive Praxis durch Machtverhältnisse ebenso geregelt ist wie durch Wissenskonfigurationen. Daher ist auch die Äußerung von ›Geschichten‹ den Modalitäten unterworfen, die der jeweilige Diskurs, in dem sie auftauchen, für sie vorsieht. Da der Diskursbegriff Foucaults sowohl das *Innen* als auch das *Außen* der Performanz umfaßt, lassen sich im nachhinein auch historische Bedingungen für die Auswahl von narrativen Programmen und deren erzählerischer Diskursivierung angeben.

Foucault hat in der ›*Archäologie des Wissens*‹ die generative Grammatik Chomskys im Verhältnis zu seinem eigenen Unternehmen als »Konnex-Analyse« bezeichnet.[52] Kann diese Aussage in gleicher Weise auch für die generative Erzählgrammatik gelten? Unter dieser Voraussetzung ließe sich zwischen dem Projekt der Narratologie und der historischen Diskursanalyse eine systematische Aufteilung von Fragestellungen vornehmen, die auch wechselseitige Bezugnahmen möglich machten. Die Narratologie wäre für die systematische Beschreibung der narrativen Bedeutungsstrukturen zuständig, während sich für die historische Diskursanalyse das schillernde Feld ihrer sozialen Konnotationen eröffnete. Eine solche epistemologische Lösung wird durch die Tatsache gestützt, daß Foucault in seiner Theoriebildung trotz der veränderten Fragestellung und der Umdeutung von linguistischen Begriffen recht deutliche Anleihen bei dem struktural-generativen Sprachmodell gemacht hat – vor allem in der Behandlung der *Referenz- und Subjektproblematik*. Für Greimas wie für Foucault ist Referentialität ein diskursinterner Effekt. Sie bezeichnet kein Feld wirklicher ›Dinge‹. Während Greimas und Courtés die semiotische Erzeugung von ›Welt‹ als ein Verfahren der *Diskursivierung* beschreiben, das linguistisch als »shifting out« funktioniert[53], kennzeichnet Foucault die materialen Felder der über solchen Aussagemechanismus konstituierten Objekte. Umgekehrt entsteht nach Greimas und Courtés die Subjektillusion des Diskurses durch das Verfahren des »shifting-in«, das eine nachträgliche Identifizierung des Aussagesubjekts mit dem Subjekt der Äußerung stiftet, jedoch zur Aufhebung des gesamten Diskurses tendiert. Auch dieser diskursive Effekt ist angesprochen, wenn Foucault die *Streuung* beschreibt, die das sich äußernde Subjekt erfährt, wenn es versucht, die ihm durch seinen Diskurs zugewiesenen Plätze tatsächlich auch einzunehmen. Die Plätze der Subjektivität, die durch die Aussage markiert werden, sind jedoch nicht illusionär, sondern reale *Funktionsstellen* in einer arbeitsteilig und hierarchisch geregelten gesellschaftlichen Diskurspraxis, die mit anderen nicht-diskursiven Praxisfeldern verbunden ist. Der sprach- und erzähltheoretisch anzunehmenden Vervielfältigung der Subjektivität in der prozessualen Formulierung des erzählerischen Diskurses stellt die historische Diskursanalyse wiederum die Endlichkeit einer institutionell geregelten historischen Diskurspraxis gegenüber.

Unabhängig davon, wie die Frage einer *Ergänzungsmöglichkeit* der Semiotik durch die Diskursanalyse letztendlich entschieden wird, läßt sich feststellen, daß die historische Aussagenanalyse für die nachträglichen Sinneffekte narrativer Bedeutungseinheiten zuständig ist, sobald diese in den Zustand ihrer Diskursiviertheit übergegangen sind. Unter dieser Voraussetzung ergeben sich aus den von Foucault aufgeführten *vier Formationssystemen des Diskurses* immerhin wichtige neue Fragestellungen für die Erzählforschung.

1. Aus der Situiertheit eines Erzähltextes in einem historisch spezifizierten Feld von *Referentialität* lassen sich Aufschlüsse für Konstituierung und Transformation von Erzählgenres gewinnen, die die plane Aufteilung von Fiktionalität und Nicht-Fiktionalität durchkreuzen. Wissen und Handlungsorientierung, die der utopische Roman vermittelt, ändern sich durchaus, je nachdem ob dieser Erzähltext im Felde höfischer Kameralistik auftaucht oder als Fortsetzung frühbürgerlicher Moralsatire einem religiösen Diskurs mit politischen Implikationen eingefügt ist oder ob er von der Literaturwissenschaft als Frühform des bürgerlichen Romans auf ein Feld ästhetischer Gegenstände bezogen wird.[54]

2. Das *System der Äußerungsmodalitäten,* in das eine narrative Textsequenz integriert ist, determiniert die jeweilige Fokalisierung und Konzeptualisierung des Erzählten, wie sich an den Freudschen Nacherzählungen von Wilhelm Jensens *Gradiva* belegen ließ.

3. In der Tat ist die Positionierung des Erzähltextes *innerhalb* von Diskursen – im *System ihrer Begriffe* – wichtig, um über die narrativen Basiskonzepte zuverlässig entscheiden zu können. Abstrakte Konzepte der narrativen Tiefenebene wie ›Kultur vs. Natur‹, ›Leben vs. Tod‹, die der Mythenanalyse von Lévi-Strauss entstammen, ließen sich so im Hinblick auf semantische Diskursfelder ›konkretisieren‹. In diesem Zusammenhang läßt sich zum einen die Frage aufwerfen, ob nicht überhaupt die narrativen Konzepte eher über das diskursive Umfeld des Erzähltextes als über die autonome semantische Analyse des isolierten Textes zu gewinnen sind. Was von hermeneutischer Position aus als das subjektive Innehaben der ›Geschichte‹ erscheint, ließe sich nun genauer fassen als die historische Situiertheit eines Autorsubjekts innerhalb heterogener Diskursformationen und -praxen. Der literarische Text markiert dann einen bestimmten Knotenpunkt auf einem hi-

storisch beschreibbaren Feld, das sich über *interdiskursive* Relationen strukturiert. Zum anderen aber wäre es epistemologisch aufschlußreich, welche begrifflichen Anordnungen in theoretischen Aussagekomplexen überhaupt narrativisierbar sind.

4. Auf dem *Felde der diskursiven Strategien* schließlich könnte gezeigt werden, wie Narration einsetzbar ist, um aus politischem Kalkül verschiedene Diskurspraxen zusammenzuführen, indem deren historische Grenzen zu Handlungskonflikten verarbeitet werden, die in ihrem narrativen Ausgleich Äquivalenzrelationen stiften.[55] Umgekehrt kann Narration auf diesem Feld auch der diskursiven Abschottung dienen, wenn Diskurskonkurrenzen bzw. heterogene nicht-diskursive Praktiken jeweils systemspezifisch verarbeitet werden.[56]

Diese Art der Kopplung von generativer Narrationsanalyse und historischer Diskursanalyse eröffnet also ein weites Forschungsfeld, das die literarische Erzählung nur unter anderen Manifestationen von Narrativität auftreten läßt. Aber auch im Falle der literarischen Erzählung, die ein Simulacrum erzählender Enunziation auf der Ebene des Enunziats errichtet[57], verspricht die Diskursanalyse neuen Erkenntnisgewinn, indem beispielsweise die Simulacra auf ihr Verhältnis zum diskursiven Formationssystem der Äußerungsmodalitäten befragt werden und auf diese Weise die Inszenierung von gesellschaftlichen Diskurspraxen deutlich wird. Hierbei können sich im übrigen signifikante *Widersprüche* zwischen der auf der Manifestationsebene des erzählerischen Diskurses inszenierten gesellschaftlichen Diskurspraxis und der Bezugnahme auf diskursive Felder in den narrationskonstituierenden semantischen Basisoppositionen ergeben.

Die hier nur skizzenhaft umrissene Orientierung der Erzählforschung auf diskurstheoretische Fragestellungen läßt nun aber Zweifel aufkommen, ob jene vorab postulierte Arbeitsteilung und Abgrenzung zwischen Semiotik und Diskursanalyse, die sich im Gegensatzpaar von Denotation und Konnotation artikuliert, aufrechterhalten werden kann. Mit der Applikation der Diskursanalyse auf das Problem der Konstitutionsbedingungen des narrativen Textes liegt eine *Intervention* in erzähltheoretisches Gebiet vor, das dessen Anspruch auf Logizität tendenziell bedroht. Denn die Narrativierung heterogener diskursiver Felder muß nicht in jedem Falle dem Anspruch logischer Formalisierung genügen. Auch der narratologische Textbegriff stößt an seine Grenzen, wenn die »Textoberfläche« als Ort einer *mehrfachen* historischen Diskursivierung begriffen wird bzw. sich in differente Diskursartikulationen auflöst, welche durch die Artikulation eines narrativen Schemas nur scheinbar kohärenziert werden. Erst recht jedoch – so scheint mir – wird der einträgliche Frieden zwischen Narratologie und historischer Diskursanalyse gestört, wenn sich letztere auf das Wissensfeld der Narratologie selbst richtet. Denn historisch zu situieren wäre auch der *Diskurs einer zweiwertigen Logik,* durch den die Semiotik – ähnlich wie andere Wissenschaftsdisziplinen – ihren Wahrheitsanspruch garantiert findet und dem sie zugleich das Modell ihrer Formalisierung entlehnt. Dieser Diskurs motiviert auch dazu, das Verhältnis der verschiedenen Strukturebenen des narrativen Textes als eines der *Repräsentation* zu denken. Solche binäristische Denkweise, die in den jeweiligen Gegensatzpaaren von ›Oberfläche‹ und ›Tiefe‹, von ›Struktur‹ und ›Manifestation‹ zugleich Feststellungen über ein *Dominanzverhältnis* trifft, ist auch am Werk, wenn das Verhältnis von semiotischer Narratologie und historischer Diskursanalyse als Differenz von Denotation und Konnotation bestimmt wird. Es sichert der Semiotik allemal die theoretische Dominanz gegenüber der historischen Diskursanalyse.

Die Elementarstruktur der Bedeutung hat Greimas in einem semiotischen Viereck schematisiert. Es beschreibt eine komplexe Struktur[58], die als logische Entwicklung einer Binäropposition des Typs ›schwarz vs. weiß‹ begriffen werden kann.[59] Deren konträre Terme sind nur unter der Voraussetzung korrelativ aufeinander beziehbar, daß sie jeweils in einem Schema der *Kontradiktion* artikuliert werden können. Narrative Prozesse werden somit grundsätzlich in einem Verhältnis des wechselseitigen *Ausschlusses* begründet, das nur über eine hierarchische Anordnung, die das *Identitätsprinzip* stiftet, in eine Äquivalenzrelation überführt werden kann.

Daß auch andere transklassische Modelle der Logik konzipierbar sind, zeigt sehr deutlich, daß jenseits solcher diskursiv gestützter Denkstrukturen das Denken nicht aufzuhören braucht.[60] Die philosophische Kritik an binäristischen Konzepten, die nicht zuletzt durch die Dekonstruktion des Zeichenbegriffs von de Saussure möglich wurde[61], hat immerhin bereits die Regionalität und historische Begrenztheit solcher Logifizierung der Erkenntnisobjekte aufgewiesen, aber auch ihren möglichen Herrschaftscharakter herausgestellt. Für das Objektfeld der Narratologie wäre hieraus zu folgern, daß das generative Modell in seiner Applikation auf solche Erzählstrukturen beschränkt wäre, in denen entweder binäristische Diskurse verarbeitet würden oder die selbst in einem binäristischen Diskursfeld situiert wären. Das Problem des Mythos wäre dementsprechend sein Auftauchen in unserer Kultur.

Julia Kristeva hat im Anschluß an Bachtins Begriffe des *Dialogs* und der *Ambivalenz* auf die *andere* Logik der poetischen Sprache verwiesen, welche gegen die Regeln der aristotelischen opponiert:

> Ein logisches System, das auf der Basis 0/1 arbeitet (falsch/wahr, Nichts/ Notation), ist untauglich, um das Funktionieren der poetischen Sprache zu erklären.[62]

Eine Narrativik, die sich von dieser 0/1–Logik leiten läßt, hätte dementsprechend ihre Grenze in jenen Texten der von Bachtin aufgedeckten *karnevalesken* Literaturtradition, die dem Prinzip der *Dialogizität* verpflichtet sind und das Intervall 0 bis 2 umfassen. Diesseits der Grenze böten sich alle diejenigen Erzählungen an, die der Tradition des ›Realismus‹ folgen, welche *monologisch* genannt werden kann:

> Die realistische Schilderung, die Definition eines ›Charakters‹, die Erschaffung einer ›Figur‹, das Entfalten eines ›Sujets‹, all diese Elemente des beschreibenden Erzählens gehören in das 0/1–Intervall, sind also *monologischer* Art.[63]

Ein weiterer Aspekt für die diskurstheoretische Untersuchung der Narratologie ergibt sich aus der Tatsache, daß zahlreiche von Greimas gebrauchte Formulierungen zur Beschreibung des aktantiellen Modells ihrerseits der ›Welt der Diskurse‹ entstammen. ›Austausch‹ und ›Vertrag‹, ›Begehren‹, ›Probe‹ und ›Sanktion‹ sind diskursive Figuren[64], die ihrerseits sich zu einer Erzählung formieren ließen. Annette Runte wirft daher der strukturalistischen Erzählanalyse vor, daß sie mit dem ›output‹ anthropomorpher Lektüren arbeite, indem sie ihn als ›input‹ ihrer Systematisierung verwende.[65]

Die Überführung des semiotisch-generativen Ansatzes der Narratologie in das Projekt einer historischen Diskursanalyse stößt also auf epistemologische Grenzen, die zu markieren waren. Andererseits aber kam es darauf an, diejenigen Problembereiche der Narrativik abzustecken, welche diskurstheoretisch aufgenommen werden können und hier lösbar erscheinen. In dieser Hinsicht als beantwortbar kann das Problem einer Transformierbarkeit der handlungskonstituierenden Opposition gelten, aber auch das die Diskursivierung betreffende Problem der narrativen Subjektkonstitution.

Keineswegs aber kann die von einem Ort außerhalb der Literaturwissenschaft in die Narrativik intervenierende Diskurstheorie jetzt schon denjenigen Formalisierungsgrad erreichen, den die struktural-generative Narrativik aufweist. Das Projekt einer Diskursanalyse auf dem Felde der Literaturwissenschaft[66] ist im einzelnen noch zu realisieren, wenn auch eine Reihe von Versuchen in dieser Richtung unternommen worden sind. Diese Ausführungen verstehen sich selbst als ein kleiner Schritt auf diesem Wege.

Anmerkungen

Die Ausführungen entstanden im Anschluß an meine Seminare zur Erzähltheorie im Jahre 1985 und 1986. Den Teilnehmerinnen und Teilnehmern verdanke ich wichtige Anregungen. Insbesondere danke ich Stefan Hesper für inhaltliche Hinweise und wichtige Literaturangaben.

1 Elisabeth Gülich/Wolfgang Raible, *Linguistische Textmodelle. Grundlagen und Möglichkeiten*, München 1977.

2 Elisabeth Gülich, *Ansätze zu einer kommunikationsorientierten Erzähltextanalyse (am Beispiel mündlicher und schriftlicher Erzähltexte)*, in: W. Haubrichs (Hg.), *Erzählforschung 1: Theorien, Modelle und Methoden der Narrativik*, Göttingen 1976, S. 224–256.

3 Ebd., S. 226 f.

4 Ebd., S. 239.

5 Michel Foucault, *Archäologie des Wissens*, Frankfurt/Main 1973, S. 75 ff.

6 Ebd., S. 134 ff.

7 Wilhelm Jensen, *Gradiva. Ein pompejanisches Phantasiestück*, Dresden, Leipzig 1903.

8 Sigmund Freud, *Der Wahn und die Träume in W. Jensens »Gradiva«*, in: *Schriften zur angewandten Seelenkunde*, 1907, H. 1. Den literarischen Text und Freuds Kommentar zitiere ich im folgenden nach: Sigmund Freud, *Der Wahn und die Träume in W. Jensens »Gradiva« mit dem Text der Erzählung von Wilhelm Jensen*, hg. und eingeleitet v. Bernd Urban und Johannes Cremerius, Frankfurt/Main 1973.

9 Ebd., S. 121.

10 Ebd., S. 121 f. (Hervorhebung von mir –J. K.-N.)
11 Ebd., S. 121.
12 Ebd., S. 23.
13 Zum Begriff des »Normaltyps des epischen Diskurses« vgl. Jürgen Link, *Literaturwissenschaftliche Grundbegriffe. Eine programmierte Einführung auf strukturalistischer Basis,* München ²1979, S. 293 ff.
14 Sigmund Freud, *Der Wahn,* S. 100.
15 Ebd., S. 120.
16 Ebd., S. 129.
17 Ebd., S. 121.
18 Ebd., S. 12 ff.
19 Ebd., S. 130.
20 Marianne Schuller hat ausschließlich diesen Aspekt herausgestellt. Vgl. Marianne Schuller, *literatur und psychoanalyse: zum fall der hysterischen krankengeschichte bei sigmund freud,* in: kultuRRevolution, 1985, Nr. 9, S. 48–52. Daß »Literatur und Psychoanalyse als Schnitt aufgefaßt werden könnten« (Norbert Haas, *Lessings Emilia,* in: Der Wunderblock, 1981, Nr. 7, S. 12–28; S. 13), läßt sich m. E. auch an Freuds Kommentar zur Erzählung *Gradiva* belegen.
21 Tzvetan Todorov, *Die Kategorien der literarischen Erzählung,* in: Heinz Blumensath (Hg.), *Strukturalismus in der Literaturwissenschaft,* Köln 1972, S. 263–294.
22 Ebd., S. 263.
23 Ebd., S. 264.
24 Vgl. Roman Jakobson, *Grammatik und Grammatik der Poesie,* in: Roman Jakobson, *Aufsätze zur Linguistik und Poetik,* München 1974, S. 247–260.
25 Zum Begriff der »Literarizität« vgl. auch: Link, a. a. O., S. 102.
26 Tzvetan Todorov, *Die Kategorien,* S. 264.
27 Vgl. dazu den Artikel *Littéralité,* in: Algirdas Julien Greimas/Joseph Courtés, *Sémiotiques. Dictionnaire raisonné de la théorie du langage,* Paris 1979. Vgl. zum semiotischen Projekt von Greimas die sehr präzise Gesamtdarstellung von Peter Stockinger, *Semiotik. Beitrag zu einer Theorie der Bedeutung,* Stuttgart 1983.
28 Vgl. Algirdas Julien Greimas, *Elements d'une grammaire narrative,* in: Algirdas Julien Greimas, *Du Sens. Essais Sémiotiques,* Paris 1970, S. 157–184; dt.: *Elemente einer narrativen Grammatik,* in: Heinz Blumensath (Hg.), *Strukturalismus in der Literaturwissenschaft,* S. 47–67.
29 Vgl. das Stichwort »*discours*« in: Greimas/Courtés, *Semiotiques,* S. 102 ff.
30 Vgl. z. B. Franz K. Stanzel, *Theorie des Erzählens,* Göttingen 1979.
31 Vgl. Greimas/Courtés, *Sémiotiques,* S. 102 ff.
32 Vgl. ebd., S. 125 ff.

33 Ebd.

34 Ebd.

35 Michel Foucault, *Die Ordnung der Dinge. Eine Archäologie der Humanwissenschaften,* Frankfurt/Main 1974.

36 Zur Kritik an Greimas vgl. auch Annette Runte, *Subjektkritische Diskurstheorie. Narratologische Textanalysen von »Erlebnisgeschichten« in der neuen deutschen Frauenpresse am Beispiel von ›Emma‹ und ›Meine Geschichte‹,* Köln 1982. Annette Runte stellt ein Modell der Integration generativer Analyse in den von Michel Pêcheux entwickelten Ansatz der Diskursanalyse vor.

37 Vgl. Karlheinz Stierle, *Semiotik als Kulturwissenschaft,* in: Karlheinz Stierle, *Text als Handlung,* München 1975, S. 186–219; Rainer Warning, *Formen narrativer Identitätskonstitution im höfischen Roman,* in: Odo Marquardt und Karlheinz Stierle (Hg.), *Identität.* München 1979, S. 553–590; Hans Ulrich Gumbrecht, *Algirdas Julien Greimas,* in: Wolf-Dieter Lange (Hg.), *Französische Literaturkritik der Gegenwart in Einzeldarstellungen,* Stuttgart 1975.

38 Vgl. Warning, a. a. O.

39 Vgl. Gumbrecht, *Algirdas Julien Greimas.*

40 Karlheinz Stierle, *Geschehen – Geschichte – Text der Geschichte,* in: Karlheinz Stierle, *Text als Handlung,* S. 49–55.

41 Ebd., S. 51.

42 Ebd.

43 Ebd., S. 52.

44 Ebd., S. 53.

45 Ebd.

46 Ebd., S. 54.

47 Michel Foucault, *Archäologie des Wissens,* S. 42, und ders., *Die Ordnung des Diskurses,* München 1974.

48 Michel Foucault, *Archäologie des Wissens,* S. 179.

49 Vgl. Peter Stockinger, a. a. O., S. 107.

50 Foucault, *Archäologie des Wissens,* S. 42.

51 Ebd., S. 297.

52 Ebd., S. 295.

53 Vgl. die Stichworte »débrayage« und »embrayage«, in: Greimas/Courtés, *Sémiotiques.*

54 Vgl. dazu die einschlägigen Beiträge in: Wilhelm Voßkamp (Hg.), *Utopieforschung,* Bd. 1–3, Stuttgart 1982, sowie die explizit auf diskurstheoretischer Grundlage angestellte Untersuchung von Jürgen Fohrmann, *Abenteuer und Bürgertum. Zur Geschichte der deutschen Robinsonaden im 18. Jahrhundert,* Stuttgart 1981.

55 Vergleichbar dazu behandelt Jürgen Link die interdiskursive Funktion von Kollektivsymbolen (Jürgen Link, *Elementare Literatur und generative Diskursanalyse,* München 1983).

56 Vgl. dazu die Untersuchungen von literarischen Erzählungen, die das Phänomen der Photographie behandeln, bei Gerhard Plumpe, *Toter Blick und kontingente Welt,* unveröff. Manuskript, Bochum 1986.

57 Greimas/Courtés, *Sémiotiques,* S. 128.

58 Vgl. dazu Stockinger, a. a. O., S. 32.

59 Greimas, *Elemente einer narrativen Grammatik,* S. 49.

60 Vgl. dazu den Ansatz von Gotthart Günther, auf den sich Eva Meyer beruft (Eva Meyer, *Zählen und Erzählen. Für eine Semiotik des Weiblichen,* Wien, Berlin 1983).

61 Vgl. Jacques Derrida, *Grammatologie,* Frankfurt/Main 1974, S. 49 ff.

62 Julia Kristeva, *Wort, Dialog und Roman bei Bachtin* (1967), in: Jens Ihwe (Hg.), *Literaturwissenschaft und Linguistik. Ergebnisse und Perspektiven,* Bd. 3, Frankfurt/Main 1971, S. 345–375, 352 f.

63 Ebd., S. 353.

64 Stockinger, a. a. O., S. 258.

65 Annette Runte, *Androgynie als Pathos und Travestie als Satire. Zum literarischen Einsatz von Geschlechts-Umkehrung und -Umwandlung,* unveröff. Manuskript, Paris 1986. – Zur Kritik an Greimas auf diskurstheoretischer Grundlage vgl. auch Gerhard Plumpe, *Diskursive Textstrukturierung. Versuch zu Adalbert Stifters »Bergkristall«,* in: Helmut Brackert/Jörn Stückrath (Hg.), *Literaturwissenschaft. Grundkurs 1,* Reinbek bei Hamburg 1981, S. 353–379.

66 Diesem Projekt wird auf literaturwissenschaftlicher Seite mit Skepsis begegnet, wenngleich die Auseinandersetzung mit Foucault inzwischen auch hier begonnen hat. Vgl. dazu vor allem die sehr philosophisch argumentierende Untersuchung von Manfred Frank, der auch den Zusammenhang der Arbeiten Foucaults mit der strukturalen Linguistik von F. de Saussure herauszustellen versucht (Manfred Frank, *Was ist Neostrukturalismus?,* Frankfurt/Main 1984, S. 216 ff.).

Jürgen Link

Literaturanalyse als Interdiskursanalyse

Am Beispiel des Ursprungs literarischer Symbolik in der Kollektivsymbolik

Entsprechend dem anscheinend dominierenden Erkenntnisinteresse Michel Foucaults in seinen literaturkritischen Essays sind auch die bisherigen Applikationsversuche seiner Theorie im Bereich der Literaturwissenschaft vorwiegend der Frage nachgegangen: *Was ist ein Autor?* Dabei geht es um die Dekonstruktion des Phantasmas eines als Monosubjekt bzw. Zentralsubjekt vorgestellten, ggf. sogar mit Autonomie ausgestatteten Autor-Ichs, an dessen Stelle eine bloß noch punktuelle und periphere, vom Spiel der Diskurse verschobene und versetzte Multisubjektivität als Korrelat der Schreibaktivitäten eines empirischen Individuums tritt. Die Instanz eines dem Diskurs bzw. den Diskursen präexistenten Autorsubjets mit Intentionen verschwindet – ein Autor-Effekt entsteht überhaupt erst dadurch, daß empirische Subjektivität an einem vom Diskurs dafür vorgesehenen (und historisch variablen) Platz investiert wird. Damit werden gleichzeitig Fragen wie etwa die nach der Einheit eines Werks obsolet: Ein und dasselbe Individuum kann in verschiedenen Diskursen mitspielen (etwa in medizinischen und lyrischen wie Benn), ohne daß der Zwang zur Konstruktion einer ›Einheit in der Tiefe‹ bestände. Mehr noch: Auch innerhalb ein und desselben (etwa lyrischen) Textes können nicht bloß die Brüche, Widersprüche und harten Montagen selbstverständlich anerkannt werden (wie es ja ohnehin der avantgardistischen Ästhetik entspricht) – sie werden auch als weitgehend kontingente Diskurskollisionen ohne subjektive Intentionalität deutbar.

Die folgenden Überlegungen bewegen sich zunächst abseits von der angedeuteten via regia von Foucault inspirierter Literaturanalysen. Sie berühren die Autor-Frage eher implizit und setzen statt dessen bei der Dialektik von Spezialdiskursen und Interdiskursivität an. Foucaults Analyse historisch spezifischer »diskursiver Formationen« (wie die verschiedenen ökonomietheoretischen, präbiologischen, linguistischen, medizinischen usw. seit dem 17.

Jahrhundert) zielt ja auf Wissensproduktion mittels spezieller und spezifischer Regulierung des Wissens. Von diesem Ansatz aus scheint kein Weg zur Literaturanalyse zu führen – außer etwa dem widerspiegelungstheoretisch orientierten Weg, der danach fragt, in welchen literarischen Texten welche von Foucault analysierten speziellen Wissensbestände (z. B. medizinische) thematisiert werden. Nun erweist sich eine solche ›naive‹ Verbindung aber als überraschend fruchtbar: Nicht bloß das von Foucault beschriebene medizinische, auch das entsprechende pädagogische, juristische, prä-biologische und biologische Wissen scheint in vielen literarischen Texten nicht bloß ›vorzukommen‹, es scheint sie geradezu wesentlich mit zu konstituieren.

Die folgenden Überlegungen möchten solchen Zusammenhängen auf systematische Weise, wenn auch notwendigerweise auf der Basis exemplarisch selegierten Materials, nachgehen. Sie gehen zu diesem Zweck von dem Vorschlag aus, Foucaults »diskursive Formationen« als historisch spezifische Resultate der für die Moderne grundlegenden Dialektik zwischen Diskursspezialisierung und interdiskursiver Reintegration des durch Spezialisierung produzierten Wissens zu begreifen. Foucault selbst hat (in der *Archäologie des Wissens*) von »interdiskursiven Konfigurationen« gesprochen. Er bezieht sich damit auf seinen eigenen analytischen Befund, nach dem bestimmte Verfahren der Klassifikation gleichermaßen für die Reichtumsanalyse wie für die Grammatik und Naturgeschichte des späten 17. und des 18. Jahrhunderts kennzeichnend seien. In Ausweitung und Generalisierung solcher oder ähnlicher Formulierungen bei Foucault möchte ich vorschlagen, bei der Analyse »diskursiver Formationen« grundsätzlich zwischen *spezialdiskursiven* und *interdiskursiven* Elementen zu unterscheiden. Auf der Basis der für die Moderne fundamentalen Dialektik der Arbeitsteilung (bzw. funktionalen Ausdifferenzierung: Luhmann) tendieren die diskursiven Formationen zum einen zu immanenter Spezialisierung, zur spezifischen und irreduktibel besonderen Konstituierung ihrer Gegenstände, zu eigenem ›Lexikon‹ und eigener ›Grammatik‹ – gegenläufig dazu tendieren sie jedoch gleichzeitig stets zu einem gewissen Maß an Reintegration, Kopplung mit anderen diskursiven Formationen, kultureller Verzahnung. In *Überwachen und Strafen* sowie in *Sexualität und Wahrheit* hat Foucault m. E. die zweite, die interdiskursive Komponente ins Zentrum seines Interesses gerückt: Die entsprechenden »Disposi-

tive« bzw. »Machtdispositive« sind eben *interdiskursive* Netz-
werke (bzw. Montagen oder Rhizome), durch die auf selektive
Weise das Wissen bzw. die Verfahren und institutionellen Rituale
verschiedener Spezialdiskurse (etwa medizinische, ökonomische
und juristische) gekoppelt und gebündelt zum Einsatz gebracht
werden können. Es ist nach meiner Arbeitshypothese keinesfalls
ein Zufall, sondern entspricht fundamentalen Diskursgesetzen,
daß literarische Texte nicht bloß oberflächlich-thematisch, sondern tiefenstrukturell mit solchen *interdiskursiven Dispositiven*
korrelierbar erscheinen. Zur Begründung soll im folgenden die
These entwickelt werden, daß der literarische Diskurs struktural-
funktional wie generativ am ehesten als auf spezifische Weise *ela-
borierter Interdiskurs* (bzw. genauer: als Elaboration interdiskursiver Elemente) begriffen werden kann.

Nun leuchtet es ein, daß die schöne Literatur nicht beliebige und
nicht alle interdiskursiven Elemente, Verfahren, Teilstrukturen
aufnimmt und verarbeitet. Operativ-interdiskursive Elemente wie
mathematische Formalisierung, Klassifikationsschemata, Meß-
verfahren usw. treten naturgemäß hinter imaginären Elementen
wie bildlichen Analogien, Metaphern und Symbolen, Figuratio-
nen menschlicher Subjekte usw. weitgehend oder ganz zurück.
Die Gesamtheit der imaginären (nicht-operativen) interdiskursiven Elemente ließen sich als *elementar-literarische Anschauungsformen* auffassen, die aus der Tendenz zur Reintegration der
Spezialdiskurse generiert werden und ihrerseits als ›Rohstoffe‹ für
die Literatur im engen Sinne dienen. Um diese These zu veranschaulichen, soll im folgenden die interdiskursive Entstehung der
elementar-literarischen Anschauungsform »Kollektivsymbol«
und ihre kunstliterarische Verarbeitung exemplarisch in den Mittelpunkt gerückt werden.

Unter *Kollektivsymbolen* möchte ich *Sinn-Bilder* (komplexe,
ikonische, motivierte Zeichen) verstehen, deren kollektive Veran-
kerung sich aus ihrer sozialhistorischen, z. B. technohistorischen
Relevanz ergibt, und die gleichermaßen metaphorisch wie reprä-
sentativ-synekdochisch und nicht zuletzt pragmatisch verwendbar sind. Das klingt vielleicht etwas kompliziert, wird sich aber
rasch verdeutlichen lassen. Ich möchte deshalb gleich mit einem
konkreten Beispiel beginnen, und zwar einer literarischen Verwendungsweise des *Ballon*-Symbols, das mir auch im weiteren
Verlauf meiner Thesen mehrfach als Beispiel dienen wird.

In seinem 1836 erschienenen Roman *Die Epigonen* läßt Karl Immermann zwei gute Freunde in einer Kleinstadt seitenlange Streitgespräche führen. Es geht dabei – avant la lettre – um jenen mit der bürgerlichen Gesellschaft koextensiven Streit, den Charles Percy Snow den Streit der *zwei Kulturen*, der humanistisch-hermeneutischen und der naturwissenschaftlich-szientistischen, genannt hat.[1] Der eine der beiden Freunde ist nämlich Gymnasiallehrer und Altphilologe, der andere Realschullehrer und Chemiker, und sie streiten über Wert bzw. Unwert ihrer jeweiligen Unterrichtssysteme. »Nennen Sie mir etwas«, sagt in einem dieser Gespräche der Humanist, »was gleich mit solcher Gewalt die Seele ausweitete, als die bloßen Namen: Rom, Athen. Nicht unpassend hat ein großer Dichter und Weiser gesagt, man fühle sich wie in einer Montgolfiere schwebend, sobald man Homer zur Hand nehme.« Da taucht also das Kollektivsymbol des *Ballons* als Metapher für Faszinationskraft klassischer Poesie auf. Aber der Kontrahent wehrt sich gegen dieses ›Argument‹: »Ja leider, leider, haben wir in der Luft geschwebt, seit Jahrhunderten in der Luft geschwebt, und es dürfte nicht schwer sein nachzuweisen, daß auch die Fehltritte jener unglücklichen Jünglinge [damit meint der Realschullehrer radikale Studenten, die in dem Roman eine wichtige Rolle spielen, J. L.] nur das Stolpern derer sind, die aus der Wolkenhöhe endlich wieder auf festen Grund und Boden sich niederlassen.«[2]

Ich beginne meinen Kommentar dieser Stelle mit der Feststellung, daß es sich u. a. um einen *intertextuellen* Verweis handelt (wobei ich die Bekanntschaft mit den Thesen von Michail Bachtin[3], Julia Kristeva[4] und Renate Lachmann[5] sicherlich voraussetzen kann): der erwähnte *große Dichter und Weise* ist kein anderer als Goethe, der am 12. Mai 1798 an Schiller geschrieben hatte: »Ihr Brief hat mich, wie Sie wünschen, bei der Ilias angetroffen, wohin ich immer lieber zurückkehre, denn man wird doch immer, gleich wie in einer Montgolfiere, über alles Irdische hinausgehoben und befindet sich wahrhaft in dem Zwischenraume in welchem die Götter hin und her schweben.«[6] Die Intertextualitätsanalyse würde als Effekt der Stelle bei Immermann also die Herstellung einer mehrfachen hermeneutischen Integration aufweisen können, die eine semantische ›Aufladung‹ bewirkt: griechischer Mythos – Homer – Goethe – Immermann auf der einen Seite und olympische Götterwelt – Ballon – Faszinationskraft der Poesie auf der anderen Seite. Ich möchte nun aber zeigen, daß die Interferenz bereits kanonischer Texte bzw. Autoren bloß die eine Seite der Medaille darstellt, daß vielleicht noch wichtiger die Interferenz anonymer Diskursarten in dem und mittels des Kollektivsymbols des *Ballons* ist: kurz, ich möchte im folgenden statt vom *Intertext* vom *Interdiskurs* sprechen.

Warum versuchen beide Kontrahenten, ihre jeweilige »Kultur« mit Hilfe eines Kollektivsymbols zu verteidigen statt mit etymologischen oder grammatischen Argumenten bzw. mit chemischen Formeln? Die Antwort erscheint banal: weil der jeweilige Diskussionspartner solche Spezialargumente gar nicht verstehen könnte. Ich schlage also vor, zum Verständnis der Funktion des Interdiskurses, der Kollektivsymbolik und später der Literatur bei dem fundamentalen Tatbestand der *gesellschaftlichen Arbeitsteilung* anzusetzen. Wie seinerzeit Stalin gegen Marr (aber natürlich nicht bloß er) festgestellt hat[7], kehrt die Klassenspaltung einer Gesellschaft nicht einfach als Sprachspaltung wieder: es gibt keine proletarische und bürgerliche Sprache (im Sinn von Grammatik), und Lenin hätte in der Tat mit dem Zaren russisch sprechen können. Ja man muß noch weiter gehen: es gibt auch keinen proletarischen und bürgerlichen *Diskurs*, d. h. keine klassenspezifischen ›Sprachspiele‹ im Sinne Wittgensteins, denn die Differenzierung der Diskurse setzt nicht primär bei den Klassen, sondern bei der *Praktikenteilung* an. Mit Foucault können wir also vom juristischen, medizinischen, politökonomischen Diskurs usw. sprechen: jeder arbeitsteilig ausdifferenzierten[8] und auf der Basis eigener pragmatischer *Rituale* gesondert institutionalisierten Praxisart entspricht dann ein spezieller Wissensbereich, den wir *Diskurs* nennen können. Es leuchtet unmittelbar ein, daß die Tendenz zu wachsender Spezialisierung der Diskurse eine Herausforderung für die alltägliche Kommunikationsfähigkeit der Gesellschaft bedeutet: wie kann der Facharbeiter mit dem Arzt, die Hausfrau mit dem Mathematiker kommunizieren?

Sie können kommunizieren, weil es nicht bloß Spezialdiskurse, sondern – mit reintegrativer Funktion – auch *interdiskursive Sprachspiele* gibt. Ich zögere zu sagen: *einen* Interdiskurs oder *mehrere* Interdiskurse – und zwar aus folgendem Grunde: wir haben es zunächst mit einem wenig institutionalisierten, relativ lockeren *Gewimmel von Diskursinterferenzen und Diskursberührungen* zu tun, das meistens unscharf mit »Alltag«, »Alltagswissen« usw. gekennzeichnet wird. Dieser interdiskursive Bereich ist gegenüber den verschiedenen Spezialdiskursen hochgradig selektiv, insgesamt besteht er aber aus einer Unmenge von ›Zügen‹ im Sinne der Spieltheorie, von Figuren, Klischees, Stereotypen, Vorstellungsarten, pragmatischen Ritualen usw. Ich habe einen Teilbereich solcher interdiskursiver Elemente bereits oben unter dem Begriff *elementar-literarischer Formen* zusammengefaßt[9]: ich kann auch diese Formen hier nicht ausführlich besprechen; ich beschränke mich – wie bereits angedeutet – exemplarisch auf die *Kollektivsymbole*. Was machte den Ballon seinerzeit, d. h. von seiner Erfindung im Jahre 1783 an, zu einem der dominierenden Kollektivsymbole der westlichen bürgerlichen Kulturen?

Man kann die Gründe in Kürze wie folgt skizzieren: einerseits repräsentierte der Ballon die Serie der *Maschinen* (er wurde in der ersten Phase als ›aerostatische Maschine‹ bezeichnet), d. h. der Anwendungen des naturwissenschaftlichen Diskurs-Blocks; andererseits gehörte er zu den zirkusähnlichen Jahrmarktsspektakeln, ja zu den zuvor für den religiösen Diskurs reservierten *Wundern*. Wie eine ›Explosion‹ zerriß das unglaubliche Vehikel also vor allem die Diskursgrenze zwischen ›Wissen‹ und ›Glauben‹ (genau diese Eigenschaft sollte in den späteren literarischen Mythen immer wieder thematisiert werden) und wurde so wegen seiner sinnlichen Erfahrbarkeit durch große Menschen*massen* zum emphatischen Symbol des ›Fortschritts‹.[10] Man könnte zugespitzt formulieren: Ballonaufstiege wurden sozusagen zu ›Papstmessen der Fortschrittsreligion‹ mit ihrer eigenen, so viel evidenteren ›Elevation‹. Ein unvorhersehbares diskursives Ereignis von größter Bedeutung kam hinzu: die Französische Revolution. Durch die metonymische (örtliche und zeitliche) Nähe von Ballon und Revolution wurde der erste zusätzlich zum Symbol der zweiten. Ich zitiere exemplarisch den rheinischen Jakobiner Joseph Görres, der nach dem Brumaire zum Gegner der Revolution wurde:

So war denn nun die Revolution geendigt, einer Aerostate gleich hatte sie sich in die höchsten Regionen der feurigen Meteore erhoben, hatte dort geschwebt über alles gewöhnliche Irdische erhaben, über Stürmen und Gewittern, fern von der alltäglichen Menschennatur; aber das Medium war zu fein, zu ätherisch für die grobe Hülle, für die Schnellkraft des Brenngases; die Hülle zerriß, das Gas entwich, und hinunter zur Erde sank der schwebende Palast [...].[11]

Dieses Zitat ist selbst sozusagen ein ›molekulares‹ diskursives Ereignis, weil es genau den Umschlag von einer *diskursiven Position* in die entgegengesetzte markiert. Unter diskursiver Position verstehe ich die (positiv oder negativ) *wertende* Verwendung eines Kollektivsymbols bzw. genauer einer Serie solcher Symbole. Während die radikale aufklärerische und revolutionäre Intelligenz den Aufstieg des Ballons in riskante Höhen positiv und den platten banalen Erdboden dagegen negativ wertete, galt den Kritikern der radikalen Aufklärung und der Revolution umgekehrt der Ballonaufstieg als unseriöses oder sogar blasphemisches Unternehmen. So dichtete der Klopstockschüler Michael Denis:

> Und saht ihr, Brüder! Menschen, der Erde satt,
> Und satt des Wassers, durch das gemessene
> Gewicht der Luft zum Himmel steigen,
> Wolken durchirren, ein Spiel der Winde?
>
> O weh dem leichten Volke, daß dieß ersann!
> Bald stieg es höher, wähnend den Ewigen
> Von seinem Sitze wegzuwitzeln,
> Höher – um tiefer hinabzustürzen.[12]

In der Formulierung von Görres schlägt der noch deutlich spürbare Enthusiasmus des Jakobiners sozusagen in flagranti in die entgegengesetzte diskursive Position des Michael Denis um.

Ich deutete bereits an, daß man von einer diskursiven Position im eigentlichen Sinne erst sprechen könne, wenn ganze Serien, Ketten und Netze von Kollektivsymbolen betroffen sind. Ich komme damit zum Problem des *synchronen Systems von Kollektivsymbolen.*[13] Ich vertrete die Auffassung, daß kein Symbol und keine Metapher ausreichend analysiert wird, wenn sie bloß isoliert in ihrem jeweiligen Kontext, sei es auch der Kontext aller Werke eines Autors, analysiert wird. Zum *Ballon*-Symbol gehört die symbolische Topik der (horizontalen oder vertikalen) *Bewegung,* ferner die Topik von *oben* und *unten,* von *Himmel* und *plattem, festem Erdboden.* Aber nicht bloß das: der *Ballon* steht in der Symbolserie aller *Maschinen* (zur Zeit seiner Erfindung vor allem der *Uhren* und uhrähnlichen mechanischen Maschinen) wie ferner in der Symbolserie aller *Vehikel* (zur Zeit seiner Erfindung z. B. in engem symbolischem Anschluß an das *Schiff* sowie in symbolischer Opposition gegen die langsam auf der Erde kriechende *Postkutsche*). Mehr noch: wie eine Fülle von Belegen z. B. aus publizistischen Texten um 1800 zeigen[14], entstanden im Laufe der Auflärung und der Revolution noch sehr viel umfassendere *Äquivalenzserien von Kollektivsymbolen:* so wurde der Ballonaufstieg symbolisch äquivalent mit dem *Sonnenaufgang* (denken Sie an das Material, das Jean Starobinski in dem Buch *1789 – die Embleme der Vernunft* zusammengestellt hat[15]), mit dem *Vulkanausbruch,* mit dem *Gewitter* und den *Fluten des Stroms bzw. des Ozeans.* Ich kann hier aus Zeitgründen nicht beschreiben, aufgrund welcher Gesetzmäßigkeiten (wie sie sich im einzelnen aus dem Grundgesetz der Diskursinterferenz und Diskurskombinatorik herleiten lassen) das synchrone System der Kollektivsymbole sich bildet und zusammenhängt; ich möchte bloß unterstreichen, daß es natürlich keineswegs um rein semantische, sondern stets in entscheidendem Maße um pragmatische und historische Mechanismen geht. So spielte bei der Herausbildung einer Symbolserie *Ballon-Vulkan-Gewitter-Flut* usw. sicherlich die Tatsache eine entscheidende Rolle, daß all diese Symbole auf reale *enthusiastische Massen* (z. B. revolutionäre Massen) applizierbar waren.

Wir haben also in den 1790er Jahren auf der einen Seite die diskursive Position der radikalen Aufklärer/Revolutionäre, die es wagt, die Kraft des *Vulkans* (Emblems der »Montagne«), des *Gewitters* und der *Flut* positiv zu werten (repräsentativ dafür in der deutschen Literatur ist Hölderlin[16]) – diese diskursive Position wertet auch den Ballonaufstieg positiv. Wir haben auf der anderen Seite die Gegenposition, die vor *Ballon, Vulkan* und *Flut* warnt und den *festen Boden* und die *Deiche* lobt (diese diskursive Position übernahm Metternich.[17] Es wäre aber höchst unwahrscheinlich anzunehmen, daß in diesem ungeheuren, in der Masse gedruckter Texte wimmelnden und fluktuierenden polemischen Interdiskurs-Spiel die *Fronten* so klar bleiben könnten wie hier angedeutet – da geht es vielmehr in Konversation, Journalismus, politischer Rede und Literatur im wahrsten Sinne drunter und drüber. Zufällig oder nicht zufällig gehörte zu den großen Erfindungen der Revolutionszeit auch die der *Guerrilla,* des Partisanenkampfs – sie wurde im Lande Goyas erfunden, eines der ganz großen Spieler mit jenem System der Kollektivsymbole, dessen Konturen ich angedeutet habe. Und dieses System der Kollektivsymbole ist selbst das Schlachtfeld einer permanenten diskursiven bzw. interdiskursiven Guerrilla, auf dem es stets nur vorübergehend und partiell zur Herausbildung von *Fronten* kommt – und auf dem zudem die Fronten plötzlich wechseln können. Das geschah um 1800 unter dem zwielichtigen Stern Napoleons. Wie Napoleon selbst, so wechselte die ›ernüchterte‹, aus dem enthusiastischen Taumel der plebejischen Massen wieder desertierte Bourgeoisie zur diskursiven Position ihrer konterrevolutionären Gegner über: es entstand die für das gesamte bourgeoise 19. Jahrhundert charakteristische ›realistische‹ Diskursposition. Noch war die Eisenbahn (das Vehikel auf festem, eisernem Boden) nicht erfunden, da wurde der Ballon schon zum Opfer dieser Wende; ich zitiere einen liberal-bourgeoisen rheinisch-westfälischen Journalisten (1819): »Philosophie – ein Luftschiff zu einer Reise jenseits der Sterne, um – Weisheiten zu holen, dort, wo man nicht Hand vor Augen sehen kann, nicht zu Hause gehört und deshalb nur Unsinn zurückbringt.«[18] Das war sicherlich gegen die spekulative Philosophie des deutschen Idealismus und besonders der Romantik gesagt. Und – eigenartig genug – die Romantik hatte tatsächlich, obwohl in politicis nach dem Brumaire eher konservativ, die aufklärerisch-revolutionäre Diskursposition übernommen, der diskursive Chiasmus (Positionswechsel) war vollständig! Typisch für die romantische Diskursposition ist etwa das Gedicht »Der Luftschiffer«[19] von Karoline von Günderrode – aber auch Goethe, der gegenüber den übrigen Revolutionssymbolen (Vulkan, Gewitter, Flut usw.) stets eine ›ambivalente‹ Haltung einnimmt[20], formuliert das Ballon-Symbol stets aus romantischer Perspektive (vgl. das Zitat am Beginn meines Vortrags).

Obwohl ich aus Platzgründen hier nicht in eine Feinanalyse der Stellung des Ballonsymbols im synchronen System der Kollektivsymbole um 1800 eintreten kann, muß allerdings eine wichtige Entwicklung noch kurz erwähnt werden. Wie bereits gesagt, zählte der Ballon zunächst symbolisch zu den Maschinen. Das entsprechende symbolische Maschinen-Paradigma kannte noch keine Binäropposition Maschine vs. Organismus, auch Körper waren (ohne negative Wertung) symbolisch Maschinen. Diese symbolische Struktur wurde um 1800 grundlegend revolutioniert: Die Veralltäglichung der Dampfmaschine und andere Faktoren führten zu einer Einschränkung der Maschine auf industrialistische Maschinen – Körper, Uhren, Schiffe und auch der Ballon fielen symbolisch aus dem Maschinen-Paradigma heraus. Da diese Kollektivsymbole aber dennoch aufgrund anderer symbolischer Achsen (z. B. der Ballon als Vehikel in der Serie Schiff, Wagen,

Eisenbahn usw.) mit den industrialistischen Maschinensymbolen bis zu einem gewissen Grade verbunden blieben, wuchs ihnen ein besonders hoher Grad an symbolischer *Ambivalenz* zu, die beim Ballon noch dadurch erhöht wurde, daß er als einziges der neu erfundenen Vehikel (im Unterschied zu *Schnellpost, Dampfschiff, Eisenbahn, Flugzeug*) nicht massenhaft aktiv und alltäglich erfahren werden konnte; als einziges blieb er eine abenteuerliche Sensation.

Bevor ich die literarhistorischen Konsequenzen meines Ansatzes, deren Konturen sich inzwischen bereits abzeichnen, weiter ausführe, muß ich noch einmal einen Schritt zurückkehren zum *Interdiskurs:* ich hatte das System der Kollektivsymbole als einen Teil des Interdiskurses (und zwar als einen wichtigen Teil seines ›elementar-literarischen‹ Sektors) eingeführt. Ich muß darauf noch einmal eingehen. Die einzelnen Kollektivsymbole (bzw. die Symbolserien, etwa die *Maschinen*) repräsentieren bzw. konnotieren häufig einen bestimmten *Spezialdiskurs* als Herkunftsbereich (die *Maschinen* etwa den Diskursbereich der Naturwissenschaften und ihrer Technologie; die *Krankheiten* den medizinischen Diskurs, die *Prozesse* den juristischen usw.). Das Symbolsystem scheint also wie ein ›Markt‹ zu funktionieren, auf dem verschiedene Spezialdiskurse bestimmte exemplarische Stereotypen ›umschlagen‹ können. Dadurch werden – auf einem äußerst stark selektiven Niveau – nicht bloß die *zwei Kulturen* Snows, sondern tendenziell alle Diskurse einer Kultur konnotativ reintegriert. Es ist also kein Wunder, daß ich selbst in diesem Vortrag mehrfach metaphorisch und symbolisch rede – genauso wenig wie es ein Wunder ist, daß die Vorreden und Einleitungen zu Lehrbüchern über Spezialdiskurse von Kollektivsymbolen nur so wimmeln. Solche Vorreden sind typisch für den *interdiskursiven Rahmen,* in dem alle Spezialdiskurse funktionieren und ohne den sie keine kulturelle Akzeptabilität hätten. Es gibt nun eine Reihe von Textsorten bzw. Genres, in denen die interdiskursive Funktion dominiert: das sind alle Textsorten der *Popularisierung,* vor allem journalistische und literarische im weitesten Sinne. Ich komme auf die Literatur später zurück und möchte hier zunächst die *Konversation* als Prototyp eines interdiskursiven Sprachspiels vorstellen. Das zu Beginn zitierte Streitgespräch aus dem Roman von Immermann war Ausschnitt einer Konversation: zwei Spezialdiskurse stritten – um streiten zu können, mußten sie beide zum Interdiskurs überwechseln. Ich zitiere nun zusätzlich eine Stelle aus Theodor Fontanes Roman *Der Stechlin,* einem sog. ›Konversationsroman‹: »Interesse hat doch immer nur das Vabanque: Torpedoboote, Tunnel unter dem Meere, Luftballons. Ich denke mir, das Nächste, was wir erleben, sind Luftschifferschlachten.«[21] Ein Stück Konversation zwischen einer Gräfin und einem preußischen Offizier, schon von Eros gesteuert. Beide reden von *Ballons,* die Gräfin, wie gerade zitiert, von militärischen *Ballon*-Abenteuern, der Offizier von einem bewunderten evangelischen Pastor: der sei kein Pyrotechniker – »Aber als einen Aeronauten kann ich ihn Ihnen beinahe vorstellen. Er ist so recht ein Excelsior-, ein Aufsteigemensch, einer aus der wirklichen Obersphäre, genau von daher, wo alles Hohe zu Haus ist, die Hoffnung und sogar die Liebe.« Wie erwähnt, wird aus caritas amor, der Pastor wird die Trauung machen – aber haben Sie bemerkt, wie das Konversationsspiel des Interdiskurses funktioniert? Mit Hilfe des Kollektivsymbols *Ballon* erfolgt eine mehrfache Integration[22]: zwischen zwei Diskursbereichen (Militär und Religion), und zwar mittels eines chiastischen Positionsaustauschs (die Frau redet vom Militär, der Mann von Kirche); ferner zwischen zwei sozialen Gruppen (zwei Adelsschichten, einer altpreußischen und einer außerpreußischen); schließlich zwischen zwei Geschlechterpositionen (chiastischer Tausch). Auf dem Klavier der symbolischen Signifikanten, des interdiskursiven Materials müssen die Spezialdiskurse vierhändig spielen lernen, wenn sie erotisch konvergieren wollen. In der Konversation als elementarer Literatur ist der Roman, die Literatur im engen Sinne, schon angelegt.

Ich kann an dieser Stelle versuchen, sehr knapp auch den Zusammenhang zwischen Sozialgeschichte und Interdiskurs anzudeuten: wie bereits erwähnt, spiegelt sich die Klassenspaltung keineswegs isomorph in einer Diskursspaltung wider. Es ist vielmehr die Arbeitsteilungsstruktur, die auf direkte Weise die Diskursstruktur und auf andere, indirekte Weise die Klassenstruktur steuert. Sicherlich entsteht der naturwissenschaftlich-technologische Diskursblock und der industrialistische Diskursblock in engstem Zusammenhang mit dem Aufstieg des Kapitalismus – doch werden *beide* antagonistischen Hauptklassen des Kapitals, Bourgeoisie *und* Proletariat, kulturell gleichermaßen am ehesten auf den industrialistischen Diskursblock und die industrialistischen Symbolserien verwiesen. Durch die doppelte hegemoniale Stellung (sozialhistorisch und diskurshistorisch) wurde der Industrialismus *gesamt*gesellschaftlich und *gesamtkulturell* dominant. Typisch dafür ist die zitierte Konversation zweier Aristokraten (wie die Plebejer sind sie ja außerhalb der industrialistischen Praktiken angesiedelt): »Interesse hat doch immer nur das Vabanque: Torpedoboote, Tunnel unter dem Meere, Luftballons« – nur das *Vabanque-Spiel* ist aristokratisch, alles andere industrialistisch (hier ist zu erwähnen, daß der Dichterkreis des jungen Fontane sich pathetisch *Tunnel über der Spree* nannte). Eine kulturelle Formulierungsmöglichkeit für sozialhistorische Antagonismen bietet also zunächst bloß das Spiel der *diskursiven Positionen*. Da aber wie gesagt z. B. die beiden antagonistischen Hauptklassen des 19. und 20. Jahrhunderts zunächst *beide* die industrialistischen Symbolserien positiv verwenden, bleibt ihnen zunächst bloß das ›Spieß-Umdrehen‹ als Mittel der Entgegensetzung: ›Ihr seid die *Bremse des Fortschritts!*‹ – ›nein‹, ihr selbst seid die *Bremse!*‹ Wirkungsvoller wäre die negative Besetzung der industrialistischen Symbolserien, wie sie für Rousseauismus und Neorousseauismus (aktuell etwa die ›grüne‹ Bewegung in Westdeutschland) typisch ist – das kann aber nur durch eine Reihe *diskursiver Ereignisse* zustande kommen, deren Struktur ziemlich komplex und kompliziert zu analysieren ist. Die Entstehung eines neuen synchronen Systems von Kollektivsymbolen aus einem innovativen Sektor des alten Systems heraus ist die große Ausnahme und begegnet höchstens alle paar Jahrhunderte einmal – sie ist Symptom eines epochalen kulturellen Bruchs.[23]

Nun ließe sich gegen die hier skizzierte Auffassung, derzufolge die historische und kulturelle Besonderheit von Kollektivsymbolen und Kollektivsymbolsystemen aus ihrer interdiskursiven Integrationsfunktion ableitbar sei, vor allem der folgende Einwand erheben: Handelt es sich nicht bei vielen Kollektivsymbolen um archaisches und vielleicht auch universales Material, in dem die historische Spezifizität eines aktuellen Fächers von Spezialdiskursen mehr oder weniger automatisch getilgt wird? Zu diesem Einwand würde sicherlich ein tiefenpsychologisch à la Jung orientierter Ansatz tendieren, für den es als relativ unerheblich erscheint, ob etwa ein seelisches Übertragungsphänomen als *Heiliger Geist,* als *durch Spiegel gelenkte Lichtstrahlen* oder als *drahtlose Telegraphie* symbolisiert würde. Auf das Ballonsymbol bezogen hieße das, daß der Traum vom Fliegen (vgl. *Ikaros*-Mythos) zu den menschlichen Universalien gehöre und *Ballon, Flugzeug* und *Rakete* demnach keine qualitativen Innovationen des Systems der Kollektivsymbole darstellten. Mir will scheinen, daß diese Art Einwand seinen Schein von Plausibilität verliert, sobald man nicht mehr das einzelne Symbol, sondern das synchrone System der Symbole betrachtet. Dann ergeben sich von den scheinbar äquivalenten Elementen aus völlig widersprüchliche semantische Solidaritäten (mythische oder metaphysische vs. industrialistische Isotopien). Keineswegs kann ein Symbolsystem, in dem es nur mythisches Fliegen gibt, insgesamt äquivalent mit einem System funktionieren, in dem es sowohl mythisches wie industrielles Fliegen gibt. Die je spezifischen »Ambivalenzen« der Symbole, auf die ja auch Jung so großen Wert legt, erklären sich zum großen Teil aus solchen historisch-kulturellen Besonderheiten. Die gänzlich verschiedene Struktur eines spezifischen kulturellen Gesamtwissens, die sich aus dem spezifischen Ensemble der Spezialdiskurse und der spezifischen Integrationsformen ergibt, überdeterminiert das gesamte Kollektivsymbolsystem wie seine einzelnen Elemente. Das Ballonsymbol repräsentiert nicht *Ikaros,* sondern fungiert als *naturwissenschaftlich-technologisch* »*realisierter*« *Ikaros,* es konnotiert also stets einen diskursiven Dualismus von mindestens »zwei (Teil-)Kulturen«. Darüber hinaus suggeriert es den Subjekten der entsprechenden Kultur einen neuen *symbolischen Körper* (als Phantasma des Unbewußten). Als Beispiel diene folgender Bericht über einen schizophrenen Mann: »So erzählte er z. B. von einem Luftballon, in dem seine Mutter aufgestiegen sein soll: durch den Ballon sei ihm das ausfüllende Leben herausgezogen worden. Die Liebe sei ganz entschwunden, erst als er seine Frau kennengelernt habe, sei sie wieder gekommen.« Die industrialistische Kultur läßt es zu, affektive Interaktionen als ein Ensemble sozusagen kommunizierender Ballons zu imaginieren, wobei die Affektintensität als Gas symbolisiert ist, das die Ballons steigen macht, aber von einem in den anderen Ballon abgesaugt werden kann. Es fällt schwer zu glauben, daß die Evolution des symbolischen Körpers unter dem Einfluß der Diskursevolution und der der Kollektivsymbolik nicht mehr als flatus vocis sein soll, der die Struktur des »Unbewußten« qualitativ unverändert lassen würde.

Dennoch ist der Einwand insofern ernst zu nehmen, als tatsächlich ein bestimmter Teil auch moderner Kollektivsymbolsysteme diachronisch wie synchronisch ›vor‹ den industrialistischen Symbolen und anderen Symbolen modernen Wissens existiert. Dazu gehört ein großer Teil der Tiersymbolik, der expliziten Körpersymbolik wie auch z. B. der Gebäudesymbolik, Schiffssymbolik u. ä. Es sind das Elemente eines fundamentalen »Alltagswissens«, das wenig kulturspezifisch und wenig epochenspezifisch erscheint und jedenfalls nicht direkt den Evolutionen der Dialektik von Diskursdifferenzierung und Diskursintegration folgt. Trotzdem scheinen mir solche Sektoren innerhalb von Gesamtsystemen moderner Kollektivsymbolik kaum dominant, vielmehr durch Paradigmen wie ›industrialistische Symbole‹ vs. ›Natursymbole‹ dominiert und überdeterminiert zu sein (vgl. die zahlreichen Katachresen von der Art *Dampfroß, Tiger im Tank, Raumschiff* usw.). Selbstverständlich impliziert diese Annahme der Überdetermination residualer Kollektivsymbole des »Alltags« die Notwendigkeit genauer historischer Differenzierungen. Es zeigt sich dann, daß prinzipiell bereits alle Hochkulturen durch die Dialektik von Diskursdifferenzierung und Diskursintegration gekennzeichnet sind, daß diese Dialektik aber erst in der europäischen Moderne die seitherige Qualität gewonnen hat (sehr interessant unter diesem Aspekt sind die postum veröffentlichten Studien Foucaults zur antiken Prä-Sexualität). Das folgende Schema, das den generativen Kreislauf von der Diskursintegration über die Kollektivsymbolik bis zur Literaturproduktion im zweidimensionalen Feld zwischen Arbeitsteilung und sozialer Stratifikation darzustellen sucht, gilt (in seinen Grundzügen; die konkrete Füllung bezieht sich auf das 19. Jh.) daher sensu stricto erst seit dem 17. Jahrhundert. Es versteht sich ferner, daß es sich um ein *heuristisches* Modell handelt, das die partiellen Kenntnisse eines unabgeschlossenen Forschungsprozesses zusammenfaßt und das sich bewußt als falsifizierbar und korrigierbar versteht.

Ich fasse zusammen: Kulturspezifische synchrone Systeme von Kollektivsymbolen (sie wurden hier exemplarisch auch für andere elementar-literarische Anschauungsformen erörtert) entstehen aus der gesellschaftlich notwendigen reintegrativen Gegentendenz gegen die im Zuge der Arbeitsteilung wachsende Diskursspezialisierung. Solche Systeme konnotieren in der jeweiligen Grundstruktur ihrer konstituierenden semantischen Achsen die Grundstruktur des entsprechenden Diskursfächers und wirken ihrerseits auf die Strukturierung dieses Fächers zurück. Interdiskurs, elementare Literatur und als wichtiges Teilelement das System der

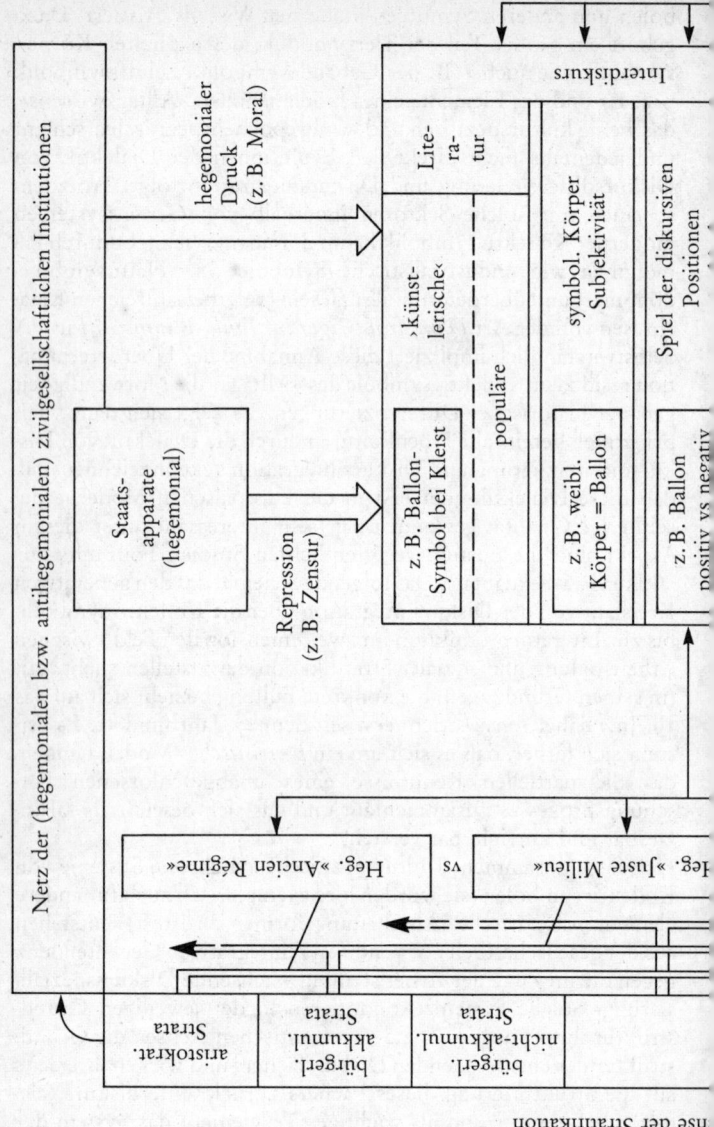

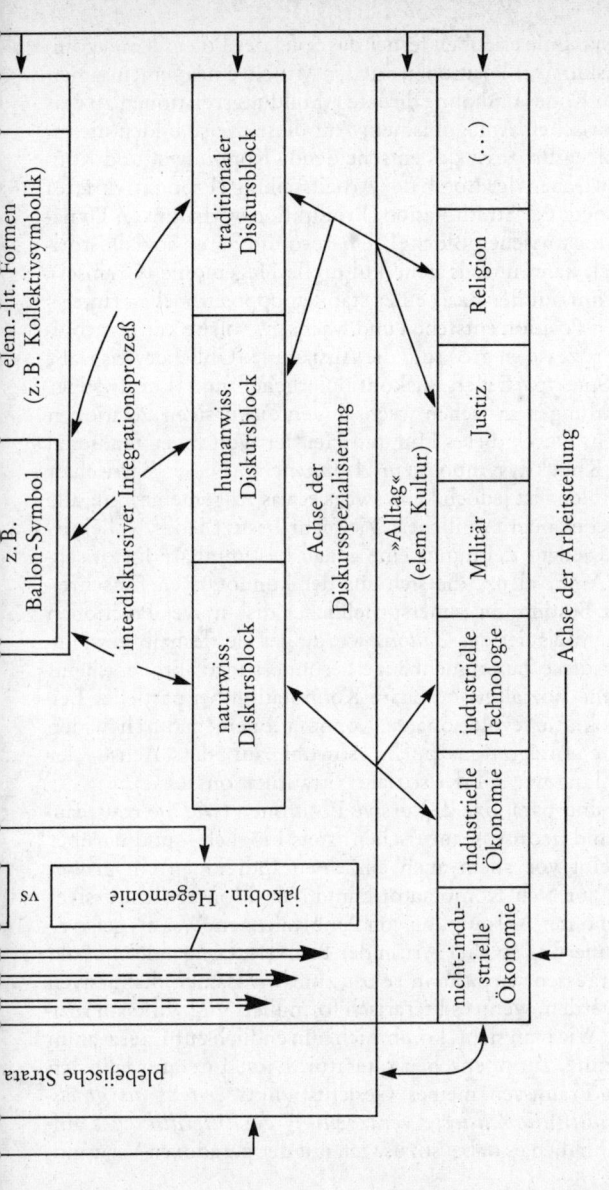

Kollektivsymbole erlauben ferner das Spiel der Polemik antagonistischer diskursiver Positionen mit den Mitteln eines gemeinsamen kulturellen Kodes und ohne direkte Abbildungsrelationen zu den sozialhistorischen Antagonismen. Auf diese Weise bilden die interdiskursiven Prozesse das entscheidende Kopplungs- und Konfliktfeld zwischen der Logik der Arbeitsteilung (Produktivkräfte) und der Logik der Stratifikation (Produktionsverhältnisse, Dynamik sozialhistorischer Blöcke); ein revolutionärer sozialhistorischer Block kann nur als neue kulturelle Hegemonie (Gramsci), d. h. aber nur auf der Basis einer stabilen oppositionellen (inter-) diskursiven Position entstehen und wachsen. Solche kulturrevolutionären Prozesse en gros sind die Ausnahme. Üblicherweise läßt sich ein Spiel partieller, diskontinuierlicher und kurzfristiger ›Front‹-Bildungen zwischen wechselnden diskursiven Positionen beobachten. Durch dieses Hin und Her der Wertungen tendieren sämtliche Kollektivsymbole zur *Ambivalenz*. Diese Eigenschaft der Ambivalenz ist jedoch keineswegs etwas Allgemeines, für alle Fälle Gleiches oder Ähnliches. Vielmehr besitzt jedes Kollektivsymbol zu jedem Zeitpunkt eine genau bestimmbare historisch-konkrete Ambivalenz, die sich aus der konnotativen Einschreibung ganz bestimmter widersprüchlicher diskursiver Positionen ergibt. Das Beispiel des *Ballons* wurde gerade deshalb gewählt, weil es für diese Zusammenhänge besonders instruktiv erscheint (›verworfene‹ sozialrevolutionäre Konnotation bei partieller Beibehaltung kulturrevolutionärer Konnotationen; dadurch widersprüchliche Integrationsappelle sowohl auf der Achse der Diskursteilung wie auf der sozialen Stratifikationsachse).

Deshalb sind paradoxe diskursive Positionen (wie die rousseauistischen und neorousseauistischen) stets möglich – und darüber hinaus bleibt vor allem auch einzelnen Individuen ein großer Spielraum zur Neu-Kombinatorik und Neu-Montage diskursiver Positionen unter Ausnutzung von Ambivalenzen. Was als geistreiche Formulierung solcher Art in der Konversation vielleicht bald wieder vergessen wird, kann selbst zum wirksamen diskursiven Ereignis werden, wenn es literarisch formuliert und wirksam rezipiert wird. Wie man sieht, komme ich nun endlich zur Literatur im engeren Sinne, zur poetischen Literatur. Diese Literatur läßt sich unter den Prämissen meines Gesichtspunkts *erstens als gesellschaftlich institutionalisierte Verarbeitung des Interdiskurses* auffassen. Wir haben es dabei sozusagen mit der paradoxen Verwandlung des Interdiskurses in einen eigenen Spezialdiskurs zu tun. Ich meine deshalb (und habe das ja implizit an meinen Beispielen bereits zu illustrieren versucht), daß das erste generative Grundgesetz der Literatur heißt: Verarbeitung der kulturell bereits paratgestellten ›elementaren Literatur‹, u. a. der Kollektivsymbolik. Ich könnte auch formulieren: Bevor Intertextualität entstehen kann, muß Interdiskursivität stets schon da gewesen sein. Ein *zweites* tendenzielles Grundgesetz kommt hinzu: die Literatur verarbeitet mit Vorliebe ambivalentes Material *auf eine Weise, die die Ambivalenz wahrt und häufig künstlich steigert.*

Jean Paul Friedrich Richter, der sich als Dichter mit Anklang an Rousseau nur Jean Paul nannte, kann geradezu exemplarisch zur Illustration meiner These dienen. Er begann als Verfasser radikal-aufklärerischer publizistischer Diskurse, wobei er sich eine umfangreiche Datenbank avant la lettre vor allem über naturwissenschaftliches und technologisches Wissen anlegte. In seinen späteren Romanen dienten ihm diese Materialien als ›Lexikon‹ (im Sinne der generativen Grammatik) für seine Symbolik und Metaphorik. Wie die mannigfache (und stets positiv gewertete) Verwendung des Ballonsymbols zeigt, lag die diskursive Position Jean Pauls zunächst in der Nähe der aufklärerisch-revolutionären, später setzte – wie bei den meisten deutschen Intellektuellen – eine teilweise Verschiebung ein, die allerdings nicht so weit wie bei Görres ging; ich gebe ein typisches Beispiel:

Unser Zeitalter, dieses Luft- und Ätherschiff, welches zugleich durch Anzünden neuer Lämpchen und durch Auswerfen alten Ballastes immer höher stieg, könnte, dächt' ich, nun mit dem Auswerfen nachlassen und Altes lieber einsammeln als herabschleudern.[24]

Das Beispiel zeigt übrigens wiederum auch die generative Wirkungsweise des synchronen Systems der Symbole: die *Lichter (lumières)* der Aufklärung werden zu *Lämpchen,* d. h. zum Feuer unter einem Heißluftballon. Man kann solche Kombinationen mit dem Begriff der Rhetorik als *Symbol-Katachresen* bezeichnen. Der literarische Diskurs Jean Pauls, dessen bilderreicher Digressionsstil stark in der Tradition Sternes steht, wirkt wie ein *Katachresen-Mäander*[25] quer durch das System der Kollektivsymbole, wobei eine Fülle syntagmatischer und paradigmatischer Kreuz- und Querverweise entstehen: so steht das *Ballon*symbol nicht bloß für Aufklärung und Revolution, nicht bloß für Poesie, sondern in erotischen Kontexten etwa auch für den Enthusiasmus der Liebe (*»Herzballon«*). Es prägt darüber hinaus aber nicht bloß die Feinstruktur des Metaphernnetzes, mit dem die Romane überzogen sind, sondern wird selbst dominantes Thema ganzer Narrationen. Ich nenne bloß die zwei bekanntesten Beispiele: am Schluß des *Kampanertals*, in dem es um Zweifel an und Hoffnung auf Unsterblichkeit der Seele geht, wird ein Ballonaufstieg zum pathetischen Symbol metaphysischer Hoffnung. Vielleicht kann ich daran verdeutlichen, was ich unter *Verarbeitung* der Kollektivsymbolik verstehe: wie ich gezeigt hatte, war die dominante Stellung des *Ballons* im Symbolsystem der Revolutionszeit untrennbar mit seinem Kopplungseffekt zwischen naturwissenschaftlichem und religiösem Diskurs (›Wunder der Wissenschaft‹) verbunden. Jean Paul nimmt dieses Material auf, verwandelt aber den impliziten Gegensatz zwischen Wissen und Glauben in symbolische Identität. Damit ist seine komplexe und ambivalente diskursive Position aber keineswegs erschöpfend gekennzeichnet. In der Geschichte vom Luftschiffer *Gianozzo* geht es um einen einsamen Ballonfahrer, der – halb Jakobiner und halb Poet – nicht wie sein Autor Jean Paul eine »zweite Welt« über sich glaubt. Die Ballonfahrt des Gianozzo ist in ihrer abenteuerlichen Kontingenz Symbol radikal-aufklärerischer Ironie, revolutionär-politischer Intervention und poetischer Verfremdung gleichermaßen. Die Fahrt endet über den Gipfeln der Schweizer Alpen in einer spektakulären Katastrophe: ein Meteor unter Blitzen, Vulkanen und Sonnen, endet der Ballon im Gewitter, seinem symbolischen Äquivalent. Die Szenerie dieser Katastrophe ist symbolisch mannigfach äquivalent mit Jean Pauls berühmter Imagination eines radikal dezentrierten, gleichzeitig chaotisch-taumelnden wie lustvoll-tanzenden Kosmos ohne Gott in der »Rede des toten Christus vom Weltgebäude herab, daß kein Gott sei.« Jean Paul weigert sich also, zwischen den beiden zeittypischen diskursiven Positionen, der romantischen und der ›realistischen‹ eine einfache Wahl zu treffen, wenn er der romantischen auch zweifellos viel näher steht: wie ein Artist auf dem Drahtseil bewegt er sich auf ihrer Grenze selbst, dem Grat der Ungewißheit, die abwechselnd Zweifel heißen kann und Hoffnung. Man könnte noch weiter gehen und die These aufstellen, daß sogar Jean Pauls digressiver, zickzackartiger Erzählstil symbolisch den Grundgestus der wahrhaft ›*bodenlosen*‹ Ballonfahrt verarbeitet habe.

Das Beispiel Jean Pauls, dessen *Gianozzo* von höchstem literarischem Rang ist, sollte meine Grundthese verdeutlichen, der zufolge die elementare Literatur das große, wahrscheinlich größte generative Reservoir der Kunstliteratur sei. Diese These wird manchmal als Herabwürdigung der großen Poesie, als ihre Reduktion auf das Niveau anonymer Interdiskurse und kollektiver Stereotypen verstanden – was soll ich dazu sagen? Ich glaube genügend deutlich gemacht zu haben, daß sowohl die polysemische ›Tiefe‹ wie der Konnotationenreichtum, vor allem aber auch die blitz- oder explosionshafte neue Sinndeutung der Symbole bei den Dichtern überhaupt nur möglich ist, weil sie auf dem schon vorhandenen Klavier der kulturell paratgehaltenen Versionen des Materials ihr virtuoses Spiel beginnen kann.

Zum Schluß möchte ich noch kurz eine berühmte Stelle aus Kleists *Prinz von Homburg* kommentieren, die m. E. ein wirkliches diskursives Ereignis darstellt. Christa Wolf hat in ihrer Erzählung *Kein Ort. Nirgends* die fiktive Begegnung Kleists mit Karoline von Günderrode im Jahre 1804 imaginiert. Die von ihr fingierte Konstellation ließe sich durch das Ballonsymbol zusätzlich motivieren. Ich erwähnte das *Ballon*gedicht der Günderrode als typisch für die romantische Diskursposition: der Ballon der Poesie hebt die Schwerkraftgesetze der Realität vorübergehend, aber tragischerweise nicht dauernd auf. Der Freitod der Günderrode schien diese relative Gültigkeit der Gravitation definitiv aufsprengen zu wollen. Was bei der Frau spekulativ bleibt, hat der Mann, hat Kleist in einem der Abschiedsbriefe vor seinem eigenen Freitod explizit formuliert: »Der Himmel weiß, [...] was für sonderbare Gefühle, halb wehmütig, halb ausgelassen, uns bewegen, in dieser Stunde, da unsere Seelen sich wie zwei fröhliche Luftschiffer, über die Welt erheben [...].«[26] Es verschlägt dem Kommentator die Sprache, wie hier die in dem Kollektivsymbol angelegte Diskursinterferenz von Religion und Wissenschaft in das Experiment der riskantesten metaphysischen Ballonfahrt umgesetzt wird, die sich denken läßt. Und nun meine These: ich meine, daß Kleist in seinem Selbstmord seine eigene Poesie pragmatisch applizierte, daß er seinen *Prinzen von Homburg* unter Einsatz und Verlust seines Lebens in die Realität übertrug. In dem berühmten Sterbemonolog des Prinzen, den Generationen preußisch-deutscher Schüler auswendig lernen mußten, heißt es:

Es wachsen Flügel mir an beiden Schultern,
Durch stille Ätherräume schwingt mein Geist;
Und wie ein Schiff, vom Hauch des Winds entführt,
Die muntre Hafenstadt versinken sieht,
So geht mir dämmernd alles Leben unter:
Jetzt unterscheid' ich Farben noch und Formen,
Und jetzt liegt Nebel alles unter mir.

Welches Schiff hat Flügel, wird vom *Hauch des Winds entführt* und
sieht die Erde *unter* sich versinken? Ich meine: Kleist redet hier
konnotativ vom Luftschiff, dem Ballon. Es wäre ein stilwidriger
Anachronismus gewesen, den Helden des 17. Jahrhunderts die
Erfindung der Brüder Montgolfier antizipieren zu lassen, aber das
Schiff des Prinzen ist überdeutlich genug in die Vertikale phantasiert. Diese Hypothese erlaubt eine weitere Entdeckung: wenn im
Sterbemonolog konnotativ vom *Ballon* die Rede ist, dann ergibt
sich von dorther ein systematischer Zusammenhang mit dem *Som-
nambulismus*-Thema im Drama. Wie Robert Darnton dargestellt
hat[27], galt der sogenannte *Mesmerismus* oder *Magnetismus*, für
den nicht bloß Kleist sich damals brennend interessierte, zeitweilig bei vielen, durchaus auch revolutionären Zeitgenossen, als
naturwissenschaftliche Gewißheit. Mehr noch als beim Ballon
schien diese ›Erfindung‹ die Diskursgrenze zwischen Wissenschaft
und Religion niederzureißen. Es zeichnet sich also schon in der
Revolutionszeit eine besondere diskursive Position ab (die übrigens mit der rousseauistischen vielfach verbunden ist), für die die
Wunder der Wissenschaft die metaphysischen Wunder nicht wider-
legt, sondern im vollen Sinne *realisiert* zu haben scheinen: eine Art
materialistischer Metaphysik oder metaphysischer Materialismus.
Diese Position mündete im Verlauf des weiter oben beschriebenen
›diskursiven Chiasmus‹ um 1800 in die romantische Diskursposition. Kleist, der den Umschlag aus dem Enthusiasmus in die
›realistische‹ Diskursposition nicht nur bei Napoleon, sondern
auch bei dessen deutschen Epigonen, mochten sie auch als seine
Gegner auftreten, aufs tiefste verabscheute, klammerte sich – ich
formuliere bewußt paradox – an die prekärsten und ambivalente-
sten Positionen des Symbolsystems, baute seine poetische Welt auf
diese Positionen der Entgrenzung. So beginnt mit ihm die Auf-
spaltung des *Ballon*symbols in die *Maschine* und die *Anti-
Maschine*. Auf der einen Seite bleibt der Ballon auch weiterhin
Element der industrialistischen Symbolserie (z. B. bei Jules

Verne), auf der anderen Seite wird er, längst vor dem Surrealismus, zu einer Art artifiziell-natürlichem Gegenstand am Himmel, manchmal zu einer Art von (mit sexuellen Konnotationen aufgeladenen) Lust-Körper.[28] Dabei fällt vor allem auf, daß der Ballon nicht bloß als ein ›verlängerndes‹ Organ des *symbolischen Körpers,* sondern als dessen grundlegendes Substrat phantasiert wird (besonders des weiblichen Körpers). Hier scheint die Kollektivsymbolanalyse mit psychoanalytischen Auffassungen zu konvergieren. In der Tat scheinen die Kollektivsymbole besonders gut als »Signifikanten« im emphatischen Sinne Lacans fungibel zu sein, über die sich das unbewußte »Begehren« des Individuums vermittelt und regelt. Dabei besteht die Psychoanalyse zu Recht auf der strikten Einmaligkeit jedes individuellen Netzes solcher »Signifikanten«. Aber diese Einsicht muß, wie das Beispiel Kleist zeigen kann, keineswegs einer strukturalen und diskurshistorischen Analyse, wie sie hier angeregt wird, widersprechen. Erst vor der Matrix historisch spezifischer Kollektivsymbolsysteme mit historisch spezifischen Ambivalenzen der Elemente wird eine individuelle Kurve des Begehrens als solche sichtbar – und die psychologische Analyse erwiese sich, recht verstanden, dennoch zuletzt als die sozialgeschichtliche.

Anmerkungen

1 Charles Percy Snow, *The Two Cultures: and a second Look,* London 1963.
2 Karl Immermann, *Die Epigonen,* München 1981, S. 192.
3 Z. B. Michail Bachtin, *Probleme der Poetik Dostoevskijs,* München 1971, sowie ders., *Die Ästhetik des Wortes,* Frankfurt/Main 1979.
4 Vgl. Julia Kristeva, *Semeiotiké. Recherches pour une sémanalyse,* Paris 1969.
5 Vgl. insbesondere Renate Lachmann, *Dialogizität und poetische Sprache,* in: dies. (Hg.), *Dialogizität,* München 1982, S. 51–62, sowie dies., *Intertextualität als Sinnkonstitution. Andrej Belyjs »Petersburg« und die ›fremden‹ Texte,* in: Poetica 15 (1983), S. 66–107.
6 J. W. Goethe, *Briefe* (Hamburger Ausg.), Bd. 2, S. 344.
7 J. W. Stalin, *Der Marxismus und die Fragen der Sprachwissenschaft,* Berlin (Ost) 1951.

8 Nach Niklas Luhmann, *Soziologische Aufklärung*, Bde. 1–3, Opladen 1970, 1975, 1981.

9 Jürgen Link, *Elementare Literatur und generative Diskursanalyse*, München 1983.

10 Eine detaillierte Diskursanalyse des Ballonsymbols findet sich in meinen beiden Artikeln *Riskante Bewegung im Überbau. Zur Transformation technischer Innovation in Kollektivsymbolik am Beispiel des Ballons*, in: *Elementare Literatur*, S. 48–71, sowie »*Einfluß des Fliegens! – Auf den Stil selbst!« Diskursanalyse des Ballonsymbols*, in: Jürgen Link, Wulf Wülfing (Hg.), *Bewegung und Stillstand in Metaphern und Mythen. Fallstudien zum Verhältnis von elementarem Wissen und Literatur im 19. Jahrhundert*, Stuttgart 1984, S. 149–164.

11 Joseph von Görres, *Ausgewählte Werke und Briefe*, Bd. 1, Kempten München 1911, S. 54.

12 Zitiert nach Eckhard Schinkel, *Der Ballon in der Literatur*, in: Bernhard Korzus (Hg.), *Leichter als Luft. Zur Geschichte der Ballonfahrt*, Münster 1978, S. 209.

13 S. dazu ausführlicher meinen Beitrag *Über ein Modell synchroner Systeme von Kollektivsymbolen sowie seine Rolle bei der Diskurskonstitution*, in: *Bewegung und Stillstand*, S. 63–92.

14 Vgl. z. B. Alfred Opitz, *Das gallische Pandämonium. Frankreich und die französische Literatur in der konterrevolutionären Presse des ausgehenden 18. Jahrhunderts*, in: Pierre Grappin (Hg.), *L'Allemagne des Lumières*, Metz 1982, S. 379–410.

15 Jean Starobinski, *1789. Die Embleme der Vernunft*, Paderborn u. a. 1981.

16 Vgl. Hans-Wolf Jäger, *Politische Metaphorik im Jakobinismus und im Vormärz*, Stuttgart 1971, S. 27, 30, 32, 34, 39ff., 59–63.

17 Vgl. dazu meinen Beitrag *Über ein Modell* (Anm. 13), S. 85.

18 *Rheinisch-Westfälischer Anzeiger*, 27. 3. 1819.

19 Karoline von Günderrode, *Dichtungen*, München 1922, S. 65.

20 Vgl. dazu Eva A. Meyer, *Politische Symbolik bei Goethe*, Heidelberg 1949.

21 Vgl. die Stellen in Kap. 15.

22 Über den Zusammenhang zwischen soziologischen Faktoren und Diskursintegration mittels Kollektivsymbolik ausführlicher Jürgen Link/ Ursula Link-Heer, *Literatursoziologisches Propädeutikum*, München 1980, S. 418–426.

23 In dem Artikel *Über ein Modell* stelle ich einige vorläufige Hypothesen über das reichlich schwierige Problem der Evolution von Kollektivsymbolsystemen zur Diskussion.

24 Vorwort zur 1. Auflage der *Levana*.

25 Zum Begriff Jürgen Link, *Faust II, gelesen als Katachresenmäander der europäischen Kollektivsymbolik*, in: *kultuRRevolution. Zeitschrift für angewandte Diskurstheorie*, 1983, Nr. 3, S. 51–56.

26 Brief an Sophie Müller vom 20. 11. 1811.
27 Vgl. Robert Darnton, *Der Mesmerismus und das Ende der Aufklärung in Frankreich,* München, Wien 1983.
28 Vgl. dazu den Artikel *Riskante Bewegung.*

V

Philippe Forget

Diskursanalyse versus Literaturwissenschaft?

Kein Zweifel: Diskursanalyse ist »in«. Dieser Trend – der nicht unbedingt mit einer Mode gleichzusetzen ist – mag vielfältige Ursachen haben, die wir hier einführend – ohne Anspruch auf Vollständigkeit – auf drei Hauptkategorien zurückführen können: eine theoretische (die Entwicklung und Weiterführung der »Speech-acts«-Theorie(n) aus der angelsächsischen Sprachphilosophie – was Foucault in der *Archéologie du savoir*[1] pauschal »die Analyse« nennt), eine epistemologisch-ideologische (die Verunsicherung von szientistischen Herrschaftsgebärden durch die nicht beherrschbare Auffassung des Textes als »texte (en) général« in den siebziger Jahren[2]), eine terminologisch-methodologische (Foucaults Vervielfachung und Verkomplexierung eben des *discours*-Begriffs in der bereits erwähnten *Archéologie du savoir*). Dort wird bekanntlich den üblichen *discours*-Definitionen (»domaine général de tous les énoncés«, »groupe individualisable d'énoncés«) eine weitere hinzugefügt, die Foucault als *»pratique réglée* rendant compte d'un certain nombre d'énoncés« bezeichnet.[3] Darunter mag er die historischen Aprioris und deren Verknüpfungsmodalitäten verstehen, die als Möglichkeits-, ja *Notwendigkeitsbedingungen*[4] eines ›Diskurses‹ im Sinne eines individualisierbaren Aussagenzusammenhangs funktionieren; da aber der *énoncé*-Begriff, der allen Definitionen zugrunde liegt, selbst einer höchst eigenwilligen, aber nicht eindeutig verständlichen Definition sich verdankt, sieht sich die ›Diskursanalyse‹ dadurch vor eine terminologische Aufgabe gestellt, von der sie wahrscheinlich noch eine Weile zehren muß[5] und die vermutlich auch im vorliegenden Band zur Diskussion kommen soll.

Wie dem auch sei, der Diskurs scheint auch bei Foucault auf streng (wenn auch opak und nicht immer voraussehbar) geregelte Aussagen bezogen zu sein, also auf *institutionalisierte* bzw. *institutionalisierbare* Aussagen, die in einem Macht- und Autoritätszusammenhang vorkommen, an denen schließlich die Selbstentfremdung von Individuen ablesbar wird, deren ›Rede‹ nicht einmal mehr *parole vide* im Sinne Lacans ist, sondern bestätigende

Wiederholung einer Herrschaftsordnung, die dadurch ihre Gültig-keitsansprüche selbst erfüllt. So ist es zunächst sicher nicht falsch, aber auch nur teilweise richtig, wenn Jürgen Link den »diskurs im sinne foucaults« so paraphrasiert:

sowohl bei der psychoanalyse wie bei der kognitiven psychologie handelt es sich um *spezielle wissensbereiche,* deren wissen geregelt und institutio-nalisiert, *mit bestimmten* handlungen gekoppelt [. . .] *sowie nur von* beson-ders *legitimierten sprechern legitim ausgesprochen werden kann* (z. b. professoren, analytiker). ein solcher spezialisierter wissensbereich (= dis-kurs i. s. foucaults) ist also direktes resultat der *hochgradigen Arbeitstei-lung* im industrialismus [. . .]. genau das hat michel foucault bei seinen diskursanalysen betont: *die diskurse schaffen ihre »gegenstände«* (z. b. durch definitionen, durch die syntax von kriterien [. . .]) und haben die *macht, konkrete menschen in solche gesellschaftlichen »gegenstände« zu verwandeln.*[6]

Diese umgreifende Definition findet auch tatsächlich Anhalts-punkte in der Wortgeschichte von ›discours‹.

Im gewöhnlichsten Sinne des Wortes bedeutet ja ›discours‹ eine Rede, die aus offiziellem Anlaß und in offiziellem Rahmen gehal-ten wird. Wer eine Rede *hält* (faire, prononcer un discours), übt eine bestimmte Macht aus, ja, er kann die Rede überhaupt nur halten, *weil* er eine Machtposition innehat. Und weil der Redner eben mehr die Verkörperung dieser Macht ist als der ›Autor‹ der Rede, sind Reden meistens stark ritualisiert und auf die gesell-schaftlichen Sprachkonventionen hin normiert.

Aber das Verhältnis einer Aussage zu Macht und Autorität läßt sich nicht nur einspurig beschreiben. Hier hilft die semantische Unterscheidung zwischen den verbalen Syntagmen *faire* bzw. *pro-noncer un discours* (was gerade beschrieben wurde) und *tenir un discours* etwas weiter. *Tenir un discours* heißt gerade nicht, wie die wörtliche Übersetzung ins Deutsche irreführenderweise nahelegt, eine Rede »halten«, sondern damit sind zunächst der ideologische Inhalt, die ideologischen Voraussetzungen und Implikationen ei-ner beliebigen Mitteilung gemeint. In diesem Wortsinn wird nicht primär der äußere (auch institutionelle) Rahmen, auch nicht die Normgebundenheit der Mitteilung berücksichtigt, sondern ledig-lich die Aussage als ›Inhalt‹, dem man kritisch gegenübersteht. Für beide Wortbedeutungen scheint mir folgender Beleg exempla-risch, mit dem ein anonymes Mitglied der KPF den hochgestellten Roland Leroy 1965 auf dem Parteitag kritisierte: »Ton discours,

camarade, est beau comme un char russe entrant dans Budapest«.[7]
(Auf Deutsch etwa: Deine Rede(weise), Genosse, klingt so schön
wie ein nach Budapest hereindröhnender russischer Panzer.)

Wie man deutlich sieht, sind die Perspektiven und Aktualisie-
rungskriterien in beiden Syntagmen (faire/prononcer-tenir un discours) zwar nicht deckungsgleich, aber doch durchaus aufeinander bezogen. In beiden Fällen wird nicht auf Sinnproduktion oder
Signifikanz abgehoben, sondern auf Sinnwiedergabe, die institutionell autorisierte Wiederholung eines vorbestimmten Sinnzusammenhangs. ›Discours‹ hat offenbar in beiden Fällen eine
zirkuläre Grundstruktur (Selbstbestätigung von ›symbolischen
Ordnungen‹), innerhalb derer Menschen nur (ritualisierte oder
auch vermeintlich ›spontane‹) Wortführer oder, wie es treffender
auf französisch heißt, Wort*träger* sind.

An dieser Stelle soll be(ob)achtet werden, daß ›discours‹ in den
hier dargelegten Wortbedeutungen immer nur *nicht-individuelle*
Züge selektiert und schon deshalb immerhin eine starke Vereinfa-
chung im Vergleich zu Foucaults Neuprogrammierung darstellt
(eine Einschränkung, die ebenso für die weiter oben zitierte Definition von Jürgen Link gilt, von der man auch sagen kann, daß sie
bei aller Ausführlichkeit eigentlich nur die ersten zwei Aspekte des
Foucaultschen discours-Begriffs berücksichtigt). Bei Foucault
wird nämlich ausdrücklich betont, daß es der *Archäologie* nicht
primär auf die Beschreibung von Regelmäßigkeiten ankommt,
sondern auf die systematische Beschreibung von »Ereignissen«,
unter denen das *Durchbrechen von zirkulär* angelegten Kausalzu-
sammenhängen zu verstehen ist. Gerade das erhebt er zur programmatischen Aufgabe der »nouvelle histoire«: »[...] ce qu'il [=
der Geschichtsschreiber, Ph. F.] entrepend de découvrir, ce sont
[...] l'inversion d'un mouvement régulateur, [...] l'instant de dé-
réglement d'une causalité circulaire«.[8] Diese programmatische
Aussage, die die *Archäologie* selbst, aber auch die ›Diskursanalyse‹
vor eine entscheidende methodologische Aufgabe stellt, ermöglicht zugleich die Hinwendung der ›Diskursanalyse‹ zur Literatur
oder die Hinwendung des ›Archäologen‹ zur Frage nach den Anwendungsmöglichkeiten der ›Diskursanalyse‹ auf die Literaturwissenschaft. Eine solche Fragestellung ist aber in doppelter
Hinsicht problematisch: Erstens dürfte es klar sein, daß der übliche Diskursbegriff nur im Bereich der ›Literaturwissenschaft‹
im Sinne eines wissenschaftlichen Diskurses *über* die Literatur

(z. B. Literaturgeschichtsschreibung, Interpretationstheorien) ein brauchbares Werkzeug an die Hand gibt (und auch dort, wie mir scheint, nur unter Berücksichtigung von Foucaults programmatischer Aussage)[9], nicht aber als umgreifende Interpretationsmethode, soweit man unter Literatur nicht nur die juristische Institution versteht, sondern auch eine Textperspektive, wobei *Text* hier nicht linguistisch definiert wird, sondern aus den komplementären Perspektiven Schreiber/Interpret heraus gewonnen wird: Vom Interpreten her ist der Text eine Aussage, die sich von *keiner* Interpretation restlos einholen läßt, und vom Schreiber her ist er eine Aussage, die von mir (dem Schreiber) stammt, aber nicht mehr auf mich zurückgebracht werden kann.[10] Solche Definitionen, die den Text offen-prozessual zu beschreiben suchen, paraphrasieren und führen eine epistemologische Position aus, die als das Postulat der Unbeherrschbarkeit oder auch Unvorhersehbarkeit von ›Sinneffekten‹ bezeichnet werden kann. Eine solche Perspektive aber läßt sich mit dem bisher beschriebenen Diskursbegriff nicht versöhnen. Bevor wir entscheiden können, ob der Diskursbegriff für die Annäherung an Literatur, so verstanden, angemessen ist oder nicht, sollen wir die Wortgeschichte von *discours* weiter verfolgen und ermitteln, ob für diesen Begriff nicht ein anderer, literaturfreundlicher Boden freigelegt werden kann. Damit wird aber zugleich der zweite Grund sichtbar, weshalb die Frage nach den Anwendungsmöglichkeiten der ›Diskursanalyse‹ auf die Literatur(wissenschaft) hier problematisch ist: die Freilegung eines anderen Wortverständnisses würde den Diskursbegriff und mithin auch den Begriff der ›Diskursanalyse‹ selbst erneut modifizieren, so daß man sich auch über die Implikationen der Modifikationen Rechenschaft geben sollte, bevor man die ›Diskursanalyse‹ als Werkzeug der Textanalyse einsetzt. Da aber eine solche Fragestellung den Rahmen der vorliegenden Studie sprengen würde, müssen wir hier eine *indirekte* Fragestellung in Kauf nehmen.

Der *discours*-Begriff, wie er bisher entfaltet wurde, verweist immer wieder auf solche Sinngebilde, die die Regeln ihrer Selbstdisziplinierung, ihrer Nicht-Dissemination aktualisieren. Insofern kann man z. B. auch von einem »Diskurs der Dialektik« sprechen. Es ist aber unverkennbar, daß die ursprüngliche Wortbedeutung dieser Dimension durchaus widerspricht. Das lateinische Wort *discursus* ist nämlich kein Erstarrungs- oder Verdinglichungsbegriff, sondern ein Bewegungsbegriff: Es bedeutet »hierhin und dorthin laufen«, »sich in verschiedene Richtungen ergießen« und meint auch das Hin und Her eines Schiffes, wobei an den antiken *topos* der Schiffahrt als (poetischer) Rede erinnert werden kann. Eine Nebenbedeutung ist dann »vergeblicher Schritt« oder »nutzlose Beschäftigung«. Nach Ausweis der Wörterbücher steht also *discours* ursprünglich in der Dimension einer unaufhörlichen Bewegung oder Tätigkeit, die dem ökonomischen Gesetz der Rückkehr Widerstand leistet. Und es ist sicherlich die Vereinnahmung durch dieses Gesetz und das auf ihm beruhende Denken – z. B. die Dialektik – die die Disziplinierung des Begriffs mit sich gebracht hat: als Not-wehr gegen die »Gefahr der Dissemination«.

Da andrerseits die Präfixbildung *dis*-cursus direkt auf ›dicere‹ verweist, kann man sich kaum des Verdachts erwehren, daß die herrschende Wortbedeutung, in der das *Etymon* geradezu eingeäschert ist, einen repressiven Akt des ebenfalls herrschenden Logozentrismus darstellt.

Somit hätten wir nun auch einen Einstieg in die angekündigte indirekte Fragestellung. Denn Perspektiven oder Begriffe wie »Dissemination« und »Logozentrismus«, die zur Charakterisierung der verschiedenen semantischen Daten von »discursus« eingesetzt wurden, verweisen deutlich genug auf die Denkgebärde von Jacques Derrida. So soll jetzt aus einem an Derridas Denkgebärde profilierten Literaturbegriff heraus ein Fragenpotential entfaltet werden, das als Herausforderung der ›Diskursanalyse‹ aufgefaßt werden soll: Was soll ›Diskurs‹, was soll ›Analyse‹ bedeuten, wenn die ›Diskursanalyse‹ einem solchen Literaturverständnis gerecht werden will?

Ich gehe vom Wortgebrauch von *discours* bei Derrida aus und beginne mit zwei Belegen[11]:

Il y a le »sytème« et il y a le texte, et dans le texte des fissures ou des ressources qui ne sont pas dominables par le *discours* systématique: à un certain moment, celui-ci ne peut plus répondre de lui-même. Il entame spontanément sa propre déconstruction [Hervorhebung von mir, Ph. F.].
Le grand enjeu du discours – je dis bien discours – littéraire: la transformation patiente, rusée, quasi animale ou végétale, inlassable, monumentale, dérisoire aussi mais se tournant plutôt en dérision, de son nom propre, *rebus,* en choses, en nom de choses.

Bevor ich auf diese Zitate eingehe, versuche ich, sie einigermaßen zu übersetzen:

Es gibt das »System« und es gibt den Text, und im Text gibt es Risse und Möglichkeiten, die sich durch den systematisch angelegten *Diskurs* nicht voll beherrschen lassen: Von einem bestimmten Punkt an kann er die eigenen Grenzen nicht mehr verantworten und er gerät außer sich, er unternimmt spontan die Dekonstruktion seiner selbst.

Darum geht es ja beim literarischen Diskurs – wohlgemerkt: Diskurs – um die geduldige, listenreiche, geradezu animalische oder pflanzenhafte, unaufhörliche, lächerliche, aber vor allem sich selbst ins Lächerliche ziehende Verarbeitung seines Eigennamens, *rebus*, in Dinge, in Dingnamen.

Der erste Beleg bereitet keine großen Interpretationsschwierigkeiten: Da wird *discours* im bereits besprochenen Sinne eingesetzt, also im Sinne eines unterdrückenden Aussagenzusammenhangs, dessen Funktion darin besteht, eine bestimmte ›Ordnung‹ zu bestätigen, der er seine Kohärenz verdankt. Dem *Diskurs* wird die disseminale Kraft des *Textes* entgegengesetzt, und die Pointe liegt hier darin, daß der systematisch angelegte Diskurs, gerade weil die Dissemination ihm wesensfremd ist und gefährlich (auch und zunächst für sich selbst) erscheint, den Text mit seinen ungeeigneten Mitteln zu bändigen sucht und dabei ungewollt, aber um so deutlicher, auf die eigenen Schwächen hinweist, sich selbst »dekonstruiert«.

Der zweite Beleg ist weit problematischer und läßt sich nur dann halbwegs verläßlich interpretieren, wenn man den *discours*, von dem da die Rede ist, auf eine Interpretation des Eigennamens, des Stellenwertes des Eigennamens in Derridas Arbeit, zurückbezieht, mit dem Derrida den »discours littéraire« hier ausdrücklich, wenn auch elliptisch, verbindet. Einen Hinweis gibt allerdings die in Gedankenstrichen stehende Warnung (»– je dis bien discours –«), die Derrida geradezu kryptisch unterschreibt (*je dis* = J. D.), und zwar auch dadurch, daß die Verbindung »je *dis*«/»discours« auf die performative Leistung des Gesagten abhebt: Auch was ich sage, ist »discours«, ich leiste hier, was ich sage, wenn ich »discours« sage.

Damit ist aber noch nicht gesagt, was »discours« hier bedeutet. Um dies in Erfahrung zu bringen, müssen wir dem Eigennamen bei Derrida auf die Spur kommen.

Obwohl Derrida die Leistung von Namen und Eigennamen nirgendwo systematisch-›diskursiv‹ thematisiert[12], kann es auch noch so oberflächlichen Lesern nicht entgangen sein, daß er immer wieder von Namen ausgeht und über sie schreibt, sie einer dekonstruktiven Interpretation unterwirft und dabei einer – noch zu erörternden – Unlesbarkeit anheimgibt. Einen entscheidenden Hinweis für die Interpretation der ›Funktion‹ von Eigennamen stellt dabei der wiederholte Rekurs auf das Nominalkompositum »Eigennameneffekte« *(effets de nom propre)*. Wenn Signifikanten, die keine Eigennamen sind, Eigennameneffekte entlassen können, dann bedeutet dies offensichtlich, daß Eigennamen Gesetzeskraft haben, aber auch schon, daß das Eigene des Eigennamens immer schon »kontaminiert« ist, so daß man ebenfalls behaupten kann, es gebe keine Eigennamen, was sich wiederum (kraft der Gesetzeskraft des Namens) auch umkehren läßt: Es gibt nur Eigennamen. So gesehen steht der Eigenname bei Derrida als *Titel* für die Dekonstruktion eines ökonomisch angelegten Interpretationsdiskurses[13], zu dem auch die Hermeneutik gehört mit ihrer Reduktion des Sinnes auf die phänomenologische Intentionalität und ihrem Anspruch auf (wie auch immer wirkungsgeschichtlich verkomplizierte) verstehende An-eignung (Rekonstruktion) einer ursprünglich einheitlichen Sinngebung, eine Gebärde, hinter der eine Einheits- und Identitätsphilosophie lauert, die immer wieder bereit ist, die Dissemination in des Wortes doppelter Bedeutung zu »sterilisieren« – unfruchtbar zu machen, aber auch das Eigene (das ›oikos‹ der Ökonomie) keimfrei zu machen, vor der Kontamination zu bewahren, die die Verarbeitung von »Eigennamen« in »Dinge« und in »Dingnamen« erst ermöglicht.

Derrida kehrt dagegen die Homophonie von »nom« *(Name)* und »non« *(nein)* heraus und formuliert alternativ: »Identité ou nom«, d. h. hier: Identität oder Name, Name als Verzicht auf Identität. Vor diesem Hintergrund erscheint in bezug auf das »Eigene« ein radikales Umdenken unumgänglich und unverzichtbar: Es kann nicht länger das bleiben, was das ökonomisch angelegte Denken aus ihm machen will, nämlich ein Angeeignetes, sondern muß als Potentialität erkannt werden, die der beherrschenden An-eignung widersteht: *das andere des Angeeigneten.*

Es gilt demnach, diese Widerstandskraft des Eigennamens als dessen Eigentliches, dessen Eigenstes zum Austrag zu bringen – nur unter dieser Bedingung kann er als Signifikant der *écriture* wirken: Schreiben kann man nur, wenn man den Eigennamen zum Gegen-stand des Schreibens macht, genauer gesagt, ihn als Gegenstand des Schreibens wirken läßt, *gegen* ihn schreibt, in höchster Gegnerschaft und nächster Nähe zugleich *(double bind)*. Vor die-

sem Hintergrund unterscheide ich nun drei »Eigennameneffekte«, die jeweils dem Identitäts- und Einheitsprinzip widerstehen:
– Teil- bzw. Zerteilbarkeit,
– nicht voll zu beherrschende Mehrstelligkeit (= Dissemination),
– apriorisches Überleben (als Überwindung des metaphysisch angelegten Gegensatzpaares Leben/Tod).

Diese drei Eigenschaften des Eigennamens lassen sich auch als die prinzipielle Unbeherrschbarkeit des Eigennamens lesen, was man auch durch die Variation eines berühmt gewordenen Heidegger-Satzes auf die Formel bringen kann: »Nicht wir haben einen Eigennamen, sondern unser Eigenname hat uns, schlecht und recht«.

Über das Prinzip der Nicht-Identität hinaus weisen diese drei Eigenschaften auf die strukturelle Verwandtschaft des Eigennamens mit dem *Titel*, dem *Datum*, dem *Rest* und der *Asche* – als ›Motive‹, die zur Aufarbeitung einer Namensphilosophie als Dekonstruktion der Seinsphilosophie beitragen sollen.

Ein Titel *nennt* immer etwas oder jemanden, entläßt also Eigennameneffekte[14], das gilt in exemplarischer Weise für *Glas*, ein Wort, das aus mehr als einer Sprache lebt, aber dadurch nicht einfach ›polysemisch‹ wird, sofern Polysemie selbst sich noch dem Ideal der Sinnbeherrschung verdankt. Beim Titel *Überleben* soll man sich fragen: Wie verhält es sich mit diesem *über*? Was geschieht, wenn man »Überleben« schreibt? Schreibt man nur »Überleben« – und schon hier läßt sich nicht mehr oder noch nicht (dies hängt von den Grenzen und Möglichkeiten der ›Diskursanalyse‹ ab) unterscheiden, ob es sich dabei um eine Feststellung handelt, einen Wunsch oder aber einen Befehl (und wem gälte der Befehl? Mir, oder dem anderen, oder dem anderen in mir?). Ein solches Wort ist aber auch performativ angelegt, und das heißt hier, daß es als Aussage die ›Hilfe‹ einer vereinheitlichenden, sinnvollen Instanz prinzipiell entbehrt: Die Voraussetzung dafür, daß eine Aussage, der Kontext einer Aussage sich nicht mehr mit Sinn sättigen läßt – *Text* wird.

Damit aber nicht genug: Wer »überleben« schreibt, be-schreibt nicht nur das Weiterleben eben dieser Aussage, sondern schreibt auch über *das* Leben, d. h. aber nun auch über *dem* Leben, also von einem Ort aus, der nicht mehr einfach *das* Leben ist, aber ebenso wenig »der Tod« sein kann, sofern Tod und Leben als

Gegensätze gedacht werden. Dieser »Ort« ist der Ort des Überlebens selbst, weder das Leben noch der Tod, zugleich mehr und weniger als das Leben, mehr und weniger als der Tod. Das *über* von »überleben« ist demnach auch ein intensivierendes Präfix oder eine intensivierende Präposition (»*super, hyper, over, über, et même above, et encore beyond*«, *Survivre*, S. 120), es läßt sich durch keine Sinngrenze mehr eindämmen. Kein »Kontext« ist mächtig genug, dieses *über* auszulesen, es hat jeden Kontext a priori überlebt. Das heißt freilich auch: es kann den Kontext, die kontextbezogene Bestimmung nicht entbehren: Kein Sinn läßt sich kontextfrei bestimmen, aber kein Kontext kann absolute Sinngrenzen setzen (»Je pars de là: aucun sens ne se détermine hors contexte, mais aucun contexte ne donne lieu à saturation«, *Survivre*, S. 125).

So können wir jetzt besser verstehen, was es heißt, wenn bereits in *Glas* von dem Eigennamen gesagt wird, er sei ein »surnom«: freilich nicht nur ein Spottname (obwohl auch dies Sinn gibt), auch nicht einfach ein Bei- oder Spitzname, sondern ein *Übername* (wie es in der veralteten Form heißt, die in der Schweiz noch geläufig ist), in dem die Kraft des *über* als intensivierendes Präfix weiter wirkt und demnach die Illusion des Bei-sich-Seins im Eigennamen weiter erschüttert wird: Der Name als Übername ist immer *aufoktroyiert* (»violemment imposé«), aber zugleich wird er auch übernommen: eine aufoktroyierte Übernahme, dies wäre vielleicht die paradoxe Logik des Verhältnisses zum Eigennamen, und aus diesem Paradoxon heraus *(double bind)* erklärt sich, warum die Dissemination des Eigennamens zugleich dessen »Zelebration« ist, ein Bemächtigungsakt zugleich, in dem man sich die Sprache, das Gesetz der Sprache zu eigen machen will – »ein Spiel, bei dem man nie gewinnt«, aber auch nie verliert, das die ökonomische Ordnung aus den Fugen hebt, weil man das gewinnt, was man verliert, und das verliert, was man gewinnt: »Mais évidemment, ce n'est pas quelque chose qui se décide, on ne dissémine pas son nom, on ne joue pas avec son nom. La structure du nom propre elle-même engage ce processus. Le nom propre est fait pour ça. Le désir de perdre, le désir apparent de perdre son nom en le désarticulant, en le disséminant, est évidemment travaillé par le mouvement inverse. En disséminant, en perdant mon nom, naturellement, je le rends de plus en plus envahissant, j'occupe tout le terrain et par conséquent autant de bénéfices pour lui: plus je perds, plus je gagne, à concevoir mon nom propre comme nom de chose ›derrière un rideau‹ etc., et plus naturellement je monumentalise mon nom propre [...]. La dissémination d'un nom propre est en fait une manière de s'emparer de la langue, c'est une manière de mettre la langue à son propre service, de faire la loi de la langue [...]. Perdre son nom en le transformant en nom commun ou en morceaux de nom commun c'est aussi bien le célébrer. C'est le risque pris à perdre son nom en le gagnant, et inversement. Et ça arrive toujours dès qu'il y a du nom propre, cette scène est en place et on perd ce que l'on gagne, on gagne ce que l'on perd« (*L'oreille de l'autre*, S. 105).

Ein solches Bekenntnis zum Eigennamen, das sich dessen »Ungehorsam« (Karl Krolow, *Robinson I*) einverleibt, führt dann auch zur Erkenntnis, daß es kein *Sein* des Eigennamens geben kann: Ein Eigenname kann nur *bleiben*, *über*bleiben, und zwar deshalb, weil er sich immer schon von dem Namensträger gelöst hat; er hat es immer mit »Enteignung« und »Trauerarbeit« zu tun, ja, er »ruft zur Enteignung und Trauerarbeit auf« (*Glas*, S. 120), wobei Trauerarbeit hier zunächst den überlebten Verlust der Identität meint. Das Bleiben des Eigennamens als Überbleiben setzt also die Trauer voraus, das Bleiben ist Trauerarbeit, also prozessual. Dies verbindet den Eigennamen strukturell mit dem *Datum,* das gerade und erst deshalb lesbar wird, weil es sich in der Wiederholung von dem einmaligen Ereignis löst, an das es gleichwohl erinnert (*Schibboleth*, S. 65). Der Eigenname nimmt immer schon den Tod dessen vorweg, der – fälschlicherweise – als Namensträger bezeichnet wird: Wer unterschreibt, ist bereits gestorben, und weil der Eigenname uns a priori überlebt, trägt vielmehr *er* uns, und zwar auch so, wie man einen Toten trägt: Jede Namensgebung ist eine Tragbahre, unerträglich-erträglich. Der Eigenname ist ein Überrest, und es gehört zu seiner Struktur, daß ihm die Teilbarkeit eingeschrieben ist, weil er nur durch eine vorgängige Trennung (Trauer) zum Überrest wird. Daher läßt sich ein solcher Überrest auch prinzipiell immer weiter teilen, daher kann er auch nie »sein« (il *»reste* sans être«, *Schibboleth*, S. 68), nie in sich ruhen, zum ewigen Frieden eingehen: Eine ihm eigentümliche Unlesbarkeit bewohnt ihn, geht um in ihm wie ein Gespenst. Freilich soll diese Unlesbarkeit richtig *gelesen* werden – sie bedeutet keineswegs einen Rückzug in die Metaphysik des unerreichbaren Sinnes, des Unsäglichen. Die ursprüngliche Unlesbarkeit, wenn

man so sagen darf, läßt sich nur verstehen, wenn man davon ausgeht und ins Auge faßt, daß sie eine bestimmte Auffassung von der
Lesbarkeit als *Auslesenkönnen* überlebt. Weit davon entfernt, das
Lesen auszuschließen, fördert sie es, sprengt sie die hermeneutischen Regeln, überspielt sie a priori das »klassische« Verständnis
von Lesbarkeit als Zugang zu einem *eigen*tlichen, übersetz- und
übertragbaren, beherrschbaren Sinn. Sie leistet Widerstand gegen
die Instanz der Sinnidentität und damit gegen alle Grenzen, die
man immer wieder – z. B. im Namen des »Diskurses« – dem Text
setzen will, um ihn (sich?) vor der *écriture* als »Gefahr der Dissemination« retten zu können.

Für den überlebenden Rest und dessen Gespensterhaftigkeit hat
Derrida in seinen jüngsten Veröffentlichungen einen Namen gefunden: *Asche*. Schon *Schibboleth* sei der Asche (u. a. Paul Celans)
gewidmet, und dort kündigt sie sich tatsächlich an in der Vorstellung vom »Wahn- oder Irrsinn, der ein Datum von innen her
verbrennt«: »Elle [das Datum, Ph. F.] doit brouiller, la passant et
repassant, la frontière entre lisibilitié et illisibilité. L'illisible est
lisible comme illisible, illisible en tant que lisible, voilà la folie qui
brûle une date par le dedans« (*Schibboleth*, S. 72). Und kurz darauf wird das »Nicht-sein« des Datums durch »diesen Rest ohne
Rest« heraufbeschworen, »den man Asche nennt« (ebd., S. 73).
Und in dem jüngst erschienenen Text *Feu la cendre* (vgl. Anm. 11)
wird der Asche der Wert eines Paradigmas der »Spur« zugeschrieben: Dort kann man lesen, daß das Wesen der Asche, d. h. die
Asche der Asche, gerade darin bestehe, daß sie nicht bei sich selbst
bleiben könne: »Ne pas rester auprès de soi, ne pas être à soi, voilà
l'essence de la cendre, sa cendre même« (ebd., S. 45). Und ich
schneide mir auch diesen Satz heraus, in dem das bisher Erörterte
noch einmal zum Zuge kommt: »C'est là la cendre: ce qui garde
pour ne plus même garder, vouant le reste à la dissipation, et ce
n'est plus personne disparue laissant là cendre, seulement son nom
mais illisible. Et rien n'interdit de penser que ce soit là aussi le
surnom du soi-disant signataire. Il y a là cendre, une phrase dit
ainsi ce qu'elle fait, ce qu'elle est« (ebd., S. 19).

Haben wir uns in diesem Labyrinth von einem Denken des Textes
unlautererweise entfernt, und hat uns die heiße Spur der Asche
von dem »discours littéraire« als Verarbeitung des Eigennamens in
Dingnamen abgebracht? Keineswegs. Wir sind vielmehr erst jetzt
in der Lage, annähernd zu verstehen, was bei Derrida gemeint sein

mag, wenn er in *Glas* den Text so ›definiert‹: »Un texte n' existe, ne résiste, ne consiste [...] que s'il est travaillé par l'illisibilité d'un nom propre« (S. 45. Ich übersetze: Dastehen, Widerstehen und Fortbestehen kann ein Text erst und nur, wenn die Unlesbarkeit eines Eigennamens ihn unterminiert).

Man kann demnach jetzt sagen, daß der *discours*-Begriff, von dem wir im zweiten Zitat ausgegangen sind, die eingeäscherte Etymologie der Dissemination zurückgibt und sie gerade deshalb nicht als *etymon,* als Wahrheit-zu-der-man-zurück-finden-soll, bändigen muß, sondern als *Über*rest reaktiviert.

Nun könnte es sein, daß meine bisherigen Ausführungen nicht nur Derridas diesbezügliche Gedanken zu beschreiben suchten, sondern auch und zunächst (z. B. bei der Auswahl der Schwerpunkte und Zitate) durch einen Namen bestimmt wurden, der bisher unsichtbar und unlesbar *geblieben* ist, weil ich von ihm aus Derridas Äußerungen gelesen und gesichtet haben mag. Dabei handelt es sich interessanterweise nicht primär um einen Eigen-, sondern um einen Ortsnamen, dem eine bestimmte Geschichte eignet, durch die er als Eigenname in die Literaturgeschiche eingegangen ist.

Schon deshalb ist es mehr als bloße Laune, wenn ich jetzt – in extremer Zusammenfassung – auf den Namen »Lenau«, dessen Geschichte und dessen Behandlung durch die Literaturwissenschaft, eingehe.

Im folgenden wird also nicht untersucht, wie Lenau den eigenen Namen etwa kryptisch zitiert oder zerstreut, sondern Gegenstand der Analyse ist der Widerspruch zwischen der Struktur des Namens »Lenau« und dem disziplinierenden literaturwissenschaftlichen Diskurs, der aus »Lenau«, also auch dem so betitelten Text, einen Diskurs im institutionellen bzw. institutionalisierbaren Sinne macht.

Es mag aber zunächst befremdend wirken, daß ich gerade diesen Namen mit »Derrida« in Verbindung setze: Wenn ich Martens glauben soll, der immerhin eines der wichtigsten Lenau-Bücher geschrieben hat, ist Lenau »kein Großer unserer [= Ihrer, Ph. F.] Literatur. Seine sprachliche Gestaltungskraft ist nicht ursprünglich reich. Selten gelingen ihm dichterische Gebilde ohne Fehl. Immer beherrscht er nur wenige Register«.[15] Dabei sind diese Symptome nicht einmal falsch, nur die Konsequenz, die Martens aus ihnen zieht, ja charakteristischerweise ihnen voranstellt, erübrigt sich, weil die Fragestellung nicht dem eigentlichen Impetus, der eigentlichen Triebfeder gilt, die aus Lenaus Text das macht, was er – bei allen Disziplinierungsversuchen – nicht *ist,* sondern *bleibt.* Methodisch verfällt Martens der Illusion phänomenologischer Induktion, nach der »Motive, Bilder, Situationen und Gestalten« allein den »Schlüssel zum Verständnis«[16] abgeben könnten, d. h., er verfällt eben der Illusion, deren Aufdeckung Foucault zum methodologischen Leitfaden seiner Archäologie erhoben hat, nämlich der Illusion, daß das ›Produkt‹ Rückschlüsse auf die Produktionsmodalitäten erlaube, weil das Bewußtsein als Setzendes wahrgenommen werde, wo es selbst doch nur ein Gesetztes sei. Dabei kann Martens so tun, als ob er die üblichen Instanzen entbehren könnte, die immer wieder als Zensur- bzw. Disziplinierungsmechanismen fungieren, wo sein Diskurs doch von vorn herein ihrer Logik anheimfällt. Diese Instanzen sind: Die Rhetorik, die Geschichte, das Leben. Ich muß mich vorerst weitgehend auf einen an »Lenau« orientierten Kommentar dieses Instanzendreiecks beschränken.

Lenaus Dichtung wird immer wieder als rhetorische Übung eines »Weltschmerz«-Dichters dargestellt, die als Ausdruck einer bewußten »Pose« zu verstehen sei. Ein solcher Ausgangs- und Endpunkt führt ebensooft zu willkürlichen Urteilen, die jeweils nur die eigene, vorgefaßte Meinung bestätigen sollen. Überdeutlich ist diese Gebärde etwa in der psychiatrisch angelegten Fallstudie von Erica Genil-Perrin, in der sich die Autorin einerseits dagegen verwahrt, daß man »Lenaus tiefere Gedanken besser verstehen könne als er selbst«[17], nicht aber davor zurückschreckt, genau und endgültig darüber entscheiden zu wollen, was da »Pose« (= Dichtung?!) und was »Wahrheit« sei.[18] Dagegen ließe sich aber zeigen, daß gerade die Metaphern, die zugleich die Rhetorik inszenieren – ich denke z. B. an »Philomele« im Gedicht *Frühlings Tod*[19] – jede bloß rhetorische Verflachung dadurch überspielen, daß sie von sich aus die Struktur des *Über*restes aktualisieren und demnach dem Geschick des Namens »Lenau« nachgehen – es geht dabei nämlich, wie noch gezeigt werden soll, um die Geschichte einer Verstümmelung und der Einschreibung eines Toten.

Die zweite Instanz ist »die Geschichte«. Hier geht es vor allem um eine Interpretationsgebärde, die seit den 60er Jahren besonders die Ost-Germanistik auszeichnet und eben das Image vom nur rhetorisch gewandten Dichter korrigieren soll. Der eigentliche

Lenau sei nicht der frühere, sondern vielmehr der spätere, der Autor der *Albigenser,* der sich aufgrund des Hegelschen Geschichtsbewußtseins zur Emanzipation der Menschheit bekenne. Dabei wird Lenaus Dichtung im Namen einer impliziten Einheits- und Entwicklungsthese gewaltsam vereinfältigt; ist es doch nach einer solchen Prämisse schier unmöglich, eigene Äußerungen Lenaus zu verstehen, nach denen er zwar *Die Albigenser* geschrieben habe, aber in Wahrheit auch nie vom Christentum abgefallen sei.[20] In Wirklichkeit aktualisiert das Bekenntnis zum Christentum wie zum Hegelschen Geschichtsbewußtsein den Doppeleffekt einer vorgängigen Position, und eben nicht zwei widersprüchliche, einander ausschließende Anschauungen. Das *nicht mehr* des verlorenen Paradieses und das *noch nicht* der Hegelschen Eschatologie wiederholen eine und dieselbe Logik, die das Erreichen eines Identitätsideals zugleich notwendig und unmöglich macht, weil Lenau davon ausgeht, daß die gesamte Schöpfung »ein Abfall ist von Gott« (*Abfall:* ein anderes Wort für den *Über*rest).

Demnach würde aber Lenau die Weltgeschichte von der eigenen Namensgeschichte her gelesen haben, was auch im voraus legitimiert, daß der Mensch nach diesem Schema nichts am individuellen Geschick ändern könne: Ist doch bekannt, daß er sich nicht selbst zu diesem Namen entschlossen hat, sondern es ist der Name, unter dem die schwäbischen Freunde seine Gedichte während seiner Abwesenheit veröffentlicht haben: »Als Lenau im Juni 1833 in Bremen wieder deutschen Boden betrat, wurde er als berühmter Dichter begrüßt«.[21]

Mit diesen Beobachtungen sind wir bereits bei der dritten Kontrollinstanz angelangt, dem Leben – was man in diesem Zusammenhang darunter versteht. Freilich fehlt es nicht an Symptomen und Äußerungen von Lenau selbst, aus denen heraus man »das Werk« aus »dem Leben« erklären könne. Doch muß man Lenaus diesbezügliche Worte immer wieder einer gewaltsamen Nicht-Lektüre unterwerfen, um eine Auffassung vom Leben zurechtbasteln zu können, die sich dann auch so beherrschen läßt, daß sie selbst zum Werkzeug einer Beherrschung des Textes gemacht werden kann. Ein in diesem Argumentationszusammenhang vielzitiertes, aber kaum analysiertes Wort Lenaus ist folgendes: »Meine sämtlichen Schriften sind [...] mein sämtliches Leben«. Eine solche Formulierung legt in der Tat die Versuchung nahe, das Werk mit dem Leben *restlos* zu identifizieren. Dies wäre aber nur möglich, wenn man dieses Zitat so lesen dürfte, wie es da steht – als sei es vollständig. Das ist es aber nicht. Das vollständige Zitat lautet nämlich: »Meine sämtlichen Schriften sind, *da ich für Taten keinen Raum finde,* mein sämtliches Leben.« (Hervorhebung von mir, Ph. F.) Und das will nun sagen: Was ich »mein Leben« nenne, hat bereits Überrestcharakter, meine sämtlichen Werke sind mein sämtliches Leben, weil ich kein anderes, eigentliches Leben habe – ein Leben der Taten, die Taten *als* Leben. *Also* sind meine sämtlichen Schriften mein sämtliches Leben, weil ich, als Tatenloser, nicht wirklich am Leben bin.

Ist nicht tatsächlich einer, der sein sämtliches Leben mit seinen sämtlichen Schriften auf diese Weise identifiziert, gewissermaßen bereits tot? Freilich muß dieser Tod besonderer Art sein: zugleich mehr und weniger als der Tod, also auch mehr und weniger als das Leben, was genau der Dimension des Namens – jedes Namens – entspricht. Es soll noch gezeigt werden, worin die Individualität des Namens »Lenau« in diesem Zusammenhang besteht.

Wie das Leben, wie der Tod, ist auch dieser Name zugleich mehr und weniger als ein Name, und aus diesem Grund kann er nie *sein,* nie *in sich ruhen.* Vergegenwärtigen wir uns noch kurz die Lebenstopologie Lenaus, wie sie etwa am Ende des Sonetts *Eitel Nichts* zum Ausdruck kommt: »Doch trägt uns eine Macht von Stund' zu Stund',/Wie's Krüglein, das am Brunnenrand zersprang.« Das Krüglein (der Mensch selbst) erscheint gleichursprünglich mit seinem Zerspringen und wird dabei auf einen äußeren Impetus bezogen. Das Krüglein hat *immer schon* einen Sprung, sein Ursprung ist bereits dieser Sprung, aus dem heraus das Leben sich konstituiert oder vielmehr konstituiert und vorausbestimmt wird: »Nun ist es leer. Wer mag daraus noch trinken?/Und zu den anderen Scherben muß es sinken.« Die Scherben: Schon wieder ein Wort für den Überrest. Schon zeitlebens überlebt sich der Mensch, das Leben ›beginnt‹ mit einem *Über*leben, das gilt auch für den Menschen mit dem Namen »Lenau«, der von sich sagt, eine Brut von Toten lebe in ihm fort.

An dieser Stelle sei daran erinnert, daß Lenau väterlicherseits »Edler von Strehlenau« (einer Ortschaft in Schlesien) war, so daß »Lenau« nun wirklich auf eine Verstümmelung zurückgeht, die aber kein Minus, sondern ein Plus ist, da in diesem Namen die Spur des verlorenen Ursprungs und des früh verstorbenen Vaters – eben durch die Verstümmelung – weiterwirkt. Die Spur, d. h. die *über*bleibende Anwesenheit eines Restes (»la présence subsistante d'un reste«, *Schibboleth*, S. 62). Diese Anwesenheit freilich wirkt sich immer mehr wie ein Verwesen, ein *bleibendes Verwesen* aus, dessen Verweser die Literaturwissenschaftler sein sollen – auf welche Weise nun? Liest man genau, und d. h. hier buchstäblich, ist das aufgegebene *Streh-* von »Strehlenau« selbst ein anagrammatisches Wort für den *Rest(h),* und es ist dieser Rest, der dem Namen Lenau im Endeffekt seine Kraft gibt, aus ihm den Rest eines Restes macht, also einen potenzierten Rest, einen *Über*rest im bereits dargestellten Sinne des Präfixes *über,* der deshalb nicht friedlich in sich ruhen kann und fortan unbegrenzbare Eigennameneffekte aus sich entlassen muß.

Ich muß hier abbrechen und darauf verzichten, mit Beispielen darzulegen, daß nicht nur Dichter hellhörig sind für die Aufrufkraft von Eigennamen oder (geographischen) Namen mit Eigennameneffekten. Man muß kein Genie und auch kein Wahnsinniger sein, um auf Namen so zu reagieren, denn es hat primär nichts zu tun mit der individuellen Psyche, sondern ist *strukturell* bestimmt durch die Überlebenskraft des Eigennamens. Es entspricht dem, was Roland Barthes »die großartige Logik der Symbole«[22] nennt (»la grande logique des symboles«), die stärker sei als die Geschichte, und auch der Lacanschen Diagnose, daß nicht der Mensch über das Symbolische, sondern das Symbolische über den Menschen bestimme. Und wie sehr das für Lenau gilt, mag eine Briefstelle belegen, in der ein Name *als* Begründung-ohne-Grund eingesetzt wird[23]:

Meine Reise in Steiermark war ganz herrlich. Ich habe mehrere Höhen bestiegen, darunter die Schneealpe bei Neuberg 6000, und *Hochschwab, den ich seines Namens wegen gewählt hatte,* an 8000 Fuß über dem Meer ist.

Nur Überlebendes kann zum Schreiben aufrufen, zum Schreiben dessen, was es in und an uns liest. Dabei ist es eine Tätigkeit unter anderen, um Eigennamen kryptisch zu bewahren und zu zelebrieren; an Lenau ließe sich z. B. auch zeigen, inwiefern die Mutter-Imago, d. h. auch die Ersatznamen für die Mutter, bei der Auswahl der Geliebten oder Freundinnen entscheidend ist. Die Struktur (Aufrufkraft) aber bleibt dieselbe, so daß man hier eine Möglichkeit sehen kann, um »Literatur« und »Leben« in neuem Zusammenhang aufeinander zu beziehen. Dies wäre nicht die geringste

Konsequenz einer Weiterentwicklung der Problematik des Eigennamens durch die Diskursanalyse und die Literaturwissenschaft,
durch die Diskursanalyse *als* Literaturwissenschaft und durch die
Literaturwissenschaft *als* Diskursanalyse – und eine weitere, entscheidende und theoretisch auch sicher wünschenswerte Konsequenz wäre die Neuformulierung der Begriffe »Diskurs« und
»Literatur« – und eben das wurde hier ansatzweise versucht.

Anmerkungen

1 Michel Foucault, *L'archéologie du savoir,* Paris: Gallimard 1969 (dt.:
  Die Archäologie des Wissens, aus dem Französischen von Ulrich Köppen, Frankfurt/Main 1973 [stw 356]).

2 Vgl. Jacques Derrida, *Positions,* Paris: Editions de Minuit 1972, S. 61,
  82, 125.

3 Foucault, a. a. O., S. 106.

4 Vgl. die Unterscheidung, mit der Foucault u. a. die Textwissenschaft
  herausfordert: »La question que pose l'analyse de la langue, à propos
  d'un fait de discours quelconque, est toujours: selon quelles règles tel
  énoncé a-t-il été construit, et par conséquent selon quelles règles d'autres énoncés semblables pourraient-ils être construits? *La description
  des événements du discours pose une tout autre question: comment se
  fait-il que tel énoncé soit apparu et nul autre à sa place?«* (ebd., S. 39,
  Hervorhebung von mir, Ph. F.).

5 Vgl. dazu Manfred Frank, *Was ist Neostrukturalismus?,* Frankfurt/
  Main 1983 (edition suhrkamp 1203), S. 227 ff.

6 kultuRRevolution. zeitschrift für angewandte diskurstheorie, Nr. 11,
  Februar 1986, S. 4 f.

7 In: Le Monde, 17. 3. 1987.

8 Foucault, a. a. O., S. 17.

9 Vgl. dazu Philippe Forget, *Literatur – Literaturgeschichte – Literaturgeschichtsschreibung. Ein rückblickender Thesenentwurf,* in: *Kontroversen, alte und neue.* Akten des VII. Internationalen Germanisten-
  Kongresses Göttingen 1985, Bd. 11, hg. v. Albrecht Schöne, Tübingen:
  Niemeyer 1986, S. 35–46.

10 Vgl. dazu Philippe Forget, *Leitfäden einer unwahrscheinlichen Debatte,* in: Philippe Forget (Hg.), *Text und Interpretation.* Deutsch-
  französische Debatte mit Beiträgen von J. Derrida, Ph. Forget, M.
  Frank, H.-G. Gadamer, J. Greisch und F. Laruelle, München: Fink
  1984, S. 7–23. Dort wird – in extremer Gegenführung – unter ›Diskurs‹

alles verstanden, was nicht ›Text‹ (im hier wie dort verstandenen Sinne) ist.

11 Erster Beleg: *Entretiens avec Le Monde*, 1. Philosophies, Le Monde/La Découverte, Paris 1984, S. 83 f. Zweiter Beleg: *Glas I, Que reste-t-il du savoir absolu?*, Paris 1974, ²1981, S. 6. – Die Derrida-Texte, die im folgenden erwähnt oder zitiert werden (alles unübersetzte Texte): Claude Lévesque/Christie McDonald (Hg.), *L'oreille de l'autre, Otobiographies, transferts, traductions. Textes et débats avec Jacques Derrida*, Montreal: vlb éditeur 1982; *Survivre*, in: *Parages*, Paris: Galilée 1986, S. 117–218; *Schibboleth*, Paris: Galilée 1986; *Feu la cendre*, Paris: édition des femmes 1987. Um die Lesbarkeit zu erleichtern, wird von jetzt an gleich im laufenden Text (in Klammern und mit Seitenangabe) auf diese Texte zurückverwiesen.

12 Eine Ausnahme bilden einige Diskussionsbeiträge von Derrida in *L'oreille de l'autre*, vgl. vor allem S. 104 ff.

13 Interessanterweise hat Roland Barthes bereits 1970 in *S/Z* auf diese Perspektive hingewiesen: »En reprenant au discours le nom propre de son héros, on ne fait que suivre *la nature économique du Nom:* en régime romanesque (ailleurs aussi?), c'est un *instrument d'échange:* il permet de substituer une unité nominale à une collection de traits en posant un rapport d'équivalence entre le signe et la somme: c'est un artifice de calcul qui fait qu'à prix égal la marchandise condensée est préférable à la marchandise volumineuse« (*S/Z*, Paris 1970, S. 101, Hervorhebungen von mir, Ph. F.).

14 Die Nennungskraft des Titels sorgt eben für die Nicht-Identität des Textes mit dem Titel und des Titels mit dem Text. Nur eine Texttheorie, die noch auf die Vorstellung und die Autorität eines transzendentalen, sinnorganisierenden Signifikats eingeschworen ist, muß sich gegen diese Auffassung, die sich empirisch immer wieder verifizieren läßt, wehren. Bezeichnende Beispiele wären hier Freuds Interpretation von Hoffmanns *Der Sandmann* (in: ders., *Das Unheimliche* [Stud.-ausgabe, Bd. 4]) oder Gadamers Bemerkungen zu Mallarmés Gedicht *Salut* (in: *Text und Interpretation* [vgl. Anm. 10], S. 50).

15 Wolfgang Martens, *Bild und Motiv im Weltschmerz*, Köln, Graz 1957.

16 Ebd., S. 2.

17 Erica Genil-Perrin, *Psychiatrie et littérature: Le cas Lenau*, Paris 1969.

18 Ebd., S. 44.

19 »Der Himmel, finster und gewitterschwül,/Umhüllt sich tief, das er sein Leid verhehle,/Und an des Lenzes grünem Sterbepfühl/Weint noch sein Kind, sein liebstes, Philomele« (2. Strophe). Es ist hier daran zu erinnern, daß »Philomele«, bevor sie zur dichterischen Bezeichnung der Nachtigall und dann auch metonymisch der Poesie wurde, die

Tochter des attischen Königs Pandion war, die von ihrem Schwager Tereus vergewaltigt wurde. Um sie am Herumreden zu verhindern, raubt er ihr auch die Zunge. Aber der stumm gewordenen Philomele gelingt es, ihrer Schwägerin ihre Geschichte dadurch zu erzählen, daß sie sie als Motiv in einen Teppich einwebt.

20 Vgl. dazu Genil-Perrin, a. a. O., S. 116.

21 Reiner Schlichting, in: *Lenaus Werke in einem Band,* Berlin, Weimar: Aufbau 1981, *Einleitung,* S. XX.

22 Roland Barthes, *Critique et vérité,* Paris 1966, S. 59. An anderer Stelle (S. 52) kann man lesen: »La littérature est exploration du nom.«

23 Brief an Emilie Reinbeck vom 15. August 1835 (Hervorhebung von mir, Ph. F.).

Gerhard Plumpe

Kunst und juristischer Diskurs
Mit einer Vorbemerkung zum Diskursbegriff

Das Wort »Diskurs« gehört zu jenen Begriffen, die ihre kulturelle Ubiquität semantischer Offenherzigkeit verdanken. Man kann dann auf die Weiterverwendung des Begriffs verzichten oder theoretische »Disziplinierung« verlangen. Da man dies aber selten allein tut, kehrt der Beliebigkeitsverdacht wieder. Dann hilft nur noch Begriffsgeschichte. Aus ihr können Motive ersichtlich werden, die den »Diskurs« zum Objekt theoretischer Kontroversen mit öffentlicher Ausstrahlung haben werden lassen.

An zwei Traditionen sei erinnert: »Diskurs« – das war einmal mündliche Rede, Konversation, Gedankenaustausch unter Gesprächspartnern, weniger dessen schriftliche Fixierung; »Diskurs« – das war andererseits der Prozeß des begrifflichen Denkens, das Arbeit und Mühe auf sich nehmen muß, »um in der Erkenntnis Fortschritte zu tun«[1], da ihm plötzliche Intuitionen versagt sind. Auf beide Traditionen – Gespräch und Arbeit des Begriffs – kann sich in der Gegenwart jene Konzeption des Diskurses berufen, die in erster Linie von Habermas entwickelt worden ist. »Diskurs« bedeutet hier bekanntlich jene rationale und egalitäre Konsensbildung unter gleichberechtigten und wohlinformierten Partnern, in der allein der »zwanglose Zwang« des überzeugenderen Arguments entscheiden und die Übereinstimmung der Beteiligten und Betroffenen ermöglichen soll. Habermas hat diese Konzeption natürlich nicht als Beschreibung empirischer Diskurse begriffen, sondern als regulative Idee oder utopischen Horizont, in dem die empirischen Diskurse kritisiert und verändert werden können.

Nun läßt die Begriffsgeschichte aber auch erkennen, daß der »Diskurs« normative und ausgrenzende Konsequenzen hat. Die Norm der rationalen, intersubjektiv gültigen Argumentation, die man »Norm der Meinungsbegründungsnotwendigkeit« nennen könnte, richtet sich kritisch gegen Inspirationen und kommunikationsungeeignete Privatevidenzen[2]; die Norm der Konversation hat zumeist »anstößige« Themen, die Unfrieden stiften können, unter Tabu gestellt; man denke an die Ausgrenzung politischer oder auch religiöser Thematik aus der gepflegten Konversation des alten Bürgertums, da es sich um Themenkreise handelte, die dem Ideal harmonischen Verständigtseins zuwiderliefen. »Nun, wir wollen das fallen lassen« – heißt es in einem Roman Fontanes, als Politisches ins Gespräch kommt –, »so was wird leicht persönlich, und im Persönlichen liegen immer die Keime zu Streitigkeiten. Aber Kunst, Kunst, darüber läßt sich reden; Kunst ist immer friedlich.«[3] An diesen ausgrenzenden und normativen Implikationen orientiert sich die von Foucault begründete Diskurstheorie, die »Diskurse« als institutionalisierte Aussagemengen versteht, die im Blick auf das, was man wissen und sagen könnte, stets als Auswahl oder »Verknappung« verstanden werden müssen.

In der aktuellen Diskussion werden diese beiden prominenten Verwendungsweisen des Begriffs in aller Regel als strikt gegensätzlich empfunden: einmal das kontrafaktische Ideal eines Diskurses, der Wahrheits- und Gerechtigkeitsfragen konsensuell entscheiden möchte; zum anderen die skeptische Analyse der wirklichen Diskurse, die von Machteffekten durchzogen sind, meist auf Ausgrenzung, Kontrolle oder Normierung abzielen und insofern aus der Sicht der ersten Position immer schon »verzerrt« sind – während diese erste Position in der Perspektive Foucaults bestenfalls eine schöne Illusion, schlimmstenfalls eine besonders hinterhältige Machttechnik ist, die Unterwerfung durch »Einsicht« gewährleisten kann.

Stehen diese beiden Positionen aber wirklich in einem kontradiktischen Verhältnis zueinander, wie es die aktuelle Debatte suggeriert? Doch wohl nur, wenn sie ihre leitenden Überzeugungen überziehen und sich dann auf einen eher unfruchtbaren Streit zwischen überschwenglichem Utopismus einerseits und hyperskeptischem Relativismus andererseits einlassen. Nun hat Foucault freilich immer wieder zu einer philosophischen Radikalisierung seiner Forschungshypothesen provoziert. Seine Strategie zielte darauf ab, Geltungsansprüche auf theoretische Wahrheit oder moralisch-politische Richtigkeit nur als diskursimmanente Phänomene zuzulassen, denen keine weitere Bedeutung zukomme. »Wahrheit« und »Richtigkeit« (und ihre Gegenbegriffe) werden so generell zu Diskursereignissen und Diskurseffekten reduziert, zumal kein Ort existiere, an dem sie »neutral« reflektiert werden könnten. Wissenschaften können sich ebensowenig auf ihre

»Wahrheit« wie Herrschaftsverhältnisse auf ihre »Legitimierbarkeit« hin befragen lassen. Kann die strikte Funktionalisierung genereller Geltungsansprüche aber *argumentativ* durchgehalten werden? Gegen die Behauptung einer nur diskursimmanenten Bedeutung von Wahrheitsbehauptungen hat Habermas eingewandt, daß die Selbstanwendung dieser These den kritischen Charakter der Theorie Foucaults hinfällig werden lasse, weil kein Kriterium mehr auffindbar sei, um ihre *theoretische* Überlegenheit über die kritisierten Humanwissenschaften zu bestimmen.[4] Und zur Frage der Begründbarkeit moralisch-politischer Ziele und Programme hat er auf die Aporie hingewiesen, die sich einstellt, wenn man Machtstrukturen zwar minutiös beschreiben, aber kein eigentliches Motiv mehr angeben kann, aus dem heraus man sich ihnen widersetzen soll. Habermas meint, daß Foucault sich der Denkmittel beraubt habe, die eine angemessene Reflexion der moralischen Differenz zwischen Widerstand und Unterwerfung, Kritik und Anpassung möglich machen.[5]

Nun könnte man von Foucault aus metakritisch auf die Relativität auch dieses philosophischen »Sprachspiels« verweisen, das seine immanenten Illusionen fälschlich oder naiv generalisiert – ohne doch den Grenzen seines Diskurses zu entkommen. Diese mögliche Antwort hält der Pointe der Kritik aber wohl nicht stand. Denn Habermas unterstellt, daß auch die metakritische Position an Prämissen gebunden ist, die sie mit der Kritik an ihr teilt und die sie nur um den Preis eines flagranten Selbstwiderspruchs tilgen könnte. Die Geltungsansprüche auf Wahrheit und Richtigkeit – wie immer man sie im einzelnen begründet – liegen auch der Position zugrunde, die sie funktional oder relativistisch reduzieren will. Ein Beispiel mag dieses Argument erläutern: In dem 1985 erschienenen Sammelband *Anschlüsse. Versuche nach Michel Foucault*[6] scheinen die Herausgeber auf S. 11 ihrer Einleitung jede »Wahrheit hinter den Diskursen« mit Foucault selbstgewiß zurückzuweisen, um dann auf S. 12 die Überlegenheit der eigenen Position damit zu begründen, daß sie ein *angemesseneres* Bewußtsein der Gegenwart habe als die kritisierten Theorien der europäischen Moderne. Der Selbstwiderspruch ist offenkundig: entweder ist der Erklärungsanspruch von Theorien nur ein immanenter Effekt des Diskurses – dann aber lassen sich konkurrierende Diskurse hinsichtlich ihrer Problemlösungskapazität angesichts »realer« Probleme nicht vergleichen; oder man hält einen solchen Vergleich für sinnvoll, dann aber nur mit Hilfe eines kriteriellen Wahrheitsbegriffs.

Die Ansprüche auf Wahrheit und Richtigkeit haben ein transdiskursives Niveau inne, da sie nicht zu den spezifischen Regeln gehören, die einzelne Diskurse konstituieren. Sie gelten vielmehr generell. Insofern sollte die aktuelle Debatte vermeiden, in eine unnütze Blockierung zu geraten. Die Diskurstheorien von Habermas und Foucault sind so konstruiert, daß sie sich wechselseitig einschließen. Sie können sich gegenseitig als theoretische Objekte wahrnehmen und dies zusätzlich *wissen*. Auf diese Weise bleiben sie von Überschwenglichkeiten frei. Die philosophische Rede, auch die, die Geltungsansprüche in ihrer generellen Bedeutung zu begründen versucht, bleibt ein Diskurs, der mit Machteffekten einhergeht und an spezifische Regeln der Aussagengenerierung gebunden bleibt; andererseits ist die Diskurstheorie Foucaults eine wissenschaftliche Position, die implizit in ihrer Wahrheitsfähigkeit ernstgenommen werden will, und ein moralisch-politisches Unternehmen, das die Richtigkeit seiner Kritik an den drückenden und menschenverächtlichen Nebenfolgen der europäischen Modernisierung argumentativ ausweisen können sollte. Wenn diese Darstellung der Debatte für manche vielleicht enttäuschend ist, weil sie ihr die »Dramatik« nimmt, so mag sie doch zugleich auf die Chance hinweisen, die in der wechselseitigen »Beobachtung« der beiden Diskurstheorien liegt.

Die folgenden Überlegungen benutzen den Begriff des Diskurses – in Anlehnung an Foucaults Ausarbeitung in der *Archäologie des Wissens*[7] – nicht als philosophische, sondern als operative Kategorie zur Analyse kulturgeschichtlicher Interdependenzprozesse, d. h. des sog. »Interdiskurses«.[8] Ihren Ausgangspunkt finden sie in Foucaults berühmt gewordenem Vortrag *Was ist ein Autor?*[9] aus dem Jahre 1969. Daß die juristische Kunstkonzeption, Rechtsbegriffe wie Urheber und Werk, Gemeingut und Individualität, ihre Genealogie und interdiskursive Funktion frag-würdig und nicht nur für Juristen von Belang sind, hat Foucaults Vortrag in unser Bewußtsein gerückt. Studien wie die von Bernard Edelman über die juristische Auseinandersetzung mit den Medien Photographie und Film in Frankreich[10], von Karl-Heinz Ladeur zu Geschichte und Funktion von »Subjektivität im juristischen Diskurs«[11] oder von Heinrich Bosse zur *Entstehung des Urheber-*

rechts aus dem Geist der Goethezeit[12] haben der von Foucault eröffneten Fragestellung konkretere Konturen gegeben. Auch Derridas Plan einer Studie mit dem Titel *Vom Recht zur Literatur* knüpft an Foucaults Vortrag von 1969 an; so vermutet Derrida, daß die Kodifizierung der Literatur im Urheberrecht »einen wesentlichen, inneren und entscheidenden Bezug zu dem gehabt (hat), was andere das innerste Innere der Produktion literarischer und künstlerischer Formen im allgemeinen nennen würden«.[13]

Im Blick auf diese Arbeiten, aber auch auf eigene Forschungen zum Verhältnis von Recht und Ästhetik[14], möchte ich in historischer Perspektive einige ästhetische Positionen des juristischen Diskurses erläutern (I); an das Ende meiner Überlegungen stelle ich drei Thesen zur interdiskursiven Funktion des juristischen Kunstkonzepts (II).

I.

Im *18. Jahrhundert* mußte der juristische Diskurs klären, wie ein *Buch* beschaffen sein muß, wenn sein Verfasser es als Eigentum reklamieren will. Die extradiskursiven, sozialgeschichtlichen Ereignisse, die dazu führten, daß eine juristische Frage dieser Art auftauchen konnte, klammere ich aus, ohne ihre Bedeutung zu übersehen. Die Bestimmung der *Eigentümlichkeit* eines Buches stellte den juristischen Diskurs vor erhebliche Reflexionsprobleme. Die sachenrechtliche Orientierung der römischen Rechtstradition bot keine Handhabe, da ihr ›Materialismus‹ wohl Eigentum an den gedruckten Exemplaren, nicht aber an so etwas wie einer ›immateriellen‹ Konzeption zu denken erlaubte. Im Bereich der bildenden Künste band sie das Eigentum stets an den Besitz des materiellen Substrats eines Artefakts; die künstlerische ›Spezifikation‹ der Sache begründete bestenfalls ein ›gemeinsames Eigentum‹, in das sich Sachbesitzer und Artifex zu teilen hatten – eine Lösung, die Hegel später als »leere Spitzfindigkeit« bezeichnet hat. Aussichtsreicher erschien der Eigentumsbegriff des Naturrechts, vor allem in seiner Ausprägung bei John Locke. Denn Locke bestimmte Eigentum bekanntlich als *Ergebnis individueller Aneignung eines ursprünglichen Gemeinguts durch Bearbeitung.* Und konnte ein Buch nicht als Resultat der ›geistigen Arbeit‹ seines Verfassers verstanden werden? – Doch diese Überlegung löste

die Probleme der Juristen noch keineswegs. Denn sind die geistigen Fähigkeiten nicht Besitz aller Menschen, den niemand exklu-
siv in Anspruch nehmen kann? – Privates Eigentum an Ideen und
Gedanken gibt es nicht, sie sind ausnahmslos »Gemeingut«. Ihr
Möglichkeitsgrund liegt nicht in der *Person* des Denkers oder
Schreibers, sondern in *dem* Vermögen, das er mit anderen teilt:
Ideen verdanken sich einer ›universellen‹, keiner exklusiv-indivi-
duellen Kompetenz und sind daher »not susceptible of property«
(nicht eigentumsfähig), wie ein englischer Jurist 1762 schrieb.[15]
Hegel nannte noch im 19. Jahrhundert die Philosophie das »eigen-
tümlichkeitslose Denken«.[16] Um hier weiterzukommen, führte
der juristische Diskurs *eine neue Kategorie* ein: die *Formierung* des
geistigen ›Gemeinguts‹ als *Inschrift des Individuellen*.

Diese Lösung ist eine *genuin juristische Formel* und keineswegs
eine Applikation kontemporärer Theoreme aus dem Umkreis der
sog. »Genieästhetik«. Sie antwortete auf ein *juristisches* und kein
ästhetisches Problem. Als die englischen Juristen in der ersten
Hälfte des 18. Jahrhunderts diese Formel prägten[17], um die ›Eigentümlichkeit‹ eines Buches zu begründen, hätte ihnen die *alteuro-
päische Poetik* auch kaum hilfreich sein können. Deren zentrale
Kategorien – die der Mimesis aufgegebene, göttlich garantierte
Welt einerseits, ein Tableau von Schreibregeln und Sujets andererseits – mußte der juristische Diskurs vielmehr als »res communis«
bewerten. Nicht als ›individuelle Person‹ kam der Schriftsteller im
Dispositiv der Regelpoetik vor, sondern als Schreiber eines trans-
individuell verfaßten ›Programms‹ normativer Provenienz; die
Instanz des ›Kunstrichters‹ wertete seine Leistung nicht als ›authentische Ich – Expression‹, sondern maß sie an der ›Natur der
Sache‹. So konnte Johann Jacob Bodmer etwa 1740 die Meinung
vertreten, »daß ein jeder anderer Mensch in gleichmäßigen Umständen eben dergleichen Werk (der Kunst und Wissenschaft,
G. P.) hätte verfertigen können«[18] – eine Meinung, die für die
juristische Problemlösung ruinös war, da sie das ›geistige Werk‹ als
Ergebnis generalisierender Fähigkeiten verstand. Demgegenüber
hat der juristische Diskurs des 18. Jahrhunderts das Buch als Manifestation der Individualität seines Autors verstanden, die sich als
›Form‹ unverwechselbar artikuliert, allen zitierten Elementen des
»Gemeinguts« einprägt und sich so als Eigentum präsentiert, das
vor dem Zugriff anderer von Rechts wegen geschützt werden
kann. Fichtes Schrift gegen den Nachdruck (1793), die *am Ende*,

nicht am Anfang der Bemühungen des juristischen Diskurses um die ›Eigentümlichkeit‹ des Buches steht, hat die Problematik noch einmal prägnant herausgestellt: Im Unterschied zu einem handwerklich oder manufakturell produzierten Gegenstand, der nach einer *Regel* gefertigt werde, die keine, dem »Verfertiger eigentümliche Form«[19] habe, sondern universalisierbar und gleichsam anonym sei, verdanke das Buch sein Dasein dem regelhaft nicht explizierbaren, individuellen Formwillen seines Urhebers. Dieser »kann durch die Bekanntmachung seiner Gedanken gar nicht Willens sein, auch diese *Form* gemein zu machen: denn niemand kann seine Gedanken sich zueignen, ohne dadurch, daß er ihre Form verändere. Die letztere also bleibt auf immer sein *ausschließendes Eigentum*«.[20]

Als Resümee bleibt festzuhalten, daß der juristische Diskurs des 18. Jahrhunderts das Buch auf folgende Weise schematisiert hat: es besteht aus Elementen des ›Gemeinguts‹: aus Ideen, Verfahren, Sujets oder Schreibkonventionen, die frei verfügbar, übertragbar und auch lehrbar sind; sie stiften Kontinuität des Stils und Tradierbarkeit des Wissens. Zugleich tragen aber all diese Elemente die Inschrift der Individualität ihres Autors, die sie spezifisch ›verrückt‹, modifiziert und dem Kalkül erwartbarer Strukturen entwindet. ›Unerwartbarkeit‹ wird zu einer juristischen Formel[21], um die Differenz des ›Eigentümlichen‹ gegenüber allem ›Gemeingut‹ zu markieren. Und weil, wie Karl Philipp Moritz 1791 schrieb, »über das Eigentümliche keine Regeln stattfinden«[22], bedarf es künftig einer ›Kunst‹ der Deutung, die sich auf Eigentümlichkeit spezialisiert. Anzumerken ist auch, daß sich die juristische Konzeption des ›eigentümlichen Buches‹, wiewohl sie zweifellos an der schönen Literatur ihr eigentliches Paradigma hatte, auch auf wissenschaftliche Publikationen erstreckte und insofern zu einer latenten *Ästhetisierung* der theoretischen Produktion insgesamt beigetragen hat.

Im *19. Jahrhundert* mußte der juristische Diskurs klären, wie ein *Bild* beschaffen sein muß, wenn es sein Verfertiger als Eigentum beanspruchen will. Diese Frage wurde relevant im Zuge der wachsenden Bedeutung neuer Reproduktionstechniken, vor allem der Photographie. Im Zentrum der juristischen Diskussion stand die Zulässigkeit der Vervielfältigung: unter welchen Bedingungen war die Reproduktion eines Bildes freizugeben, unter welchen zu verbieten? Anders als im 18. Jahrhundert stand dem juristischen Diskurs bei seinem Bemühen um eine Antwort nun eine voll institutionalisierte akademische Ästhetik zur Seite, deren Experten die Gerichte berieten. Zulässig erschien dem juristischen Diskurs in erster Linie *die* Reproduktion, die als ›eigentümliche Aneignung‹ ihrer Vorlage qualifiziert werden konnte. Für den Fall des Kupferstichs hatte schon Fichte herausgestellt, daß ein »Nachstechen schon abgestochener Gemälde [. . .] nicht Nachdruck [ist]: denn jeder gibt seinem Stiche seine eigene Form«.[23] Die Reproduktion des Kupferstechers führte, wie man im 18. Jahrhundert unter Juristen sagte, zu einem neuen »Individuum«.[24] Die Aneignung eines Eigentums schien also keine Enteignung, wenn sie mit der Verausgabung von ›Eigentümlichkeit‹ einherging. Das Lichtbild stellte den juristischen Diskurs nun vor eine Reihe von Problemen.[25] Konnte der Photograph im Falle der Reproduktion einer künstlerischen Vorlage ›Individualität‹ eigentumsbegründend geltend machen? Und weiter: Wie war die nichtautorisierte Vervielfältigung einer ›Original-Photographie‹ durch konventionelle Verfahren wie Lithographie oder Kupferstich zu beurteilen? – Die Antwort auf solche Fragen, die in einer Vielzahl von Prozessen entschieden wurden, setzte eine Klärung des *ästhetischen Status* der Photographie voraus. Hier hatte der juristische Diskurs zwei Möglichkeiten: er konnte – wozu er im ganzen 19. Jahrhundert neigte – alle Elemente des photographischen Prozesses als ›Gemeingut‹ ausgeben und dem Medium jede »susceptibility of property« bestreiten; oder er konnte einen ›individuellen Umgang‹ mit der Photographie und die Eigentumsfähigkeit ihrer Bildresultate einräumen. In diesen Diskussionen und Kontroversen konturierte sich die juristische Definition des ›eigentümlichen‹ Bildes in großer Deutlichkeit:

– Es durfte kein *Abbild* sein, in dem das abgebildete Objekt den Modus der Abbildung dominiert. Die Kopie einer ›schönen Welt‹ führte keineswegs zu einem ›schönen Bild‹. Kommt Schönheit objektiv vor – etwa als Naturschönes –, dann ist sie ›Gemeingut‹; ein Aneignungsprivileg ist juristisch undenkbar. Auch die Perspektive, aus der das Bild aufgenommen wird, ist individuell nicht zu reservieren.

– Vor allem aber durfte das Bild kein Resultat eines Prozesses sein, der als *mechanischer* dem individuellen Formwillen keinen Spielraum läßt. Wenn die Technik den Vorgang der Bildentstehung so determiniert, daß sie für die Intention des Produzenten undurchlässig wird und das Bildresultat anonymisiert, dann fällt dieses durch die Maschen des juristischen Kunstkonzepts. Es heißt in dem Protokoll eines Ausschusses des Deutschen Reichstages 1875: »Unter die Werke der bildenden Kunst können die Photographien nicht eingereiht werden, weil nicht gesagt werden kann, daß das photographische Bild seine Entstehung dem Verfertiger *unmittelbar* verdankt. [...] Der *Kausalnexus* zwischen dem Bilde und der Tätigkeit des Photographen ist [...] stets zweifelhaft.«[26] Positiv gewendet: erst die Vergleichgültigung des Technischen und Apparativen zum beliebigen Instrument der individuellen Intention sicherte die Eigentümlichkeit des Bildes. Es war daher kein Wunder, daß Lessings Maler Conti ein Hauptzeuge in den Urheberrechtsprozessen des 19. Jahrhunderts gewesen ist. Sein Raffael, der auch *ohne Hände* der Künstler geblieben wäre, der er war, illustriert das juristische Konzept des Bildes im Zeitalter seiner technischen Reproduzierbarkeit; es wurde – als ›reine Intentionalität‹ – so weit als möglich in das Subjekt zurückgenommen, seine Realisierung über Medien wurde tendenziell als Bedrohung der *Unmittelbarkeit* von Urheber und Werk gesehen, das auf dem langen Weg durch Techniken und Apparate in Gefahr stand, sich seinem Schöpfer zu entfremden. Da es aber andererseits als ›immaterielle‹ Absicht gar kein Werk wäre – pure Absichten können urheberrechtlich nicht geschützt werden –, bedarf es der Objektivierung, d. h. der Veräußerlichung in den Medien des ›Gemeinguts‹. Dies ist das Dilemma der juristischen Ästhetik: Da, wo das Individuum ganz bei sich ist, kann kein Eigentum sein; da, wo das Unsichtbare zur Sichtbarkeit gebracht ist[27], in der Welt der Techniken, Medien und Kodices, bleibt an den Werken das *Mal des Kommunen* untilgbar, ihre Eigentümlichkeit prekär. »Damit eine konkrete Photographie«, schreibt ein Jurist unserer Tage, »ein urheberrechtlich relevantes Werk darstellt, ist es [...] erforderlich, daß sie in ihrem inneren Wesen das Kriterium eines schöpferischen Geheimnisses aufweist. Denn ein ›schöpferisches Geheimnis‹ im inneren Wesen der Photographie muß [...] eine über jegliches Handwerklich-Technische hinausgehende, eigenständige schöpferische Strukturierung der in dem Photo festgehaltenen [...] Information darstellen.«[28]

Im *20. Jahrhundert* mußte der juristische Diskurs klären, wie ein *Computerprogramm* beschaffen sein muß, wenn es der Programmierer als Eigentum reklamieren will. Das im Jahre 1985 novellierte URG hat Computerprogramme unter die geschützten Werke eingereiht, soweit es sich bei ihnen um »persönliche geistige Schöpfungen« (§ 2, Abs. 2) handelt. Damit räumte das Recht die Möglichkeit ein, daß sich trotz aller transindividuellen Kalkulierbarkeit des Programms auch bei gleicher Zielbestimmung dennoch Variationen und Modifikationen erweisen lassen, in denen sich die ›individuelle Handschrift‹ des Programmierers eigentümlich niederschlägt.[29] Der Computer spiele »keine andere Rolle«, heißt es in einem Kommentar, »als der Pinsel in der Hand des Malers oder der Federhalter, mit dem [...] der Dichter das Gedicht schreibt«.[30]

Was aber, wenn Computer selbst Gedichte schreiben? Die Möglichkeit sog. ›Computerlyrik‹, die unter Verwendung eines Zufallsgenerators produziert wird und daher Resultate liefert, die der Einbildungskraft des Programmierers nicht a priori präsent sein können, hat den juristischen Diskurs vor nicht unerhebliche Reflexionsprobleme gestellt. Konnte der Scylla des transindividuellen Kalküls durch den Hinweis auf individuelle Supplemente des Algorithmus ausgewichen werden, dann wartete die Charybdis der puren Kontingenz mit neuen Schwierigkeiten auf. »Ist durch die Einschaltung des Zufallsgenerators das Ergebnis nicht voraussehbar«, schreibt ein juristischer Experte, »spiegelt es nicht genau die gedankliche Vorstellung des Programmierers wider, sondern erstellt *Zufallslösungen* wie in einem Würfelspiel [...], so taucht die Frage auf, ob eine Schöpfung des Programmierers vorliegt.«[31]

Diese Frage meint der juristische Diskurs verneinen zu müssen. Die aleatorischen Konstrukte sind nicht so auf die Intention ihres Programmierers zurückzubeziehen, daß dessen schöpferische Absicht ihnen unübersehbar eingeschrieben wäre. Apparat und Kontingenz haben vielmehr die Stelle des Schöpfersubjekts okkupiert. »Das Produkt des Menschen«, schreibt ein Jurist mit kulturkritischen Untertönen, »tritt an seines Schöpfers Seite, ja sogar an seine Stelle und fordert Gleichberechtigung«.[32] Und dieser Jurist spielt tatsächlich mit dem Gedanken, das Urheberrecht dem *Computer* einzuräumen, da er nicht umhinkommt, die aleatorischen Artefakte ›individuell‹ zu nennen, wenn ihnen auch ein Individuum als Urheber mangelt. Nun ist das Urheberrecht freilich ein Persönlichkeitsrecht, das die Disposition über das Werk kategorisch an den Realakt der persönlichen Schöpfung bindet. ›Individualität ohne Individuum‹ gilt daher der herrschenden Meinung im juristischen Diskurs als bloße *Kontingenz* ohne jene Sinn- und Formintention, die auf die Imagination einer natürlichen Person zurückverweist.

Irritierend für dieses juristische Verständnis ist allerdings der Umstand, daß ähnlich sinnleeres Signifikantenspiel auch als Poesie renommierter Urheber existiert, die wie Computer mit zugeschalteten Zufallsgeneratoren zu schreiben scheinen. Führt die Ausgrenzung der ›Computerlyrik‹ nicht zwangsläufig zu einem Verdikt über Ergebnisse der sog. experimentellen, konkreten Poesie? – Diese heikle Frage löst das Recht mittels souveräner Textexegese, der es gelingt, individuellen Sinn im Spiel der Zeichen zu entdecken. Ein Beispiel mag folgender Text von Eugen Gomringer sein:

> du blau
> du rot
> du gelb
> du schwarz
> du weiß
> du.

Der Jurist sieht »darin ohne jedes Bedenken eine eigenpersönliche, geistige, künstlerische Schöpfung, die, wenn auch nur angedeutet und symbolisch, in allen Farben und sogar in den Nichtfarben schwarz und weiß *die umfassende Liebe* ausgedrückt«.[33] – Nicht weniger! – Demgegenüber nun ein Computerpoem:

> Wenn die Dunkelheit spielt, erstarrt ein Abend.
> Gold und Schönheit strahlen manchmal.
> Ich tanze und sinne.
> Oft berührt mich das Gras.
> Die Glocke wächst rauh und golden.
> Pfade und Boden sind drunten stürmisch.
> Wer küßt eine Pflanze? –
> Der Poet.

Der Jurist kommentiert diese schönen Zeilen: »Die Sinnlosigkeit ist offenbar, sie ist meist grotesk. [...] Eine Interpretation kann bei aller Anspannung des Intellekts zu keinem *Sinnerfolg* führen, da es *keinen Verfasser* gibt, der uns etwa nur ein *Rätsel* seiner künstlerischen Absichten aufgegeben haben könnte.«[34] Kein Autor, kein Sinn!

Gegenüber Tendenzen der Literatur, Autorensubjekte in der Anonymität der ›écriture‹ verschwinden zu lassen, stabilisiert der juristische Diskurs beharrlich und unbeeindruckt den *Autoreffekt:* Weder Kalkül noch Kontingenz ist das künstlerische Werk die Expression ›schöpferischer Subjektivität‹, die dem Spiel der Zeichen ihr eigentümliches Sinngesetz einprägt. Und dieser Sinn, der auf unerwartbare Weise kommune Strukturen ver-rückt, ohne doch der Bedeutungslosigkeit anheimzufallen, ist das Signum des Eigentums in der Welt des Geistes. Wie Hegel sagte: »Wenn ich eine Sache [...] formiere, so ist die letzte Bedeutung ebenfalls ein Zeichen, und zwar für andere, um diese auszuschließen und um zu zeigen, daß ich meinen Willen in die Sache gelegt habe.«[35]

II.

Ich möchte mit drei Thesen zur *interdiskursiven Funktion* der juristischen Ästhetik schließen:
(1) In genealogischer Perspektive muß nach der Rolle gefragt werden, die der juristische Diskurs bei der Ausbildung der modernen Ästhetik im 18. Jahrhundert gespielt hat. Ich vermute, daß der juristische Begriff der ›eigentümlichen Werkform‹ als interdiskursives Konzept die epochale Wende zu einer individualitätsorientierten Ästhetik mindestens beschleunigt und ganz sicher sozial stabilisiert hat. Es fungierte innerhalb des ästhetischen Diskurses als ›idée directrice‹, die den Traditionsbestand poetologischen und kunsttheoretischen Denkens ebenso wie zeitgenössische religiöse Diskurse gleichsam auf ›passende Formeln‹ durchmusterte und zu einem neuen Paradigma zusammenfügte. Insofern darf die Ästhetik des ausgehenden 18. Jahrhunderts – sieht man sie aus der Perspektive des Rechts – durchaus als systematische Antwort auf jene Frage des juristischen Diskurses nach der Eigentümlichkeit eines Kunstwerks verstanden werden. – Für das *Kunstsystem selbst* hat das interdiskursive Konzept der ›eigentümlichen Werkform‹ aber in erster Linie die Bedeutung einer Formel gehabt, die den Prozeß der Ausdifferenzierung, d. h. der Auflösung heteroreferentieller Strukturen der Künste zu reflektieren erlaubte. Die – mit Luhmanns Formulierung – »ausnahmslos selbstreferentielle Basierung aller Systemoperationen«[36] ist zuerst in der ästhetischen Subjektivitätssemantik zur Geltung gebracht worden. Wenn die

Kategorie ›Individualität‹ aber die historische Funktion gehabt hat, die Denkbarkeit von Autoreferenz vorzubereiten, wird man sie kaum als literaturwissenschaftliche Problemlösungsformel für die Bearbeitung komplexer Textstrukturen verstehen können.

(2) Die normativen Kriterien der juristischen Ästhetik scheinen heute auf den ersten Blick allein für das Rechtssystem verbindlich zu sein und innerhalb literaturwissenschaftlicher und ästhetischer Debatten der Gegenwart keine Rolle zu spielen. Tatsächlich aber ist der interdiskursive Transfer keineswegs gestoppt. Ich vermute, daß die *hermeneutische Interpretation* das juristische Kunstkonzept im Rahmen der Geisteswissenschaften aufgenommen hat und bis heute wirkungsmächtig präsent hält. Um diese These ein wenig zu illustrieren, komme ich noch einmal auf die juristische Unterscheidung von ›Gemeingut‹ und ›Individualität‹ zurück. Der Schweizer Rechtstheoretiker Max Kummer hat dazu 1968 exemplarisch ausgeführt: »Gemeingut ist urheberrechtlich alles, was Bestand allgemeiner, historischer und kultureller Erfahrung bildet, was Natur und menschliche Verhaltensweise vorlegen. Gemeingut ist aber außerdem alles, was zwar frei ersonnen und rein faktisch ›erstmalig‹ sein mag, jedoch ebensogut irgendeinem anderen Autor hätte in die Hand laufen können, was also gleichsam im Bereich des ›Erwartbaren‹ liegt, der Anlage, der Möglichkeit nach allgemein bereits vorhanden ist; im Unterschied zum Individuellen, das den Stempel des Einmaligen trägt [...]. In diesem Sinn läßt sich sagen, alles Nichtindividuelle sei Gemeingut: denn innerhalb des Nichtindividuellen noch einen Teilbereich ›Gemeingut‹ begrifflich abzusondern, ist ausgeschlossen.«[37]

Steht diese Charakterisierung der aktuellen hermeneutischen Theoriebildung sehr fern? Oder kommt sie nicht etwa Manfred Franks Kategorie des »individuellen Allgemeinen« zumindest nahe, wenn Frank über den literarischen Text schreibt: »Er ist *allgemein*, insofern er durch die Art und Weise, wie er Wörter und Sätze verknüpft, [...] das Regel-Gesamt seiner Epoche in allen sprachlichen Schichten manifestiert – so wie es von einer geduldigen Strukturanalyse erfaßt werden kann. Und der Text ist *individuell*, insofern er dies vorgegebene und geschichtete Regelgesamt auf nur eine *ihm* eigentümliche Weise verinnerlicht, anwendet und damit überschreitet.«[38] Franks Kategorie des ›Allgemeinen‹ scheint mit dem ›Gemeingut‹ der Juristen zusammenzufallen; es ist erwartbar und kann Gegenstand einer regelorientierten Strukturanalyse werden. Die »eigentümlich – individuelle« Seinsweise des Werks hingegen verschließe sich dem objektivierenden Zugriff und verlange ›Divination‹. Als Gutachter in Urheberrechtsprozessen sind Strukturalisten und Diskursanalytiker offensichtlich fehl am Platz, sie können nur ›Gemeingut‹ inventarisieren und verfehlen die eigentumsbegründende Inschrift des Individuellen. Dessen Rechte können nur Hermeneutiker durchsetzen.

(3) Noch in anderer Weise wirken sich die Normen der juristischen Ästhetik *limitativ* auf Evolutionsmöglichkeiten des Kunstsystems aus. So kurios und antiquiert die Formeln des Rechts auch auf avancierte Geister wirken mögen, die Individualität und Eigentümlichkeit, Autoren und Werke längst hinter sich gelassen haben: die juristische Ästhetik, deren Verarbeitungskapazität unerschöpflich scheint, garantiert die soziokulturelle Stabilität ihrer Konzepte und setzt jeder ›kulturrevolutionären‹ Transformation der Kunst deutliche Grenzen, die nur in ästhetizistischer, d. h. kunstsystemreferentieller Perspektive verschwinden mögen. Die Existenz solcher Kategorien wie ›Autor‹ und ›Werk‹ steht nicht zur Disposition des Kunstsystems; sie ist künstlerisch *nicht* aufhebbar, oder besser, sie ist *nur* künstlerisch aufhebbar, solange sie im juristischen Diskurs funktional notwendig bleibt. Es wird kein Zufall gewesen sein, daß die Experimente der frühen sowjetischen Avantgarde ebenso mit der Abschaffung, wie die Restauration der konventionellen Kunst mit der Wiedereinführung des Urheberrechts einhergingen.

»Wen kümmerts, wer spricht?« – die Juristen ganz gewiß.

Anmerkungen

1 Immanuel Kant, *Von einem neuerdings erhobenen vornehmen Ton in der Philosophie,* in: *Kants gesammelte Schriften,* hg. v. d. Königl. Preuß. Akademie der Wissenschaften, Berlin 1910 ff., Bd. 8, Nachdruck 1969, S. 390.

2 Ebd.

3 Theodor Fontane, *Die Poggenpuhls,* in: ders., *Sämtliche Werke,* München 1963, Bd. 4, S. 516.

4 Jürgen Habermas, *Der philosophische Diskurs der Moderne,* Frankfurt/ Main 1985, S. 328.

5 Ebd., S. 333.

6 Gesa Dane u. a. (Hg.), *Anschlüsse. Versuche nach Michel Foucault,* Tübingen 1985.

7 Vgl. Verf., *Wissen ist Macht. Über die theoretische Arbeit Michel Foucaults,* in: Phil. Rundschau 27 (1980), S. 185 ff.

8 Vgl. die weiterführenden Überlegungen zum »Interdiskurs« bei Michel Pêcheux, *Über die Rolle des Gedächtnisses als interdiskursives Material,* in: Manfred Geier und Harald Woetzel (Hg.), *Das Subjekt des Diskurses,* Berlin (West) 1983, S. 50 ff., bes. S. 53 f., Jürgen Link, *Elementare Literatur und generative Diskursanalyse,* München 1983, S. 16.

9 Michel Foucault, *Was ist ein Autor?,* in: Michel Foucault, *Schriften zur Literatur,* München 1974, S. 7–31; es sei aber nicht verschwiegen, daß Brechts *Dreigroschenprozeß* (1931) die erste bedeutende Untersuchung zum Verhältnis von Kunst und Recht gewesen ist.

10 Bernard Edelman, *Le droit saisi par la photographie,* Paris 1973 (dt. Teilübersetzung in: Filmkritik [1975], H. 218, S. 58–85).

11 Karl-Heinz Ladeur, *Rechtssubjekt und Rechtsstruktur. Versuch über die Funktionsweise der Rechtssubjektivität,* Gießen 1978.

12 Heinrich Bosse, *Autorschaft ist Werkherrschaft,* Paderborn u. a. 1981.

13 Jacques Derrida, *Titel (noch zu bestimmen),* in: Friedrich A. Kittler (Hg.), *Austreibung des Geistes aus den Geisteswissenschaften,* Paderborn u. a. 1980, S. 24 f.

14 Verf., *Eigentum – Eigentümlichkeit. Über den Zusammenhang ästhetischer und juristischer Begriffe im 18. Jahrhundert,* in: Archiv für Begriffsgeschichte 23 (1979), S. 175–196; Verf., *Der Autor als Rechtssubjekt,* in: Helmut Brackert und Jörn Stückrath (Hg.), *Literaturwissenschaft,* Bd. 2, Reinbek 1981, S. 179–193; Verf., *Toter Blick und kontingente Welt. Studien zum Diskurs der Photographie in der Zeit des Realismus,* Habil.-schrift Bochum 1985, 450 S.

15 Zit. Albert Osterrieth, *Die Geschichte des Urheberrechts in England,* Leipzig 1895, S. 122.

16 Georg Wilhelm Friedrich Hegel, *Vorlesungen über die Geschichte der Philosophie* (Theorie-Werkausgabe, Bd. 18), Frankfurt/Main 1971, S. 20.

17 Vgl. die ergiebige Darstellung bei Osterrieth, a. a. O.

18 Johann Jacob Bodmer, *Critische Abhandlung von dem Wunderbaren in der Poesie,* Zürich 1740, Reprint Stuttgart 1966, S. 6 f.

19 Johann Gottlieb Fichte, *Beweis der Unrechtmäßigkeit des Büchernachdrucks,* in: Immanuel Hermann Fichte (Hg.), *Fichtes Werke,* 3. Abtlg., Bd. 3, S. 324, Reprint Berlin 1971.

20 Ebd., S. 227 f.

21 Vgl. in der Gegenwart Max Kummer, *Das urheberrechtlich schützbare Werk,* Bern 1968, S. 51.

22 Karl Philipp Moritz, *Schriften zur Ästhetik und Poetik,* hg. v. Hans-Joachim Schrimpf, Tübingen 1962, S. 270.

23 Johann Gottlieb Fichte, a. a. O., S. 237.

24 J. J. Cella, *Vom Büchernachdrucke,* in: ders., *Freimütige Aufsätze,* Ansbach 1784, S. 108 f.

25 Ausführlich dargestellt in: Verf., *Toter Blick.*

26 Zit. Albert Osterrieth, *Bemerkungen zum Entwurf eines Gesetzes betr. das Urheberrecht an Werken der Photographie,* Berlin 1903, S. 20 f.

27 Vgl. Bernard Edelman, *Die Photographie,* S. 61.

28 A. Zschokke, *Der Werkbegriff im Urheberrecht,* Zürich 1966, S. 81.

29 Vgl. H. R. Wittner, *Der Schutz von Computersoftware – Urheberrecht oder Sonderrecht,* Bern 1981, S. 106, 114, 120; Helmut Haberstumpf, *Computerprogramm und Algorithmus,* in: UFITA 95 (1983), S. 221–250.

30 Benvenuto Samson, *Die moderne Kunst, die Computer – »Kunst« und das Urheberrecht,* in: UFITA 56 (1970), S. 138.

31 Ebd., S. 140; vgl. aus der Literatur: Mario Fabiani, *Sind Apparate geistige Schöpfer?,* in: GRUR (1964), Bd. »Ausland«, S. 422–425; Philipp Möhring, *Können technische, insbesondere Computer-Erzeugnisse Werke der Literatur, Musik und Malerei sein?,* in: UFITA 50 (1967), S. 835–843; Benvenuto Samson, *Die Computerkunst und das Urheberrecht,* in: UFITA 72 (1975), S. 89–104; Karsten Schmidt, *Urheberrechtlicher Werkbegriff und Gegenwartskunst,* in: UFITA 77 (1976), S. 1–52.

32 Friedrich Karl Fromm, *Der Apparat als geistiger Schöpfer,* in: GRUR (1964), S. 306.

33 Benvenuto Samson, *Die moderne Kunst,* S. 123 f.

34 Ebd., S. 144; vgl. von literaturwissenschaftlicher Seite zum Status der Computerpoesie Siegfried J. Schmidt, *Computopoeme. Einige kritische Aspekte,* in: ders., *Ästhetische Prozesse,* Köln, Berlin 1971, S. 176–189.

35 G. W. F. Hegel, *Grundlinien der Philosophie des Rechts* (Theorie-Werkausgabe, Bd. 7), Frankfurt/Main 1970, S. 127.

36 Niklas Luhmann, *Subjektive Rechte,* in: ders., *Gesellschaftsstruktur und Semantik,* Bd. 2, Frankfurt/Main 1981, S. 103.

37 Max Kummer, a. a. O., S. 51 f.

38 Manfred Frank, *Was ist ein literarischer Text, und was heißt es, ihn zu verstehen?,* in: Jutta Kolkenbrock-Netz u. a. (Hg.), *Wege der Literaturwissenschaft,* Bonn 1985, S. 23 f.

VI

Nikolaus Wegmann

Zurück zur Philologie?

Diskurstheorie am Beispiel einer Geschichte der
Empfindsamkeit

Empfindsamkeit ist vielleicht kein alltäglicher Begriff, aber man kennt ihn. Selbst der letzte Duden kommt bei seinem entsprechenden Eintrag ohne nähere Worterklärung aus. Schon weniger bekannt dürfte sein, daß Empfindsamkeit eine Prägung des 18. Jahrhunderts ist. Aber auch um dies zu wissen, muß man sicherlich kein Experte für das 18. Jahrhundert sein. Kurz: die Empfindsamkeit zählt – noch immer – zur Tradition, ihre Bedeutung scheint gesichert.[1]

Wer aber Genaueres über diese Tradition wissen will, der wird mit großer Wahrscheinlichkeit verwiesen auf die Kompetenz von Philosophie und Historie – und dabei speziell wiederum auf Ästhetik und Literaturgeschichte. Sehr viel weniger Interesse dürfte dagegen die Philologie finden, obwohl sie lange Zeit als *der* wissenschaftliche Ort galt für Pflege und Erinnerung der Tradition, ja sich nicht zuletzt erst durch diese Gedächtnisfunktion als Fach behaupten konnte. Aus dem Streit um die Kompetenz in Fragen der Tradition scheint sie heute (und das wäre nicht zum ersten Mal) weitgehend ausgeschieden. Zugestanden wird ihr allein die auch von den Konkurrenzdisziplinen geschätzte mikrologische Sicherungs- und Restaurierungsarbeit am Überlieferten einschließlich einer konservativ bewahrenden, mehr auf das Zitat als auf Kritik achtenden Dauerlektüre großer Autoren und Werke. Ein Zustand scheint nahe, in dem der Anteil der Philologie an einem theoriegeleiteten Gedächtnis der Gesellschaft kaum noch als ein eigenständiger wahrnehmbar ist.

Und dennoch tut eine Renaissance der Philologie not. Doch nicht einfach als ›Wende‹, als Zurück zum Positivismus und Konservativismus philologischer Textmikrologie oder gar als freiwilliger Rückzug auf den altbekannten Rang einer »Hilfswissenschaft«, die Traditionspflege nur als Textverwahrung kennt.[2] Eine Aufwertung der Philologie hätte vielmehr anzusetzen an ihrem wissenschaftlichen – und das heißt immer auch pädagogischen –

Ethos der Objektivität und Nüchternheit, einem Ethos, das ganz wesentlich aus der Nähe des Philologen zum Text, zur Schrift der Überlieferung geprägt ist und zugleich von hier aus je neu motiviert wird. Dieses besondere Verhältnis zum Text wird gewöhnlich abgedrängt auf den engen Zirkel einer »formalen« Philologie, die die »reale«, gemeinhin inhaltliche Seite der Schrift den höher fliegenden Spekulationen der Philosophie und den historischen Sozialwissenschaften überlassen hat. Doch nur eine »Formales« wie »Reales« umgreifende Perspektive macht die Philologie konkurrenzfähig. Notwendig dazu ist ein eigenes Entzifferungsverfahren für die Tradition – zumindest aber ein Verfahren, das die unumgänglichen Anleihen bei Philosophie und Historie am philologischen Frageinteresse kontrolliert. Ob die Diskursanalyse zu einer solchen aus dem Geist der philologischen Tradition motivierten literaturwissenschaftlichen Lesetechnik taugt, ist zu prüfen. Der Versuch wird gemacht am Beispiel einer Geschichte der Empfindsamkeit. Ob es bei einem derart ›unsystematischen‹ Gegenstand wie Literatur und Tradition mehr als nur Beispiele geben kann, ist offen.

Da die Tradition vornehmlich als Text überliefert wird, ist die wissenschaftliche Beschäftigung mit ihr auch wesentlich Textkritik. Aber vom und über den Text der Tradition reden viele. Dazu ein paar auch polemische Anmerkungen. Der Historiker gewinnt sein Wissen aus der Kenntnis des Textes als Dokument. Text ist für ihn eine »untätige Materie«[3], durch die hindurch die Vergangenheit rekonstruiert werden kann: das Textdokument ist ihm das notwendige Mittel, um sich der Geschichte nach dem Ideal ›So ist es gewesen‹ erinnern zu können. Der Philosoph wiederum sieht im Text vor allem ein Erkenntnisobjekt. Allerdings, und dies ist entscheidend, geht sein Erkenntnisinteresse nicht auf den ›ganzen‹ Text.[4] Thematisiert wird nur der kognitive Gehalt, wie er sich mittels einer philosophischen Logik als sichere Bedeutung aus dem Text herauslesen läßt. Von hier aus, also vom »Bezeichneten« her, wird der Text für den Philosophen intelligibel, rückt er ein in die Suche nach dem Wahren, Schönen und Guten. Der sprachlich-schriftliche Ausdruck dagegen, das »Bezeichnende«, gilt als zweitrangig, ist allenfalls Thema für Spezialgebiete oder aber für disziplinäre Grenzgänger.

Dem Philologen ließ diese monopolistische Kompetenzverteilung in Fragen der Tradition nur zu oft die Rolle des Dieners, der die ›bedeutungsvollen‹ Inschriften des Geistes aufspürt, entlegene Quellen herbeischafft und, wo nötig, paläographisch entziffert – aber all dies nur, um die Texte schließlich doch dem Meister überlassen zu müssen. Dabei könnte jedoch die Philologie durchaus eine eigene Sicht auf den Gegenstand geltend machen. Denn daß Bezeichnetes und Bezeichnendes zusammengehören, gleichermaßen Ziel eines wissenschaftlich-methodisch kontrollierten Rückbezugs auf den Text der Tradition werden können, zählte schon immer zum Wissen der Philologie.[5] Es ist diese Problemformel, zu lange vielleicht für selbstverständlich gehalten und gerade dadurch vergessen, zumindest aber nicht mehr produktiv weitergedacht, durch die das Fach an Selbstbewußtsein (wieder) gewinnen könnte. Dies um so mehr, da die Ergebnisse in Semiologie und Linguistik, kulturpolitisch brisant aufbereitet unter Etiketten wie Poststrukturalismus oder Dekonstruktion, Bewegung in dieses alte Problem gebracht haben.

Wie divergent die Positionen in Poststrukturalismus oder Dekonstruktion auch sein mögen, einig scheint man zu sein, wie – und wie nicht – geklärt werden kann, was (ein) Text ist. Weder sucht man den Erfolg in einer Analyse der empirischen Objekterfahrung des Textes, noch hält man es gar mit all jenen Vorstellungen, die den Text in einer expressiven (Sinn-)Totalität aufheben wollen. Ausgangspunkt ist vielmehr der Versuch, die generellen Bedingungen des Texts, die Bedingungen seiner Existenz und seines Funktionierens aufzudecken. Gleichwohl gewinnt auch dieses nicht-phänomenale Konzept von Text (hier hat die Unterscheidung von Singular und Plural keine Berechtigung) sein Profil wesentlich aus der Verhältnisbestimmung von Zeichen und Bezeichnetem oder, in der dekonstruktiven Umformulierung: zwischen dem verwebten Zeichen und seiner referentiellen Funktion. Dazu ein Exkurs in fortgeschrittene Problemformulierungen. Bezeichnetes und Bezeichnendes – um die klassisch gewordene Formulierung noch einmal aufzunehmen – sollen zusammengehören. Aber wie? Traditionell hielt man sich ganz überwiegend an jenen Dualismus von Zeichen und Gehalt (Idee), den diese Formulierung nicht zuletzt selbst provoziert. Noch Saussure, der wie kaum jemand zuvor die differentielle Bedeutungsfunktion des Zeichens erkannt hat – ein Zeichen bedeutet nur, was alle anderen Zeichen eines (Sprach-)Systems nicht bedeuten – ist von der Macht der Zwei-Welten-Theorie nicht losgekommen. Auch hier findet sich die zweifache Ordnung von sprachlich-materiellem Ausdruck und ideellem Signifikat. Einen Schritt darüber hinaus geht die in Frankreich und in den USA ausgearbeitete Texttheorie. Sie soll in der folgenden Skizze allein aus einer anwendungsbezogenen Perspektive interessieren. Unterschiede, etwa die zwischen Derrida und Paul de Man, werden vernachlässigt. Die Frage ist: was läßt sich damit machen? Und das soll hier vor allem heißen: wozu braucht die Diskursanalyse eine solche Theorie von Textualität? Ins Auge fällt zunächst die Aufwertung des Textes selbst, die diese Theorie gegenüber allen anderen Faktoren der Bedeutungsentstehung vertritt. Text ist nicht mehr zu verstehen als eine Art ›Durchgangsstation‹, vielleicht gar als transparentes Medium vorsprachlicher Intention. Der Text wird selbst zum Ort für die Produktion von Bedeutung. Bedeutung jedoch nicht verstanden als definitiv fixierter Textsinn, sondern als die Möglichkeit von Bedeutung. Der Text produziert ein unabgeschlossenes und zugleich unabschließbares Potential für Bedeutung. Treibstoff dieser Maschine ist die Sprache, allerdings eine Sprache, die keineswegs zuerst als Mittel der Verständigung gedacht wird. Das Wesentliche an ihr erschließt sich aus der Schrift, genauer: aus der Bewegung der Schrift. Damit erscheint eine theoretische Konstellation aus dem 19. Jahrhundert wiederbelebt. Eine der ältesten philologischen Kulturtechniken avanciert erneut zu einer wissenschaftskritischen und erkenntnisproduktiven Metapher, die den engen, von Historie und Philosophie immer weiter beschnittenen Raum einer positivistischen Philologie sprengt: Schrift wird zum allgemeinen Modell für das Entstehen von Bedeutung. Denn so wie in der differentiellen Buchstabenkombination Bedeutung durch den Abstand, durch den Unterschied zu anderen Buchstaben entsteht, so bedarf auch sowohl das Denken als auch die Menge der Laute einer Sprache der differentiellen Artikulation. »Die Gliederung der materiellen Sprachzeichen erzeugt mithin zugleich erst die Gliederung der ideellen Signifikate.«[6] Statt zweier Welten mit verschiedenen Ordnungen »nur ein Prozeß des Differierens«.[7] Verschriftung als Bezeichnung für den Produktionsprozeß der Maschine Text funktioniert unabhängig und uneinholbar von einem Subjekt, das sich als Schöpfer von Bedeutung behaupten will. Allein das aus der Definition des Zeichenbegriffs gewonnene, diesem jetzt aber konsequent übergeordnete Prinzip der Differenz als »Möglichkeit der Begrifflichkeit, des Begriffsprozesses und

-systems überhaupt«[8] ist der nicht-ursprüngliche Ursprung aller Differenzen und damit zugleich jeder Bedeutung.

Doch mit einem Textverständnis, das auf die Frage nach der Bedingung der Möglichkeit von Bedeutung antwortet, hat man noch nicht den Text der Tradition. Im Gegenteil. Tradition als überlieferter Textsinn erscheint jetzt nur als etwas Unwahrscheinliches. Denn als ein generatives Bedeutungspotential, losgelöst von allen nicht-sprachlichen, nicht-differentiell verfaßten Fixpunkten, ist Text nur allgemeine Differenz, nur Potential, das eine nicht-endliche Zahl von referentiellen Codes (bzw. Kontexten) zuläßt. Die Frage nach der Textbedeutung aber wird so »unentscheidbar«. Soll dieser generelle Text für tatsächliche Kommunikationsprozesse taugen, soll er sich zu einem Traditionszusammenhang formieren, statt umgekehrt eine Art kommunikativer Anarchie auszulösen, muß der Überschuß an Bedeutung (genauer: Bedeutungsmöglichkeit) reduziert und stabilisiert werden. Anders gesagt: er muß interpretiert werden. Als Ergebnis formuliert und zugleich als Anspruch aufgenommen: der prinzipiell bedeutungsoffene Text bedarf der Eingrenzung, muß zu einem Text werden, der Bedeutung über etwas hat – aber nur derart, daß seine Qualität als genereller Text nicht vergessen ist, sondern stets auch Geltung behält.

Ohne Interpretation – und Interpretation ist jetzt der Name für dieses Eingrenzen und Fest-schreiben, das die differentielle Bedeutungsproduktivität selektiv zuschneidet – gibt es keinen Text. Auch nicht den Text der Tradition. Auch er verdankt sein Erscheinen einer »textuellen« Auslegungspraxis.

Hat sich dieser langwierige Umweg über die Frage nach dem Text der Tradition gelohnt? Zweifeln werden zumindest all jene, die das bisherige Ergebnis, nach dem der Text der Tradition immer schon Interpretation ist, mit einem »nichts Neues« quittieren. Man kappt dann schnell die hochabstrakten generellen Überlegungen über das, was Text sein könnte und macht dort weiter, wo man sich stets für kompetent gehalten hat: bei der Interpretation.

Aber der Exkurs in die strenge, von Nietzsche bis de Man mit einem Schein epistemologischer Unangreifbarkeit umgebene Theorie ist viel näher am Gegenstand gehalten, als ein erster Blick zeigen mag. Denn wenn die Empfindsamkeit als Tradition immer auch Interpretation ist, dann ist sie zugleich auch in das Problem von Text und Bedeutung verstrickt. Und in der Tat bestätigt sich

diese Überlegung bei der Arbeit an den »zärtlichen« und »empfindsamen« Texten. Absolut verbindlich für die Empfindsamen ist
ein Grundvertrauen in die Existenz und kommunikativen Möglichkeiten einer prinzipiell wahren, in der Rede der Zeit: naiven
und natürlichen oder, ganz direkt, »zärtlich-empfindsamen«
Sprache. Für sie gilt genau das, was das »Dekonstructive Dogma«
(Gumbrecht) mit guten Argumenten ausschließt, nämlich die
Identität von Zeichen und Bedeutung, hier speziell von Sprache
und einem Gefühl, das stets in den Grenzen einer in Tugend und
Moral fixierten menschlichen Natur bleibt. Entsprechend zeigt
sich die empfindsame Rede getragen von einer Rhetorik der Unmittelbarkeit, die sich selbst als Sprung aus aller Rhetorik und
Konvention (miß-)versteht. Hier liegt der funktionale Einsatz-
punkt für die literarischen Schreibweisen; von hier aus werden sie
organisiert und auf diese Aufgabe hin speziell weiterentwickelt.
Alle Anstrengung kulminiert in einer ausgefeilten Redetechnik,
die das Unmögliche – die verlustfreie, distanzlose und ungefilterte
Expressivität – möglich machen soll. Nichtverstehen, ja schon der
bloße Zweifel an einer nach dem Muster sympathetischer Rührung
gedachten vollkommenen Kommunikation, ist ausgeschlossen.
Ihr Paradigma hat diese Sprache daher auch im nicht-sprachlichen
Zeichen. Im Kontext einer zum Ausdruck drängenden Empfindung beweist es Echtheit und Stärke des Gefühls. An die Oberfläche tritt diese Gefühlsnatur so vor allem in Gestik, Mimik, unartikulierten Seufzern und, zum Signum der Epoche geworden, in
einer wahren Flut von Tränen. Sie sind die untrüglichen Zeichen,
die alles sagen. Die im engeren Sinn sprachlich-literarischen Mittel
liegen ganz auf der Linie dieser expressiven Sprache. Erinnert sei
nur an die zahllosen Aposiopesen, den unverzichtbaren Unsagbar-
keitstopos oder aber auch an die spezielle Interpunktion mit ihrer
einzigartigen Konjunktur des Gedankenstrichs.[9] Die umweglose
Repräsentation der Empfindung in einer bedeutungsaufgeladenen
Leerstelle ist jeder begrifflichen Explikation überlegen. Ins Leben
gesetzt werden soll die Vorstellung eines ursprünglichen Rede-
stroms, der sich gleichsam von selbst, ohne Grammatik und ohne
strenge Logik, seine Bahn bricht. Diese Sprache ist die Sache
selbst, ist unmittelbarer Ausdruck und ermöglicht so eine nicht-
korrumpierte, keiner gesellschaftlichen Konvention verpflichtete
Verständigung. All dies gilt aber nur dann, wenn die empfindsame
Rede sich freihalten kann von der Diskrepanz zwischen Gesagtem

und Empfindung – die natürlich auch den Empfindsamen, trotz ihrer Naivität, bekannt ist. Charakteristisch für die empfindsame Sprache wird ein doppelter Zwang, eine zweifache Anstrengung. Zum einen muß ständig die Moralität der eigenen Rede behauptet werden. Jede nicht-moralische Sprachverwendung, wie sie »Politic« und »Mode«, Strategien der List, Verstellung und Verführung verlangen, unterliegt umgekehrt der Dauerkritik. Zum anderen will der selbsterhobene, eigentlich unmögliche Anspruch von der nicht-rhetorischen, substantiellen Qualität empfindsamer Rede eingelöst sein. Daß dies aber ausgerechnet nur mit rhetorischen Mitteln bewerkstelligt werden kann, belegt die (besondere Rolle der) Emphase. Ihrer Suggestivkraft obliegt es, die Kluft zwischen Bezeichnetem und Bezeichnendem zu überspielen. Ergebnis ist so eine Sprache, deren Moralität wie Substantialität die Möglichkeit der Verstellung ausschließt und das Risiko des Mißverstehens verschwinden läßt.

Will man sich jedoch diesem idealen Bild der Empfindsamkeit entziehen, sich gegenüber ihrer verführerischen Macht behaupten, braucht es Distanz. Die sprachskeptische Lektüre ist dazu ein Schritt. Zugleich aber ist diese radikale, wesentlich negative Sprachphilosophie in der Tradition Nietzsches für die Philologie mehr als nur ein Mittel zur Destruktion geltender Idealvorstellungen. Sie ist auch ein willkommenes Instrument für die Reflexion auf die eigene Position. Nur dank der durch sie stets möglichen Selbstkontrolle kann der zweite Schritt zu einer eigenen, über die nachgewiesene prinzipielle Unentscheidbarkeit aller Interpretation hinausgehende Geschichte der Empfindsamkeit gewagt werden. Der Text der Empfindsamkeit ist in seiner Bedeutung unbegrenzt, aber es gibt ›die‹ Tradition der Empfindsamkeit, in der sich eine beträchtliche Übereinstimmung in ihrer Interpretation feststellen läßt. Eine Umschrift dieser Tradition sollte und kann gewagt werden, wenn sie sich in der Einsicht über die Unmöglichkeit eines identischen Sinns rückversichert. Eine solche Geschichte gerät dann weder zum politisch vordergründigen Engagement, noch zur Mär von einem letzten Grund aller Bedeutung. Sie ist weder eine blinde Bestätigung der Tradition, noch Suche nach einem im Überlieferungsgeschehen verlorengegangenen oder auch nur verfehlten Sinn.

Wie läßt sich eine solche Geschichte schreiben? Kann sie selbst den eben noch kritisierten Zwängen der Interpretation entkommen? Die Suche nach einer Antwort tut gut daran, sich an die philologische Tradition der Nähe zur Schrift zu halten. Philologischer Text bzw. Traditionskritik geht es nicht um die Übernahme metaphysischer Ideale. Ihr Ziel hat sie in der nicht zuletzt auch polemischen »Absicht, schlicht zu verstehen, was die Schrift sagen will«.[10] Zugang zur Geschichte gewinnt sie aus ihrem Wissen über die Tradition als Textinterpretation. Diese Interpretation aber ist weder Natur noch Anthropologie; sie beruht – sehr viel profaner – auf einem je zeitspezifischen Wissen, entsteht und wird bestätigt in Prozeduren der Selektion und Kontrolle. Erst in einem solchen Zugriff bildet sich eine spezifische Bedeutungsformation. Dieser Traditionszusammenhang – jetzt auch: dieser Diskurs – ist definiert als »Funktionseinheit«.[11] Ohne ihn zerliefe die (historische) Rede, ohne seine Ordnung bliebe die Vergangenheit diffus. Der Diskurs leistet demnach jene Vereinheitlichung und Fixierung des generellen Bedeutungspotentials, ohne die ein Text nicht auskommen kann. Diese Praxis der Signifikation aufzudecken, ist Aufgabe der Diskursanalyse. Ihr Gegenstand besitzt keinen objektiven Status, sondern verdankt sich ›nur‹ der Objektivation der Dinge in einer signifikativen Praxis.

Von hier aus ergibt sich eine Vielzahl von konkreten Untersuchungen. Eine Serie zielt vor allem auf die Architektur des Diskurses. Welches sind die inneren Prinzipien und Formen auf die sich die Bedeutungsordnung stützt? Wie wird Bedeutung für Kommunikationsabläufe stabilisiert? Die Empfindsamkeit realisiert diese Aufgabe in einem eigenen Medium: dem persönlichen Brief. Er konzentriert – und d. h. zugleich auch: diszipliniert – die Kommunikation in einem speziellen Bereich, also hier im Bereich des Privat-Intimen. Daß der Brief für die Empfindsamkeit eine große Rolle spielt, ist bekannt und dank seiner außergewöhnlichen Konjunktur in der zweiten Hälfte des 18. Jahrhunderts auch gar nicht zu übersehen.[12] Unter diskursanalytischer Perspektive macht der persönliche Brief seine Karriere keineswegs als inhaltsneutraler Übermittler ›privater‹ Gedanken und Empfindungen. Der Brief kann mehr, er ist selbst ein kausales Moment von Kommunikationsverläufen. Als eine Art Formular, das den Schreiber auffordert, sich selbst nach dem Muster eines »Herzensbriefes« mitzuteilen (die Formulierung ›sich zu vertexten‹ liegt nah) legt der Brief die Kommunikationsteilnehmer auf eine durchschnittliche, als »zärtlich«, »empfindsam« oder »natürlich« wiedererkennbare

Selbstinterpretation fest: der empfindsame Charakter realisiert sich im Briefschreiben. Keineswegs also ist der Brief das, was er vorgibt, nämlich ein ganz und gar kunstloser, keiner Regel unterworfener »Abdruck der Seele«, der nur dem Gang der eigenen Empfindung folgt. Hier ist auch nicht, wie einige Briefhistoriker meinen, die Emanzipation der menschlichen Sinnlichkeit am Werk. Sehr viel schlichter betrachtet hat man es mit einer ausgefeilten, in Mustersammlungen, Briefromanen oder gar explizit poetologischen Werken verfügbaren Briefpoetik zu tun, die die Diskursregeln fixiert. Längs einer oft variierten, stets aufs neue zur Richtschnur gebrauchten Differenz von »künstlich« und »natürlich«, von »gezwungen« und »frei« schreibt der Diskurs vor, wie man sich zu repräsentieren hat. Mit einem solchen Brief, der dank seiner empfindsam-zärtlichen Sprache auch nur authentische Selbstdeutung sein kann, hat man teil am »Herzensadel« der Empfindsamkeit, erwirbt man sich den Eintritt in die sympathetisch-gesellige (Interaktions- und Kommunikations-)Gemeinschaft der Empfindsamen. Hier brauchen Diskursregeln zu ihrer Habitualisierung keinen Zwang und keine Drohung. Man unterwirft sich ihnen freiwillig, ja mit Begeisterung, nur um der Chance auf ein privates Glück willen, das die Gemeinschaft der Empfindsamen als persönliche Befriedigung erfahrbar macht.

Eine zweite Serie von Arbeiten zielt auf eine erweiterte Perspektive. Ihr könnte es gelingen, jenen Vorgang der Objektivation auch in seiner sozialhistorischen Dimension zu beleuchten. Angesprochen ist damit die schwierige Frage nach der historischen Formulierungschance der Empfindsamkeit. Oft hat man eine Antwort gesucht in mehr oder weniger aufwendig geführten Kausalitätsanalysen, die die Empfindsamkeit als abgeleitetes Phänomen thematisieren und sie aus ursprünglicheren historischen Prozessen und Instanzen erklären. Empfindsamkeit ist dann, allerdings unter Mißachtung ihres Textcharakters, Reflex auf Ökonomie oder Politik, auf eine – gleich ob gelingende oder scheiternde – »Emanzipation des Bürgertums«. Ob die (uneinholbare) Komplexität tatsächlicher Kausal- und Denkzusammenhänge in leeren, bestenfalls unpräzisen Metaphern wie »Vermittlung« oder »Entsprechung« erreicht werden kann, scheint fraglich.[13] Eher ist von einem zu großen Erkenntnisanspruch an die Geschichte abzurücken. Die nicht zugängliche Frage nach der ursprünglichen Entstehung der Empfindsamkeit ist in die Frage nach den Gründen für ihren Erfolg umzuformulieren. Möglich wird einer solcherart eingesetzten Diskursanalyse ein Konzept von Geschichte, das Zufall und Tradition nicht mehr als Gegensatz begreift. Ihr Wissen von der Geschichte erarbeitet die Diskursanalyse aus der Einsicht, daß, wie Niklas Luhmann formuliert, »Kontingentes nicht beliebig kombinierbar ist«.[14] Übertragen auf das hier favorisierte Textkonzept hieße dies, daß der generelle Text stets neue, von (historisch) fixierten Interpretationen abweichende Bedeutungen freisetzt, ohne daß es für diese Variationstätigkeit einer tiefreichenden Notwendigkeit bedürfte. Sehr viel weniger zufällig ist aber der Erfolg einer Interpretation. Er verdankt sich – und das läßt sich hier nur vermuten – der inneren Stärke und Geschlossenheit einer Diskursformation, verweist aber zugleich auch auf die besonderen Beziehungen, die ein Diskurs zu anderen, diskursiven und nichtdiskursiven Gegebenheiten der Gesellschaft eingehen kann. Und auch auf diesem Untersuchungsfeld sieht eine Diskursanalyse, die sich vom produktiv gewendeten philologischen Konzept der Schrift (bzw. des Textes) inspirieren läßt, ihre Chance. Wenn Bedeutung sich erst über Differenz einstellt, wenn Unterscheiden und Bezeichnen gar nicht voneinander zu trennen sind, dann muß eine diskursanalytische Geschichte der Empfindsamkeit auch das vom Diskurs Ausgeschlossene, das mit ihm Unvereinbare und Differente mit in die Lektüre hineinnehmen: Einheit ist nur über Differenz zu beschreiben.

Keine Konstellation aber – die Rede ist jetzt vornehmlich von den Jahrzehnten um die Mitte des 18. Jahrhunderts – muß dann mehr interessieren als der Gegensatz von politischer Klugheit und Empfindsamkeit. Das wesentlich strategische, auf Vorteil und Selbstbehauptung bedachte »kluge« Verhalten am Hofe, dann auch, mit der Expansion dieser Verkehrsform als »Privat-Politik«, in der Ständegesellschaft insgesamt, konterkariert jetzt die ganz andere Interaktionstheorie der Zärtlichkeit bzw. Empfindsamkeit. In scharfem Kontrast zur machiavellistischen Tradition der Verhaltensorientierung setzt der Empfindsame ganz auf die positive Zuwendung zum Mitmenschen. Der zärtlich-empfindsame Charakter interagiert allein von Mensch zu Mensch, ohne Wissen von Standesunterschieden und frei von jeglichem egoistisch-strategischen Interesse. Der Zwang zur Selbstbehauptung in einer permanenten Macht- und Gewinnkonkurrenz ist ersetzt durch die unbedingte Rücksicht, den größten Verständigungswillen im Umgang mit dem anderen. Hier stellt sich die Empfindsamkeit dar als ein gänzlich moralischer, rein menschlicher und damit auch »natürlicher« Interaktionskodex, der allein die sympathetische Anteilnahme an den Selbstwerten der Teilnehmer toleriert. Man kennt nur eine streng symmetrische, jegliches Ungleichgewicht, jede Abhängigkeit oder Unterordnung ausschließende Form der Geselligkeit. Bezüge zu einer gerade auf Asymmetrien bestehenden Gesellschaft sind weitgehend ausgeschlossen oder aber werden nur distanziert-kritisch behandelt.

Diese überraschende negative Entsprechung von politischer Klugheit und allgemeinmenschlicher Empfindsamkeit geht in ihrer Präzision über eine relativ unspezifische Divergenz weit hinaus. Nicht wenig spricht dafür, daß die Empfindsamkeit genau als Umkehrung, als polemische Negation höfisch-kluger Interaktionsrationalität ihre Konturen, ihre Bedeutung gewinnt.[15] Ihren Bedeutung stiftenden, historischen Kontext hat diese Leitdifferenz – Empfindsamkeit unterschieden von politischer Klugheit – in der stratifikatorisch gegliederten Gesellschaft. Und genau für diesen sozialen Raum, so wäre weiter zu vermuten, hatte sie für die Zeitgenossen Orientierungswert.

Doch die Geschichte der Empfindsamkeit erschöpft sich keineswegs in dieser einen Leitdifferenz. Erfolg und Geltung der Empfindsamkeit sind, wie man weiß, nicht auf die Ständegesellschaft begrenzt geblieben.[16] Daß noch die Gegenwart die Empfindsamkeit zur Tradition zählt, sie mit einigem Recht noch immer zu unseren »moralischen Vorurteilen« gerechnet werden muß, ist erst die Folge einer Umstellung dieser Leitdifferenz. Vorzustellen hat man sich diese Kontinuität des Diskurses bei gleichzeitigem Bedeutungswandel (N. Luhmann spricht von der »Kontinuität eines Kommunikationszusammenhangs bei gleichzeitiger Diskontinuität seiner Sinnbezüge«[17]) als Beibehaltung, als Transfer einer scheinbar unveränderten, identischen Bezeichnung – tauscht aber das aus, wovon sie unterschieden ist. Auch dazu einige Stichworte.

Es fällt auf, daß die Empfindsamkeit in den 70er Jahren des 18. Jahrhunderts mehr und mehr unter einem kritischen Vorzeichen steht. Maßstab dieser Umformulierung ist die philanthropische Grundmaxime von der »Brauchbarkeit für die Welt«. Im Namen des »unverletzlichen Rechts« der Gesellschaft »auf jedes ihrer Mitglieder«[18] – so Originalton Peter Villaume – verlangt man nun eine am Gemeinwesen, an den Belangen einer arbeitsteiligen Gesellschaft orientierte Empfindsamkeit. Gegenstand der Kritik ist dann auch jene in die empfindsame Interaktionstheorie eingeschriebene Distanz zur Gesellschaft, ohne die aber weder der empfindsame Charakter noch die ihm adäquate Form einer gesteigerten Geselligkeit bestehen bzw. sich entfalten kann. Aber ein bloßes Interesse an Privatheit, an Freundschaft, Liebe, Glück und Geselligkeit, ganz »ohne Rücksicht auf die für jedes Individuum eben so unveränderliche dermalige Weltverfassung« – so J. H. Campe in einer Schrift mit dem bezeichnenden Titel *Über Empfindsamkeit und Empfindelei in pädagogischer Hinsicht*[19] – kann keine den gesellschaftlichen Verhältnissen angepaßte Motivation begründen. Die der Empfindsamkeit eigene Idealität, in der Tat einer beginnenden bürgerlich-kapitalistischen Gesellschaft »unbrauchbar«, muß auf Kurs gebracht werden – allerdings bei durchgehaltener Hochschätzung der Empfindsamkeit. Ziel wird eine Abgleichung von privatem Glücksanspruch, wie ihn nur erfüllte Soziabilität erfüllen kann und der mehr und mehr eingeforderten Qualifikation jedes einzelnen für die sich beschleunigt ausdifferenzierende Gesellschaft.

Die Lösung gelingt über eine Disziplinierungstechnik besonderer Art: Die Empfindsamkeit wird zur sozialen Norm, die das Erleben und Handeln der Individuen über ihre Eigenschaft als Subjekt konventionalisiert. Im Zuge dieser Normalisierung wird zugleich als Kehrseite, aber eben doch als Teil dieser Norm, das abweichende Verhalten reglementiert. Dafür stehen die Geschichten der Radikalempfindsamen, wie vor allem Werther, Allwill oder, gleichfalls eine Romanfigur Friedrich Heinrich Jacobis, Woldemar.[20] Sie testen in ihren Biographien aus, was möglich ist, wenn man ausschließlich der Distanz zur Gesellschaft folgt, sich lossagt von gesellschaftlicher Ordnung und Konvention und sich nur auf die emphatische Unmittelbarkeit des eigenen Selbst verlassen will. Man sucht der flachen Normalität zu entkommen in einer Steigerung der Empfindsamkeit bis hin zu logischen Aporien oder, im lebensweltlichen Kontext, existentiellen Grundwerten. All dies gibt sich als radikale Verweigerung und ist oft auch als »Gegendiskurs« zur bürgerlichen Gesellschaft gelesen worden. Naheliegender ist zunächst eine Lektüre, die prüft, wieweit diese Radikalität doch ›nur‹ der negative Teil der Normalisierung ist, wieweit diese Gesten der Verweigerung auf dem Hintergrund einer weitreichenden Diskurstechnik gelesen werden müssen. Träger dieser normierenden Diskurspraxis ist eine »Disziplinarmacht« neuen Typs, die ihre Bataillone vor allem in den sozialpädagogischen Experten und ihr strategisches Wissen in den sich formierenden Wissenschaften vom Menschen hat. Ihr Programm, einschließlich der notwendigen pädagogischen Institutionen der Durchsetzung, ist vielleicht am folgenreichsten formuliert in der Lehre vom weiblichen Geschlechtscharakter.[21] Nach ihr ist die Frau, schon immer von größerer Sensiblität als der Mann, von ihrer Natur her ein empfindsames Wesen: Frau sein und empfindsames Verhalten werden zur Deckung gebracht. Diese naturgegebene »Wärme« geht jetzt über eine nur anthropologische Grundbestimmung hinaus, wird zur sozialen Funktion des Weiblichen. Ohne diese Mitgift kann keine Ehe, kann keine Familie gelingen. Erst diese Institutionalisierung der Empfindsamkeit im Reservat der häuslichen Gemeinschaft macht die Familie zum bevorzugten Ort befriedigender Sozialität. Und in dieser Funktion, so ließe sich folgern, bleibt die Empfindsamkeit unersetzlich. Ohne ihr Wissen gibt es kein privates Glück, gibt es keine Auffangstellung für den Druck einer als Zwang und Entfremdung erfahrenen, ja erst in der Differenz zur Sphäre der Empfindsamkeit als solcher erfahrbar gewordenen, »kalten Erwerbswelt«. In der Organisation dieser Differenz von persönlicher Nahwelt und undurchschaubarer Gesellschaft – als der neuen Leitdifferenz – macht der Diskurs der Empfindsamkeit seine noch dauernde Karriere als ein soziales Orientierungsmuster, das die Erfahrung des eigenen Selbst, der Gesellschaft und die Differenz von beiden diszipliniert.

Auch und gerade eine diskursanalytische Lektüre muß sich rechtfertigen. Argumente hierzu geben sowohl, wie gesehen, die alte Tradition der Philologie wie die aktuelle dekonstruktive Texttheorie. Auch die Diskursanalyse steht in jener Tradition philologischer Skepsis und Nüchternheit gegenüber aller Überlieferung, wie sie die Textkritik schon seit jeher zu ihrem methodischen Vorbehalt kultiviert hat. Doch diese sinnkritische Haltung ist nicht begrenzt auf eine pädagogische Haltung, sondern wird rückversichert in einer erkenntnistheoretischen Reflexion auf die Bedingungen der Möglichkeit von (Text-)Bedeutung.

Die hier skizzierte Diskursanalyse weiß von der unbegrenzten Bedeutung des Texts, sie weiß aber auch, daß der jeweilige historische Kontext wie die je herrschende wissenschaftliche Interpretationspraxis eine beträchtliche Übereinstimmung darüber hat entstehen lassen, wie die Empfindsamkeit zu verstehen ist. Die Diskursanalyse läßt es angesichts dieser immer schon verfestigten Tradition nicht bei dem ›dekonstruktiven‹ Nachweis über die letztendliche Kontingenz aller Interpretation bewenden. Sie geht aus auf eine polemische Umkehr all jener Interpretationen, die ein ideales Bild der Empfindsamkeit fortschreiben, die festhalten an der emphatischen Rede von einem friedfertigen und sozialen Subjekt, das Glück und Erfüllung findet in einer privaten Geselligkeit fern von Gesellschaft. Dagegen erinnert sie an die subjektivierenden und individualisierenden Effekte der Empfindsamkeit, an ihre Macht, uns in Gefühl und Empfindung ihre Interpretation, ihre Rhetorik als ›reale‹ Erfahrung aufzudrücken.

Eine solche Lektüre verlangt ihrerseits nach Kritik und Revision, da jede Lektüre, auch die diskursanalytische, als Ordnungsmacht auftritt. Und so kommt auch diese Geschichte der Empfindsamkeit selbst als Gegenstand einer wissenschafts- und traditionskritischen Diskursanalyse in den Blick. Auch diese Geschichte ist so – natürlich – kein letztes Wort – wie auch? –, ist doch jede Traditionskritik immer auch Teil der Tradition. Ein ›Ergebnis‹ fällt aus, liegt allenfalls in der Provokation einer neuen Lektüre, einer Lektüre, die ihrerseits ansetzt bei der Differenz von idealem Sinn und, so noch einmal Friedrich Nietzsche, »unangenehmster Enttäuschung«.[22]

Anmerkungen

1 Jürgen Förster hat diese ununterbrochene, jetzt sogar in besonderer »Affinität zur Gegenwart« stehende Bedeutung der Empfindsamkeit für das aktuelle politisch-soziale Selbstverständnis zuletzt nachdrücklich herausgestellt in: *Empfindsamkeit und Rationalität I und II. Erinnernde Vergegenwärtigung aus kultursoziologischer und literarhistorischer Perspektive,* in: WW 1 (1986), S. 34–50, und WW 2 (1986), S. 104–120.

2 Daß Philologie mehr ist als nur akribische Textkritik oder mikrologische Sammelarbeit, nicht nur Karl Lachmann, sondern auch Friedrich Nietzsche verpflichtet ist – daran erinnert Paul de Man in: *The Return to Philology,* in: TLS, December 10 (1982), S. 1355–1356.

3 Michel Foucault, *Archäologie des Wissens*, Frankfurt/Main 1973, S. 14.

4 Gut zu sehen ist dies in der Kritik des Philosophen Habermas an Derrida und den amerikanischen Dekonstruktivisten. Mit der »Einebnung des Gattungsunterschiedes zwischen Philosophie und Literatur« ist die Autorität der Philosophie gefährdet; vgl. Jürgen Habermas, *Der philosophische Diskurs der Moderne. Zwölf Vorlesungen*, Frankfurt/Main 1985, S. 219ff.

5 Ein sehr frühes Zeugnis gibt Sextus Empiricus; er überliefert das Argument des Crates von Mallus, wonach der »Kritiker« (im Gegensatz zum »Grammatiker«) sich mit einem sehr breiten, weil das »Bezeichnete« wie das »Bezeichnende« umfassenden Gegenstandsbereich beschäftige...; vgl. Sextus Empiricus, *Against the Professors*, London, Cambridge 1971, Bd. 1, Kap. 3, S. 47ff.

6 Hans-Thies Lehmann, *Das Subjekt als Schrift. Hinweise zur französischen Texttheorie,* in: Merkur 33/7 (1979), S. 665–677, hier: S. 667.

7 Ebd.

8 Jacques Derrida, *Die différance*, in: ders., *Randgänge der Philosophie,* Frankfurt/Main, Berlin, Wien 1976, S. 6–38, hier: S. 16.

9 Vgl. dazu: Jürgen Stenzel, *Zeichensetzung. Stiluntersuchungen an deutscher Prosadichtung,* Göttingen 1970 (Palaestra, Bd. 24).

10 Friedrich Nietzsche, *Menschliches, Allzumenschliches, Erstes Hauptstück, No. 8,* in: ders., *Werke,* Bd. 1, hg. v. K. Schlechta, Frankfurt/Main, Berlin, Wien 1976, S. 451. Das ausführliche Zitat: »Es gehört sehr viel Verstand dazu, um auf die Natur dieselbe Art der strengen Erklärungskunst anzuwenden, wie jetzt die Philologen sie für alle Bücher geschaffen haben: mit der Absicht, schlicht zu verstehen, was die Schrift sagen will, aber nicht, einen doppelten Sinn zu wittern, ja vorauszusetzen.«

11 So Foucault in einem Gespräch mit Raymond Bellour (Juni 1967), *Über verschiedene Arten Geschichte zu schreiben,* in: Adelbert Reif (Hg.), *Antworten der Strukturalisten,* Hamburg 1973, S. 157–176, hier: S. 170.

12 Erinnert sei nur an Georg Steinhausen, *Geschichte des Deutschen Briefes. Zur Kulturgeschichte des Deutschen Volkes* (1889), Reprint Dublin und Zürich 1968.

13 Analogien zwischen Phänomenen sozialen Wissens und Schichtungs- bzw. Klassenstrukturen sind schnell behauptet – aber oft nur schwer in der Analyse einzulösen. Kein Zufall ist es daher, wenn es in einer der neueren Literaturgeschichten mit entwaffnender Offenheit heißt: »Was Empfindsamkeit ist und will, bleibt [...] schwer auszumachen.« (*Geschichte der deutschen Literatur vom 18. Jahrhundert bis zur Gegenwart,* hg. v. Viktor Zmegacz, Bd. I.1: *1700–1848,* Königstein/Ts. 1978, S. 86).

14 Niklas Luhmann, *Einführende Bemerkungen zu einer Theorie symbolisch generalisierter Kommunikationsmedien,* in: ders., *Soziologische Aufklärung,* Bd. 2, Opladen 1975, S. 170–193, hier: S. 170.

15 Ausführlich dazu: Nikolaus Wegmann, *Sanfte Vergesellschaftung. Zur Diskursgeschichte der Empfindsamkeit in Deutschland im 18. Jahrhundert,* Stuttgart 1988.

16 Zur gegenläufigen Karriere des Klugheitsbegriffs vgl. Gotthart Frühsorge, *Der politische Körper. Zum Begriff des Politischen im 17. Jahrhundert in den Romanen Christian Weises,* Stuttgart 1974, S. 53 f.

17 Niklas Luhmann, »*Distinctions directrices*«. *Über Codierung von Semantiken und Systemen,* in: Friedhelm Neidhardt u. a. (Hg.), *Kultur und Gesellschaft,* in: Kölner Zeitschrift für Soziologie und Sozialpsychologie, Sonderheft 27 (1986), Opladen 1986, S. 145–161, hier: S. 158.

18 Peter Villaume, *Ob und in wie fern bei der Erziehung die Vollkommenheit des einzelnen Menschen seiner Brauchbarkeit aufzuopfern sey?,* in: *Allgemeine Revision des gesamten Schul- und Erziehungswesens von einer Gesellschaft praktischer Erzieher,* hg. v. Johann Heinrich Campe (1785), Reprint Vaduz 1979, S. 435–607, hier: S. 531.

19 Johann Heinrich Campe, *Über Empfindsamkeit und Empfindelei in pädagogischer Hinsicht,* Hamburg 1779, S. 33 f.

20 Friedrich Heinrich Jacobis Romane erschienen nur kurz nach Goethes *Werther* (1774): *Eduard Allwills Papiere,* 1776, Reprint Stuttgart 1962, und *Woldemar. Eine Seltenheit aus der Naturgeschichte,* 1779, Reprint Stuttgart 1969.

21 Ich folge hier weitgehend Karin Hausen, *Die Polarisierung der »Geschlechtscharaktere« – Eine Spiegelung der Dissoziation von Erwerbs- und Familienleben,* in: *Sozialgeschichte der Familie der Neuzeit. Neue Forschungen,* hg. v. W. Conze, Stuttgart 1976 (Industrielle Welt. Schriftenreihe des Arbeitskreises für moderne Sozialgeschichte, Bd. 21), und Silvia Bovenschen, *Die imaginierte Weiblichkeit. Exemplarische Untersuchungen zu kulturgeschichtlichen und literarischen Präsentationsformen des Weiblichen,* Frankfurt/Main 1979.

22 Nietzsche, a. a. O., *No. 29,* S. 469; auch hier das ausführliche Zitat: »Wer uns das Wesen der Welt enthüllte, würde uns allen die unangenehmste Enttäuschung machen. Nicht die Welt als Ding an sich, sondern die Welt als Vorstellung (als Irrtum) ist so bedeutungsreich, tief, wundervoll, Glück und Unglück im Schoße tragend.«

Bernhard J. Dotzler

»Dem Geist stehen die Geister bei«
Zur »Gymnastik« E.T.A. Hoffmanns

Vorspiel

Im Anfang war die Tat. Die Tat nämlich des Übersetzens, das, weil es nicht mehr nach Art der alten Gelehrsamkeit der vier Fakultäten in Worten kramen will, das Wort »Wort« abschafft und Dem Geist, der ihm hilft, sich verpflichtet weiß.[1] Goethe, der *Geist,* der seiner Zeit den Namen verlieh, der *Gebildete,* an den und das – Schlegels Diktum folgend – die (Früh-)Romantik sich anschloß[2], der *Autor,* der diese Funktion erstmals im vollen modernen Sinn erfüllte, indem er zum Werk sein Leben schrieb – Goethe zeigt die Geburt der Autorschaft aus dem Geist des Übersetzens als einem »Schreiben des eigenen Lesens«.[3] So Werther: Nachdem die Liebe im Wechselblick und in der Nennung eines Autornamens sich begründet hat, wird er selbst zum Autor der Ossian-Übersetzung und erlangt die einzige Umarmung Lottes. Und so Faust: Als gesteigerter Werther überträgt er unter Anrufung Des Geistes das Neue Testament in sein geliebtes Deutsch – und erfindet »eine uns vertraute Literaturwissenschaft«.[4]

Der Geist, wie die Goethezeit ihn will, ist selbst das Produkt doppelter Übersetzung. Aus griechisch *pneuma* wird das lateinische *spiritus,* woraus im Deutschen *Geist* sich bildet. So west Der Geist immer schon in der Tat, die die Wörter überliest und statt dessen Bildung in und an Der Geschichte verheißt. Seiner Buchstäblichkeit nach aber kommt ihm eine ganz andere Herkunft zu. Indogermanisch *gheizd-*, wie germanisch *gaista* oder *gaistaz* bezeichnen, was »lebhaft bewegt, aufgebracht, bestürzt, erschreckt«[5] ist. Der Geist, wenn man ihn beim Wort und dessen Ursprung nimmt, entspringt.

Bettine hat das gewußt. Und weil sie es weiß, entspringt, wo Der Geist dennoch herrscht, immer sie selbst. Ihr einfaches Mittel, dem »philosophisch-historischen Erziehungssystem«[6], das Bildung heißt, zu entkommen, ist eben, die Wörter beim Wort zu nehmen. Anstatt wie Faust – »Bedenke wohl die erste Zeile,/Daß deine Feder sich nicht übereile!« (v. 1230 f.) – im Schreiben innezuhalten, um im Lesen des eigenen Schreibens den Sinn, den Der und der Den Geist macht, zu bedenken, treibt sie auf Wörtern und Briefen dahin und schreibt, mit oder ohne Gedanken, in den Wind, in dem die Geister hausen. Zu denen zieht es sie hin, zu den Nachtgeistern, die ihr so freundlich zureden. Aus solchem Verkehr kommt die schöne Unverstehbarkeit ihrer dahineilenden Wörter, ihrer Rätsel, die die nicht lösen, deren Losung Verstehen heißt:

Gestern waren viele witzige Köpfe im Haus Brentano beisammen, da wurden unter andern gymnastischen Geistesübungen auch Rätsel aufgegeben, da waren sehr geschickte Einfälle, und wie die Reihe an mich kam, da wußt' ich nichts. Wie ich in der Verlegenheit mich umsah und kein Gesicht, das mir einen befreundeten, verständlichen Ausdruck hatte, da erfand ich dies Rätsel: »Warum die Menschen keine Geister sehen?« – Keiner konnte es raten, ich sagte: »Weil sie sich vor Gespenster fürchten.« – »Wer? – Die Menschen?« »Nein, die Geister.« – Ja, so grausamlich kamen mir diese Gesichter vor und so fremd und unverständlich, aus denen nichts zu mir sprach wie aus Deinen geliebten Zügen, vor denen sich die Geister gewiß nicht fürchten [...].[7]

Gespenstisch also ist es, wo die Geister nicht sind, weil gymnastische Geistesübungen sie ausgetrieben haben. Nur vor Goethes Antlitz fürchten die Geister und fürchtet Bettine sich nicht.

   Wohl weil es Liebe, das reine Begehren ist, ist Bettines Verhältnis zu Goethe so paradox wie folgerichtig. Folgerichtig, weil Bettine wie keine andere Leserin den Anspruch seiner Literatur in ihrer Buchstäblichkeit erfüllte. Wissend um des Autors Liebe zu seinen Heldinnen – »Verliebt bist du, und zwar in die Heldin deines neuen Romans« –, setzt sie in wortwörtlicher Befolgung der goethezeitlichen Maximen für Leserinnen sich genau an die Stelle dieser Geliebten: »Werthers Lotte hat mich nie erbaut, wär' ich nur damals bei der Hand gewesen, Werther hätte sich nicht erschießen dürfen...«.[8] Deshalb ihre »unerhörte und einzigartige Anrede ›Du, Goethe‹, dieser Kurzschluß zwischen einem Autornamen (ohne Johann und Wolfgang) und einem Körper«.[9] Gerade diese Anrede zeigt jedoch auch das Paradox, das Bettines Beziehung zu Goethe ist. Denn indem sie als Autor ihn liebt, läßt Bettine, die Koboldin, die sonst mit den Geistern – in ihrer Vielzahl – tanzt, nun doch auf die Einzahl – den Gott, Autor, Geist – sich ein. Aber wieder und immer noch nicht, um sich zu bilden – nur um zu lieben. So zitiert die Macht ihres Begehrens doch immer weiter die Geister herbei:

Nun wehr' Dich immer gegen meine Liebe; was kann Dir's helfen? – Wenn ich nur Geist genug habe! – Dem Geist stehen die Geister bei.[10]

Wenn nur Goethes Übersetzungstat die Geister nicht entmachtet hätte. Und wenn nur diese Tat nicht in die Ewigkeit geschrieben wäre. So aber hört sie nicht auf. Wie schon an jenem Abend im Familienkreis bleibt Bettine auch jetzt das Rätsel – *Charade* – des Gebildeten fremd. Sie rät den Sinn nicht, denn sie liest weiter allein die Wörter, nicht deren Übertragbarkeit. Goethe aber hat Bettines Briefe »rein stofflich« genommen – und andere als Bettine gemeint. Das ist die Macht Des Geistes. Wie so oft geschieht es deshalb Bettine, daß Der Geist sie selbst austreibt, weil die Geister sie sich nicht austreiben läßt. Der Streit zwischen Bettine und Christiane gibt nur den Anlaß und – im darauffolgenden Hausverbot – das Gesetz. Den eigentlichen Ort seiner Macht hat Goethe schon viel früher formuliert – am Schluß des Briefes vom 9. Januar 1808:

Adieu, mein artig Kind! Schreiben Sie bald, daß ich wieder was zu übersetzen habe.[11]

»In diesen Kreisen kreiselt sich der Kreisler«

In die Zeit von Werthers Geburt bis Goethes Tod fällt die Lebensspanne E. T. A. Hoffmanns. Bettine, in ihrer Art, sich an die Stelle literarischer Figuren zu setzen, könnte auch dessen Werk entsprungen sein. So, wenn sie erzählt, wie am Weihnachtabend der gesellige Zirkel ihr wie ein Spuk erscheint:

Ich öffnete die Augen und sah die wunderlichen, unauflösbaren Rätselgesichter der Spielenden dort sitzen, vom hellen Kerzenschein beleuchtet; ich hörte die Ausrufungen des L'Hombre-Spiels wie Bannsprüche und Zauberformeln; diese Menschen mit ihrem wunderlichen Beginnen waren gespensterhaft; ihre Kleidung, ihre Gebärden unverständlich, grausenerregend; der Spuk war mir zu nahe gekommen – ich schlich mich leise hinaus.[12]

Eben eine L'Hombre spielende Gesellschaft ist es auch, die den reisenden Enthusiasten in *Die Abenteuer der Silvester-Nacht* treibt.[13] Neigung und Zwang zu entspringen ist überhaupt das gemeinsame Merkmal der Figuren der *Fantasiestücke* E. T. A Hoffmanns. Dreimal verschwindet plötzlich und unerwartet der Fremde im *Ritter Gluck*; verschwunden ist auch Johannes Kreis-

ler, die in ihrer Unseßhaftigkeit beständigste Figur des Gesamt-
werks; eilig, weil des »Gewäsches satt« (F, S. 73)[14], verläßt der
Erzähler des *Don Juan* die Wirtstafel; Berganza, dem »die versuchten Worte [...] im Bellen des gewöhnlichen Hundes« unter-
gehen, springt mit »Blitzesschnelle« (F, S. 140) davon; *Der Golde-
ne Topf* schließlich entspinnt ein ganzes Netz davoneilender und
entspringender Gestalten. Im Unterschied zu Bettine jedoch, die
nicht seßhaft wird und selbst, wenn aus den fliegenden Blättern,
die ihre Briefe sind, ganze Briefromane werden, noch der Fest-
schreibung sich entzieht, werden Hoffmanns Figuren am Ende
doch festgesetzt. So der Unbekannte: als Ritter Gluck kehrt er
zurück und gibt seinen Namen preis. So auch Anselmus: zu
Beginn die Tölpelhaftigkeit in Person, verleiht ihm die Kopierar-
beit eine »gewisse Bestimmtheit« und »elegante Gewandheit« (F,
S. 205). Zwar wird zum »Beschluß« (F, S. 250) des Märchens der
zum Dichter Gewordene gänzlich der Wirklichkeit entführt, nicht
aber den Augen des Lesers. Im Druck ist selbst noch die »Existenz
in der Geisterwelt« (F, S. 252) festgehalten, was scheinbar im
Nebel verlischt, ist »auf dem Papier [...] recht sauber und augen-
scheinlich [...] aufgeschrieben« (F, S. 254). Archivierung – im
Titel Lindhorsts wird es ausdrücklich – verhindert das Verschwinden und macht aus dem »poetische[n] Besitztum« des »innern
Sinns« (F, S. 255) ein Werk.

Ähnlich verhält es sich mit den übrigen Gestalten. Auch Berganza verstummt und verschwindet, aber seine Geschichte – Berganza selbst rechnet darauf – bleibt festgehalten; seiner letzten
Rede gelingen keine Worte mehr, was jedoch bleibt, ist das Wissen, was Erzähler und Leser sich »dabei zu denken« (F, S. 140)
haben. In gleicher Weise setzt *Don Juan* den Geist der *fabelhaften
Begebenheit* fest: Das Unverständnis der Gesellschaft an der Wirtstafel hindert nicht den Erzähler, sein Verstehen doch mitzuteilen,
wenn auch an andere, imaginäre Empfänger der Botschaft. Die im
Wortsinn begeisternde Inszenierung soll zwar in ihrer Einzigartigkeit unwiederholbar bleiben, aber der Tod der Sängerin, der diese
Unwiederholbarkeit garantiert, ist mehr noch Garantie der Wahrheit der erzählten Interpretation[15] – einer Interpretation, die, weil
sie geschrieben steht, immerhin Tradition machen konnte.[16]
Ebenso zielt Kreisler auf Nachfolge. Sein Verbleib mag ungewiß
sein, es gibt seine Schriften und – zum gebührenden Ende der
Kreisleriana – seinen *Lehrbrief* als Testament.

Hoffmann entläßt also seine Figuren nicht. Ihr Entspringen findet ein Ende, ihr Verschwinden dient nur einer anderen Faßbarkeit. Die Erfindung am Ende des 18. Jahrhunderts, die solche Gefangennahme ermöglicht, ist das – keineswegs auf die Gefängnisse beschränkte – Kerkersystem, das *archiviert* und *diszipliniert*. Foucault sagt es unmißverständlich: »eines der ersten Ziele der Disziplin ist das Festsetzen«.[17] So geschieht es Anselmus. Sein Dichterwerden nimmt den Weg über das Stillsitzen am Schreibtisch (dem Ort, an dem Bettine sich nicht zwingen ließ), seiner Quecksilbrigkeit wird das Gebot, nicht zu klecksen, entgegengestellt. Das ist die erste Bedingung. Die zweite ist, daß es beim bloßen Kopieren nicht bleibt. Vielmehr sollen die Schriftzeichen wie unvermerkt aus der Tinte fließen, während dem, der so unbewußt die Feder führt, deren individueller Sinn sich eröffnet. Das Geheimnis, daß die Kopie entstanden ist, ohne daß Anselmus auch nur »das mindeste kopiert habe« (F, S. 231), bezeichnet nichts anderes als die Paradoxie des modernen Dichtergebots, obwohl es keine eigenen Wörter gibt, doch eigene Worte zu finden. Was Anselmus auf diese Weise in einem liest und schreibt, ist die Geschichte (oder zumindest ein Teil davon), in die er selbst verstrickt ist. Archiviert wird so nicht bloß ein Text, sondern *im* Text der Schreiber selbst. Das ist die Idee moderner Autorschaft nach dem Beispiel Goethes. Nicht mehr – so Nietzsche[18] – sollen wie im 17. Jahrhundert »die Spuren des Individuums« einfach verlöschen, »damit das Werk dem Leben so ähnlich wie möglich sehe«, sondern das Individuum und sein Name machen erst das Werk, das – verhängnisvolle bzw. hermeneutische Zirkelstruktur – wiederum ein Teil der Archive ist, die das Individuum erst produzieren.

Man braucht das Individuum nicht philosophisch aus dem Begriff herzuleiten und nicht marxistisch als einen ideologischen Schein zu denunzieren; es ist das reale Korrelat der neuen Machttechniken, die seine Daten speichern und seine Diskurse produzieren.[19]

Eine der Stätten, wo solches geschieht, ist die Schule. Seit der Bildungsreform um 1800 soll jedem Schüler wenigstens potentiell das Schicksal Anselmus' beschieden sein. Wie diesem werden seitdem auch den Schülern fremde Texte vorgelegt, die Werke deutscher Dichter nämlich, die sie nicht bloß abschreiben oder Wort für Wort auswendig lernen sollen, sondern die mit dem

Gebot versehen sind, ihren Sinn inwendig zu erfassen und in eigenen Worten niederzuschreiben. So soll jeder Schüler ein kleiner Autor sein und kann nur deshalb nicht wirkliche Autorschaft erlangen, weil Schülerwerke eben doch keine Werke und deshalb nicht für den Druck, sondern für den Lehrer bestimmt sind. Dem dienen sie zur Einsicht, will – mit Foucault – sagen zur »objektivierenden Vergegenständlichung jener, die zu Subjekten unterworfen werden«. Denn »vor allem gestattet es das Examen dem Lehrer, der sein Wissen weitergibt, seinerseits über den Schülern ein ganzes Feld von Erkenntnissen aufzubauen« – und, nicht zu vergessen, zu speichern.[20] Der Schulaufsatz, der Lesen und Schreiben auf ihre Perfektibilität bringen soll, ist und zeigt die Verbindung von Disziplinierung und Archivierung im Namen der Bildung.

Grund und zugleich Effekt der Bildungsreformen sind die drei Singulare des modernen Wissens in ihrer dreifaltigen Einheit – Der Geist, Der Mensch, Die Geschichte. Den Geist, Fausts Übersetzertat lehrt es, bringt die Austreibung der Buchstäblichkeiten zum Vorschein, die Spaltung zwischen Sagen und Meinen. In ihr haust auch der Mensch. Nicht Gott noch Tier, weder also im absoluten Wissen noch im gedankenlosen Glück beheimatet, ist das Maß seiner Bildung die Fähigkeit, Buchstabe und Geist auseinanderzuhalten und eins ins andere zu übertragen. In der neuen Schule, »die ›Menschen‹ und nur ›Menschen‹ erzieht«, wird die Wortwörtlichkeit – vormals noch herrisch eingefordert – nicht etwa verboten, »sondern als menschenunwürdig verpönt«.[21] Und tatsächlich entsteht so Der Mensch. Die Schularchive, in die hinein all die Aufsätze, die ein Verstehen ausweisen sollen, geschrieben werden, sammeln das Wissen, in dem erst eine Wissenschaft vom Menschen sich konstituieren kann. Es gibt noch andere Orte, die Den Menschen produzieren; die Schule nach der Bildungsreform ist der Ort, der »den Beginn einer als Wissenschaft auftretenden Pädagogik markiert«.[22] Der Geist, Der Mensch – die beiden Einzahlen lassen auch Die Geschichte nur als die eine zu. Zwar soll im »Zeitalter der Geschichte«[23] alles und jedes seine Geschichte haben, jeder Gedanke, jede Idee ebenso wie jedes Leben, dies aber nur als Teile, die allein von einem Ganzen her zu denken sind, dem Ganzen Der Geschichte des in der fortschreitenden Menschheit sich bildenden Geistes.

Die drei seit 1800 die Ordnung der Dinge bestimmenden Strategeme durchziehen auch das Werk E. T. A. Hoffmanns – zumeist von ihren Negationen oder Pluralen her:

1. Der Mensch. Hoffmanns Rezeption und literarische Verarbeitung des naturwissenschaftlich-medizinischen Wissens seiner Zeit wie auch der Diskurse der Psychologie/Psychiatrie und ihrer Schnittpunkte mit der Strafjustiz ist als solche bekannt, die Häufigkeit und zentrale Rolle der Wahnsinnigen in seinem Werk oft besprochen. Der Blick gilt dabei meist dem gesellschaftskritischen Impetus, der solchen Außenseiterrollen innewohnen soll, der Infragestellung bürgerlicher Weltsicht durch ihre Gegenwelt. Wie aber, wenn das Spiel solcher Entgegensetzungen nur auf dem Boden *einer* Ordnung möglich ist? Der Wahnsinnige ist nicht der Gegenpart Des Menschen, beide sind nur die verschiedenen Seiten eines Strategems der Wissensproduktion. In den Außenseiterfiguren mag sich ein »Ungenügen an der Normalität«[24] manifestieren – deren Macht unterlaufen sie nicht, weil sie das Wissen nur weitertreiben, das – im Zeichen der Ablösung des Gesetzes – nichts anderes errichtet als: die Norm.

2. Der Geist. Er herrscht, wo die Geister vertrieben sind. Bei Hoffmann jedoch kehrt sie wieder, die Vielzahl der Dämonen, weshalb er auch der Gespenster-Hoffmann heißt. Vor allem natürlich in Bezug auf *Die Elixiere des Teufels* und die *Nachtstücke*. Aber schon in den *Fantasiestücken* geht es nicht ohne die Geister. Wenn auch das Geschehen nicht immer allen Regeln der Schauerromantik gehorcht, braucht man doch nicht alle Stücke – vom *Ritter Gluck* und der Problematik dieser Gestalt bis zu Kreislers testamentarischer Schilderung des Kampfes zwischen der »feindlichen Macht« des Bösen und den aufstrebenden Kräften »zum Höheren« (F, S. 277) – bis in die Einzelepisoden zu verfolgen, um zu erkennen, daß ein Geisterseher erzählt.[25] Kehren also tatsächlich die Geister zurück? Höhepunkt der Oper, die für Hoffmann die Oper aller Opern ist, *Don Giovanni* oder, um Hoffmanns Benennung zu folgen, *Don Juan*, ist immerhin eine oder *die* Geisterszene. In einer – relativ späten – Erwiderung auf die Kritik einer Aufführung des »unsterblichen Meisterwerks«[26] berichtet Hoffmann von der mächtigen Wirkung der »furchtbaren Schrekken der Hölle« eben dieser Szene. Die *Bescheidene Bemerkung*, die Hoffmann sich dazu erlaubt, entwickelt ein bezeichnendes Spiel um Den Geist und die Geister. Ausgangspunkt ist der Vorwurf des kritisierten Kritikers der Geistlosigkeit der besagten

Aufführung, die den Geist Mozarts gezwungen habe, »sich hinter den sieben Kontrabässen« (SM, S. 527) zu verbergen. Weil aber, nach Hoffmann, »wirklich nur fünf sichtbarliche Kontrabässe im Orchester« sich befanden, sei es nicht »der scheue Geist Mozarts gewesen«, dem die Kritik sich zu verdanken habe, sondern »ein ganz anderer neckhafter Spukgeist«. Gegen den tritt Hoffmanns Erwiderung an, und zwar unter Berufung auf einen, »der wirklichen Verkehr mit Mozarts Geist getrieben«. Der so Inspirierte weiß – anders als jener Referent – die »Geister des Gesanges und der Instrumente«, die Mozart wie kein anderer heraufbeschworen habe, wahrhaft zu schätzen. Was aber den Spukgeist angeht, heißt er der »Geisterbanner«! Einer also, vor dem Bettine sich fürchten würde. Und wirklich, dasselbe Sujet – *Don Juan* – dient Hoffmann auch zu der gymnastischen Geistesübung ›Interpretation‹. Nichts anders ist die gleichnamige Erzählung. Nur daß sie zudem noch – in Unterscheidung vom Schulaufsatz – als Dichtung eines Dichters sich ausweist, indem sie die Legitimation der Deutung aus dem Zusammenhang von Autorschaft und Liebe miterzählt. Mehr als die »Geister der Instrumente« (F, S. 74), die immerhin eigens erwachen, wenn der Enthusiast – heißt: der Begeisterte – zur Interpretation schreitet, ist es die geisterhafte Erscheinung Donna Annas, die – nach dem Wechselblick – den Blick in »die Tiefen des Meisterwerks« (F, S. 71) führt. »Wer wollte nicht an Erscheinungen glauben!« – sagt Bettine, und: »Dem Geist stehen die Geister bei«[27], und meint mit dem Geist sich selbst, die Koboldin unter den vielen. Es könnten auch Hoffmanns Worte sein. Aber anders als Bettine, die nur liebte und die Vielzahl beläßt, beschwört er die Geister um des Einen willen, der in der Tiefe der Werke gründen soll. Dem Geist stehen die Geister bei – wenn Hoffmann es sagt, dann nur als Autor, der Geisterseher und (Spuk-)Geisterbanner in einem ist.

3. Die Geschichte. Mit der Austreibung der Geister sind auch die Geistergeschichten in ihrer Vielheit verstummt. An ihre Stelle »ist Die Geschichte in der Einzahl getreten«.[28] Novalis führt es vor: »Geschichte ist eine große Anekdote.« Eine einzige, die sich die vielen Geschichten einverleibt: »Die Geschichte in gewöhnlicher Form ist eine zusammengeschweißte, oder ineinander zu einem Continuo geflossene Reihe von Anekdoten.«[29] Novalis zeigt auch den Zusammenhang des Geschichtsstratagems mit den beiden anderen Stratagemen. Die Anekdoten – als die Teile des

Ganzen Der Geschichte – unterteilen sich ihm idealtypisch in »zwey Hauptklassen, karakteristische und poetische Anekdoten«. Erstere sind »Anekdoten zur Wissenschaft des Menschen«, Ziel der letzteren ist – wie schon ihr Name sagt – die »schöne, (absolute) Poesie«[30], die – wie Benjamin dargelegt hat – sich als Reflexionsmedium weiß, als Ort Des Geistes. Mit der Berufung auf diesen Ort schließt auch der fünfte der *Höchst zerstreuten Gedanken* Hoffmann-Kreislers. »Wir wissen, was wir wissen« (F, S. 52), ist, in den Doppelsinn des Genitivs gebracht, die Reflexionsformel ›Wissen des Wissens‹. Kraft solcher Beschwörung geschieht die Kritik der »Anekdötchen«, die Den Geist nicht begreifen, wie »z. B. das Geschichtchen von Mozarts Ouvertüre zum ›Don Juan‹« (F, S. 51). Bezeichnenderweise dient aber zur Illustrierung der Rede wider die prosaische Tollheit jener, in deren Munde die »Anekdötchen« kursieren, selbst eine Anekdote und einer der folgenden *Gedanken* erzählt schließlich »die bekannte Anekdote« – nun also nicht im Diminutiv – »von dem alten Rameau« (F, S. 57), um ihren wahren Ernst dem gemeinen Gelächter entgegenzustellen. So geht es keineswegs gegen die Anekdoten als solche, im Gegenteil, eine macht den Anfang zu Hoffmanns Werk.[31]

Es ist schön, daß Callot ebenso kühn und keck, wie in seinen festen, kräftigen Zeichnungen, auch im Leben war. Man erzählt, daß, als Richelieu von ihm verlangte, er solle die Einnahme seiner Vaterstadt Nancy gravieren, er freimütig erklärte, eher haue er sich seinen Daumen ab, als daß er die Erniedrigung seines Fürsten und seines Vaterlandes durch sein Talent verewige. (F, S. 13.)

Ganz im Sinne Novalis' sind hier die »zwey Hauptklassen« in einer Anekdote »vermischt«, indem eine »karakteristische Handlung« in ihrer Beziehung zur Kunst dargestellt wird.[32] Ganz im Sinne Goethes erfüllt die Anekdote ihre Funktion, die Berührung von Geist und Mensch – des Grenzenlosen mit dem Begrenzten –, kurz: »das Erlebte« zu erzählen, um so »Handlung und Tat« kurz: das Werk verstehbar zu machen.[33] *Jacques Callot* ist nicht bloß die Erklärung eines Titels oder einer Manier, sondern die Legitimation der *Fantasiestücke* selbst als *Werk*. Denn die Callot-Anekdote bringt die Autorfunktion, ohne die es Werke nicht gibt, auf zweifache Weise ins Spiel: für Callot, für den sie den Leben-und-Werk-Zusammenhang ausdrücklich macht, wie auch für Hoffmann selbst, weil sie auch seine Biographie in sein Werk einbringt.

Die erste eigentliche Erzählung der *Fantasiestücke, Ritter Gluck,* die *Erinnerung,* die Hoffmanns Dichterlaufbahn begründet, geht zurück auf die Erlebnisse des Berliner Jahres 1807/08. Anlaß, Warschau zu verlassen und nach Berlin überzusiedeln, war die Weigerung, den Huldigungseid auf Napoleon zu unterschreiben.[34] Obwohl Hoffmann so als der »Anekdotenmeister«[35], wie Novalis ihn will, erscheint, droht das Verhältnis seiner Geschichten zu Der Geschichte doch nicht dem gewünschten »Continuo« zu entsprechen. Eine Notiz im Schreibkalender für 1809 scheint eher die Maxime aufzustellen, durch Geschichten Die Geschichte zu durchbrechen:

Es müßte spaßhaft seyn Anekdoten zu erfinden und ihnen den Anstrich höchster Authentizität durch Citaten u. s. w. zu geben, die durch Zusammenstellung von Personen die Jahrhunderte aus einander lebten oder ganz heterogener Vorfälle gleich sich als gelogen auswiesen. – Denn mehrere würden übertölpelt werden und wenigstens einige Augenblicke an die Wahrheit glauben. – Gäbe man ihnen einen Stachel, desto besser. z B. indessen (ohne Stachel,) wäre folgende.

Als Fridrich der Große kurz nach dem Abschluß des Hubertsburger Friedens nach Potsdam zurückgekehrt war, bemerkte er aus den Fenstern des Schlosses einen zerlumpten Jungen, der auf ein Stück Schiefer emsig schrieb und dann was geschrieben mit lauter Stimme und lebhafter Gestikulation deklamirte. – Er schickte seinen Leibpagen hinunter dem Könige die Schiefertafel hinaufbrachte – weinend und schreiend lief ihm der Bube bis ins Zimmer des Kön[i]gs nach – Der König las zu seinem Erstaunen wohl geordnete <. . .> Verse, und es fand sich, daß der Bube ein Küchenjunge des spanischen Gesandten war. Von Stunde an schickte der König den Jungen nach Berlin ins Joachimsthaler Gymnasium, wo er auf königl[iche] Kosten Unterricht erhielt, dann, auf [der] Universität Halle studirte, und endlich schon in sei[nem] zwanzigsten Jahre – JustizBürgermeister in Stargard in Pommern wurde, und die Liebe seiner Mitbürger so wie das Vertrauen des ihm vorgesetzten Collegiums erwarb. Seiner Amtsgeschäfte unerachtet, setzte er doch das Studium der Dichtkunst fort, und vorzüglich beschäftigte er sich mit der Ausarbeit[ung] von Theaterstücken, die auch von der Döbbelinschen Gesellschaft mit Beyfall des Publikums aufgeführt wurden. Ein Verwandter in Madrid starb, hinterließ ihm sein Vermögen, und nachdem er sich vom Großkanzler einen dreimonathlichen Urlaub ausgebeten hatte, ging er nach Spanien. – Hier wartete aber seiner eine andere Carriere, denn als der nunmehr in seiner Muttersprache dichtete und ein Stück aufs Theater brachte, erweckte er den Enthusiasmus der Spanier so sehr, daß sie ihn nicht mehr losließen. – Jahre lang hat er das Theater mit den herrlichsten Stücken bereichert, und niemand anders war unser JustizBürgermeister als der berühmte Calderon, den die Spanier

vergöttern und der auf diese Weise seine Ausbildung dem großen Könige
von Preußen zu danken hat.
Siehe Meybom's Brandenburgische Annalen. Th. 2. Seite 63.
(SM, S. 883 f.)

Aber der Schein trügt. Immerhin liefert das Beispiel[36] selbst den
Beweis, daß es um die moderne Frage der Bildung geht – und die
Bildungsreformen waren es ja, die Den Menschen, Den Geist und
Die Geschichte hervorbrachten. Calderons Dichtertum wird –
historisch falsch, aber konsequent der *romantischen* Entdeckung
seines Werks folgend – dem geschichtlichen Moment der »Veränderung der Schulrhetorik nach 1770«[37], der Frage nach der Lehr-
und Lernbarkeit der Dichtkunst und ihrer eigentlichen Entfaltung
erst in der Muttersprache unterworfen. Was geschieht? Die Geschichte, scheinbar gefälscht, tritt allererst in ihr volles Recht, dort
nämlich noch, wo es sie ›in Wahrheit‹ nicht gibt, weil sie nicht
archiviert, d. h. vergessen ist. Von Calderon gibt es die Spuren des
Individuums, die seit 1800 so sehr interessieren, nicht. Also werden sie erfunden. Foucault hat gezeigt, daß Produktion die Funktionsweise des modernen Willens zum Wissen ist. Hoffmanns
Notiz wendet sie an. Die erfundenen Anekdoten negieren nicht
die Geschichte, sondern machen sie erst.

Goethe und Hegel haben E. T. A. Hoffmann abgelehnt. Hegel,
das immerwährende Thema der Hoffmann-Rezeption prägend,
beklagt die »innre haltlose Zerrissenheit«, Goethe schließt Hoffmann aus dem Kanon der zu lesenden oder auch nur lesbaren
Literatur aus.[38] Die Raserei seiner Werke soll nichts mit dem bildenden Geist gemeinsam haben:

Es ist unmöglich, Märchen dieser Art irgendeiner Kritik zu unterwerfen;
es sind nicht die Gesichte eines poetischen Geistes, sie haben kaum so viel
scheinbaren Gehalt, als den Verrücktheiten eines Mondsüchtigen allenfalls
zugestanden würde; es sind fieberhafte Träume eines leichtbeweglichen
kranken Gehirns [...].[39]

Der Wahnsinn der Hoffmannschen Werke ist aber nur der, daß in
ihnen immer wieder die Bedingungen ihrer eigenen Möglichkeit
an die Oberfläche dringen – andere Bedingungen, als Goethes
programmatische Vorrede zu *Dichtung und Wahrheit* sie will.
Nach ihr soll nur das Imaginäre der inneren Bildungsstufen Autorschaft konstituieren, wie denn auch Werther und Faust in ihren
Übersetzungen allein die Seele bzw. Den Geist walten lassen.
Doch auch und gerade Der Geist hat seine Materialität – die Buch-

staben und Wörter, die Faust »so hoch unmöglich schätzen« (v.1226) kann. Hoffmann dagegen bringt sie immer wieder ins Spiel. Am deutlichsten vielleicht im *Kater Murr*. In der Kontrastierung der wohlgeordneten, selbstgefälligen mit der fragmentarischen Biographie mag der Roman »ein Stück romantischer Goethe-Kritik, das der ›Wilhelm-Meister‹-Kritik des Novalis an die Seite zu stellen wäre«[40], sein. Sicher jedenfalls ist er die Inszenierung einer drucktechnischen Fehlleistung. Das Vorwort, das diese Zufälligkeit des Romans thematisiert, nimmt sich auch der kleineren, aber häufigeren Störung der Autorfunktion an, der Druckfehler, die Dem Geist der Zeit sonst eher eine Peinlichkeit heißen. Wer mag, soll der Ironie dieser Äußerungen Hoffmanns über Autorschaft nachfragen – jenseits davon kommt an den Tag, daß auch Werke Des Geistes ihre Buchstäblichkeiten haben.

Trotzdem verläßt Hoffmann die neuen »Gegenden des Wissens«[41] nicht. Die Kreise, die das Wissen am Ende des 18. Jahrhunderts zum Raum seiner Entfaltung erklärt, hält auch er für unentrinnbar. Die zentrale Figur seines Werks trägt ihren Namen davon. Und gerade der dient als Exempel dafür, daß in den Buchstaben doch immer Der Geist hausen soll:

Erzeigen Sie mir die Güte [...], betrachten Sie meinen schlichten Namen im gehörigen Licht, und Sie werden ihn, was Zeichnung, Kolorit und Physiognomie betrifft, allerliebst finden! Noch mehr! Stülpen Sie ihn um, sezieren Sie ihn mit dem grammatischen Anatomiermesser, immer herrlicher wird sich sein innerer Gehalt zeigen. Es ist ganz unmöglich [...], daß Sie meines Namens Abstammung in dem Wort *Kraus* finden und mich, nach der Analogie des Wortes *Haarkräusler*, für einen *Tonkräusler* oder gar für einen Kräusler überhaupt halten können, da ich mich alsdann eben *Kräusler* schreiben müßte. Sie können nicht wegkommen von dem Worte Kreis, und der Himmel gebe, daß Sie dann gleich an die wunderbaren Kreise denken mögen, in denen sich unser ganzes Sein bewegt und aus denen wir nicht herauskommen können, wir mögen es anstellen wie wir wollen. In diesen Kreisen kreiselt sich der Kreisler [...] (KM, S. 352).

Deutlicher geht es kaum. Denn wo vom Kreisel oder Zirkel die Rede ist, findet das Beiwort sich schnell. Kreisler ist die Gestalt gewordene Wörtlichkeit der Figur der Hermeneutik. Auch den hermeneutischen Zirkel gibt es nur in der Einzahl. Wie die Geister Dem Geist, werden auch die vielen »wunderbaren Kreise« Dem Kreis unterworfen. Deshalb sind die in Hoffmanns Werk so häufigen Synästhesien, wie Kreisler in seinem *Lehrbrief* sagt, »kein leeres Blatt, keine Allegorie« (F, S. 326). Viemehr bezeichnen sie ein klares Bildungsprogramm, dasselbe, das in den Schulen den Schulaufsatz einführt. Der eine Geist soll alles durchwalten. Darin sind Hoffmann und Goethe, bei aller gegenseitiger Kritik, so weit nicht voneinander entfernt.

Jean Pauls Vorrede zu den *Fantasiestücken* macht darauf aufmerksam. Exakt benennt er die Momente, die Autorschaft konstituieren, seit das »kritische Herkommen« sich durchgesetzt hat (F, S. 11). Dazu gehört auch sein Vorschlag eines richtigeren Titels. Mit Ausnahme des *Magnetiseurs*, sagt er, würden alle Stücke besser unter die Bezeichnung »Kunstnovellen« passen, weil sie weniger eine Manier nachahmen, als vielmehr ganz eigene Kreise beschreiben. So reiht Hoffmann sich ein, in die Zahl der »übrigen Goethes«, die es dem Gebildeten darin gleichtun, daß sie »tausend Dinge voraussetzen«, ohne auch nur »die nötigsten Erklärungen« zu liefern (ebd.).

Was sich ausnimmt wie ›philologische Unhöflichkeit‹, ist in Wahrheit ein hermeneutischer Trick: »der Leser helfe sich selbst, denn sein Autor ist grob« (ebd.). Die Selbsthilfe des Lesers besteht erstens, wie die Hermeneutik befiehlt, im mehrfachen Lesen, und macht zweitens den Leser, der sich zu helfen wußte, selbst zum Autor. Immer wieder führt Hoffmann es vor, synästhetisch, quer durch alle Bereiche der Kunst. So an Anselmus, der schreibt, was er liest; so an Kreisler und dem reisenden Enthusiasten, die, selbst Komponisten, die Kompositionen anderer in Worte fassen; so schließlich – in der *Jesuiterkirche in G.* in den *Nachtstücken* – an Berthold, der zum wahren Maler dadurch wird, daß er, statt bloß nachzuahmen, das eigene Sehen malt, und der das Bild, das seine eigene Lebensgeschichte zusammenfaßt, erst zu malen vermag, nachdem ein anderer ihm die eigene Erzählung erzählt. Und so auch an sich selbst. In weiten Teilen ist Hoffmanns Werk geschriebene Rezeption der verschiedenen Künste. Eben Kunstnovellistik. Im Zentrum steht, das ist bekannt, die Musik, stehen vor allem Mozart und Gluck. Dessen Reformopernwerk scheint schon an sich hermeneutisch geprägt zu sein. An die Stelle der Nummernoper soll die durchgängige Einheit von Wort und Musik treten, das Musikdrama, dessen Teile ein Ganzes machen. Das romantische Ideal der Oper ist so von einem Übersetzungsverhältnis her gedacht. Die Musik soll die Übertragung der Handlung in eine andere Sprache sein, und zwar der Tiefe der Handlung, welche Tiefe gerade durch die Musik erst sichtbar wird. So will es die Interpretation des *Don Juan*. Es ist nicht der Bonvivant an der Oberfläche, den uns die Oper zeigt, sondern die »unendliche Sehnsucht« (F, S. 75) in Don Juans Brust, die allein die Musik zum Ausdruck bringt. Ohne »alle Rücksicht auf den Text« (F, S. 77) übersetzt deshalb der Interpret das Wortlose erneut in Worte. Das ist Verstehen. Die Einheit von Wort und Musik ist die Einheit des *Sinns*. Erst Wagner hat, sinnverachtend, die *medientechnische* Einheit des Gesamtkunstwerks anvisiert.[42]

Hoffmann bleibt Hermeneut und entspringt dem Kreis, der da Bildung heißt, nicht. Das beständige Thema der Hoffmann-Interpreten, wie und warum er vom Komponisten zum Dichter avanciert, muß nicht spekulativ von einer möglichen Bewußtwerdung seiner wahren Bestimmung her erörtert werden. Aufschlußreicher ist die einfache Tatsache, daß es zur selben Zeit geschieht, in der das Verstehen zur so professionellen wie allgemeinen Kunst erhoben oder überhaupt erst erfunden wird. Das Verstehen aber kommt ohne Worte nicht aus.[43] Deutlichster Beleg: die Einführung des Abituraufsatzes zur selben Zeit.

Ritter Gluck – die Eröffnung der Autorschaft

Man kann die Hermeneutik, den »süchtigen Wunsch« der Werke seit 1800, fortschreiben – oder man kann ihr »die Diagnose stellen«; man kann »Gesagtes und Ungesagtes genau dort [...] lassen, wo sie sind« – oder man kann das Gesagte nach seinem Ausdruckswillen befragen, dem Ungesagten im Gesagten.[44] Etwa wie Hans Mayer, wenn er über*Die Wirklichkeit E. T. A. Hoffmanns* spekuliert. Der »ungelöste Rest, den der Leser der Geschichte vom Ritter Gluck zu bewältigen hat«, ist ihm der »Zugang zum Gesamtwerk E. T. A. Hoffmanns«.[45] Gut hermeneutisch erfindet er die Frage – Wer ist der Ritter Gluck im *Ritter Gluck?* –, von deren Antwort alles Verständnis abhängen soll, welches Verständnis wiederum die Frage zu rekonstruieren erlaubt, auf die das Werk seine Antwort versucht.[46] Mayers Antwort auf die Frage nach der Frage: Hoffmanns zwei Welten. An ihnen kommt kaum mehr ein Interpret vorbei, selbst dann nicht, wenn er dieser Erklärung seine Zustimmung verweigert, wie zuletzt Jochen Schmidt. Ausdrücklich wendet er sich gegen die beiden Deutungsalternativen, die entweder in dem Fremden, der sich als Gluck ausgibt, einen partiell Wahnsinnigen oder in der Erzählung das Prinzip der zwei Wirklichkeiten verwirklicht sehen möchten. Anstatt aber ihnen den Boden zu entziehen, fällt er auf beide zurück. Auf die zwei Welten, wenn er Hoffmanns Gesamtwerk charakterisiert: »Fast alle seine Werke leben aus dem Gegensatz von künstlerischer Subjektivität und äußerer Realität.«[47] Und auf eine Art von Wahnsinn, wenn er, Schmidt, die Projektion zum Erzählprinzip Hoffmanns erklärt, ein Wahnsinn, dem – einzige Modifikation – nicht der Unbekannte, sondern der erzählte Erzähler erliegt, weil sich am Ende des *Ritter Gluck* nicht mehr der Wahn in die Realität auflöst. Deutlicher noch als die gängigen Leben-und-Werk-Interpretationen bleibt auch Schmidt dem Imaginären der Imaginationskunst verhaftet.

Die Diskursanalyse dagegen folgt dem Imaginären nicht. An die Stelle des Schöpfungswillens, die die Autorschaft Hoffmanns – erstmals und schon vollendet im *Ritter Gluck,* einem Text, der einen Autor nicht nur hat und produziert, sondern auch noch von einem erzählt – begründen soll, setzt sie die Analyse der Autorfunktion. Statt also hermeneutisch sich in die Kreise seines Werkes zu begeben, macht sie eben die Hermeneutik, die der Text selbst inszeniert, zum Gegenstand. Statt verstehend die Aussageabsicht des Autors erschließen zu wollen, ist sie der Intention Hoffmanns gegenüber schlicht gleichgültig. Beispielsweise im Falle seiner vielbesprochenen Ironie. Sie mag Ausdruck eines kritischen Impetus sein oder, wie Kreisler sagt, der »tiefe Schmerz« der Sehnsucht, der Macht, die in das Kreiseln zwingt, zu entkommen (KM, S. 352). Aber genau diese Kreise, statt sie – wie Bettine – einfach zu durchbrechen, bringt die Ironie selbst in Gang. Jenseits davon, wen sie angreift und wem eigentlich sie das Wort redet, redet sie de facto niemandem das Wort, sondern ist nur möglich, durch die Differenz, die zwischen Sagen und Meinen soll herrschen können. In ihr entfaltet sie ihre Gedankenzirkel und, als Ironie der Ironie, Endlosschleifen. Gewiß sind die Wirklichkeitsordnungen, die Hoffmann gegeneinander ausspielt, nicht ohne Belang. Wichtiger jedoch als die Frage nach Hoffmanns Interesse ist die Analyse dessen, was geschieht. Statt den zwei Wirklichkeiten und ihrer kontrastiven Verflochtenheit gilt der Blick der einen Realität des Diskurses: erstens seiner Ordnung, die an sich anonym ist, aber eine Kultur des Autornamens bestimmt, und zweitens seiner Materialität, der realen Verschaltung von Texten, die deren Zusammenhang unabhängig von der Frage ideengeschichtlicher Beeinflussung situiert.[48]

So hat auch der *Ritter Gluck* seine genau bestimmbare Realität. Ein knappes Zitat verrät das ganze Geheimnis. Gluck in seiner Widmung zu *Paride ed Helena:*

Deshalb ist die Gegenwart des Komponisten bei der Aufführung einer solchen Musik so unerläßlich, wie die Sonne zu den Schöpfungen der Natur gehört. Er ist in jeder Hinsicht Seele und Leben, und ohne ihn bleibt alles im Unklaren und Dunkeln.[49]

Nichts anderes inszeniert Hoffmanns Erzählung als diese geforderte Anwesenheit Glucks bei der Aufführung seiner Reformoper. Die exakte Bestimmung dieser Bedingung der Möglichkeit der neuen Werke ist der restlose Inhalt des Texts. Aber auch eine solche Lektüre an der Oberfläche des Erzählten darf sich nicht täuschen lassen. Die Forderung Glucks ist gerade nicht rein beim Wort genommen. Die Zeitbezüge beweisen es. Gluck ist gegenwärtig, wo er nicht anwesend sein kann. Hieraus beziehen die beiden genannten Deutungsalternativen ihre Rechtfertigung – und tatsächlich spielt die Erzählung mit beiden Möglichkeiten: Gluck ist sowohl einer der vielen Geister, die in Hoffmanns Werk scheinbar wiederkehren, als auch eine seiner vielen Gestalten am Rande des Wahnsinns. Nur handelt es sich nicht um eine außerhalb der Erzählung liegende stumme Wirklichkeit, sondern um gezielt eingesetzte Strategeme. Auch das beweisen die Zeitbezüge. Denn sie zeigen nicht nur die Unmöglichkeit des Auftretens der historischen Persönlichkeit Christoph Willibald Glucks (1714–1787), sondern der Erzählung selbst: Die Erinnerung aus dem Spätherbst 1809 lag schon am 15. Februar desselben Jahres – in Heft 20 des 11. Jahrgangs der »Allgemeinen Musikalischen Zeitung« – schwarz auf weiß vor. Es ist die verdoppelte Strategie der Anekdoten-Notiz. Eine Schilderung von scheinbar höchster Authentizität (Hoffmanns ›Realismus‹), die gleich sich als gelogen ausweist – und mehrere doch übertölpelt hat. All jene nämlich, die zwar die Differenz zwischen den Daten 1787 und 1809 bemerkt haben und daraus die eigentliche Wahrheit der Erzählung zu ergründen suchten, denen aber die zweite Diskrepanz, die Lüge, die der Text selbst ist, entging.[50]

In den *Fantasiestücken* (1814/15), wo dieses Paradox des seine

eigene Unmöglichkeit vorgebenden Textes zu verschwinden
droht, übernimmt Jean Pauls *Vorrede* das Spiel der Zeitbezüge. An
die Stelle der Vorrede setzt er die Nachrede einer auf neun Jahre
später datierten Rezension, die, weil sie schon in der *Vorrede* abge-
druckt ist, »fast noch früher – vielleicht um neun und mehrere
Blätter früher – erscheint, als das Buch selber« (F, S. 7) und doch
zunächst nichts anderes thematisiert als ihre Verspätung. Zur Verwirrung der Zeit durch ihre genaue Datierbarkeit tritt das Verwirr-
spiel der auf ihre Instanzen verteilten Selbstbezüglichkeit der
Literatur. Der Rezensent – »Frip.« – erwähnt den Vorredner, und
der Vorredner schließt mit dem Wunsch, er »möge eine solche
Vorrede geliefert haben, wie *Frip.* eine Rezension« (F, S. 11). So
präzise läßt Hermeneutik sich inszenieren: als vollendete Rückkoppelung erstens zwischen Autor und Leser oder Lesen und
Schreiben und zweitens der Zeit, also des späteren mit dem früher
Gelesenen. Und weil die Inszenierung so übergenau ist, bringt sie
auch ihre eigene Gewalt an den Tag, ihre Zwangsmechanismen,
die – worüber der Leser noch »froh sein« soll – »zum Lesen bringen und zwingen« (F, S. 7). Sie machen möglich, was alle die
Goethes, deren Anzahl man bereits in so jungen Jahren der Hermeneutik rühmen dürfe, zu Goethes erst bildet, das »Behalten
eines ganzen Buches, in dem weniger eisernen als quecksilbrigen
Gedächtnisse des Publikums« (F, S. 7 f.). Die Hermeneutik, die
sich so sanft als Verstehenskunst ausgibt, ist selbst eine der von ihr
doch verpönten »gedächtnismachenden Maschinen«.[51]

Auf solch pragmatische Ziele ist auch der *Ritter Gluck* gerichtet.
Selbst die Wirklichkeitsbezüge, die stets als Hoffmanns Realismus – im Unterschied zu ebenso vorhandenen romantisierenden
Elementen – bezeichnet werden, haben hier ihre Realität. Daß
die Schilderung der Berliner Opernaufführungen der Kritik an
der Ignoranz gegenüber dem Geist der Reformopern dient, ist
bekannt. Kaum beachtet jedoch ist, daß auch schon die Szene
»bei Klaus und Weber« (F, S. 9) im Streit um die Verstehbarkeit,
die Frage legitimer Kritik des Gluckschen Werks ihre gezielte
Funktion und ihre realen textuellen Bezüge hat. Bis in die Einzelheiten ist das Prinzip der Anekdoten-Notiz angewandt. Den
Eindruck der Authentizität erweckt das Zeitkolorit. Die Lüge
liegt im Spiel des Kaffeehausorchesters. *Iphigenia in Aulis* wurde
in Berlin erst am 25.12.1809 erstaufgeführt, und auch ohne das
gehört die Ouvertüre der Oper gewiß nicht in das »Repertoire

eines Kaffeehausorchesters«.[52] Was Authentizität und Lüge zusammenbringt, sind die »Citaten« (SM, S. 883). Das Zitierte: Johann Nicolaus Forkels »niedrige schmälernde Beurteilung von Glucks ›Iphigenia in Aulis‹« (F, S. 54). Von dort her kommt das Spannungsfeld zwischen Kennerschaft und »Enthusiasterey«[53], das die Erzählung eröffnet, ebenso wie die »auf Autorität« angenommene Regel der »musikalischen Rhetorik«[54], derzufolge Oktavparallelen einen widrigen Effekt machen (F, S. 15). Von dort kommt auch der Ort, an dem der Gegenbeweis anzutreten ist. Mehrfach benützt Forkel das Bild des Skeletts für das Grundgerüst der Komposition und läßt keinen Zweifel, daß Gluck es – aus Mangel an »melodische[r] Ausfüllung« – über das »magere Gerippe«[55] nicht hinausbringt.

Kurz, die Gluckische Gattung von edler Einfalt, gleicht dem Styl unserer Schenken-Virtuosen, der zwar Einfalt genug, aber auch zugleich viel eckelhaftes in sich hat.[56]

Deshalb das Kaffeehausorchester. In seiner mageren Besetzung kann es nicht mehr als ein Skelett geben, aber das Skelett wird doch »mit Fleisch und Farben« (F, S. 16) belebt – durch die Anwesenheit des rechten Kapellmeisters. Verquickung aus Hoffmanns Realismus und seiner Imaginationskraft, die mehr wahrnimmt als wirklich ist – oder Antwort auf einen Text mit einem Text, der schreibt, was Gluck vorschrieb? Auch das Vorspiel der *Armida* im Zimmer, statt im Konzertsaal und die fehler-, weil notenlose Partitur sind abgewandelte »Citaten« aus Glucks Widmung. Es geht gegen die »Feinschmecker und Neunmalklugen«[57], die nach –veralteten – Regeln oder nach bloßen Äußerlichkeiten ihr Urteil fällen, während die neue Kunst nur des einen, dessen aber unumgänglich, bedarf: der Gegenwart ihres Autors. Hoffmann hat sie gleich doppelt inszeniert: als seine eigene Gegenwart (Berlin um 1809), die noch alle übertölpelt hat, und als die Gegenwart Glucks, die so klar behauptet wird, daß keiner sie glauben will.

Dabei müßte die Gegenwart Glucks sich gar nicht als Problem stellen, nicht in der üblichen Manier, wenn man den Untertitel beim Wort nimmt und den Diskurs findet, dem er entnommen ist. Es war Hegel, der der Erinnerung ihren eigentümlichen Platz in Der Geschichte Des Geistes zuschrieb. Als Mittel der Wiederholung tradierter Kenntnisse:

Diese Vergangenheit durchläuft das Individuum, dessen Substanz der höherstehende Geist ist, in der Weise, wie der, welcher eine höhere Wissenschaft vornimmt, die Vorbereitungskenntnisse, die er längst innehat, um sich ihren Inhalt *gegenwärtig* zu machen, durchgeht; er ruft die *Erinnerung* derselben zurück, ohne darin sein Interesse und Verweilen zu haben.

Als Mittel der Aneignung des in der Kunst geäußerten Geistes:

Aber wie das Mädchen, das die gepflückten Früchte darreicht, mehr ist als die in ihre Bedingungen und Elemente, den Baum, Luft, Licht usf. ausgebreitete Natur derselben, welche sie unmittelbar darbot, indem es auf eine höhere Weise dies alles in den Strahl des selbstbewußten Auges und der darreichenden Gebärde zusammenfaßt, so ist der Geist des Schicksals, der uns jene Kunstwerke darbietet, mehr als das sittliche Leben und Wirklichkeit jenes Volkes, denn er ist die *Er-Innerung* des in ihnen noch *veräußerten* Geistes [...].

Und somit als Mittel der Bildung:

Das Ziel, das absolute Wissen oder der sich als Geist wissende Geist hat zu seinem Wege die *Erinnerung* der Geister [...].[58]

Dem Geist also stehen die Geister bei – wenn sie erinnerbar sind. Nach Hegel ein bloßes Durchgangsstadium, bei dem zu verweilen nicht lohnt, weil die Wissenschaft – die Philosophie –, wenn sie am Ziel ist, den Weg nur noch als aufgehobenen kennt, träumt die Kunst seit der Goethezeit von ihrer beständigen Aktualität. Nur das Wissen, das, wenn es gewußt wird, seine Lehrer vergessen mache, sei so interesselos zu erinnern, nicht jedoch die Kunst, die unerschöpflich bleibe.[59] *Ritter Gluck,* die *Erinnerung aus dem Jahre 1809,* mahnt diese Unerschöpflichkeit ein. Zum einen, indem sie sie vorführt – die Glucksche Musik erfährt die Steigerung in ihre höhere Potenz (F, S. 23) durch die Reproduktion aus der Erinnerung (F, S. 16) – und zum anderen, indem sie eben als *Erinnerung* sich gibt. Das Wort kann auch Mahnung heißen. Von daher läßt sich, statt in der Datierung des Untertitels immer nur den Verweis von der realen Unmöglichkeit auf eine höhere Wirklichkeit des Geschehens sehen zu wollen, der strategische Punkt, den die Wörter besetzen, viel genauer oder als solcher überhaupt erst bestimmen. Als Erinnerung ist die Erzählung gegen das Vergessen gerichtet – das Vergessen, das im Streit um die Anwesenheit in der Abwesenheit, und das heißt um die Unvergänglichkeit oder die Macht, über alle Zeiten hinweg ein Interesse und Verweilen zu erzwingen, als die Drohung schlechthin fungiert. Als solche weiß auch Hoffmann sie einzusetzen:

Die Bühne bedarf immer des Neuen, daher wird so viel komponiert: aber schnelles Vergessen bestraft die Charakterlosigkeit, den verfehlten Stil oder vielmehr den gänzlichen Mangel jedes Stils mancher Komposition [...] (SM, S. 67).

Was den einen gerechte Strafe ist, ist anderen jedoch unverdientes Schicksal. Der Popularität der geistlosen Vielschreiber, die nicht überdauern werden, entspricht die Unbekanntheit der großen Geister, die nur die Erinnerung – gleichgültig ob zu Lebzeiten oder später – in ihre Gegenwart bringt. Davon erzählt Gluck im *Ritter Gluck:*

[...] da wurde ich verdammt, zu wandeln unter den Unheiligen wie ein abgeschiedener Geist – gestaltlos, damit niemand mich kenne, bis mich die Sonnenblume wieder emporhebt zu dem Ewigen. (F, S. 23.)

Der Grund des Abgeschiedenseins (das auch wörtlich genommen Sinn macht) ist, daß »kein verwandter Geist« (F, S. 20) sich findet – bis auf den Erzähler, den Begeisterten, Erinnerungsfähigen. Ihm wird der Fremde – ein ›Topos‹, der in romantischen Texten, besonders bei Novalis, bekanntlich eine wichtige Rolle spielt – bekannt. Das Maß des Verstehens, das – der »Euphon« (F, S. 19) steht dafür – seine wohlkalkulierten Grenzen hat, ist das Maß des Blickkontakts. Dreimal, immer wenn das ›symmusikalische‹ Empfinden in Frage steht, entspringt Gluck dem Blickfeld des Erzählers, am Ende, nachdem der Musterung mit »ernstem, durchdringenden Blick« (F, S. 24) nur die Finsternis zu folgen schien, um wieder zurückzukehren. Das Verstehen, das im gemeinsamen Blick sich begründet – »Ich wandte die [»mit keiner Note« beschriebenen] Blätter fleißig um, indem ich seine Blicke verfolgte« (F, S. 23) –, kulminiert in der Nennung des Namens: *»Ich bin der Ritter Gluck!«*

Gegenwärtiger könnte Gluck nicht sein. Am Anfang wie am Ende, jeweils hervorgehoben, prangt sein Name. Autorschaft entsteht durch die Umbesetzung der historischen Variable Namhaftigkeit. Sie »ersetzt den Mythos des Helden durch den Mythos dessen, der vormals, namenlos, die Helden besang.«[60] In der Erzählung, die schließlich Hoffmanns Namen setzt, wenn auch erst ein anderer ihn nennt, fallen beide zusammen. Der Name, den der Held so feierlich preisgibt, ist ein Autorname. Daran läßt *Ritter*

Gluck keinen Zweifel, im Gegenteil, er inszeniert nichts anderes als die Eröffnung der Autorschaft – die des Erzählers, dessen Schreiben aus dem Lesen, allgemeiner: der Rezeption anderer Werke kommt, wie die Glucks, des Geistes, der so überaus anwesend ist. Und genau das ist ja die Funktion der Autorschaft: die Sicherung der beständigen Anwesenheit in der unvermeidbaren Abwesenheit. Sie steuert dem Vergessen durch »eine Reihe schön gebundener Bücher« (F, S. 22), welches Archiv den Titel ›Das Werk‹ erhält, und dem Diebstahl oder Mißbrauch der Werke des Geistes durch das Urheberrecht, das Wörter oder Noten zu verkaufen erlaubt, indem es die Gedanken zum Eigentum erklärt. Für diese Unveräußerlichkeit des geistigen Eigentums, das kein Wissen aufhebt, sondern nur im und mit dem Blick des Autors er-inner-bar ist, stehen »Glucks sämtliche Werke« (F, S. 22), insofern sie zwar »rastrierte Blätter« enthalten, »aber mit keiner Note beschrieben« (F, S. 23) sind. Für den dennoch notwendigen Schutz steht der »Mißgriff« (F, S. 21) der Berliner *Iphigenia*-Aufführung, die allen Intentionen spottet, die Gluck in seiner Widmung der *Alkeste* programmatisch zum Ausdruck gebracht hat. Jean Pauls *Vorrede* macht den Zusammenhang von Werktreue und Urheberrecht explizit:

Wir gestehen, wären wir selbst Trauer- oder Lustspielschreiber, ärger als jeden Nachdrucker würden wir theatralische Umdrucker oder Sabbatschänder unserer heiligsten Sonntags- und Musestunden verfolgen und beschimpfen [...] (F, S. 10).

Dabei kannte Gluck das Urheberrecht so wenig, wie Calderon auf das Joachimsthaler Gymnasium ging. Seine Plagiatsstreitigkeiten mögen zwar auf ein ausgebildetes Urheberrechtsbewußtsein schließen lassen[61], und zweifellos ist die zeitliche Differenz – verglichen mit dem Jahrhundert, das Calderon vom Preußen Friedrichs II. trennt – gering, aber die Praxis der Widmungsschriften spricht wider die Praxis des Urheberrechts. Bevor es dieses gab, unterstellte man seine Produkte dem Erfindungsschutz durch Privilegien. Deshalb die Widmungen und deshalb der Nachweis der Originalität, die Voraussetzung war für den »Anspruch des Erfinders, vor unbefugter Nachahmung geschützt zu werden«.[62] Folglich steht Gluck nur an der Grenze zur modernen Autorfunktion. Er fordert die Gegenwart des Komponisten, die moderne Einlösung dieser Forderung jedoch ist ihm fremd. Die hat erst Hoffmann für ihn gezeigt – im Zeichen der Hermeneutik. Hier und in keiner anderen Wirklichkeit hat Gluck als Geist seine Realitiät und seine Funktion. Denn Anwesenheit und Geisterhaftigkeit, Hermeneutik und Urheberrecht sind untrennbar, seit nicht mehr »konkrete Machthaber« die Werkherrschaft ausüben, sondern eben »der *Geist* des Verfassers« dieses Amt übernimmt.[63] *Ritter Gluck* führt diese Verflechtungen vor und führt sie fort in der Autorschaft des Erzählers. In ihr erfüllt sich der Zusammenhang von Werktreue und Hermeneutik, den Jean Paul so formuliert: »Wer nicht verlängern könnte, sollte nicht zu verkürzen wagen« (F, S. 10). Das Fantasiestück, das die Oper zum Gegenstand nimmt, die Gluck im *Ritter Gluck* als einzige als kongeniales Werk erwähnt (F, S. 20) und das tatsächlich den *Ritter Gluck* gewissermaßen fortsetzt, macht es besonders deutlich. *Don Juan* nämlich – in dessen zentraler Geisterszene dieselbe Metaphorik wiederkehrt: das Auge, der Blick, der unerkannte und der erkennende Geist – hat die werkgetreue Aufführung, die im *Ritter Gluck* genau das Problem ist, zum Ausgangspunkt:

Ah che piacere! ich werde alle Rezitative, alles so hören, wie es der große Meister in seinem Gemüt empfing und dachte! (F, S. 68.)

Und die Hermeneutik, das Schreiben aus der Er-Innerung, läuft. Begeistert im Wortsinn durch das wunderbare Ereignis, das in Liebe entzündet und das Geheimnis der so meisterhaften Aufführung verrät – es ist, statt bloß technischer Bravour, eben die neue Verstehenskunst, die sie ermöglicht –, gelingt die »tiefste Charakteristik« (F, S. 74) des Werks: als Verkürzung auf das Wesentliche des Geschehens und als dessen Verlängerung in das von Donna Anna erbetene Jahr, die die Oper so wenig erzählt, wie sie am Ende der Erzählung selbst noch bewahrheitet wird.[64]

Bezeichnend ist, daß der reisende Enthusiast die Inszenierung, die ihm das tiefe Verstehen beschert, von einer Loge »mit Gitterfenstern« (F, S. 67) aus erlebt, wohin er zur Niederschrift seines Verstehens erneut sich begibt. Auch die Begegnungen des Erzählers mit Gluck laufen stets – bis auf den Akt der Veröffentlichung selbst – auf den Ausschluß der Öffentlichkeit hinaus. Das hat sicherlich mit der – eben beim Wort zu nehmenden – Exklusivität des Geschehens zu tun, mit der in beiden Texten enthaltenen Aussage, daß bei dem Unverständnis der vielen nur einzelne verwandte oder befreundete Geister sind. Aber mehr noch ist es die

Darstellung einer, der modernen Rezeptionssituation. Denn die »hermeneutische Einfühlung in den Autor braucht einen Spielraum, wo sie eingeübt wird«.[65] Dieser Spielraum ist das einsame Sichversenken ins Werk:

Ich war so glücklich, mich allein in der Loge zu befinden, um ganz ungestört das so vollkommen dargestellte Meisterwerk mit allen Empfindungsfasern, wie mit Polypenarmen, zu umklammern und in mein Selbst hineinzuziehen. (F, S. 69.)

Die neuen Werke, die simulieren, »für Alle im allgemeinen *und* für jeden im besonderen zu sein«[66], wollen im Alleinsein dem Leser sich eröffnen. Und wirklich soll auch die Tonkunst *Leser* haben! Weil nicht immer so ideale Bedingungen wie in der Fremdenloge Nr. 23 gegeben sind, und eingedenk der doch meist schlechten Inszenierungen, ist es ratsam, die Gegenwärtigkeit der Opern und ihres Genius auf andere Weise zu sichern. Mit diesem Argument lobt Hoffmann in einem Aufsatz über Gluck das Verdienst der »guten, vollständigen Klavierauszüge«, die es möglich machen, daß »im Zimmer das Gemüt des einsamen, sinnigen Beschauers« erhoben werde (SM, S. 61). Sie ermöglichen, was allein Glucks Hoffnung auf Nachfolger erfüllen kann: das *Studium* der »klassische[n] Meisterwerke, das »Eingehen und Erkennen des Geistes«, der die »jungen Komponisten von guten, glücklichen Anlagen« leiten soll, das heißt nicht zuletzt sie der »Vorurteile und Ansichten benehmen«, wie sie etwa der musikalischen Rhetorik eines Forkel noch eignete, die »die Mittel des Ausdrucks für den Ausdruck nahm« (SM, S. 66 f.). Solche Den Geist erinnernde Lektüre ist denn auch das Geheimnis der Autorschaftseröffnung im *Ritter Gluck. Iphigenia in Aulis,* deren Klavierauszug Hoffmann in dem genannten Aufsatz bespricht und mit deren Ouvertüre die Bekanntmachung der einander verwandten Geister beginnt, wurde – wie schon bemerkt – in Berlin erst im Winter 1809 inszeniert, *nach* der Drucklegung des *Ritter Gluck.* Die Kenntnis des »mit lebendigen Farben ausgeführten Meisterwerks« (F, S. 17) verdankt Hoffmann folglich einer anderen Quelle: einem aus der »Reihe schön gebundener Bücher« (F, S. 22).[67]

Dabei ist Studium nicht gleich Studium. Vielmehr verändert die neue Funktion Autorschaft auch dessen Gesicht und Gehör. Gluck klagt noch über jenen besonders Klugen, der rein aus der Partitur und gar noch aus ihren Fehlern, die nur im Druck ihre

Ursache haben, sein Urteil fällt.[68] Hoffmann weiß dem Komponisten, der solches befürchtet, Trost. Statt der Sezierung der Werke »auf dem anatomischen Tisch unter den mordbewaffneten Händen eines barbarischen Prosektors« verheißt er die ganz andere Wirkung des »geheimnisvollen Zaubers« Hermeneutik:

Du siehst ein, mein Komponist, daß ich eben daran dachte, wie Beurteilungen musikalischer Werke beschaffen sein müssen, daß ich nur recht in die Tiefe des Werks eindringende und dieselben in ihren tiefsten Motiven entwickelnde Abhandlungen dafür gelten lassen mag, die den Komponisten, sollte auch nicht immer des Lobes Posaune erschallen, so wie seine verwandte Kollegen erfreuen, andere Leute aber verständigen über manches, das ihnen sonst entgangen. – Es ist gewiß, daß Beurteilungen dieser Art dazu führen können, daß man gut *hört*. – Gut hören ist nämlich wohl, wenn Anlage dazu da, zu erlernen, selbst gut machen freilich nicht [...] (SM, S. 344).

Zweifellos vertritt Hoffmann die Idee romantischer Kunstkritik. Sie durchzieht den *Ritter Gluck* und *Don Juan* ebenso, wie er ihr in vielen seiner Aufsätze gefolgt ist. Das gilt auch und gerade, wenn er den vorromantischen Werken ihre Tiefe entwickelt. Wer, wie Hans Mayer, aus Hoffmanns Neigung zu ›klassischen‹ Komponisten auf eine »unromantische Grundhaltung des Musikers und Musikschriftstellers«[69] schließt, übersieht, daß etwa auch Friedrich Schlegel seine Kunstkritik an nichtromantischen Autoren erprobt hat – vornehmlich an Goethe, dem Autor schlechthin. Was Goethe der Literatur ist, sind Gluck und Mozart der Musik. So jedenfalls will es Hoffmann im Zuge der Kritik geistloser Nachahmung:

Welche Meisterwerke erzeugten nicht in blinder Nachahmerei die lächerlichsten Produkte [...]. Goethe selbst sagt (Aus meinen Leben, dritter Teil), die Wirkung jener Texte sei meistens stoffartig gewesen, und so kann man auch behaupten, daß die Wirkung von Glucks und Mozarts Werken, abgesehen von dem Text, in rein musikalischer Hinsicht nur stoffartig war. (F, S. 315 f.)

Im Nachweis dieser Affinität von frühromantischer und Hoffmannscher Kunsttheorie geht es jedoch nicht darum, der Diskussion um die Romantizität Hoffmanns eine weitere Stellungnahme hinzuzufügen. Die Analyse gilt vielmehr der Funktion der Parallelisierung, die Goethe und Gluck/Mozart den gleichen Ort zuschreibt. Es ist der Ort des Gebildeten, an dem man sich bilden soll. Allein schon das neue Leseverhalten, dessen die neue Funktion Autorschaft bedarf, will gelehrt sein – und kann dies auch, wie das erste der beiden letzten Zitate unmißverständlich sagt. Die hermeneutisch gewordene Rezeptionstechnik Studium hat zum Ziel, auf den Weg wahrer Nachfolge zu führen. So schließt sich der Verflochtenheit von Urheberrecht und Hermeneutik als drittes Korrelat die Pädagogik an. Sie alle drei verpönen – im strengen Sinn des Wortes – dasselbe: die bloß nachsagende Aneignung des Fremden. Das Urheberrecht verfolgt sie als Diebstahl, die Hermeneutik als Geistlosigkeit und die Pädagogik als menschenunwürdig. Statt dessen fordern sie das eigene ein: eigene Werke, eigene Worte, die eigene Eigentümlichkeit. Wenn auch der Bildung wahrer Autoren Grenzen gesetzt sind, produziert die Pädagogik doch »Autorschaft *en miniature*«.[70] Und wie die Hermeneutik den alten Regelpoetiken die Absage erteilt, so die Pädagogik der Auswendigkeit des Gesetzes. Ästhetik wie Pädagogik schreiben nicht vor, sondern leiten nur an:

Regeln zu geben, wie man den Effekt in der Musik hervorbringen solle, ist daher wohl unmöglich; aber leitende Winke können den mit sich selbst uneins gewordenen Tondichter, der sich, wie von Irrlichtern geblendet, abwärts verirrte, wieder auf Weg und Steg zurückbringen. (F, S. 318.)

Eine der Anleitungen Hoffmanns, was das gute Hören betrifft, ist, »im Konzert nicht allein zu hören, sondern auch zu sehen«, denn, »man hört besser, wenn man sieht« (SM, S. 281). So geschieht es auch im *Ritter Gluck.* Die Belebung des Skeletts, das das Kaffeehausorchester, das selbst übrigens unsichtbar bleibt, nur bietet, ereignet sich durch die Beschreibung der Verwandlung des Fremden in einen »Kapellmeister, der dem Orchester das Eintreten der anderen Tempos angibt« (F, S. 16). Sicherlich gelingt auf diese Weise die Verabschiedung des Adjektivs im Sprechen über Musik, wie später auch Roland Barthes sie verlangte.[71] Dennoch handelt es sich hier nicht um die *Rauheit*, die Barthes als Gegenmodell einführt – oder höchstens für einen Augenblick, der sich zurücknimmt und am Ende doch nur seine Ortung im pädagogischen Diskurs zuläßt, an der nach Barthes der *Rauheit* genau entgegengesetzten Stelle. Denn das Imaginäre, das mit dem Adjektiv verbannt sein sollte, setzt sich doch durch. Gluck, der entspringende Geist, wird festgesetzt, zum Subjekt unterworfen, als Autor konstituiert.

So ist die Darstellung des Muskelspiels der Musik nur die Umsetzung des wohlmeinenden Rats, den auch Schumann, Komponist der *Kreisleriana*, in seinen *Musikalischen Haus- und Lebensregeln* – geplant zur fortlaufenden Belehrung im *Album für die Jugend* – gibt: »sieh dir gute Dirigenten oft an«.[72] Im Gespräch, das diesem Vorspiel folgt, bringt Gluck selbst die Rede auf die Frage der Bildung zum Komponisten. Statt aber den Metaphern oder auch nur der Verharmlosung, die in der Reduktion der Rede auf ihre Uneigentlichkeit sich verbirgt, zu folgen, ist an die reale Gewalt der pädagogischen Praktiken zu erinnern, von deren sie vergessen machender Er-innerung da berichtet wird. Jenseits der Äußerungen irgendwelcher Ansichten oder Phantasien über musikalische Erziehung steht das Fantasiestück in sehr konkreten Beziehungen zum pädagogischen Diskurs der Zeit. Eine dieser Beziehungen nennt der viel erwähnte Brief Hoffmanns zum Manuskript des *Ritter Gluck*. Eine andere ist die reale Verkettung mit Nägelis Abhandlung über *Die Pestalozzische Gesangsbildungslehre* im ein und demselben Jahrgangsband der ›Allgemeinen Musikalischen Zeitung‹.

Die präzisen, d. h. im Wortlaut oder Sachverhalt genau übereinstimmenden Schnittpunkte des *Ritter Gluck* mit Rochlitz' *Besuch im Irrenhause*[73] sind gering. Deutliche Gemeinsamkeiten sind nur die Erschöpfung, die sowohl von Gluck als auch von Karl, dem Kranken, berichtet wird, und die mystisch-metaphorische Bedeutung, die beide Grundton, Terz und Quinte beilegen (R, S. 653, 704/F, S. 16, 19). Karls »wunderbare Art auf dem Clavier zu fantasieren«[74] dagegen hat, obwohl Hoffmann dies suggeriert, wenig mit Glucks meisterhafter Beherrschung des Instruments wie des gespielten Werks gemein.[75] Dennoch soll daraus, wer der Deutung Glucks als Revenant nicht folgen und doch der Datierung der Erzählung Sinn abgewinnen will, den partiell Wahnsinnigen in ihm erkennen. Aber das genaue Spiel der Zeitbezüge muß hier nicht noch einmal entwickelt werden. Ritter Gluck ist nicht der Wahnsinnige, der sich mit Gluck bloß identifiziert. Wie seine Geisterhaftigkeit besetzt auch seine Nähe zur Geisteskrankheit vielmehr einen strategischen Punkt. Denn Hoffmanns Werk

errichtet seine Poetologie, indem es den Wahnsinnigen als den negativen Doppelgänger des Dichters [Künstlers] bestimmt. Der Wahnsinn produziert zwar auch eine innere Welt, kann sie aber nicht wie die Dichtung [Kunst] reflektieren und damit von der Außenwelt scheiden.[76]

Genau das ist der Unterschied zwischen Gluck und Karl, dem Träger eines Autornamens und dem Entmündigten, dem nur ein Vorname gegeben ist. Während dieser seinem »phantastischen Sinnen und Träumen« (R, S. 670) verfangen bleibt, gelingt es jenem, über das »Reich der Träume« hinauszugelangen (F, S. 23). Wenn trotzdem die »am Geist Verirrreten« (R, S. 645) der Anknüpfungspunkt des *Ritter Gluck* an Forkels Dossier sind, so nur im Zeichen einer Umkehrung. Nicht der Held, der im Blick steht, sondern die anderen sind es, die über den Geist im Irrtum sich befinden. Nicht Gluck, sondern Erzähler und Leser sind an die Stelle Karls gerückt – ihnen wird der gute Dirigent vorgeführt. Denn wie Karl – weniger einfach ein Verrückter »als eine, in frühen Jahren schlecht beratene und nicht ausgewachsene Treibhauspflanze« (R, S. 647) – unter der Obhut besserer Erzieher »wahrscheinlich [...] noch der sehr bedeutende Tonkünstler hätte werden können, zu welchem ihn offenbar die Natur bestimmt hatte« (R, S. 671), so müßte Gluck, der der bedeutende Tonkünstler ist, nicht verkannt/ vergessen sein, wenn nur die »Unheiligen« (F, S. 23), statt von Rhetoren schlecht beraten zu werden, zum Studium seiner Werke *gebildet* würden. Mehr als nur den Hinweis auf ein Erklärungsmuster – Nähe und Unterschied zwischen Wahnsinn und Genie – zeigt Hoffmanns Brief an Rochlitz den – die Ausschließung, die der Wahnsinn ist, auf seine positiven Wirkungen bringenden – Anschluß seiner Erzählung an »einige wohltätige Folgen« (R, S. 645), die die neuen Diskurse vom Menschen zu haben versprechen: »Die Tendenz des beygelegten Aufsatzes werden Ew. Wohlgeboren gewiß nicht verkennen. –«[77]

Das Vorantreiben dieser Tendenz nennt Nägelis *Gesangsbildungslehre* ihre Aufgabe, und sie sieht deren Verwirklichung im publik gemachten Entwurf des Ziels, auf das sie tendiert, schon gewährleistet.[78] Unter dem Titel *Humanistik* führt Nägeli die Idee vor, »wohin alle wahre ästhetische Bildungskunst führen kann und soll: [...] zur Religiosität.« (N, S. 829). Diese ist die Vollendung der Bildung in ihrer dreifaltigen Einheit: Geschichte, Mensch, Geist. Es ist Der Mensch, der durch die im »Zeitalter der Musik« (N, S. 833) sich erfüllende Geschichte »zum Tempel des heiligen Geistes« (N, S. 840) sich verklären wird. Erst aus dieser Einheit ist »das pädagogische Element der Musik in seiner Reinheit aufzufassen« (N, S. 830). Und:

Erst da beginnt das Zeitalter der Musik, wo nicht blos Repräsentanten die höhere Kunst ausüben – wo die höhere Kunst zum Gemeingut des Volkes, der Nation, ja der ganzen europäischen Zeitgenossenschaft geworden, wo die Menschheit selbst in das Element der Musik aufgenommen wird. (N, S. 933.)

Musikpädagogik als Verklärungskunst im Namen Des Menschen – es sind Strateagme des Wissens, Dispositive der Macht, die da zur Rede stehen. Nicht umsonst beginnt ihr Wirken als Austreibung derer, deren Name – gleich den Geistern, die Dem Geist weichen mußten – Legion ist:

Vereinigt euch mit uns, um den schlechten Musiklehrern in den größeren und kleineren Städten, deren Name Legion ist, die Kinder abzugewinnen, die sie verwahrlosen. (N, S. 838.)

Von Nägelis eschatologischer Vision her wäre viel über den Wahnsinn Karls – eines der verwahrlosten Kinder oder Treibhauspflanzen – zu sagen. Immerhin ist der prophetische Gestus der Humanistik den »herrschenden Ideen und Lieblingsvorstellungen« (R, S. 702) Karls so nahe, daß Nägeli glaubt, die Schockiertheit der anderen fürchten zu müssen, wobei – erster Unterschied – freilich nicht er, sondern jene anderen die »Blödsinnigen und Schwachgläubigen« (N, S. 836) heißen. Im Wesentlichen kommen drei weitere Unterschiede hinzu, die den Wahnsinn des einen – der, um an den Anfang zu erinnern, manchen Verrücktheiten Bettines nicht unähnlich ist – und die Vernunft des anderen ausmachen. Erstens schreibt Karl »vornehmlich in Briefen an fast alle Regenten und Große« (R, S. 702), während Nägeli sich aus der »Publicität« seines Wollens, der streng genommenen Volkstümlichkeit legitimiert (N, S. 769). Zweitens: Den Gesang, der dem Musikpädagogen, weil Töne und Worte darin »zur Einheit verbunden« sind, »feierlich und heilig« ist (N, S. 831), mag Karl schlichtweg »nicht leiden« (R, S. 653). Während dieser zu seiner Musik nicht artikulierte Laute, »sondern nur ein heftiges Zischeln und Pispern [...] und zwar ohne sein Wissen« (R, S. 706) von sich gibt und deshalb selbst ein pathologischer Fall ist, führt Nägeli einen wissenschaftlichen Diskurs über genau diese Stelle, »wo die Musik Wortinhalt« haben und daher »der pathologische Mensch angesprochen« sein soll (N, S. 830). Und drittens: Wo Karl, unfähig zu abstrahieren, Musik und Religion, die Terminologie musiktheoretischer Schriften und die Worte der Bibel einfach kurzschließt, schaltet Nägeli den Umweg über die »musikalisch-gymnastische Bildungskunst« (N, S. 822) dazwischen:

Wir aber, als wahrhafte Elementarlehrer, müssen vorerst das Individuum, unsern Bildling, wie eine Pflanze so verpflegen, dass sie, in ihr eigenes Daseyn eingeschlossen, Wachsthum und Gedeihen, Reife und Stärke finden möge; wir müssen die Blüthen der Menschheit nicht zu früh haben wollen; müssen daher durch den Stufengang unsrer Bildung genau bestimmen, wo wir ihn durch eigentlichen Gesang mit zweckmässigem Text für sein humanes Daseyn und Wirken zu bilden haben. (N, S. 830.)

Damit nicht, wie es Karl geschieht, die Musik »zur Syrene wird« und »in den Abgrund sinnlicher Selbstvergessenheit versenkt« (N, S. 821/22), macht Nägeli sie im Gegenteil zur »Quelle mannichfaltiger Selbstanschauung, Selbstübung, Selbstprüfung« (N, S. 820).

Die Religion, auf deren Idee der Bildling schließlich gebracht werden soll, ist, obwohl auch Nägeli die Verkündung von Auftrag und Ziel der zum »Evolutionssystem« (N, S. 823/24) erhobenen Pädagogik[79] immer wieder mit Bibelzitaten unterlegt, die Religion der Kunst. Die »liebe Erudition« (N, S. 827/28) hat ihre neuen Götter – die Autoren: Von der »Geistigkeit des Tonkunstwesens ist nur der Geweihte der Kunst vollgültiger Zeuge« (N, S. 807). Dem Pädagogen obliegt es, »den wahren Mittler« zwischen denen »im Heiligthume« und dem Volk zu machen (ebd.). Sehr genau – und analog dem Weg Wilhelm Meisters vom Theater zur pädagogischen Provinz – bezeichnet Nägeli den Beginn der neuen Zeit im Zeichen der Bildung mit dem Ende der alten Ordnung der Repräsentation.[80] Im Maß, in dem »die Majestät des Volkes sich offenbart«, ist nur einer »allein der Held«: der Komponist (N, S. 834).

So zeigt sich noch einmal die Wirklichkeit des *Ritter Gluck* im Wörtlichen. Es ließe sich weiterverfolgen, wie präzise das ›Fantasie‹-Stück in Szene setzt, was die Rede anderer ist. Ausdrücklich betont Nägeli die Korrelation seiner bzw. der Pestalozzischen Pädagogik mit der neuen Ästhetik – wie oben behandelt. Ebenso ausdrücklich stellt er sie als Grundlegung zum hermeneutischen Studium dar, indem er nicht zuletzt dem »zu Papier getragenen Tonkunstwerk«, das »vielfache Vor- und Rückblicke« erlaubt, besonderes Gewicht beilegt (N, S. 818 f.). Die Notwendigkeit, Musik lesen und schreiben zu können, und allgemeiner die Frage des Verhältnisses der musikalischen Elementarbildung zur Praxis der Alphabetisierung, thematisieren auch andere musikpädagogische

Schriften[81] – auch dies dürfte Hoffmanns gleichzeitige Tätigkeit als Musiker, Musikpädagoge und Schriftsteller beleuchten. Das bloß Schematische der zu lernenden »Notierungskunst« (N, S. 818) gilt dabei – wenn es auch zugegeben sein mag – als bloße Äußerlichkeit, die zum Verschwinden gebracht wird durch »ästhetische Wirkungen [...] von ganz besonderer Art«: dem »unvergleichlich hohen Kunstgenuß« der »innern Anschauung« (N, S. 818 f.). Ähnliche Argumente bestimmen die Reden um die Frage der Virtuosität. Als bloße Dressur wird sie abgelehnt, um – frei von »den Täuschungen der Virtuosenwelt« – ihren Wert als Durchgangsstadium zu einer höheren »innerliche[n] Virtuosität« behaupten zu können (N, S. 827). Aber die *Humanistik,* die ja als »Blüthe der Menschheit« nicht zu früh erwartet werden soll, ist immer nur die Verheißung. Real ist die *Gymnastik:* in den Turnhallen wie an den Schulpulten. Hinter dem Schein der Freiheit ist nichts anderes als dies: die Disziplin, die den Körper besetzt. Paragraph Eins des zum allgemeinen Gebrauch bestimmten *Auszugs aus der Gesangsbildungslehre:* »Kinder! ihr sollt singen lernen. Steht fest, und aufrecht!«[82]

Und so entläßt auch Hoffmann seine Figuren nicht. Ritter Gluck kehrt zurück, und der Erzähler – so wörtlich – erstarrt. Nur Bettine gelang es stets zu entspringen – am Ende sogar dem Werk, das ihren Namen trägt und doch ihr Werk nicht ist, weil wie immer die Männer in ihrer Erzieherrolle »ein Mädchen, das nie ein Werk schrieb, keine Symphonie, nur diese Briefe und Musiken mit einer kleinen Hand, nicht unverbessert lassen«[83] konnten. Was so allein dem Wind gehört, sind die Goethe-Lieder, die Dem Geist nicht eignen sollen.

Anmerkungen

Siglen

F   = E. T. A. Hoffmann, *Fantasie- und Nachtstücke,* Darmstadt 1962.

SM   = E. T. A. Hoffmann, *Schriften zur Musik. Nachlese,* Darmstadt 1963.

KM = E. T. A. Hoffmann, *Elixiere des Teufels. Lebens-Ansichten des Katers Murr,* Darmstadt 1962.

R   = Friedrich Rochlitz, *Der Besuch im Irrenhause,* in: AMZ 6 (1804), Nr. 39–42, Nachdruck Amsterdam 1964.

N = Hans Georg Nägeli, *Die Pestalozzische Gesangsbildungslehre nach Pfeiffers Erfindung kunstwissenschaftlich dargestellt im Namen Pestalozzis, Pfeiffers und ihrer Freunde*, in: AMZ 11 (1809), Nr. 49–52, Nachdruck Amsterdam 1964.

1 Goethe, *Faust. Der Tragödie erster Teil*, v. 354–385 und 1224–1237. – Den Kontext dieses Aufsatzes entwickeln die Arbeiten Friedrich A. Kittlers, Michel Foucaults und Heinrich Bosses. Weil der detaillierte Nachweis der Bezüge den Anmerkungsteil unnötig aufblähen würde, sei hier auf deren im folgenden nur bei Zitatnachweisen genannten Schriften in Gänze verwiesen.

2 Vgl. Norbert Bolz, *Die Öffnung der Geschichte. Zur Subjekt-Objekt-Beziehung in der Frühromantik*, in: Gisela Dischner/Richard Faber (Hg.), *Romantische Utopie – utopische Romantik*, Hildesheim 1979, S. 133.

3 Friedrich A. Kittler, Autorschaft und Liebe, in: ders. (Hg.), *Austreibung des Geistes aus den Geisteswissenschaften*, Paderborn u. a. 1980, S. 154.

4 Ebd.

5 Hermann Krings/Hans Michael Baumgartner/Cristoph Wild (Hg.), *Handbuch philosophischer Grundbegriffe*, München 1973, S. 537.

6 Friedrich A. Kittler, *Writing into the Wind, Bettina*, in: GLYPH. Textual Studies 7, Baltimore 1980, S. 43. – Deutsch jeweils nach dem Typoskript des Verfassers.

7 Bettine von Arnim, *Goethes Briefwechsel mit einem Kinde*, Frankfurt/Main 1984, S. 143.

8 Ebd., S. 330f.

9 Kittler, *Writing into the Wind*, S. 60.

10 Bettine von Armin, *Goethes Briefwechsel mit einem Kinde*, S. 253.

11 Ebd., S. 635.

12 Ebd., S. 540.

13 Das »Spiel mit Karten« (F, S. 28) erscheint bei Hoffmann mehrmals als Gegenbild zum höheren Geisterreich der Musik; in derselben Funktion setzt es schon Wackenroders *Berglinger*-Novelle ein und in jüngster Zeit wieder eine der *Lieblosen Legenden* Wolfgang Hildesheimers: *1956 – ein Pilzjahr.*

14 Hoffmann-Zitate werden jeweils im Text belegt – siehe Siglenverzeichnis.

15 Dies gegen Klaus-Dieter Dobat, *Musik als romantische Illusion*, Tübingen 1984, der den Tod der Sängerin als Scheitern des romantischen Kunstideals liest.

16 Vgl. Wolfgang Hildesheimer, *Mozart*, Frankfurt/Main 1980, S. 233.

17 Michel Foucault, *Überwachen und Strafen. Die Geburt des Gefängnisses*, Frankfurt/Main 1976, S. 280.

18 Zit. nach Kittler, *Autorschaft und Liebe*, S. 142.

19 Ebd., S. 155.

20 Foucault, *Überwachen und Strafen*, S. 238 u. 240.

21 Kittler, *Autorschaft und Liebe*, S. 157.

22 Foucault, *Überwachen und Strafen*, S. 241.

23 Michel Foucault, *Die Ordnung der Dinge. Eine Archäologie der Humanwissenschaften*, Frankfurt/Main 1974, S. 269.

24 So ein Buchtitel: Lothar Pikulik, *Romantik als Ungenügen an der Normalität. Am Beispiel Tiecks, Hoffmanns, Eichendorffs*, Frankfurt/Main 1979.

25 Ausdrücklich wird der reisende Enthusiast einmal so benannt: F, S. 256.

26 SM, S. 349–351: *Bescheidene Bemerkung zu dem die letzte Aufführung der Oper Don Juan betreffenden […] Aufsatze;* alle nicht weiter ausgewiesenen Zitate dieses Absatzes daraus.

27 Bettine von Arnim, *Goethes Briefwechsel mit einem Kinde*, S. 253. Vgl. schon oben.

28 Kittler, Einleitung zu *Austreibung des Geistes*, S. 8.

29 Novalis, *Schriften II*, hg. v. R. Samuel, H.-J. Mähl, G. Schulz, Darmstadt 1965, S. 567.

30 Ebd., S. 568.

31 Wenn man als Werk die gebundenen Bücher versteht. – Zur Wichtigkeit der Anekdoten vgl. auch SM, S. 348.

32 Novalis, *Schriften II*, S. 568.

33 Goethe, *Maximen und Reflexionen*, 391–393, zit. nach der *Gesamtausgabe der Werke und Schriften in 22 Bänden*, Erste Abteilung: *Poetische Werke*, Bd. 2, Stuttgart o. J.: Cotta, S. 707.

34 Vgl. Klaus Günzel, *E. T. A. Hoffmann*, Düsseldorf 1979, S. 113.

35 Novalis, *Schriften II*, S. 567.

36 Zu möglichen realen Vorfällen, die Hoffmann verarbeitet haben könnte, vgl. D. Anton Friedrich Büsching, *Beyträge zu der Lebensgeschichte denkwürdiger Personen, insonderheit gelehrter Männer. Fünfter Teil. Der den Charakter Friedrichs des Zweyten, Königs von Preussen, enthält*, Halle 1788, S. 94 f. und 107 f. – Mit Dank an Heinrich Bosse.

37 Heinrich Bosse, *Dichter kann man nicht bilden. Zur Veränderung der Schulrhetorik nach 1770*, in: Jb. f. Int. Germ. 10 (1978), S. 80–125.

38 Hans Mayer, *Die Wirklichkeit E. T. A. Hoffmanns*, in: K. Peter (Hg.), *Romantikforschung seit 1945*, Königstein 1980, S. 140 f.

39 Goethe, *Gesamtausgabe,* Zweite Abteilung: *Schriften*, Bd. 15, S. 1059. Um genau zu sein, handelt es sich hierbei nicht um Worte Goethes selbst, sondern um ein Zitat einer von ihm besprochenen Besprechung zu Hoffmann. Die artigen Betrachtungen, die Goethe anschließt, widersprechen der Möglichkeit und Legitimität einer Ausschließung »aus dem Reiche der Literatur«; die Gewalt, die Goethe dennoch gegen solche Literatur empfiehlt, heißt –natürlich – Der Geist.

40 Jochen Schmidt, *Die Geschichte des Geniegedankens 1750–1945,* Bd. 2: *Von der Romantik bis zum Ende des Dritten Reichs,* Darmstadt 1985, S. 4.

41 Kittler, Einleitung zu *Austreibung des Geistes,* S. 7.

42 Das hat Friedrich A. Kittler in seiner Antrittsvorlesung am 5. 6. 1985 herausgestellt. Sie ist inzwischen erschienen in: Friedrich A. Kittler/ Manfred Schneider/Samuel Weber (Hg.), *Diskursanalysen 1: Medien,* Opladen 1987.

43 Vgl. Benveniste These, daß nur die Sprache interpretieren kann. – Vgl. auch SM, S. 345.

44 Kittler, *Autorschaft und Liebe,* S. 143.

45 Mayer, a. a. O., S. 116.

46 So bestimmt Gadamer die Hermeneutik: »Wir suchen die Frage zu rekonstruieren, auf die das Überlieferte die Antwort wäre.« *(Wahrheit und Methode,* Tübingen 1972, S. 356)

47 Schmidt, a. a. O., S. 2.

48 Vgl. Michel Foucault, *Archäologie des Wissens,* Frankfurt/Main 1981, S. 33. – Die Verabschiedung der Frage des Einflusses ist gerade bei Hoffmann nicht ohne Belang, weil seine Stellung zum Deutschen Idealismus bzw. zur Frühromantik unter geistesgeschichtlichem Aspekt problematisch bleiben muß. Günzel, a. a. O., S. 41, betont Hoffmanns Abneigung gegen das philosophische Theoretisieren, Dobat, a. a. O., S. 39 f., versucht immerhin, eine »bruchstückhafte Aneignung frühromantischer Gedankengänge« nachzuweisen. Die Diskursanalyse dagegen ermöglicht die funktionelle Ortung der ›Romantizität‹ Hoffmanns – s. u., S. 387 f.

49 Ch. W. Gluck, *Paride ed Helena. Paris und Helena,* hg. v. R. Gerber, Kassel 1954, S. XII f.

50 So z. B. auch Dobat, a. a. O.; er verweist zwar auf den Zusammenhang des *Ritters Gluck* mit der Anekdoten-Notiz, sieht in dieser jedoch die einzige Funktion, »die Phantasie des Lesers für das scheinbar Unerklärbare empfänglich zu machen« (S. 121).

51 Friedrich A. Kittler, *Vergessen,* in: U. Nassen (Hg.), *Texthermeneutik. Aktualität, Geschichte, Kritik,* Paderborn u. a. 1979, S. 204.

52 Christa Karoli, *Ritter Gluck. Hoffmanns erstes Fantasiestück,* in: H. Prang (Hg.), *E. T. A. Hoffmann,* Darmstadt 1976 (Wege der Forschung 486), S. 350, Anm. 36.

53 J. N. Forkel, *Musikalisch-kritische Bibliothek,* Bd. 1, Gotha 1778, Nachdruck Hildesheim 1964, S. 64.

54 Ebd., S. 120; zu den Oktavparallelen vgl. S. 132 f.

55 Ebd., S. 115 und 120.

56 Ebd., S. 127; vgl. dazu SM, S. 347.

57 Gluck, a. a. O., S. XII.

58 Hegel, *Phänomenologie des Geistes,* Frankfurt/Main 1981, S. 32, 548 und 590; Hervorhebungen nicht in allen Fällen original.

59 Vgl. Schillers Briefentwurf an Fichte vom 4. 8. 1795 und dazu Heinrich Bosse, *Autorschaft ist Werkherrschaft. Über die Entstehung des Urheberrechts aus dem Geist der Goethezeit,* Paderborn u. a. 1981, S. 156.

60 Kittler, *Autorschaft und Liebe,* S. 149.

61 Vgl. Hansjörg Pohlmann, *Die Frühgeschichte des musikalischen Urheberrechts (1400–1800),* Kassel 1962, S. 97 ff. Pohlmann verfolgt die (Vor-)geschichte des Urheberrechts als kontinuierliche Entwicklung des Bewußtseins der Eigentümlichkeit; dagegen ist der Bruch zu sehen, der zwei inkompatible Rechtsordnungen trennt (dazu Bosse, *Autorschaft*). – Derselbe Einwand gilt für Pohlmanns Aufsatz über *Mozart und das Urheberrecht,* in: Acta Mozartiana 1 (1959), der »ein ausgeprägtes starkes Urheberrechtsbewußtsein« (S. 23) bei Mozart zu finden glaubt. Die Wörter des Briefs vom 5. 10. 1782, den Pohlmann als Beleg zitiert, belegen anderes: »studium und Mühe« (S. 24) sind Termini, »die schon die Autorenprivilegien des 16. Jahrhunderts schmückten« (Bosse, *Autorschaft,* S. 34).

62 Bosse, *Autorschaft,* S. 26.

63 Ebd., S. 26 (Hervorhebung B. D.).

64 Die Anwendung hermeneutischer Prinzipien bei der Don-Juan-Interpretation bemerkt auch Dobat, a. a. O., jedoch ohne diese »romantische[n] Tendenzen« auf ihre reale Funktion hin zu orten: »Indem der Erzähler sein Verständnis auf ›die Musik, ohne alle Rücksicht auf den Text‹ absichert, wird die Musik in ein vieldeutiges Beziehungsgeflecht eingeordnet, denn die Betonung liegt [...] darauf, daß er eine durch Mozarts Musik bereits stattgefundene Interpretation [...] erneut deutet. (S. 143) – »Don Juans ›inneres, zerrissenes Wesen [...]‹ glaubt der Enthuisiast in der Arie ›Fin ch'an dal vino‹ (Nr. 11) zu vernehmen. Die ›Champagner-Arie‹ Mozarts ist jedoch nicht als Selbstdarstellung Don Juans zu verstehen und kann erst von der Schlußszene her umgedeutet werden.« (S. 146) – Zur Rolle der Werktreue, der Aufführung »im Geiste der Komposition«, vgl. auch Hoffmanns *Don-Juan*-Rezension von 1815, SM, S. 297 ff.

65 Kittler, *Autorschaft und Liebe,* S. 150; während Kittlers Studie beschränkt ist auf »das neue Verhältnis zu literarischen Texten« (ebd.), geht es hier darum zu zeigen, wie Hoffmann dieses neue Verhältnis für alle Bereiche der Kunst – insbesondere aber der Musik – inszeniert.

66 Ebd., S. 161.

67 Ähnlich hat man für *Don Juan* bemerkt, daß die Interpretation nicht vom einmaligen Sehen herrühre, vgl. Dobat, a. a. O., S. 139 (sowie o., Anm. 64).

68 Vgl. Gluck, a. a. O., S. XII.

69 Mayer, a. a. O., S. 137.

70 Kittler, *Autorschaft und Liebe,* S. 158.

71 Roland Barthes, *Die Rauheit der Stimme*, in: ders., *Was singt mir, der ich höre in meinem Körper das Lied*, Berlin 1979, S. 19–36.

72 Robert Schumann, *Gesammelte Schriften über Musik und Musiker*, Wiesbaden o. J., S. 234. – Zur Rolle der Dirigierkunst als Ausbildung und Ausweis des Verstehens der eigenen Autorschaft vgl. auch SM, S. 340 und 288.

73 Friedrich Rochlitz, *Der Besuch im Irrenhause*, in: AMZ 6 (1804), Nr. 39–42, Nachdruck Amsterdam 1964 (im folgenden: R).

74 Brief an Rochlitz vom 12. 1. 1809, in *E. T. A. Hoffmanns Briefwechsel*, Bd. 1, Darmstadt 1967, S. 261.

75 Ähnlicher ist eher Kreislers Akkordpoesie, F, S. 294.

76 Friedrich A. Kittler, *Das Phantom unseres Ichs und die Literaturpsychologie: E. T. A. Hoffmann – Freud – Lacan*, in: K. Peter (Hg.), *Romantikforschung seit 1945*, Königstein/Ts. 1980, S. 337.

77 *E. T. A. Hoffmanns Briefwechsel*, S. 261.

78 Hans Georg Nägeli, *Die Pestalozzische Gesangbildungslehre nach Pfeiffers Erfindung kunstwissenschaftlich dargestellt im Namen Pestalozzis, Pfeiffers und ihrer Freunde*, in: AMZ 11 (1809), Nr. 49–52 (im folgenden: N). Dort S. 769: »[...] und so gewährleistet die Publicität unseres Wollens uns selbst das Vollbringen«.

79 Dazu Foucault, *Überwachen und Strafen*, S. 207.

80 Vgl. F, S. 8.

81 Beispielsweise ein Text, auf den zu verweisen mir wichtig scheint, weil er zwar den Abrissen der Geschichte der Musikpädagogik nicht unbekannt ist, in seinem Bezug zu Hoffmann aber bisher nicht beachtet wurde: Bernhard Christian Ludwig Natorp, *Briefwechsel einiger Schullehrer und Schulfreunde, 3 Bde.*, Duisburg und Essen 1811–1816. Der letzte Brief des zweiten Bandes (1813) berichtet von der Einrichtung eines Gesangsunterrichts in Anlehnung an die Pestalozzische Gesangbildungslehre. Der Name des (wahrscheinlich fiktiven) Verfassers: *Milo* (von Bornfeld). Trotz dieser Namensgleichheit findet sich in keinem (mir bekannten) Kommentar zum Brief *Milos des Affen* ein Hinweis darauf. Zum Zusammenhang der beiden Texte vgl. meine *Neue Nachricht von dem gebildeten jungen Mann*, in: Mitteilungen der E. T. A.-Hoffmann-Gesellschaft 32 (1986). – Zur umgekehrten Anlehnung der Alphabetisierung an die Musikpädagogik vgl. Friedrich A. Kittler, *Aufschreibsysteme 1800/1900*, München 1985, S. 37f.

82 Pfeiffer/Nägeli, *Auszug aus der Gesangbildungslehre nach Pestalozzischen Grundsätzen*, Leipzig o. J., S. 1.

83 Kittler, *Writing into the Wind*, S. 66.

Horst Turk

Die Schrift als Ordnungsform des Erlebens
Diskursanalytische Überlegungen zu Adalbert Stifter

1. Methodische Vorbemerkung

Zu den Dichtern, die eine diskursanalytische Deutung nahelegen, scheint unter den Realisten nur Adalbert Stifter zu zählen[1], der eben deshalb nicht zu den Realisten gerechnet wird.[2] Nun ist aber der literarische Realismus noch keineswegs durchgängig als Diskursformation untersucht worden.[3] Es ist denkbar, daß sich unter dieser Voraussetzung die Bewertungen und Zuordnungen verschieben.

Im folgenden soll der Versuch unternommen werden, am Beispiel der vergleichsweise randständigen deutschen Literatur eine Phänomenologie des literarischen Realismus zu entwickeln. Es scheint nämlich nicht gegen, sondern für die Repräsentanz einer Literatur zu sprechen, wenn sie unter differenten politischen und sozialen Bedingungen das System der Optionen widerspiegelt, die sich unter anderen, einheitlicheren Bedingungen zur stilistischen Formation zusammengeschlossen haben. Um zu einer genaueren Kenntnis des literarischen Realismus zu gelangen, müssen wir Darstellungsweisen mit Realitätsdefinitionen und Sujetwahlen korrelieren. Ist es nicht auffällig, daß Kellers Realismus der Fabel in republikanischen Sujets zur Durchführung kommt, Fontanes Realismus des schönen Scheins die Gesellschaftsordnung des ›Ancien Régime‹ voraussetzt, der humoristische Realismus Raabes den ›homme universel‹ in der Gestalt des Bildungsbürgers wählt und der figurale Realismus Stifters immer wieder auf das Thema der Kunst und der Schrift als Ordnungsform des Erlebens zurückkommt? Blumenberg hat in seinem Aufsatz zur *Möglichkeit des Romans* vier historische Gestalten des »Wirklichkeitsbegriffs« unterschieden: die »Realität der momentanen Evidenz«, die »garantierte Realität«, die Realität als »Realisierung eines in sich einstimmigen Kontextes« und die »Realität als das dem Subjekt nicht Gefügige«, wobei insbesondere die dritte historische Gestalt, die Realität als Realisierung eines »›offenen‹ Kontextes«, in ihrer Eigenschaft, die »Überraschung [...] erwartbar« zu machen[4], eine ungeahnte Aktualität besitzt. »Die Entsprechung der Erkenntnis zu ihren Gegenständen ist nicht mehr material, sondern funktional. Die immanente Konsistenz des Zeichensystems der Begriffe bleibt die einzige, aber auch die zureichende ›Adäquation‹ zu der gegebenen Wirklichkeit. [...] Thema der Kunst wird in letzter Konsequenz der formale Wirklichkeitsausweis selbst, nicht der materiale Gehalt, der sich mit diesem Ausweis präsentiert«.[5] Es lag nahe, daß sich der literarische Realismus des Repertoires der historischen Wirklichkeitsbegriffe bediente, indem diese in der von ihm dargestellten Wirklichkeit eine Rolle spielten; aber auch, daß er sie zum Zweck der ästhetischen Reflexion nicht so, wie er sie vorfand, brauchen konnte, sondern mit überkommenen Darstellungskonventionen kombinierte. So läßt sich die Realität als das dem Subjekt nicht Gefügige im poetischen Realismus Kellers wiederfinden, wobei das dem Subjekt nicht Gefügige als Geschick symbolisiert wird, die Realität der momentanen Evidenz im ästhetischen Realismus Fontanes, insofern sich diese in der Ordnung des Erscheinens und sozialen Geltens manifestiert, die garantierte Realität im humoristischen Realismus Raabes, der in der subjektiven Brechung des Erzählens ein Realismus der Anteilnahme und nicht der Fabel oder der Erscheinung ist, die Realität als Realisierung eines in sich einstimmigen Kontextes im medialen Realismus Stifters, indem die Aufrechterhaltung des offenen Kontextes durch die Teilhabe an der Schrift als Wirklichkeitsausweis gewährleistet ist. Man sieht, daß die Realismen nicht nur in Beziehung zum gewählten Sujet, sondern auch in Beziehung zu den in den Sujets noch präsenten Wirklichkeitsdefinitionen ausgestaltet wurden. Sie stehen – wie das Beispiel Kellers, Fontanes, Raabes oder Stifters, aber auch der französischen, englischen oder russischen Realisten zeigt – zugleich in einer entweder mehr klassizistisch oder mehr romantisch geprägten Tradition, die, ins Alltägliche, Materielle und Individuelle übersetzt, zum ideologischen Überbau der Darstellungsweise wird. Gesteht man die Möglichkeit von Strukturanalogien zu, so überrascht es nicht, daß ältere Realitätskonzepte als Form für moderne Realitätserfahrungen gewählt werden konnten. Der literarische Realismus orientierte sich an den Gegenständen, indem er nicht etwa die Gegenstände selbst abbildete, wohl aber das semantische Feld ihrer Darstellung gemäß den außerliterarischen Diskursen, die in der Realität, was Realität ist, definieren. Was wir als »Charakter«, »Konflikt«,

»Konvention« oder »Handlung« realistisch rezipieren, ist ebensowenig wie im Leben selbst in der Kunst als natürliche Tatsache
gegeben, sondern das Resultat interpretativer Transformationen,
die gerade in der Zeit des literarischen Realismus eine Rücküber-
setzung ins historisch bereits Abgelöste implizieren.

Ein Beispiel dieser Art soll uns im folgenden beschäftigen, wobei
die Zuordnung, die Blumenberg selbst zwischen dem avancierten
Wirklichkeitsbegriff des »in sich einstimmigen Kontextes« und der
Form des humoristischen Romans vornimmt, aus dem Standpunkt der Diskursanalyse zu korrigieren ist. Daß Keller den
Gegensatz von ›bourgeois‹ und ›citoyen‹, Fontane den ›homme‹
als ›causeur‹, Raabe den ›homme‹ als empfindsamen Erzähler in
das Zentrum stellt, Stifter hingegen den Gegensatz von bedingender Zwecktätigkeit und sozialer Beziehung zugrundelegt, weist
darauf hin, daß das »Nicht-Mögliche«, das Blumenberg in diesem
Zusammenhang erwähnt, nicht in der Verfügung des Subjektes
steht. Blumenberg beharrt auf einer anthropozentrischen Sicht,
wenn er den humoristischen Roman als Paradigma für die Wirklichkeit des offenen Kontextes nimmt. Wie bei Lukács der erkennende und handelnde Mensch, steht bei Blumenberg der symboli-
sierende, offene Kontexte entwerfende Mensch im Mittelpunkt
der Welt wie der Dichtung. Dazu wäre allerdings ein Analogon der
an allem anteilnehmende, alles im Horizont der Symbolsysteme
reflektierende, humoristische Erzähler. Doch ist dies die Realität
als das »Nicht-Mögliche«, die vor allem auch die Nicht-Möglich-
keit des Subjekts einschließt?[6] »Unzweifelbar wäre das Nicht-
Mögliche die Erfüllung dieses Anspruchs, nämlich der unendliche
Kontext als das der physischen Erfahrung in ihrer Unabschließbarkeit allein formal Adäquate«.[7] Ich werde zeigen, daß eine
Transformation dessen zwar nicht in der humoristischen Erzählkunst Raabes, wohl aber im medialen Realismus Stifters vorliegt.

2. Die Mappe meines Urgroßvaters

Wenn man von Fontane herkommt, zeigt sich vielleicht am deutlichsten, wie fremd Stifter in der Literatur seiner Zeit steht. Von
Autoren wie Raabe trennt ihn die ›impassibilité‹ des Erzählvorgangs[8], von Autoren wie Keller, daß er der Poesie der Erfindung
mißtraut.[9] Im Vergleich zu Fontane fällt ins Gewicht, daß bei

Stifter die Dinge zu »stummen unklaren Erzählern der unbekannten Geschichte eines solchen Hauses« werden.[10] Vor allem im Unterschied zum ästhetischen Realismus scheint sich die Benjaminische Zuordnung zugleich zu bewähren und zu relativieren, Stifter könne »nur auf der Grundlage des Visuellen schaffen«, seine Sprache bewege sich in einem »tauben Raum«.[11] Ist seine Sprache, gemessen am phänomenalen Realismus des Erscheinens, nicht zugleich auch blind? Das Ideal der ›impersonnalité‹ führt wie bei Flaubert zur Ausblendung gerade jener Zugangsweisen, die wir als realistisch anzusehen gewohnt sind: des Blicks, des zusammenschließenden Urteils und der vergewissernden Empfindung. So wurde Stifters Erzählweise der »Vorbereitungsphase ›moderner‹ Literatur« zugeordnet: als »Poetik der Grenze« zwischen »klassisch-mimetischer« und »modern-aleatorischer« Schreibweise[12] bzw. als »Kunst der Schrift, die jenen ›Aufschub‹ (différance) demonstriert, der die Inskription« von der Bedeutung trennt.[13] Es gibt indessen auch eine traditionelle Möglichkeit der Zuordnung, die dem historischen Sachverhalt angemessener ist. Stifters Erzählweise steht in der Tradition eines Realismus, der sich mit Auerbach als »figural« bezeichnen läßt.[14] Er ist, wie der von Sartre[15] analysierte Flaubertsche, platonisch: ein Realismus der Teilhabe, gegen die Zeit, die Geschichte, die Realisation gerichtet. Eine Technik des Ansichhaltens, der Bezwingung unter »die gewöhnlichen alltäglichen in Unzahl wiederkehrenden Handlungen der Menschen«[16], des Nicht-Möglichen aus dem Standpunkt der »Natur«[17] als dem ausdrücklich offengehaltenen Kontext der Ideen, Einsichten, Leidenschaften und Urteile, die im Sinn ihrer Durchführung zu einer beständig riskanteren Entladung drängen, ist für Stifters Erzählweise in dem Maße kennzeichnend, wie er um der größeren »Kraft«[18] ausdrücklich offengehaltener Realisationen willen in der Geschichte der immer rascher voranschreitenden Säkularisation ontologisch und ethisch einen früheren Stand wiederherzustellen strebt. Gemessen an ihm ist nicht nur die Technik der humoristischen Anteilnahme, sondern auch die mimetische Technik in ihren Spielarten als Anmessung an die Ordnung des Erscheinens bzw. Abbildung des gesellschaftlichen Lebens in der Fabel eine unrealistische Verausgabung. Es ist klar, daß nicht nur die Wahl der zugrundegelegten Schreibweise und des Sujets, sondern auch ein mit ihnen verbundenes Ethos dazu führt, daß Vertreter des ästhetischen wie des figuralen Realismus gegen die Zeit, wenn nicht im Zeichen der Gesellschaft, so doch im Zeichen der Natur anschreiben, dann aber auch, daß von ihnen nichts häufiger als eben die Zeit, die Geschichte, die Realisation thematisiert wird, allerdings als Verhängnis. Während umgekehrt die Entladung im Realismus der Anteilnahme wie im Realismus der Fabel als Stimulans einer von Erstarrung bedrohten Gesellschaft behandelt wird mit der Konsequenz, daß die Ordnung sich in der Wiederherstellung als lebensfähig bewährt. Das Konzept eines figuralen oder medialen Realismus läßt sich zunächst durch Beobachtungen auf der Ebene der Erzählweise und der Ideologie illustrieren.

Es ist auffällig, daß Stifter bei aller Liebe zum Detail keine eigentlichen Bilder gestaltet, sondern Beobachtungen wiedergibt, sowenig er eigentlich Geschichten erzählt, sondern Tätigkeiten und Vorkommnisse berichtet, das Empfinden und Aussprechen nicht funktional einsetzt, sondern zu einer Gefahr werden läßt, durch die das »sanfte Gesez«[19] der Natur, der »wirklichen Wirklichkeit«[20], bedroht wird. Seine »lagen unter«, »jenseits derselben«, »weiter zurück« verbürgen den Blick, gerade weil sie ihn sich nicht in der Schrift auswirken lassen, seine »recht schön«, »recht lieb«, »so lieb gehofft hatte« das Empfinden, gerade weil es in Teilnahmslosigkeit zurückgenommen scheint, seine »eine andere«, »ein anderer«, »wieder andere« eine Würdigung des Individuellen, gerade in der Belanglosigkeit, seine »wie es zu sein pflegt«, »gewöhnlich« und »unbedeutend« eine Exorbitanz, die um so bedrohlicher wirkt, je weniger sie sich immanent auf der Oberfläche ausgestaltet. Bezieht man die poetologischen Äußerungen Stifters ein, so soll sich der Stil durch eine Vorliebe für das Kleine und Unscheinbare, in der Natur wie in der Menschenwelt, rechtfertigen. Dies erklärt jedoch nicht, woher der Stil diesen Zug zur Gewaltsamkeit bekommt. Nach dem Zeugnis der Selbstaussagen befolgt Stifter ein humanistisches Literaturkonzept, wenn er das Schreiben zwar als einen existentiellen Akt der Ordnungsstiftung auffaßt, in den Mittelpunkt dieser Ordnungsstiftung aber den Menschen in der »Erfüllung aller seiner Kräfte zu stimmender Thätigkeit als Selbstbeglükung und Beglükung Anderer«[21] setzt. Der Mensch »sei nicht zuerst der menschlichen Gesellschaft wegen da sondern seiner selbst willen. Und wenn jeder seiner selbst willen auf die beste Art da sei, so sei er es auch für die menschliche Gesellschaft.«[22] Daß Stifter sowohl den Gedanken der Selbstzweckhaftigkeit (»seiner selbst willen«) als auch den der harmonischen Ausbildung aller seiner Kräfte (»Erfüllung [...] zu stimmender Tätigkeit«) tradiert, verbindet ihn mit dem Bildungsindividualismus Goethes und Humboldts, wobei insbesondere die tätige, sich bedingende Selbstvermittlung mit der Welt als Voraussetzung der Hingabe an sie ins Gewicht fällt, weil sie auf geänderte Bedingungen zu treffen scheint. »Und wenn er so weise ist, seinen Kräften allen, großen oder kleinen, *nur allen*, diesen Spielraum zu erringen, dann ist er auch für Andere am besten da, als er nur immer da zu sein vermochte.«[23] An der *Mappe meines Urgroßvaters* wie an anderen Texten Stifters ist zu beobachten, daß sich die bedingende, in Kulturleistung investierte Selbstvermittlung des Menschen mit der Welt dem Menschen und der Gesellschaft gegenüber verselbständigt, indem sie sich nur noch mit großer Anstrengung als erfüllte Beziehung und in diesem Sinn als Dasein für Andere, durch die Symbole einer mitmenschlich organisierten Welt interpretieren läßt. »Ja die begeisterte Hingabe für Andere, selbst in den Tod, ist am Ende nicht anders als das höchste, freudigste Aufplazen der eigenen Lebensblume. Wer aber in seiner Armuth nur *eine* Lebenskraft einspannt, um nur *eine* Forderung zu stillen, etwa den Hunger, der ist in einseitig kläglicher Verrückung, und er verkümmert die, die um ihn sind«.[24] Man braucht nur die Aufmerksamkeit auf die großen und kleinen Kräfte als Ausdruck einer realistischen Wirklichkeitsauffassung unter den Bedingungen der Restauration zu lesen, um zu erkennen, wieso es zu einer Verselbständigung der ideologischen Wertbegriffe kommen kann. »Opfer«, »Amt«, »Pflicht«, »Dienst« an der Natur und am Anderen führen gegenüber der Zwecktätigkeit ein selbständiges, nicht mehr in ihr vermittelbares Leben. Pointiert stellt sich das Problem jedoch beim Heraustreten in die soziale Ordnung, indem sich diese, unter dem Aspekt der Diskursanalyse und der strukturalen Psychoanalyse entschlüsselbar, als Wiederkehr des Schriftprinzips unter veränderten Bedingungen darstellt.

Die *Mappe* eignet sich deshalb als Beispieltext, weil sich an ihr die Funktion der Schrift auch auf der Ebene des Inhalts erörtern läßt. Nach der Studienfassung, die ich im folgenden zugrunde lege, verdankt sich der Text einem lebensgeschichtlichen Ereignis, das anders verlaufen wäre, wenn es nicht seinen Abschluß nach der Ordnung des Schreibens gefunden hätte. Daß der Text die Einheit eines in sich ruhenden Bildes, einer alles in sich zusammenfassenden Empfindung oder einer vermittelnden Reflexion meidet, dürfte seinen Grund nicht zuletzt darin haben, daß Augustin, der Homograph der Binnenerzählung, ein durch die Evidenz, das Gefühl und die Reflexion geschlagener Autor der eigenen Lebensgeschichte ist. Das Große im Sinn des Auffälligen, das Stifters Kritik herausfordert, ist das Große im Rahmen rivalisierender, zu Unrecht hochgeschätzter Orientierungsweisen: des Blicks als Instanz der momentanen Evidenz, des Gefühls als Instanz der garantierten Realität und der Reflexion als Instanz des dem Subjekt nicht Gefügigen. Daß sie vorgreifend Sinn- und Erfüllungserlebnisse, gerade auch ausschließender Art, gestatten, macht sie problematisch aus dem Standpunkt unserer Zwecktätigkeit, der eine solche Erfüllung ermangelt. Eine Erfahrung dieser Art motiviert die Entstehung der *Mappe*. Bevor wir uns ihr, und d.h. dem Mechanismus von Selbsterfüllung und Selbstversagung zuwenden, muß ein Wort über die Operation gesagt werden, durch die der Autor den Mangel als Bedingung der Erwartung in die Welt des Erzählers einführt.

Nach dem Bau des Hauses und der erfolgreichen Eröffnung der Arztpraxis läßt Stifter sowohl den Vater als auch die beiden Schwestern an einer nicht näher bestimmbaren Krankheit wegsterben, während die Mutter ohnehin schon »früh verstorben« (S. 178) ist. Ein Detail der Erzählweise unterstreicht die Funktion dieser Maßnahme. Augustin wird nicht erst durch die Bekanntschaft mit dem Obristen zum Exponenten einer überlegten Zwecktätigkeit, sondern er erwies sich als solcher – nur eben ohne die zugehörige Erfahrung – bereits bei der Planung und Einrichtung des Hauses. Die Anschaffung des Pferdes, des Wagens, des Schlittens, die Anlage des ganzen Hausstandes wird ausführlich berichtet. Eigentümlich karg, verglichen mit der Wiedergabe der dinglichen Veränderungen, fällt die Nachricht über den Tod des Vaters und der beiden Schwestern aus. Daß der Tod in sein tätiges Leben eine Leere bringt, wird durch den Erzählstil nur indirekt unterstrichen. So wird zwar im einzelnen genau festgehalten, was wo und wie pietätvoll in das neue Haus hinübergeht, fehlt auch nicht die abschließende Bemerkung, daß er nun das alte Haus nicht mehr sah, das Auge frei bis zum Wald ging und nur noch an den Fußtritten, Flecken im Rasen und einer kahlen Stelle beim Nähertreten erkannt werden konnte, wo das Haus einmal stand. Darüber hinaus darf jedoch kein Bild, kein Gefühl der Trauer den ausgekernten Blick beleben. Erst später, nach der alles entscheidenden »Gewaltthat«, gestattet sich der Homograph, das »so lieb gehofft hatte« und den »anderen Stand der Dinge« (S. 92) durch eine gefühlvolle Apostrophe zu ersetzen: »O Vater, o Mutter, daß ihr nicht mehr lebt, um zu sehen, wie sich eure Hütte verändert hat – und auch ihr, Schwestern, daß ihr nicht mehr seid, um es zu schauen! Das Haus steht nunmehr fertig, und die Sonne scheint auf sein glänzend Dach hernieder – der Garten schreitet in die Weite, und die Fruchtbäume, einst das Eigenthum der Nachbarn, stehen schön darinnen, und jetzt besser gepflegt, lassen sie wie in Dankbarkeit die Last ihrer Aeste bis zu meinen Fenstern herüber schimmern. Ich schreite von Gemach zu Gemach, aber einsam – nur eine heilige Margarita steht jetzt schon auf dem Hausaltare, und grüßt mich, wenn ich eintrete, mit dem goldenen Schimmer« (S. 198 f.). Voraufgegangen ist nicht nur die besagte Gewalttat, sondern auch die Übung darin, »im Leben auszuüben, was ich im Geiste denken gelernt hatte« (S. 52), und dies durch die Aufstellung eines »Schreibgerüsts«, wie ihm der Obrist geraten hatte, dem Augustin auch die mit einer Härte ohnegleichen ausgeführte Entscheidung für das »Amt« verdankt.

Geradezu entlarvend ist dann aber die Durchführung des entscheidenden Augenblickes selbst. Insofern Stifter ihn – jedenfalls in der Studienfassung – aus den objektiv gegebenen Bedingungen hervorgehen läßt, gibt es keine Möglichkeit der moralischen Relativierung. Augustins Leben nach dem Tod seiner Angehörigen hat sein Symbol an dem großartigen Schauspiel des Eisregens. Danach treten der Obrist und Margarita in sein Leben. Der Homograph schreibt sich erst im Lauf der Jahre an das entscheidende Ereignis heran: »Ich habe mich so gerne bei der Zeit meiner Ankunft verweilt, ich habe mich gerne bei der Zeit verweilt, in der ich zu bauen und zu wirthschaften angefangen habe; es war eine einfache schuldlose Zeit – ich weilte gerne dabei, wie der Obrist gekommen ist, mit ihr, der Lieben, der Guten; es war eine glückselige Zeit – – alles ist aus – – und sie, gerade sie hat mir so große Schmerzen gemacht; aber es ist nicht sie, ich erkenne es jetzt wohl, sondern ich, ich allein« (S. 175). Was war geschehen? Augustin, der noch nicht den Mut hatte, Margarita vom Obristen zum Weib zu begehren, obwohl das Haus bestellt war und die Liebe zwischen ihnen ausgesprochen wurde – es kam ihm »vor, daß es noch nicht Zeit sei« (S. 174) –, hat um die Zeit, als sich der Obrist mit seinem unredlichen Bruder versöhnte und der Neffe Rudolf bei ihm zu Besuch weilte, einen Gang auf die Felsen im Lidenholz gemacht, um für Margarita Steinbrechen zu pflücken. Es ist sicher kein Zufall, daß sich die familiale Ordnung gegen den Vereinsamten abschließt, so daß abzusehen ist, daß der Arzt in die Falle gehen wird. Nach dem Ansatz der strukturalen Psychoanalyse gibt es die Gefahr der imaginären Identifikation als Ausschluß der Andersheit des Anderen[25], nicht aber als Ausschluß der Gleichheit mit dem Anderen durch den vorgreifenden Blick. Gerade dies liegt aber vor, wenn Augustin die beiden zu einer erfüllten, sich genügenden Einheit zusammensieht und in dem unkontrollierten, Zusammengehörigkeit herstellenden, müßigen, sie identifizierenden Blick die Erfahrung einer Selbstausgrenzung und Selbstentwertung macht. Die Erfahrung ist »imaginär«, wie die gesehene Zusammengehörigkeit imaginär ist. Plötzlich sah er auf dem Weg unter sich Margarita und Rudolf durch das Lidenholz herausgehen: »Ein schöneres Paar ist gar nicht auf der Erde. Er war um eine halbe Hauptlänge höher, als sie, war so schlank, wie sie, das feine Gewand war so anspruchslos an ihm und die schwarzen Augen blickten sanft und milde: sie schimmerte neben ihm so klar, wie immer, hatte das weiße Gewand an, und wurde durch ihn fast schöner, als gewöhnlich. Mir stürzten die bitteren Thränen aus den Augen – – wer bin ich denn – was bin ich denn? – – ich bin nichts – gar nichts. – –« (S. 176 f.). Man braucht nur zu beachten, daß dieser Begegnung ein Gespräch zwischen Augustin und Margarita vorausgeht, in dem sie versicherte: »Ich liebe euch sehr, [...] ich hab' euch über alles lieb. Nach meinem Vater seid ihr mir der liebste Mann auf der Welt«, während er entgegnete: »Ich liebe euch auch recht innig, [...] ich liebe euch mehr, als alle andern Menschen dieser Erde, und da mir alle Angehörigen gestorben sind, so seid ihr auf dieser Welt das Höchste, das ich liebe« (S. 171). Daß für ihn auch in der Rückschau »keine so schöne Zeit gewesen« ist, seit seine »Angehörigen gestorben waren« (S. 172), läßt erkennen, wie genau der Augenblick komponiert ist. Die Gewalt des Ausbruchs hängt damit zusammen, daß Margarita für Augustin nach Lage der Dinge das »Höchste« ist, sowie damit, daß das Geschehen seit ihrem Erscheinen und dem Erscheinen des Obristen auf eine implizite Verheißung gestellt ist.

Der Erzähler hat Vater und Schwestern wegsterben lassen, kaum daß das neue Haus errichtet war, von dem der Obrist dann sagte,

daß es »eine schöne Lage in der Biegung des Thales« habe und daß
es, »wenn ihr euch bestrebet [...] ein schönes Besitzthum werden
(könne), das seinen Herrn und seine Frau erfreut« (S. 42). Die
Beziehung zum Vater und zu den Schwestern war, wie überhaupt
die Beziehung zur Heimat, herb, aber innig gewesen. Ihr Tod
hinterließ eine Leere, die sich nicht mit dem Personal, den Patienten und den Dingen der gutgehenden Praxis auffüllen ließ, obwohl
sich auch hier ein persönliches, von Vertrauen und Dankbarkeit
getragenes Verhältnis einstellte. Das Haus füllte sich mit Gerät,
einem Wagen und Schlitten für die Anfahrten, mit Nutztieren,
einem Goldfuchs, zwei Rappen, Kuh und Kälbern, mit Personal
wie dem Hirtenbuben Thomas, der als Kutscher fungierte, einem
Gehilfen für die Tiere und den Garten, die Haushälterin Maria,
zwei Mägde und dem Pflegling Gottlieb, der geheilt und unterhalten wurde: »Wir hatten Räume genug, die nach und nach fertig
geworden waren, und die wir nicht brauchten, weil wir unser so
wenige waren« (S. 94). Wenn Augustin – anders als in der ersten
und der letzten Fassung – in allen diesen Verrichtungen schon ganz
der vorzügliche, auf die Sache gestellte, erfolgreiche Arzt ist, dann
kann das Problem nicht in ihm, etwa im Sinn der unbedachten
Fixierung auf Margarita, liegen. Es besteht vielmehr zwischen
zwei Weisen, sich zur Welt ins Verhältnis zu setzen. Hier, in der
Opposition von Zwecktätigkeit und Sinnbeziehung, geschieht das
Unerwartete, Unerhörte, Vernichtende, daß Augustin von den
drei Gefahren, die der Zwecktätigkeit drohen[26], die eine wählt:
aus Ungeduld, innerer Anspannung und zu lange währender Ent-
behrung in die imaginäre Entwertung auszubrechen. Der Mensch
ist Tätigkeit, Gefühl, Urteil, Vorstellung. Dies, sich durch die
Einheit des Blicks selbst ausgeschlossen zu haben, durch die Einbildung einer Harmonie, die sich mühelos, wie von selbst, dem
Gefühl wie dem Auge schenkt, ein Phantom ergriffen zu haben
aus zu lange hinausgeschobener, entbehrter Sinnunmittelbarkeit,
aus der Rolle des tätigen Beobachters in die Haltung des müßig
Schauenden, sich Vergleichenden übergangen zu sein, ist Augustins Versagen. Stifter hat den Konflikt im Unterschied zur
Romanfassung, aber auch zur Fassung von 1841, als eine Kollision
auf kategorialem Niveau, dem Niveau rivalisierender Diskurse
oder Realitätsdefinitionen angelegt.

Dies wird deutlicher, sobald man in den verschiedenen Fassungen das Verhältnis prüft, das der Code der Zwecktätigkeit mit dem

Code der sozialen Bindung, repräsentiert durch die familiale Ordnung, eingeht. Nach der Romanfassung verstößt der Held ohne
angebbaren Grund gegen den ›ordre symbolique‹, wobei die Ge-
sprächssequenz nur geringfügig, aber gravierend, gegenüber der
Studienfassung geändert wird: »Margarita, ich liebe Euch mehr als
alle Menschen und alle Geschöpfe dieser Welt, und was es noch
immer für Welten gibt.« Margarita antwortet: »›Das ist nicht recht
[…]. Ihr müßt Eure Angehörigen [die in der Romanfassung noch
leben, H. T.] mehr lieben, und Gott in jener Welt mehr lieben.‹
›Ich weiß es nicht,‹ antwortete ich, ›in diesem Augenblicke ist es
mir, ich liebe nichts so sehr.‹ ›Das darf nicht sein, und das begehre
ich nicht.‹«[27] Man sieht: der Augenblick der Versagung ist ins
Moralische verschoben. Augustin vergeht sich an der sozialen
Ordnung, indem er Margarita über alles liebt. Unmittelbar darauf
erfolgt die Begegnung im Lidenholz, demselben Ort, an dem das
Gespräch geführt wurde. Augustin hat nicht die Einbildung ihrer
Zusammengehörigkeit; dafür küßt aber Margarita Rudolf. In der
Studienfassung, die durch den Tod der Angehörigen objektiv verfährt, ist ein Moment der Selbstversagung in das Geschehen einge-
schoben, bevor der Zuschauer etwas, allerdings weniger, zu sehen
bekommt: »Ich wäre hinab geklettert, ich hätte die Felsen um-
schritten, und wäre zu ihnen hin gegangen – aber ich konnte es
jetzt noch nicht. – Sie wandelten neben den Blumen hin, die in
dem hohen Grase des Holzschlages standen, sie wandelten neben
dem zarten Gesträuche und Gestrüppe, das sich manchmal an den
Weg heran drängt – er sprach zu ihr, sie sprach zu ihm – er hatte
ihren Arm in dem seinigen, sie legte ihre Hand auf die seine,
drückte sie, und streichelte dieselbe sanft« (S. 177). Der Blick des
Betrachters hat strukturell eine versagende, ihn ausschließende
Kraft in dem Maß, wie sich für ihn die Erscheinung von sich aus,
scheinbar ohne sein Zutun, zu einem Sinn zusammenschließt. Was
bleibt, ist die Möglichkeit, im Wollen sich diesen Sinn zu eigen zu
machen, ihn auf sich anzuwenden, ihn, überführt durch den Mechanismus der imaginären Identifikation, zu übernehmen. Augustin fährt fort: »Ich wollte nun gar nicht zu ihnen hinab gehen,
sondern ich nahm meinen Stock, den ich in die Gräser nieder
gelegt hatte, und zerschlug mit demselben alle Steinbrechen, die in
der That noch nicht blühten, daß der Ort wild und wüst war«
(S. 177). Eine Erfahrung dieser Art läßt sich gewöhnlich durch ein
Gespräch auflösen. Daß dies nicht geschieht, sondern die Lösung

statt dem gesprochenen Wort dem »Schreibgerüst« anvertraut wird, bestätigt die eingeschlagene Deutung, gerade auch wenn man zu diesem Punkt den Fassungsvergleich heranzieht.

In der Urfassung hieß es noch gefühlvoll: »Ein Weib, ein schönes, schnödes, fürchterlich geliebtes Weib hatte mich dermaßen rasend gemacht, daß ich vermeinte, jetzt könne ich nicht mehr weiter leben, um es nur recht zu strafen, das falsche, das harte Herz«.[28] Augustin war noch nicht der vollendete, ganz auf die Sache gestellte Arzt, als der er – trotz der wieder aufgenommenen Jugendgeschichte – auch in der Romanfassung, nur eben ohne beruflichen Erfolg, erscheint. Daß ihm, bewährt und erfolgreich, gleichwohl der Ausbruch in den Blick zustößt, unterscheidet die Studienfassung bis in die Anlage und den Ausschluß der subjektiven Zuschreibung des Mangels von der frühen wie von der letzten Fassung, gibt ihr bis in die Auflösung der sprachlichen Kommunikation jene Klassizität, Unerbittlichkeit und Härte, die gerade auch das Prinzip der Familialität betrifft. Die Studienfassung schließt mit der förmlichen Exekution des Entwertungserlebnisses im Gespräch. »»Margarita, ihr liebt mich gar nicht!«« antwortete Augustin auf ihre Begrüßung, als er sie einige Stunden später im Garten allein antraf. »Sie richtete ihre Augen auf mich, und sagte: ›Wie kömmt denn diese Rede zu euch? – ich liebe euch ja mehr, als ihr ahnen könnt [...].‹ ›Ihr liebt mich nicht,‹ sagte ich wieder, und sie mochte bemerken, wie es in meinem Angesichte vor Schmerz zuckte. ›Was ist euch denn‹, sagte sie – ›ihr könnt ja eigentlich nicht so reden. – Seid ihr krank? Ihr müßt wohl einen weiten Weg gemacht haben, ich sehe es an euren Kleidern. Habt ihr schon etwas gegessen?‹ ›Nein, ich habe noch nichts gegessen,‹ antwortete ich. [...] ›So wollt ihr etwa mit dem Vater reden,‹ sagte sie, ›kommt, wir wollen uns auf die Gartenbank setzen, wo man den Weg weit übersieht, auf dem er kommen wird.‹ ›Ich will nicht mit dem Vater reden,‹ antwortete ich, ›aber euch habe ich etwas zu sagen, daß ihr nehmlich den Vetter Rudolph viel, viel mehr liebt, als mich.‹ ›Ich liebe den Vetter Rudolph,‹ sagte sie, ›weil es sich gebührt, aber ich liebe euch mehr – ihn liebe ich anders – und ihr müßt selber sagen, ob er es nicht werth ist, da er sich so schön gegen uns, seine Verwandten gezeigt hat?‹ ›Ja, ja, er ist es werth und ihr werdet ihn immer mehr und mehr, und endlich sehr lieben‹, erwiederte ich. ›Ich werde ihn auch sehr lieben‹, entgegnete sie, ›wenn er noch öfter wird zu uns gekommen sein, wie er es gesagt hat.‹ ›Nun, so ist es gut, und wir sind in Ordnung‹, antwortete ich« (S. 180). Es dürfte nicht ohne Bedeutung sein, daß Margaritas »ihn liebe ich anders« sich auf die gerade erst wiederhergestellte familiale Ordnung des eigenen Hauses bezieht. Nicht, daß dies die Bedingung schlechthin für die Erfahrung des Ausgeschlossenseins wäre, doch deutlich wird, daß der Übertritt in die Ordnung des Sozialen zwar nicht im Sinn der außerfamilialen Liebe, wohl aber im Sinn jener anderen familialen Liebe die Anerkennung eines anderen Begehrens sowie eines Begehrens des Anderen einschließt.[29] Die Erzählung endet mit einer Herstellung dieser Voraussetzung: nach der Ordnung der Schrift.

Im Zentrum der *Mappe* – ihres Inhalts wie ihres Erzählstils – steht die Schrift und in Verbindung damit die familiale Codierung des Sozialen als Ordnungsform des Erlebens. Nicht das Wort, der Gedanke, das Gefühl oder der Blick und in Verbindung damit der Salon, die Ökonomie, die Nachbarschaft oder die Herrschaft, bezogen auf die sich selbst bedingende menschliche Zwecktätigkeit, die daran ihre psychologische, moralische, soziale oder politische Begrenzung findet. Im dritten Kapitel, als Augustin mit dem Obristen über die »Gewaltthat« spricht, wird ihm die Anlage eines »Schreibebuchs« empfohlen, das – auf versiegelten Seiten – alle Hoffnungen, Befürchtungen, Gedanken, Meinungen und Pläne nach der Ordnung des Lebens zusammenstellt und für die spätere, belehrende Lektüre bereithält. »In Westphalen war es endlich, wo ich dazumal ein Mittel für mein Heil gebrauchen lernte, das ich zuerst aus Scherz angefangen, und dann aus Ernst bis auf den heutigen Tag nicht mehr aufgegeben habe. Ich würde euch gerne rathen, Doctor, daß ihr es auch anwendetet; denn ich glaube, daß ich schier alles, was ich geworden, durch dieses Mittel geworden bin. Es besteht darin, daß einer sein gegenwärtiges Leben, das ist, alle Gedanken und Begebnisse, wie sie eben kommen, aufschreibt, dann aber einen Umschlag darum siegelt und das Gelöbniß macht, die Schrift erst in drei bis vier Jahren aufzubrechen und zu lesen« (S. 50). Was Stifter »wirkliche Wirklichkeit« nennt, die Existenz als Zeichen vor aller Verwirklichung, Zeugung oder Schöpfung, als Existenz in der Teilhabe an einer Kraft, die sich nicht in augenblicklichen Entladungen verzehrt, ist im Spiegel der Schrift, die die Ordnung der Natur widerspiegelt, »irdischer und wahrer«, als man »es sich einmal vorgespiegelt hatte« (S. 51). Die Schrift, in der diese Konzeption literarisch niedergelegt wird, ist in mehrfacher Weise mimetisch. Auf der Ebene der Strukturen bildet die Monotonie der Syntax jenen ins Einzelne gehenden, die Positivität des Faktischen entdeckenden, zugleich universellen Verdrängungsmechanismus nach, der, ohne die Erfüllung in sich zu tragen, von einer durch ihn definierten Gefahr des gewaltsamen Ausbruchs lebt: absolutistisch wie nur immer ein jenseitiges Prinzip, das, ohne eine zureichende Vermittlung im System der Zwecktätigkeit, sie begrenzt und in Frage stellt. Auf der Ebene der Referentialität, der Gegenstände und des Sujets, ist die Erfahrung der KuK-Monarchie und in der KuK-Monarchie darin ebenso wiederzuerkennen wie das Konzept des »offengehaltenen Kontextes« zum Zweck der Hinausschiebung und Erweiterung der

Literarischer Nominalismus					
	Teilhaberealismus	figural	Realisierung eines in sich stimmigen, offenen Kontextes	inszeniert in der Ordnung der Schrift	Stifter
	Teilnahmerealismus	humoristisch	garantierte Realität	inszeniert in der Ordnung der Rede	Raabe
Literarischer Realismus		poetisch	Realität als das dem Subjekt nicht Gefügige	inszeniert in der Ordnung des Handelns	Keller
	mimetischer Realismus	ästhetisch	Realität der momentanen Evidenz	inszeniert in der Ordnung des Erscheinens	Fontane
Literarischer Klassizismus					

»physischen Erfahrung«. Historisch schließlich handelt es sich um ein kontrafaktisches Wiederaufleben des figuralen Realismus in der Nachahmung des Schriftprinzips, indem der Schrift, nicht der Rede in Verbindung mit der Ordnung des Erscheinens die orientierende Definition der Realität anvertraut wird.

Wenn der mimetische Realismus als Abbildrealismus in seinen beiden Spielarten, der ästhetischen und der poetischen Abbildung auf die Aristotelische Tradition zurückzuführen ist und der humoristische als Realismus der Anteilnahme eine spezielle neuzeitliche Variante der subjektiven Brechung darstellt, dann läßt sich der figurale als Realismus der Teilhabe in der Nachahmung von Kategorien auf eine Platonische Wurzel zurückführen. Wichtiger als diese Zuschreibung ist jedoch der Umstand, daß sich der Realismus des 19. Jahrhunderts in seinen beiden äußersten Positionen, dem figuralen und dem ästhetischen, mit dem literarischen Nominalismus und dem literarischen Klassizismus berührt, wobei die Tragik im Widerspiel von Selbsterfüllung und Selbstausschließung darauf zurückzuführen ist, daß das Wiederaufleben des Schriftprinzips in die Kompetenz des Menschen nach dem Paradigma des Künstlers gegeben ist. Stifters Ethos ist keineswegs programmatisch das »Begehren des Unmöglichen«[30] – dafür bedürfte es einer Annihilation der Realisate zugunsten des offengehaltenen Kontextes –, wohl aber faktisch, indem er das Schicksal, die Disposition zur Selbstversagung, mit den Romantikern teilt.

Anmerkungen

1 1981 erschien die Arbeit von Hans Joachim Piechotta, *Aleatorische Ordnung. Untersuchungen zu extremen literarischen Positionen in den Erzählungen und dem Roman »Witiko« von Adalbert Stifter,* Gießen 1981, 1982 die Untersuchung von Thomas Keller, *Die Schrift in Stifters »Nachsommer«. Buchstäblichkeit und Bildlichkeit des Romantextes,* Köln, Wien 1982. Von der älteren Stifterforschung vgl. hier und im folgenden Rudolf Wildholz, *Adalbert Stifter. Langeweile und Faszination,* Stuttgart, Berlin, Köln, Mainz 1976; Hans Dietrich Irmscher, *Adalbert Stifter. Wirklichkeitserfahrung und gegenständliche Darstellung,* München 1971; Lothar Stiehm (Hg.), *Adalbert Stifter. Studien*

und Interpretationen, Heidelberg 1968; Kurt Gerhard Fischer, *Adalbert Stifter*, Linz 1961.

2 Friedrich Sengle, *Biedermeierzeit. Deutsche Literatur im Spannungsfeld zwischen Restauration und Revolution 1815–1848*, Bd. 1, Stuttgart 1971, S. 287ff.; Georg Lukács, *Der historische Roman*, in: ders., *Werke*, Bd. 6, Neuwied 1965, S. 301ff.; Erich Auerbach, *Mimesis. Dargestellte Wirklichkeit in der abendländischen Literatur*, Bern 1946, S. 458f.; seitens der Stifterforschung vgl. Walther Killy, *Wirklichkeit und Kunstcharakter. Neun Romane des 19. Jahrhunderts*, München 1968, S. 83ff.; Wilhelm Dehn, *Ding und Vernunft. Zur Interpretation von Stifters Dichtung*, Bonn 1969, S. 119ff., und Ursula Naumann, *Adalbert Stifter*, Stuttgart 1979, S. 14ff.

3 Theoretisch vorbereitet durch die Ansätze von Hans Blumenberg, *Wirklichkeitsbegriff und Möglichkeit des Romans*, in: Klaus-Detlef Müller (Hg.), *Bürgerlicher Realismus. Grundlagen und Interpretationen*, Königstein/Ts. 1981, Roland Barthes, *Leçon/Lektion*, Frankfurt/Main 1980 (edition suhrkamp 1030), und Nelson Goodman, *Sprachen der Kunst. Ein Ansatz zu einer Symboltheorie*, Frankfurt/Main 1973 (suhrkamp theorie). Vgl. dazu Horst Turk, *Mimesis Praxeos. Der Realismus aus der Perspektive einiger neuerer Theorieansätze*, in: Jahrbuch der Raabe-Gesellschaft 1983. Ulf Eisele, *Realismus und Ideologie. Zur Kritik der literarischen Theorie nach 1848 am Beispiel des ›Deutschen Museums‹*, Stuttgart 1976, und Klaus-Detlef Müller, *Utopie und Bildungsroman. Strukturuntersuchungen zu Stifters »Nachsommer«*, in: ders., *Bürgerlicher Realismus*, betonen ausschließlich die innerliterarische Entwicklung der Abhängigkeit von Empirismus und Idealismus. In dieser Weise hatten schon Richard Brinkmann, *Wirklichkeit und Illusion. Studien über Gehalt und Grenzen des Begriffs Realismus für die erzählende Dichtung des 19. Jahrhunderts*, Tübingen ²1966, Wolfgang Preisendanz, *Humor als dichterische Einbildungskraft. Studien zur Erzählkunst des poetischen Realismus*, München ²1976, *Wege des Realismus. Zur Poetik und Erzählkunst im 19. Jahrhundert*, München 1977, Hubert Ohl, *Bild und Wirklichkeit. Studien zur Romankunst Raabes und Fontanes*, Heidelberg 1968, und Helmut Schanze, *Drama im bürgerlichen Realismus (1850–1890). Theorie und Praxis*, Frankfurt/Main 1973, die Diskussion weitergeführt. Zur Gestalt der epistemologischen Ordnung im 19. Jahrhundert vgl. Michel Foucault, *Les mots et les choses. Une archéologie des sciences humaines*, Paris 1966.

4 Blumenberg, a. a. O., S. 40f.

5 Ebd., S. 47.

6 Vgl. Foucault, a. a. O., S. 335ff.

7 Blumenberg, a. a. O., S. 47f. Vgl. zum »désir de l'impossible« auch Barthes, a. a. O., S. 32.

8 Zur Übereinstimmung mit Flaubert unter diesem Aspekt vgl. Irmscher, a. a. O., S. 88, sowie Helmut Pfotenhauer, *Die Zerstörung eines Phantasmas. Zu den historischen Romanen von Stifter und Flaubert*, in: GRM, N. F. 27/1 (1977), S. 31 und S. 43; zu Flaubert selbst: Hugo Friedrich, *Drei Klassiker des französischen Romans. Stendhal. Balzac. Flaubert*, Frankfurt/Main [7]1973, S. 123 ff.

9 Der Gesichtspunkt der Handlungsschwäche ist aus den meisten Arbeiten zu Adalbert Stifter vertraut.

10 Adalbert Stifter, *Die Mappe meines Urgroßvaters,* Buchfassung der Studien, in: ders., *Werke und Briefe. Historisch-kritische Gesamtausgabe,* hg. v. Alfred Doppler und Wolfgang Frühwald, Bd. I,5, Stuttgart, Berlin, Köln, Mainz 1982, S. 17; im folgenden Seitenzahlen in Klammern.

11 An Ernst Schoen, 31. Juli 1918, in: Walter Benjamin, *Briefe,* hg. v. Gershom Scholem und Theodor W. Adorno, Bd. 1, Frankfurt/Main 1966, S. 197.

12 Piechotta, a. a. O., S. VII ff.

13 Keller, a. a. O., S. 17.

14 Auerbach, a. a. O., S. 77.

15 Jean-Paul Sartre, *L'idiot de la famille Gustave Flaubert de 1821 à 1857,* Paris 1971/1972.

16 Adalbert Stifter, *Bunte Steine,* Vorrede zur Buchfassung, in: ders., *Werke und Briefe,* Bd. II, 2, Stuttgart usw. 1982, S. 14.

17 Ebd., S. 11.

18 Ebd., S. 12.

19 Ebd., S. 12.

20 Adalbert Stifter, *Nachkommenschaften,* in: ders., *Gesammelte Werke,* hg. v. Max Stefl, Bd. 9, Augsburg 1960, S. 578.

21 An Louise Freifrau von Eichendorff, Linz, 17. 7. 1858, in: Adalbert Stifter, *Sämmtliche Werke,* Bd. 19, Prag 1923, S. 124.

22 Adalbert Stifter, *Der Nachsommer. Eine Erzählung,* in: ders., *Gesammelte Werke,* Bd. 5, Augsburg 1954, S. 14.

23 Adalbert Stifter, *Der Hagestolz,* Journalfassung, in: ders., *Werke und Briefe,* Bd. I, 3, Stuttgart usw. 1980, S. 101.

24 Ebd., S. 101.

25 Zum Verhältnis von Identifikation und Identität vgl. Jacques Lacan, *Séminaire II,* Paris 1978, S. 67 f., und ders., *La famille,* in: Henri Wallon (Hg.), *La vie mentale,* Paris 1938 (*Encyclopédie française,* Bd. 8).

26 Die Zwecktätigkeit gegenüber der Sinnbeziehung zu verabsolutieren, sie selbst als Realisation der Sinnbeziehung anzusehen oder sie imaginär zu entwerten.

27 Adalbert Stifter, *Die Mappe meines Urgroßvaters,* letzte Fassung, in: ders., *Gesammelte Werke,* Bd. 8, Augsburg 1957, S. 164.

28 Adalbert Stifter, *Die Mappe meines Urgroßvaters,* Journalfassung, in: ders., *Werke und Briefe,* Bd. I, 2, Stuttgart usw. 1979, S. 15.
29 Zur Anerkennung des »wirklichen Anderen« vgl. Jacques Lacan, *Séminaire II,* S. 285 ff., und ders., *Ecrits,* Paris 1966, S. 97 f.
30 Barthes, a. a. O., S. 33.

Klaus R. Scherpe

Von der erzählten Stadt zur Stadterzählung

Der Großstadtdiskurs in Alfred Döblins
»Berlin Alexanderplatz«

In Frage steht die Erzählbarkeit der Stadt. Während Döblin seinen
Helden eben noch in die Stadt schickt, auf Bewährung gewissermaßen, ihm eine dramatische Erzählung zugesteht, in der er
zeigen soll, wer er ist, – »Ich habe etwas zu tun, es wird etwas
geschehen, ich rücke nicht aus, ich bin Franz Biberkopf«
(S. 198)[1] – entzieht er ihm auch schon das erzählerische Terrain
einer *eigenen* Geschichte. Franz Biberkopf durchwandert die
Stadt wie viele andere auch: als gewöhnlicher Passant, keineswegs
als Flaneur, dem die Dinge sich bedeutungsvoll zuneigen, wenn er
sie bedeutsam anblickt. In Döblins Roman kommt die Flanerie
nicht mehr auf gegen die Ausrichtung und Abrichtung der Individuen im funktionalen Netzwerk der Großstadtdiskurse:

Das Gesicht der Ostwanderer ist in nichts unterschieden von dem der
West-, Süd- und Nordwanderer, sie vertauschen auch ihre Rollen, und die
jetzt über den Platz zu Aschinger gehen, kann man nach einer Stunde vor
dem leeren Kaufhaus Hahn finden. Und ebenso mischen sich die, die von
der Brunnenstraße kommen und zur Jannowitzbrücke wollen, mit den
umgekehrt Gerichteten. Ja, viele biegen auch seitlich um, von Süden nach
Osten, von Süden nach Westen, von Norden nach Osten. Sie sind so
gleichmäßig wie die, die im Autobus, in der Elektrischen sitzen. Die sitzen
alle in verschiedenen Haltungen da und machen so das außen angeschrie-
bene Gewicht des Wagens schwerer. Was in ihnen vorgeht, wer kann das
ermitteln, ein ungeheures Kapitel. Und wenn man es täte, wem diente es?
Neue Bücher? Schon die alten gehen nicht, und im Jahre 27 ist der Buchab-
satz gegen 26 um soundsoviel Prozent zurückgegangen. (S. 147.)

Im *Alexanderplatz*-Roman dominiert diese Leere in der Fülle,
diese Entqualifizierung des Geschehens, diese Akkumulation und
Hochrechnung der Ereignisse bis zur Ereignislosigkeit, eine to-
pographische Genauigkeit, die erzählerisch so gerafft und beschleunigt wird, daß sie ins Taumeln gerät. Die moderne Verstädterung ist zu beschreiben als ›Maelstrom‹ der unentwegten
Desintegration, als fortwährende Differenzierung, als Entzug verläßlicher Konturen und Substanzen. Döblins ›Erzählstadt‹ Berlin

entsteht wohl so und nicht anders als ›zweite‹ (oder gar ›dritte‹?) Natur, konstruiert durch eine Logik, die eben darin wirksam wird, daß sie nicht reduzierbar ist auf den ›Kern‹ des einen oder des anderen Diskurses und auch nicht einfach determiniert ist durch einen stabilisierenden Kontext. Die Stadt als Verkehrsknotenpunkt, als Sammelpunkt aller menschlichen Beziehungen und Transaktionen wird in alle vier Himmelsrichtungen entgrenzt und zerstäubt. Diesen, wie ich meine, diskursanalytischen Befund brachte kein anderer als Ernst Bloch in *Erbschaft dieser Zeit* kritisch – und das heißt allemal kapitalismuskritisch – auf den Begriff: »Berlin, Funktionen im Hohlraum«.[2]

Nun ist bekannt, daß Döblin sich freudig als ›Zivilisationsliterat‹ bekannte. Die völkische Parole des »Los von Berlin« hat er entschieden bekämpft. Seine Parole lautet: »Los vom Buch«: »Das Buch ist der Tod der wirklichen Sprache.«[3] Der Protest meint kein Zurück, im Gegenteil. Mit dieser Formel will Döblin eine literarische Wirklichkeit verabschieden, die von sich behauptete, mit psychologischer Motivations- und soziologischer Ursachenforschung, mit besserem Wissen und erzählerischer Zutraulichkeit die Wirklichkeit auf dem Papier dingfest machen zu können. Im futuristisch inspirierten *Berliner Programm* (1913) und auch noch in der vom naturphilosophischen Elementarismus geprägten Schrift über den *Bau des epischen Werkes* (1929) erfolgt Döblins Abrechnung mit dem Positivismus und Historismus des Erzählens im 19. Jahrhundert. In der Polemik wird das traditionelle Erzählgebäude abgetragen, um für den modernen Bau des epischen Werkes Platz zu schaffen.

Hier nur das Fazit der Demontage, insoweit es für die Problemkonstellation der Erzählbarkeit komplexer Wirklichkeit, insbesondere des Realitätskomplexes der modernen Großstadt produktiv ist: Statt eines »house of fiction« (Henry James) nach dem Grundriß kausaler Bezüge, personaler Korrespondenz und integrierter Handlungsmuster sieht Döblin eher einen Bauplatz. Gegen das »Warum« und »Wie« steht das Notieren von Abläufen und Bewegungen, gegen den, wie er meint, doch nur pseudorationalen, überkonstruierten Handlungskomplex stehen die »Veränderungen der Aktionsweisen und Effekte«.[4] Gegen die trügerische Authentizität des unmittelbaren Ausdrucks fordert Döblin einen »Fanatismus der Entäußerung«: »Die Hegemonie des Autors ist zu brechen«.[5] Zu seinen Lieblingsvorstellungen gehören die vom

»Sprachkörper« und die vom Schauplatz des Sprechens und Schreibens, dem jede vorgefaßte »Konzeption« des Erzählens »einverleibt« wird, und zwar »destruktiv«.[6] Das moderne Erzählen wird reflexiv unter den Vorzeichen der »Depersonation«: »man glaubt zu sprechen und man wird gesprochen, oder man glaubt zu schreiben und man wird geschrieben.«[7] Und so ist es auch konsequent, daß neben Döblins Parole »Los vom Buch« die später ebenso unvermeidliche wie schmerzhafte Aufforderung »Los vom Menschen«[8] steht – dies allerdings nicht im Sinne einer lustvollen Dekonstruktion humaner Verbindlichkeit, sondern in der Absicht, unter der »entseelten Realität« eine tieferliegende Wirklichkeit freizulegen.

Sehen wir zunächst einmal ab von einer solchen, im Döblin-Roman stets zu Rettung bestellten Erzählmetaphysik, so bleibt eine Problemkonstellation zu registrieren, die zur diskursanalytischen Erkundung geradezu einlädt. Döblin erfaßt die Großstadt Berlin als eben den »Spurenkörper«, den eine Diskursanalyse annimmt, die nach der materialen Konstitution und Konstruktion sozialhistorischer Praktiken fragt.[9] Dabei geht es nicht nur um ein verstehendes Lesen im steinernen Buch der Stadt (nach der von Victor Hugo in *Notre Dame de Paris* so eindrucksvoll vorgeführten Metapher), auch nicht nur um das, was in der Architektursemiotik als »Text der Stadt« bezeichnet wurde: die Abstrahierung und Analogisierung der Stadtstruktur als Sprachstruktur, das durchstrukturierte Stadt-Design.[10] In Döblins Stadterzählung dominiert eine Konzeption des ›préconstruit‹ (Vorkonstruierten) der Diskurse, die ihre Dekonstruktion in sich trägt.[11] Die Textanalyse ist hierauf zu konzentrieren. Döblin, der Advokat der »Tatsachenphantasien«, hatte so etwas wie eine genaue Witterung für die Logik der Diskurse, die im *literarischen* Diskurs der Großstadt zum Anlaß wird, den »discours-travers«[12], die Intervention der Stadterzählung an den markanten Gelenk- und Funktionsstellen der verschiedenen Großstadtdiskurse, in Szene zu setzen. So gesehen ist der Großstadtroman zu analysieren als ein Diskurs unter anderen: als derjenige nämlich, der die gesellschaftliche Ausdifferenzierung des ökonomischen, juristischen, sexuellen, religiösen Terrains als Spiel der Differenzen aufnimmt und in eine narrative Logik besonderer Art transformiert. In *Berlin Alexanderplatz* wird, wie zu zeigen ist, die ›effektive‹ Bedeutung der verschiedenen diskursiven Ereignisse in der Stadt zu einer ›Geschichte‹

verbunden, in der die Behauptung einer sozialen, politischen oder sexuellen ›Identität‹ zunichte werden muß. Doch nicht nur die zentrale erzählerische Figuration verliert im grenzenlosen Erzählfluß der großen Stadt an Konturen. In Frage steht die Erzählbarkeit der Stadt überhaupt, wenn, wie in Döblins Romantheorie programmiert, eine Repräsentationsästhetik aufgekündigt wird, die glaubte, dem »ungeheuren Vermittlungszusammenhang der bürgerlichen Gesellschaft« (Hegel) im Medium des ästhetischen Scheins, mit den Mitteln der literarischen Symbolisierung und mit der ästhetischen Opposition des subjektiven Ausdrucks beizukommen.[13]

Versuchen wir zunächst eine historische Vergewisserung des Problems der Erzählbarkeit der Stadt. In Volker Klotz' wichtigem Buch *Die erzählte Stadt*[14] wird die Stadtthematik zur Romanform in Beziehung gesetzt, gewissermaßen als Vollendung der »Prosa der Verhältnisse« (Hegel). Historisch vorgegeben ist eine Wirklichkeit ›Stadt‹ als Zentrierung und Verdichtung des sozialen, politischen und kulturellen Konfliktfeldes der sich herausbildenden bürgerlichen Gesellschaft. Der Großstadtroman als *dargestellte Wirklichkeit* orientiert sich an den Brennpunkten und Symbolen innerhalb der Stadtmauern oder Stadtgrenzen (Hugos *Notre Dame de Paris*), er thematisiert den Gegensatz von subjektivem Lebensanspruch und objektivem Zwang der städtischen Lebenswelt (Raabes *Die Chronik der Sperlingsgasse*), er dramatisiert die Schicksale von Individuen, Klassen und Institutionen als Kriminalfall, als sozialromantische oder sozialkritische Geschichte, er betrachtet und durchleuchtet Ausschnitte aus dem großen und faszinierenden Panorama der mehr oder weniger guten Gesellschaft (von Sue und Dickens bis zu Zola, Heinrich Mann und auch noch Marcel Proust). Fraglich ist, ob, wie bei Volker Klotz, auch die Großstadtromane von Döblin und Dos Passos noch unter dem Repräsentationsmuster der »erzählten Stadt« – Symbolisierung, Subjektzentrierung, Dramatisierung von Gegensätzen – zu fassen sind. Wenn Klotz Döblins *Alexanderplatz* als »Agon Stadt« und Don Passos *Manhattan Transfer* als »Gezeiten der Stadt« analytisch auf den Begriff zu bringen versucht, so bedient er sich eben der Erzählmetaphorik, mit der die sich immer weiter ausdifferenzierenden Terrains der modernen Stadt noch einmal ins genau begrenzte und zentrierte Feld der »erzählten Stadt« gebannt werden sollten. Es ist diese Reduktion von Komplexität, die den Stadtmythos hervorbringt. Für Döblins *Berlin Alexanderplatz* soll gezeigt werden, wie das Konzept der erzählten Stadt substituiert wird durch ein strukturell und diskursiv angelegtes narratives Verfahren.

Verschiedene, historisch ausgeprägte Typen der erzählerischen Repräsentation der Stadt lassen sich unterscheiden. Ein erster Typus wäre zu begreifen nach der für die deutsche Romanliteratur des 18. und 19. Jahrhunderts geradezu traumatischen Opposition eines »Wunschbilds Land« und »Schreckbilds Stadt«.[15] Hierin findet die Gefährdung einer früheren, vermeintlich in sich ruhenden Subjektidentität im aufbrechenden Industrie- und Zivilisationszeitalter ihren Ausdruck. Georg Simmel beklagt wie viele in seinem Aufsatz *Die Großstädte und das Geistesleben* den Verschleiß der Innerlichkeit und der Gemütskräfte unter dem Diktat der »unbarmherzigen Sachlichkeit« der Geldwirtschaft und der Technik im modernen Großstadtleben.[16] Im sozialkritischen und naturalistischen Roman des 19. Jahrhunderts wird die Land-Stadt-Opposition ersetzt durch den Gegensatz der Klassen. Dieser Repräsentationstyp der Stadt gewinnt seine erzählerische Konsistenz durch die Integrationskraft von dialektischer Geschichtsphilosophie oder naturwissenschaftlicher Theorie (Hegel, Marx, Comte, Taine). Dargestellt werden die negativen Folgen der Industrialisierung und Verstädterung. Dabei dominiert, besonders im deutschen Naturalismus, das subjektive Stadterlebnis, der Aufbruch der jungen Literaten aus der Provinz in die Metropolen München und Berlin.[17] Das Stadterlebnis und die Stadterfahrung werden reduziert auf die Opposition von Individuum und Masse, dramatisiert als existentielles Abenteuer und Inferno. Die Repräsentation der Stadt wird – verstärkt in der expressionistischen Großstadtlyrik – zurückgenommen auf den subjektiven Ausdruck und die Symbolisierung des Schreckens und der Faszination an der Stadt.

Von diesem anfangs sozialaktivistischen und dann ästhetisch-expressiven Repräsentationstypus des Stadtereignisses und der Stadterfahrung ist der eher kontemplative Gestus des Pariser Flaneurs weit entfernt. Die Rekonstruktion dieses Typus als symptomatische Konstellation der Moderne, die Walter Benjamin am Beispiel Baudelaires vornimmt[18], setzt auf die imaginäre Kraft des Stadterlebnisses. Die ästhetische Opposition gegen die Großstadt als funktionierendem Zentrum und als Schaltzentrale der ökonomischen und politischen Macht formiert sich im Peripheren und Ephemeren der isolierten Wahrnehmung. Auf die »rücksichtslose Täterschaft« der modernen Großstadt (Max Webers Formel) antwortet ein ästhetisches Subjekt, das sich der Dinge im Augenblick bemächtigt, sie im Blick bannt und stillstellt. Die derart wahrgenommene Stadt ist nicht mehr Objekt einer erzählerischen Rekonstruktion und Repräsentation, vielmehr repräsentiert sie als Objekt, selektiv und partiell, die Wahrnehmungsintensität des ästhetischen Subjekts. Für die surrealistischen Flaneure Breton und Aragon ist die im Stadterlebnis kristallisierte kapitalistische Verdinglichung, Kontingenz und Vereinzelung eben gerade die Bedingung für die Freisetzung der Imagination, für die Entbindung libidinöser Energien, für den Bilderrausch. Benjamins melancholischer Rückblick auf das Paris des 19. Jahrhunderts und sein skeptischer Blick auf die ästhetischen und politischen Rauschzustände der französischen Surrealisten[19] mögen wohl anzeigen, in welchen Grenzen diese über das subjektive Großstadterlebnis vermittelte ästhetische Moderne zu sehen ist.

Noch während Benjamin in Franz Hessels *Spazieren in Berlin* die Wiederkehr des Flaneurs erkennen wollte[20], eroberte eine ganz andere, weder am aktivistischen noch am kontemplativ gefaßten Subjekt-Objekt-Gegensatz interessierte ästhetische Strategie den Darstellungsraum der Großstadt. In den zwanziger Jahren setzt sich unter dem Eindruck der Ausdifferenzierung der kapitalistischen Gesellschaft und der Überlastung der Großstadtdiskurse durch ein Übermaß an Warenaustausch, Kommunikation und sich zur totalen Unübersichtlichkeit steigernder Produktivität und Reproduktion eine Art der ästhetischen Repräsentation der Stadt durch, die das rein Funktionale, die reine Abstraktion der Großstadtkomplexität zu ihrem ungegenständlichen ›Gegenstand‹ macht. Der Reiz der Großstadt wird sozusagen summarisch erfahren. Die Oppositionen von Land/Natur und Stadt, von Individuum und Masse werden eingezogen und eingeebnet, ›Stadt‹ als ›zweite Natur‹ neu konstruiert nach den ihr eigenen und doch ›eigenschaftslosen‹ rasanten Warenströmen und Menschenbewegungen, nach den scheinbar sich selbst genügenden und ineinander verschachtelten räumlichen und zeitlichen Ordnungsmustern. Anhaltspunkte und Stichworte für diesen modernen Typus der Repräsentation der Großstadt in der ihr zugeschriebenen Oberflächenstruktur finden sich sowohl bei Ernst Jünger (z. B. im ästhetisierenden Arrangement einer Berliner Arbeiterdemonstration) wie auch in Siegfried Kracauers »geometrisch« angelegten Ausforschungen des *Ornaments der Masse* und der Straßen (hier allerdings mit kritischem Eingedenken der Denkbilder). Am deutlichsten wird der ins Funktionale und Strukturelle gesteigerte und darin die gewohnte Repräsentation aufhebende Typus wohl im zeitgenössischen Film. Der Vorspann und einleitende Teil von Werner Ruttmanns *Die Sinfonie der Großstadt* (1927)[21] wirkt in der Dynamik der linear geordneten Bewegungsabläufe und in der streng systematisierenden Montagetechnik wie ein bewegtes Bild von Kandinsky aus seiner ›architektonischen‹ Phase. Der Film insgesamt integriert im Tagesrhythmus der Großstadt Berlin die unterschiedlichsten sozialen, politischen und kulturellen Diskursmaterialien zu einem ganz und gar ungegenständlichen Bild, an dem weniger die Stadt als ihr perfekt organisisertes ästhetisches Arrangement fasziniert.

In Döblins *Berlin Alexanderplatz,* so meine These, erzeugt eine Übermacht an großstädtischer Komplexität die Problemstellung der Repräsentierbarkeit/Erzählbarkeit der Stadt, was sich in der Schreibweise und Erzählweise des Romans niederschlägt: »Panik Stadt« und »Collage City«[22] anstatt der als »erzählte Stadt« aufbereiteten Symbolisierungen, Dramatisierungen und der Subjektzentrierung. Gänzlich eskamotiert ist der einstmals erzählerisch virulente Stadt-Land-Gegensatz. Döblins Roman verfährt überhaupt nicht mehr antagonistisch im Sinne einer idealen Bildprojektion zum Schreckbild der Stadt. Franz Biberkopfs ›anderer Ort‹ ist das Zuchthaus und die Irrenanstalt. Dies allerdings sind die Schauplätze seiner im Stadtleben stets präsenten Regression, Orte eines *imaginierten* eigenen Lebens. Sozialkritische Impulse im Sinne der geschichtsphilosophischen Utopie oder der Evolutionsgläubigkeit der positivistischen Wissenschaftslehre sind im *Alexanderplatz*-Roman reduziert auf die von ihnen bekannte Rhetorik bzw. das parodistische Zitat. Franz Biberkopf treibt sein (Sprach-)Spiel mit dem energisch überzeugten Anarchosyndikalisten; aus dem Sozialgesetz und dem sexuellen Aufklärungsbuch wird im Roman selber vorgelesen und zwar so, daß kein Gefühl oder Mitgefühl sich regt.

Auch gegenüber der Wahrnehmungsästhetik der Epiphanie, des Augenblicks des ästhetischen Scheins und des Schocks, für die das Großstadterlebnis so viel hergibt und die manchmal zur

Ästhetik der Moderne schlechthin erklärt wird[23], erweist sich Döblins Erzählung als sperrig. Ein ständiges Unterwegssein, ein rendez-vous-en-masse mit eher zufälligen und auch austauschbaren Treffpunkten ergibt den Stadtroman: Anlässe für unzählige Geschichten, aus denen die *eine* Geschichte des Franz Biberkopf sich herausprofilieren soll. Diesem Herumtreiber und Gelegenheitsarbeiter widerfährt aber weder, wie Benjamin argwöhnt, die noch einmal erzählte und dabei umerzählte »›Education sentimentale‹ des Ganoven«[24], noch taugt er zum Medium einer noch einmal auf das besondere Individuum ausgerichteten ästhetischen Wahrnehmung. Die größte Affinität hat Döblins Text zweifellos zu der Art der Vergegenwärtigung, die den Erfahrungsraum der Stadt als »Funktionen im Hohlraum« erfaßt, allerdings ohne den Effekt eines ästhetisch glanzvollen oder gar rauschhaften Formalismus. Im Gegenteil: der Schreckgedanke des Funktionalismus wird rückgekoppelt an die dem Text der Stadt ablesbaren »diskursiven Spuren«, die im Romandiskurs zu ›irregulären‹ Bedeutungseffekten organisiert werden.

Die These, in Döblins *Berlin Alexanderplatz* werde das Konzept der »erzählten Stadt« durch ein strukturell und diskursiv angelegtes Verfahren des Stadterzählens substituiert, ist am Text zu erproben, auch wenn dies hier nur mit einigen Hinweisen und Querverweisen geschehen kann. Zu fragen ist nach der Spannkraft der verschiedenen Diskurse in diesem Text, die mehr hervorbringt als die spannende Geschichte, die in der Stadt spielt. In Frage zu stellen ist das Gegeneinander von narrativem und montiertem Text, das der Forschung zumeist nur dazu diente, in Döblins Roman den alten Subjekt-Objekt-Dualismus von gefährdetem Individuum und gefährlicher Großstadt noch einmal zu bestätigen.[25] Auch ist Döblins Roman mehr zuzutrauen als die Fortschreibung einer Mythisierung und Dämonisierung des in seiner Komplexität und Anonymität bedrohlichen Großstadtphänomens. Das imaginäre Potential, das dieses Stadterzählen freisetzt, ist womöglich etwas anders als das, was der Autor selber seinem Helden zum Schluß als utopische Marschverpflegung mit auf den Weg gibt (die zweite Geburt des Franz Biberkopf), um den sich in der Großstadt verlaufenden Romantext zum guten Ende zu bringen.

Blicken wir zunächst auf die ›reinen‹ Stadtpassagen, die Großstadtdiskurse, die Döblin dem Montageverfahren unterwirft –

»Der Rosenthaler Platz unterhält sich«, »Eine Handvoll Menschen um den Alex«, den in der Literatur vom Expressionismus bis zur Neuen Sachlichkeit beliebten Aufriß des Wohnhauses nach den darin gespeicherten Berufstätigkeiten, menschlichen Schicksalen und kleinen Tragödien –, so erhalten wir stets den gleichen Eindruck: den der Entdramatisierung des Geschehens und den des radikalen Entzugs von qualifizierenden, allein die Handlung vorantreibenden Bedeutungselementen. »Vorwärts ist niemals die Parole des Romans«. »Im Roman heißt es schichten, häufen, wälzen, schieben.«[26] Wenn Döblin derart das Montageprinzip in actu benennt (den Terminus hat er bekanntlich nie benutzt), so ist damit bereits angezeigt, daß er keine Demontage zum Zwecke einer renovierten, wie immer organisch oder dialektisch zu rekonstruierenden Synthese von sinnhafter und zielsicherer Bedeutung betreibt. Vielmehr werden jene Effekte erzeugt, die den Eindruck eines schier unendlichen homogenen Feldes an Bedeutungen ergeben. Erzeugt wird eine »Panik der Gleichzeitigkeit«[27], in der sozusagen die Dramatik des Stadtgeschehens implodiert, sich ›entäußert‹, statt expressiv nach Ausdruck zu ringen. Den tausenderlei erzählbaren Geschichten in der Stadt – ob nun ein Liebesverhältnis, ein Geschäftsleben in aufsteigender Linie oder gar die ökonomische Machtpotenzierung des AEG-Konzerns – wird ihre je ›eigene‹ narrative Bedeutung entzogen. So wird zum Beispiel in die Straßenszene der Passanten (»An der Haltestelle Lothringer Straße [..] ein Junge mit Ohrenklappen [...] Frau Plück und Frau Krause«) die künftige Lebens- und Leidensgeschichte des Jungen im Futur hineinerzählt und d. h. in der Präsenz der Szene aufgelöst. Wird so der privaten Geschichte die Zeitdimension entzogen und sie dadurch entdramatisiert, so gilt für die öffentlichen Belange und das mit dem bloßen Auge keineswegs mehr ablesbare politische und ökonomische Geschehen in der Stadt ein Prinzip der Verräumlichung der Bedeutungen. Die Informationsströme der Stadt, zusammengesetzt aus dem Schriftbild der Ladenschilder, der Reklametexte und der Zeitungsnachrichten, sind hier und dort lokalisierbar, in der Fülle aber auch austauschbar und deshalb ohne signifikante Grenzen und Konturen. Von der AEG heißt es, sie sei ein »ungeheures Unternehmen« (S. 41). Döblin wäre nie auf die Idee gekommen, den von Brecht angezeigten Fehler zu begehen, die ungeheuerliche Konzentration des Kapitals im AEG-Konzern naturalistisch abzuphotographieren. Statt dessen verfällt er darauf, die unzähligen Betriebe und Zweigstellen des Konzerns mit ihren Adressen topographisch zu akkumulieren (S. 41). Der Witz besteht darin, daß der ökonomische Diskurs darstellbar wird über das, was man aus dem Telephonbuch über ihn erfährt.

Das, was Döblin am Text der Stadt in ihren Verkehrs-, Informations- und vor allem in ihren verzweigten Warenströmen diskursiv ermittelt, ist stets die schon vielfach vermittelte, reproduzierte Mitteilung, ihre Öffentlichkeit. Die informierte Stadt dominiert die »erzählte Stadt«. Wenn der Rosenthaler Platz »sich unterhält«, so sind damit die gemeinten und referierten Unterhaltungen der Menschen stets durchsetzt mit der Sprache der veröffentlichten, das einzelne Schicksal beherrschenden Diskurse von politischer Propaganda (»Deutsche Volksgenossen, nie ist ein Volk schmählicher getäuscht worden [...]«), von Sozialpolitik (»Das Mietschutzgesetz ist ein Fetzen Papier«), von Justiz (»Ich bitte ergebenst, mir allgemeine Sprecherlaubnis zu erteilen«), von Sexualität (»Man mag über die sittliche Zulässigkeit des Geschlechtsverkehrs bei unverheirateten Männern weniger streng denken [...]«), von Religion (»Besonders aufmerksam machen wir auf die Bearbeitung des Deklamatoriums ›Paulus‹«), von Handel (»Von Rindern rat ich ab. Rinder sind flau. Gehn Sie mit Kleinvieh«), von Kultur (»[...] daß die Komödie Cœur-Bube eine reizende Komödie ist, wen reizt sie, was reizt sie, womit reizt sie, wie kommt man dazu mich zu reizen«) und Bildung (»Nun, o Unsterblichkeit, bist Du ganz mein«, Kleist oder Goethe als dramatisches Zitat). Von den Schupos auf dem Alexanderplatz heißt es: »Jedes Exemplar wirft Kennerblicke nach zwei Seiten und weiß die Verkehrsregeln auswendig.« (S. 147.) Der Text der Stadt wird im Roman exemplarisch zusammengefaßt als ein vielschichtiges System der Diskurse, in dem jeder einzelne Diskurs von seinen Bedeutungen abgibt, eine zentrale Signifikanz verliert. Im Stadtdiskurs des Romans werden die einzelnen Diskurse gewissermaßen skelettiert. Übrig bleiben vereinzelte, funktionelle und transformierbare Bedeutungseffekte, Verweise auf eine in den Diskursen der Stadt stets schon vorstrukturierte Bild- und Zeichenwelt. Für Döblins Erzählweise ist nun wohl in der Tat diese Vorstellung des Vorstrukturierten der Bedeutungen prägend: eine Art steinerne Autonomie der Stadt, die im Prinzip alle Erlebnisse und Ereignisse und auch die daran haftende Erzählbarkeit vorgibt und in gewisser Weise fixiert. Die Verwandlung des Lebendig-Organischen ins Anorganische läßt sich als Prinzip der Bildlichkeit in Döblins Roman durchweg nachweisen, sein eigenes Wort vom »steinernen Stil«[28] in diesem Sinne verifizieren.

Wenn nun diese funktional verschränkte und strukturell verdichtete Logik der Diskurse in Döblins Großstadtroman nicht ›hintergehbar‹ ist, wenn Autor und Leser in diesen Text ›hineingehen‹ müssen, stellt sich allein unter dieser Bedingung die Frage nach seiner möglichen erzählerischen Produktivität. Daß dabei stets ein aporetisches Verhältnis in Arbeit ist – die »Krisis des Romans«, die Benjamin im *Erzähler*-Aufsatz und in seiner Döblin-Rezension als das Dilemma der Erzählung im Zeitalter der neuen »Form der Mitteilung [der] Information«[29] beschreibt – ist ebenfalls vorauszusetzen.

Man kann recht bald feststellen, daß Döblin diese Aporie im *Alexanderplatz* nicht ›aufheben‹ kann im Sinne des so sehnlich herbeigewünschten »modernen Epos«, sehr wohl aber auflösen: Die Vielfalt und Heterogenität des Erzählexperiments arbeiten gegen die tödliche Gleichförmigkeit und Homogenität des »Hohlraums« Stadt. Auch kann das Experiment des Stadterzählens die gesellschaftliche Logik dieser Gleichförmigkeit durchaus kenntlich machen. In Döblins Roman sind Versuche zur ›Rettung‹ des Erzählens zu unterscheiden vom Erzählexperiment, das dem System- und Funktionsgeflecht der vorgegebenen Stadtdiskurse nicht ausweicht, sondern in ihm und mit ihm arbeitet. Als ›Rettung‹ der Erzählung kann zum Beispiel jene Erzähltherapie gelten, welche die beiden Juden mit dem aus der Haft entlassenen Franz Biberkopf veranstalten, um ihn zu »kräftigen« gegen die Überwältigung durch die Stadt. Auf ›Rettung‹ angelegt ist auch die im ganzen Roman zu hörende Stimme des Erzählers, die den im Stadtgeschehen herumirrenden Helden begleitet wie ein guter Geist der Erzählung. Diese Stimme verfällt allerdings stets in eine Art Rollenprosa: einmal ist sie der innere Dialogpartner des hilflos agierenden Helden, ein andermal Reporter des Stadtgeschehens. Oft wirkt sie mit ihrem Tonfall des Moritatensängers wie ein Relikt und ein parodierendes Zitat aus der guten alten Zeit des allwissenden Erzählens. Auf ›Rettung‹ angelegt ist natürlich auch die erzählerische Absicht überhaupt, die Geschichte des Franz Biberkopf in den Diskursen der Stadt zu identifizieren und sie, noch dazu mit einem hinzugewonnenen höheren Sinn, ins Ziel zu bringen, trotz alledem. Die Errettung des Franz Biberkopf wäre also gleichbedeutend mit der ›Rettung des Erzählens‹, d. h. seiner eigenen erzählbaren Geschichte.

Daß dies nun nicht gelingen will, der Roman, wie zumeist bei Döblin, keinen ästhetisch befriedigenden Abschluß findet, ist oft als »Scheitern« vermerkt worden. Geben wir als Grund für diesen Defekt nicht nur den Würgegriff des ›Molochs‹ Stadt an, den unüberwindbaren Gegensatz von »Ich« und »Welt«, sondern konzentrieren uns auf das mit Döblins Beobachtung der Stadtdiskurse gegebene Funktionssystem des Erzählens im Roman, so wechseln wir damit, auch methodisch gesehen, die Blickrichtung. Die strukturell und diskursiv angelegte Erzählweise des *Alexanderplatz* reproduziert ja keineswegs nur ein undefinierbares und vom ›Geist der Erzählung‹ zu beschwörendes Chaos. Der Großstadtdiskurs in diesem Roman wäre zu benennen als die in aller Logik ausschweifende Inszenierung des Normalen. Döblin inszeniert zum einen die Schwindel erregende Dynamik der Großstadt als ein Schwindligwerden des Helden (die »verrutschenden Dächer«), darüber hinaus auch als einen Taumel der Signifikanten, der sich der Erzählerstimme bemächtigt (»Die Schließgesellschaften beschützen alles [...] Wachalarm, Wach- und Schutzdienst für Groß-Berlin [...] Wachbereitschaft [...] Deutschland [...] Wachabteilung der Wirtschaftsgemeinschaft Berliner Grundbesitzer [...] Wachzentrale des Westens, Wachgesellschaft, Sherlock-Gesellschaft, Sherlock Holmes gesammelte Werke von Canon Doyle, Wachgesellschaft für Berlin [...] Wachsmann als Erzieher, Flachsmann als Erzieher, Waschanstalt, Wäscheverleih Apoll, Wäscherei Adler [...]«, S. 106). Zum andern aber bleibt der ›Schwindel‹ der losgemachten Signifikanten der Stadt sehr wohl bezogen auf eine die scheinbar wahllosen Informations- und Warenströme verbindende Logik. Die in der Stadterzählung praktizierte effektvolle, unendliche Verkettung und Vernetzung der verschiedenen Diskurse verweist in ihrer permanenten Dynamik auf das darin dominante Prinzip der Trennung und das des Austauschs der herbeizitierten Phänomene, Tätigkeiten, Interessen und Absichten. Der montierte Text arbeitet nicht mit dem Effekt des Kontrasts, um die gesellschaftlichen Antagonismen, die in den verschiedenen Diskursen angelegt sind, zuzuspitzen und so zum ›Ausdruck‹ zu bringen. Dennoch begreift er stets die Konstellation der sozialhistorischen Praktiken, die das Stadtleben ausmachen. Denn er bewegt sich auf der Spur jener Logik der immer weiter ausdifferenzierten modernen Tauschgesellschaft des Kapitalismus, die, vorzugsweise im Stadtgebiet, eben diese *spezifische* Anonymität, diese *markante* Leere in der Fülle der Erscheinungen unaufhörlich produziert. So wird kenntlich, was nicht eigens zu kennzeichnen ist: die Anonymität der Bedeutungsträger, die Austauschbarkeit der Bedeutungen. Zum Thema wird, was thematisch nicht dargestellt wird: der Warentausch, seine Anonymität.

In unendlicher Vielfalt und vielstimmig erzählt Döblins Roman doch immer nur das eine: den Verlust an identifizierbaren Bedeutungen, Orientierungen und Beziehungen. Und er erzählt von der Schlagkraft des sich der Identifikation entziehenden Gewaltprinzips. In der Sprache taucht die *Logik* des gesellschaftlichen Gewaltprinzips auf. Das »Wiedersehen auf dem Alexanderplatz« nach einem der schweren Schicksalsschläge, die ihn ereilen, begeht Franz dadurch, daß er einfach wieder da steht, wo er immer schon einmal stand, dadurch daß er einfach auf sich selbst verweist: »Franz Biberkopf ist wieder da.« Und der kommentierende Text des Erzählers erläutert: »Er hat nichts dazu gelernt und nichts erkannt.« (S. 144.) Die Wahrnehmung, von der er behauptet, daß es seine eigene sei, verschafft ihm das gewohnte Bild des Platzes in seiner Geschäftigkeit von Verkehr, Verkauf und Reklame, vom beziehungslosen Nebeneinander der Passanten, akustisch verstärkt durch den Lärm des den Platz aufwühlenden U-Bahnbaus. Franz Biberkopf sieht alles und begreift nichts. Doch mitten drin im Verschnitt der Diskurse kommt ohne sein Dazutun schrittweise das zur Sprache, was als nicht wahrnehmbares Gewaltprinzip die Szene regiert. Die Stadterzählung wird hier zusammengehalten durch eine Art Grammatik der Gewalt: Franz Biberkopf fängt an, die Ereignisse, die ihn gewaltsam treffen, als den ›eigenen‹ Zwang zur Gewalttätigkeit durchzudeklinieren. »Ich schlage alles, du schlägst alles, er schlägt alles mit Kisten zu 50 Stück und Kartonpackungen zu 10 Stück, Versand nach allen Ländern der Erde, Boyero 25 Pfennig, diese Neuigkeit brachte uns viele Freunde, ich schlage alles, du schlägst lang hin.« (S. 145.)

Es kann kein Zweifel darüber bestehen, daß Döblin seine Geschichte des Franz Biberkopf in der Großstadt bewußt als erzählerischen Kraftakt angelegt hat, als großen Kampf und kleines Handgemenge des einen, vereinzelten Einzelnen (Stirner wird eifrig zitiert), der da »anständig« bleiben will, mit all dem Anderen, was in der schrecklichen Normalität der Stadt ihm feindlich gegenübertritt. Strukturell betrachtet kämpft ein narrativer Text, eben der der Geschichte des Franz Biberkopf, mit einem montierten Text der Stadt[30], der den narrativen Text als Lernprozeß von Anfang an zunichte macht. Dem Helden wird in Döblins Roman noch einmal das Motiv der Identitätssuche unterstellt, das der Bewährung und Läuterung, und am Ende beschert ihm die Geschichte gar die Verwandlung, die »Entrückung in den Himmel der Romanfiguren«, wie Benjamin ironisch sagt: eine Neugeburt, die darin ihren Grund hat, daß Franz Biberkopf endlich abläßt von seinem zerstörerischen Selbstbehauptungswillen. Der Autor wirft hier, wie zuvor schon im *Wallenstein* und im *Wang-lun*-Roman, die Hegemonie seiner naturphilosophischen und fernöstlich inspirierten Weltanschauung in die Waagschale, des Sinnes, daß die im westlichen Rationalismus gefesselte natürliche Individualität sich selber überwinden und neu gebären müsse zu einer höheren Form des Ich, jenseits des zerstörerischen Gesellschaftsprinzips. Man kann den *Alexanderplatz*-Roman natürlich ›intentional‹ in diesem Sinne lesen[31], sollte dabei aber beachten, daß gerade in den zwanziger Jahren derartige Rettungsversuche des abendländischen Ich eine allgemeine Konjunktur hatten und daß das mystische und exotische Wegdenken der Subjektproblematik seinen unabweisbaren Grund eben in dem Gesellschaftsprinzip hat, das sich im Diskurssystem der Stadt radikal manifestiert.

Franz Biberkopfs Geschichte jedenfalls ist vom Diskurssystem der Stadt zu lückenlos durchstrukturiert, als daß ein narrativer Wunderglaube die Erlösung bringen könnte, noch dazu mit einem Schlag. Der Text exekutiert auch an seiner Hauptfigur jenes Prinzip des Tauschs und der Trennung, das die Behauptung der Identität als Fiktion entlarvt.

Um dieses festzustellen, muß man nicht unbedingt eine Urszene des Franz Biberkopf nachinszenieren, in der die imaginäre Verkennung des eigenen Ich seinen Ursprung hat. Es ist bemerkenswert, daß seine Geschichte so gut wie keine Vor-Geschichte hat, jedenfalls nicht auf der narrativen Ebene. Die Macht der Diskurse, die sich an der Oberfläche der Stadt abzeichnet, schafft allein schon Grund genug für die permanente Entidentifizierung der behaupteten Identität. Wenn Biberkopf gegen die Ordnung der Diskurse der Stadt Front macht, so geschieht dies doch nicht anders als mit den Mitteln dieser Diskurse.[32] Wenn er als Schlipsverkäufer auftritt, sich aufspielt als Konkurrent des Warenhauses, so spricht aus ihm ein ganzer Kerl, doch spricht der sich aus in eben dem Sprachgemisch der Diskurse, das der Großmäuligkeit des kleinen Mannes widerspricht:

Warum aber im Westen der feine Mann Schleifen trägt und der Prolet trägt keine? Herrschaften, treten Sie nur näher, Frollein, Sie auch, mit dem Herrn Gemahl, Jugendlichen ist der Eintritt erlaubt, für Jugendliche kostet es hier nicht mehr. Warum trägt der Prolet keine Schleifen? Weil er sie nicht binden kann. Da muß er sich einen Schlipshalter kaufen, und wenn er ihn gekauft hat, ist er schlecht und er kann den Schlips nicht binden. Das ist Betrug, das verbittert das Volk, das stößt Deutschland noch tiefer ins Elend, als es schon drin sitzt. (S. 55 f.)

Wenn Biberkopf zu sich selbst findet, indem er einfach lärmend ansingt gegen die roten Mauern, so kann er doch nichts anderes singen als *Die Wacht am Rhein*. So ist ihm die Rolle des Außenseiters, die eine ›eigene‹ Geschichte ausmachen könnte, nur scheinbar zugemessen. Da Döblin nicht psychologisch und kausal erzählt, treten die Handlungen und Charaktereigenschaften, mit denen die zentrale Erzählfigur ausgegrenzt wird, strukturell und serienmäßig hervor: ohne die wertvolle Anreicherung einer Außenseiterposition. Franz Biberkopf ist ein Opfer der Gesellschaft nicht nur als das an der Entfremdung und Verdinglichung leidende Individuum; er ist ein Opfer der Teilung und Trennung innerhalb der verschiedenen Diskurse, die in der Stadt dominieren. Sein Unglück ist, daß er nicht zur Identifikation mit einer der in der Trennung angebotenen Alternativen gelangen kann. In der Liebe steht er zu den Frauen, doch gilt seine wahre Liebe dem Frauenmörder Reinhold, den er zum Zeugen seiner Liebe zu Mieze braucht, woraufhin dieser seine Geliebte umbringt. Wie hier zwischen Heterosexualität und Homosexualität steht Biberkopf in der Politik zwischen Nazis und Kommunisten, im juristischen Diskurs zwischen »anständig« und kriminell, im ökonomischen Diskurs zwischen Arbeit und Arbeitslosigkeit. Wenn Franz Biberkopf etwas tut, auf eigene Faust, provoziert er stets das Gegenteil. Ganz ähnlich wie hier nach dem Muster der Differenzbestimmung, der Abtrennung als gesellschaftlichem Prinzip, das Identität verhindert, wäre Franz' vergebliche Behauptung eines eigenen »Anständigseins« zu rekonstruieren. Seinen Aufstand formuliert er aussichtslos in den Regeln der Anständigkeit, womit er sich selber immer wieder ausschließt. Der »schwunghafte Mädchen-

handel« den Franz und Reinhold inszenieren, folgt dem Muster
der Substitution der einen ›Liebe‹ durch die andere. Die Frauen
verfahren übrigens nicht anders. Mieze liebt Franz und muß sich
lieben lassen auf dem Liebesmarkt. Ihre Liebe zu Franz überträgt
sie auf Eva (»Du bist ja schwul, Mensch«), wenn sie darauf besteht,
daß Eva ein Kind der Liebe bekommt von ihrem, Miezes, liebem
Franz. Es fällt nicht schwer (abgesehen vom sexualpathologisch zu
erforschenden Fall), in diesem Handlungsgerüst das Prinzip der
Zirkulation zu erkennen, das in den Diskursen der Stadt überhaupt dominant ist im Sinne der Auszehrung des unverwechselbaren Erlebnisses und Ereignisses. Franz Biberkopf jedenfalls können wir anstandslos (!) als einen ›Platzhalter‹, als den ›Statthalter‹
eines im Stadtverkehr der Diskurse verlorengegangenen Ich ›identifizieren‹.

  Wenn eingangs behauptet wurde, daß Döblins literarischer
Großstadtdiskurs als eine Art »discours-travers« die heterogenen
Bedeutungselemente mobil macht gegen die tödliche Gleichförmigkeit und Logik der einzelnen Diskurse, so ist dem jetzt hinzuzufügen, daß dies offenbar nicht geschieht und geschehen kann in
der Bewegung auf ein schlechthin ›Anderes‹ hin, einen Blickwinkel oder einen Standort, von dem aus die die Geschichte des Franz
Biberkopf überwuchernden Bedeutungselemente in ihre Grenzen
zu verweisen wären.[33] Es sei denn, der Leser folgt gläubig den
Markierungen zu einem Ausweg, die der Autor Döblin in seiner
Erzählung anbringt. Um seinen Stadtroman doch noch mit einem
einheitlichen Sinn zu besetzen, greift Döblin zurück auf die bekannten Symbolisierungen des ›Ungeheuers‹ Stadt (Schlachthof,
Dschungel, Hure); er versetzt seinen Text mit alttestamentari-
schen Sinnbildern (Hiob, Jeremia, Isaak und Jakob); er arbeitet
mit einer naturmythischen Elementarisierung des Geschehens
(Wind und Wald), und zwar immer dort, wo sowohl die Logik in
den beobachteten Stadtdiskursen wie auch der Erzähltext des
Franz Biberkopf, der ihm ein vernünftiges Handeln zuspricht, am
Ende ist. Am Ende des Romans, im Irrenhaus von Berlin-Buch,
wird noch einmal das apokalyptische Drama der Stadt inszeniert,
aus dem der Held gereinigt und geläutert als ein »neuer Franz«
herauskommt.

  Folgen wir auch hier der Lesart des Autors nicht, zeigen wir uns
ungläubig gegenüber der metaphysischen Wegweisung, so können
wir feststellen, daß im systematisch strukturierten und diskursiv

aufgemachten Erzähltext der Stadt ein Bedeutungspotential freigesetzt wird, das keineswegs gleichbedeutend ist mit der gewollten symbolischen Ordnung des Textes. Der literarische Diskurs rührt hier an ein imaginäres »Mehr« an Bedeutungen, das genauer zu bestimmen wäre. Nicht in der progressiven Verklärung und Aufhebung des Ich, sondern in Biberkopfs sprachlicher Regression – dem Lallen, Stöhnen, Schnaufen und Schreien und in seinen Wahnvorstellungen, im Reservoir des Vor-Sprachlichen also – manifestiert sich ein Rest an Widerstand gegen die sprachliche Übermacht der Diskurse, auch wenn die Fahrt mit der 41 in die Stadt längst begonnen hat, andauert und gar nicht zu bremsen ist. Und auch auf der Ebene der Zirkulation und der Austauschbarkeit gibt es Anzeichen für einen Rest an produktiver Widerstandsfähigkeit. Franz Biberkopf nämlich schenkt etwas, wo alle anderen tauschen. Wo Franz durch die Schicksalsschläge, die er erleidet, fast alles genommen wird, schenkt er mit naivem und überlegenem Lächeln fast alles weg, sogar seinen Körper, erst seinen Arm und dann, in der Krankenanstalt, die ganze leibliche Existenz. Rainer Werner Faßbinder hat diese Kraft der unvernünftigen und unbewußten Hingabe in dem stets sich erneuernden Lächeln auf dem Gesicht des Franz Biberkopf in seiner *Alexanderplatz*-Verfilmung ins Bild gesetzt. Franz lächelt auch noch, als Reinhold ihn aus dem Auto stößt. Er hat hier etwas, was die anderen zutiefst empört. Indem er schenkt und sich verschenkt, verfährt er ganz prinzipienlos, dysfunktional und eigensinnig in bezug auf die im permanenten Austausch der Verkehrs-, Verkaufs- und Informationsströme gültigen sozialen Handlungsmuster. Der Subjektfiktion des Selbsterhalters und »Selbstversorgers«, die Franz stets vor sich selber aufrichtet, kann er nur dadurch entkommen, daß er die Zirkulation des gesellschaftlichen Versorgens und Besorgens einfach unterbricht.

Vom »Verteidigungskrieg gegen die bürgerliche Gesellschaft« spricht Döblin in einer Überschrift. Im Unterschied zum künstlerischen Avantgardebewußtsein, das alle Hoffnung auf eine ästhetische und politische Sprengkraft inmitten der »homogenen und leeren Zeit« der kapitalistischen Tauschgesellschaft setzte, verharrt Döblins Stadterzählung eher im Stellungskrieg der bürgerlichen Gesellschaft. Nur darin und nicht darüber hinaus, wie die vom Autor hinzugefügte Erzählmetaphysik es möchte, gibt es Hoffnungszeichen. Im Diskursgeflecht von *Berlin Alexanderplatz* tauchen hier und dort Zeilen auf wie Leuchtreklamen, z. B. diese: »Es muß ein Irrtum, ein Fehler sein in den schrecklichen Zahlen mit den vielen Nullen.« (S. 190.)

Anmerkungen

1 Zitiert wird Döblins *Berlin Alexanderplatz* nach der Taschenbuchausgabe, München 1963; Seitenangaben im fortlaufenden Text.
2 Ernst Bloch, *Erbschaft dieser Zeit*, Frankfurt/Main 1973, S. 212.
3 Alfred Döblin, *Aufsätze zur Literatur*, Freiburg i. Br. 1963, S. 132.
4 Döblin, a. a. O., S. 16.
5 Ebd., S. 18.
6 Ebd., S. 128.
7 Ebd., S. 131.
8 Ebd., S. 18 f.
9 Ich folge hier Michel Pêcheux, *Die Rolle des Gedächtnisses als interdiskursives Material. Ein Forschungsprojekt im Rahmen der Diskursanalyse und Archivlektüre,* in: Manfred Geier und Harold Woetzel (Hg.), *Das Subjekt des Diskurses,* Berlin 1983, S. 50–58.
10 Vgl. hierzu Alessandro Carlini und Bernhard Schneider (Hg.), *Konzept 3. Die Stadt als Text,* Tübingen 1976.
11 Vgl. hierzu den frühen Aufsatz von Roland Barthes, *Semiotik und Urbanismus,* in: Carlini/Schneider, a. a. O., S. 13–42.
12 Michel Pêcheux, *Les vérités de la Palice,* Paris 1975, S. 150 u. ö.
13 Vgl. hierzu: Dietmar Voss, *Metamorphosen des Imaginären. Nachmoderne Blicke auf Ästhetik, Poesie und Gesellschaft,* in: Andreas Huyssen/Klaus R. Scherpe (Hg.), *Postmoderne. Zeichen eines kulturellen Wandels,* Reinbek 1968, S. 219–250.
14 Volker Klotz, *Die erzählte Stadt. Ein Sujet als Herausforderung des Romans von Lesage bis Döblin,* München 1969. Zum Thema der literarischen Darstellung der Stadt weiterhin: Silvio Vietta, *Großstadtwahrnehmung und ihre literarische Darstellung,* in: DVjs 48 (1974), S. 354–373; Andreas Freisfeld, *Das Leiden an der Stadt. Spuren der Verstädterung in deutschen Romanen des 20. Jahrhunderts,* Köln, Wien 1982; C. Meckseper/E. Schraut (Hg.), *Die Stadt in der Literatur,* Göttingen 1983; Reimund Theis, *Zur Sprache der cité in der Dichtung,* Frankfurt/Main 1972; Michael C. Jaye and Ann Chalmers Watts (Hg.), *Literature and the American Urban Experience,* Manchester 1981; Heinz Brüggemann, *»Aber schickt keinen Poeten nach London!«. Großstadt und literarische Wahrnehmung im 18. und 19. Jahrhundert,*

Reinbek 1985; Friedrich Knilli und Michael Nerlich (Hg.), *Medium Metropole*, Heidelberg 1986; Hermann Kähler, *Berlin. Asphalt und Licht. Die große Stadt in der Literatur der Weimarer Republik*, Berlin 1986.

15 Vgl. hierzu den grundlegenden Aufsatz von Friedrich Sengle, *Wunschbild Land und Schreckbild Stadt*, in: Studium generale 16 (1963), S. 619–630.

16 Georg Simmel, *Die Großstädte und das Geistesleben*, in: Die Großstadt. Jahrbuch der Gehe-Stiftung, Bd. 9, Dresden 1903, S. 189–205.

17 Vgl. hierzu: Klaus R. Scherpe, *Die Literaturrevolution der Naturalisten: Der Fall Arno Holz*, in: K. Scherpe, *Poesie der Demokratie. Literarische Widersprüche zur deutschen Wirklichkeit vom 18. zum 20. Jahrhundert*, Köln 1980, S. 177–226.

18 Walter Benjamin, *Das Paris des Second Empire bei Baudelaire*, in: W. Benjamin, *Gesammelte Schriften*, Bd. I. 2, Frankfurt/Main 1980, S. 511–604; W. Benjamin, *Das Passagenwerk*, 2. Bde., Frankfurt/Main 1982; Wolfgang Fietkau: *Schwanengesang auf 1848. Ein Rendezvous am Louvre: Baudelaire, Marx, Proudhon und Victor Hugo*, Reinbek 1978.

19 Walter Benjamin, *Der Sürrealismus. Die letzte Momentaufnahme der europäischen Intelligenz*, in: W. Benjamin, *Gesammelte Schriften*, Bd. II. 1, Frankfurt/Main 1977, S. 295–310.

20 Walter Benjamin, *Die Wiederkehr des Flaneurs*, in: W. Benjamin, *Gesammelte Schriften*, Bd. III, Frankfurt/Main 1980, S. 194–198.

21 Vgl. Barry Alan Fulks, *Film Culture and ›Kulturfilm‹: Walter Ruttmann, the Avant-Garde Film, and the ›Kulturfilm‹ in Weimar Germany and the Third Reich*, Diss. Ann Arbor, Michigan 1982.

22 Colin Rowe und Fred Koetter, *Collage City*, Basel, Boston, New York 1984; *Panik Stadt*. Eine Publikation der Zeitschrift Bauwelt, Redaktion Ulrich Conrads, Braunschweig 1979.

23 So z. B. bei Karl Heinz Bohrer, *Plötzlichkeit. Zum Augenblick des ästhetischen Scheins*, Frankfurt/Main 1981.

24 Walter Benjamin, *Krisis des Romans. Zu Döblins »Berlin Alexanderplatz«*, in: Benjamin, *Gesammelte Schriften*, Bd. III, S. 236. – Vgl. auch: Ulf Zimmermann, *Benjamin and »Berlin Alexanderplatz«. Some Notes Towards a View of Literature and the City*, in: Colloquia Germania 12 (1979), S. 256–272.

25 Die Sekundärliteratur zu *Berlin Alexanderplatz* setzt sich in der Regel in dieser Problemstellung fest, wobei entweder dem Helden Franz Biberkopf – und damit auch der Tradition des Bildungs- und Erziehungsromans bzw. des quasi theologischen Läuterungsromans – oder dem anderen »Helden«, der Stadt, der Vorzug gegeben wird. Z. B.: Fritz Martini, *Alfred Döblins »Berlin Alexanderplatz*, in: Martini, *Das*

Wagnis der Sprache, Stuttgart [7]1984, S. 336–372; Susanne Ledanff, *Bildungsroman versus Großstadtroman*, in: Sprache im technischen Zeitalter, 1981, 78, S. 85–112; Theodor Ziolkowski, *Berlin Alexanderplatz*, in: Ingrid Schuster (Hg.), *Zu Alfred Döblin*, Stuttgart 1980, S. 128–148; in ähnlicher Form auch in den Standard-Monographien: Leo Kreutzer, *Alfred Döblin. Sein Werk bis 1933*, Stuttgart 1970; Roland Links, *Alfred Döblin*, Berlin 1979; Klaus Müller-Salget, *Alfred Döblin. Werk und Entwicklung*, Bonn 1972.

26 Döblin, *Aufsätze zur Literatur*, S. 20

27 So, ähnlich wie Bloch, Günther Anders: *Der verwüstete Mensch. Über Welt- und Sprachlosigkeit in Döblins »Berlin Alexanderplatz«*, in: *Festschrift zum achtzigsten Geburtstag von Georg Lukács*, hg. v. Frank Benseler, Neuwied 1965, S. 435. Anders' Aufsatz, von dem er sagt, daß er schon früh, zur Zeit der Machtergreifung Hitlers, geschrieben wurde, ist wohl das erstaunlichste Stück Sekundärliteratur zu Döblins Roman. Die sehr genaue Arbeit am Text trägt bereits alle Züge einer neueren texttheoretischen, psychoanalytischen und diskurstheoretischen Methodik der ›Dekonstruktion‹ in sich.

28 Döblin, *Aufsätze zur Literatur*, S. 18.

29 Walter Benjamin, *Der Erzähler*, in: Benjamin, *Gesammelte Schriften*, Bd. II. 2, Frankfurt/Main 1977, S. 444.

30 Hierzu die Berliner Dissertation von Harald Jähner: *Erzählter, montierter, soufflierter Text. Zur Konstruktion des Romans »Berlin Alexanderplatz« von Alfred Döblin*, Frankfurt/Main 1984, der ich wesentliche Anregungen verdanke. Über die Prämissen einer traditionell-hermeneutisch geschulten Germanistik hinaus geht auch: Ulrike Scholvin, *Döblins Metropolen. Über reale und imaginäre Städte und die Travestie der Wünsche*, Weinheim, Berlin 1985.

31 So zuletzt Helmut Koopmann, *Der klassisch-moderne Roman in Deutschland. Thomas Mann – Alfred Döblin – Hermann Broch,* Stuttgart 1983. Koopmanns Begriff einer »klassischen Moderne« haftet an der Vorstellung eines im epischen Werk neu geschaffenen Mythos, der aus der Weltanschauung des Autors im Text rekonstruierbar sei.

32 So eine Anregung von Thomas Elsaesser, der in einem Berliner Vortrag die Verfilmung des Döblinschen Romans durch Rainer Werner Fassbinder analysiert hat.

33 Man hat festgestellt, daß Döblin im Manuskript seines Romans viele Stadtpassagen wieder gestrichen hat, um die ursprünglich konzipierte Geschichte des Franz Biberkopf deutlicher zu profilieren: Manfred Beyer, *Die Entstehungsgeschichte von Alfred Döblins Roman »Berlin Alexanderplatz«*, in: Wiss. Zeitschr. d. Friedrich-Schiller-Universität Jena 20 (1971), S. 391–423.

VII

Gabriele Kalmbach
Bibliographie zur Diskurstheorie

Die Bibliographie zur Diskurstheorie und ihrer Rezeption erfaßt die wichtigsten Monographien von *Roland Barthes, Michel Foucault, Jacques Lacan und Jacques Derrida,* daneben Titel zu diesen Autoren, soweit es sich um Beiträge zum Diskursbegriff handelt. Sie erfaßt weiterhin auch kritische Stellungnahmen zur Diskurstheorie generell, mit dem Schwerpunkt auf Arbeiten im Kontext von Literaturwissenschaft.

  Das Literaturverzeichnis beschränkt sich im wesentlichen auf die Zeit seit Ende der siebziger Jahre. Für vorher erschienene Beiträge zum Diskursbegriff sowie für eine, auch kurze einzelne Aufsätze umfassende Werkbibliographie der oben genannten Autoren sei auf die hier angeführten Bibliographien der ersten Rubrik verwiesen. In der zweiten Rubrik befinden sich Zeitschriften, die eine ganze Nummer der Diskurstheorie oder einzelnen Autoren widmen. Die Beiträge sind nicht einzeln verzeichnet. Nur am Rande mitaufgenommen wurde die Deconstruction-Diskussion. Weiterführende Hinweise finden sich in den Bänden von Culler, Hartman und Leitch. Die Bibliographie ist nicht identisch mit den Anmerkungen der einzelnen Beiträge. Die Titel werden in alphabetischer Übersicht aufgeführt.

I. Bibliographien

Michel Clark, *Michel Foucault. An annotated Bibliography: Tool Kit for a New Age,* New York 1983.

Robert Con Davis und Richard Macksey, *Jacques Lacan. Selected Bibliography,* in: MLN 98/5 (1983), S. 1054–1063.

Joel Dor, *Bibliographie des travaux de Jacques Lacan,* Paris 1983.

Sanford Freedman und Carole Anne Taylor, *Barthes. A Bibliographic Readers Guide,* New York 1982/1983.

Jacques Lagrange, *Œuvres de Michel Foucault,* in: Critique 471–472 (1986), S. 942–962.

Anette Lavers, *Bibliography,* in: Anette Lavers, *Roland Barthes,* S. 268–294.

Pamela Major-Poetzl, *Bibliography* (Foucault), in: P. Major-Poetzl, *Archaeology*, S. 249–276.
Joan Nordquist (Hg.), *Michel Foucault: A Bibliography*, Santa Cruz 1986.
Joan Nordquist (Hg.), *Jacques Derrida: A Bibliography*, Santa Cruz 1986.
Joan Nordquist (Hg.), *Jacques Lacan: A Bibliography*, Santa Cruz 1987.
Walter Seitter und François Lapointe, *Bibliographie der Schriften über Michel Foucault*, in: Philosophisches Jahrbuch 81 (1974), S. 202–207.

II. Zeitschriften

Roland Barthes:	Tel Quel 47 (1971)
	Critique 302 (1972)
	Magazine Littéraire 97 (1975)
	L'Arc 56 (1974)
	Visible Language 11 (1977)
	Lectures 6 (1980)
	Studies in Twentieth Century Literature 5,2 (1981)
	Revue d'Esthétique 2 (1981)
	Poétique 47 (1981)
	Communications 36 (1982)
	Critique 423–424 (1982)
	Textuel 15 (1984)
Jacques Derrida:	L'Arc 54 (1973)
Michel Foucault:	Magazine Littéraire 101 (1975)
	Magazine Littéraire 207 (1984)
	Critique 471–472 (1986)
Jacques Lacan:	Modern Language Notes 98/5 (1983) – Lacan and Narrative
Diskurstheorie:	Critique 464–465 (1986) – Confrontations philosophiques
	Magazine Littéraire 225 (1985) – Dix ans de philosophie en France
	KultuRRevolution. Zeitschrift für angewandte Diskurstheorie, (1982) ff.
	Kursbuch 84 (1986) – Sprachlose Intelligenz

III. Literaturverzeichnis

Joseph Adamson, *Getting the point: Re-reading Roland Barthes*, in: Semiotica 61/3 – 4 (1986), S. 325–346.

Claudia Albert, *Diskursanalyse in der Literaturwissenschaft in der Bundesrepublik, ihre Rezeption der französischen Theorien und Versuch der De- und Rekonstruktion*, in: Das Argument 140 (1983), S. 550–561.

Jürg Altwegg, *Von Sartre zu Roland Barthes: die Subversion der Zeichen*, in: Jürg Altwegg, *Die Republik des Geistes*, München 1986, S. 185–199.

Jürg Altwegg, *Michel Foucault und die (Un-)Ordnung der Dinge*, in: Jürg Altwegg, *Die Republik des Geistes*, S. 200–213.

Jürg Altwegg und Aurel Schmidt, *Französische Denker der Gegenwart. Zwanzig Porträts*, München 1987.

Jonathan Arac, *The Function of Foucault at the Present Time*, in: Humanities in Society 3/1 (1980), S. 73–86.

Jean-Marie Auzias, *Michel Foucault*, Lyon 1986.

Roland Barthes, *Le degré zéro de l'écriture*, Paris 1953; dt.: *Am Nullpunkt der Literatur*, Hamburg 1959.

Roland Barthes, *Mythologies*, Paris 1957; dt.: *Mythen des Alltags*, Frankfurt/Main 1964.

Roland Barthes, *Littérature ou l'histoire*, Paris 1963; dt.: *Literatur oder Geschichte*, Frankfurt/Main 1969.

Roland Barthes, *Eléments de sémiologie*, Paris 1964; dt.: *Elemente der Semiologie*, Frankfurt/Main 1979/1983.

Roland Barthes, *Critique et vérité*, Paris 1966; dt.: *Kritik und Wahrheit*, Frankfurt/Main 1967.

Roland Barthes, *S/Z*, Paris 1970; dt.: *S/Z*, Frankfurt/Main 1975.

Roland Barthes, *L'empire des signes*, Genf 1970; dt.: *Das Reich der Zeichen*, Frankfurt/Main 1981.

Roland Barthes, *Le plaisir du texte*, Paris 1973; dt.: *Die Lust am Text*, Frankfurt/Main 1974.

Roland Barthes, *Fragments d'un discours amoureux*, Paris 1977; dt.: *Fragmente einer Sprache der Liebe*, Frankfurt/Main 1984.

Roland Barthes, *Leçon*, Paris 1978; dt.: *Leçon/Lektion*, Frankfurt/Main 1980.

Roland Barthes, *Le grain de la voix*, Paris 1981.

Roland Barthes, *Le bruissement de la langue*, Paris 1984.

Roland Barthes, *L'aventure sémiologique*, Paris 1985; dt.: *Semiologische Abenteuer*, Frankfurt/Main 1987.

Jean Baudrillard, *Oublier Foucault*, Paris 1977; dt.: *Oublier Foucault*, München [2]1983.

George H. Bauer, *Roland Barthes in full fig, in fioc'chi*, in: Semiotica 60/3–4 (1986), S. 351–360.

Helmut Becker, *Die Logik der Strategie. Eine Diskursanalyse der politischen Philosophie Michel Foucaults*, Frankfurt/Main 1981.

Helmut Becker (Hg.), *Freiheit und Selbstsorge. Aufsätze von Michel Foucault*, Frankfurt/Main 1985.

Réda Bensmaïa, *Barthes à l'essai. Introduction au texte réfléchissant*, Tübingen 1986.

Bice Benvenuto and Roger Kennedy, *The Works of Jacques Lacan. An Introduction*, New York 1986.

James Bernauer, *Foucaults Political Analysis*, in: International Philosophical Quarterly 22 (1982), S. 87–95.

Maurice Blanchot, *Michel Foucault*, Tübingen 1987.

Norbert W. Bolz, *Wer hat Angst vor der Philosophie? Eine Einführung in die Philosophie*, Paderborn 1982.

Norbert W. Bolz (Hg.), *Goethes Wahlverwandtschaften. Kritische Modelle und Diskursanalysen zum Mythos Literatur*, Hildesheim 1981.

Norbert W. Bolz, *Die Gewalt der Interpretation*, in: Fragmente 17/18 (1985), S. 25–47.

Norbert W. Bolz, *Die Schrift des Films*, in: Friedrich A. Kittler (Hg.), *Diskursanalysen: Medien*, S. 26–34.

Paul A. Bové, *The Ends of Humanism: Michel Foucault and the Power of Disciplines*, in: Humanities in Society 3 (1980), S. 23–40.

Paul A. Bové, *Intellectuals at War: Michel Foucault and the Analytics of Power*, in: Sub-Stance 37/38 (1982), S. 36–55.

Paul A. Bové, *Mendacious Innocents, or, the Modern Genealogist as Conscientious Intellectual: Nietzsche, Foucault, Said*, in: Boundary 2 9/3 und 10/1 (1981), S. 359–388.

Malcolm Bowie, *Jaques Lacan*, in: John Sturrock, S. 116–153.

Rüdiger Brede, *Aussage und Diskurs. Untersuchungen zur Discours-Theorie bei Michel Foucault*, Frankfurt/Main 1985.

Stefan Breuer, *Die Formierung der Disziplinargesellschaft. Michel Foucault und die Probleme einer Theorie der Sozialdisziplinierung*, in: SOWI. Sozialwissenschaftliche Informationen für Unterricht und Studium 12/4 (1983), S. 257–264.

P. L. Brown, *Epistemology and Method: Althusser, Foucault, Derrida*, in: Cultural Hermeneutics 3 (1975), S. 147–163.

Richard Brütting, »Ecriture« und »texte«. Die französische Literaturtheorie nach dem Strukturalismus, Bonn 1976.

Neal H. Bruss, *Lacan and Literature: Imaginary Objects and Social Order*, in: Massachusetts Review 22/1 (1981), S. 62–92.

Louis-Jean Calvet, *Roland Barthes, un regard politique sur le signe*, Paris 1973.

David Caroll, *The Subject of Archeology or the Sovereignty of the Episteme*, in: Modern Language Notes 93 (1978), S. 695–722.

David Caroll, *Disruptive Discourse and Critical Power: The Conditions of*

Archaeology and Genealogy, in: Humanities in Society 5/3–4 (1982), S. 175–200.

David Caroll, *The Subject in Question. The Language of Theory and the Strategy of Fiction*, Chicago 1982.

Hector Mario Cavallari, *Savoir and Pouvoir: Michel Foucault's Theory of discoursive Practice*, in: Humanities in Society 1 (1980), S. 55–72.

Hector Mario Cavallari, *Understanding Foucault: Same Sanity/other Madness*, in: Semiotica 56/3–4 (1985), S. 315–346.

Jean Luc Chalumeau, *La Pensée en France de Sartre à Foucault*, Paris 1974.

Roland A. Champagne, *The Task of Clotho re-defined: Roland Barthes' tapestry of literary history*, in: Esprit Créateur 22/1 (1982), S. 35–47.

Roland A. Champagne, *Literary history in the wake of Roland Barthes, re-defining the myths of reading*, Birmingham 1984.

Michel Clark, *Putting Humpty Together Again. Essays Toward Integrative Analysis*, in: Poetics Today 3/1 (1982), S. 159–170.

Tim Clark, *Roland Barthes, Dead and Alive*, in: Oxford Literary Review 6/1 (1983), S. 97–107.

Antoine Compagnon (Hg.), *Colloque de Cerisy*, Prétexte: Roland Barthes, Paris 1978.

Barry Cooper, *Michel Foucault: An Introduction to the Study of his Thought*, New York 1982.

Daniel Coppalle/Bernard Gardin, *Discours du pouvoir et pouvoir(s) du discours*, in: La pensée 209 (1980), S. 99–113.

Stanley Corngold, *The Fate of the Self*, New York 1986.

Jonathan Culler, *Jacques Derrida*, in: John Sturrock, S. 154–179.

Jonathan Culler, *On Deconstruction. Theory and Criticism after Structuralism*, Ithaca 1982.

Jonathan Culler, *Barthes*, London 1983.

Gesa Dane/Wolfgang Eßbach/Christa Karpenstein-Eßbach/Michael Makropoulos (Hg.), *Anschlüsse. Versuche nach Michel Foucault*, Tübingen 1985.

Robert C. Davis (Hg.), *The Fictional Father: Lacanian Readings of the Text*, Amherst 1981.

Gilles Deleuze, *Foucault*, Paris 1986; dt.: *Foucault*, Frankfurt/Main 1987.

Alex Demirovics, *Macht, Diskurs, Hegemonie*, Frankfurt/Main 1986.

Jacques Derrida, *De la grammatologie*, Paris 1967; dt.: *Grammatologie*, Frankfurt/Main 1974.

Jacques Derrida, *L'écriture et la différence*, Paris 1967; dt.: *Die Schrift und die Differenz*, Frankfurt/Main 1972.

Jacques Derrida, *La voix et le phénomène*, Paris 1967; dt.: *Die Stimme und das Phänomen*, Frankfurt/Main 1979.

Jacques Derrida, *Positions*, Paris 1972; dt.: *Positionen*, Wien 1986.

Jacques Derrida, *La dissémination*, Paris 1972.

Jacques Derrida, *Glas I. Que reste-t-il du savoir absolu?*, Paris 1974.

Jacques Derrida, *Eperons. Les styles de Nietzsche*, Paris 1978.

Jacques Derrida, *La vérité en peinture*, Paris 1978.

Jacques Derrida, *La carte postale*, Paris 1980; dt.: 1. Teil Berlin 1982.

Jacques Derrida, *Psychoanalysis and Literature*, hg. v. Joseph H. Smith und Irene Kerrigan, Baltimore 1984.

Jacques Derrida, *Parages*, Paris 1986.

Jacques Derrida, *Memoires for Paul de Man*, New York 1986.

Jacques Derrida, *Feu de la cendre*, Paris 1987.

Jacques Derrida, *Die Tode des Roland Barthes*, Berlin 1987.

Vincent Descombes, *Le Même et l'autre*, Paris 1979; dt.: *Das Selbe und das Andere. Fünfundvierzig Jahre Philosophie in Frankreich 1933–1978*, Frankfurt/Main 1981.

Vincent Descombes, *Grammaire d'objets en tous genres*, Paris 1983.

Peter Dews, *The »Nouvelle Philosophie« and Foucault*, in: Economy and Society 8/2 (1979), S. 127–171.

A. Drews/Ute Gerhardt/Jürgen Link, *Moderne kollektive Symbolik. Eine diskurstheoretisch orientierte Einführung mit Auswahlbibliographie*, in: Internationales Archiv für Sozialgeschichte der deutschen Literatur, 1. Sonderheft (1985), S. 256–375.

Hubert L. Dreyfus and Paul Rabinow, *Michel Foucault. Beyond Stucturalism and Hermeneutics*, Chicago ²1982.

Hubert L. Dreyfus, *Beyond Hermeneutics*, in: Gary Shapiro, *Hermeneutics: Questions and Prospects*, Amherst 1984, S. 66–83; dt.: *Michel Foucault. Jenseits von Strukturalismus und Hermeneutik*, Frankfurt/Main 1987.

Terry Eagleton, *Literary Theory. An Introduction*, Minneapolis 1983.

Gisela Ecker, *Post-strukturalismus und feministische Wissenschaft – eine unheimliche Allianz*, in: Renate Berger u. a. (Hg.), *Frauen – Weiblichkeit – Schrift. Dokumentation der Tagung in Bielefeld vom Juni 1984*, Berlin 1985.

Stephan Engelhardt, *Michel Foucault. Wahnsinn und Gesellschaft. Eine Geschichte des Wahns im Zeitalter der Vernunft*, in: Philosophisches Jahrbuch (1972), S. 219–222.

Peter Engelmann (Hg.), *Philosophien. Gespräche mit Michel Foucault, Derrida, Lyotard*, Graz 1985.

Wolfgang Eßbach, *Foucault und die deutsche Linke*, in: Links 174 (1984).

Jean Baptiste Fages, *Comprendre Jacques Lacan*, Toulouse 1971.

Jean Baptiste Fages, *Comprende Roland Barthes*, Toulouse 1979.

John Fekete (Hg.), *The Structural Allegory. Reconstructive Encounters with the New French Thought*, Manchester 1984.

Shoshana Felman, *The Originality of Jacques Lacan*, in: Poetics Today 2 (1980/81), S. 45–57.

Shoshana Felman, *Writing and Madness*, Ithaca 1985.

Howard Felperin, *Beyond Deconstruction*, Oxford 1985.

Luc Ferry und Alain Renaut, *La pensée 68. Essai sur l'antihumanisme contemporaine*, Paris 1985; dt.: *Antihumanistisches Denken. Gegen die französischen Meisterphilosophen*, München, Wien 1987.

Hinrich Fink-Eitel, *Foucaults Analytik der Macht*, in: Friedrich A. Kittler (Hg.), *Austreibung des Geistes*, S. 38–78.

Les fins de l'homme: A partir du travail de Jacques Derrida. Conférence à Cerisy, Paris 1981.

Michael Fischer, *Does Deconstruction make any Difference?*, Bloomington 1985.

Guttorm Flöistad (Hg.), *Contemporary Philosophy: A New Survey*, 3 Bde., Den Haag 1981.

Jürgen Fohrmann und Harro Müller, *Tranzendentalhermeneutik oder Neostrukturalismus*, in: Merkur 430 (1984), S. 940–944.

Philippe Forget (Hg.), *Text und Interpretation. Deutsch-französische Debatte mit Beiträgen von J. Derrida, P. Forget u. a.*, München 1984.

Michel Foucault, *Histoire de la folie*, Paris 1961; dt.: *Wahnsinn und Gesellschaft. Eine Geschichte des Wahnsinns im Zeitalter der Vernunft*, Frankfurt/Main 1973.

Michel Foucault, *Naissance de la clinique*, Paris 1963; dt.: *Die Geburt der Klinik. Eine Archäologie des ärztlichen Blicks*, München 1973.

Michel Foucault, *Les mots es les choses*, Paris 1966; dt.: *Die Ordnung der Dinge. Eine Archäologie der Humanwissenschaften*, Frankfurt/Main 1971.

Michel Foucault, *L'archéologie du savoir*, Paris 1969; dt.: *Archäologie des Wissens*, Frankfurt/Main 1973.

Michel Foucault, *L'ordre du discours*, Paris 1971; dt.: *Die Ordnung des Diskurses*, München 1974.

Michel Foucault, *Von der Subversion des Wissens*, München 1974, Frankfurt/Main 1987.

Michel Foucault, *Schriften zur Literatur*, München 1974.

Michel Foucault, *Surveiller et punir. La naissance de la prison*, Paris 1975; dt.: *Überwachen und Strafen. Die Geburt des Gefängnisses*, Frankfurt/Main 1976.

Michel Foucault, *Mikrophysik der Macht*, Berlin 1976.

ichel Foucault, *Histoire de la sexualité*, Paris 1976 ff.; dt.: *Sexualität und Wahrheit*, 3 Bde., Frankfurt/Main 1977–1986.

Michel Foucault, *Dispositive der Macht*, Berlin 1978.

Michel Foucault, *The Subject and Power*, in: Critical Inquiry 8 (1982), S. 782–784.

Manfred Frank, *Das individuelle Allgemeine. Text-Strukturierung und Text-Interpretation nach Schleiermacher*, Frankfurt/Main 1977.

Manfred Frank, *Das Sagbare und das Unsagbare. Studien zur neuesten französischen Hermeneutik und Texttheorie*, Frankfurt/Main 1980.

447

Manfred Frank, *Was ist Neostrukturalismus?*, Frankfurt/Main 1983.

Manfred Frank, *Die Unhintergehbarkeit von Individualität. Reflexionen über Subjekt, Person und Individuum aus Anlaß ihrer postmodernen Toterklärung*, Frankfurt/Main 1986.

Manfred Frank, »*Ein Grundelement der historischen Analyse: Die Diskontinuität*«. *Die Epochenwende von 1775 in Foucaults* »*Archäologie*«, in: Reinhard Herzog/Reinhart Koselleck (Hg.), *Epochenschwelle und Epochenbewußtsein*, München 1986, Poetik und Hermeneutik, Bd. 12, S. 97–130.

Nancy Fraser, *Foucault on Modern Power: Empirical Insights and Normative Confusions*, in: Praxis International 1 (1981), S. 272–287.

Nancy Fraser, *The French Derrideans. Politicizing Deconstruction or Deconstructing the Political?*, in: NGC 33 (1984), S. 127–154.

Hans Friesen und Martin W. Schnell, *Spannungsfelder der Diskurse. Philosophie nach 1945 in Deutschland und Frankreich*, Münster 1987.

John Frow, *Marxism and Literary History*, o. O. 1984 (Harvard University Press).

Françoise Gaillard, *Totalisieren oder nicht Totalisieren?*, in: Lucien Dällenbach/Christian Hart-Nibbrig (Hg.), *Fragment und Totalität*, Frankfurt/Main 1984, S. 46–63.

Jane Gallop, *Reading Lacan*, Ithaca 1985.

Helga Gallas, *Das Textbegehren des Michael Kohlhaas. Die Sprache des Unbewußten und der Sinn der Literatur*, Reinbek 1981.

Rodolphe Gasché, *Deconstruction as Criticism*, in: Glyph 6 (1979), S. 177–215.

Manfred Geier und Harald Woetzel (Hg.), *Das Subjekt des Diskurses. Beiträge zur sprachlichen Bildung von Subjektivität und Intersubjektivität*, Berlin 1983.

Gérard Genette, *Introduction à l'architexte*, Paris 1979.

Gérard Genette, *Palimpsestes: La littérature au second degré*, Paris 1982.

Gérard Genette, *Narrative Discourse. An Essay on Method*, Ithaca 1980.

Gérard Genette, *Transtextualités*, in: Magazine Littéraire 192 (1983), S. 40–41.

Heide Gerstenberger/Bodo Vogt, *Macht und Dissens. Anmerkungen zu den Arbeiten von Michel Foucault*, in: Leviathan 7 (1979), S. 227–241.

Jan Goldstein, *Foucault among the Sociologists – The »Disciplins« and the history of Profession*, in: History and Theory 23 (1984), S. 170–192.

Colin Gordon (Hg.), *Power/Knowledge. Selected Interviews and Other Writings by Michel Foucault 1972–1977*, New York 1980.

Colin Gordon (Hg.), *The Foucault Effect*, Brighton 1987.

Gerald Graff, *Humanism and the Hermeneutics of Power. Reflections on the Post-Structuralist Two-Step and other Dances*, in: Boundary 2 12/31 (1984), S. 495–505.

Hans Ulrich Gumbrecht, *Deconstruction deconstructed. Transformationen französischer Logozentrismuskritik in der amerikanischen Literaturwissenschaft,* in: Philosophische Rundschau 233 (1986), S. 1–35.

Norbert Haas, *Exposé zu Lacans Diskursmathemen,* in: Der Wunderblock 5/6 (1980), S. 9–34.

Jürgen Habermas, *Modernity versus Postmodernity,* in: NGC 22 (1981), S. 3–14.

Jürgen Habermas, *Genealogische Geschichtsschreibung,* in: Merkur 38 (1984), S. 745–753.

Jürgen Habermas, *Der philosophische Diskurs der Moderne. Zwölf Vorlesungen,* Frankfurt/Main 1985.

William R. Hackman, *The Foucault Conference. Commentary,* in: Telos 51 (1982), S. 191–196.

George Huppert, *Divinatio et Eruditio: Thoughts on Foucault,* in: History and Theory 13/3 (1974), S. 191–207.

Josué V. Harrari (Hg.), *Textual Strategies: Perspectives in Poststructural Criticism,* Ithaca 1979.

Geoffrey Hartman, *Monsieur Texte: On Jacques Derrida, his Glas,* in: Georgia Review 29 (1975), S. 759–797.

Geoffrey Hartman (Hg.), *Deconstruction and Criticism,* New York 1979.

Geoffrey Hartman, *Saving the Text. Literature/Derrida/Philosophy,* Baltimore 1982.

Irene E. Harvey, *Derrida and the Economy of Difference,* Bloomington 1986.

Stephen Heath, *Vertige du déplacement. Lecture de Barthes,* Paris 1974.

Klaus W. Hempfer, *Poststrukturale Texttheorie und narrative Praxis,* München 1976.

E. M. Henning, *Foucault and Derrida. Archaeology and Deconstruction,* in: Stanford French Review 5 (1981), S. 247–264.

Heidrun Hesse, *Denken in der Leere des verschwundenen Menschen. Überlegungen zu Foucaults Konzept von Geschichte und Kritik,* in: Konkursbuch 3 (1979), S. 81–98.

Jochen Hörisch, *Das Sein der Zeichen und die Zeichen des Seins. Marginalien zu Derridas Ontosemiologie,* in: Jacques Derrida, *Die Stimme,* S. 7–50.

Frank Hoffmann, *Genet, der gebrochene Diskurs. Jean Genets Theater im Licht der Philosophie Michel Foucaults,* Bad Honnef 1984.

Robert C. Holub, *Trends in Literary Criticism. Politicizing Post-Structuralism: French Theory and the Left in the Federal Republic and in the United States,* in: GQu 57/1 (1984), S. 75–90.

Robert C. Holub, *Remembering Foucault,* in: GQu 58/2 (1985), S. 238–256.

Dieter Hombach (Hg.), *ZETA 02. Mit Lacan,* Berlin 1982.

Claudia Honnegger, *Michel Foucault und die serielle Geschichte,* in: Merkur 407 (1982), S. 501–523.

Axel Honneth, *Kritik der Macht. Reflexionsstufen einer kritischen Gesell-schaftstheorie*, Frankfurt/Main 1985.

Werner Horst, *Metaphysik Zeichen Mimesis Kastration. Möglichkeiten und Grenzen begrifflichen Philosophieverständnisses nach Derrida*, Pfaffen-weiler 1985.

David Couzens Hoy (Hg.), *Foucault: A Critical Reader*, Oxford 1986.

Andreas Huyssen und Klaus R. Scherpe (Hg.), *Postmoderne. Zeichen eines kulturellen Wandels*, Reinbek bei Hamburg 1986.

Urs Jaeggi, *Notizen anstelle eines Aufsatzes über die neuen französischen Theorien und ihre bundesdeutsche Rezeption*, in: Konkursbuch 5 (1980).

Fredric Jameson, *Imaginary and Symbolic in Lacan*, in: Yale French Stu-dies 55/56 (1977), S. 338–395.

Fredric Jameson, *The Political Unconscious. Narrative as a Socially Sym-bolic Act*, Ithaca 1981.

Uwe Japp, *Beziehungssinn. Ein Konzept der Literaturgeschichte*, Frank-furt/Main 1980.

Alice Jardine, *Theories of the Feminine*, in: Enclitic 4/2 (1980), S. 5–15.

Vincent Jouve, *La littérature selon Barthes*, Paris 1986.

Alain Juranville, *Lacan et la philosophie*, Paris 1984; dt.: *Lacan und die Philosophie*, München 1985.

Clemens Kammler, *Michel Foucault. Eine kritische Analyse seines Werkes*, Bonn 1986.

Friedrich A. Kittler/Horst Turk, *Urszenen. Literaturwissenschaft als Dis-kursanalyse und Diskurskritik*, Frankfurt/Main 1977.

Friedrich A. Kittler (Hg.), *Austreibung des Geistes aus den Geisteswissen-schaften. Programme des Poststrukturalismus*, Paderborn 1980.

Friedrich A. Kittler, *Aufschreibesysteme 1800/1900*, München 1985.

Friedrich A. Kittler, *Grammophon, Film, Typewriter*, Berlin 1986.

Friedrich A. Kittler (Hg.), *Diskursanalysen 1: Medien*, Opladen 1987.

Jutta Kolkenbrock-Netz, *Das Subjekt im Diskurs. Anmerkungen zur Pro-blematik des Unbewußten in der juristischen und literarischen Aussage-praxis von E. T. A. Hoffmann*, in: Fragmente 14/15 (1985), S. 126–148.

Angèle Kremer-Marietti, *Foucault et l'archéologie du savoir*, Paris 1974; dt.: *Michel Foucault, der Archäologe des Wissens. Mit Texten von Michel Foucault*, Frankfurt/Main 1976.

Angèle Kremer-Marietti, *Lacan ou la rhétorique de l'inconscient*, Paris 1978.

Julia Kristeva, *Semeiotiké: Recherche pour une Sémanalyse*, Paris 1969.

Julia Kristeva, *La révolution du langage poétique*, Paris 1974; dt.: *Die Revolution der poetischen Sprache*, Frankfurt/Main 1978.

Julia Kristeva, *Polylogue*, Paris 1977.

Julia Kristeva, *Desire in Language. A Semiotic Approach to Literature and Art*, New York 1980.

Lawrence D. Kritzman, *Barthesian Free Play,* in: Yale French Studies 66 (1984), S. 189–210.

Jacques Lacan, *Ecrits,* Paris 1966 (2 Bände 1970/71); dt.: *Schriften,* Weinheim/Basel 1973/1975/1979 (3 Bände), Olten 1975/1980 (3 Bände), Frankfurt/Main 1975 (1 Auswahlband).

Jacques Lacan, *Le Séminaire,* Paris 1975–1981; dt.: *Das Seminar,* Olten 1978–1986.

Jacques Lacan, *Encore,* Paris 1972/73; dt.: Weinheim 1986.

Jacques Lacan, *Télévision,* Paris 1974.

Christine Doris de Lailhacar, *»Ecriture« and the Character. A Study of the Notion of Writing from recent French Criticism (Blanchot, Barthes, Derrida, Kristeva),* in: Diss. Abstr. Intern 42, Reihe A (1981/82), S. 5112 A.

Annette Lavers, *Roland Barthes. Structuralism and After,* London 1982.

Hans-Thies Lehmann, *Das Subjekt als Schrift. Hinweise zur französischen Texttheorie,* in: Merkur 374 (1979), S. 665–677.

Anica Lemaire, *Jacques Lacan,* Brüssel ⁴1977.

Charles C. Lemert und Gillian Garth, *Michel Foucault: Social Theory and Transgression,* New York 1982.

Vincent B. Leitch, *Deconstructive Criticism. An advanced Introduction,* London, New York 1983.

Frank Lentricchia, *After the New Criticism,* Chicago 1980.

Frank Lentricchia, *Reading Foucault I and II (Punishment, Labor, Resistance),* in: Raritan 1/4 (1982), S. 5–32; Raritan 2/1 (1983), S. 41–70.

Claude Lévesque/Christie McDonald (Hg.), *L'oreille de l'autre. Otobiographies, transferts, traductions. Textes et débats avec Jacques Derrida,* Montreal 1982.

Philip Lewis, *The Post-Structuralist Condition,* in: Diacritics 12 (1982), S. 2–24.

Klaus Lichtblau, *Die Politik der Diskurse. Studien zur Politik und Sozialphilosophie,* Dissertation, Bielefeld 1980.

Jürgen Link, *Kollektivsymbolik und Mediendiskurse,* in: KultuRRevolution 1 (1982), S. 6–20.

Jürgen Link, *Diskurs und/oder »Ideologie«,* in: KultuRRevolution 4 (1983), S. 46–48.

Jürgen Link, *Elementare Literatur und generative Diskursanalyse,* München 1983.

Athanasios Lipowatz, *Diskurs und Macht. Jacques Lacans Begriff des Diskurses. Ein Beitrag zur politischen Soziologie,* Marburg 1982.

Athanasios Lipowatz, *Die Verengung des Politischen. Die Ethik des Symbolismus bei Jacques Lacan,* Weinheim 1986.

Jean François Lyotard, *Le différend,* Paris 1983; dt.: *Der Widerstreit,* München 1987.

Juliet Flower MacCannell, *Figuring Lacan. Criticism and the Cultural Unconscious,* Lincoln 1986.

Diane MacDonell, *Theories of Discourse. An Introduction,* Oxford 1986.

Pamela Major-Poetzl, *Michel Foucault's Archeology of Western Culture,* Chapel Hill 1983.

Guy de Mallac und Margaret Eberbach, *Barthes,* Paris 1971.

Paul de Man, *Allegories of Reading. Figural Language in Rousseau, Nietzsche, Rilke and Proust,* New Haven, London 1979.

Paul de Man, *Blindness and Insight. Essays in the Rhetoric of Contemporary Criticism,* Minneapolis ²1983.

Paul de Man, *The Rhetoric of Romanticism,* New York 1984.

Paul de Man, *The Resistance to Theory,* Minneapolis 1986.

Biddy Martin, *Feminism, Criticism, and Foucault,* in: NGC 27 (1982), S. 3–30.

Michael McCanles, *The Dialectical Structure of Discourse,* in: Poetics Today 3/4 (1982), S. 21–38.

José G. Merquior, *Foucault,* London 1985.

Robert Miklitsch, *Difference: Roland Barthes' Pleasure of the Text, Text of Pleasure,* in: Boundary 2 12/1 (1983), S. 101–114.

M. Montalbetti, *Roland Barthes,* in: Lexis 4/1 (1980), S. 111–113.

Alan Montefiore (Hg.), *Philosophy in France today,* Cambridge 1983.

Meaghan Morris/Paul Patton, *Michel Foucault. Power, Truth, Strategy,* Sydney 1979.

Harro Müller und Nikolaus Wegmann, *Tools for a Genealogical Literary Historiography,* in: Poetics 14 (1985), S. 229–241.

Herfried Münkler und Phillip Rippel, *Der Diskurs und die Macht,* in: Politische Vierteljahresschrift 23 (1982), S. 115–138.

John W. Murphy, *Foucault's Ground of History,* in: International Philosophical Quarterly 24 (1984), S. 189–196.

Rainer Nägele, *The Provocation of Jacques Lacan,* in: NGC 16 (1979), S. 5–29.

Gerhard Neumann, *Roland Barthes,* in: Horst Turk (Hg.), *Klassiker der Literaturtheorie. Von Boileau bis Barthes,* München 1979, S.298–310, 357–358.

Steffen Nordhal Lund, *L'aventure du signifiant: une lecture de Barthes,* Paris 1981.

Christopher Norris, *The Contest of Faculties,* London 1985.

Ernst W. Orth (Hg.), *Studien zur neueren französischen Phänomenologie: Ricœur, Foucault, Derrida,* Freiburg 1986.

Michel Pêcheux, *Über die Rolle des Gedächtnisses als interdiskursives Material. Ein Forschungsprojekt im Rahmen der Diskursanalyse und Archivlektüre,* in: M. Geier/H. Woetzel, S. 50–58.

Gerhard Plumpe und Clemens Kammler, *Wissen ist Macht. Über die theo-*

retische Arbeit Michel Foucaults, in: Philosophische Rundschau 27 (1980), S. 185–218.

Gerhard Plumpe, *Diskursive Textstrukturierung,* in: Helmut Brackert und Jörn Stückrath (Hg.), *Literaturwissenschaft. Grundkurs 1,* Reinbek bei Hamburg 1981, S. 353–379.

Dana B. Polan, *Fables of Transgression. The Reading of Politics and the Politics of Reading in Foucauldian Discourse,* in: Boundary 2 10/3 (1982), S. 361–381.

Mark Poster, *Foucault and History,* in: Social Research 49 (1982), S. 116–142.

Mark Poster, *Foucault, Marxism and History. Mode of Production versus Mode of Information,* Cambridge 1984.

Serge Quadruppani, *Catalogue du prêt-à-penser français depuis 1968,* Paris 1983.

Karlis Racevskis, *Michel Foucault and the Subversion of Intellect,* Ithaca 1983.

Rajagoplan Radakrishnan, *The Postmodern Event and the End of Logocentrism,* in: Boundary 2 12/1 (1983), S. 33–60.

A. Radzinski, *Lacan, Saussure: Les Contours Théoriques d'une rencontre,* in: Langages 77 (1985), S. 117–124.

John Rajchman, *Foucault, or the Ends of Modernism,* in: October 24 (1983), S. 37–62.

John Rajchman, *Michel Foucault: Power and Freedom,* New York 1985.

Gérard Raulet, *Structuralism and Post-Structuralism: An Interview with Michel Foucault,* in: Telos 55 (1983), S. 195–211.

Avital Ronell, *Dictations. On Haunted Writing,* o. O. 1986 (Indiana University Press).

Josette Rey-Debove, *Roland Barthes ou l'éthique du sens. (Nécrologie),* in: Semiotica 32/1–2 (1980), S. 1–10.

Kurt Röttgers, *Der kommunikative Text und die Zeitstruktur von Geschichten,* Freiburg, München 1982.

Walter von Rossum, *Triumph der Leere. Zum Konvertitentum der französischen Intellektuellen,* in: Merkur 434 (1985), S. 275–288.

Michael S. Roth, *Foucault's History of the Present,* in: History and Theory 20 (1981), S.32–46.

Maria Ruegg, *The End(s) of French Style: Structuralism and Post-Structuralism in the American Context,* in: Criticism 21 (1979), S. 203–216.

Anette Runte, *Subjektkritische Diskurstheorie. Narratologische Textanalysen von »Erlebnisgeschichten« in der neuen deutschen Frauenpresse am Beispiel von »Emma« und »Meine Geschichte«,* Köln 1982.

Hans-Georg Ruprecht, *Savoir et littérature: doxa historique/épistème sémiotique,* in: Degrès 12/39–40 (1984), S. m–m12.

François Russo, *L'archéologie du savoir de Michel Foucault,* in: Archives de philosophie 36 (1973), S. 69–105.

Reinhard Rustemeyer, *Zur Dezentrierung des Subjekts im neueren französischen Strukturalismus*, Essen 1985.

Michael Ryan, *New French Theory in New German Criticism*, in: NGC 22 (1981), S. 145–161.

John Sallis und Hugh J. Silverman (Hg.), *Continental Philosophy in America*, Pittsburgh 1982.

Günther Schiwy, *Poststrukturalismus und »Neue Philosophen«*, Reinbek bei Hamburg 1985.

Rüdiger Schmitt, *Über Michel Foucaults Methodologie der Ideengeschichte*, in: Saeculum 34/2 (1983), S. 212–224.

Jens Schreiber, *Die Ordnung des Genießens. Nietzsche mit Lacan*, in: Literaturmagazin 12: Nietzsche, Reinbek bei Hamburg 1980, S. 204–234.

Alexander Schubert, *Die Decodierung des Menschen. Dialektik und Antihumanismus im neueren französischen Strukturalismus*, Giessen 1981.

Gabriele Schwab, *Die Subjektgenese, das Imaginäre und die poetische Sprache*, in: Renate Lachmann (Hg.), *Dialogizität*, München 1983, S. 63–84.

Walter Seitter, *Michel Foucault – Von der Subversion des Wissens*, in: Michel Foucault, *Subversion des Wissens*, S. 141–170.

Walter Seitter, *Ein Denken im Forschen. Zum Unternehmen einer Analytik bei Michel Foucault*, in: Philosophisches Jahrbuch 87 (1980), S. 340–363.

Mark Seltzer, *Reading Foucault: Cells, Corridors, Novels*, in: Diacritics (Spring 1984), S. 78–89.

Alan Sheridan, *Michel Foucault. The Will to Truth*, London 1980.

Larry Shiner, *Foucault and the Unconscious of History*, in: The Psychohistory Review 10 (1981), S. 3 ff.

Larry Shiner, *Foucault, Phenomenology and Question of Origin*, in: Philosophy Today 26 (1982), S. 312–321.

Larry Shiner, *Reading Foucault: Anti-Method and the Genealogy of Power-Knowledge*, in: History and Theory 21 (1982), S. 382–398.

Barry Smart, *Foucault, Marxism and Critique*, London ²1985.

Barry Smart, *Michel Foucault*, London 1985.

Susan Sontag, *L'Ecriture même: A propos de Roland Barthes*, Paris 1982.

James J. Sosnoski, *Literary Study as a Field for Inquiry*, in: Boundary 2 13/2–3 (1985), S. 91–104.

Michael Sprinker, *The Use and Abuse of Foucault*, in: Humanities in Society 3 (1980), S. 1–21.

Michael Sprinker, *Textual Politics: Foucault and Derrida*, in: Boundary 2 8/3 (1980), S. 75–98.

Ulrich Stadler, *Über die Diskursanalyse Michel Foucaults. Vorgestellt anhand der Schriften und frühen Veröffentlichungen bis 'L'ordre du discours' (1971)*, in: Mitteilungen des deutschen Germanisten Verbandes 3 (1980), S. 28–35.

John Sturrock (Hg.), *Structuralism and Since: From Lévi-Strauss to Derrida,* Oxford 1979.

Charles Taylor, *Foucault on Freedom and Truth,* in: Political Theory 12/2 (1982), S. 152–183.

Philip Thody, *Roland Barthes: A Conservative Estimate,* London 1977.

Sebastian Timpanaro, *Structuralism and its Successors,* in: Contemporary Literature 22/4 (1981), S. 600–622.

Jane P. Tompkins (Hg.), *Reader and Response Criticism. From Formalism to Post-Structuralism,* Baltimore 1980.

Steven Ungar, *Forwarding addresses. Discourse as strategy in Barthes and Derrida,* in: Bulletin of the Midwest Modern Language Association 15/1 (1982), S. 7–17.

Steven Ungar, *Roland Barthes: Professor of Desire,* Lincoln 1983.

Paul Veyne, *Comment on écrit l'histoire,* Paris 1979; dt.: *Der Eisberg der Geschichte. Foucault revolutioniert die Geschichte,* Berlin 1981.

Paul Veyne, *Der Planet Foucault,* in: Paul Veyne, *Aus der Geschichte,* Berlin 1986, S. 41–48.

Michael Walzer, *The Politics of Michel Foucault,* in: Dissent 30 (1983), S. 481–490.

G. R. Wasserman, *Roland Barthes,* Boston 1981.

Samuel Weber, *Institution and Interpretation. Afterword by Wlad Godzich,* Minneapolis 1987.

Robert Weimann, *Poststrukturalismus,* in: Weimarer Beiträge 31/7 (1985), S. 1061–1099.

Albrecht Wellmer, *Zur Dialektik von Moderne und Postmoderne. Vernunftkritik nach Adorno,* Frankfurt/Main 1985.

Klaus Michael Wetzel, *Autonomie und Authentizität. Untersuchungen zur Konstitution und Konfiguration von Subjektivität,* Frankfurt/Main, Bern, New York 1985.

Hayden White, *Foucault Decoded: Notes from Underground,* in: History and Theory 12/1 (1973), S. 23–54.

Hayden White, *Michel Foucault,* in: John Sturrock, *Structuralism and Since,* S. 81–115.

Reiner Wiehl, *Die Vernunft in der menschlichen Unvernunft,* Göttingen 1983.

D. Wills, *Begging to Defer: Roland Barthes and La nouvelle Critique,* in: AUMLA 56 (1981), S. 219–226.

Harald Woetzel, *Diskursanalyse in Frankreich,* in: Das Argument 122 (1980), S. 511–517.

Richard Wolin, *Modernism versus Postmodernism,* in: Telos 62 (1984), S. 9–29.

Elizabeth Wright, *Lacan und Literaturanalyse,* in: Fragmente 17/18, (1985), S. 131–145.

Robert Young (Hg.), *Untying the Text. A Post-Structuralist Reader,* London 1981.

Robert Young, *Post-Structuralism: The End of Theory,* in: Oxford Literary Review 5/1–2 (1982), S.3–20.

suhrkamp taschenbücher materialien

»Der Suhrkamp Verlag hat der älteren Idee, rund um einen gewichtigen Autor biographische und essayistische Texte zusammenzustellen, mit seiner Reihe ›suhrkamp taschenbücher materialien‹ neuen Schwung verliehen.«
(Frankfurter Allgemeine Zeitung)

Herbert Achternbusch. Hg. J. Drews. st 2015

Samuel Beckett. Hg. H. Engelhardt. st 2044

Thomas Bernhard. Werkgeschichte. Hg. J. Dittmar. st 2002

Brasilianische Literatur. Hg. M. Strausfeld. st 2024

Brechts ›Aufhaltsamer Aufstieg des Arturo Ui‹. Hg. R. Gerz. st 2029

Brechts ›Dreigroschenoper‹. Hg. W. Hecht. st 2056

Brechts ›Gewehre der Frau Carrar‹. Hg. K. Bohnen. st 2017

Brechts ›Guter Mensch von Sezuan‹. Hg. J. Knopf. st 2021

Brechts ›Heilige Johanna der Schlachthöfe‹. Hg. J. Knopf. st 2049

Brechts ›Kaukasischer Kreidekreis‹. Hg. W. Hecht. st 2054

Brechts ›Leben des Galilei‹. Hg. W. Hecht. st 2001

Brechts ›Mann ist Mann‹. Hg. C. Wege. st 2023

Brechts ›Mutter Courage und ihre Kinder‹. Hg. D. Müller. st 2016

Brechts Romane. Hg. W. Jeske. st 2042

Brechts ›Tage der Commune‹. Hg. W. Siegert. st 2031

Brechts Theaterarbeit. Seine Inszenierung des ›Kaukasischen Kreidekreis‹ 1954. Hg. W. Hecht. st 2062

Brechts Theorie des Theaters. Hg. W. Hecht. st 2074

Hermann Broch. Hg. P. M. Lützeler. st 2065

Brochs ›Verzauberung‹. Hg. P. M. Lützeler. st 2039

Die deutsche Kalendergeschichte. Ein Arbeitsbuch von Jan Knopf. st 2030

Hans Magnus Enzensberger. Hg. R. Grimm. st 2040

Frischs ›Andorra‹. Hg. E. Wendt u. W. Schmitz. st 2053

Frischs ›Don Juan oder Die Liebe zur Geometrie‹. Hg. W. Schmitz. st 2046

Frischs ›Homo faber‹. Hg. W. Schmitz. st 2028

Geschichte als Schauspiel. Hg. W. Hinck. st 2006

Peter Handke. Hg. R. Fellinger. st 2004

Ludwig Hohl. Hg. J. Beringer. st 2007

Ödön von Horváth. Hg. T. Krischke. st 2005

Ödön von Horváth. Der Fall E. oder Die Lehrerin von Regensburg. Hg. J. Schröder. st 2014

Horváths ›Geschichten aus dem Wiener Wald‹. Hg. T. Krischke. st 2019

Horváths ›Jugend ohne Gott‹. Hg. T. Krischke. st 2027

Peter Huchel. Hg. A. Vieregg. st 2048

Uwe Johnson. Hg. R. Gerlach, M. Richter. st 2061

Johnsons ›Jahrestage‹. Hg. M. Bengel. st 2057

Joyces ›Dubliner‹. Hg. K. Reichert, F. Senn, D. E. Zimmer. st 2052

Juden in der deutschen Literatur. Hg. St. Moses, A. Schöne. st 2063

Kafka: Der Schaffensprozeß. Hg. H. Binder. st 2026

Der junge Kafka. Hg. G. Kurz. st 2035

Marie Luise Kaschnitz. Hg. U. Schweikert. st 2047

Alexander Kluge, Hg. T. Böhm-Christl. st 2033

Franz Xaver Kroetz. Hg. O. Riewoldt. st 2034

Lateinamerikanische Literatur. Hg. M. Strausfeld. st 2041

Literarische Utopie-Entwürfe. Hg. H. Gnüg. st 2012

Karl May. Hg. H. Schmiedt. st 2025

Friederike Mayröcker. Hg. S. J. Schmidt. st 2043

E. Y. Meyer. Hg. B. von Matt. st 2022

Moderne chinesische Literatur. Hg. W. Kubin. st 2045

Paul Nizon. Hg. M. Kilchmann. st 2058

Die Parabel. Hg. T. Elm, H. H. Hiebel. st 2060

Plenzdorfs ›Die neuen Leiden des jungen W.‹ Hg. P. J. Brenner. st 2013

Rilkes ›Aufzeichnungen des Malte Laurids Brigge‹. Hg. H. Engelhardt. st 2051

Rilkes ›Duineser Elegien‹. Drei Bände. Hg. U. Fülleborn.
st 2009/2010/2011

Schillers Briefe über die ästhetische Erziehung. Hg. J. Bolten. st 2037

Karin Struck. Hg. H. Adler, H. J. Schrimpf. st 2038

Martin Walser. Hg. K. Siblewski. st 2003

Weimars Ende. Im Urteil der zeitgenössischen Literatur und Publizi-
stik. Hg. T. Koebner. st 2018

Ernst Weiß. Hg. P. Engel. st 2020

Peter Weiss. Hg. R. Gerlach. st 2036

Peter Weiss: ›Ästhetik des Widerstands‹. Hg. A. Stephan. st 2032

suhrkamp taschenbücher wissenschaft
Ästhetik, theoretische Texte zur Literatur, zur Kunst, zum Film und zum Theater

Adorno: Ästhetische Theorie.
  stw 2
– Einleitung in die Musiksozio-
  logie. stw 142
– Die musikalischen Monogra-
  phien. stw 640
– Noten zur Literatur. stw 355
– Philosophie der neuen Musik.
  stw 239
Materialien zur ästhetischen
  Theorie Th. W. Adornos. Hg.
  von Lindner/Lüdke. stw 122
Baxandall: Die Wirklichkeit der
  Bilder. stw 442
Benjamin: Der Begriff der Kunst-
  kritik. stw 4
– Charles Baudelaire. stw 47
– Ursprung des deutschen Trau-
  erspiels. stw 225
– *siehe auch Schweppenhäuser*
Blumenberg: Schiffbruch mit Zu-
  schauer. stw 289
Bourdieu u.a.: Eine illegitime
  Kunst. stw 441
Briegleb: Opfer Heine? stw 497
Bürger, Ch.: Tradition und Sub-
  jektivität. stw 326
Bürger, Ch. u. P. (Hg.): Postmo-
  derne: der Alltag, die Allegorie
  und die Avantgarde. stw 648
Bürger, P.: Vermittlung—Rezep-
  tion—Funktion. stw 288
– Zur Kritik der idealistischen
  Ästhetik. stw 419
Bürger, P. (Hg.): Literatur- und
  Kunstsoziologie. stw 245
Cerquiglini/Gumbrecht (Hg.):

Der Diskurs der Literatur- und
  Sprachhistorie. stw 411
Chvatík: Mensch und Struktur.
  stw 681
Eco: Das offene Kunstwerk.
  stw 222
Enzensberger: Literatur und
  Interesse. stw 302
Frank: Das individuelle Allgemei-
  ne. stw 544
– Das Sagbare und das Unsagba-
  re. stw 317
Goldmann: Soziologie des
  Romans. stw 470
– Der verborgene Gott. stw 491
Gombrich: Aby Warburg.
  stw 476
– Meditationen über ein Stecken-
  pferd. stw 237
Gumbrecht/Link-Heer (Hg.):
  Epochenschwellen und Epo-
  chenstrukturen. stw 486
Gumbrecht/Pfeiffer (Hg.): Stil.
  stw 633
– *siehe auch Cerquiglini/Gumbrecht*
Hörisch (Hg.): Ich möchte ein
  solcher werden wie ... stw 283
Holenstein: Roman Jakobsons
  phänomenologischer Struk-
  turalismus. stw 116
Jakobson, R.: Hölderlin, Klee,
  Brecht. stw 162
– Poetik. stw 262
Jakobson/Pomorska: Poesie und
  Grammatik. stw 386
– *siehe auch Holenstein*
Jauß: Zeit und Erinnerung in
  Prousts ›A la recherche ...‹.
  stw 587

Kracauer: Der Detektiv-Roman. stw 297
- Geschichte – Vor den letzten Dingen. stw 11
- Theorie des Films. stw 546
- Von Caligari zu Hitler. stw 479
Lugowski: Die Form der Individualität im Roman. stw 151
Minder: Glaube, Skepsis und Rationalismus. stw 43
Richards: Prinzipien der Literaturkritik. stw 484
Schweppenhäuser (Hg.): Benjamin über Kafka. stw 341
Segeberg (Hg.): Technik in der Literatur. stw 655
Szondi: Einführung in die literarische Hermeneutik. stw 124
- Das lyrische Drama des Fin de siècle. stw 90

- Poetik und Geschichtsphilosophie. Bd. 1/2. stw 40/72
- Schriften. Bd. 1/2. stw 219/220
- Theorie des bürgerlichen Trauerspiels. stw 15
Warnke: Bau und Überbau. stw 468
Watt: Der bürgerliche Roman. stw 78
Weimann: Literaturgeschichte und Mythologie. stw 204
Wellmer: Zur Dialektik von Moderne und Postmoderne. stw 532
Wind: Kunst und Anarchie. stw 622
Wollheim: Objekte der Kunst. stw 384

Michel Foucault
im Suhrkamp Verlag

Archäologie des Wissens. Deutsch von U. Köppen. 1973/1981.
  stw 356
Die Ordnung der Dinge. Eine Archäologie der Humanwissenschaften. Deutsch von U. Köppen. 1971/1974. stw 96
Psychologie und Geisteskrankheit. Deutsch von A. Botond. 1968.
  es 272

Sexualität und Wahrheit. Deutsch von U. Raulff und W. Seitter.
  Band 1: Der Wille zum Wissen. 1977. Leinen und stw 716
  Band 2: Der Gebrauch der Lüste. 1986. Leinen
  Band 3: Die Sorge um sich. 1986. Leinen
  Band 4: Die Geständnisse des Fleisches. (In Vorbereitung)
Überwachen und Strafen. Die Geburt des Gefängnisses. Deutsch von
  W. Seitter. 1976. Leinen und stw 184
Wahnsinn und Gesellschaft. Eine Geschichte des Wahnsinns im Zeit-
  alter der Vernunft. Deutsch von U. Köppen. 1969/1973. stw 39

(Hg.) Der Fall Rivière. Materialien zum Verhältnis von Psychiatrie
  und Strafjustiz. 1975. stw 128

Zu Foucault
Gilles Deleuze: Foucault. Übersetzt von K. Kocyba. Kartoniert